行政判例研究 XXX-1

社團法人 韓國行政判例研究會 編

2025

傳英社

Studies on Public Administration Cases

Korea Public Administration Case Study Association

Vol. XXX - 1

2025

Parkyoung Publishing & Company

刊 行 辭

2025년 상반기에『행정판례연구』제30집 제1호를 발간하게 된 것을 뜻깊게 생각합니다. 본 학술지가 어느덧 30집에 이르렀다는 사실은 우리 연구회가 그동안 꾸준히 축적해 온 노력의 결실이자, 학계와 실무계에 계신 여러 회원님의 지속적인 관심과 적극적인 참여 덕분입니다.

최근 우리 사회는 여러 분야에서 변화와 도전을 겪으면서 정치와 행정 전반에 걸쳐 격동의 시기를 보내고 있습니다. 이러한 현실 속에서 행정법은 입법과 정책의 틀을 형성하고 사회적 갈등과 위기를 극복하는 도구로서 그 중요성이 날로 증가하고 있습니다. 또한 행정판례는 실정법과 현실 간의 간극을 좁히고 사회적 균형을 도모하는 기준으로 작용할 것을 요구받는 상황입니다. 우리 연구회가 고민한 성과물들은 이러한 시대적 요청에 부응하기 위한 중요한 밑거름이 될 것으로 기대합니다.

올해 상반기 동안 총 5회의 월례발표회가 성황리에 이루어졌으며, 그 자리에서 실무적 논점과 학문적 해석을 균형 있게 다룬 소중한 판례평석들이 발표되었습니다. 이번에 발간하는『행정판례연구』제30집 제1호에는 그간 월례발표회에서 발표된 판례평석을 중심으로 엄정한 심사를 거쳐 총 14편의 논문이 게재되었습니다. 이번 호에서는 행정법의 기본원리, 행정입법, 행정재량과 기속행위, 공법상 계약, 처분사유 추가ㆍ변경,

손실보상, 행정조직, 조성행정, 토지행정 등 다양한 분야에 걸쳐 주요 판결들이 분석되었으며, 비교법적 시야를 넓히는 독일과 프랑스의 행정판례 동향도 검토되었습니다. 바쁜 일정에도 귀중한 시간을 내어 투고해 주신 모든 분께 진심으로 감사의 말씀을 드리며, 이번 호에 담긴 행정판례에 대한 수준 높은 이해와 통찰이 학계와 실무계의 발전에 많은 도움이 되기를 바랍니다.

끝으로, 이번 『행정판례연구』의 출간을 위해 많은 수고와 노력을 기울여 주신 출판이사 이승민 교수, 김재선 교수, 출판간사 장윤영 교수, 배기철 교수, 문광진 박사께 깊이 감사드립니다. 또한 『행정판례연구』가 전문학술지로서 질적으로 높은 수준을 유지할 수 있도록 노고를 아끼지 않으신 최진수 간행편집위원장, 김의환 연구윤리위원장을 비롯한 편집위원·윤리위원 여러분께도 깊은 감사의 말씀을 전합니다.

2025년 6월 30일

사단법인 한국행정판례연구회 회장

안철상

차　　례

Table of Contents

行政法의 基本原理

행정재판에서 신뢰보호원칙의 적용

이상덕*

대법원 2018. 10. 12. 선고 2015두50382 판결에 대한 평석

[대상판결 사안의 소개]

1. 사안의 개요

인천 계양구에 있는 '계양산' 일대는 개발제한구역으로 지정되어 녹지로 보존되고 있는 지역이었는데, L그룹의 신○○ 회장은 오래 전부터 이곳에 골프장 건설을 목표로 사업부지를 매집하고 있었다. L건설이 2006. 6. 28. 국토해양부장관에게 계양산 일대에 대중골프장을 조성하

* 서울행정법원 부장판사/법학박사

는 내용의 개발제한구역관리계획 승인을 요청하였고, 친(親)기업 성향의 이명박 정부하에서 국토해양부장관이 2008. 4. 24. 형질변경면적 606,200㎡, 건축연면적 9,020㎡로 하는 2011년 개발제한구역관리계획을 승인하였다. 이에 L건설은 2008. 6. 9. 인천광역시장에게 계양산 일대에 대중골프장을 조성하는 내용의 도시관리계획결정 입안을 제안하였고, 당시 한나라당 소속 안○○ 시장은 도시계획위원회 심의를 거쳐 2009. 10. 5. 인천 계양구 다남동 산65-14 일원 717,000㎡에 도시계획시설(체육시설)인 12홀 규모의 대중골프장을 설치하는 내용의 도시관리계획결정 및 지형도면 고시를 하였다(이하 '이 사건 도시관리계획'이라 한다). 당시 사업부지의 86.7%인 48필지 612,836㎡를 L그룹 회장인 신○○ 개인이, 11.3%인 24필지 81,125㎡를 개인 26명이 소유하고 있었고, 나머지 2%인 18필지 14,039㎡는 국·공유지였다.

그런데 당시에 골프장을 「국토의 계획 및 이용에 관한 법률」(약칭: 국토계획법)상 도시계획시설(체육시설)로 포섭하여 사업시행자에게 수용권을 부여하는 것에 대하여 공법학계에서 강한 비판이 이루어졌고[1] 사회적으로 큰 논란이 벌어졌으며, 마침내 2011. 6. 30. 헌법재판소가 국토계획법 제2조 제6호 라.목 중 "체육시설" 부분이 개별 체육시설의 성격과 공익성을 고려하지 않은 채 구체적으로 범위를 한정하지 않고 포괄적으로 하위법규에 입법을 위임하는 바람에 "공공필요성을 인정하기 곤란한 일부 골프장과 같은 시설"을 위해서도 수용권이 남용될 수 있게 하였으므로 포괄위임금지원칙에 위반된다는 이유로 헌법불합치 결정을 하였다.[2]

1) 대표적으로 금태환, "국토의계획및이용에관한법률 제95조 제1항의 위헌성 - 골프장 부지 수용 근거 규정으로서의 기능과 관련하여 -", 행정법연구 27호(2010), 257~282.

2) 헌재 2011. 6. 30. 선고 2008헌바166 결정(이 결정의 사안에서 다투어진 것은 '회원제 골프장'이었다). 이에 관한 평석으로는 김현귀, "사인을 위한 공용수용의 헌법적 정당성에 대한 비판적 검토", 헌법재판의 새로운 지평(이강국 헌법재판소장 퇴임기

2010. 6. 2. 개최된 제5회 전국동시지방선거에서 '인천광역시가 L그룹에게 계양산 일대에 골프장을 건설하도록 허가하는 것이 타당한지'가 선거쟁점으로 부각되었고, 당시 민주당 송○○ 후보가 골프장 건설계획을 폐지하고 자연친화적 휴양림과 수목원을 조성하는 방안을 선거공약으로 내세워 인천광역시장으로 당선되어 2010. 7. 1. 취임하였다. 송○○ 시장은 2011. 1. 21.부터 이 사건 도시관리계획의 폐지를 위한 주민 공람·공고절차를 진행하였고, 민주당이 시의회 다수당이 된 상황에서 인천광역시의회는 2011. 10. 24. 계양산의 자연자원과 자연생태계를 보호하기 위한 목적으로 「인천광역시 계양산 보호조례」(조례 제4999호)를 제정하였다.

한편, 여론조사에서 인천시민의 60~80%가 계양산 골프장 건설에 반대하는 등 지역 여론이 불리하게 돌아가는 상황에서, L건설, L상사, 신이는 대법원 판례가 부지불식간에 당초 취지와는 다른 방향으로 변천되었음을 의미한다. 3인(이하 통틀어 '원고들'이라 한다)은 2011. 5. 31. 인천광역시장에게 자신들을 이 사건 도시관리계획에 따른 도시계획시설(골프장) 조성사업의 공동시행자로 지정해달라는 내용으로 사업시행자 지정 및 실시계획인가 신청을 하였다. 그러나 송○○ 시장은 2011. 6. 8. 국토계획법 제87조 제7항 및 동 시행령 제96조 제2항에서 정한 대상

념논문집, 2013), 969~992. 국토계획법과 동 시행령의 위임에 따른 「도시계획시설의 결정·구조 및 설치기준에 관한 규칙」에서 도시계획시설인 체육시설을 종전에는 단지 "체육시설의설치·이용에관한법률에서 정하는 체육시설 중 일반인의 이용에 제공하기 위하여 설치하는 시설"이라고만 규정하였다가, 위 헌법불합치 결정에 따라 2011. 11. 1. 국토해양부령 제394호 개정으로 제99조 체육시설의 범위를 '국가 또는 지방자치단체 등 공공부분에서 설치하는 체육시설'로 한정하였으며(그 부칙 제2조는 경과조치로 제99조 개정규정 시행 당시 입안을 제안하였거나 입안 중이거나 도시관리계획의 결정을 신청한 체육시설에 대해서는 종전의 규정에 따른다고 규정하여 소급효가 없음을 분명히 하였다), 2012. 12. 18. 법률 제11579호 국토계획법 개정으로 제2조 제6호 라.목 중 "체육시설" 부분을 "공공필요성이 인정되는 체육시설"로 한정하였다.

토지 소유면적 및 토지소유자 동의비율 요건(사업대상 토지면적의 2/3 이상 소유 + 토지소유자 총수의 1/2 이상 동의)이 충족되지 않아 사업시행자 지정 요건을 충족하지 못했다는 이유로 1차 거부처분을 하였다. 원고들이 2011. 6. 16. 다시 동일한 신청을 하였으나, 인천광역시장은 2011. 6. 20. 동일한 이유로 2차 거부처분을 하였다.3)

이후 송○○ 시장은 2012. 4. 30. ① 계양산 지역의 자연환경·경관의 보전과 훼손된 자연환경·경관의 개선 및 복원, ② 역사적, 문화적, 향토적 유서지인 계양산의 정체성과 문화유산 보호, ③ 계양산 지역의 난개발 방지를 위하여 제정된 '계양산 보호조례'의 이행, ④ 민간 골프장을 도시계획시설로 결정하지 않도록 한 중앙정책의 수용, ⑤ 인천시민에게 건전한 여가·휴식공간 제공을 위해 산림휴양공원으로 조성, ⑥ 285만 인천시민의 공익을 위한 녹지공간 확보와 공공복리의 증진 등을 이유로 도시관리계획 변경[도시계획시설(체육시설: 다남동 대중골프장) 폐지] 결정 및 지형도면 고시를 하였다(이하 '이 사건 처분'이라 한다).

2. 소송의 경과

원고들은 1) 피고 인천광역시장이 이 사건 도시관리계획을 폐지하는 과정에서 합리적인 이익형량을 하지 않았거나 재량권을 일탈·남용

3) 1차, 2차 거부처분에 대한 취소소송에서, 1심은 대상토지 소유면적(신○○가 87% 소유) 및 토지소유자 동의비율(토지소유자 27명 중 15명 동의) 요건이 충족되었고 대상토지를 확보한 토지소유자와 非토지소유자 사이의 공동사업시행을 금지하는 규정이 없다는 이유로 인천광역시장의 두 차례 거부처분이 모두 위법하다고 보아 취소판결을 선고하였다(인천지방법원 2012. 11. 16. 선고 2012구합366 판결). 그러나 그 항소심은 사업자 지정의 근거가 되는 이 사건 도시관리계획 자체가 폐지되었고, 관련 재판에서 그 폐지 결정이 적법하다는 취지의 판결이 선고·확정됨으로써 사업 시행이 불가능하게 되었으므로 원고들이 더 이상 사업시행자 지정 및 실시계획인가 거부처분의 취소를 구할 소의 이익이 소멸하였다는 이유로 소각하 판결을 선고하여 그대로 확정되었다(서울고등법원 2018. 12. 5. 선고 2013누1289 판결).

하였다는 주장, 2) 자신들이 이 사건 도시관리계획을 신뢰하여 주민공청회, 환경영향평가, 문화재지표조사 등을 시행하는 한편 사업시행자 지정 및 실시계획인가 신청까지 마치는 등 수년간 많은 비용과 노력을 들였는데도, 피고 인천광역시장이 이 사건 도시관리계획 폐지결정을 함으로써 원고들의 보호가치 있는 신뢰이익을 침해하였으므로 신뢰보호원칙에 위반된다는 주장을 하였다.

1심은 피고가 제반 사정을 고려하였고 이익형량에 하자가 없다는 이유로 1)주장을 배척하고, 나아가 2)주장에 관해서는 "행정계획은 그 속성상 장래에 대한 예측을 전제로 하고, 본질적으로 변경 가능성을 내포하고 있으므로, 이에 해당하는 이 사건 도시관리계획을 고시한 것만으로는 피고가 위 도시관리계획의 유지나 원고들의 이 사건 사업 시행에 대하여 공적인 견해를 표명하였다고 보기 어렵고, 일반적으로 기존 행정계획의 존속에 대한 특정인의 기대이익을 행정계획의 변경에 따른 공익보다 우선시할 수도 없으므로 이 사건 처분이 신뢰보호의 원칙에 위반되어 위법하다고 보기 어렵다."라는 이유로 배척하여 원고들의 청구를 기각하였다. 항소심도 2)주장에 관해서는 이 부분 1심 판결이유를 그대로 인용하면서 원고의 항소를 기각하였다.

3. 대상판결의 요지

원심판결에 대한 상고이유로 원고들은 기존의 1)주장을 세분화하여, 이 사건 처분은 수익적 행정행위 철회 제한 법리에 위반되어 재량권 일탈·남용에 해당하고(제1점), 이 사건 처분은 도시관리계획 수립 후 5년 이내 변경을 금지한 국토교통부 도시관리계획 수립지침에 위반되어 재량권 일탈·남용에 해당한다고 주장하였고(제2점), 기존의 2)주장을 그대로 반복하여 주장하였다(제3점).

대법원은 우선 원고들의 상고이유 제1점, 제2점을 뭉뚱그려 "원심

은 이러한 사실관계를 기초로, 다음과 같은 이유를 들어 피고가 이 사건 도시관리계획을 변경(폐지)하는 이 사건 처분을 하면서 이익형량을 전혀 행하지 않았거나 이익형량의 고려 대상에 마땅히 포함시켜야 할 사항을 누락하였거나 또는 이익형량을 하였으나 정당성과 객관성이 결여된 경우에 해당한다고 볼 수 없다고 판단하였다. … 이러한 원심의 판단은 앞서 본 법리에 기초한 것으로서, 거기에 상고이유 주장과 같이 행정계획의 재량한계, <u>**수익적 행정행위의 철회 제한**</u>, 재량권 일탈·남용에 관한 법리를 오해하거나 논리와 경험의 법칙에 반하여 자유심증주의의 한계를 벗어나는 등의 위법이 없다."(밑줄 및 강조는 필자, 이하 같음)라고 판시하면서 배척하였다. 그런 다음, 원고들의 2)주장에 관하여 아래와 같은 이유로 원심(= 1심)의 판단이 정당하다고 하면서 원고들의 상고를 기각하였다.

「2. 상고이유 제3점에 대하여

가. 일반적으로 행정상의 법률관계에 있어서 행정청의 행위에 대하여 신뢰보호 원칙이 적용되기 위해서는, 첫째 행정청이 개인에 대하여 신뢰의 대상이 되는 공적인 견해표명을 하여야 하고, 둘째 행정청의 견해표명이 정당하다고 신뢰한 데에 그 개인에게 귀책사유가 없어야 하며, 셋째 그 개인이 그 견해표명을 신뢰하고 이에 기초하여 어떠한 행위를 하였어야 하고, 넷째 행정청이 그 견해표명에 반하는 처분을 함으로써 그 견해표명을 신뢰한 개인의 이익이 침해되는 결과가 초래되어야 한다. 어떠한 행정처분이 이러한 요건을 충족하는 때에는 공익 또는 제3자의 정당한 이익을 현저히 해할 우려가 있는 경우가 아닌 한 신뢰보호 원칙에 반하는 행위로서 위법하다(대법원 2008. 1. 17. 선고 2006두10931 판결 등 참조).

나. 원심은, 이 사건 도시관리계획을 고시한 것만으로는 피고가 이 사건 <u>**도시관리계획의 유지**</u>나 원고들의 이 사건 사업 시행<u>**에 관한 공적인 견해를 표명**하였다고 보기 어렵고</u>, 일반적으로 <u>기존 행정계획의 존</u>

속에 대한 특정인의 기대이익을 행정계획의 변경에 대한 공익보다 항상 우선시할 수도 없다는 등의 이유를 들어, 이 사건 처분이 신뢰보호 원칙에 반하지 않는다고 판단하였다.

다. 원심판결 이유를 앞서 본 법리와 적법하게 채택된 증거들에 비추어 살펴보면, 이러한 원심의 판단은 정당하고, 거기에 상고이유 주장과 같이 신뢰보호 원칙에 관한 법리를 오해하는 등의 위법이 없다.」

[대상판결의 평석]

Ⅰ. 문제의 소재

도시계획은 지역의 중·장기 발전 방향에 관한 것이므로, 토지소유자의 개발이익만을 목적으로 수립되어서도 안 되고, 일부 주민이 반대한다는 이유만으로 폐지되어서도 안 되며, 주민 다수를 위한 공공복리 측면에서 수립·추진되어야 한다. 계양산 일대에 골프장 건설을 허용할지 여부는 지방자치단체 차원에서 지역 내 토지의 합리적인 이용·개발·보전이라는 측면에서 정책적, 합목적적으로 결정하여야 할 '계획고권'의 문제이며, 기본적으로 도시계획결정권자의 재량을 존중할 필요가 있다. 지역의 개발 여부와 방식은 지방자치에서 주민이 관심을 가지는 중요사항이므로, 도시계획결정권자인 지방자치단체장은 지역 여론의 변화 추이에 따라 기존 도시계획을 수정·변경할 재량도 가지고 있다고 보아야 한다.

계양산 일대에 골프장 건설을 불허하는 취지의 이 사건 처분이 이루어진 데에는 지역 여론의 변화와 지방선거 결과, 헌법불합치결정과 그에 따른 개정법령 등이 복합적으로 작용하였다. 그러나 이 사건 처분

은 새로 선출된 인천광역시장이 지역 여론의 변화 추이 등을 감안하여 의지적·정책적으로 결단한 결과이지, 헌법불합치결정이나 그에 따른 개정법령에 의해서 불가피하게 결정되었거나 또는 중앙정부가 명령한 사항은 아니다. 현행 법질서 하에서 공공시설을 반드시 공공주체가 설치·운영해야 하는 것은 아니고, 공공성 확보를 위한 일정한 부담하에 특허기업자가 설치·운영하는 것도 가능하다. 헌법불합치결정의 사안에서 문제된 것은 일반 주민이 이용할 수 없는 '회원제 골프장'이었던 반면, 대상판결의 사안에서 문제된 것은 일반 주민이 이용할 수 있는 '대중골프장'이었고, 헌법불합치결정에는 소급효가 없으며 개정법령에서도 개정 이후에 입안 제안이 이루어지는 사안부터 적용됨을 명시하였으므로 기존에 원고들이 취득한 법적 지위에는 직접적인 영향이 없었다. 그런데도 신임 시장은 전임 시장의 결정을 뒤집고 원고들의 기득권[4]을 박탈하였는데, 기득권 박탈을 보상해주기 위한 아무런 조치도 취하지 않았다. 대상판결은 공익상 필요가 인정되고 결정과정에서 제반 요소를 고려하여 공익과 사익의 형량을 거쳤다면 신임 시장이 전임 시장의 결정을 뒤집는 것도 법적으로 허용될 수 있다는 취지이다. 사정변경에 따른 행정청의 정책변경을 허용할 필요성 자체에 대해서는 수긍할 수 있으나, 원고들에게 아무런 귀책사유가 없는데도 정당한 보상 없이 원고들의 기득권을 박탈하는 것이 과연 법치국가에서 허용될 수 있는지는 극히 의문이다. 이러한 경우에 미국에서는 수정헌법 제5조(수용·보상 조항)와 제14조(적법절차 조항)에 근거하여 연방대법원의 판례법으로 정립된 '규제적 수용' 법리에 따라 처분의 근거법률에 손실보상 규정이 없더라도 법원에 손실보상을 청구할 수 있도록 하고 있고,[5] 독일에서는 일

4) 이 사건 도시관리계획에 의해 해당 사업부지에 개발허용성이 부여되었고 그러한 처분을 받은 수허가자 지위는 법적으로 보호받고 양도할 수 있어 '헌법상 보장되는 재산권'으로 충분히 포섭할 수 있기 때문에 '기득권'이라는 표현을 사용하였다. 이에 관해서는 본고 Ⅲ. 3. 다. 2)항 참조.

5) 박호경, 미국 규제적 수용의 기준과 변용에 관한 연구 - 자유무역협정상의 '간접수

반법인 연방행정절차법에서 명시적으로 손실보상 의무를 규정하고 있다. 주민이 일정한 비용을 지출하여 적법하게 취득한 기득권을 행정청이 전쟁과 같은 비상사태도 아닌 상황에서, 단지 주민의 여론이 변경되었거나 지방정부가 교체되었다는 사정만으로 정당한 보상 없이 박탈할 수 있다면 그것은 법치국가이길 포기하는 것 아닌가?

대상판결은 신뢰보호원칙에 관하여 새로운 법리를 개진하지는 않았고, 다만 원심의 판단이 확립된 판례 법리에 부합한다고 하면서 수긍하였을 뿐이다. 그런데 원심(= 1심)의 판결이유를 살펴보면 '도시관리계획의 존속에 관한 국민의 신뢰는 기본적으로 보호할 필요가 없고, 행정청이 기존 도시관리계획의 유지를 별도로 약속·견해표명을 한 경우에나 비로소 신뢰보호 여부를 진지하게 검토하는 것이 필요할 수 있다'는 취지처럼 읽힌다. 도시관리계획의 존속에 관한 국민의 신뢰보호를 위해서는 행정청의 별도의 공적인 견해표명이 있어야 한다는 언급이 이론적으로 과연 타당한지 의문이다.

다른 한편으로, 대상판결이 인용한 판례 법리는 신뢰보호원칙의 적용 일반에 관한 것이긴 하지만, 공적인 견해표명, 특히 공식적인 처분이 아닌 확약이나 유권해석을 염두에 두고 만들어진 판시(wording)인데, 해당 사안은 공식적인 처분에 해당하는 도시관리계획이 이루어졌다가 사정변경을 이유로 철회처분이 이루어진 경우이므로 보다 특수한 적용국면에 관하여 개발된 수익처분 직권취소·철회 제한 법리를 적용하는 것이 좀 더 옳았다.

신뢰보호원칙은 이미 헌법적 원리로 승인된 법의 일반원칙으로서 실무에서 널리 적용되고 있으나, 대상판결은 행정재판실무에서 신뢰보호원칙이 잘못 이해·적용되고 있음을 시사한다. 본고에서는 이러한 오해가 어디에서 기인하는지, 해당 사안에서 신뢰보호원칙을 적용한 올바

용'과의 비교를 중심으로 −, 서울대 법학석사논문(2010); 장민선, "미국 연방대법원의 규제적 수용 판단기준에 관한 연구", 세계헌법연구 16권 1호(2010) 등 참조.

른 결론이 무엇인지를 규명하고자 한다. 이를 위하여 우선 신뢰보호원칙의 적용 요건을 고찰한 후(Ⅱ), 손실보상의 필요성과 가능성을 검토한다(Ⅲ).

Ⅱ. 신뢰보호원칙 적용 요건에 관한 고찰

1. 신뢰보호원칙의 의의

가. 대법원 판례의 연혁과 실정법적 근거

대법원 판례에서 신뢰보호원칙을 처음으로 판시한 것은 조세 사건에서 대법원 1980. 6. 10. 선고 80누6 전원합의체 판결인데, 1974. 12. 21. 법률 제2679호로 제정된 국세기본법 제15조에 신의성실원칙이, 제18조 제2항에 종전의 해석이나 관행에 배치되는 새로운 해석 또는 관행에 의한 소급과세 금지가 규정되어 있었기 때문에 실정법의 해석·적용에 관한 의견으로서 신뢰보호를 언급하였던 것이며, 그 후 대법원 1985. 4. 23. 선고 84누593 판결에서 국세기본법 제15조에 따른 신의성실원칙 적용의 4가지 요건을 처음으로 제시하였다.[6]

일반행정 사건에서는 대법원 1992. 5. 26. 선고 91누10091 판결(건

6) 84누593 판결의 재판연구관 검토보고서나 판례해설이 남아 있지 않아, 84누593 판결에서 이러한 4가지 요건을 도출한 근거가 무엇인지를 현재로서는 정확히 파악하기 어렵다. 다만, 그 당시의 우리나라 법학계의 저발전 상태, 일본의 주석서와 판례를 결정적으로 참고하였던 당시의 대법원 재판실무 경향을 고려하면, 아마도 일본의 일부 문헌과 일본 동경지방재판소의 1965년 판결의 판시를 수용하여 정리·변용한 결과로 짐작된다. 조세 사건에의 신의칙 적용에 관한 일본 최고재판소의 최초 판례는 1987년에 처음으로 나왔으며, 거기에서 판시된 신의칙 적용요건은 대법원 84누593 판결에서 판시된 요건과 다소 다르다고 한다. 이에 관해서는 정인진, “조세와 신의칙”, 법과 정의, 경사 이회창 선생 화갑기념논문집(1995), 406쪽의 각주 25 및 414쪽의 각주 56 참조.

축허가 거부처분 취소소송)에서 처음으로 신뢰보호원칙 적용을 위한 4가지 요건을 제시하였다. 91누10091 판결이 신뢰보호원칙의 근거로서 원용한 대법원 판례들은 모두 조세 사건에서 세법상 신의성실원칙에 관한 것들로서, 그 당시에 일반행정 사건에 관해서는 신뢰보호원칙의 실정법상 근거가 전혀 없었던 상황이었음에도 당시의 학설과 법관의 법적 확신에 따라 재판규범으로서 신뢰보호원칙을 승인하였던 것이다. 그 후 대법원 1998. 5. 8. 선고 98두4061 판결에서 '공익과 사익의 형량'이라는 새로운 요건을 추가로 제시하여, 이후로는 현재까지 신뢰보호원칙 적용을 위한 5가지 요건이 대법원의 확립된 판례가 되었다.[7)]

---

7) ⓐ 98두4061 판결에서는 "어떠한 행정처분이 이러한 (4가지) 요건을 충족할 때에는, 공익 또는 제3자의 정당한 이익을 현저히 해할 우려가 있는 경우가 아닌 한, 신뢰보호의 원칙에 반하는 행위로서 위법하게 된다"라고 판시하였으나, 그 후 ⓑ 대법원 2001. 9. 28. 선고 2000두8684 판결에서는 "마지막으로 위 견해표명에 따른 행정처분을 할 경우 이로 인하여 공익 또는 제3자의 정당한 이익을 현저히 해할 우려가 있는 경우가 아니어야 한다."라고 판시하였고 대법원 2016. 12. 15. 선고 2013두8431 판결에서는 "다섯째 위 견해표명에 따른 행정처분을 할 경우 이로 인하여 공익 또는 제3자의 정당한 이익을 현저히 해할 우려가 있는 경우가 아니어야 한다"라고 판시하였다. 대법원 판결에서 ⓑ유형이 고착된 것은 아니고, 여전히 ⓐ유형과 ⓑ유형이 별 다른 문제의식 없이 혼용되고 있다. ⓐ유형과 ⓑ유형에서 공익과 사익의 형량이 구체적으로 어떤 위상·기능을 차지하는 것인지는 이론적으로 분명하지 않고, 이제까지 이론적 분석에서 양자의 차이는 그다지 주목을 받지 못하였다. 다만 ⓐ유형에서는 4가지 요건이 충족되면 특별한 사정이 없는 한 행정상대방의 신뢰는 원칙적으로 보호되어야 한다는 뉘앙스가 강한 반면, ⓑ유형에서는 5가지 요건이 모두 충족되어야 행정상대방의 신뢰가 비로소 보호될 수 있다는 뉘앙스로 읽힌다. ⓐ유형에서도 공익과 사익의 형량이 필요할 수 있음을 전제로 한다는 점에서 양자에는 차이가 없다고 볼 수도 있으나, 소송실무상으로 주장·증명책임의 소재에서 차이가 발생할 수 있다. 본문과 단서의 구조에서 증명책임 분배의 일반원칙과 대법원 판례상 법의 일반원칙에 위반되어 재량권을 일탈·남용하였다는 위법사유는 원고에게 증명책임이 있는 점을 고려하면, ⓑ유형에서는 다섯째 요건은 신뢰보호원칙의 적용에서 필수적인 심리·판단사항이며 공·사익 형량에서 사익의 우월은 원고에게 증명책임이 있다는 결론으로 귀착될 가능성이 큰 반면, ⓐ유형에서는 신뢰보호원칙의 적용에서 4가지 요건만 원고에게 증명책임이 있고, 다섯째 요건은 피고 행정청이 적극적으로 주장하지 않으면 심리·판단하지 않아도 무방하고, 공·사익 형량에서 공익의 우월은 피고 행정청에게 증명책임이 있다는 결론으로 귀착될 가능성이 크다.

1996. 12. 31. 법률 제5241호로 제정된 행정절차법 제4조에 '신의성실 및 신뢰보호' 원칙이 명문화됨으로써 일반행정 사건에서도 비로소 신뢰보호원칙의 실정법상 근거가 생겼지만, 행정절차법 제4조 제2항의 문언은 국세기본법 제18조 제2항의 문언을 그대로 답습한 것이어서 신뢰보호가 필요한 다양한 국면들을 모두 포괄하지는 못하였다. 2021. 3. 23. 법률 제17979호로 제정된 행정기본법 제12조에 행정작용 과정에서 행정청이 준수하여야 할 법의 일반원칙으로서 신뢰보호원칙이 명문화되었다.

나. 이론적 근거

항고소송에서 법원은 해당 처분이 헌법, 법률, 그 하위의 법규명령, '법의 일반원칙' 등 객관적 법질서를 구성하는 모든 법규범에 위반되는지 여부를 기준으로 처분의 위법성을 심리·판단하여야 한다.[8] '법의 일반원칙'(Rechtsgrundsatz)은 법학의 오랜 역사 속에서 학설과 판례에 의해 승인된 것으로서, 관습법과 마찬가지로 원래 공동체의 법적 확신에 의하여 성립하는 불문(不文)의 법규범이었으나,[9] 제2차 세계대전 이후로 자유민주적 법치국가에서 헌법질서의 일부로 편입·승인되었다. 대법원 판례상으로 1990년대 이후에 비례원칙, 평등원칙, 신뢰보호원칙 등 법의 일반원칙을 행정재판의 심사척도로 적용한 사례가 부쩍 늘었는데, 1987년 민주화혁명의 결과로서 제6공화국 헌법이 제정된 이후에야 비로소 헌법이 법질서상 근본규범으로 승인되고 법의 일반원칙이 헌법규범으로 인식되어 사법심사척도로서 적극적으로 활용되기 시작한 결과로 보는 것이 타당하다.

8) 대법원 2019. 10. 17. 선고 2018두104 판결.

9) '법의 일반원칙'은 한때 '조리(條理)'라고 불리기도 하였다. '조리'란 민법 제1조에 법률의 흠결을 보충하는 수단으로 규정되어 있기도 한데, 사물의 본성(Natur der Sache)의 번역어로서, 현대 법학에서는 '법의 일반원칙'이라고 이해되고 있다. 윤진수, 주석 민법, 총칙(1), 4판(2010), §1, 116 참조.

종래에 공법학계에서 신뢰보호원칙의 이론적 근거를 법의 일반원칙인 '신의성실원칙'에서 찾는 견해와 법치국가원리의 구성요소인 '법적 안정성'에서 찾는 견해가 있었는데, 각자 이론적 장·단점이 있지만,[10] 양자가 중첩적으로 신뢰보호원칙의 근거가 된다고 봄이 타당하다. 헌법재판소는 신뢰보호원칙이 헌법상 법치국가원리로부터 도출된다고 하였으나,[11] 헌법재판에서는 헌법적 차원의 규범만이 심사척도가 될 수 있는데 신의성실원칙이 민법에 규정되어 있어 전통적으로 사법(私法)의 규범 또는 법률적 차원의 규범으로 인식되어 왔기 때문에 신의성실원칙을 신뢰보호원칙의 근거로 제시하길 꺼려한 것으로 보인다. 신의성실원칙은 행정상대방의 신뢰를 유발한 행정청이 이와 모순되는 조치를 하는 것을 질책하는 것, 다시 말해 행정청의 이율배반적 행위 내지 귀책사유에 대한 비판에 초점을 맞추는 반면, 신뢰보호원칙은 행정상대방의 신뢰가 보호가치 있으면 보호해 주어야 한다는 데에 초점을 맞추는 것으로서 행정청의 귀책사유 유무가 결정적 고려요소는 아니다. 양자는 사안을 바라보는 측면과 강조점을 다소 달리하는 것일 뿐, 규범적 평가의 본질이 다르다고 보기 어렵다. 국세기본법 제15조, 지방세기본법 제18조에 규정된 신의성실원칙과 관련하여 대법원 판례가 구체화한 신의성실원칙의 적용요건은 신뢰보호원칙의 적용요건과 실질적으로 동일하다.[12]

다. '법원리'로서의 신뢰보호원칙의 적용

법규범을 '원리'(principle, Prinzip)의 차원과 '규칙'(rule, Regel)의 차원으로 구별하여야 한다는 것을 최초로 개진한 사람은 미국의 법철학자 Ronald Dworkin이다.[13] 이 이론을 수용하여 법원리의 본질을 최적상

10) 강현호, "신뢰보호원칙에 대한 재고찰", 성균관법학 17권 3호(2005), 147~148.
11) 헌재 1995. 6. 29. 선고 94헌바38 결정; 헌재 2009. 5. 28. 선고 2005헌바20 결정 등 참조.
12) 대법원 1980. 6. 10. 선고 80누6 전원합의체 판결은 국세기본법 제15조(신의성실원칙)의 입법목적이 납세자의 신뢰보호에 있다고 하였다.

태실현명령(최적화명령, Optimierungsgebot)으로 파악한 다음 헌법 영역에서 기본권을 법원리로 파악하는 이론을 전개한 것이 독일의 헌법학자 Robert Alexy이다.[14)]

원리-규칙 모델에 의하면, 법규범 가운데 요건과 효과가 명확히 정해져 있어 그와 상충하는 내용의 법규범과 충돌하면 상위법·신법·특별법 우선의 원칙에 따라 어느 일방이 완전히 효력을 상실하지 않으면 안 되는 것을 법규칙이라 하고, 요건과 효과가 추상적이며 그 상호간에 규범내용이 출동하더라도 어느 일방이 효력을 상실하지 않고 어떤 사안에서는 일방이 우선할 수 있지만 다른 사안에서는 타방이 우선할 수 있는 것은 법원리라고 한다. 법규칙은 그 상호간에 all or nothing의 관계가 성립하지만, 법원리는 항상 다른 원리와 형량(Abwägung)이 가능할 뿐만 아니라 필요한 법규범으로서, 그 규범내용을 주어진 상황 하에서 최적으로 실현할 것을 명령한다. 따라서 원리는 그와 모순·충돌되는 다른 원리에 대해 모든 경우에 절대적으로 우월할 수는 없고, 개별·구체적인 형량의 결과 전체 법질서상 최적상태를 실현하기 위해 필요한 경우에는 자신의 규범내용 중 일부 또는 전부를 양보하게 된다.

신뢰보호원칙의 적용에서는 '사인의 신뢰보호'라는 가치를 흔히 '공익'이라고 일컬어지는 가치와 형량하여야 한다. 여기에서 '공익'을 좀 더 구체적으로 표현하면 '법률에 규정된 대로 행정작용이 이루어져야 한다'

---

13) Ronald Dworkin, "The Model of Rule", in: 「University of Chicago Review 35」 (1967), 14 이하. 이 논문은 현재 同人의 「Taking Rights Seriously」, 6. ed., London 1991, 14~45에 수록되어 있다.

14) Robert Alexy, "Zum Begriff des Rechtsprinzips", in: 「Rechtstheorie Beiheft 1」(1979), 59-87면; 同人, 「Theorie des Grundrechts, Frankfurt a.M., 1986 등. 원리이론을 행정법 영역에 적용하여 행정법상 공익과 사익의 형량 내지 재량통제 문제의 구조를 해명하고, 나아가 행정법 영역에 적용할 법규범의 발견방법론을 전개한 연구로는 박정훈, 「Rechtsfindung im Verwaltungsrecht – Grundlegung einer Prinzipientheorie des Verwaltungsrechts als Methode der Verwaltungsrechtsdogmatik」, Berlin 1999., 367 이하 참조.

는 가치(행정의 법률적합성 원칙) 또는 '종전 결정에 얽매이지 않고 사정 변경을 반영하여 유연하고 시의적절한 행정작용을 수행할 수 있어야 한다'는 가치(행정의 적응성 원칙)라고 말할 수 있다.

신뢰보호원칙은 비례원칙과 마찬가지로 법의 일반원칙이므로 모든 행정작용에 적용되며, 개별·구체적인 사안에서 신뢰보호원칙과 행정의 법률적합성 원칙 내지 적응성 원칙을, 사익과 공익을 형량하여야 하고,[15] 경우에 따라서는 사인의 신뢰보호를 위해 공익의 관철이 제한될 수 있으며 그때 '공익에 따른 조치가 신뢰보호원칙에 위반되어 위법하다'고 규범적 가치평가를 내리게 되는 것이지, 원고가 승소하는 사안에서만 신뢰보호원칙이 적용되는 것이 아니다. 다만, 원고가 소송에서 신뢰보호원칙 위반을 적극적으로 주장하는 경우에 법원이 신뢰보호원칙 위반 여부를 좀 더 진지하게 심리·판단하게 되는 것일 뿐이다.[16] 따라서 대법원 판례에서 '일반적으로 행정상의 법률관계에 있어서 행정청의 행위에 대하여 신뢰보호원칙이 적용되기 위해서는 일정한 요건을 충족하여야 한다'라고 표현하는 것은 잘못이다.

15) 신뢰보호원칙은 내용상 이익형량을 핵심으로 하는 협의의 비례원칙의 구조를 취하고 있으므로, 신뢰보호원칙이 '특수한 비례원칙', 즉 특수한 적용국면에서 협의의 비례원칙이 구현되는 하나의 방식이며, 행정법의 일반원칙들 사이에서도 일반법과 특별법을 구분하여 특별법의 적용 우선이 관철되어야 하므로 특별 신뢰보호원칙(ex. 수익처분 직권취소·철회 제한 법리) → 일반 신뢰보호원칙 → 비례원칙 순으로 적용되어야 한다고 한다는 견해로는 김혜진, 공법상 신뢰보호원칙에 관한 연구 – 독일과 프랑스의 비교를 중심으로 –, 서울대 법학박사학위논문(2021), 67 참조.

16) 항고소송에서 계쟁처분의 구체적인 위법사유는 법원의 직권조사사항은 아니고, 다만 기록상 자료가 있는 범위 내에서 당사자의 주장 없이도 직권으로 심리·판단할 수 있을 뿐이다(대법원 2000. 3. 23. 선고 98두2768 판결 등 참조).

2. 신뢰보호원칙의 다양한 적용국면들과 적용 5요건의 관계

가. 신뢰보호원칙의 다양한 적용국면들

신뢰보호원칙은 법의 일반원칙이므로 모든 행정작용에 적용된다. 대법원 판례는 '일반적인 신뢰보호원칙 적용 5요건' 외에 각각의 적용국면의 상황에 맞추어 다소 표현이 다른 판단기준을 제시하고 있다.

1) 진정 소급입법의 원칙적 금지, 부진정 소급입법의 원칙적 허용

소급입법을, 새로운 입법을 이미 종료된 사실·법률관계에 적용하도록 하는 '진정 소급입법'과 현재 진행 중인 사실·법률관계에 적용하게 하는 '부진정 소급입법'으로 구분하여, 전자는 개인의 신뢰보호와 법적안정성을 내용으로 하는 법치국가원리에 의하여 허용되지 않음이 원칙인 반면, 후자는 원칙적으로 허용되지만 소급효를 요구하는 공익상 필요와 신뢰보호를 요구하는 사익을 비교·형량하여 사익이 더 우월한 경우에는 소급입법의 적용이 제한된다고 본다.[17]

이미 헌법재판소가 진정 소급입법이 예외적으로 허용될 수 있는 경우가 있다고 하였으므로,[18] 대법원도 진정 소급입법이 예외적으로 허용될 일말의 가능성을 열어두기 위해 원칙적으로 허용되지 않는다고 하였다. 그 결과 소급입법이 적용되는 모든 사안에서 공익과 사익의 형량이 필요하며, 다만 진정 소급입법의 경우에는 사익보호를 좀 더 중시하고 부진정 소급입법의 경우에는 공익을 좀 더 중시하도록 기본값(default)이 설정되어 있을 뿐이다. 재판실무에서 주로 문제되는 것은 부진정 소급입법이다.[19]

---

17) 대법원 2001. 11. 13. 선고 2001두5705 판결, 대법원 2019. 1. 31. 선고 2015두60020 판결 등 참조.

18) 헌재 1996. 2. 16. 선고 96헌가2 결정(5·18민주화운동등에관한특별법 제2조 합헌결정) 등 참조.

대법원 판례는 부진정 소급입법 사안에서 신뢰보호 여부의 판단기준으로 신뢰보호원칙 적용의 5가지 요건을 일일이 검토·판단하지 않고 다섯째 요건인 공익과 사익의 형량만을 언급하고 있다. 소급입법이 행해지기 전의 기존 법상태 자체가 신뢰의 대상이 되고, 신뢰보호를 위해 기존의 법령을 유지하겠다는 행정청의 별도의 공적인 견해표명은 필요하지 않다. 다만, 행정상대방에게 귀책사유가 있는지, 행정상대방이 기존의 법령을 신뢰하여 어떤 조치·투자를 하였는지는 공익과 사익의 형량 단계에서 사익의 보호가치 정도를 판단할 때에 고려할 요소이다.[20)]

2) 수익처분 직권취소·철회 제한 법리

행정상대방의 신뢰보호를 위해 수익처분의 직권취소·철회는 제한되어야 한다는 것이 확립된 통설·판례이며 행정기본법 제18조, 제19조에 명문화되었다. 수익처분의 직권취소·철회는 이미 부여된 국민의 기득권을 침해하는 것이므로, 비록 직권취소·철회사유가 있더라도 기득권의 침해를 정당화할 만한 중대한 공익상의 필요 또는 제3자의 이익보호의 필요가 있는 때에 한하여 행정상대방이 받는 불이익과 비교·형량하여 직권취소·철회권 행사 여부를 결정하여야 하고, 직권취소·철회로 인하여 공익상의 필요보다 행정상대방이 받게 되는 불이익이 큰 경우에는 재량권의 한계를 일탈한 것이어서 허용되지 않는다.[21)]

19) 진정 소급입법의 사례는 매우 드물며, 처분의 근거법령을 진정 소급입법으로 해석할 경우 위헌·무효로 판단될 가능성이 크므로 법령의 문언이나 입법의도가 분명하지 않은 상황에서는 법원이 대개 해당 조항을 부진정 소급입법으로서 이미 종료된 사실·법률관계에는 적용되지 않는다고 합헌적 축소해석을 하는 것이 보통이다(대법원 2020. 4. 29. 선고 2019두32696 판결 참조).

20) 헌재 1996. 2. 16. 선고 96헌가2 결정의 다음과 같은 판시는 부진정 소급입법의 공·사익 형량에서도 참고할 수 있다: "진정소급입법이 허용되는 예외적인 경우로는 일반적으로, 국민이 소급입법을 예상할 수 있었거나, 법적 상태가 불확실하고 혼란스러웠거나 하여 보호할 만한 신뢰의 이익이 적은 경우와 소급입법에 의한 당사자의 손실이 없거나 아주 경미한 경우, 그리고 신뢰보호의 요청에 우선하는 심히 중대한 공익상의 사유가 소급입법을 정당화하는 경우를 들 수 있다."

21) 대법원 2020. 4. 29. 선고 2017두31064 판결 등 참조. 다만, 수익처분 직권취소·철회

대법원 판례는 이 경우에도 신뢰보호원칙 적용의 5가지 요건을 일일이 검토·판단하지 않고 다섯째 요건인 공익과 사익의 형량만을 언급하고 있다. 수익처분 자체가 신뢰의 대상이 되고, 신뢰보호를 위해 수익처분을 유지하겠다는 행정청의 별도의 공적인 견해표명은 필요하지 않으며, 행정상대방에게 귀책사유가 있는지, 행정상대방이 수익처분을 신뢰하여 어떤 조치·투자를 하였는지는 공익과 사익의 형량 단계에서 사익의 보호가치 정도를 판단할 때에 고려할 요소이기 때문이다.

3) 제재처분의 불리한 변경 제한 법리

과거의 의무위반에 대한 제재처분은 회고적이고 징벌적 성질을 가진다는 점에서, 미래지향적이고 형성적인 계획처분, 현재와 장래의 위험방지를 위한 경찰처분, 공행정활동의 재정을 마련하기 위한 조세·부담금 부과처분과는 법적 성질을 달리한다. 행정형벌, 행정질서벌, 제재처분은 행정법적 의무위반에 대한 제재라는 점에서 본질적인 차이가 없고, 다만 입법자가 절차의 주도권과 처분양정에 관한 재량을 수사기관, 행정기관, 법원 중 어느 기관에게 부여하였는가 라는 측면에서 구분할 수 있을 뿐이므로, 제재처분에 관해서도 행정형벌에 준하는 법치국가적 안전장치가 필요하다.[22] 그렇기 때문에 제재처분은 절차적으로 신중하게 이루어질 필요가 있으며, 일단 제재처분이 이루어진 이후에는 특별한 사정이 없는 한 처분상대방에게 불리하게 처분양정을 상향하는 것은 허용되지 않는다고 봄이 타당하다.

제한 법리는 쟁송취소의 경우에는 적용되지 않는다(대법원 2019. 10. 17. 선고 2018두104 판결). 처분상대방에게는 수익적이지만 인근주민 등 제3자에게는 불이익한 이른바 '복효적 행정처분'의 불가쟁력이 발생하기 전에는 처분의 존속에 대한 처분상대방의 신뢰가 규범적으로 보호가치가 크지 않을 뿐만 아니라, 제3자의 원고적격을 인정하여 취소소송 제기를 허용하는 제도의 취지에 부합하지 않기 때문이다.

22) 박정훈, "협의의 행정벌과 광의의 행정벌", 행정법의 체계와 방법론(박영사 2005), 323~325, 359~378; 이상덕, "제재적 행정처분에 관한 사법심사 - 최근 대법원 판례 동향을 중심으로 -", 행정법연구 71호(2023), 246~250.

같은 취지에서 대법원 판례는 행정청이 일단 제재처분을 한 경우에는 법령에 규정이 있는 때 등의 특별한 사유가 있는 경우를 제외하고는 행정청이 임의로 처분상대방에게 불리한 내용으로 변경할 수 없다고 하면서, 그 근거로 선행처분에 대한 처분상대방의 신뢰보호와 법적 안정성을 들었다. 대법원 판례는 이 경우에도 신뢰보호원칙 적용의 5가지 요건을 일일이 검토·판단하지 않았다. 선행 제재처분 자체가 신뢰의 대상이 되고, 신뢰보호를 위해 선행 제재처분을 유지하겠다는 행정청의 별도의 공적인 견해표명은 필요하지 않으며, 처분상대방이 선행 제재처분을 신뢰하여 어떤 조치를 하였어야 할 필요는 없다. 다만, 아직 사례가 많이 집적되지 않았고 후속 판례를 통해 판단기준을 좀 더 섬세하게 다듬을 필요가 있으나, 신뢰보호원칙과 행정의 법률적합성 원칙 사이의 형량이 필요하다는 점은 분명하다.[23)]

---

23) 대법원 2000. 2. 25. 선고 99두10520 판결에서 음주운전으로 처분기준상 면허취소사유에 해당하였는데 담당공무원의 전산입력 착오로 운전면허 100일 정지처분이 이루어졌던 사안에서 행정청이 오류를 바로잡기 위해 선행 정지처분을 직권으로 취소한 후 다시 운전면허 취소처분을 하는 것은 허용될 수 없다고 판단하였고, 대법원 1999. 5. 28. 선고 99두1571 판결, 대법원 2002. 5. 28. 선고 2000두6121 판결에서 행정청이 위반사업자에 대하여 공정거래법상 과징금을 산정·부과하였는데 추후 과징금 산정기준이 되는 새로운 자료가 나왔다는 이유로 과징금을 증액하여 부과하는 것은 허용될 수 없다고 판단하였던 점을 고려하면, 99두10520 판결에서 불리한 변경이 허용될 수 있는 경우로서 예시한 '처분에 하자가 있는 때, 처분의 존속이 공익에 위반되는 때'란 선행처분의 취소사유(단순위법사유)에 불과한 처분사유(법위반사실)나 재량고려사유에 관한 사실오인이나 근거법령의 해석·적용에 관한 법리오해, 처분양정에 관한 재량권 일탈·남용을 의미하는 것이 아니라, 선행처분에 당연무효사유나 행정판결의 재심사유(행정소송법 제8조 제2항, 민사소송법 제451조)에 준하는 중대한 하자가 있는 경우를 의미한다고 봄이 타당하다. 실제 의무위반의 내용·정도에 비해 과소하게 이루어진 제재처분을 처분상대방에게 불리하게 변경할 수 없다고 한다면 가장 우려되는 것은 처분상대방이 행정청의 담당공무원에게 뇌물을 교부하거나 부정한 청탁을 하여 행정청이 포획당한 상태에서 또는 처분상대방이 허위진술을 하거나 허위자료를 제출하여 행정청이 기망당한 상태에서 과소한 제재처분이 이루어진 경우일 텐데, 이런 경우에는 민사소송법 제451조 제1항 제4호(담당공무원이 뇌물을 수수한 때), 제6호(증거가 위·변조된 때), 제7호(당사자의 거짓진술이

4) 행정의 자기구속 법리

행정규칙은 일반적으로 행정조직 내부에서만 효력을 가질 뿐 대외적인 구속력이 없으므로 행정처분이 그에 위반되었다고 하여 그러한 사정만으로 곧바로 위법하게 되는 것은 아니고, 다만 행정규칙이 정한 바에 따라 되풀이 시행되어 행정관행이 성립되면 평등원칙이나 신뢰보호원칙에 따라 행정청은 행정상대방에 대한 관계에서 행정규칙에 따라야 할 자기구속을 받게 되므로 행정관행에 반하는 처분은 특별한 사정이 없는 한 평등원칙이나 신뢰보호원칙에 위반되어 재량권을 일탈·남용한 위법한 처분이 된다.[24] 행정의 자기구속 법리는 이미 국세기본법 제18조 제3항, 행정절차법 제4조 제2항에 명문화되어 실정법상 근거도 있다.

대법원 판례는 이 경우에는 공익과 사익의 형량조차 명시적으로 언급하지 않고 있다. 다만 원칙적으로 사익보호를 중시하도록 기본값(default)을 설정해 두면서도, 행정규칙이 되풀이 시행되어 행정관행이 성립한 경우에도 예외적으로 특별한 사정이 있으면 그것과 다른 내용의 행정처분이 허용될 가능성을 열어두고 있다. 어떤 경우가 특별한 사정에 해당하는지, 해당 사안에서 과연 그러한 특별한 사정이 인정되는지는 결국 개별사안별 해결(Kasuistik)이 불가피한 사항으로서 앞으로의 판례 발전에 달린 문제이지만, 진정 소급입법의 경우와 마찬가지로 궁극적으로 공익과 사익의 형량이 필요한 사항이다. 또한 과연 행정관행의

증거가 된 때), 제9호(처분의 결과에 영향을 미칠 중요한 사항에 관한 판단을 누락한 때)에 준하는 중대한 하자가 있는 경우로 보아 행정청이 선행 제재처분을 재심사하여 실제 의무위반의 내용·정도에 부합하게 처분상대방에게 불리한 내용의 변경처분을 할 수 있다고 보아야 할 것이지만, 행정청을 포획하거나 기망하기 위한 처분상대방의 부정행위 없이 단지 행정청의 사실오인이나 법리오해와 같은 잘못으로 과소한 처분이 이루어진 경우에는 행정청이 선행 제재처분을 재심사하여 처분상대방에게 불리한 내용으로 변경하는 것은 법령에서 이를 특별히 허용하는 규정을 두고 있지 않는 한 정당화될 수 없다고 봄이 타당하다.

24) 대법원 2009. 12. 24. 선고 2009두7967 판결 등.

의미가 무엇인지, 어떤 정도이면 또는 어떤 간접사실이 인정되면 행정관행이 성립되었다고 평가할 수 있는 것인지는 아직까지 학설과 판례에서 제대로 규명된 바 없는 미지(未知)의 영역이다.

대법원 판례는 특히 행정규칙의 적용이 문제된 사안에서 행정의 자기구속 법리를 언급하고 있는데, 행정현실에서 업무지침 등 행정규칙을 매개로 하지 않고서는 행정관행이 성립될 가능성이 희박하고, 단지 행정청이 상위법령을 잘못 해석·적용하여 위법한 처분이 이루어진 사례가 몇 차례 있었다는 점만으로는 그러한 선례와 같은 내용으로 위법한 처분이 행해지길 바라는 행정상대방의 기대에 보호가치가 크다고 평가하기 어렵기 때문일 것이다.[25] 반대로, 행정규칙이 대외적으로 공표되었고 되풀이 시행되어 행정관행이 성립되었다면, 행정청이 특별한 사정의 존재를 주장·증명하지 못하는 한 별도의 이익형량 없이도, 자신에 대해서도 행정규칙대로 처분이 이루어지리라는 행정상대방의 기대는 보호되어야 한다. 행정규칙 및 행정관행의 존재 자체가 신뢰의 대상이 되고, 신뢰보호를 위해 행정규칙 내지 행정관행을 유지하겠다는 행정청의 별도의 공적인 견해표명은 필요하지 않다.

5) 처분사유 추가·변경 제한 법리

처분청이 소송 계속 중에 당초 제시한 처분사유로는 처분의 적법성을 인정받기 어려워 보이는 경우에 처분의 결론의 정당성을 뒷받침할 수 있는 다른 사유를 주장하는 것을 '처분사유의 추가·변경'이라 하는데, 대법원 판례는 "항고소송에서는 실질적 법치주의와 행정처분의 상대방인 국민에 대한 신뢰보호라는 견지에서 처분청이 당초 처분의 근거로 삼은 사유와 기본적 사실관계에 있어서 동일성이 있다고 인정되지 않는 별개의 사실을 들어 처분사유로 주장함은 허용되지 않는다."고 함

---

25) 대법원 2009. 6. 25. 선고 2008두13132 판결: "위법한 행정처분이 수차례에 걸쳐 반복적으로 행하여졌다 하더라도 그러한 처분이 위법한 것인 때에는 행정청에 대하여 자기구속력을 갖게 된다고 할 수 없다."

으로써[26] 처분사유 추가·변경에 일정한 제한을 가하고 있다. 처분사유 추가·변경을 어느 범위에서 허용할 것인지에 관해서는 상호 충돌하는 공익과 사익을 비교·형량하여 사법정책적 차원에서 기준을 수립할 필요가 있는데, 기존 대법원 판례는 상호 충돌하는 공익과 사익의 조화를 모색하는 기준으로 '기본적 사실관계의 동일성'을 제시하였다.

대법원 판례는 처분사유 추가·변경 제한이라는 '하위 법리'를 도출하는 과정에서 상호 충돌하는 법가치와 원리들(행정의 법률적합성 원칙, 소송경제, 분쟁의 1회적 해결 요청 vs. 행정절차를 통한 처분상대방의 방어권 보장, 신뢰보호)을 형량하였던 것이며, 구체적인 사안에서는 '원고의 선택'과 '기본적 사실관계의 동일성'이라는 판단기준에 따라 처분사유 추가·변경의 허용 여부를 판단하면 되고 공익과 사익의 형량을 별도로 하지는 않는다.[27] 즉, 처분사유 추가·변경 제한이라는 '하위 법리'의 적용에서는 공익과 사익의 형량이 필요 없으므로 이는 '법규칙'에 해당한다.

6) 실권의 법리, 소멸시효 완성 주장의 권리남용

법적안정성의 측면에서 행정청의 침익적 처분권한 행사시점을 적절히 제한할 필요가 있다. 처분의 근거법령에 제척기간[28]이나 소멸시효가 규정되어 있다면 이를 우선 적용하여야 하지만, 실정법상 규율이 없는 경우에는 보충적으로 법의 일반원칙에 근거하여 제한할 수 있다. 실권 내지 실효(Verwirkung)의 법리란 본래 권리행사의 기회가 있음에도

---

26) 대법원 1987. 7. 21. 선고 85누694 판결 등.

27) 처분사유 추가·변경 제한 법리는 원고(행정상대방)의 이익을 보호하기 위한 것이므로 개별·구체적 사안에서 원고에게 선택권을 인정할 수 있다. 최근 대법원 2024. 11. 28. 선고 2023두61349 판결은 거부처분 취소소송에서 '원고가 명시적으로 동의하는 경우'에는 기본권 사실관계의 동일성이 인정되지 않는 처분사유의 추가·변경도 예외적으로 허용된다고 판시하였다.

28) 행정기본법 제23조는 인허가의 정지·취소·철회, 등록말소, 영업소 폐쇄와 정지를 갈음하는 과징금 부과라는 한정된 제재처분 유형에 대해서만 5년의 제척기간 제도를 도입하였을 뿐이며, 국가공무원법, 공정거래법과 같은 개별법률에서 제척기간을 산발적으로 규정하고 있다.

불구하고 권리자가 장기간에 걸쳐 그의 권리를 행사하지 아니하였기 때문에 의무자인 상대방이 이미 그의 권리를 행사하지 아니할 것으로 믿을 만한 정당한 사유가 있게 되거나 행사하지 아니할 것으로 추인케 할 경우에 새삼스럽게 그 권리를 행사하는 것이 신의성실원칙에 반하는 결과가 될 때 그 권리행사를 허용하지 않는 것을 의미한다. 법의 일반원리인 신의성실원칙에서 파생된 법리이므로 공법관계에도 적용된다.[29]

대법원 판례는 '권리의 장기간 불행사', '믿을 만한 정당한 사유'라는 요건을 제시하고 있으나, 이는 일의적인 포섭·판단이 어려운 불확정개념이므로 결국 불확정개념에의 포섭판단에서 상호 충돌하는 법가치들과 원리들 사이의 형량이 필요하다. 이 형량에서는 행정상대방에게 불이익처분을 하여야 할 공익상 필요(처분사유의 발생에 행정상대방의 귀책사유 유무·정도)와 처분이 지연된 기간,[30] 처분의 지연에 관한 행정상대방이나 행정청의 귀책사유의 유무·정도가 중요하게 고려되어야 한다.

위와 같이 실권의 법리가 적용되는 국면은 침익처분 취소소송에서 뒤늦게 이루어진 침익처분의 위법 여부가 다투어지는 경우인데, 거부처분 취소소송에서 원고의 급부신청이 늦어 소멸시효가 완성되었다는 이유로 이루어진 거부처분의 위법 여부가 다투어지는 경우에도 이와 유사한 상황이 있다. 행정청이 사회보장수급권의 소멸시효 완성 전에 권리자로 하여금 별도의 급부신청이 불필요하다고 믿게 하는 행동을 하였거나, 일단 시효완성 후에 시효를 원용하지 아니할 것 같은 태도를 보여 권리자로 하여금 신뢰하게 만든 경우에는, 나중에 소멸시효 완성을 주장하면서 거부처분을 하는 것은 신의성실원칙에 반하는 권리남용에 해당하여 허용되지 않는다.[31]

29) 대법원 1988. 4. 27. 선고 87누915 판결.

30) 처분사유가 발생한 때부터 시간이 경과할수록 법적안정성의 요청과 행정상대방의 신뢰보호의 필요성은 점증한다.

31) 대법원 2008. 9. 18. 선고 2007두2173 전원합의체 판결. 국가배상소송에서도 실질적으로 이와 유사한 상황이 발생할 수 있다(대법원 2011. 9. 8. 선고 2009다66969 판결

7) 처분성 인정과 대상적격 불비 본안전항변의 권리남용

과거 대법원 판례는 개인의 권리(특히 재산권)에 직접적 변동을 초래하는 개별·구체적 작용만을 처분으로 파악하고, 가옥대장·임야대장·토지대장의 등재·변경·삭제행위에 대해서는 사법상의 권리관계에 변동을 야기하지 않는다는 이유로 처분성을 부정하였고, 일련의 행정과정상의 최종적 행위만을 처분으로 보았다. 그러나 2000년대 이후로 대법원 판례는 국민의 법적 불안을 해소하고 분쟁을 조기에 해결하고자 행정 내부적·중간적·확인적 행위를 처분으로 포착하는 일련의 판례 흐름을 만들어 내었다. 그러나 최종적 행위에 대한 쟁송가능성이 열려 있다는 점에서 과연 행정 내부적·중간적·확인적 행위에 대해서까지 쟁송가능성을 열어둘 필요가 있는지에 관해서는 논쟁의 여지가 있고 최종적으로 대법원의 사법정책적 판단이 필요한 사항이다. 따라서 행정 내부적·중간적 행위를 반드시, 항상 처분으로 인정하여야 하는 것은 아니며, 성급하게 일반화할 수 없다. 대법원 판례도 개별 행정작용 별로 제반 이익형량을 통한 개별·구체적 접근을 통해 사안별 해결을 하고 있다.[32]

행정청이 이와 같은 중간적·확인적 행위를 하면서 행정절차법상 처분절차와 실질적으로 동등하거나 강화된 '사전통지 및 의견제출 절차'를 거치거나 행정상대방에게 '90일 이내에 행정쟁송을 제기할 수 있다'는 불복방법 안내까지 포함한 통지서를 교부하는 경우가 있는데, 이는 행정청 스스로 자신의 중간적·확인적 결정을 행정소송의 대상인 처분으로 인식하였음을 의미한다. 그 불복방법 안내에 따라 행정상대방이 행정소송을 제기하자, 그제야 행정청이 자신의 결정·통지가 행정쟁송의 대상인 처분에 해당하지 않는다고 본안전항변을 하는 경우가 있는데, 대법원 판례는 이런 경우에 행정청의 불복방법 안내를 공적인 견해

등 참조).

32) 이에 관해서는 이상덕, "할당관세 적용 추천이 행정처분에 해당하는지 여부", 대법원판례해설 114호(2017년 하), 13~16 참조.

표명으로 보고 이에 대한 행정상대방의 신뢰보호를 위하여 행정소송 대상성을 인정하고 행정청의 본안전항변이 신의성실원칙 위반이라고 본다.[33] 이와 같은 중간적·확인적 행위의 처분성 인정 여부에 관한 판단에서도 신뢰보호가 고려되고 공익과 사익의 형량이 이루어진다.

나. 신뢰보호원칙 적용 5요건과의 관계

신뢰보호원칙을 '법원리'로 파악하면, 신뢰보호와 관련한 다양한 판례들을 상호 모순·충돌 없이 조화롭게 이해할 수 있으며, 판례 법리의 의미를 좀 더 정확히 이해할 수 있게 된다. 앞서 살펴본 바와 같이, 이미 대법원 판례는 소급입법, 수익처분 직권취소·철회 등 신뢰보호원칙이 적용되는 다른 국면에서는 다소 표현이 다른 판단기준을 제시하고 있으나, 이것들이 '신뢰보호원칙 적용 5요건'과 본질적으로 다른 판단기준은 아니며, 각각의 적용국면에서 당연히 전제되어 있는 사항은 빼고 보다 중요한 사항을 좀 더 부각시켜 제시한 것일 뿐이다.

또한 대법원 판례는 신뢰보호원칙 적용을 위한 5가지 '요건'이라고 표현하였으나, 엄밀한 의미에서 '요건－효과'로 구성되는 법명제에서의 요건을 의미하는 것이 아니라, 종국적으로 형량단계에서 사인의 신뢰를 보호할 것인지 여부를 판단할 때 고려하여야 할 요소들을 일정한 논리적 순서에 따라 단계적으로 검토하도록 제시한 지침(guideline)으로 이해하는 것이 옳다.[34] 왜냐하면 '공적인 견해표명'이나 '사인의 귀책사유'는

---

33) 대법원 2016. 7. 14. 선고 2015두58645 판결, 대법원 2020. 4. 9. 선고 2019두61137 판결 등. 항고소송의 대상인 '처분'에 해당하는지는 행정소송법 제2조 제1항 제1호의 개념 정의("행정청이 행하는 구체적 사실에 관한 법집행으로서의 공권력의 행사 또는 거부")로 포섭할 수 있는지에 따라 판단하여야 하지만, 그 경계가 항상 분명한 것은 아니다. 판단이 모호한 경계영역에서 행정청조차 처분이라고 인식하였고 행정상대방이 항고소송을 제기하였다면, 가급적 본안판단을 하여 분쟁을 조기에 해결하라는 것이 대법원 판례의 취지이다. 위 개념 정의에 포섭될 여지가 전혀 없는(즉, 행정청이 아니거나, 공권력 행사나 법집행이라고 평가할 여지가 전혀 없는) 행위인 경우 불복방법을 잘못 안내하였다는 이유만으로 곧바로 처분성이 인정되는 것은 아니다.

명확하게 그 존재를 긍정하거나 부정할 수 있는 사안도 물론 있지만, 대부분의 사안에서는 존부(all or nothing)의 문제가 아니라 정도(degree, spectrum)의 문제이기 때문이다.

이하에서는 이러한 관점에서 신뢰보호원칙 적용 5요건의 의미를 개별적으로 다시 검토한다.

다. 신뢰보호원칙 적용 5요건의 재검토

1) 신뢰의 대상이 되는 공적인 견해표명의 존재

'공적인 견해표명'이란 매우 일반·추상적인 개념이므로 법령, 행정규칙, 행정계획, 처분과 같은 공식적 행정작용이 당연히 포함될 수 있다. 확약, 행정지도, 민원질의회신, 유권해석, 정책발표, 행정관행, 심지어 행정청의 묵시적 언동[35]까지도 신뢰의 대상이 될 수 있으므로 공식적인 행정작용은 더더욱 신뢰의 대상이 될 수 있다. 법령, 행정규칙, 행정계획, 처분과 같은 공식적 행정작용의 경우에는 그 자체가 신뢰보호의 대상인 '공적인 견해표명'에 해당하며 그것을 계속 유지하겠다는 별도의 공적인 견해표명이 있어야 비로소 신뢰보호가 가능해지는 것이 아니다. 다만 법령, 행정규칙, 행정관행, 처분에 대해서는 대법원 판례가

34) 강현호, 전게논문(주 10), 152; 최계영, "신뢰보호 원칙의 적용요건: 공적 견해표명의 의미를 중심으로", 사법 38호(2016), 690~691. 한편, 김혜진, 전게논문(주 15), 25~27은 신뢰보호란 개별 사안에 법의 일반원리를 원용하여 '제반 사정을 두루 고려하는 포괄적 형량'의 방식으로 이루어지는데, 이러한 방식은 탄력적이고 구체적 타당성을 추구하기에 적합하지만 법실무의 부담을 증가시키고 법효과의 예측가능성을 저해하는 단점이 있으므로, 법실무의 부담을 경감하고 예측가능성을 높이기 위하여 '포괄적 형량' 방식을 지양하고 사안의 유형과 형량의 결과를 일부 또는 전부 '요건-효과 규칙'의 형태로 확립하여야 한다는 요청이 대두된다고 한다. 이러한 견해에 의하면, 대법원 판례가 7가지의 개별 적용국면에 대해서는 좀 더 특화된 판단기준을 제시하고, 일반적으로 5가지 적용요건(검토기준)을 제시하는 것에 대해 법실무의 부담 경감과 판단결과의 예측가능성을 높이려는 시도로서 긍정적으로 평가할 수 있다.

35) 대법원 1984. 12. 26. 선고 81누226 판결 참조.

그에 들어맞는 별도의 판단기준을 제시하였으므로, '일반적인 신뢰보호원칙 적용 5요건'에 관한 판단에서 주로 문제되는 것은 확약, 행정지도, 민원질의회신, 유권해석, 정책발표이다.

확약은 비공식적 행정작용이고, 관련 공무원이 대개 사안의 구체적인 내용을 제대로 알지 못한 채 민원인의 일방적인 설명만을 듣고서 '그런 사안이라면 충분히 어떤 조치(허가)를 해줄 수 있다'는 정도로 가정적 판단결과를 알려주는 정도에 불과하므로 신뢰보호의 필요성이 작고, 신뢰보호의 범위는 그 가정적 상황으로 제한되어야 한다.[36] 반면, 처분은 권한 있는 행정청의 '구체적 사실에 관한 법집행'으로서 일정한 사실상태에 관하여 특정한 내용의 법적 규율을 관철·실현시키려는 공권력 행사이므로, 법적·사실적 상태가 특별히 변경되지 않는 이상 신뢰보호의 필요성이 매우 크다고 할 수 있으며, 바로 이런 이유에서 신뢰보호원칙의 하위 법리로서 수익처분 직권취소·철회 제한 법리가 정립된 것이다.

행정입법도 행정청의 공식적인 견해표명에 해당하므로 신뢰보호의 대상이 될 수 있으나, 그 규율내용이 장래성, 일반성, 추상성을 가지므로 신뢰보호의 가치 측면에서 통상의 처분과는 달리 취급할 필요가 있다. 사회·경제적 여건이 변화하면 행정도 그에 맞추어 탄력적으로 대응하여 규정·제도를 변경할 수 있는 여지를 열어두어야 한다. 처분의 경우 그 존속기간에 비례하여 법적안정성과 존속에 대한 행정상대방의 신뢰보호 필요성도 증가하는 반면, 행정입법의 경우 장기간 개정되지 않았다는 사정은 신뢰보호 필요성이 크다고 볼 근거가 될 수 없고, 오히려 개정의 예견가능성이 커져 신뢰보호 필요성이 작다고 볼 근거가 될

36) 바로 이런 이유에서 독일에서는 확약을 일개 공무원이 아니라 권한 있는 행정청이 필요한 행정절차를 거쳐 문서로 한 경우에 한하여 법적 구속력을 인정하여 보호한다는 명문의 규정을 두고 있으며(연방행정절차법 제38조), 우리나라에서도 2022. 1. 11. 법률 제18748호로 개정된 행정절차법 제40조의2에 거의 동일한 규정을 신설하였다.

수 있다.[37] 또한 수범자의 범위가 넓을수록 그로 인한 수범자 개개인의 부담·불이익은 옅어지는 경향이 있고, 사익 침해 정도가 작을수록 새로운 행정입법으로 인한 부담·불이익은 수범자가 수인하여야 하는 기본권 행사에 관한 '사회적 제약'이라고 평가할 여지가 커진다. 그러나 부진정 소급입법이라 할지라도 그로 인한 수범자의 불이익이 극심하여 새로운 입법으로 달성하고자 하는 공익이 수범자의 신뢰 파괴를 정당화할 수 없는 경우에는 허용될 수 없다.[38] 그 경우에 입법자는 기존 규정에 대한 수범자의 신뢰를 보호하기 위하여 기존 규정이 적용되던 수범자에게 신법 대신 구법을 적용하도록 '경과규정'을 두거나, 신법에 적응·대비할 수 있는 시간을 제공하는 '적응보조규정'을 두어 사익 침해 정도를 완화함으로써 새로운 입법의 위헌성을 제거하여야 한다.[39] 새로운 입법으로 인한 수범자의 불이익을 완화하기 위한 적응보조의 방식에는 일정기간의 보조금 지급이나 조세감면혜택 등이 포함될 수 있다.[40]

도시계획은 국토의 균형발전과 합리적인 이용이라는 측면에서 중·장기적인 방향성을 가지고 토지이용을 규제하는 것이므로 개별 토지소유자들의 요구를 일일이 충족시켜주기 어렵고, 오히려 공익을 위해 개별 토지소유자들의 소유권 행사를 제한하는 데에 제도의 본래 취지가 있으며, 사회·경제적 여건이 변화하면 그에 맞추어 도시계획도 탄력적으로 변화할 수 있어야 하므로 입안제안권이라는 절차법적 권리가 아니라 실체법적으로 계획보장(존속)청구권이나 계획변경(폐지)청구권을 인정하기는 어렵다. 그러나 도시관리계획은 대외적으로 구속력이 있는 행정계획으로서 처분에 해당하므로 신뢰보호의 대상이 될 수 있으며, 그에 대한 신뢰가 보호가치 있는 경우에는 존속보호는 아니더라도 그 밖의 신뢰보호 방안이 강구되어야 한다.

37) 김병기, "법령개정과 신뢰보호원칙", 행정판례연구 14권(2016), 19~20.
38) 헌재 2009. 5. 28. 선고 2005헌바20 결정.
39) 헌재 2002. 11. 28. 선고 2002헌바45 결정.
40) 김병기, 전게논문(주 39), 22~23.

한편, 공적인 견해표명이 존재하는지(사실인정)와 그것의 형식·내용 등을 고려할 때 보호가 필요한 신뢰의 범위가 어디까지인지(규범적 가치평가)라는 문제를 구분하여야 한다. 일반론으로 말하자면, 견해표명의 내용이 개별·구체적일수록 보호가치가 크고, 일반·추상적일수록 보호가치가 작다고 할 수 있다.[41] 대법원 판례는 "행정청의 공적 견해표명이 있었는지 여부를 판단함에 있어서는 반드시 행정조직상의 형식적인 권한분장에 구애될 것은 아니고, 담당자의 조직상의 지위와 임무, 당해 언동을 하게 된 구체적인 경위 및 그에 대한 상대방의 신뢰가능성에 비추어 실질에 의하여 판단하여야 한다"라고 하고 있으나,[42] 관할 행정청의 공식적인 견해표명에 대한 신뢰가 비공식적인 견해표명의 경우보다 더욱 보호가치가 크고, 권한분장상으로 해당 사무를 취급하는 결재라인에 있는 직무담당자의 견해표명에 대한 신뢰가 결재라인에 있지 않은 공무원의 견해표명의 경우보다 더욱 보호가치가 크다는 점은 분명하다. 이러한 사정들도 결국 전체적인 보호가치 판단과 공익과 사익의 형량에서 고려되어야 한다.

2) 행정상대방의 신뢰에 귀책사유가 없을 것

신뢰의 보호가치 판단에서는 신뢰대상의 객관적 속성 외에 행정상대방의 고의·과실이라는 주관적 요소를 중요하게 고려하여야 한다. 대법원 판례는 행정청의 견해표명이 허위자료 제출, 사실은폐, 뇌물 제공, 부정한 청탁 등과 같은 행정상대방의 부정행위에 기인한 것이거나, 부정행위가 없었더라도 행정상대방이 하자가 있음을 알았거나 중대한 과실로 알지 못한 경우에는 행정상대방의 신뢰는 보호가치 없으며, 고의·중과실이라는 귀책사유의 유무는 행정상대방 본인뿐만 아니라 그 대리인 등 관계자 모두를 기준으로 판단하여야 한다고 보고 있다.[43] 행정상대

41) 최계영, 전게논문(주 34), 685.
42) 대법원 2008. 1. 17. 선고 2006두10931 판결.
43) 대법원 2002. 11. 8. 선고 2001두1512 판결.

방에게 고의·중과실이 있는 경우라면 공적인 견해표명의 신뢰가치나 사익의 침해 정도와 같은 다른 요소들을 더 나아가 따져볼 것도 없이 행정상대방의 신뢰는 보호가치가 없다는 규범적 가치평가를 내린 것이다. 행정상대방에게 경과실만 있는 경우에는 신뢰보호의 가능성을 완전히 부정할 수는 없고, 다른 요소들을 더 나아가 따져본 후 최종적으로 공익과 사익의 형량을 통해서 신뢰보호 여부를 판단하여야 한다.[44]

지방자치제가 실시되면서 대법원 1998. 11. 13. 선고 98두7343 판결의 사안에서와 같이 부정한 청탁에 의하여 인허가 확약이 이루어지는 사례가 다수 있을 것이 예상되며 이러한 경우에 신뢰보호원칙을 적용하는 것은 자칫하면 공무원과 사인의 담합에 의한 공익의 저해라는 결과를 가져올 가능성도 있으므로 신뢰보호원칙의 적용에 신중을 기하여야 한다는 지적도 있다.[45] 물론 타당한 지적이지만, 공적인 견해표명이 행정상대방의 부정한 청탁에 의한 결과라는 점은 행정청에게 주장·증명책임이 있는 사항이다. 증명되었다면 당연히 행정상대방의 신뢰는 보호가치 없다고 평가함이 마땅하지만, 증명되지도 않았는데 '으레 그랬을 것'이라는 추측으로 보호가치를 부정하는 것은 타당하지 않다. 법관으로서 실제 사건을 담당해보면, 대부분은 행정상대방에게 귀책사유가 있거나 헛된 기대를 가진 경우에 불과하고, 행정상대방의 신뢰가 보호가치 있는 경우를 찾아보기는 쉽지 않다. 그러나 실제 사례의 십중팔구가 보호가치 없는 경우라고 해서 분명한 사실관계의 조사·확정 없이 '신뢰보호 부정이 원칙'이라는 입장을 견지해서는 안 된다.

3) 행정상대방이 신뢰에 기초하여 어떤 행위를 하였을 것

3요건과 4요건은 분리하여 생각하기 어렵다. 행정상대방이 행정청의 선행 견해표명을 신뢰하여 투자, 연구개발, 건축행위 등 일정한 비용

---

44) 강현호, 전게논문(주 10), 141.

45) 김덕진, "행정청이 신뢰의 대상이 되는 공적인 견해표명을 한 경우에 있어서의 신뢰보호의 원칙 적용에 관한 고찰", 광주지방법원 재판실무연구(2000), 415.

지출이 소요되는 행위를 하였는데, 행정청이 선행 견해표명에 반하는 처분을 함으로써 행정상대방의 행위가 쓸모없게 되어버렸다면 그 자체로 행정상대방의 이익을 침해하는 결과가 된다.

만일 행정상대방이 어떤 행위를 하였으나 그것이 행정청의 견해표명이 없었더라도 어떤 다른 이유에서 취해졌을 것이라면 행정청의 견해표명을 신뢰하여 이루어진 조치라고 볼 수 없다. 이 경우에는 행정청의 견해표명과 행정상대방의 조치 사이에 상당인과관계가 존재하지 않으므로[46] 신뢰보호 주장이 더 나아가 살펴볼 필요 없이 이유 없게 된다. 과연 행정상대방이 행정청의 견해표명을 신뢰하였기 때문에 그와 같은 조치를 취한 것인지는 객관적으로 표시된 행위의 내용과 동기를 분석함으로써 판단할 수밖에 없다.

나아가 행정상대방이 취한 조치의 내용과 규모는 행정청이 선행 견해표명에 반하는 처분을 함으로써 행정상대방에게 발생하는 불이익의 내용과 정도를 좌우하는 요소이다. 보호가치 판단에서 고려하여야 하는 다른 요소들이 동등하다면, 행정상대방의 불이익이 크면 클수록 보호 필요성은 더욱 커진다고 볼 수 있다.

겉으로 선명하게 인식할 수 있는 행정상대방의 조치가 없다면 상당인과관계의 존부나 보호가치 판단이 좀 더 어려워질 수 있으나, 행정상대방의 조치의 존재가 신뢰보호의 필수적 요건이라고 보기는 어렵다. 앞서 살펴본 바와 같이, 대법원 판례는 수익처분 직권취소·철회 제한 법리에서는 곧바로 공익과 사익의 형량을 통해 허용 여부를 판단하고 있을 뿐, 행정상대방의 조치의 존재를 요건으로 언급하지 않고 있다. 선행 수익처분을 통해 행정상대방은 공법적으로 어떤 지위 내지 권리를 취득하며 이 '기득권'을 지키거나 활용하기 위해 어떤 적극적 조치를 취하지 않았더라도 행정상대방의 기득권은 그 자체로 보호가치가

46) 인과관계의 존부는 규범적으로 판단하여야 하므로 자연적·조건적 인과관계가 아니라 '상당인과관계'가 인정되어야 한다.

있다. 예를 들어, 건축주가 건축허가에 따라 건축행위를 개시하여 공사가 상당한 정도로 진척되었다면 건축주의 신뢰보호 필요성을 더욱 크게 평가할 요소인 것이지, 아직 건축행위를 개시하지 않은 사정이 공익과 사익의 형량 없이도 건축주의 신뢰보호 필요성을 부정하는 결정적 근거는 될 수 없다. 다만 공적인 견해표명이 수익처분이 아닌 경우에는 행정상대방이 행정청의 공적인 견해표명만으로 어떤 기득권을 취득하게 된다고 볼 수 없고, 그 견해표명에 따라 행정상대방에게 유리한 내용의 후속 조치가 이루어지리라는 '기대'를 가지게 될 뿐인데, 이 기대의 보호가치 판단에서 행정상대방의 조치의 내용과 규모를 중요하게 고려하여야 할 뿐이다.

4) 행정청이 공적인 견해표명에 반하는 처분을 하여 행정상대방의 이익이 침해될 것

신뢰보호원칙 위반 여부가 문제되는 상황은 행정청이 행정상대방에게 유리한 내용의 선행 견해표명에 반하여 행정상대방에게 불리한 내용의 후행 처분을 하는 경우이다. 4요건에서는 행정상대방의 이익이 침해되었어야 한다는 '뒷 부분'보다는 '행정청이 공적인 견해표명에 반하는 후행 처분을 하였어야 한다'는 앞 부분이 중요하다.

만일 행정상대방의 이익이 침해되지 않았다면 행정상대방이 불복하여 소송을 제기할 이유도 없으므로, 불이익의 존재는 당연히 전제되어 있는 사정이다(행정상대방에게 불이익이 전혀 없다면 원고적격이나 소의 이익을 부정하는 것이 타당할 것이다). 신뢰보호원칙의 적용에서는 행정상대방의 보호가치 판단 및 공익과 사익의 형량에서 행정상대방에게 발생한 불이익의 내용과 정도가 중요하다.

후행 처분이 선행 견해표명에 반하지 않는다면 행정상대방의 신뢰를 부당하게 침해한 것으로 평가할 수 없다. 여기에서 문제되는 것은 후행 처분이 선행 견해표명에 관한 신뢰의 보호범위에 포함되는 사항에

관한 것인지 여부이다. 실정법상 어떤 개발행위를 하거나 사업을 영위하려면 여러 가지의 인허가를 받아야 하는데, 별도의 개별법령에 근거한 각각의 처분은 규율의 영역, 대상, 관점, 권한의 소재(내부적 사무분담)가 다르므로, 인허가 의제를 통해 한꺼번에 심사를 받는 것이 아닌 한, 어떤 법령에 근거한 처분이 발급될 수 있다는 공적인 견해표명을 하였거나 또는 실제로 그 처분이 발급되었다고 해서 그것이 다른 법령에 근거한 처분이 발급되리라는 신뢰의 근거가 될 수는 없다.

5) 공익 또는 제3자의 정당한 이익을 현저히 해할 우려가 없을 것

앞서 신뢰보호원칙에 관한 대법원 판례의 연혁(Ⅱ. 1. 가.항)에서 살펴본 바와 같이, 대법원 판례는 당초에는 4가지 요건을 충족하면 행정처분이 신뢰보호원칙에 위반되어 위법하다고 보아야 한다고 하였다가, 대법원 1998. 5. 8. 선고 98두4061 판결에서부터 '행정처분이 이러한 4가지 요건을 충족할 때에는 공익 또는 제3자의 정당한 이익을 현저히 해할 우려가 있는 경우가 아닌 한, 신뢰보호원칙에 위반되어 위법하게 된다'라고 하여 공익과 사익의 형량이라는 다섯째 요건을 추가로 제시하였다. 이는 4가지 요건을 충족하면 행정상대방의 신뢰가 규범적으로 보호가치가 있으나, 그렇다고 하더라도 공익상 중대한 필요가 있는 경우에는 공익의 실현이 우선되어야 하고 이를 위해 행정처분의 효력을 존치시켜야 하는 상황도 있음을 의미한다.

신뢰보호가 논의되는 상황은 신뢰보호 필요의 유무와 정도, 방법에 따라 4가지로 분류할 수 있다. 첫째는 행정상대방의 신뢰가 정당하지 않아 규범적으로 보호가치 없는 경우이다. 규범적으로 보호가치 있는지 여부는 4가지 요건에 해당하는 개별 요소들의 이익형량을 거쳐 판단하여야 하는데, 어느 하나라도 확실히 부정된다면 행정상대방의 신뢰는 규범적으로 보호가치 없다고 평가할 수 있다.

둘째는 4가지 요건을 충족하여 행정상대방의 신뢰는 정당하지만

선행 견해표명과 다른 내용의 행정청의 조치가 행정상대방이 수인하여야 하는 기본권 행사의 '사회적 제약'에 해당하는 경우이다. 행정청의 조치로 영향을 받는 이해관계인이 불특정 다수이고 그로 인한 기본권의 제한 정도가 크지 않아, 특정인에 대한 신뢰보호 필요성이 크지 않은 상황이 이에 해당한다. 이때에는 사익 침해 정도가 중하지 않아 공익과 사익의 형량에서 공익이 우월하다고 판단되므로 행정상대방의 신뢰를 보호하지 않을 수 있다. 주로 선행 견해표명이 행정입법이나 일반처분과 같이 불특정 다수인을 수범자로 하는 경우가 이에 해당할 가능성이 크다.

셋째는 4가지 요건을 충족하여 행정상대방의 신뢰는 정당하고 사익의 침해 정도가 중하여 행정상대방의 신뢰보호를 위한 조치가 필요한 반면, 행정청이 선행 견해표명과 다른 내용의 조치를 하여야 할 공익상 필요 자체가 크지 않은 경우이다. 이때에는 공익과 사익의 형량에서 공익이 작고 사익이 우월하므로 신뢰보호를 위해 법원이 행정청의 후행조치를 취소하는 것이 필요한데, 이를 기존 신뢰의 대상을 유지시킨다는 의미에서 '존속보호'라고 부른다.

넷째는 행정청이 선행 견해표명과 다른 내용의 조치를 하여야 할 공익상 필요가 인정되지만, 행정상대방의 정당한 신뢰를 보호하기 위한 조치가 필요한 경우이다. 만일 4가지 요건을 충족하여 행정청의 선행 견해표명에 대한 행정상대방의 신뢰가 보호가치 있다는 이유만으로 행정청으로 하여금 선행 견해표명과 다른 내용의 조치를 전혀 취할 수 없도록 만든다면 행정청이 변화된 여건에 적절히 대응할 수 있는 여지를 위축시켜 공익 실현에 중대한 지장이 초래될 수 있다. 또한 행정청은 행정상대방에게 신뢰보호 주장의 빌미를 주지 않기 위해 견해표명 자체를 극히 꺼리는 방향으로 대응할 가능성이 있고, 이는 행정과정에서 행정청과 행정상대방 사이에 필요한 적절한 의사소통을 저해하여 오히려 행정상대방의 행정결과에 대한 예측가능성을 떨어트림으로써 결과적으

로 행정상대방에게 유리한 것이 아닐 수 있다.[47] 따라서 공익상 필요가 크고 분명하다면 공익 실현을 우선시킬 수 있도록 하여야 할 것이지만, 4가지 요건을 충족하여 행정청의 선행 견해표명에 대한 행정상대방의 신뢰가 보호가치 있는 경우에는 보호가치 정도에 상응하여 행정상대방의 신뢰를 보호하기 위한 대체적·조정적 조치가 있어야 한다. 그 조정적 조치로서 가장 먼저 거론되는 것이 '보상보호'이다. 즉, 공익의 실현을 우선함에 따라 행정상대방에게 발생한 경제적 손실을 행정청이 금전으로 보상하는 것으로서 강학상 '조정적 보상'에 해당한다.[48] 이것이 실정법상 손실보상의 근거규정이 없이도 허용될 수 있는지는 아래 Ⅲ. 2. 항에서 살펴보겠지만, 규범적으로 이익의 불균형을 시정하기 위한 조정적 조치가 필요하다는 점은 분명하다.

3. 이 사건 처분에 수익처분 직권취소·철회 제한 법리의 적용 가부

대상판결은 원고들의 수익적 행정행위 철회 제한 법리 위반 주장(상고이유 제1점)과 신뢰보호원칙 위반 주장(상고이유 제3점)을 한꺼번에 판단하지 않고 구분하여, 전자에 관하여 '도시관리계획 변경결정에 형량 하자가 없다는 원심의 판단은 정당하고, 이러한 원심의 판단에 수익적 행정행위 철회 제한 법리 등에 관한 법리오해의 잘못은 없다'고 함으로써, ⅰ) 수익적 행정행위 철회 제한 법리와 신뢰보호원칙이 무관한 별개의 법리라거나 또는 ⅱ) 도시관리계획 변경결정에는 수익적 행정행

47) 최계영, 전게논문(주 34), 681.

48) 조정적 보상(Ausgleich)이란 이익의 불균형을 시정하기 위한 조치로서, 반드시 현금을 지급하는 방식일 필요는 없고 다양한 방식으로 행해질 수 있다. 손실보상은 강학상 수용적 보상, 조정적 보상, 사회연대적 보상 3유형으로 분류되고 있다. 이에 관해서는 송시강, "민간투자와 리스크 그리고 손실보상 – 표준실시협상상 위험분담에 관한 공법적 해명 –", 홍익법학 22권 2호(2021), 290~307 참조.

위 철회 제한 법리가 적용되지 않는다는 뉘앙스를 내포하고 있다. 수익적 행정행위 철회 제한 법리는 신뢰보호원칙이 수익적 행정행위의 철회 국면에서 구체화된 하위 법리로서, 양자 사이에 본질적인 차이가 없다는 점은 앞서 Ⅱ. 2. 가. 2)항에서 살펴본 바와 같다.

분명한 판단이나 그 이유를 밝히고 있지는 않지만, 만약 대상판결이 이 사건 처분, 즉 이 사건 도시관리계획 변경(폐지)결정에 수익적 행정행위 철회 제한 법리가 적용되지 않는다는 판단을 전제로 한 것이라면, 그 근거는 무엇일까? 물론 추측이지만, 이 사건 도시관리계획은 행정계획이며 행정행위가 아니어서 수익적 행정행위 직권취소·철회 제한 법리가 적용되지 않는다고 보았을 수 있는데, 만약 그렇다면 잘못이다. 이 사건 도시관리계획은 원고들의 입안 제안에 따라 수립되어 지형도면 고시를 첨부한 도시계획시설결정으로서, 특정한 공간의 토지에 도시계획시설로서 골프장을 설치할 것을 내용으로 하는 '입지결정'이며 원고들의 개발사업을 가능하게 하는 1단계 결정이다. 물론 이것만으로 원고들의 개발사업 시행이 곧바로 가능해지는 것은 아니다. 근거법률인 국토계획법에 의하면, 도시계획시설결정(제43조) → 대상토지 소유면적 및 토지소유자 동의비율 요건 충족 후 사업시행자 지정 결정(제86조) → 실시계획 인가(제88조) 순으로 절차가 진행된다. 이 사건 도시관리계획은 원고들에게 골프장 건설이라는 개발사업을 시행할 수 있는 확정적인 권리를 부여하는 것은 아니지만, 개발제한구역 내에 있는 원고들의 토지에 골프장 설치를 허용하여 개발허용성을 부여하는 것이므로 그것만으로도 원고들에게 유리한 수익적 처분임은 분명하다.

연혁적으로 우리나라의 수익처분 직권취소·철회 제한 법리가 독일의 수익적 행정행위 직권취소 철회·제한 법리에서 유래한 것은 맞다. 독일에서는 취소소송의 대상이 행정행위이고, 도시계획은 지방자치단체의 조례의 형식으로 만들어져 별도의 소송유형인 규범통제소송의 대

상이 된다.[49] 반면, 우리나라 행정소송법에는 규범통제소송이라는 별도의 소송유형이 없고, 항고소송의 대상이 "행정청이 행하는 구체적 사실에 관한 법집행으로서의 공권력의 행사 또는 그 거부와 그 밖에 이에 준하는 행정작용"이라고 폭넓게 정의되어 있는 '처분'이며, 도시관리계획은 처분의 한 유형으로서 항고소송의 대상이 된다. 처분에는 강학상 행정행위 외에도 행정계획, 권력적 사실행위, 처분적 법령·조례 등이 포함되는데, 독일의 강학상 행정행위를 염두에 두고 만들어진 각종 실체적법, 소송법적 법리가 사물의 본성에 반하지 않는 한 강학상 행정행위가 아닌 그 밖의 처분에도 원칙적으로 적용된다고 봄이 타당하다. 물론 행정계획이나 도시관리계획은 당장을 규율하는 것이 아니라 중·장기적인 미래상황을 염두에 두고 규율하는 것이고, 규율범위가 크고 다수의 이해관계인이 있다는 점에서 통상의 행정행위와는 성질을 달리하는 측면이 있다. 그러나 이는 공익과 사익의 형량 단계에서 고려하여야 할 요소인 것이지, 신뢰보호원칙의 적용 자체를 부정할 정당한 논거는 될 수 없다.[50]

Ⅲ. 보상보호의 가능성에 관한 고찰

1. 보상보호의 필요성과 실정법상 손실보상 규정들의 예

행정상대방의 귀책사유 없이 단지 공익상 필요에 따른 행정청의 조치로서 인허가 등을 박탈하게 되어 행정상대방에게 손실이 발생하였

49) 이상덕, "독일 행정법원법에서의 규범통제소송 제도에 관한 고찰", 행정법연구 32호 (2012), 119~120 참조.

50) 도시계획의 폐지에 수익적 행정행위 철회 제한 법리가 '준용'되어야 한다는 견해로는 박균성, 행정법론 상(上), 21판(2022), 298. 행정계획도 신뢰보호의 대상인 공적인 견해표명에는 해당하지만, 실체적 존속·실현 청구권을 인정하기는 어렵고, 입법적·절차적 보호가 이루어져야 한다는 견해로는 김혜진, 전게논문(주 15), 248~249.

을 때 그 손실을 보상하도록 하는 것은 국민의 기본권을 보장하는 자유민주적 법치국가에서 규범적으로 당연히 요청되는 사항이며,[51] 다수의 실정법에 관련 규정들이 있다. 도로법 제97조 제2항, 하천법 제77조, 광업법 제34조 제2항, 「공유수면 관리 및 매립에 관한 법률」(약칭: 공유수면법) 제57조, 「사회기반시설에 대한 민간투자법」 제47조 제2항, 「가축분뇨의 관리 및 이용에 관한 법률」 제8조 제4항 등이 그 예이다.

보다 일반적으로 독일 연방행정절차법 제48조 제3항, 제49조 제6항은 행정행위를 직권취소·철회하는 경우에 행정상대방이 행정행위의 존속을 신뢰하였고 그 신뢰가 공익과 비교하여 보호가치 있는 때에는 행정청이 행정상대방의 신청을 받아 행정상대방의 재산상 불이익을 보상하도록 규정하고 있다. 또한 독일 연방건설법전 제44조 제2항은 도시계획의 존속을 신뢰한 자에 대하여 도시계획의 변경으로 인한 손실보상을 규정하고 있다. 이는 독일의 통설·판례를 명문화한 것으로서, 독일에서는 도시계획의 존속에 대한 보장청구권은 인정될 수 없고, 도시계획 변경으로 인한 손실보상청구권만 인정될 수 있다고 본다. 이는 공익과 사익의 형량의 결과이다. 반면, 우리나라에서는 21대 국회에서 행정기본법에 직권취소·철회 시 손실보상에 관한 일반 규정을 신설하려는 시도가 있었으나 무산된 바 있고,[52] 아직 이와 같은 일반 규정은 없으

51) 보상보호의 필요성을 강조한 선행연구로는 안동인, “법령의 개정과 신뢰보호원칙”, 행정판례연구 16－1권(2011), 29~36; 김혜진, 전게논문(주 15), 95~96, 170~234, 258~273 참조.

52) 정부(소관: 법제처)가 2023. 12. 21대 국회에 제출한 행정기본법 일부개정법률안에는 제19조의2(취소 또는 철회의 손실보상)에 독일 연방행정절차법 규정을 모범으로 삼아 수익처분의 직권취소 또는 철회 시에 당사자에게 재산상 손실이 발생하고, 당사자의 신뢰가 보호가치가 있으며, 당사자에게 귀책사유가 없는 경우에는 (개별)법률로 정하는 바에 따라 손실보상을 한다는 선언적·입법지침적 조항을 신설하는 내용이 포함되어 있었는데, 2024. 5. 법사위 법안심사소위 심사과정에서 일반 규정의 필요성 내지 실효성에 관하여 일부에서 의문이 제기되자 추가 검토를 하기로 하고 일단 이번 법률안에서는 삭제하는 것으로 의결되었고, 수정된 법률안도 21대 국회 마지막 본회의에 상정되지 못하고 임기만료로 폐기되었다.

며, 도시계획에 관한 일반법인 국토계획법에도 도시계획 변경으로 인한 손실보상은 규정하고 있지 않다.

2. 실정법상 보상 규정 없는 상태에서 손실보상청구의 허용 가능성

처분의 근거법률에 해당 처분으로 인하여 행정상대방에게 발생한 손실을 보상하도록 하는 규정이 없는 경우에 행정상대방이 행정청이 속한 법인격주체인 국가, 지방자치단체 등을 상대로 손실보상을 청구하는 것이 허용될 수 있는가? 이와 관련하여 독일에서는 기본법 제14조 제2항이 규율하는 '재산권 행사의 사회적 구속성'과 제3항이 규율하는 '공용수용에 대한 손실보상'의 상호관계를 어떻게 이해하여야 하는지에 관하여 '분리이론'과 '경계이론' 사이의 첨예한 논쟁이 있었으나, 독일 연방헌법재판소가 1981년 '자갈채취 결정'에서 분리이론을 채택하여 민사법원이 더 이상 경계이론에 입각하여 법령상 근거 없이 손실보상금 지급을 명하던 종래의 재판을 더 이상 계속하지 못하도록 못 박았고, 이후로 분리이론이 독일 헌법학계의 확립된 통설·판례라고 한다.[53] 우리나라 헌법재판소는 1998. 12. 24. 선고 89헌마214 결정 이래로 독일 연방헌법재판소의 판례를 따라 분리이론을 채택하고 있다.

분리이론은 기본권을 침해당한 국민의 권리구제절차에 관하여 2가지 함의를 가진다. 첫째, 위헌적인 법률로 기본권을 침해당한 국민은 손실보상을 청구할 것이 아니라(2차적 구제, 가치보장), 기본권 침해의 원인을 직접 제거할 수 있는 구제수단을 먼저 활용하여야 한다(1차적 구제, 존속보장: 예를 들어 취소소송을 제기하여 위헌법률심판제청 신청을 하여야 한다). 둘째, 법원은 기본권을 제한하는 공권력 행사의 근거가 된 법률이

53) 이에 관해서는 김광수, 독일 공법상의 재산권보장과 국가책임 확장이론, 서울대 법학박사학위논문(1994) 참조.

필요한 손실보상을 규정하지 않아 위헌이라는 의심이 드는 경우에는 헌법재판소에 위헌법률심판제청을 하고 그럼으로써 헌법재판소의 위헌결정에 따라 입법자가 입법적 보완을 하도록 하여야지, 그 위헌성을 완화하려는 의도로 수용유사침해 이론에 입각하여 손실보상을 명해서는 안된다. 위헌성을 완화하는 조정적 조치로서 반드시 금전보상만 하여야 하는 것은 아니고, 입법자에게는 다양한 수단을 선택할 수 있는 입법형성의 자유가 있으므로, 위헌결정 후에 입법자가 입법형성을 하도록 하는 것이 입법자를 존중하는 해결방안이기도 하다.

결국 헌법재판소의 판례를 따른다면 우리나라의 현행 법제도상 개별법률에 손실보상 근거규정이 없는 경우에는 손실보상청구소송을 제기하는 것이 허용되지 않는다고 보게 된다.[54] 대법원 판례가 개별법률에 손실보상 규정이 없는 경우에도 관련규정의 유추적용을 통해 손실보상을 허용하고 있으므로 과거의 독일 연방일반법원(BGH) 판례였던 수용유사침해 이론과 실질적으로 동일한 접근을 하고 있다는 평가도 있으나,[55] 대법원 판례에 관한 적확한 평가라고 보기는 어렵다. 1971년 하천법이 '하천구역 법정주의'를 채택하여 모든 하천구역을 국유로 규정하여 사권을 박탈하고서도 '관리청이 하천구역으로 지정한 토지'에 관해서만 손실보상 규정을 두어 논란이 발생하자, 과거 대법원 판례가 이에 관한 손실보상 규정은 예시적인 규정이며 하천법상 하천구역에 해당하는 유수지, 제외지 등에 대해서도 당연히 손실보상이 이루어져야 할 것이므로 전자에 관한 손실보상 규정을 유추적용하여야 한다고 판단한 바 있으나,[56] 비록 명시적인 적용범위는 좁더라도 하천법 자체에서 손실보상 규정을 포함하고 있던 경우였다. 개별법률에 손실보상 규정 자체가

54) 반대 견해로는 김광수, "토지형질변경허가와 신뢰보호원칙", 행정판례연구 6권(2001), 49; 안동인, 전게논문(주 51), 36.
55) 김중권, 행정법, 제5판(2023), 944.
56) 대법원 1985. 11. 12.자 84카36 결정, 대법원 1987. 7. 21. 선고 84누126 판결 등.

없는 사안에서 대법원이 헌법재판소와의 갈등을 무릅쓰고서라도 헌법의 직접적용이나 인접법률의 유추적용을 통해 손실보상청구소송을 허용할 것인지에 관해서는 회의적이다. 하천법 사안을 제외하고는 개별법률에 손실보상 규정 자체가 없는 상황에서 인접법률의 손실보상 규정을 유추적용하도록 한 판례는 찾아보기 어렵다. 최근에 대법원 판례상으로 유추적용을 긍정한 경우는 공유수면법, 「공익사업을 위한 토지 등의 취득 및 보상에 관한 법률」(약칭: 토지보상법) 등 개별법률에 '손실이 발생한 경우에는 보상하여야 한다'는 일반적인 보상의무 규정은 존재하는데, 다만 해당 법률이나 하위법령에 간접손실 등 '특정 보상항목'에 관하여 명시적인 '보상금 산정기준'이 규정되어 있지 않은 사안에서 해당 법령이나 인접법령에 규정되어 있는 가장 유사한 보상항목에 관한 보상금 산정기준을 유추적용하여 손실보상금을 산정·지급하도록 한 것일 뿐이다.[57]

3. 현행 법제도하에서의 해결방안

가. 재량권 일탈·남용 심사에서의 고려

우리나라의 현행 법제도 하에서 행정상대방의 신뢰가 정당하여 규범적으로 보호가치가 있음에도 불구하고 처분의 근거법률에 손실보상 규정이 없는 경우에는 현실적으로 손실보상청구가 불가능하다는 점은 취소소송의 처분의 위법성 판단에서 반드시 고려될 필요가 있다.[58]

앞서 Ⅲ. 2.항에서 살펴본 논의는 행정청의 조치로 불이익을 입은 행정상대방이 1차적 권리구제수단인 취소소송을 제기하지 않은 채 곧

57) 대법원 1992. 5. 22. 선고 91누12356 판결(공특법), 대법원 1998. 4. 14. 선고 95다15032 판결(공유수면법), 대법원 2018. 12. 27. 선고 2014두11601 판결(토지보상법) 등 참조.

58) 송시강, "사업계획절차에 특수한 쟁점과 법리", 행정판례연구 27-2권(2022), 153.

바로 2차적 권리구제수단인 손실보상청구소송을 제기하는 것이 허용될 수 있는지에 관한 것일 뿐이고, 행정청이 선제적으로 행정상대방에게 조정적 조치를 취하는 것을 금지하는 취지는 아니다. 신뢰보호원칙 적용 4요건을 모두 충족하여 행정상대방의 신뢰가 규범적으로 보호가치 있는 경우에는 행정청은 선행 견해표명과 다른 내용의 처분을 함으로써 행정상대방에게 발생한 경제적 손실을 벌충해주기 위하여 여러 가지의 조정적 조치를 시도할 수 있는 각종 권한이 있을 뿐만 아니라, 하여야 할 규범적인 의무가 있다고 보아야 한다(조정적 조치의 구체적인 내용과 방법 선택에 관해서는 행정청에게 선택·형성 재량이 있다고 보아야 할 것이지만, 그 상황에서 아무런 조정적 조치도 하지 않을 재량은 없다고 보아야 한다). 처분의 근거법령에 손실보상의 근거규정이 없더라도 행정청이 손실보상금을 지급하는 것이 규범적으로 금지된 것은 아니다. 또한 실정법상 보조금 지급사유에는 아무런 제한이 없으므로 행정상대방의 손실을 벌충하기 위해 행정청이 보조금을 지급하는 것도 충분히 가능하다. 경우에 따라서는 대체부지 제공 등의 방법도 충분히 고려해 볼 수 있다.

신뢰보호원칙 적용 4요건을 모두 충족하여 행정상대방의 신뢰가 규범적으로 보호가치 있어 행정청이 이러한 조정적 조치를 하여야 할 규범적인 의무가 있는 상황임에도 불구하고, 자신의 규범적인 의무를 전혀 인식·고려하지 못했거나 그로 인하여 아무런 조정적 조치를 하지 않은 채 행정상대방에게 불이익한 처분만을 하였다면, 그 처분은 신뢰보호원칙에 위반되어 재량권을 일탈·남용한 처분이라고 평가되어야 마땅하다. 행정상대방의 정당한 신뢰가 규범적으로 보호가치 있음에도 행정청이 공익 실현을 우선하여 선행 견해표명과 다른 내용의 처분을 하는 것은 조정적 조치가 함께 이루어지는 경우에만 허용될 수 있다고 보아야 한다. 행정청의 조정적 조치가 전혀 이루어지지 않았다면 취소소송에서 법원이 해당 처분을 취소하는 판결을 선고하는 것이 1차적 권리구제 우선 원칙에도 부합한다.

나. 사정판결의 가능성

행정상대방이 신뢰보호원칙 적용 4요건을 모두 충족하여 행정상대방의 정당한 신뢰가 보호가치 있지만 공익이 좀 더 우월하여 행정청의 후행처분을 유지시켜야 할 필요가 있는 경우에 단순히 행정청의 후행처분이 적법하다는 이유로 청구기각 판결을 선고하는 것은 매우 부당하며, 행정상대방의 사익을 구제하는 방안으로서 행정소송법상 사정판결 제도를 활용하자는 제안이 일부 법관들에 의해 제기된 바 있다.[59] 신뢰보호원칙 적용 4요건을 충족하면 일단 행정청의 후행처분을 위법한 것으로 보되, 행정청의 후행처분을 유지하는 것이 공공복리에 부합하는 경우에는 후행처분의 취소를 구하는 원고의 청구를 기각하고, 그로 인한 원고의 손해를 국가배상의 방법으로 전보해 줌으로써 공익과 사익의 조화를 도모하자는 것이다.

취소소송에서 구체적 타당성을 구현하고자 하는 매우 합리적인 제안임에도 아직까지 학계나 재판실무에서 별다른 주목을 받지는 못했는데, 이는 사정판결 제도 자체에 대한 부정적 시각에서 연유한 것으로 보인다.[60] 사정판결 제도는 서구 선진국에는 유래가 없고 군국주의 하의 일본에서 행정권의 우위를 관철시키기 위해서 만들어진 후 우리나라 행정소송법에서 무비판적으로 답습한 것으로서 위헌론이 대두될 정도이므로 제한적으로만 적용하여야 한다는 것이 행정법학계의 통설이다.[61] 그에 따라 사정판결은 극히 예외적으로만 허용된다는 것이 확립된 대법원 판례이고, 대법원이 사정판결을 허용한 실제 사례는 많지 않

59) 김덕진, 전게논문(주 44), 414~415; 권오석, "신뢰보호원칙 위반과 사정판결", 대전지방법원 실무연구자료 5권(2003), 174~176.

60) 이러한 취지에서 보상보호를 위한 사정판결 활용방안에 대한 부정적 평가로는 안동인, 전게논문(주 51), 33.

61) 박영하, 주석 행정소송법(박영사 2004), 제28조(사정판결), 895~900.

다.[62] 그러나 이러한 통설·판례는 처분이 위법한 경우에는 취소판결(존속보호)을 선고함이 원칙이고 함부로 중대한 공익상 필요를 인정하여 청구기각판결(사정판결)을 선고하지 말라는 취지일 뿐이고, 예외적으로 처분의 효력을 존속시켜야 할 중대한 공익상 필요가 있는 경우에 사정판결 활용을 금지하는 취지가 아니다.

여기에서 신뢰보호원칙 적용 5요건을 최초로 판시한 대법원 1998. 5. 8. 선고 98두4061 판결의 취지를 다시 한 번 살펴볼 필요가 있다. 좁은 의미의 판례, 즉 '특정 사건에서 대법원이 법령의 해석·적용에 관하여 제시한 의견'의 효력이 미치는 범위는 1차적으로 그것의 문언을 기준으로 판단하여야 하지만, 나아가 그 문언이 염두에 둔 해당 사건의 구체적 사실관계, 실정법의 규정과 '인접한 다른 판례들과의 관련성'까지도 고려하여야 하기 때문이다.[63] 해당 사안에서 원고는 부산 해운대구에서 발생하는 생활폐기물 수거·처리업에 신규 진출하기 위하여 피고 구청장으로부터 폐기물관리법에 따른 사업계획서 적합통보를 받은 후 그에 따른 시설·장비·기술능력을 갖추어 폐기물처리업 허가신청을 하였는데, 피고 구청장이 그제야 다수 폐기물처리업자의 난립과 과당경쟁으로 청소업체가 도산하여 안정적인 청소업무 수행에 지장이 초래될 수 있다는 이유로 거부처분을 하였다.[64] 취소소송에서 원고가 신뢰보호

62) 대법원 2016. 7. 14. 선고 2015두4167 판결 참조. 대법원이 사정판결을 허용한 사례에 관해서는 이상덕, "기반시설부담금과 사정판결", 법과 정의 그리고 사람: 박병대 대법관 재임기념 문집(2017), 513~514 참조.

63) 대법원 2009. 7. 23. 선고 2009재다516 판결 참조.

64) 건축법 등 대부분의 법령에서는 사업계획의 적정 여부를 판단하는 사전심사절차를 허가, 사업계획승인 등으로 지칭하고, 허가·승인받은 내용대로 설치·공사를 이행하여 사용·영업개시를 위한 준비를 완료하였는지를 사후확인하는 절차를 준공검사, 사용승인 등으로 지칭하고 있다. 반면, 폐기물관리법은 특이하게도 전자를 '사업계획서 적합통보'라고 지칭하고, 후자를 '폐기물처리업 허가'라고 지칭하여 개념 이해의 혼란을 유발하고 있다. 전자는 대개 형성적 재량행위이지만, 후자는 기본적으로 행정상대방이 허가·승인받은 내용대로 설치·공사를 이행하였는지 여부만을 확인하는 기속행위이다(폐기물관리법 제25조 제3항 제2문은 "제2항에 따라 적합통보를 받

원칙 위반을 주장하자, 피고 구청장은 사정판결이 필요하다고 주장하였다. 대법원은 기존의 신뢰보호원칙 적용 4요건에다가 "공익 또는 제3자의 정당한 이익을 현저히 해할 우려가 있는 경우가 아닌 한"이라는 새로운 요건을 추가로 제시하면서도 피고의 상고이유 제1점(신뢰보호원칙 및 재량권 일탈·남용에 관한 법리오해) 주장을 배척하였다. 그런 다음, "행정처분이 위법한 때에는 이를 취소함이 원칙이고 그 위법한 처분을 취소 · 변경함이 도리어 현저히 공공의 복리에 적합하지 않은 경우에 극히 예외적으로 위법한 행정처분의 취소를 허용하지 않는다는 사정판결을 할 수 있으므로 사정판결의 적용은 극히 엄격한 요건 아래 제한적으로 하여야 하고, 그 요건인 현저히 공공복리에 적합하지 아니한가의 여부를 판단함에 있어서는 위법 · 부당한 행정처분을 취소 · 변경하여야 할 필요와 그 취소 · 변경으로 인하여 발생할 수 있는 공공복리에 반하는 사태 등을 비교 · 교량하여 그 적용 여부를 판단하여야 한다"는 법리를 설시하고서, "이 사건 처분의 취소로 인하여 부산 해운대구를 영업구역으로 하여 생활폐기물을 수집 · 운반하여 온 기존의 동종업체에게 경쟁상대를 추가시킴으로써 일시적인 공급시설의 과잉현상이 나타나 어느 정도의 손해가 발생한 것임은 예상되지만, 그 이상으로 소론과 같이 업체의 난립 및 과당경쟁으로 기존 청소질서가 파괴되어 청소에 관한 안

은 자가 그 적합통보를 받은 사업계획에 따라 시설·장비 및 기술인력 등의 요건을 갖추어 허가신청을 한 때에는 지체 없이 허가하여야 한다."라고 규정하고 있다). 폐기물관리법 제25조 제7항("환경부장관 또는 시·도지사는 제3항에 따른 허가 또는 제11항에 따른 변경허가를 할 때에는 주민생활의 편익, 주변 환경보호 및 폐기물처리업의 효율적 관리 등을 위하여 필요한 조건을 붙일 수 있다. 다만, 영업 구역을 제한하는 조건은 생활폐기물의 수집·운반업에 대하여 붙일 수 있으며, 이 경우 시·도지사는 시·군·구 단위 미만으로 제한하여서는 아니 된다.")이 허가시 일정한 조건을 붙일 수 있는 재량을 부여하고 있으나, 이것이 허가를 거부할 재량까지 부여한 것이라고 볼 수는 없다. 피고 구청장이 든 거부사유는 선행 적합통보의 철회 사유는 될 수 있을지언정 폐기물처리업 허가의 정당한 거부사유는 될 수 없으므로 그 자체로 위법하다.

정적이고 효율적인 책임행정의 이행이 불가능하게 된다고는 보이지 아니하므로 이 사건 처분을 취소하는 것이 현저히 공공의 복리에 적합하지 않은 경우에 해당한다고는 할 수 없을 것"이라고 본 원심 판단은 정당하다고 하면서 피고의 상고이유 제2점(사정판결) 주장을 배척하였다. 이와 같은 98두4061 판결의 사안과 법리 판시의 맥락을 살펴보면, 신뢰보호원칙 적용 4요건이 충족된 경우에는 처분을 위법하다고 보아 취소판결을 선고함이 원칙이고, 예외적으로 공익과 사익의 형량을 거쳐 위법한 행정처분의 효력을 유지하여야 할 공익이 현저히 우월하다고 판단되는 경우에 한하여 사정판결을 할 수 있다는 취지로 이해할 수 있다. 98두4061 판결에서 신뢰보호원칙 적용의 다섯째 요건을 제시하면서 '현저히'라는 공통된 표현을 사용한 것은 행정상대방의 신뢰가 보호가치 있음에도 존속보호가 부정될 수 있는 경우를 사정판결의 엄격한 요건과 결부시키려는 의도였던 것으로 보인다.[65]

처분의 근거법령에 손실보상 규정이 없어 원고의 손실보상청구가 불가능한데도 취소소송에서 사정판결과 국가배상으로 금전적 전보를 받도록 하는 것이 과연 타당한지 의문이 제기될 수 있다. 그러나 손실보상과 손해배상은 별개의 법제도로서 법령에 규정된 각각의 요건을 충족하였는지에 따라 청구권의 존부를 판단하면 될 뿐이고, 각각의 요건을 모두 충족한 경우에는 중첩적인 적용도 가능하다.[66]

---

65) 그러나 이후의 대법원 및 하급심 판결에서는 98두4061 판결을 원용하면서도 '현저히'라는 표현에 별다른 주의를 기울이지 않았고 공익이 조금만 더(상대적으로) 우월해 보이면 원고의 신뢰보호를 부정하는 것이 주류적인 재판실무로 보인다. 이는 대법원 판례가 부지불식간에 당초 취지·문언과는 다른 방향으로 변천되었음을 의미한다. 행정상대방의 신뢰보호(존속보호)를 부정하기 위해 '공익 침해의 현저성'을 요구하는 대법원 판례는 부당하며 단지 공익의 상대적 우월로 충분하다는 견해도 제기되었다[최계영, 전게논문(주 34), 690].

66) 다만, 실질적으로 같은 내용의 손해에 관하여 양자의 청구권을 동시에 행사할 수 있다고 본다면 이중배상의 문제가 발생하므로, 실질적으로 같은 내용의 손해에 관하여 양자의 청구권이 동시에 성립하더라도 권리자는 어느 하나만을 선택적으로 행사할

관건은 보상보호가 필요한 사안에서 국가배상청구권의 성립요건이 충족한 것으로 볼 수 있는지에 관한 포섭·판단일 것이다. 대법원 판례는 국가배상법 제2조의 국가배상책임 성립요건으로서, 법률에 명시된 ① 공무원의 위법한 직무집행, ② 공무원의 고의·과실, ③ 손해 발생 외에 국가배상책임의 성립을 실질적으로 제한하기 위한 이론적 장치(도그마틱)로서 '객관적 정당성 상실'이란 요건을 추가로 요구하고 있다. 구체적인 사건에서 '객관적 정당성' 요건의 작용 양태를 살펴보면, 공무원의 직무상 행위(작위 또는 부작위)가 특정한 법령상 규정에 위반된다는 점이 명백한 경우에는 그 자체로 객관적 정당성을 상실한 경우에 해당한다. 객관적 정당성이 문제되는 것은 주로 공무원에게 일정한 폭의 재량이 존재하는 상황에서 특정한 조치만이 규범적으로 허용되고, 다른 조치는 허용되지 않는지가 불분명한 사안에서이다. 사후적으로 법원이나 감독기관이 관련 규정과 제반 사정을 모두 파악한 상황에서 내린 규범적 평가 결과로서 공무원이 한 특정한 조치가 재량권 일탈·남용에 해당하여 위법하다고 판단되어지더라도, 그 행위 당시 평균적인 공무원의 입장에서는 해당 조치가 터무니없는 비합리적인 조치가 아니었다면 국가배상책임을 부정하는 것으로서 상법상 경영판단원칙과 유사하다.

국가배상책임의 성립을 제한하기 위하여 '객관적 정당성 상실'이란 이론적 장치가 필요한 이유는 항고소송과 국가배상책임의 기능·역할이 서로 다르고, 항고소송에서 처분 자체의 유형이 매우 다양하고 처분의 위법사유도 다양한데, 처분의 구체적인 종류·내용, 위법사유의 구체적인 내용, 그에 따른 손해의 내용과 정도를 살피지 않고 취소판결이 선고된 모든 경우에 자동적으로 국가배상책임을 인정하기가 곤란하기 때문이다. 예를 들어, 제재처분의 침익성 정도가 약하거나 위법한 처분이 조기에 시정된 경우에는 취소판결에 따른 위법한 결과의 제거만으로 처

수 있을 뿐이고, 양자의 청구권을 동시에 행사할 수는 없다고 봄이 타당하다(대법원 2019. 11. 28. 선고 2018두227 판결 참조).

분상대방의 피해가 실질적으로 회복되고, 여기에 더하여 금전적 배상까지 인정할 필요가 크지 않다고 볼 수 있다. 그러나 국가나 지방자치단체의 재정적 부담을 우려하여 국가배상책임의 성립 자체를 부정하려고 지나치게 노력하는 것은 국가배상책임 제도의 입법취지[67]에 부합하지 않으므로 타당하지 않다.[68]

행정청이 선행 견해표명에 배치되는 처분을 하면서 행정상대방의 정당한 신뢰가 침해되어 경제적 손실이 발생하리라는 점을 이미 알았거나 또는 조금만 주의를 기울였다면 충분히 알 수 있었는데도 행정상대방의 손실을 보전해주기 위한 조정적 조치를 전혀 고려·시도하지 않았다면 객관적 정당성을 상실한 경우로 충분히 포섭할 수 있다. 다만 행정청이 어떤 조정적 조치를 취하긴 하였으나 행정상대방이 불충분하다고 주장하면서 부족분에 관한 국가배상을 청구하는 경우도 있을 수 있으며, 이 경우 객관적 정당성 상실 여부를 일도양단적으로 분명하게 판단하기는 어렵고 개별사안별 해결이 불가피할 것이다.

다. 국가배상의 구체적 범위

사정판결의 요건을 갖추었다고 판단되는 경우 법원으로서는 행정소송법 제28조 제2항에 따라 원고가 입게 될 손해의 정도와 배상방법, 그 밖의 사정에 관하여 심리하여야 하고, 이 경우 원고는 행정소송법 제28조 제3항에 따라 손해배상, 제해시설의 설치 그 밖에 적당한 구제방법의 청구를 병합하여 제기할 수 있으므로, 당사자가 이를 간과하였

67) 민법에 따른 일반 불법행위책임과 달리, 국가배상법에서 별도로 국가배상책임 제도를 규정한 입법취지는 '피해자 보호'(국가배상책임 성립요건 완화)와 '공무원 보호'(경과실 면책)에 있다(대법원 1996. 2. 15. 선고 95다38677 전원합의체 판결 참조).

68) 이상덕, "국가기관 홈페이지 게시글 삭제 조치에 따른 국가배상책임 성립 여부", 대법원판례해설 123호(2020년 상), 209~212 참조. 최근 '객관적 정당성' 요건을 폐기하자는 의견이 유력하게 제기되고 있다(대법원 2024. 12. 19. 선고 2022다289051 전원합의체 판결의 대법관 5인의 소수의견 참조).

음이 분명하다면 적절하게 석명권을 행사하여 그에 관한 의견을 진술할 수 있는 기회를 주어야 한다.[69)]

1) 실무상 신뢰보호원칙 위반이 주장되는 사안에서 행정상대방은 대개 자신이 입은 손해로서 '이행이익'(행정상대방의 신뢰가 실현되었을 경우에 발생할 이익)의 상실을 주장한다. 민법에서 구체적인 의무를 이행하지 않아 채무불이행책임이 성립하는 경우에는 이행이익을 배상함이 원칙인 반면, 계약체결상 과실로 계약이 성립하지 않았거나 계약이 무효이어서 구체적인 계약상 의무가 발생하지 않은 경우에는 신뢰이익을 배상하여야 하는 점을 고려하면,[70)] 보상보호가 필요한 사안에서 행정청의 배상책임은 '신뢰이익'(행정상대방의 신뢰가 실현되리라고 믿고 지출한 비용)으로 한정된다고 봄이 타당하다. 즉, 행정상대방이 해당 사업을 시행하여 얻을 수 있었던 영업이익을 배상하는 것이 아니라, 해당 사업을 시행하기 위하여 지출한 시설 설치 등 각종 준비비용을 배상하여야 한다.

2) 행정상대방이 공적인 견해표명 이후에 이를 신뢰하여 지출한 비용뿐만 아니라, 그 공적인 견해표명을 받기 위하여 관계법령에 따라 지출한 비용도 보상보호의 대상에 포함시켜야 한다. 예를 들어, 건축법상 건축허가를 받기 위해서는 건축주가 스스로의 비용 부담 하에 건축사에게 설계도서 작성을 의뢰하여 건축허가신청서에 설계도서를 첨부하여 제출하여야 한다. 만약 건축주의 건축계획이 관계법령에서 정한 허가기준을 충족하지 못하여 거부처분이 내려지는 경우 설계비용은 건축주가 스스로 감수하여야 할 건축허가신청 관련 비용인 것이지, 건축행정청에게 그 비용 보전을 청구할 수는 없다. 그러나 건축주가 건축허가를 받은 경우에는 해당 토지에서 허가받은 대로 건축할 수 있는 법적 지위를 취득하게 되며, 이러한 수허가자 지위는 법적으로 보호받고 양

69) 대법원 2016. 7. 14. 선고 2015두4167 판결.

70) 대법원 2002. 6. 11. 선고 2002다2539 판결(이행이익 배상), 대법원 2016. 7. 14. 선고 2012다65973 판결(신뢰이익 배상).

도할 수 있어 '헌법상 보장되는 재산권'에 해당하므로,[71] 이를 침해하는 경우에는 그 재산적 가치에 대한 정당보상이 이루어져야 한다. 다만 공적인 견해표명이 건축허가와 같이 공식적으로 법적 지위를 부여하는 처분이 아니라 비공식적 확약에 불과한 경우, 일반적으로 확약을 받기 위하여 지출해야만 하는 필요경비 내지 합법적인 비용을 상정하기 어렵고, 확약을 받은 지위가 재산적 가치가 있다거나 양도가능한 재산권으로 보기 어려우므로, 확약을 받기 위하여 지출한 비용은 보상보호의 대상에 포함할 수 없는 경우가 많을 것이다.

대상판결의 사안에서도 원고들은 해당 골프장 건설사업을 위하여 토지매입비용을 제외하더라도 각종 용역비와 운영실비로 총 52억원 가량을 지출하였는데 이 사건 처분으로 인하여 그것이 모두 쓸모없게 되

71) 헌법재판소 판례에 의하면, 헌법 제23조 제1항의 재산권 보장 조항에 의해 보호되는 재산권이란 '경제적 가치가 있는 모든 공법상·사법상 권리'(헌재 1992. 6. 26. 선고 90헌바26 결정) 내지 '사적유용성 및 그에 대한 원칙적 처분권을 내포하는 재산가치 있는 구체적 권리'(헌재 1996. 8. 29. 선고 95헌바36 결정)를 의미한다. 다만, 헌재 2010. 4. 29. 선고 2007헌바40 결정의 경우, 재판관 6인의 다수의견은 체육시설법상 체육시설 사업계획승인권(관할 행정청으로부터 사업계획승인을 받은 자의 지위)을 헌법상 보호되는 재산권이 아니라고 판단하였으나, 헌법상 보호되는 재산권에 해당한다고 보면서도 법률조항에 의한 재산권 제한이 합헌이라고 판단한 재판관 3인의 별개의견이 타당하다. 전통적인 재산권의 경우 국가의 규제 이전에 사적 자치와 시장경쟁을 통해서 자율적으로 형성되는 정도가 상대적으로 강하므로 이에 대한 국가의 규제 · 개입이 과잉금지원칙을 위반한 재산권 침해에 해당한다고 평가할 여지가 상대적으로 좀 더 큰 반면, 수허가자 지위는 국가의 공법적 규제 제도를 통해서 비로소 형성되는 신종 재산권이므로 국가의 입법형성 재량이 훨씬 크고, 따라서 그에 관한 입법정책의 형성 · 변경이 헌법상 재산권 침해에 해당한다고 평가할 여지가 현저히 작을 뿐이다. 헌법재판소의 개별 결정례들 중에는 해당 사안에서 다투어지고 있는 기본권 침해(제한) 정도가 미미한 경우 구차한 본안심사를 생략하거나 결정문 이유를 간이하게 작성하기 위해 헌법소원심판의 대상성(공권력 행사)이나 기본권 관련성(청구인의 침해된 권리가 관련 기본권의 보호범위 안에 있음)을 부정하면서 심판청구를 간이하게 각하·기각하는 경우가 종종 관찰되는데, 2007헌바40 결정의 다수의견은 그런 경향이 드러난 사례로 보인다. 간이하게 사건을 해결하려는 실무상 필요는 이해되지만, 일관성 없는 논리전개는 결코 바람직하지 않다. 개별사건 처리에서 판단자의 '편의' 추구는 '자의'로 흐를 수 있음을 경계해야 한다.

어 총 52억원 가량의 손해가 발생하였다고 주장하였다. 대상판결의 1심 판결에서는 "이 사건 도시관리계획이 고시되기 전에 개발제한구역관리계획 승인을 요청하거나 이 사건 도시관리계획의 입안 제안을 하기 위하여 발생한 비용(원고들이 지출하였다고 주장하는 용역비 28억 4,040만원 중 14억 5,790만원)이 차지하는 비중이 크다."라고 설시함으로써, 원고들이 이 사건 도시관리계획 이전에 지출한 비용은 신뢰보호 여부 판단을 위한 공·사익 형량에서 고려할 필요가 없고 이후에 지출한 비용에 한하여 공·사익 형량에서 고려함이 타당하다는 뉘앙스를 보였으나, 이는 타당하지 않다.

해당 사업부지는 기존에 개발제한구역이어서 개발사업의 시행이 불가능하였다가, 이 사건 도시관리계획에 의하여 골프장을 건설하는 개발사업의 시행이 가능하게 되었고, 그로 인하여 지가가 상승하는 이익이 발생하였다. 원고들에 대한 '대인적 사업시행권'은 엄밀히 말하면 장래에 도시계획시설(골프장) 조성사업의 시행자 지정 및 실시계획인가 처분이 이루어져야 법적으로 성립하는 것이고, 그 전에는 이 사건 도시관리계획에 의해 해당 사업부지에 관하여 개발허용성을 부여하는 '대물적 처분'만 이루어진 상황이었다. 도시관리계획을 수립·변경하려면 입안권자인 행정청이 미리 기초조사, 환경성 검토, 토지적성평가, 재해취약성 분석을 하여야 하는데(국토계획법 제27조), 토지소유자에 의한 입안 제안의 경우 도시관리계획결정에 필요한 비용 전부를 제안자가 부담하여야 한다(국토계획법 제26조 제5항, 동 시행령 제19조의2 제5항의 위임에 따른 도시·군관리계획수립지침 8－1－2－1항). 이러한 비용은 원래 입안권자가 부담하여야 하는 행정비용에 해당하지만, 입안 제안에 따른 도시관리계획결정이 이루어지면 해당 토지에 관하여 개발허용성이 부여되며 통상적으로 토지소유자는 개발사업 시행을 통해 도시관리계획결정을 위해 지출한 비용을 훨씬 상회하는 이익을 거두어 비용 회수가 가능하므로 입안 제안을 하는 토지소유자에게 부담시키도록 규정한 것이다. 이는 통상적

인 상황에서는 합리적인 비용부담이라고 할 수 있다. 입안 제안에 따라 개발허용성을 부여하는 도시관리계획결정이 이루어지는 경우, 토지소유자가 반드시 직접 개발사업을 시행할 의무가 있는 것은 아니며 해당 토지를 개발허용성이 반영되어 상승된 가격으로 제3자에게 양도함으로써 지출한 비용을 회수하는 것도 가능하다. 그러나 토지소유자가 지출한 비용을 이러한 방식으로 회수하기 전에 토지소유자의 아무런 귀책사유 없이 도시관리계획결정이 철회되어 개발허용성이 사라진 경우에는, 토지소유자가 지출한 비용을 보상보호의 대상에 포함하는 것이 타당하다. 대상판결에서 원고들의 경우 일정한 비용을 지출하여 이 사건 도시관리계획이라는 '대물적 처분'을 받았는데, 그 후 원고들의 귀책사유 없이 이 사건 도시관리계획이 철회됨으로써 해당 사업부지의 개발허용성을 상실하였고 그로 인하여 지가가 다시 하락하는 재산적 손해를 입었으므로, 지출된 비용 내지 지가하락분에 대한 보호가 이루어져야 한다.

3) 행정상대방이 사업 준비 과정에서 지출한 토지매입비용의 경우, 관계법령에서 양도를 금지하는 것과 같은 특별한 사정이 없는 한, 해당 토지를 되팔아 자금을 회수하는 것이 가능하므로 존속보호가 이루어지지 않음에 따른 손해로 포섭하기 어렵고[72] 원칙적으로 손해배상의 대상이 될 수 없다고 보아야 한다.

4) 국가배상책임에서도 손해 발생·확대에의 기여도를 고려하여 공평의 원칙에 따른 책임제한의 법리를 통해 배상액의 과도화를 방지할 수 있다.[73]

---

72) 대법원 2020. 7. 23. 선고 2019두31839 판결.
73) 대법원 2012. 5. 24. 선고 2011다8539 판결.

Ⅳ. 결어

신뢰보호원칙은 비례원칙과 마찬가지로 법의 일반원칙으로서 모든 행정작용에 적용된다. 다양한 행정작용이 원칙적으로 신뢰보호의 대상이 될 수 있으나, 구체적인 사안에서 신뢰보호의 가치 내지 필요성을 살펴보면 행정상대방에게 공식적으로 일정한 법적 지위 내지 권리를 부여하는 처분이 통상적으로 가장 보호가치가 크다고 볼 수 있다. 확약은 비공식적 행정작용이고 대개 가정적 판단결과일 뿐이므로 신뢰보호의 필요성이 작고, 행정입법은 규율내용이 일반·추상적이고 수범자가 다수이며 수범자 개개인의 부담은 낮은 것이 보통이므로 통상적으로 사익침해 정도가 낮아 새로운 입법을 수범자가 수인할 의무가 있다고 평가하기 쉽다.

대법원 판례에서 언급하는 신뢰보호원칙 적용 4요건은 행정상대방의 신뢰가 보호가치 있는지를 판단하기 위하여 필수적으로 점검하여야 할 고려요소들을 논리적 순서에 따라 분설한 것일 뿐, 엄밀한 의미에서 '요건–효과'로 구성되는 법명제에서의 요건을 의미하는 것이 아니다. 대법원 판례는 4요건을 모두 충족한 경우에는 행정상대방의 신뢰가 보호가치 있으며, 이를 침해하는 처분은 특별한 사정이 없는 한 위법한 것으로 보아 취소하여야 함을 분명히 하고 있다.

행정상대방의 신뢰가 보호가치 있더라도 행정청이 사정변경이나 중대한 공익상 필요를 반영하여 정책을 변경하고 변경처분을 할 수 있는 여지를 열어주어야 할 필요가 있으나, 그 경우에는 그로 인한 행정상대방의 손실을 벌충해주기 위한 손실보상 등의 조정적 조치가 수반되어야 마땅하고, 아무런 조정적 조치 없이 기득권 박탈이 이루어졌다면 그러한 내용의 처분은 재량권을 일탈·남용한 것으로서 위법하다고 보아야 한다. 그러나 취소소송에서 위법한 처분을 취소하는 것이 현저히

공공복리에 적합하지 않다고 판단되는 경우에는 사정판결을 활용하여 원고의 취소청구는 기각하면서도 원고의 손해를 국가배상의 방법으로 전보해 주도록 할 수 있다. 우리나라의 현행 법질서상 처분의 근거법령에 손실보상 규정이 없어 원고의 손실보상청구가 불가능한 상황에서, 사정판결 제도를 활용하는 것은 공익과 사익의 조화를 도모하고 보상보호를 위한 합리적이고 현실적인 돌파구가 될 수 있다.

전임 시장이 계양산 일대에 골프장 건설을 허용하였더라도 사정변경과 중대한 공익상 필요가 있다면 신임 시장이 전임 시장의 결정을 뒤집는 것도 허용될 필요가 있다. 그러나 그것은 그로 인한 원고들의 손실이 보상되거나 그 밖의 조정적 조치를 통해 완화되는 경우에 한하여 정당화될 수 있다. 대상판결은 전자의 문제에 관해서만 주목하였을 뿐 후자의 문제는 간과한 잘못이 있다. [끝]

참고문헌

강현호, "신뢰보호원칙에 대한 재고찰", 성균관법학 17권 3호(2005).

______, "계획보장청구권에 대하여", 토지보상연구 7집(2007).

고영훈, "행정법상 신뢰보호의 요건과 방법에 대한 비판적 고찰", 한양대 법학논총 28권 1호(2011).

권오석, "신뢰보호원칙 위반과 사정판결", 대전지방법원 실무연구자료 5권 (2003).

김광수, 독일 공법상의 재산권보장과 국가책임 확장이론, 서울대 법학박사학위논문(1994).

______, "토지형질변경허가와 신뢰보호원칙", 행정판례연구 6권(2001).

김덕진, "행정청이 신뢰의 대상이 되는 공적인 견해표명을 한 경우에 있어서의 신뢰보호의 원칙 적용에 관한 고찰", 광주지방법원 재판실무연구(2000).

김병기, "법령개정과 신뢰보호원칙", 행정판례연구 14권(2016).

김중권, "제3자 취소소송에서 처분상대방의 신뢰보호에 관한 소고", 특별법연구 15권(2018).

김혜진, 공법상 신뢰보호원칙에 관한 연구 - 독일과 프랑스의 비교를 중심으로 -, 서울대 법학박사학위논문(2021).

박우경, 행정재판과 법의 일반원칙 - 프랑스 행정법상 법의 일반원칙을 중심으로 -, 사법정책연구원(2021).

송시강, "민간투자와 리스크 그리고 손실보상 - 표준실시협상상 위험분담에 관한 공법적 해명 -", 홍익법학 22권 2호(2021).

______, "사업계획절차에 특수한 쟁점과 법리", 행정판례연구 27－2권 (2022).

안동인, 영국법상 신뢰보호 원칙에 관한 연구: 다원적 법비교를 통한 우리나라 판례의 비판적 검토, 서울대 법학석사논문(2004).

______, "법령의 개정과 신뢰보호원칙", 행정판례연구 16-1권(2011).

이상덕, "기반시설부담금과 사정판결", 법과 정의 그리고 사람 : 박병대 대법관 재임기념 문집(2017).

______, "국가기관 홈페이지 게시글 삭제 조치에 따른 국가배상책임 성립 여부", 대법원판례해설 123호(2020년 상).

______, "항고소송에서 처분사유 추가·변경 제한 법리의 재정립", 사법 60호(2022).

최계영, "신뢰보호 원칙의 적용요건: 공적 견해표명의 의미를 중심으로", 사법 38호(2016).

국문초록

대법원 2018. 10. 12. 선고 2015두50382 판결은 인천 계양산 일대에서 골프장 개발사업이 추진되었다가 번복된 사안에 관한 것이다. 전임 시장은 개발제한구역 안에 위치한 원고들 소유 토지에 골프장 건설을 허용하는 내용의 도시관리계획을 수립하였으나, 신임 시장은 전임 시장의 결정을 뒤집고 원고들의 기득권을 박탈하였는데, 기득권 박탈을 보상해주기 위한 아무런 조치도 취하지 않았다. 대상판결은 공익상 필요가 인정되고 결정과정에서 제반 요소를 고려하여 공익과 사익의 형량을 거쳤으므로 신임 시장의 조치가 적법하며 신뢰보호원칙 위반이 아니라고 판단하였다.

행정상대방의 신뢰가 보호가치 있더라도 행정청이 사정변경이나 중대한 공익상 필요를 반영하여 정책을 변경하고 처분을 할 수 있는 여지를 열어주어야 할 필요가 있으나, 그 경우에는 그로 인한 행정상대방의 손실을 벌충해 주기 위한 손실보상 등의 조정적 조치가 수반되어야 마땅하고, 아무런 조정적 조치 없이 기득권 박탈이 이루어졌다면 그러한 내용의 처분은 재량권을 일탈·남용한 것으로서 위법하다고 보아야 한다. 그러나 취소소송에서 위법한 처분을 취소하는 것이 현저히 공공복리에 적합하지 않다고 판단되는 경우에는 사정판결을 활용하여 원고의 취소청구는 기각하면서도 원고의 손해를 국가배상의 방법으로 전보해 주도록 할 수 있다. 우리나라의 현행 법질서 하에서 처분의 근거법령에 손실보상 규정이 없어 원고의 손실보상청구가 불가능한 상황에서, 사정판결 제도를 활용하는 것은 공익과 사익의 조화를 도모하고 보상보호를 위한 합리적이고 현실적인 돌파구가 될 수 있다.

전임 시장이 계양산 일대에 골프장 건설을 허용하였더라도 사정변경과 중대한 공익상 필요가 있다면 신임 시장이 전임 시장의 결정을 뒤집는 것도 허용될 필요가 있다. 그러나 그것은 그로 인한 원고들의 손실이 보상되거나 그 밖의 조정적 조치를 통해 완화되는 경우에 한하여 정당화될 수 있다. 대상판결은 전자의 문제에 관해서만 주목하였을 뿐 후자의 문제는 간과한 잘못이

있다.

주제어: 신뢰보호원칙, 도시관리계획, 수익처분 직권취소·철회 제한 법리, 보상보호, 사정판결, 국가배상

Abstract

A Study on the Application of Trust Protection Principle in Administrative Trial (Subject Case: Supreme Court Decision 2015Du50382 Decided October 12, 2018)

Lee Sang－Deok*

Supreme Court Decision 2015Du50382 on October 12, 2018(hereinafter "the Judgment") relates to a case in which a golf course construction and development project was carried out and reversed around Gyeyang Mountain in Incheon. The former mayor established an urban management plan to allow the construction of a golf course on the land owned by the plaintiffs located within the development－restricted zone. However the new mayor reversed the former mayor's decision and deprived the plaintiffs of their vested interests, taking no action to compensate for the deprivation. The Judgment determined that the new mayor's actions were legal and did not violate Trust Protection Principle, because the need for the public interest was recognized, and comparing public and private interests by considering all factors had been made in the decision process.

Even if the trust of the private person is worth protecting, it is necessary to open the possibility for the administrative agency to change its policy and carry out its disposition by reflecting changes in

* Ph. D. in law, Judge, Seoul Administrative Court.

circumstances or significant public interest needs. However in that case, adjustment measures such as compensation for the loss of the private person should be accompanied, and if the deprivation of vested rights is made without any adjustment measures, the such disposition should be considered illegal as a deviation or abuse of discretionary power.

Under the current legal system in South Korea, the plaintiff's claim for compensation for losses is not permitted if there is no provision for compensation for losses in the law on which the disposition is based. But if it is deemed that revoking an illegal disposition in an administrative lawsuit is significantly not suitable for public welfare, the Plaintiff's cancellation request may be dismissed by using the judicial decision after due consideration of circumstances and the Plaintiff's damage may be compensated by means of state liability. Therefore, the use of the judicial decision after due consideration of circumstances can be a reasonable and realistic breakthrough for promoting harmony between public and private interests and compensatory protection.

Even if the former mayor allowed the construction of a golf course, the new mayor needs to be allowed to reverse the former mayor's decision if there is a change in circumstances and a significant need for public interest. However such dispositions can only be justified if the resulting loss of the private person is compensated or mitigated through other adjustment measures. The Judgment focused only on the former matter, and overlooked the latter matter.

Keywords: trust protection principle(principle of legitimate expectations), urban management plan, restriction of ex officio cancellation or withdrawal of beneficial disposition, compensatory protection, judicial decision after due consideration of circumstances, state liability

투고일 2025. 5. 22.
심사일 2025. 6. 22.
게재확정일 2025. 6. 30.

수도법상 원인자부담금과 이중부과금지원칙*

최명지**

대상판결: 대법원 2023. 12. 28. 선고 2023다268686 판결

Ⅰ. 대상판결의 개요

1. 사건의 개요

원고는 주택건설 및 분양업 등을 목적으로 하는 법인이다. 한국토지주택공사는 인천 서구 일대에 택지조성사업을 시행하였고, 조성택지의 배수지, 송수관, 배수관 등 수도공사와 관련하여 원인자부담금으로

* 이 글은 한국행정판례연구회 제398차 월례발표회에서 발표한 발제문을 수정·보완한 것입니다. 귀중한 의견을 주신 지정토론자 김선욱 변호사님 및 기타 토론자분들께 감사의 말씀 올립니다.
이 논문은 2024년도 인하대학교의 지원에 의하여 연구되었습니다.

** 인하대학교 법학전문대학원 조교수.

22,408,000,000원을 납부하였다.[1] 원고는 2013. 8. 30. 한국토지주택공사로부터 대지를 분양받아 위 대지 지상에 아파트를 신축한 후, 2016. 8. 11. 피고 인천광역시의 수도사업소에 이 사건 대지에 관하여 급수공사를 신청하였다. 인천광역시 수도사업소장은 2016. 8. 경 원고에게 인천광역시 수도급수조례(2016. 9. 26. 인천광역시조례 제5703호로 일부개정되기 전의 것, 이하 '이 사건 조례')에 근거하여 신설공사비 15,007,240원, 시설분담금 96,840,000원을 합한 111,847,240원을 부과하였고, 원고는 2016. 9. 6. 위 시설분담금 등 부과처분(이하 '이 사건 처분')에 따라 위 111,847,240원을 피고에게 납부하였다.

2. 소송의 경과

(1) 원고와 피고의 주장

원고는 이 사건 처분으로 인하여 부과된 시설분담금이 수도법 제71조 제1항에서 규정하고 있는 상수도 원인부담금에 해당한다고 주장하였다. 나아가 원고는 자신은 소외 한국토지주택공사의 택지조성사업과정에서 조성된 택지를 매수하여 지상에 건축물을 건설한 자에 불과하므로, 수도법 제71조 제1항이 정하는 '원인자'에 해당하지 않는다고 주장하였다. 따라서 원고는 피고의 상수도원인자 부담금 부과 및 징수처분은 그 하자가 중대하고 명백하므로 당연무효에 해당하고, 피고가 원고에게 이 사건 상수도원인자 부담금 및 그에 대한 지연손해금을 반환해야 한다고 주장하였다. 반면 피고는 피고가 원고에게 부과한 급수공사비는 인천광역시 수도급수조례에 의하여 부과된 것으로서 원인자부담금에 해당하지 않는다고 주장하였다. 또한 피고는 위 급수공사비는 신축건물의 분양대금에 포함되었으므로 실질적인 납부주체는 수분양자

1) 소외 한국토지주택공사가 원인자부담금을 납부했다는 사실은 원심 심리과정에서 밝혀졌다.

이고, 원고는 급수공사비를 부담하지 않았으므로 피고에게 그 반환을 구할 수 없다고 주장하였다.

(2) 제1심의 판단

제1심 법원은 수도법상 원인자를 한국토지주택공사로 보고, 피고의 이 사건 처분은 처분의 상대방을 잘못 지정한 중대한 하자가 있어 위법하다고 보았다. 제1심 법원은 상수도원인자부담금의 취지를 '생활용수에 대한 수요를 발생하게 하여 상수도의 신설·증설을 야기한 원인자에게 그 비용을 부담시키는 데' 있다고 보고, 택지개발사업에서 상수도시설 확대를 야기한 실질적 원인자를 택지개발사업의 시행자라고 판단하였다. 따라서 제1심 법원은 피고가 한국토지공사가 아닌 원고에게 한 이 사건 처분은 처분의 상대방을 잘못 지정한 하자가 있고, 이는 수도법이 정한 법규의 중요한 부분을 위반한 것으로서 그 하자는 중대하고 객관적으로 명백하여 당연무효라고 판단하였다.

(3) 원심의 판단

가. 원심에서 추가된 원고의 주장

원심 심리과정에서 한국토지주택공사가 이미 원인자부담금을 납부한 것이 확인되었다. 이에 원고는 제1심에서 주장한, 시설분담금이 원인자부담금의 성격을 지닌다는 주장 외에 이하 각 주장을 추가하였다. ① 원고는 이미 한국토지주택공사에 의하여 조성택지에 대한 원인자부담금이 납부되었으므로 이 사건 처분으로 원고에게 부과된 시설분담금은 원인자부담금이 이중부과된 것이라고 주장하였다. ② 또한 원고는 피고 지방자치단체에 속한 주민도 아니고, 수도법 제38조 및 구 지방자치법(2016. 5. 29. 법률 제14197호로 개정되어 2016. 11. 30. 시행되기 전의 것, 이하 '구 지방자치법') 제138조 등은 이 사건 조례의 근거가 될 수 없으므로 이 사건 시설분담금 등은 이 사건 조례에 의해 위법하게 부과된 것

이라고 주장하였다.

나. 원심의 판단

원심 법원은 이 사건 처분에 당연무효 사유를 인정할 수 없다고 판단하였다. 먼저 원심은 이 사건 시설분담금이 원인자부담금에 해당한다는 원고의 기존 주장을 부정하였다. 원심은 대법원 2022. 4. 14. 선고 2020두58427 판결을 인용하면서 원인자부담금과 시설분담금의 차이에 대해 판시하였다. 즉 수도법 제71조, 동법 시행령 제65조의 '원인자부담금'은 주택단지 등의 시설이 설치됨에 따라 '상수도시설의 신설·증설이 필요한 경우'에 그 원인을 제공한 자를 상대로 새로운 급수지역 내에서 설치하는 상수도시설의 공사비용을 부담시키는 것이고, 구 지방자치법 제138조와 제139조 및 이에 근거한 지방자치단체 조례에서 정한 '시설분담금'은 이미 상수도시설이 설치된 급수지역 내에서 전용 급수설비의 신설 등 새롭게 급수를 신청하는 자를 상대로 '기존 상수도시설'의 잔존가치를 기준으로 그 공사에 소요된 건설비를 징수하는 것이므로, 원심은 원인자부담금과 시설분담금은 각각 근거법령, 부과 목적·대상, 산정기준 등을 달리한다고 보았다. 나아가 원심은 이 사건 시설분담금 등은 원고가 아파트 분양사업을 진행한 대지에 수도시설을 신설·증설 또는 개조하거나 장래 설치할 수도시설의 공사비용에 관한 것이 아니고, 대지에 설치될 급수설비 설치공사 자체의 공사비 및 이미 설치된 '기존 수도시설'의 순자산 가치를 기초로 산정·부과된 것이라고 보아 이 사건 시설분담금은 원인자부담금에 해당하지 않는다고 보았다.

원고가 추가한 주장 중 ① 원고의 이중부과 주장에 대하여, 원심은 이 사건 처분이 부담금 이중부과처분에 해당하지 않는다고 보았다. 수도법 제70조는 원인자부담금이 부과되는 수도시설에서 급수설비를 제외하고 있고, 이 사건 조례 제11조 제1항은 급수설비 공사에 관한 것이므로, 사안의 시설분담금은 부담금관리 기본법 제5조 제1항에서 금지하

는 이중부과에 해당하지 않는다고 판단하였다. 원심은 원고가 신청한 급수공사는 수도법상 '급수설비'에 관한 공사에 해당하며, 원고가 급수설비를 제외한 수도시설의 신설·증설 등의 공사를 시행하였다고 볼 여지도 없으므로, 이 사건 처분은 부담금의 이중부과에 해당하지 않는다고 판단하였다.

원고가 추가한 주장 중 ②−1 원고가 피고 지방자치단체의 주민이 아님에도 시설분담금이 부과되었으므로 위법하다는 주장 역시 기각되었다. 원심은 법인이 해당 지방자치단체에서 인적 · 물적 설비를 갖추고 계속적으로 사업을 영위하면서 해당 지방자치단체의 재산 또는 공공시설의 설치로 특히 이익을 받았다면 해당 법인은 구 지방자치법 제138조에 의한 분담금 납부의무자가 될 수 있고, 구 지방자치법 제138조에 근거하여 분담금 제도를 구체화한 조례에서 정한 분담금 부과요건을 충족하는 경우에는 부담금 이중부과 등과 같은 특별한 사정이 없는 한 조례 규정에 따라 분담금을 납부할 의무가 있다고 보아야 한다는 대법원 2021. 4. 29. 선고 2017두57431 판결을 인용하여 주민이 아닌 법인이 시설분담금의 부과 대상이 될 수 있는 요건을 설시하였다. 원고는 2013년부터 2021년까지 인천광역시 서구에 지방소득세, 등록면허세, 지방교육세 등을 납부하였고, 이 사건 아파트를 신축한 것뿐만 아니라 피고 지방자치단체 구역 내 다른 지역에서도 아파트를 신축하여 분양하였으므로, 원심은 원고를 피고 관할구역 내에서 인적 · 물적 설비를 갖추고 계속적으로 주택건축사업을 영위한 자라고 판단하였다. 따라서 원심은 원고가 시설분담금의 부과 대상이 될 수 있다고 보았다.

원고가 추가한 주장 중 ②−2 이 사건 조례가 상위법률의 위임이 없는 위법한 조례에 해당한다는 주장 역시 기각되었다. 수도법 제38조 제1항은 수도사업자가 지방자치단체이면 급수설비에 관한 공사의 '비용부담'에 관한 내용을 지방자치단체가 조례로 정할 수 있도록 위임하고 있고, 수도법 제70조는 급수설비를 제외한 수도의 설치비용만을 수도사

업자에게 부담하도록 규정하고 있다. 따라서 원심은 이 사건 조례가 수도법의 위임범위 내의 조례로서 적법하다고 판단하였다. 나아가 원심은 급수공사를 신청한 자에게 기존 상수도시설의 조성비용을 분담하도록 한 이 사건 조례 제14조는 공공시설에 대한 분담금의 징수에 관한 사항을 정한 것으로 상위법령인 구 지방자치법 제138조, 제139조 제1항의 위임에 따른 규정으로 보아, 역시 구 지방자치법의 위임범위 내에서 적법하게 제정된 조례에 해당한다고 판단하였다.

3. 대상판결의 요지

대법원은 ① 수도법 제71조 제1항에 따른 원인자부담금은 수도시설의 신설·증설·개조 등 수도공사가 필요한 경우 그 수도공사를 시행하기 전에 장래에 소요될 수도시설 공사비용을 분담하도록 하는 것이고, ② 구 지방자치법 제138조 및 이 사건 조례 제14조에 따른 시설분담금은 이미 상수도시설 설치가 완료된 지역에 신규 급수를 신청하는 자에 대하여 급수공사비를 납부하면서 함께 기존 상수도시설의 조성비용을 분담하도록 하는 것이어서, 양자가 완전히 동일한 제도는 아니며 부과 및 납부시점에 있어서 일부 차이점이 존재한다고 보았다. 그러나 원인자부담금과 시설분담금의 부과상대방은 공통적으로 수돗물 사용량을 증가시켜 기존 상수도시설의 용량에 부담을 유발하는 자이다. 또한 원인자부담금과 시설분담금의 부과목적은 재원조달목적 또한 상수도공사의 비용충당으로 동일하기 때문에, 대법원은 양 부담금이 실질적으로 중복되는 요소가 있다고 보았다. 따라서 대법원은 원인자부담금과 시설분담금이 동시에 부과되는 경우, 중복되는 범위 내에서 부담금관리 기본법 제5조 제1항이 금지하고 있는 부담금의 이중부과에 해당하므로 허용될 수 없다고 보았다. 대법원은 특히 이러한 법리가 원인자부담금의 납부주체가 한국토지주택공사이고, 시설분담금의 납부주체가 원고로 각

납부주체가 동일하지 않은 경우에도 동일하게 적용된다고 판시하였다.

대법원은 사안에서 이미 한국토지주택공사가 원인자부담금을 납부했음에도 원고에게 추가적으로 시설분담금이 납부된 것은 양자가 중복되는 범위에서 부담금 이중부과금지원칙에 위배되며, 이 사건 처분의 위와 같은 하자는 중대하고 명백하여 당연무효에 해당한다고 판단하면서 원심을 파기환송하였다. 현재 인천지방법원 2024나50486 사건으로 파기환송심 계속중이다.

Ⅱ. 문제의 소재

대상판결에서 ① 소외 한국토지주택공사에 부과된 원인자부담금 부과처분과 ② 피고에게 부과된 시설분담금이 부담금관리기본법 제5조 제1항에서 금지하는 부담금의 '이중부과'에 해당하는지 여부가 주된 쟁점으로 다투어졌다. 원심은 수도법 제70조를 근거로 급수시설공사에 대해 시설분담금을 부과한 것이 중복부과에 해당하지 않는다고 보았다. 반면 대법원은 이 사건 원인자부담금과 시설분담금이 실질적으로 중복된다고 보아 양자를 동시에 부과하는 것은 이중부과금지 원칙에 위반된다고 판단하였다.

대상판결의 타당성에 대해 검토하기에 앞서, 먼저 부담금의 개념 및 종류, 부과요건 및 부과원칙에 관하여 살펴본다. 특히 부담금관리 기본법 제5조 제1항에서 규정하고 있는 '이중부과금지 원칙'에 관하여 기존 대법원과 헌법재판소의 판단기준에 대하여 살펴본다. 위와 같은 기준을 바탕으로 대상판결 판단의 타당성에 대해 검토하고, 원인자부담금과 시설분담금의 중복부과 문제를 입법적으로 해결하기 위한 각 지방자치단체의 조례 개정시도에 관하여도 살펴본다.

Ⅲ. 부담금의 종류와 이중부과금지 원칙

1. 부담금의 개념

조세라는 명칭이 붙어있지 않지만 조세법률주의의 적용을 받는 항목을 통칭하여 준조세라고 한다.[2] 준조세에는 부담금, 수수료, 사용료 등이 있는데, 본 발제에서 중점적으로 다룰 부담금의 개념 및 의의에 관하여 전통적 의미의 부담금, 특별부담금, 부담금관리기본법(이하 '부담금관리법')상의 부담금으로 나누어 살펴본다.

(1) 전통적 의미의 부담금

전통적인 부담금은 특정 공익사업과 특별한 관계에 있는 자에게 그 사업에 필요한 경비를 부담시키기 위하여 과해지는 금전지급의무를 의미한다.[3] 위와 같은 헌법재판소의 설시로부터 전통적인 부담금의 개념징표로 ① 납부의무자는 특정한 공익사업과 특별한 이해관계에 있어야 한다는 점, ② 해당 사업에 필요한 경비의 전부 또는 일부를 강제적으로 부담시킨다는 점을 도출할 수 있다. 특정 개인에게 강제적인 납부의무를 부과한다는 점에서 마찬가지로 강제성을 띠는 조세와 유사하나, 부담금은 특정한 공익사업과 관련이 있는 자에 한하여 부과된다는 점에서 불특정 다수에게 부과되는 조세와 차이를 보인다.[4]

헌법재판소는 도로법상 부대공시비용 부담금의 성격에 대해 판단하면서, 전통적 의미의 부담금을 인적 공용부담의 일종으로서 국가 또는 공공단체가 특정한 공익사업과 특별한 관계에 있는 자에 대하여 그 사업에 필요한 경비를 부담시키기 위하여 과하는 금전지급의무를 의미

2) 성낙인, 헌법학, 법문사, 2024, 484면.
3) 헌법재판소 2003. 12. 18. 선고 2002헌가2 결정.
4) 임현, 현행 부담금 제도의 법적 쟁점, 토지공법연구 제48집, 2010, 405면.

하고, 공익사업과의 관계를 기준으로 수익자부담금·원인자부담금·손상자부담금으로 나뉜다[5]고 판시한 바 있다.

(2) 특별부담금

전통적인 의미의 부담금과 다르게, 특별부담금은 특별한 과제를 위한 재정에 충당하기 위하여 특정집단에게 과업과의 관계 등을 기준으로 부과되고 공적기관에 의한 반대급부가 보장되지 않는 금전급부의무를 의미한다.[6] 특별부담금은 부과주체인 행정청이 납부의무자에게 아무런 반대급부도 보장하지 않는다는 점에서 특정 공익사업과 관련된 납부의무자에게 경제적 이익이 발생하여야 한다는 점을 요구하는 전통적인 의미의 부담금과는 구별된다.[7] 또한 특별부담금은 특별한 공익사업의 경비 충당을 위해 특정 집단에게 부과된다는 점에서 국가재정수요의 충당을 위해 국민 일반에 부과되는 조세와 구별된다.

이처럼 특별부담금은 원인자 또는 수익자부담금으로서의 성격이 부정되기 때문에, 전통적 의미의 부담금에 비해 그 허용요건을 엄격하게 해석할 필요가 있다. 헌법재판소는 특별부담금의 종류를 재정조달 목적 부담금과 정책실현 목적 부담금으로 구분하고, 양자의 허용요건을 일련의 판례군[8]을 통해 제시하고 있다. 특별부담금의 종류와 허용요건에 관하여는 후술한다.

---

5) 헌법재판소 2002. 9. 19. 선고 2001헌바56 결정.
6) 하명호, 행정법, 박영사, 2024, 979면.
7) 하명호, 위의 책, 979면.
8) 헌법재판소 2004. 7. 15. 선고 2002헌바42 결정; 헌법재판소 2008. 11. 27. 선고 2007헌마860 결정; 헌법재판소 2005. 3. 31. 선고 2003헌가20 결정; 헌법재판소 2008. 9. 25. 선고2007헌가1 결정 등.

(3) 부담금관리법의 부담금

가. 부담금관리법의 제정배경

부담금은 일반적으로 수입 대부분이 기금이나 특별회계로 관리되어, 부담금을 수취하는 행정기관은 일반 예산에 비해 안정적으로 사업경비를 확보할 수 있다. 그러나 국가 전체적인 관점에서, 각종 부담금이 지나치게 난립하게 되면 재정운용의 효율성이 저해되거나, 경제사회적 여건의 변화로 더 이상 부과할 근거가 없는 부담금이 계속적으로 부과되거나, 동일한 대상에 대하여 이중으로 부과되는 부담금이 존재하는 등 부정적인 효과가 발생하게 된다. 이러한 문제와 관련하여 경제단체 등에서 부담금 관련 제도적 정비를 정부에 건의하였다. 이에 정부는 부담금 체계 정비를 통해 부담금 법령 난립으로 인한 문제점을 해결하고, 장기적으로 무분별한 부담금의 신설·증설을 억제하고 부담금 부과·징수와 운영의 투명성을 높이고자 하였고, 2002. 1. 1. 부담금 관련 기본법의 지위를 지닌 부담금관리법이 제정되었다[9]

나. 부담금관리법상 부담금의 개념

부담금관리법은 부담금의 설치, 관리 및 운용에 관한 기본적인 사항을 규정하여 공정성과 투명성을 확보하고 이를 통해 국민의 부담을 최소화하고 기업의 경제활동을 촉진하는 것을 목표로 제정되었다.[10] 부담금관리법 제2조는 부담금을 "중앙행정기관의 장, 지방자치단체의 장, 행정권한을 위탁받은 공공단체 또는 법인의 장 등 법률에 따라 금전적 부담의 부과권한을 부여받은 자가 분담금, 부과금, 기여금, 그 밖의 명칭에도 불구하고 재화 또는 용역의 제공과 관계없이 특정 공익사업과 관련하여 법률에서 정하는 바에 따라 부과하는 조세 외의 금전지급의무"로 규정한다.

9) 기획재정부, 2023년도 부담금운용종합보고서, 2024, 12-13면.
10) 부담금관리법 제1조.

난립한 각종 공법상 금전급부의무를 부담금이라는 개념 하에 최대한 통일하여 관리하려는 목적을 가지고 제정된 법이기에 부담금의 정의가 전통적 의미의 부담금보다 넓게 설정되어 있으며, 특별부담금까지 포괄하는 개념이다. 부담금관리법 제3조 및 별표는 부담금의 범위를 구체적으로 확정하기 위하여 부담금의 종류를 열거하고 있는데, 실제로 헌법재판소가 특별부담금의 성격을 지닌다고 판시한 카지노사업자 부담금[11], 수질개선부담금[12]이 포함되어 있음을 확인할 수 있다. 반면 전통적 의미의 부담금에 해당하는 금전급부의무 중 부담금관리법의 규율대상에서 제외된 부담금도 존재한다.[13]

다만 부담금관리법은 부담금 부과원칙 및 부과요건, 신설에 대한 심사, 운용에 대한 평가 등 원칙적인 규정만을 두고 있으며 실질적인 부과요건, 부과기준, 징수절차, 권리구제절차 등에 대해서는 해당 부담금을 직접 규율하는 개별법에서 규정하고 있다. 이에 유사한 유형의 부담금에 대해서는 부담금관리법에서 부과요건 등을 표준적으로 규율할 필요가 있다는 주장도 제기된다.[14]

(4) 유사 개념과의 구별

보험의 원리에 따라 국민건강보험법, 국민연금법, 고용보험법, 산업재해보상보험법 등에 의하여 피보험자와 사용자 등이 부담하는 사회보험료는 피보험자에 대한 연대적 배분 및 차등적 조절을 감안해서 부과되지만, 부담금은 특정 공익사업과 관련된 자에게 한하여 부과된다는 점에서 차이가 있다.

수수료는 국가 또는 지방자치단체가 제공하는 공공서비스에 대한 대가로서 부과되며 사용료는 국가 또는 지방자치단체가 제공하는 공공

11) 헌법재판소 1999. 10. 21. 선고 97헌바84 결정.
12) 헌법재판소 2004. 7. 15. 선고 2002헌바42 결정.
13) 임현, 위의 논문, 408면.
14) 임현, 위의 논문, 408면.

시설의 이용에 대한 대가로서 부과되므로 특정의 공공서비스를 창출하거나 바람직한 행위를 유도하기 위해 이해관계자에게 부과되는 부담금과 구별된다. 과태료, 벌금, 범칙금, 가산금, 과징금, 이행강제금 등은 재정수입을 목적으로 하지 않고 행정상 의무이행을 확보하거나 의무위반자를 처벌하기 위해 부과되므로, 역시 위와 같은 목적으로 이해관계자에게 부과되는 부담금과 구별된다.15)

2. 부담금의 종류

각 부담금의 개념에 따른 종류에 관하여 살펴본다. 먼저 전통적 의미의 부담금은 공익사업과의 관계를 기준으로, 부담원인에 따라 개발부담금, 원인자부담금, 손괴자부담금으로 나뉜다.16)17) 개발부담금은 개발이익 환수에 관한 법률에서 규정하고 있다. 개발사업의 시행이나 토지이용계획의 변경, 그 밖에 사회적·경제적 요인에 따라 정상지가 상승분을 초과하여 개발사업을 시행하는 자나 토지소유자에게 귀속되는 토지가액의 증가분, 즉 개발이익이 발생하였을 때, 그러한 개발이익의 일부를 환수하고 이를 적정하게 배분하여 토지에 대한 투기를 방지하고 토지의 효율적인 이용을 촉진하여 국민경제의 건전한 발전에 이바지하기 위해 개발부담금이 부과된다.18) 한편 원인자부담금은 공사를 하는 데에 필요한 비용발생의 원인을 제공한 자에게 그 공사비용의 전부 또는 일부를 부담시키는 부담금을 말한다.19) 대상판결에서 문제가 된 수도법 제71조의 부담금이 원인자부담금에 해당한다. 수도법 제71조는 수도공

15) 기획재정부, 위 보고서, 5-7면.
16) 하명호, 위의 책, 983면.
17) 다만 특별부담금 등의 등장으로 인하여 부담금의 범위가 확장되면서 이러한 유형분류의 의의는 감소하고 있다. 임현, 위의 논문, 409면.
18) 개발이익 환수에 관한 법률 제2조.
19) 하명호, 위의 책, 983면.

사의 비용을 발생시킨 자에게 수도공사에 필요한 비용의 전부 또는 일부를 부담할 수 있도록 규정하고 있는데, 수도공사의 비용을 발생시킨 자에는 주택단지·산업시설 등 수돗물을 많이 사용하는 시설을 설치하여 수도시설의 신설·증설 등 원인을 제공한 자가 포함된다.[20] 또한 손괴자부담금은 특정한 공익사업의 시설에 손상을 가한 자에 대하여 그러한 손상의 수선 또는 유지에 필요한 비용의 전부 또는 일부를 부담시키는 것을 의미한다.[21]

한편 특별부담금에 관하여, 헌법재판소는 수질개선부담금 관련 결정례[22] 이래로, 특별부담금을 그 제정목적에 따라 오직 재정조달만을 목적으로하는 '재정조달을 목적으로 하는 부담금'과 재정조달 목적에 더해 부담금의 부과 자체로 추구되는 특정한 사회·경제적 실현 목적을 가지는 '정책실현을 목적으로 하는 부담금'으로 구분하고, 정책실현목적 부담금을 다시 유도적 부담금과 조정적 부담금으로 구분한다.[23] 유도적 부담금은 경제적 부담을 지우는 것 자체가 국민의 행위를 일정한 정책적 방향으로 유도하는 수단이 되는 부담금을 의미하고, 조정적 부담금은 특정한 공법적 의무를 이행하지 않은 사람과 그것을 이행한 사람 사이 혹은 공공의 출연으로부터 특별한 이익을 얻은 사람과 그 외의 사람 사이에 발생하는 형평성 문제를 조정하는 부담금을 의미한다.[24]

마지막으로 부담금관리법상 규정되어 있는 부담금의 종류에 대해 살펴본다. 위에서 설명한 바와 같이, 부담금관리법은 난립하는 각종 부담금을 하나의 기본법 하에 통합하여 관리하고자 하는 목적을 가지고 제정되었기 때문에 그 명칭과 법적 성질을 불문하고 다양한 금전지급의무가 부담금관리법에 의하여 부담금으로 규정되어 있다. 부담금관리법

---

20) 수도법 제71조.
21) 하명호, 위의 책, 983면.
22) 헌법재판소 2004. 7. 15. 선고 2002헌바42 결정.
23) 홍완식, '특별부담금에 관한 연구', 토지공법학회 제54집, 2011, 172면.
24) 헌법재판소 2004. 7. 15. 선고 2002헌바42 결정.

제3조는 별표에서 부담금을 설치할 근거가 될 수 있는 법률의 종류를 한정하고 있는데, 그러한 법률에 따라 제정된 부담금은 총 90개에 이른다. 부담금, 출연금, 기여금, 조성비, 이익금, 보증금 등 다양한 형태의 부담금이 부담금관리법에 근거하여 운용되고 있다.

3. 부담금 부과의 요건 및 원칙

(1) 일반적 요건

부담금관리법은 부담금의 일반적 부과요건으로 '명확성의 원칙'과 '포괄위임금지 원칙'을 규정하고 있다.[25] 부담금을 규정하는 법률은 부담금의 부과, 징수주체, 설치목적, 부과요건, 산정기준, 산정방법, 부과요율 등을 구체적이고 명확하게 규정하여야 한다. 또한 위 항목의 세부적인 내용은 부담금을 규정하는 법률이 구체적으로 범위를 정하여 하위 법령에 위임할 수 있다.

주로 문제가 되는 것은 포괄위임금지 원칙이다. 대법원은 구 대기환경보전법상 배출부과금 판결[26], 구 대도시권 광역교통관리에 관한 특별법상 광역교통시설분담금 판결[27]에서 각 부담금의 포괄위임금지 원칙 위배 여부를 심사하였다. 대법원은 각 부과금 관련 법률은 모두 대통령령에서 부담금의 산정방법 및 그 기준의 대강을 쉽게 예측할 수 있으므로 포괄위임금지 원칙을 위반하지 않는다고 판시하였다. 특히 배출부과금의 경우 산정방법과 기준은 전문적·과학적 판단과 탄력적인 규율이 요구되는 영역에 해당하여 하위 법령으로의 위임의 필요성이 강하게 요구된다고 판단하였다.

헌법재판소는 해양오염방지법상 해양환경개선부담금은 포괄위임

25) 부담금관리법 제4조
26) 대법원 2009. 12. 10. 선고 2009두14705 판결.
27) 대법원 2007. 10. 26. 선고 2007두9884 판결.

금지원칙에 반하지 않는다고 보았다.[28] 그러나 구 교통안전공단법상 분담금은 포괄위임금지 원칙에 반한다고 판단하였다.[29] 헌법재판소는 구 교통안전공단법이 분담금의 분담방법 및 분담비율에 관한 사항을 모두 대통령령에 위임한 것은 국민의 재산권과 관련된 중요하고 본질적인 사항을 구체적이고 명확하게 규정하지 않은 채 시행령에 포괄적으로 위임한 것으로, 납부의무자가 분담금 납부의무의 내용이나 범위를 전혀 예측할 수 없으며 행정부의 자의적인 행정입법권 행사에 의하여 국민의 재산권이 침해될 여지가 발생한다고 보아 위헌이라고 판단하였다.

(2) 특별부담금의 헌법적 정당화요소

헌법재판소는 재정조달목적 특별부담금의 정당화요소에 관하여, ① 조세에 대한 관계에서 예외적으로만 인정되어야 하며 국가의 일반적인 과제를 수행하는 데에 부담금 형식을 남용해서는 안 되고, ② 부담금 납부의무자는 일반 국민에 비해 부담금을 통해 추구하고자 하는 공적 과제에 대하여 특별히 밀접한 관련성을 가져야 하며, ③ 부담금이 장기적으로 유지되는 경우 그 징수의 타당성이나 적정성이 입법자에 의해 지속적으로 심사되어야 한다고 판시하였다.[30] 특히 ①의 '특별히 밀접한 관련성'에 대하여 헌법재판소는 부담금 납부의무자는 ① 일반인과 구별되는 동질성을 지녀 특정집단이라고 이해할 수 있는 사람들이어야 하고(집단적 동질성), ② 부담금의 부과를 통하여 수행하고자 하는 특별한 경제적·사회적 과제와 특별히 객관적으로 밀접한 관련성이 있어야 하며(객관적 근접성), ③ 그러한 과제의 수행에 관하여 조세외적 부담을 져야 할 책임이 인정될만한 집단이어야 하고(집단적 책임성), ④ 만약 부담금의 수입이 부담금 납부의무자의 집단적 이익을 위하여 사용될 경우

28) 헌법재판소 2007. 12. 27. 선고 2006헌가8 결정.
29) 헌법재판소 1999. 1. 28. 선고 97헌가8 결정.
30) 헌법재판소 2008. 11. 27. 선고 2007헌마860 결정.

에는 그 부과의 정당성이 더욱 제고된다(집단적 효용성)고 판시하였다.[31)]

한편 정책실현목적 특별부담금의 정당화요소에 관하여, 헌법재판소는 재정조달 대상인 공적 과제와 납부의무자 집단 사이에 존재하는 관련성보다는 재정조달 이전 단계에서 추구되는 특정 사회적·결제적 정책목적과 부담금의 부과 사이에 존재하는 상관관계에 중점으로 두고 판단해야 한다고 판시하였다.[32)] 따라서 재정조달목적 부담금의 헌법적 정당화에 있어 중요하게 고려되는 재정조달 대상 공적과제에 대한 납부의무자 집단의 특별한 재정책임 여부 및 납부의무자 집단에 대한 부담금의 유용한 사용여부 등은 정책실현목적 부담금의 헌법적 정당화요소를 판단함에 있어 중요한 요소로 고려되지 않는다.[33)]

(3) 부담금 부과원칙과 이중부과금지원칙

부담금관리법은 부담금 부과원칙에 관하여, ① 부담금의 설치목적을 달성하기 위하여 필요한 최소한의 범위에서 부과되어야 하며(필요최소성의 원칙), ② 부담금 부과의 공정성 및 투명성이 확보되어야 하며(공정성·투명성의 원칙), ③ 특별한 사유가 없으면 하나의 부과대상에 대하여 이중으로 부과되어서는 안 된다(이중부과금지의 원칙)이라고 규정하고 있다.[34)]

이중부과금지 원칙과 관련하여, 대법원은 부과대상을 기준으로 이중부과여부를 판단한 바 있다.[35)] 사안에서 재개발사업이 시행된 아파트 658세대 중 220세대는 재개발사업이 시행되기 전부터 해당지역에 거주하면서 기존 급수설비를 이용한 세대로서, 재개발사업이 시작되면서 다른 지역으로 이주했다가 재개발사업이 완료되고 해당 지역으로 다시 전

31) 헌법재판소 2008. 11. 27. 선고 2007헌마860 결정.
32) 헌법재판소 2004. 7. 15. 선고 2002헌바42 결정.
33) 헌법재판소 2004. 7. 15. 선고 2002헌바42 결정.
34) 부담금관리법 제5조 제1항.
35) 대법원 2009. 10. 29. 선고 2008두19239 판결.

입한 세대이다. 피고 광주광역시 상수도사업부 동부사업소장은 위 658세대에 대한 시설분담금을 일괄적으로 계산하여 원고 재개발사업 신축공사 시공업체에게 부과하였는데, 원고는 658세대 중 기존에 해당지역에 거주하던 220세대에 새로운 급수시설에 대한 시설분담금을 부과하는 것은 이중부과금지 원칙에 위배되어 위법하다고 주장하였다. 대법원은 220세대가 이주 전 이용하던 급수설비는 모두 철거되고 새로운 급수설비가 설치되었으므로 새로운 급수설비에 대한 시설분담금은 철거 전 급수설비에 대한 시설분담금과 그 부과대상이 동일하다고 할 수 없으므로, 기존 220 세대 부분에 대한 시설분담금 부과가 부담금관리법 제5조 제1항에 위반하는 이중부담금부과라고 할 수 없다고 판단하였다. 즉 실질적으로 동일한 부과대상에 대한 부과에 해당하지 않으면 이중부과에 해당하지 않는다고 본 것이다.

한편 헌법재판소는 부과목적을 이중부과금지 원칙 위반여부의 판단기준으로 삼아, 동일 목적을 가진 두 가지 부담금을 동일 부과주체에 부과하는 것은 이중부과금지 원칙에 위배되어 위법하다고 판시하였다.[36] 사안에서 인천광역시 서구청장과 부평구청장은, 개발사업으로 건축된 아파트단지의 수분양자들에게 학교용지 확보에 관한 특례법 제5조 제1항에 따라 학교용지부담금을 부과하였다. 이에 수분양자들은 학교용지부담금 부과처분 취소를 구하는 소송을 제기하면서 위 특례법의 위헌여부를 다투는 위헌법률심판제청을 하였다. 헌법재판소는 위 특례법의 과잉금지원칙 위반여부를 심사하면서 학교용지부담금이 이중부과금지 원칙을 위반할 여지가 있다는 점을 설시하였다. 헌법재판소는 국가가 학교시설 확보라는 공익사업을 시행하기 위하여 목적세로 교육세를, 일반 조세로 취득세, 등록세를, 개발사업으로 인한 수익자부담금으로 개발부담금을 각 부과하며, 이와 동일한 목적 달성을 위하여 다시

---

36) 헌법재판소 2005. 3. 31. 선고 2003헌가20 결정.

학교용지부담금을 부과하는 것은 사실상 이중과세나 이중의 부담금부과에 해당한다고 볼 여지가 있다고 판단하였다. 즉 학교시설 확보라는 공익적 목적을 달성하기 위해 이미 일반세와 개발부담금을 동일 납부주체에게 부과하면서, 또다시 같은 공익적 목적을 달성하기 위해 학교용지부담금을 부과하는 것은 이중부과금지원칙에 위배될 수 있다는 것이다. 이처럼 법원은 부과대상과 부과목적을 고려하여 '하나의 부과대상'에 대한 이중부과인지를 판단하고 있다.[37]

Ⅳ. 조례상 시설분담금과 수도법상 원인자부담금

1. 수도공사의 비용분담체계

(1) 수도법상 급수설비 등의 개념

수도법상 각종 개념 중 대상판결에서 문제가 된 급수설비공사와 관련된 개념에 대해 수도법상 정의를 살펴본다. 수도는 관로, 그 밖의 공작물을 사용하여 원수나 정수를 공급하는 시설의 전부를 말하며, 일반수도·공업용수도 및 전용수도로 구분한다(수도법 제3조 제5호). 수도시설은 원수나 정수를 공급하기 위한 취수·저수·도수·정수·송수·배수시설, 급수설비, 그 밖에 수도에 관련된 시설을 말한다(수도법 제3조 제17호). 수도공사는 급수설비를 포함하는 수도시설을 신설·증설 또는 개조하는 공사를 말한다(수도법 제3조 제25호). 급수설비는 수도사업자가 일반 수요자에게 원수나 정수를 공급하기 위하여 설치한 배수관으로부터 분기하여 설치된 급수관(옥내급수관을 포함)·계량기·저수조·수도꼭지, 그 밖에 급수를 위하여 필요한 기구를 말한다.

37) 대법원과 헌법재판소의 판단기준에 대하여 같은 취지의 분석으로 신홍균, '이중부과부담금의 위법성 기준에 관한 연구', 법학논총 제32권 제1호, 2019.

이러한 급수설비공사가 이루어지고 개발사업의 결과로 각 세대가 입주하게 되면 수도의 사용량이 늘어나게 되는데, 이에 대해 수도법은 사업시행자에게 그에 대한 원인자부담금을 부과하도록 규정하고 있다. 그런데 지방자치법상 분담금 제정을 위임받은 조례가 수도 사용량 증가에 대해 분담금을 부과하는 경우가 있어, 대상판결의 사안과 같이 이중부과금지 원칙과 관련된 문제가 발생한다.

(2) 원인자부담금과 시설분담금

우리나라의 수돗물 요금은 낮게 책정되어 생산원가에 미치지 못하고, 수돗물 공급의 원칙인 '보편적 공급의 원칙'과 수도요금 인상에 대한 부정적 인식으로 인하여 수도사업자가 수도사업에 관한 재원을 조달하기 어렵다. 재원부족으로 인하여 노후화된 수도시설의 교체나 추가적으로 필요한 수도시설 공사의 진행이 어려워지는 문제가 발생하여, 이를 해결하고자 수도공사를 하는 데에 비용발생의 원인을 제공한 자[38]를 대상으로 원인자부담금을 부과할 수 있도록 1999년 수도법 개정을 통해 상수도원인자부담금 제도가 신설되었다. 상수도원인자부담금은 수도법 제71조에 근거하여, 수도공사, 즉 수도시설을 신설·증설 또는 개조하는 공사에 관한 비용의 전부 또는 일부를 그 원인자에게 부담시키는 제도이다. 수도법 제71조는 원인자부담금 관련 세부사항을 대통령령에 위임하도록 규정하고 있고, 이에 따라 시행령 제65조는 원인자부담금을 구성하는 비용의 항목을 열거하고, 각 항목비용의 산출에 필요한 세부적인 기준을 다시 해당 지방자치단체의 조례에 위임하고 있다.

한편 상수도시설분담금은 지방자치단체가 재산 또는 공공시설의

---

38) 현행 수도법에서는 원인자부담금의 부과대상에 비용발생의 원인을 제공한 자 뿐만 아니라 주택단지·산업시설 등 수돗물을 많이 쓰는 시설을 설치하여 수도시설의 신설이나 증설 등의 원인을 제공한 자, 수도시설을 손괴하는 사업이나 행위를 한 자가 추가되었다.

설치로 이익을 보든 주민에 대해 이익의 범위에서 분담금을 부과할 수 있다고 규정한 지방자치법 제138조에 근거하여 제정된 조례로부터 부과된다. 일반적으로 지방자치단체의 수도급수조례에서 시설분담금에 관한 사항을 규율하는 경우가 많았다.[39] 위 시설분담금은 급수공사비와 실무적으로 함께 부과되고, 부과의 형식도 하나의 고지서에 의한 경우가 많다. 또한 수도사업자인 지방자치단체는 공사비와 시설분담금이 모두 납부되지 않으면 보통 급수공사를 시작하지 않는다. 급수설비를 설치한 후에야 비로소 건축물의 사용승인을 받을 수 있기 때문에, 급수공사비와 동시에 부과되는 시설분담금은 건설사업자 또는 건축주에게 납부를 강제하는 효과를 지닌다.[40]

환경부는 이와 같은 원인자부담금과 시설분담금이 상수도시설 관련 재정충당이라는 동일한 목적을 지닌 부담금이므로, 동일한 부과대상에 대해 원인자부담금과 시설분담금이 동시에 부과된다면 이중부과금지 원칙에 위배될 수 있다는 위험성을 이미 인지하였다.[41] 환경부는 이러한 문제의식을 바탕으로 2002. 7. 19. '원인자·손괴자 부담금 산정 표준조례(안)'에 "원인자부담금을 납부한 자에 대하여는 납부한 원인자부담금에 해당하는 만큼 시설분담금을 감면해야한다."는 내용의 조항을 삽입하여 이중부과의 위험을 회피하고자 하였다. 또한 한국수도경영연구소의 '상수도원인자부담금 제도개선방안에 관한 연구'를 근거로, 환경부는 2007. 11. 9. 상수도 관련 부담금 제도를 일원화하여 '상수도원인자부담금 산정 · 징수 등에 관한 표준조례(안)'을 개정하면서 기존 시설분담금 관련 내용을 원인자부담금 징수 조례로 편입하였다.[42] 개정된

39) 현재 많은 수도급수조례에서 시설분담금 관련 내용이 삭제되고 있다. 이에 관하여는 후술한다.

40) 주동진, 조례에 의한 상수도 시설분담금 부과의 위법성, 행정판례연구 27-2, 2022, 356면.

41) 서울고등법원 2015. 2. 6. 선고 2014누45515 판결.

42) 한국수도경영연구소, 상수도 원인자부담금 제도개선방안에 관한 연구, 2006.

표준조례안 제4조에서 원인자부담금의 부과 대상 및 범위를 규정하고 있는데, 제2호 및 제3호에서 "기존에 소요된 수도시설의 건설비"를 수돗물을 사용할 자에게 부과하고 있고 그 산정 역시 기존시설의 순자산을 기준으로 하고 있다. 이는 기존 시설분담금과 유사한 내용을 담고 있어, 사실상 원인자부담금의 체계 아래 시설분담금을 유지한 것으로 평가할 수 있다.[43] 경기도 등 지방자치단체에서 산하 지방자치단체에 표준조례(안)을 반영하고 시설분담금을 폐지하라고 통보하기도 하여, 현재까지 많은 지방자치단체가 표준조례(안)의 내용 및 취지를 수용하여 조례를 개정하였다. 그러나 개정이 이루어지지 않은 지방자치단체의 조례에는 여전히 시설분담금 관련 내용이 잔존하고 있는 상황이다.

2. 원인자부담금과 시설분담금의 구별

원인자부담금은 주택단지 등의 시설이 설치됨에 따라 상수도시설의 신설 및 증설 등이 필요한 경우에 그 원인을 제공한 자를 상대로 새로운 급수지역 내에서 설치하는 상수도시설의 공사비용을 부담시키는 것으로, 수도법 제71조 및 같은 법 시행령 제65조에서 이를 정하고 있다. 주로 대규모 개발시에 신규 급수지역 급수자에게 원인자부담금을 부과하게 된다. 반면 시설분담금은 이미 상수도시설 설치가 완료된 지역에서 신규 급수를 신청하는 자에게 급수공사비와 함께 기존 상수도시설의 이용대금을 부과하는 것으로, 지방자치법 제138조[44] 및 그 위임을 받은 조례 등에서 근거규정을 찾아볼 수 있다. 이처럼 원인자부담금과 시설분담금은 부과대상과 성격, 근거법률 등을 달리하지만, 실무에서

---

43) 같은 취지로 서울고등법원 2015. 2. 6. 선고 2014누45515 판결.

44) **지방자치법 제138조(국가시책의 구현)** ① 지방자치단체는 국가시책을 달성하기 위하여 노력하여야 한다.
② 제1항에 따라 국가시책을 달성하기 위하여 필요한 경비의 국고보조율과 지방비 부담률은 법령으로 정한다.

원인자부담금과 시설분담금을 구별하기 쉽지 않다. 상수도시설 관련 재정을 충당한다는 면에서 목적이 중첩될 수 있고, 수돗물 사용량을 증가시켜 기존 상수도시설의 용량에 부담을 유발하는 자에게 부과된다는 유사성이 있기 때문이다. 나아가 부담금이 모든 상수도의 설치비용을 기초로 산정된 것인지(원인자부담금), 감가상각분을 제외하고 이미 설치된 시설의 잔존가치, 즉 순자산을 기초로 산정된 것인지(시설분담금) 알기 어려운 경우가 많다.

법원은 ① 공사의 신청 경위, ② 수도사업자 등이 수돗물을 공급하기 위해 설치한 수도시설의 내용 및 ③ 분담금의 산정기준, ④ 처분의 근거가 된 법령 등의 내용을 살펴 양자를 구별하고 있다. 조례에서 수도시설의 공사비용 부담 근거를 '원인자부담금'이라고 정의한 사안에서, 대법원은 용어의 형식과 무관하게 부과금액의 산정기준, 조례의 정의조항이 수도법상 원인자부담금의 내용과 거의 동일하다는 점, 부과절차 등에 비추어 사안의 '원인자부담금'이 그 명칭에도 불구하고 실질적으로 '시설분담금'에 해당한다고 보았다.[45] 나아가 대법원은 택지개발사업자의 시행자인 한국토지주택공사로부터 사업지구 일부를 매수한 건설사가 급수시설공사를 신청한 사안에서, 건설사에게 부과된 시설분담금은 "택지개발사업의 시행자에게 이 사건 택지개발사업지구에 새롭게 필요한 상수도시설의 공사비용을 부담시키는 것이 아니라 이미 상수도시설이 설치된 이 사건 사업지구에서 신규 급수시설공사를 신청한 자에게 기존 상수도시설의 순자산 가치를 기초로 산출된 돈을 부과하는 것"이어서 시설분담금에 해당한다고 판단하였다.[46]

45) 대법원 2023. 12. 21. 선고 2023두45934 판결.
46) 대법원 2022. 4. 14. 선고 2020두58427 판결.

V. 급수설비공사와 실질적 이중부과의 문제

수도는 '관로, 그 밖의 공작물을 사용하여 원수나 정수를 공급하는 시설 전부'로, 급수설비를 비롯하여 수도에 관련된 시설은 '수도시설'에 해당한다(수도법 제3조 제5호, 제17호). 급수설비를 포함한 수도시설의 신설·증설·개조공사는 모두 '수도공사'에 해당한다(수도법 제3조 제25호). 수도사업자는 이러한 수도공사를 하는 데에 비용 발생의 원인을 제공한 자에게 수도공사에 필요한 비용의 전부 또는 일부를 부담하도록 하는 원인자부담금을 부과할 수 있다(수도법 제71조 제1항). 한편 수도사업자는 원인자부담금을 부과하기에 앞서, 우선 급수설비를 제외한 수도 설치비용을 부담한다(수도법 제70조). 지방자치단체가 수도사업자인 경우, 급수설비에 관한 공사이 비용부담에 관한 내용은 그 지방자치단체의 조례로 정한다(수도법 제38조 제1항 단서). 급수시설은 배수관에서 각 소비자의 급수전까지의 시설을 의미한다. 수원에서 물을 정수시설까지 끌어온 뒤 정수하여 배수지로 내보내면 배수지에서 각 지역으로, 다시 각 지역에서 사용가구에 공급하게 되는데, 이러한 최종 공급 과정에 필요한 것이

상수도 급수계통47)

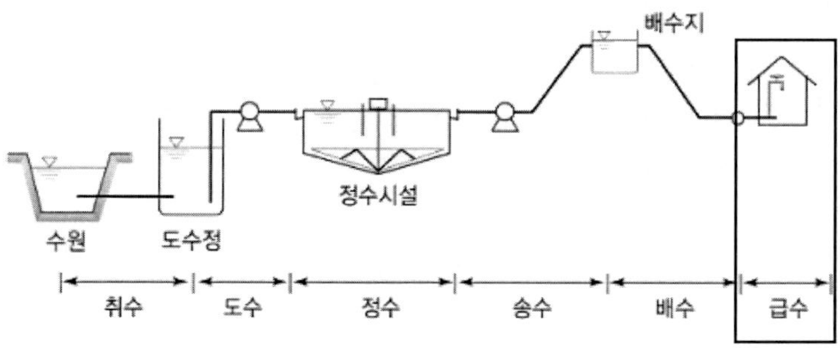

47) https://blog.naver.com/waterlicense/220320076442 (최종검색 2024. 8. 14.)

급수시설이다.

이에 급수설비에 관한 수도공사비용을 시설분담금으로 부과하는 경우, 위 비용이 이미 원인자부담금에 포함되어 있어 이중부과에 해당한다고 볼 것인지가 문제된다. 이러한 급수시설 공사의 비용부담 문제가 대상판결과 원심의 판단이 달라지는 구체적인 지점이다.

1. 이중부과에 관한 견해의 대립

(1) 이중부과가 아니라고 보는 견해

대상판결의 원심은 급수설비는 수도사업자가 부담하는 수도 설치비용에 포함되지 않고 수도사업자인 지방자치단체는 급수설비의 공사비용 부담을 조례로 정할 수 있으므로(수도법 제70조, 제38조 제1항 단서), 급수설비에 관한 수도시설 공사에 대해 부과하는 시설분담금은 수도시설의 신설·증설에 관한 것이라 하더라도 원인자부담금과의 이중부과에 해당하지 않는다는 논리를 전개한다. 관련하여 대법원은 원고 한국토지주택공사가 급수관 설치공사를 시행한 이후 피고 수도사업자가 시설분담금이 원인자부담금과의 이중부과에 해당하는지가 문제된 사안에서, "자신의 비용으로 수도시설의 신설 · 증설 등의 공사를 직접 시행한 자가 수도법 제71조 제1항에서 정한 수도공사 등에 필요한 비용을 부담한 것으로 인정되어 그에게 구 지방자치법 제138조, 제139조 제1항 본문의 위임에 따른 이 사건 조례 제7조 제3항에 의하여 시설분담금을 부과하는 것이 부담금관리법 제5조 제1항에서 금지하는 부담금의 이중부과에 해당한다고 보기 위해서는 급수설비를 제외한 수도시설의 신설 · 증설 등의 공사를 시행한 경우이어야 한다. 즉, 해당시설이 급수설비인 경우에는 그러한 공사를 한 자에 대하여 이 사건 조례 제7조 제3항에 따른 시설분담금을 부과하더라도 부담금관리법 제5조 제1항에서 금지하는 이중부과에 해당한다고 볼 수 없다"고 보아 이중부과로 단정할 수 없다

고 판단하였다.[48] 한국토지주택공사로부터 사업지구 내 토지를 분양받은 원고 건설회사에 대하여 같은 날 선고된 대법원 판결 역시 동일한 논리로, 한국토지주택공사가 이미 원인자부담금을 부담하였더라도 급수설비 공사에 대한 시설분담금은 이중부과에 해당하지 않는다고 보았다.[49][50]

(2) 이중부과로 보는 견해

반면 수도법의 정의조항과 원인자부담금 조항의 문언에 집중할 경우, 이와 다른 결론에 다다르게 된다. 수도법상 수도공사에는 급수설비 공사가 포함되고, 원인자부담금에는 이러한 수도공사 비용이 모두 포함되어 있으므로 급수설비 공사에 대한 시설분담금은 원인자부담금과 실질적으로 중복된다는 것이다.

---

48) 대법원 2023. 3. 30. 선고 2022두32313 판결.

49) 대법원 2023. 3. 30. 선고 2022두32320 판결.

50) 다만 위 대법원 판결들의 파기환송심인광주고등법원 2024. 1. 31. 선고 2023누1311 판결 및 광주고등법원 2024. 1. 31. 선고 2023누1328 판결에서 법원은 두 가지 이유를 들어 여전히 피고가 원고에게 시설분담금을 부과한 것은 부담금의 이중부과에 해당하여 위법하다고 보았다. 첫째, 법원은 한국토지주택공사가 시공한 이 사건 수도시설 부분에 일부 급수설비에 해당하는 부분이 포함되어 있더라도, 한국토지주택공사가 시공한 부분에 수도사업자가 시행했어야 하는 간선시설 부분이 포함되어 있기 때문에 여전히 시설분담금의 부과는 부담금의 이중부과에 해당한다고 판단했다. 둘째, 법원은 대법원이 급수설비에 대한 시설분담금의 부과는 부담금의 이중부과에 해당하지 않는다는 대법원의 파기환송취지에 대해 판단하였다. 즉 한국토지주택공사가 대법원이 말하는 '급수설비'를 시공한 것인지에 대해 판단한 것이다. 법원은 한국토지주택공사가 이 사건 사업지구에 급수하기 위하여 배수관으로부터 분기하는 이 사건 수도시설을 설치한 것은 사실이나, 이 사건 수도시설은 기존의 배수지에서 '이 사건 택지개발지구'까지 수돗물을 운반하기 위한 목적의 시설이고, 그 시설에서 다시 수요자에게 수돗물을 공급하기 위하여 급수관이 분기하는 것이라고 봄이 타당하므로, 이 사건 수도시설은 급수관이 아니라 기존 '배수관'의 연장에 해당한다고 보았다. 따라서 한국토지주택공사의 배수관 설치는, 대법원에서 설시한 '급수설비에 대한 공사'가 아니기 때문에 역시 부담금의 이중부과 문제가 해소된 것이 아니라고 보았다.

한국토지주택공사가 원인자부담금을 수도사업자에게 납부한 이후 다시 사업지구의 개별 건축물의 급수공사에 관한 시설분담금을 부담하게 된 사안에서, 대법원은 사안의 원인자부담금과 시설분담금은 "부과 상대방이 수돗물 사용량을 증가시켜 기존 상수도시설의 용량에 부담을 유발하는 자이고, 재원조달목적이 상수도시설의 설치비용이라는 점에서 실질적으로 중복되는 요소가 있다. 따라서 이미 수도법 제71조 제1항에 따른 원인자부담금을 부담하였음에도, 이와 별도로 지방자치법 제138조 및 이 사건 조례 제14조에 따른 시설분담금을 추가로 부과하는 것은 위와 같이 중복되는 범위 내에서는 실질적으로 부담금기본법 제5조 제1항이 금지하고 있는 부담금의 이중부과에 해당하므로 허용될 수 없다"고 판단하였다.[51] 위 사안에서 시설분담금의 근거가 된 조례 제14조는 "급수설비의 신설 또는 개조(급수관의 구경확대 공사에 한한다) 공사와 제29조 제2항 단서의 규정에 의한 급수공사를 신청하는 자는 별표 1의 시설분담금을 제13조의 공사비와 동시에 납부하여야 한다"고 정하고 있어, 그 범위를 명확히 급수공사로 한정였다. 따라서 이러한 논리에 따르면 시설분담금이 급수설비 공사에 관한 것이라 하더라도, 원인자부담금과 실질적으로 중복되므로 부담금관리법상 이중부과에 해당하게 된다.

같은 취지로 조례에서 시설분담금을 "정수장 및 가압장 등 상수도 시설에 소요된 건설비를 급수설비의 신설 또는 구경확대공사 등을 신청하는 자로부터 징수하는 분담금"이라고 정의하면서, "전용 급수설비의 신설 또는 개조(급수관의 구경확대 공사에 한한다)를 목적으로 하는 급수공사를 하고자 하는 자"에게 시설분담금을 부과하도록 정한 경우에도 대법원은 주택지구 개발에 따라 수도법 제71조 제1항에 근거하여 부과한 원인자부담금과 위 조례에 기초한 시설분담금이 이중부과에 해당한다고 판단하였다.[52]

---

51) 대법원 2021. 4. 29. 선고 2017두57431 판결.
52) 대법원 2021. 4. 29. 선고 2016두57359 판결.

대상판결 역시 원인자부담금과 시설분담금을 부담하는 주체가 다른 경우에도 이중부과원칙이 적용된다는 점을 분명히 밝히면서, 급수설비 공사에 관한 것인지에 대한 별도의 판단 없이 원인자부담금을 부담하였음에도 다시 시설분담금을 부과하는 것은 부담금관리법상 금지되는 이중부과에 해당한다고 보았다. 다만 대상판결은 앞서 (1)에서 살펴본 대법원 2023. 3. 30. 선고 2022두32313 판결 및 대법원 2023. 3. 30. 선고 2022두32320 판결에 대한 판례변경 없이, 단순히 사안이 다르다는 이유로 위 판례의 적용을 배척하였다. 그러나 대상판결 역시 급수설비 공사에 관한 시설분담금이 문제되었다는 점에서 사안이 구체적으로 어떻게 다른 것인지, 판례법리가 왜 배척되어야 하는지 대상 판결의 설시만으로는 이해하기 어렵다. 대상판결과 2023. 3. 30. 선고 2022두32313 판결 및 대법원 2023. 3. 30. 선고 2022두32320 판결의 사실관계는 유

군산시 상수도 급수조례 (대법원 2023. 3. 30. 선고 2022두32313 판결 및 대법원 2023. 3. 30. 선고 2022두32320 판결)	인천광역시 수도급수 조례 (대법원 2023. 12. 28. 선고 2023다268686 판결)
제11조(공사비 부담 및 급수설비 관리) ① 옥외(대지경계선 밖의 급수설비와 대지경계선에서 계량기까지로 한다)시설은 당해 신청인(주소지 관내에 한함)의 부담으로 한다.다만 다음의 경우에 한하여 예산 범위내에서 시에서 부담할 수 있다.(이하 생략)	제11조(공사비부담 및 급수설비관리) ① 급수공사 비용은 해당 신청인의 부담으로 한다. 다만, 제2항에 따른 급수설비의 개조(노후된 급수관 및 계량기의 개체와 구경축소공사에 한정한다), 수선 및 철거공사의 공사비용(옥내시설물의 복구비는 제외)은 시에서 부담한다.
제7조(세대별 계량기의 설치 등) ③ 세대별 계량기의 시설분담금은 기존 주계량기 설치 시 세대별 분담금을 납부하지 아니한 경우에는 세대별로 별표 제1호 기준에 의하여 분담금을 공사비와 같이 납부하여야만 설치할 수 있다.	제14조(계량기 및 시설분담금) ① 급수설비의 신설 또는 개조(급수관의 구경확대공사에 한한다)공사와 제29조제2항 단서의 규정에 의한 급수공사를 신청하는 자는 별표1의 시설분담금을 제13조의 공사비와 동시에 납부하여야 한다.

사하고 문제가 되는 조례의 내용도 거의 동일한 것을 확인할 수 있다.

다만 위 대법원 2023. 3. 30. 선고 2022두32313 판결 및 대법원 2023. 3. 30. 선고 2022두32320 판결에 대한 파기환송심[53]에서 법원은 ① 해당 사건의 공사에는 급수설비에 대한 공사뿐만 아니라 간선시설로서의 상수도 건설공사가 포함되어 있었다는 점, ② 해당 사건의 공사 중 '급수관' 설치공사가 있었지만, 그 실질은 '배수관 확장' 공사에 해당한다는 점을 근거로 여전히 부담금의 이중부과 문제가 해소된 것이 아니라는 점을 지적하면서 실질적으로 대법원의 파기환송 취지에 배치되는 듯한 취지의 판단을 내렸다. 이를 고려하면, 대법원 판결의 결론만을 대립적으로 이해하기보다는 공사의 범위와 내용 등에 관한 사실심의 보다 구체적인 판단이 더 중요한 요소라고 볼 수 있다.

2. 법령해석과 이중부과의 판단기준에 대한 검토

대상판결과 대상판결의 원심에 각각 적용된 법령해석기준은 다음과 같은 관점에서 검토하여야 한다. 첫째, 법령해석에서 가장 중요한 것은 법률언어 그 자체에 관한 문리적 해석이다. 사비니의 해석기준인 문리적 해석, 체계론적 해석, 역사적 해석, 목적론적 해석을 비롯하여 포괄적 법령해석 기준으로서의 사회통념, 헌법가치, 구체적 타당성, 법적 안정성 등을 통상 법령해석기준으로 고려해볼 수 있다. 대상판결의 원심[54]은 법률언어로 구성된 법조문의 문언해석 외에도, 수도법 제70조와 제71조의 조문체계에 기초한 조문 상호간의 관련성, 제70조에서 급수시설을 제외한 입법자의 입법의도를 법령해석기준으로 고려하였다. 수도

53) 광주고등법원 2024. 1. 31. 선고 2023누1311 판결 및 광주고등법원 2024. 1. 31. 선고 2023누1328 판결.

54) 원심이 인용한 대법원 2023. 3. 30. 선고 2022두32313 판결 및 대법원 2023. 3. 30. 선고 2022두32320 판결의 취지도 포함한다.

사업자는 수도법 제70조에 따라 급수시설에 관한 비용은 부담하지 않으므로 조문의 체계적 해석상 원인자부담금에 급수설비 공사비용에 포함될 수 없다는 논리이다. 법령에 의해 실현되는 개별적 정의와 구체적 결과를 고려한 것으로도 보인다.

그러나 법률언어가 일의적이라면 체계론적 해석, 목적론석 해석 등의 법률해석에 더 나아가 필요가 없다. 수도법은 명확하게 수도시설의 범위에 급수설비를 포함하고, 이러한 수도시설에 관한 공사를 수도공사라고 정의하고 있다(수도법 제3조). 이에 따라 원인자부담금에 관한 수도법 제71조의 수도공사에는 급수설비에 관한 공사가 포함되고, '수도공사'에 관한 법률언어가 달리 해석될 여지는 없다. 이처럼 일의적으로 수도공사의 의미를 해석할 수 있으므로, 원인자부담금의 부과대상이 되는 수도공사의 범위 및 이로 인한 이중부과의 판단기준에 수도법 제70조의 취지를 고려하는 것은 타당하지 않다.

둘째, <u>부담금은 필요최소한도로 부과되어야 하며 이중부과인지는 그 실질에 따라 판단하여야 한다</u>. 부담금은 설치목적을 달성하기 위한 최소한의 범위에서 부과되어야 한다(부담금관리법 제5조). 부담금은 조세 외에 부과되는 공법상 금전납부의무로 국민의 재산권에 대한 제한이기 때문이다. 나아가 형식적인 금전납부의무자가 다르더라도, 부과대상과 목적이 동일하다면 이중부과로 해석하여야 한다. 사안의 원인자부담금과 시설분담금은 부과목적이 상수도시설의 설치비용에 관한 재원조달이고, 부과대상이 수돗물사용량의 증가를 유발하는 자라는 점에서 실질적으로 중복되기 때문이다.[55)]

보다 구체적으로, 사안에서 원인자부담금과 시설분담금은 일단 한국토지주택공사, 건설사가 각각 납부할 의무를 부담한다. 그러나 한국토지주택공사가 택지조성사업을 마치고 조성된 부지를 건설사가 구입

---

55) 대법원 2021. 4. 29. 선고 2016두57359 판결, 대법원 2021. 4. 29. 선고 2017두57431 판결 등.

하는 과정에서 원인자부담금이 건설사에게, 다시 건설사가 위 부지 위에 아파트를 신축하고 분양하는 과정에서 원인자부담금과 시설분담금은 최종적으로 분양대금에 포함되어 수분양자에게 전가된다. 외견상 부담주체가 다르더라도, 동일대상에 관하여 동일목적으로 부과되었다면 부담금관리법상 금지되는 이중부과에 포함하여야 하는 이유이다. 정당하게도, 대상판결 역시 “원인자부담금과 시설분담금을 부담하는 주체가 다른 경우에도” 이중부과금지원칙이 적용된다고 판시하였다. 종래 법원이 부과대상과 부과목적을 중심으로 실질적으로 중복된 요소가 있는지를 기준으로 이중부과금지원칙의 적용 여부를 판단해왔다는 점을 고려한다면,[56] 이러한 대상판결의 판단기준은 지금까지 판례가 설시한 판단기준에 일관하여 부합한다.

대상판결의 원심은 수도법상 정의조항(제3조)을 배제하고, 수도사업자의 수도설치비용부담에 관한 조문(제70조)을 들어 원인자부담금의 범위(제71조 제1항)를 축소해석한 뒤 이를 이 사건 조례에 따른 시설분담금의 적법성을 설명하는 근거로 활용하고 있다. 원인자부담금과 직접적인 관련이 없는 수도사업자의 비용부담에 관한 수도법 제70조가 이중부과의 허용성을 넓히는 근거가 된 것이다. 결과적으로 제71조의 해석에 제70조의 취지를 고려하는 과정에서 필요최소한도로 부과되어야 할 부담금의 범위가 확장되어 수분양자의 재산권을 가중적으로 제한하므로, 기본권에 대한 제한을 최소화하는 방향으로 엄격하게 판단할 필요가 있다. 따라서 제70조는 원인자부담금의 직접 근거가 되는 규정도 아니고, 시설분담금의 허용성을 판단할 근거도 될 수 없다. 특히 개발사업에서는 필연적으로 신규 건축물 및 부지에 대한 급수시설 공사가 문제될 수

56) 대법원 2021. 4. 29. 선고 2016두57359 판결, 대법원 2021. 4. 29. 선고 2017두57431 판결, 대법원 2021. 5. 6. 선고 2020두47120 판결, 대법원 2021. 6. 24. 선고 2016두61877 판결, 대법원 2021. 7. 8. 선고 2016두61860 판결, 대법원 2021. 7. 8. 선고 2017두43791 판결, 대법원 2021. 7. 8. 선고 2018두66159 판결, 대법원 2021. 7. 8. 선고 2018두66166 판결.

밖에 없고, 오히려 급수시설 공사를 제외한 다른 수도시설 공사만 문제된 사안을 찾아보기는 쉽지 않다. 그런데 대상판결의 원심과 같이 해석한다면, 사실상 개발사업의 사업자는 원인자부담금과 시설분담금을 모두 납부할 수밖에 없게 된다. 실제로 이러한 불합리한 문제점과 실무상 혼선을 고려하여 후술하는 바와 같이 시설분담금에 관한 조례에 대한 개정작업이 한창이다.

3. 입법적 해결 시도

이미 환경부는 부담금관리법 시행 초기부터 상수도 원인자부담금과 시설분담금의 이중부과 문제를 지적하였고, 2002년 '원인자·손괴자 부담금 산정 표준 조례(안)'에는 "원인자부담금을 납부한 자에 대하여는 납부한 원인자부담금에 해당하는 만큼 시설분담금을 감면하여야 한다"는 내용의 조항이 포함된 바 있다. 이처럼 입법자는 수도법상 원인자부담금과 각 지방자치단체 급수조례상 시설분담금을 동시에 부담하도록 하는 것이 이중부과금지 원칙의 위반에 해당할 수 있다는 점을 인식하였다. 그러한 인식 하에 조례에 대한 개정작업을 통해 중복부과의 문제를 해결하려는 입법적 노력이 진행되었다. 조례의 개정방식은 크게 ① 시설분담금에 관한 내용을 삭제하고 원인자부담금 관련 규정에 기존 시설분담금 관련 내용을 추가하여 시설분담금을 원인자부담금 체계로 편입하거나, ② 시설분담금 관련 내용을 남겨놓되 대상시설의 공사에 관하여 이미 원인자부담금 명목의 부담금이 부과된 경우 시설분담금의 추가적인 부과를 불허하는 단서규정을 추가하는 방식으로 나누어볼 수 있다.

예를 들어 이 사건 조례는 제14조에서 급수공사 신청자에게 공사비와 동시에 시설분담금을 납부하도록 규정하였다. 그러나 2021. 12. 30. 이 사건 조례를 폐지하고 새로운 조례를 제정하면서 해당 조항은

삭제되었다. 입법자는 제·개정이유에서, 해당 조항의 삭제 이유로 인천광역시 상수도 원인자부담금 징수조례의 제정에 따른 시설분담금 관련 조항 정비를 제시하고 있다. 한편 2021. 12. 30. 제정된 인천광역시 상수도 원인자부담금 징수조례는 제4조 내지 제6조에서 급수공사에 대해 유발부담금을 부과할 수 있는 규정을 두고 있다. 특히 제5조 제1항에서 유발부담금을 이 사건 조례 제12조 및 제13조에 따른 급수공사비와 동시에 납부하도록 규정하고 있어 해당 유발부담금의 성격이 기존 시설분담금과 동일한 것으로 판단된다. 즉 제①유형과 같이, 시설분담금 관련 내용을 기존 조례에서 삭제하고 원인자부담금 관련 조례를 신설하여 시설분담금을 원인자부담금 체계로 편입한 것이다.

위와 같은 두 가지 방식을 기준으로, 주요 광역자치단체의 수도 및 급수관련 조례의 제개정 현황을 표로 정리하면 다음과 같다.

지방자치단체	시설분담금 관련규정 개정현황	원인자부담금 관련 규정 개정현황	비고
서울특별시	2010. 10. 15. 서울특별시 수도조례 제8조 삭제	2010. 10. 15. 서울특별시 수도시설이설 등 원인자부담금 징수조례 개정	① 유형
대전광역시	2014. 8. 14. 대전광역시 상수도급수 조례 제6조의2 제3항 개정	2014. 8. 14. 대전광역시 상수도 원인자부담금 징수 조례 제정	① 유형
대구광역시	2014. 6. 30. 대구광역시 수도급수 조례 제6조의2 제3항 삭제	2014. 6. 30. 대구광역시 상수도원인자부담금 징수 조례 제정	① 유형
부산광역시	2022. 2. 16. 부산광역시 수도 급수 조례 제14조 전문개정	2022. 2. 16. 부산광역시 상수도 원인자부담금 징수 조례 제정	② 유형
울산광역시	2014. 11. 6. 울산광역시 수도급수 조례 제15조 제1항 개정	2014. 11. 6. 울산광역시 상수도 원인자부담금 징수 조례 제정	② 유형

지방자치단체	시설분담금 관련규정 개정현황	원인자부담금 관련 규정 개정현황	비고
광주광역시	2018. 1. 1. 광주광역시 수도급수 조례 제13조 삭제	2018. 1. 1. 광주광역시 상수도 원인자부담금 징수 조례 제정	① 유형
인천광역시	2021. 12. 30. 인천광역시 수도급수 조례 제14조 삭제	2021. 12. 30. 인천광역시 상수도 원인자부담금 징수 조례 제정	① 유형
세종특별자치시	2012. 7. 2. 세종특별자치시 상수도 급수 조례 제정	2012. 7. 2. 세종특별자치시 상수도 원인자부담금 징수 조례	-

① 유형에 속하는 서울특별시, 대전광역시, 대구광역시, 광주광역시, 인천광역시의 경우 그 개정형태가 동일하다. 기존에는 급수시설 설치공사 시 수도이용량의 증가부분에 대한 분담금을 수도조례에서 시설분담금의 형태로 징수하다가, 원인자부담금 징수조례를 새로이 제정하면서 기존 분담금 관련 내용을 수도조례에서 삭제하고 그 명칭을 유발부담금 등 원인자부담금으로 변경하여 신설 징수조례에 포함시켰다. 다만 세종특별자치시의 경우 상수도 급수 조례와 상수도 원인자부담금 징수 조례를 2012년 동시에 제정하면서 처음부터 급수시설에 관한 부담금 체계를 원인자부담금으로 일원화하고 있다.

② 유형에 속하는 부산광역시와 울산광역시의 경우, 급수시설에 대한 수도조례의 시설분담금 규정은 그대로 존치하였다. 다만 신설된 상수도 원인자부담금 징수 조례상 원인자부담금의 부과대상인 경우 시설분담금을 부과하지 않는 단서조항을 추가하여 이중부과의 위험을 원천적으로 차단하고 있다.

이처럼 각 지방자치단체는 전술한 환경부 등의 권고사항을 받아들여, 시설분담금을 원인자부담금 체계로 개편하거나 적어도 이중부과의 위험을 회피할 수 있는 단서조항을 두는 등의 입법적 해결을 시도하고 있다.

Ⅵ. 보론 - 중대 · 명백한 하자인지의 문제

대상판결은 시설분담금 부과처분이 이중부과금지원칙을 위반한 것은 법규의 중요한 부분을 위반한 것이므로 그 하자가 중대 · 명백하다고 보아 당연무효로 판단하였다. 이와 같은 논리대로라면 이중부과금지원칙에 위반하는 경우, 이중부과에 해당한다는 사실이 처분 당시 명백한지에 관한 판단을 거칠 것 없이 곧바로 중대 · 명백한 하자에 해당하여 당연무효가 된다. 그러나 판례의 중대 · 명백설이 타당한지에 관한 논의를 차치하더라도, 이 사건 조례에 따른 시설분담금 부과처분이 이중부과에 해당한다는 하자가 '명백'하다고 보기는 어렵다.

이 사건 조례의 시설분담금을 사안에 부과할 수 있는지, 즉 이 사건 조례에 따라 부과되는 시설분담금이 수도법상 원인자부담금과 실질적으로 중복되는 것인지는 해석상 다툼의 여지가 있다. 원심과 대법원이 각기 다르게 해석하였을 뿐만 아니라, 앞서 살펴본 바와 같이 수도법 제71조의 원인자부담금의 대상이 되는 시설공사에 급수설비공사가 포함되는지에 관하여 대법원조차 상반된 태도를 보이기 때문이다. 특히 부담금관리법상 이중부과금지원칙은 부과의 형식적 요소만으로 판단하는 것이 아니라 부과의 목적과 대상 등 부과의 실질에 따라 판단하므로 구체적인 사실관계를 대입하여야 비로소 판단이 가능해진다. 사안과 같이 납부의무자가 상이한 경우조차 실질적으로 부과대상의 동일성이 인정된다면 이중부과가 인정될 수 있는 것이다. 특히 대법원은 중대·명백성을 기준을 설시하면서도 "하자가 중대하고 명백한 것인지 여부를 판별함에 있어서는 그 법규의 목적, 의미, 기능 등을 목적론적으로 고찰함과 동시에 구체적 사안 자체의 특수성에 관하여도 합리적으로 고찰함을 요한다"고 판시하여, 그 의미가 탄력적으로 해석될 수 있는 것이라는

점을 밝힌 바 있다.[57)]

관련하여 과세관청이 법령을 잘못 해석 및 적용하여 정당한 세액을 초과하는 과세처분을 한 사안에서, 대법원은 "법률관계나 사실관계에 대하여 그 법령의 규정을 적용할 수 없다는 법리가 명백히 밝혀지지 아니하여 해석에 다툼의 여지가 있는 때에는 과세관청이 이를 잘못 해석하여 과세처분을 하였더라도 이는 과세 요건사실을 오인한 것에 불과하여 그 하자가 명백하다고 할 수 없다"고 보아 구체적 사실관계에 비추어 하자의 명백성을 판단하였다.[58)] 나아가 납세의무자의 신고로 납세의무가 구체적으로 확정되는 취득세에 관한 이중과세가 문제된 사안에서, 대법원은 "신고행위의 하자가 중대하고 명백하여 당연무효에 해당하는지의 여부에 대하여는 신고행위의 근거가 되는 법규의 목적, 의미, 기능 및 하자 있는 신고행위에 대한 법적 구제수단 등을 목적론적으로 고찰함과 동시에 신고행위에 이르게 된 구체적 사정을 개별적으로 파악하여 합리적으로 판단하여야"하고,[59)] 이에 기초하여 "동일 물건의 취득에 대한 이중과세에 해당하는지 여부는 법 해석상 논란의 여지가 있을 뿐 아니라 그 사실관계를 정확히 조사하여야 밝혀지는 데다가", "이 사건 취득세 자진 신고납부행위는 법 해석상 논란이 있는 부분에 대하여 원고가 납세의무가 있는 것으로 오인하여 납부한 것에 불과하여 그 하자가 객관적으로 명백하다고 볼 수는 없"다고 보아 당연무효가 아니라고 판단하였다.[60)] 최근에도 대법원은 종합부동산세 과세대상이 문제된 사안에서, 사실관계를 정확히 조사하여야 비로소 밝혀질 수 있는 경우

57) 대법원 1995. 7. 11. 선고 94누4615 판결.

58) 대법원 2018. 7. 19. 선고 2017다242409 판결, 대법원 2008. 3. 27. 선고 2006다1633 판결, 대법원 2013. 12. 26. 선고 2011다103809 판결 등.

59) 대법원 1995. 12. 5. 선고 94다60363 판결, 대법원 2005. 5. 12. 선고 2003다43346 판결 등.

60) 대법원 2009. 4. 23. 선고 2006다81257 판결, 파기환송심인 수원지방법원 2014. 10. 14. 선고 2014나16286 판결로 확정되었다.

라면 하자의 명백성을 인정하기 어렵다고 보아 명백성 요건을 엄격히 심사한 바 있다.[61] 사안으로 돌아와 살펴보면, 이 사건 조례에 따른 시설분담금 부과처분이 이중부과에 해당하는지는 사실관계를 정확히 조사하여야 비로소 밝혀질 수 있는 문제로 이 사건 조례에 따른 시설분담금 부과규정을 사안에 적용될 수 있는지에 대해서는 해석상 다툼도 실재한다. 따라서 사안에서 이중부과의 하자는 중대하지만, 명백하다고 보기는 어렵다.

특히 부담금관리법은 다양한 종류의 부담금에 관한 기본적인 사항을 규정하고 통합하여 관리할 목적에서 제정된 법이다. 부담금관리법상 관리되는 부담금의 종류를 [별표]에서 열거하고 있을 뿐, 개별 부담금의 구체적인 부과절차와 부과범위 등을 정하고 있지는 않다.[62] 따라서 이중부과금지원칙이 부담금관리법을 통해 법률에 명문화되었다고 하더라도, 이중부과인지는 구체적 사안과 함께 부과 대상, 부과목적에 관한 개별 조례 및 수도법의 해석을 통해 비로소 구체화될 수 있다. 만약 대상판결의 논리를 비약적으로 확대시켜보면, 행정기본법상 법치행정의 원칙, 평등의 원칙, 비례의 원칙 등은 모두 법규에 규정된 명백한 사항이므로 그 위반은 중대하고 명백한 하자에 해당한다는 논리까지 가능하게 된다. 이처럼 하자의 중대성과 명백성은 명확히 구별할 수 있는 개념이고, 이중부과금지원칙이 법률에 규정되어있다는 점만을 들어 이중부과금지원칙에 반하는 부담금 부과처분을 일괄하여 무효로 보아야 한다는 판례의 태도에는 동의하기 어렵다.

---

61) 대법원 2024. 3. 12. 선고 2021다224408 판결.

62) 한편 판례는 "부담금부과에 관한 명확한 법률 규정이 존재하더라도 그 법률 규정과는 별도로 반드시 부담금관리기본법 별표에 그 부담금이 포함되어야만 그 부담금 부과가 유효하게 된다고 해석할 수는 없다"고 보아 부담금관리법이 개별법상 부담금을 규정하고 있는 도시가스사업법 등 보다 우월적 지위에 있는 것은 아니라고 보았다(대법원 2014. 1. 29. 선고 2013다25927, 25934 판결.

Ⅶ. 결론

부담금은 조세 외에 추가적으로 국민에게 금전납부의무를 부담하게 하는 것으로, 필요최소한도로 부과할 필요가 있다. 대상판결과 원심은 급수설비에 관한 수도공사비용을 시설분담금으로 부과하는 경우, 이러한 시설분담금 부과처분이 이중부과금지원칙에 위반되는지에 관하여 견해를 달리하였다. 대상판결은 문언 해석에 충실하게 수도법상 원인자부담금의 부과대상을 해석한 뒤 납부의무자가 다르다고 하더라도 부과대상과 목적이 실질적으로 동일하다면 이중부과금지원칙에 위반된다고 보았다. 이러한 대법원의 법령해석은 법률언어 그 자체에 관한 문리적 해석에 집중하고, 이중부과인지를 그 실질에 따라 판단하는 등 필요최소성의 원칙에 충실하다는 점에서 타당하다. 다만 실무상 혼란을 없애기 위하여 궁극적으로는 이중부과의 문제가 지속적으로 지적되는 조례의 시설분담금 관련 규정에 대한 입법적 정비가 진행될 필요가 있다. 실제 각 지방자치단체는 시설분담금 규정을 삭제하고 원인자부담금의 체계 내로 편입하거나, 시설분담금의 명칭이 잔존하는 경우에도 이중부과의 가능성을 없애는 방향으로 문제를 해결하고 있다.

한편 이 사건 조례에 따른 시설분담금 부과처분이 이중부과에 해당하는지는 사실관계를 정확히 조사하여야 비로소 밝혀질 수 있는 문제로 이 사건 조례에 따른 시설분담금 부과규정을 사안에 적용될 수 있는지에 대해서는 해석상 다툼이 실재한다. 그러나 대상판결은 구체적 사실관계에서 하자의 명백성이 존재하는지에 대한 판단 없이, 이중부과의 하자는 부담금관리법을 위반한 것이므로 그 하자가 중대·명백하다고 보아 당연무효로 판단하고 있으므로 이에 동의하기 어렵다.

참고문헌

[단행본]

김동희·최계영, 행정법Ⅱ, 박영사, 2021.
김종보, 건설법의 이해, 북포레, 2023.
성낙인, 헌법학, 법문사, 2024.
하명호, 행정법, 박영사, 2024.

[논문]

권순현 차현숙, 「부담금관리기본법」에 대한 사후적 입법평가, 한국법제연구원, 2014.
김희정, 부담금의 정당성 심사, 공법학연구 제22권 제1호, 2021.
손상식, 부담금의 정당성 심사에 관한 헌법재판소 결정례의 체계적 검토, 헌법학연구 제19권 제4호, 2013.
송시강, 공법상 부담금에 관한 연구, 행정법연구 제57호, 2019.
신영수, 현행 준조세 통제규범의 문제점과 개선방안, 법학논총(단국대학교) 제37권 제1호, 2013.
신홍균, 이중부과 부담금의 위법성 기준에 관한 연구, 법학논총(국민대학교) 제32권 제1호, 2019.
오준근, 「부담금관리기본법」을 위반하여 설치된 부담금의 효력, 행정판례연구 22-2, 2017.
윤성현, 부담금의 위헌심사기준에 관한 헌법이론적 재검토, 공법학연구 제13권 제1호, 2012.
윤지은, 사업시행자의 비용부담과 원인자부담금, 법조 제69권 제5호, 2020.
임현, 현행 부담금 제도의 법적 쟁점, 토지공법연구 제48집, 2010.
주동진, 조례에 의한 상수도 시설분담금 부과의 위법성, 행정판례연구

27−2, 2022
홍완식, 특별부담금에 관한 연구, 토지공법학회 제54집, 2011.

[기타 자료]

기획재정부, 2023년도 부담금운용종합보고서, 2024.
상수도 급수계통 설명자료, https://blog.naver.com/waterlicense/220320076442
한국수도경영연구소, 상수도 원인자부담금 제도개선방안에 관한 연구, 2006.

국문초록

부담금은 조세 외에 추가적으로 국민에게 금전납부의무를 부담하게 하는 것으로, 필요최소한도로 부과할 필요가 있다. 대상판결과 원심은 급수설비에 관한 수도공사비용을 시설분담금으로 부과하는 경우, 이러한 시설분담금 부과처분이 이중부과금지원칙에 위반되는지에 관하여 견해를 달리하였다. 대상판결은 문언 해석에 충실하게 수도법상 원인자부담금의 부과대상을 해석한 뒤, 납부의무자가 다르다고 하더라도 부과대상과 목적이 실질적으로 동일하다면 이중부과금지원칙에 위반된다고 보았다. 이러한 대법원의 법령해석은 법률언어 그 자체에 관한 문리적 해석에 집중하고, 이중부과인지를 그 실질에 따라 판단하는 등 필요최소성의 원칙에 충실하다는 점에서 타당하다. 다만 실무의 혼란을 없애기 위하여 궁극적으로는 이중부과의 문제가 지속적으로 지적되는 조례의 시설분담금 관련 규정에 대한 입법적 정비가 진행될 필요가 있다. 실제로 각 지방자치단체는 시설분담금 규정을 삭제하고 원인자부담금의 체계 내로 편입하거나, 시설분담금의 명칭이 잔존하는 경우에도 부과의 대상과 부담주체를 명확히 구분하여 이중부과의 가능성을 없애는 방향으로 문제를 해결하고 있다.

한편 이 사건 조례에 따른 시설분담금 부과처분이 이중부과에 해당하는지는 사실관계를 정확히 조사하여야 비로소 밝혀질 수 있는 문제로 이 사건 조례에 따른 시설분담금 부과규정을 사안에 적용될 수 있는지에 대해서는 해석상 다툼이 실재한다. 그러나 대상판결은 구체적 사실관계에서 하자의 명백성이 존재하는지에 대한 판단 없이, 이중부과의 하자는 부담금관리법을 위반한 것이므로 그 하자가 중대·명백하다고 보아 당연무효로 판단하고 있으므로 이에 동의하기 어렵다.

주제어: 이중부과금지원칙, 원인자부담금, 시설분담금, 수도법

Abstract

The charges to be borne by liable persons under WATER SUPPLY AND WATERWORKS INSTALLATION ACT and the Prohibition of double charging rule*

Myung Jee, Choi**

In addition to taxes, levies require the public to pay money, and need to be imposed to the minimum extent necessary. The decision of Supreme court and the appeals court differed on whether such an administrative action to impose facility contributions violates the Prohibition of double charging rule when waterworks costs for water supply facilities are imposed as facility contributions. The decision of Supreme court interpreted the charges to be borne by liable persons under the WATER SUPPLY AND WATERWORKS INSTALLATION ACT faithfully to interpret the text, and considered that even if the person liable for payment is different, if the subject of imposition and the purpose are substantially the same, it violates the Prohibition of double charging rule. The Supreme Court's interpretation of laws and regulations is reasonable in that it is faithful to the principle of minimum necessity, such as focusing on literary interpretation of the legal language itself and determining whether it is a double imposition according to its substance. To eliminate confusion in practice, it is necessary to ultimately carry out legislative maintenance on the regulations related to facility contributions

---

* This work was supported by INHA UNIVERSITY Research Grant.
** School of Law, Inha University

in the ordinance, where the problem of double imposition is continuously pointed out. Each local government is solving the problem in the direction of eliminating the possibility of double imposition by clearly distinguishing the subject of imposition and the subject of burden even if the name of the facility contribution remains.

Whether the imposition of facility contributions under the Ordinance of this case constitutes a double imposition is a matter that can only be revealed when the facts are accurately investigated, and there is a dispute in interpretation over whether the provisions on the imposition of facility contributions under the Ordinance of this case can be applied to the case. It is difficult to agree with The decision of Supreme court because it does not judge whether the clarity of the defect exists in a specific factual relationship, but judges the defect of double imposition as per se invalid.

Key Words: the Prohibition of double charging rule, The charges to be borne by liable persons, Facility contributions, WATER SUPPLY AND WATERWORKS INSTALLATION ACT

투고일 2025. 6. 10.

심사일 2025. 6. 24.

게재확정일 2025. 6. 29.

行政立法

법규명령과 행정규칙의 새로운 구별 기준인
「종합적 책임자기준설」의 실증적 적용 (홍강훈)

법규명령과 행정규칙의 새로운 구별 기준인 「종합적 책임자기준설」의 실증적 적용

홍강훈*

대법원 2023. 4. 13. 선고 2022두47391 판결에 대한 평석

Ⅰ. 서 론

법규명령과 행정규칙의 중간 영역에 존재하는 규정, 소위 "행정규칙형식의 법규명령"과 "법규명령형식의 행정규칙"을 어떠한 기준으로 구분할 것인가는 행정법의 최고 난제이자 반드시 해결해야 할 문제 중 하나이다. 중간 영역에 존재하는 규정을 법규명령으로 본다면 대외적 구속력을 인정하는 것이 되어 법원, 행정청, 국민 모두가 이를 지켜야 하는 법규성을 가지게 되지만, 행정규칙으로 본다면 대외적 구속력이

* 연세대학교 법학전문대학원 교수, 법학박사(Dr. iur.).

없어 이를 어긴다 해도 문제가 없게 된다. 따라서 어떠한 규정이 실제로는 법규명령임에도 이를 행정규칙으로 보게 되면, 국민은 그 규정의 위반을 이유로 행정소송을 제기할 수 없어 재판청구권의 침해를 초래하고, 법원도 그 규정을 위법성의 판단 기준으로 사용할 수 없어 원고인 국민에게 불리한 판결을 할 수밖에 없게 된다는 문제점이 있다. 이에 필자는 선행연구에서 법규명령과 행정규칙의 구분을 위한 새로운 기준(「종합적 책임자기준설」)을 제시한 바 있다.[1] 본 논문에서는 법규명령과 행정규칙의 중간 영역에 존재하는 규범이 문제된 대법원 2023. 4. 13. 선고 2022두47391 판결의 실제 사안에 필자가 제시한 새로운 구분 기준을 적용하여 대법원 판결을 분석·비판하고 새로운 구분 기준의 실제 작동 메커니즘과 장점을 실증하고자 한다. 이를 위해 아래에서는 먼저 본 판결의 사안을 소개하고, 새로운 구분 기준을 소개한 뒤에, 그 기준을 사례에 적용하여 판결을 분석·비판함으로써 새로운 기준의 유용성을 증명하도록 하겠다.

II. 대법원 2023. 4. 13. 선고 2022두47391 판결의 개요 및 쟁점 사항

1. 사실관계

1) 원고는 콜센터시스템 운영 대행업체인 주식회사 트랜스코스모스코리아(이하 '소외 회사'라 한다)와 파견 고용계약을 체결한 후 2018. 2. 7.부터 이 사건 사업장에서 전국 약 600개 가맹업체의 무인주차장의 이

1) 홍강훈, "법규명령과 행정규칙의 경계설정을 위한 새로운 기준 －소위 행정규칙형식의 법규명령과 법규명령형식의 행정규칙의 정체성 규명기준－, 공법연구 제43집 제1호, 2014. 10., 359쪽 이하.

용과 관련하여 무인주차 정산기 사용방법 안내, 주차요금 정산안내, 무인주차 A/S 접수 진행 등에 관한 이용자들의 전화 문의에 응대하는 콜센터 상담원으로 근무하였다.

2) 원고는 3교대 중 고정 석간조로서 1주당 평균 5일, 14:00부터 23:00까지 근무하였고, 근로시간 저녁 식사시간(60분) 외에는 휴게시간이 없었으며, 휴게장소도 마련되지 않았다. 석간조는 주간조·야간조와 비교하여, 무인주차장 이용자들의 주된 이용시간인 통상적인 퇴근시간과 야간 귀가시간 등이 근로시간에 모두 포함되어 있을 뿐만 아니라 야간근로까지 일부 겸하고 있어, 상대적으로 업무 강도가 높은 편이었다. 원고가 근무할 당시 악성 민원을 팀장·부팀장에게 이관할 경우에 업무처리에 미숙하다는 평가를 받거나 업무이관으로 시간이 지체됨에 따라 동료 상담원의 업무가 가중될 것을 우려하여 상담원이 직접 처리하는 경우가 많았기에, 이 사건 사업장의 민원응대 매뉴얼에 따른 업무처리는 실질적으로 이루어지지 않았다.

3) 원고는 2018. 9. 15. 17:00경 이 사건 사업장 인근 식당에서 식사 중 우측 반신마비, 실어증 증세를 보이면서 쓰러져 병원으로 이송되어, <u>'뇌기저핵출혈'(이하 이 사건 상병이라 한다) 진단을 받았다.</u>

4) 이 사건 상병일은 토요일이었고, 원고는 이 사건 상병 당시 주중 4일을 계속하여 근무한 상태였다. 당시 원고는 만 52세 여성으로 배우자와 함께 만 13세의 미성년 자녀 1명을 양육하고 있었고, 이 사건 사업장까지 출퇴근에 약 1시간이 소요되는 고양시(주소 생략)에 거주하고 있었다.

5) 원고는 2013. 12. 13.부터 이 사건 사업장에서 근무하기 직전인 2018. 2. 6.까지 ○○카드 가입자의 관리업체인 주식회사 이지오스(이하 '종전 사업장'이라 한다)에서 가입자들에게 전화를 걸어 카드 교체 안내 등을 담당하는 콜센터 상담원으로 근무하였다. 종전 사업장의 업무 강도 및 급여 수준은 이 사건 사업장에 비해 모두 상대적으로 낮은 편이었다.

6) 원고는 음주·흡연 습관이 없었음에도 일반건강검진 결과, ① 콜센터 상담업무를 시작한 2014 · 2015년에 혈압이 각 135/85mmHg으로 고혈압 전단계[정상B(경계)]였다가, ② 2016·2017년에 혈압이 각 170/100mmHg으로 고혈압 단계(질환의심)였으나, 혈압약 복용 또는 고혈압 치료를 받지는 않았다. 그러나 콜센터 상담업무가 계속된 위 4년 동안의 일반건강검진결과 원고의 체중 및 체질량지수에는 거의 변화가 없었다.

7) 원고는 이 사건 상병을 진단받은 뒤 피고인 근로복지공단에 요양급여 신청을 하였다. 피고 근로복지공단은 2019. 11. 27. 원고에 대하여 업무상 과로나 스트레스가 이 사건 상병을 유발할 정도로 과중하였다고 보기 어려우므로, 이 사건 상병과 원고의 업무 사이에 상당인과관계를 인정하기 어렵다'는 이유로 요양불승인결정(이하 '이 사건 처분'이라 한다)을 하였다.

2. 당사자들의 주장 요지

1) 원고의 주장

원고는 이 사건 사업장에서 전화상담 업무를 수행하는 과정에서 폭언이나 성희롱을 하는 민원까지 응대하였고, 항의나 불만 사항들도 업무 평가에 부정적인 영향을 미칠 것을 우려하여 직접 해결하면서 극심한 스트레스를 받았다. 원고는 목요일과 일요일을 휴무일로 하여 석간조 근무를 하였으나, 다른 직원들의 사정에 따라 근무일이 바뀌는 경우가 있어 근무일도 불규칙적이었다. 석간조 업무의 특성상 악성 전화가 많아 업무 부담과 긴장감이 높은 상태였고, 이 사건 상병이 발생한 날에도 근무일이 바뀌어 수요일인 2018. 9. 12.부터 토요일인 2018. 9. 15.까지 연속하여 4일을 근무하였다. 특히 이 사건 상병 발생일은 토요일로 평일보다 통화량이나 통화 건수가 증가하여 업무상 스트레스와 피

로, 압박감도 더욱 늘어난 상태였다. 따라서 이 사건 상병은 원고의 업무로 인하여 발병하였거나 자연경과 이상으로 악화되어 발생하였음에도, 이 사건 상병과 업무 사이에 상당인과관계를 인정하지 아니한 이 사건 처분은 위법하다.

2) 피고의 주장

피고 근로복지공단은 '원고가 이 사건 사업장에서 고정 석간조(14:00~23:00)로 근무한 외에 객관적인 업무부담 가중요인은 확인되지 않고, 업무시간확인 결과 발병 전 1주일 동안 업무시간은 41시간 30분, 발병 전 4주 동안 1주 평균 업무시간은 39시간 25분, 발병 전 12주 동안 1주 평균 업무시간은 37시간 49분으로 확인되어 **고용노동부 고시의 단기 및 만성 과로 기준을 충족하지 못하며**, 발병 전 24시간 이내에 업무와 관련된 돌발적이고 예측 곤란한 사건의 발생과 급격한 업무 환경의 변화도 확인되지 않은 것으로 보아 업무상 과로나 스트레스가 이 사건 상병을 유발할 정도로 과중하였다고 보기 어려우므로, 이 사건 상병은 업무상 과로나 스트레스에 의하여 발생하였다기보다는 개인적인 위험인자가 자연경과적으로 악화되어 발생한 것으로 보아야 하므로, 이 사건 상병과 원고의 업무 사이에 상당인과관계가 인정되지 아니하여 이 사건 처분은 적법하다.

3. 원심의 판단(서울고등법원 2022. 6. 9 선고 2021누69969 판결) −요양불승인처분 취소 청구 기각

고용노동부 고시인 「뇌혈관 질병 또는 심장 질병 및 근골격계 질병의 업무상 질병 인정 여부 결정에 필요한 사항」(2017. 12. 29. 고용노동부 고시 제2017−117호, 이하 '이 사건 고시'라 한다)은 업무와 뇌혈관 질병과의 관련성을 판단할 때 고려하는 업무시간 기준에 관하여, 발병 전 12

주 동안 업무시간이 1주 평균 60시간(발병 전 4주 동안 1주 평균 64시간)을 초과하는 경우에는 업무와 질병과의 관련성이 강하다고 평가하고[I. 1. (다)목 1)], 발병 전 12주 동안 1주 평균 업무시간이 52시간을 초과하는 경우에는 업무시간이 길어질수록 업무와 질병과의 관련성이 증가하는 것으로 평가하고 있다[I. 1. (다)목 2)]. 그런데 앞서 본 것처럼 원고의 이 사건 상병 발생 전 1주 동안 평균 업무시간은 41시간 30분, 4주 동안 1주당 평균 업무시간은 39시간 25분, 12주 동안 1주당 평균 업무시간은 37시간 49분에 불과하여 이 사건 고시에서 정한 업무시간 기준에 현저히 미치지 못한다.

비록 이 사건 고시가 대외적으로 국민과 법원을 구속하는 효력이 없고, 행정 내부적으로 업무처리지침이나 법령의 해석·적용 기준을 정해주는 행정규칙에 불과하기는 하지만(대법원 2020. 12. 24. 선고 2020두39297 판결 등 참조), 산업재해보상보험법 시행령 제34조 제3항 [별표 3] 1. (다)목의 위임에 따라 업무상 질병의 인정 여부 결정에 필요한 사항을 정하도록 위임받아 위 시행령이 정한 구체적인 기준을 해석·적용하는 데 고려할 사항을 규정한 것이므로, 업무상 과로 여부를 판단하는 데 고려 요소가 되는 업무시간의 기준으로 충분히 참고할 수 있다.

4. 대법원의 판결요지 - 원심판결 파기환송

[1] 산업재해보상보험법의 적용 대상인 근로자가 여러 개의 사업장을 옮겨 다니며 근무하다가 질병에 걸린 경우, 해당 질병이 업무상 재해에 해당하는지를 판단할 때에는 근로자가 복수의 사용자 아래에서 경험한 모든 업무를 포함해 판단의 자료로 삼아야 한다.

[2] 산업재해보상보험법(이하 '「산재보험법」'이라 한다) 제37조 제1항 제2호, 제5항,[2] 산업재해보상보험법 시행령(이하 '「산재보험법 시행령」'이라 한다) 제34조 제3항[3] [별표 3]의 규정 내용·형식·입법 취

지를 종합하면, 「산재보험법 시행령」 [별표 3] '업무상 질병에 대한 구체적인 인정 기준(이하 '인정 기준'이라 한다)'[4]은 「산재보험법」 제37조

---

2) 산재보험법 제37조(업무상의 재해의 인정 기준) ① 근로자가 다음 각 호의 어느 하나에 해당하는 사유로 부상·질병 또는 장해가 발생하거나 사망하면 업무상의 재해로 본다. 다만, 업무와 재해 사이에 상당인과관계가 없는 경우에는 그러하지 아니하다.
1. 업무상 사고…
2. 업무상 질병
가. 업무수행 과정에서 물리적 인자(因子), 화학물질, 분진, 병원체, 신체에 부담을 주는 업무 등 근로자의 건강에 장해를 일으킬 수 있는 요인을 취급하거나 그에 노출되어 발생한 질병…
②~④항 생략.
⑤ 업무상의 재해의 구체적인 인정 기준은 대통령령으로 정한다.

3) 산재보험법 시행령 제34조(업무상 질병의 인정기준) ① 근로자가 「근로기준법 시행령」 제44조제1항 및 같은 법 시행령 별표 5의 업무상 질병의 범위에 속하는 질병에 걸린 경우 다음 각 호의 요건 모두에 해당하면 법 제37조제1항제2호가목에 따른 업무상 질병으로 본다.
1. 근로자가 업무수행 과정에서 유해·위험요인을 취급하거나 유해·위험요인에 노출된 경력이 있을 것
2. 유해·위험요인을 취급하거나 유해·위험요인에 노출되는 업무시간, 그 업무에 종사한 기간 및 업무 환경 등에 비추어 볼 때 근로자의 질병을 유발할 수 있다고 인정될 것
3. 근로자가 유해·위험요인에 노출되거나 유해·위험요인을 취급한 것이 원인이 되어 그 질병이 발생하였다고 의학적으로 인정될 것
③ 제1항 및 제2항에 따른 업무상 질병에 대한 구체적인 인정 기준은 별표 3과 같다.

4) [별표 3] 업무상 질병에 대한 구체적인 인정 기준(제34조제3항 관련)
1. 뇌혈관 질병 또는 심장 질병
가. 다음 어느 하나에 해당하는 원인으로 뇌실질내출혈(腦實質內出血), 지주막하출혈(蜘蛛膜下出血), 뇌경색, 심근경색증, 해리성 대동맥자루(대동맥 혈관벽의 중막이 내층과 외층으로 찢어져 혹을 형성하는 질병)가 발병한 경우에는 업무상 질병으로 본다. 다만, 자연발생적으로 악화되어 발병한 경우에는 업무상 질병으로 보지 않는다.
1) 업무와 관련한 돌발적이고 예측 곤란한 정도의 긴장·흥분·공포·놀람 등과 급격한 업무 환경의 변화로 뚜렷한 생리적 변화가 생긴 경우
2) 업무의 양·시간·강도·책임 및 업무 환경의 변화 등으로 발병 전 단기간 동안 업무상 부담이 증가하여 뇌혈관 또는 심장혈관의 정상적인 기능에 뚜렷한

제1항 제2호에서 정한 '업무상 질병'에 해당하는 경우를 예시적으로 규정한 것이고, 그 기준에서 정한 것 외에는 업무와 관련하여 발생한 질병을 모두 업무상 질병에서 배제하는 규정으로 볼 수 없다. '인정 기준'의 위임에 따른 '뇌혈관 질병 또는 심장 질병 및 근골격계 질병의 업무상 질병 인정 여부 결정에 필요한 사항'(2022. 4. 28. 고용노동부고시 제2022-40호, 이하 '현행 고용노동부고시'라 한다)은 대외적으로 국민과 법원을 구속하는 효력이 있는 규범이라고 볼 수 없고, 근로복지공단에 대한 내부적인 업무처리지침이나 법령의 해석·적용 기준을 정해주는 '행정규칙'이라고 보아야 한다. 따라서 근로복지공단이 처분 당시에 시행된 '고용노동부고시'를 적용하여 산재요양 불승인처분을 하였더라도, 법원은 해당 불승인처분에 대한 항고소송에서 해당 불승인처분이 있은 후 개정된 '현행 고용노동부고시'의 규정 내용과 개정 취지를 참작하여 상당인과관계의 존부를 판단할 수 있다. 다만 '현행 고용노동부고시'는 기존의 고시 규정이 지나치게 엄격하였다는 반성적 고려에서 재해자의 기초질환을 업무관련성 판단의 고려사항으로 보지 않도록 종전에 규정되어 있던 '건강상태'가 삭제되어 있으므로, 이와 같은 개정 경위와 목적을 고려할 필요가 있고, '만성적인 과중한 업무'에 해당하는지는 업무의 양·시간·강도·책임, 휴일·휴가 등 휴무시간, 교대제 및 야간근로 등 근무형태, 정신적 긴장의 정도, 수면시간, 작업 환경, 그 밖에 근로자의 연령, 성별 등을 종합하여 판단해야 한다[I. 1. (다)목 후단].[5] 따라

영향을 줄 수 있는 육체적·정신적인 과로를 유발한 경우

3) 업무의 양·시간·강도·책임 및 업무 환경의 변화 등에 따른 만성적인 과중한 업무로 뇌혈관 또는 심장혈관의 정상적인 기능에 뚜렷한 영향을 줄 수 있는 육체적·정신적인 부담을 유발한 경우

나. 가목에 규정되지 않은 뇌혈관 질병 또는 심장 질병의 경우에도 그 질병의 유발 또는 악화가 업무와 상당한 인과관계가 있음이 시간적·의학적으로 명백하면 업무상 질병으로 본다.

다. 가목 및 나목에 따른 업무상 질병 인정 여부 결정에 필요한 사항은 고용노동부장관이 정하여 고시한다.

서 '업무시간'은 업무상 과로 여부를 판단할 때 하나의 고려요소일 뿐 절대적인 판단 기준이 될 수 없다.

[3] 무인주차장 이용자들의 전화상담 업무를 수행하는 갑 주식회사의 콜센터 상담원으로 근무하던 을이 사업장 인근 식당에서 식사 중 우측 반신마비, 실어증 증세를 보이면서 쓰러져 병원으로 이송되어 '뇌기저핵출혈' 진단을 받은 뒤 요양급여를 신청하였으나, 근로복지공단이 위 상병과 을의 업무 사이에 상당인과관계를 인정하기 어렵다는 이유로

---

5) 뇌혈관 질병 또는 심장 질병 및 근골격계 질병의 업무상 질병 인정 여부 결정에 필요한 사항 [시행 2022. 7. 1.] [고용노동부고시 제2022-40호, 2022. 4. 28., 일부개정]

I. 뇌혈관 질병 또는 심장 질병 및 근골격계 질병의 업무상 질병 인정 여부 결정에 필요한 사항

1. 뇌혈관 질병 또는 심장 질병

가.…, 나.…

다. 영 별표 3 제1호 가목 3)에서 "업무의 양·시간·강도·책임 및 업무 환경의 변화 등에 따른 만성적인 과중한 업무로 뇌혈관 또는 심장혈관의 정상적인 기능에 뚜렷한 영향을 줄 수 있는 육체적·정신적인 부담을 유발한 경우"란 발병 전 3개월 이상 연속적으로 과중한 육체적·정신적 부담을 발생시켰다고 인정되는 업무적 요인이 객관적으로 확인되는 상태를 말한다. 이 경우 해당 근로자의 업무가 "만성적인 과중한 업무"에 해당하는지 여부는 업무의 양·시간·강도·책임, 휴일·휴가 등 휴무시간, 교대제 및 야간근로 등 근무형태, 정신적 긴장의 정도, 수면시간, 작업 환경, 그 밖에 그 근로자의 연령, 성별 등을 종합하여 판단하되, 업무시간과 작업 조건에 따른 업무와 질병과의 관련성을 판단할 때에는 다음 사항을 고려한다.

1)…

2) 발병 전 12주 동안 1주 평균 업무시간이 52시간을 초과하는 경우에는 업무시간이 길어질수록 업무와 질병과의 **관련성이 증가**하는 것으로 평가한다. 특히, 다음 각 호의 어느 하나에 해당하는 업무를 수행하는 경우(업무부담 가중요인)에는 업무와 질병과의 **관련성이 강하다**고 평가한다. ① 근무일정 예측이 어려운 업무, ② 교대제 업무, ③ 휴일이 부족한 업무, ④ 유해한 작업환경 (한랭, 온도변화, 소음)에 노출되는 업무, ⑤ 육체적 강도가 높은 업무, ⑥ 시차가 큰 출장이 잦은 업무, ⑦ 정신적 긴장이 큰 업무

3) 발병 전 12주 동안 업무시간이 1주 평균 52시간을 초과하지 않는 경우라도 2항의 업무부담 가중요인에 복합적으로 노출되는 업무의 경우에는 **업무와 질병과의 관련성이 증가한다.⇒인과관계판단의 기준임.**

요양불승인결정을 한 사안에서, 을이 위 상병일 당시 종전 회사에서부터 갑 회사에 이르기까지 약 4년 9개월 동안 '콜센터 상담원'으로 근무하였으므로 위 상병이 업무상 재해에 해당하는지를 판단할 때 적어도 을이 '콜센터 상담원'으로 근무한 전체 기간과 관련된 모든 업무를 포함해 판단의 자료로 삼아야 하는데, 을이 '콜센터 상담원'으로 약 4년 9개월 동안 계속적·반복적으로 근무하면서 근로 강도가 점차 높아져 왔고, 그와 함께 고혈압 수치 변화에서 알 수 있듯이 건강 지표도 악화되어 왔던 점, 휴게시간·휴게장소의 부재, 3교대 중 석간조의 근무형태와 그에 따른 피로도 등 근로 강도, 상시적으로 부족한 수면시간 및 민원응대 매뉴얼도 제대로 운영되지 않았던 작업 환경, 관련 법령이 정한 사용자의 조치의무 또한 대부분 준수되지 않았던 점을 종합하면, 비록 을의 근로시간이 1주 평균 52시간을 초과하지 않았더라도 을이 '정신적 긴장이 큰 업무'를 장기간 담당함으로써 '만성적인 과중한 업무'에 종사하였다고 볼 여지가 크고,[6] 이로 인하여 높은 수준의 정신적 스트레스에 상당 기간 노출됨에 따라 뇌혈관의 정상적인 기능에 뚜렷한 영향을 줄 수 있는 육체적·정신적 부담이 발생하여 상병의 발병 또는 악화에 부정적 영향을 미친 것으로 추단되며, 위 상병의 주된 발생원인인 고혈압과 겹쳐서 상병을 유발하였거나 촉진·악화시켰을 가능성이 큰데도, 을의 업무와 상병 사이에 상당인과관계를 인정하기 어렵다고 본 원심판단에 법리오해의 잘못이 있다.

5. 쟁점 사항

본 판결에서 대법원은 원고의 편에서 요양불승인처분이 위법하다는 판결을 하기 위해, 「산재보험법 시행령」 [별표 3] '인정 기준'에 대해

6) 위 각주 5) 밑줄 그은 부분 참조.

그 성격이 법규명령인지 행정규칙인지 규명하는 것을 회피한 채 「산재보험법」 제37조 제1항 제2호에서 정한 '업무상 질병' 해당 여부에 대한 예시규정이라고 하여 그 규범성을 약화시키고 있다. 나아가 시행령 [별표 3] '인정 기준'의 명시적 위임에 따른 「고용노동부고시」를 '행정규칙'으로 파악하여 그 규범성을 부인하고 있다. 그런데 종래에 대법원은 소위 법규명령형식의 행정규칙의 경우 그 논의 대상을 일반적으로 제재적 처분(침익적 처분)기준에 한정하고, 대통령령인 경우 법규명령[7], 부령인 경우 행정규칙[8]으로 파악해 왔다. 따라서 본 사안의 「산재보험법 시행령」 [별표 3]의 '업무상 질병에 대한 구체적 인정기준'과 같은 '수익적 처분'에 대해서는, 그 성격 구분에 대한 기준이 없어 그 판단을 회피하고 대신 예시규정이라는 해석을 통해 규범성을 약화시킨 것으로 보인다. 한편 시행령 [별표 3] 인정기준의 명시적 위임에 따른 「고용노동부고시」와 같은 소위 법령보충규칙에 대해 기존 대법원의 일관된 판시에 따르면, 행정규칙이 법령의 위임에 따라 그 법령을 보충하는 기능을 가지는 경우 상위법령과 결합하여 대외적인 구속력이 있는 법규명령으로서의 효력을 갖게 된다고 한다.[9] 그러나 본 판결에서는 돌연 기존의 입장을 뒤집고 이를 행정규칙으로 파악하고 있다. 나아가 대법원은 해당 불승인처분에 대한 항고소송에서 법원은 불승인처분이 있은 후 개정된 '현행 고용노동부고시'의 규정 내용과 개정 취지를 참작하여 상당인과관계의 존부를 판단할 수 있다고 판시하여 위법성 판단의 기준시점에 대해 기존의 처분시설[10]을 뒤집는 듯한 판결을 하였다. 그 근거는 「고용노동부고시」를 기존의 판단과는 다르게 '행정규칙'이라고 파악하였으므

---

7) 대판 1997. 12. 26, 97누15418; 대판 2001. 3. 9, 99두5207.

8) 대판 2019. 9. 26, 2017두48406; 대판 2014. 6. 12, 2014두2157; 대판 2014. 11. 27, 2013두18964; 대판 2018. 5. 15, 2016두57984 등.

9) 대판 1987. 9. 29, 86누484; 대판 2011. 9. 8, 2009두23822 등.

10) 대판 2018. 6. 28, 2015두58195("항고소송에서 행정처분의 위법 여부는 행정처분이 있을 때의 법령과 사실 상태를 기준으로 판단하여야 한다.").

로 이를 행정처분이 있을 때의 '법령'에 해당하지 않는다고 보았기 때문이라고 추측된다. 이상의 모든 문제를 해결하기 위해서는 법규명령인지 행정규칙인지 불분명한 「산재보험법」 시행령 [별표 3] '인정 기준'과 그 '인정 기준'의 명시적 위임에 따른 「고용노동부고시」의 성격이 과연 무엇인지의 규명이 필요하다.

Ⅲ. 한국의 기존 학설 및 판례에 대한 검토 및 비판[11)]

1. 기존의 학설과 판례의 입장

행정규칙형식의 법규명령(또는 법규적 내용(성질)을 갖는 행정규칙)[12)]에 대해서는 기존의 학설은 이를 법규명령으로 보는 설,[13)] 행정규칙으로 보는 설,[14)] 규범구체화행정규칙으로 보는 설,[15)] 위헌무효설,[16)] 형

11) 홍강훈, 앞의 논문(각주 1), 361쪽 이하의 내용을 전면적으로 새롭게 보완하고 업데이트함.

12) '행정규칙형식의 법규명령'에 대해 김동희 교수는 "법규적 내용을 가진 행정규칙"이라 칭하고(김동희, 행정법 I, 제25판, 박영사, 2019, 167쪽, 175쪽), 박균성 교수는 "법규적 성질(효력)을 갖는 행정규칙"이라고 부르고 있으나(박균성, 행정법론(상), 제23판, 박영사, 2024, 281쪽, 290쪽) 그 명칭은 대동소이하다.

13) 김동희, 앞의 책, 175쪽; 박윤흔·정형근, 최신행정법강의(상), 개정30판, 박영사, 2009, 225쪽; 김남철, 행정법강론, 제10판, 박영사, 2024, 337쪽; 정하중, 행정법개론, 제14판, 법문사, 2020, 147쪽; 홍준형, 행정법, 제2판, 법문사, 2017, 317쪽.

14) 김도창, 일반행정법론(상), 제4전정판, 청운사, 1993, 325쪽; 김남진·김연태, 행정법 I, 제16판, 법문사, 2012, 185쪽; 박균성, 앞의 책, 242쪽; 김철용, 행정법, 박영사, 2011, 169쪽; 정남철, 고시형식의 법규명령의 내용 및 법적 문제점, 고시연구 2006. 7, 23 쪽 이하; 김봉채, 행정입법에 대한 소고, 공법연구 제37집 제1－2호, 2008. 10, 243 쪽 이하; 김해룡, 행정법규범체계연구 I : 법규명령과 행정규칙, 공법연구 제35집 제3호, 2007. 2, 214쪽 이하.

15) 김남진, 행정법의 기본문제, 제4판, 법문사, 1994, 186쪽 이하.

16) 석종현·송동수, 일반행정법(상), 제14판, 삼영사, 2013, 173쪽; 김기진, 행정입법의 정비에 관한 연구, 헌법판례연구 Vol. 13, 2012, 299쪽.

식/실질 이원론 극복설[17] 등으로 대립되고 있다. 판례는 소득세법시행령에 근거한 국세청훈령인 재산제세사무처리규정의 법규성을 인정한 이래 행정규칙형식의 법규명령을 법규명령으로 보는 입장을 견지하고 있다.[18]

한편 법규명령형식의 행정규칙에 관해서는 이를 법규명령으로 보는 설,[19] 행정규칙으로 보는 설,[20] 수권여부기준설,[21] 형식/실질 이원론 극복설[22]이 대립하고 있다. 판례는 종래부터 부령으로 정한 행정처분의 기준을 행정규칙[23]이라고 보며, 대통령령으로 정한 행정처분의 기준은 법규명령[24]으로 보는 입장이다.

---

17) 이 학설은 법규명령·행정규칙의 개념구분을 포기한다는 전제하에, 규칙·고시 등에 법률이 직접 위임 입법을 수권하는 것은 합헌, 대통령령·총리령·부령 차원에서 규칙·고시·훈령에 위임하는 것은 위헌으로 본다(박정훈, 법규명령 형식의 행정규칙과 행정규칙 형식의 법규명령—'법규' 개념 및 형식/실질 이원론의 극복을 위하여—, 행정법학 제5호, 2013. 9, 59쪽 이하).

18) 대판 1987.9.29, 86누484; 대판 2011.9.8, 2009두23822 등.

19) 박윤흔·정형근, 앞의 책, 224쪽; 김남진·김연태, 앞의 책, 180쪽; 김남철, 앞의 책, 331쪽; 정하중, 앞의 책, 144쪽; 박균성, 앞의 책, 290쪽; 홍준형, 앞의 책, 312쪽; 석종현·송동수, 앞의 책, 169쪽; 이상규, 신행정법론(상), 법문사, 1995, 310쪽; 김봉채, 앞의 글, 243 쪽 이하; 김해룡, 앞의 글, 214쪽 이하.

20) 류지태·박종수, 행정법신론, 제17판, 박영사, 2019, 344쪽; 한견우·최진수, 현대행정법, 세창출판사, 2011, 428쪽; 김철용, 앞의 책, 167쪽.

21) 홍정선, 앞의 책, 313쪽; 김남진·김연태, 앞의 책, 164쪽; 동지 조성규, 앞의 글, 131쪽 이하; 배영길, 앞의 글, 105쪽 이하.

22) 이 학설은 법규명령·행정규칙의 개념구분을 포기한다는 전제하에, 대통령령·부령으로 정한 제재처분기준을 최고한도로 해석하여 이를 위반할 때 곧바로 위법, 행정이 그 최고한도를 적용하였을 때는 개별 구체적 사정을 고려하여 재량권 남용 여부를 판단해야 한다고 한다(박정훈, 법규명령 형식의 행정규칙과 행정규칙 형식의 법규명령—'법규' 개념 및 형식/실질 이원론의 극복을 위하여—, 행정법학 제5호, 2013. 9, 56쪽 이하).

23) 대판 1997.5.30., 96누5773; 대판 1995.10.17., 94누14148.

24) 대판 1997.12.26., 97누15418.

2. 기존 학설과 판례의 문제점

이러한 학설들의 비판에 앞서 가장 큰 문제점은 그 설명 방식의 출발점에서부터 나타난다고 할 수 있다. 기존의 학설은 일치하여 형식과 실질이 불일치하는 법규명령과 행정규칙의 중간 영역에 존재하는 규정의 성질(정체성)을 규명하기 위한 시도를 하면서 "행정규칙형식의 법규명령(법규적 내용(성질)을 갖는 행정규칙)", "법규명령형식의 행정규칙"이라는 제목하에서 이를 논하고 있다.[25] 그러나 이것은 이미 출발부터 모순을 품고 있다고 할 수 있을 것이다. 왜냐하면 "행정규칙형식의 법규명령(법규적 내용(성질)을 갖는 행정규칙)"이라는 제목 속에는 이미 형식은 행정규칙이지만 그 「성질」은 법규명령이라는 결론이 들어가 있고, 반대로 "법규명령형식의 행정규칙"이라는 제목 속에는 형식은 법규명령이지만 그 「성질」은 행정규칙이라는 결론이 전제되어 있다. 이 경우 그 형식이 무엇인지는 대통령령·총리령·부령으로 규정되었는지 아니면 고시·훈령 등으로 규정되었는지에 따라 명확하게 구분할 수 있을지라도, 과연 그 「**본질적 성질**」이 무엇인가에 대해서 이를 어떠한 기준과 척도에 따라 법규명령 혹은 행정규칙으로 보았는지에 대한 아무런 설명도 없이 먼저 그 성격을 일방적으로 결론지은 상태에서 학설의 논의가 시작되고 있는 것이다. 즉, 법규명령과 행정규칙의 중간 영역에 존재하는 규정의 그 **본질적 성질(정체성)이 무엇인가** 하는 것이야말로 이 문제에서 가치중립적이고 객관적으로 탐구해야 할 논의의 핵심대상임에도 불구하고, 이미 그 대상에 대한 결론을 내려놓고 그 대상에 대한 논의를 다시 시작하는 우를 범하고 있다고 볼 수 있는 것이다. 따라서 기존의 학설은 그 본질

25) 홍준형, 앞의 책, 312쪽 이하; 박균성, 앞의 책, 281쪽 이하; 정하중, 앞의 책, 142쪽 이하; 홍정선, 앞의 책, 307쪽 이하; 김동희, 앞의 책, 167쪽 이하; 김남진·김연태, 앞의 책, 177쪽 이하; 김남철, 앞의 책, 326쪽 이하; 석종현·송동수, 앞의 책, 166쪽 이하; 류지태·박종수, 앞의 책, 341쪽 이하; 한견우·최진수, 앞의 책, 453쪽 이하; 김철용, 앞의 책, 165쪽 이하.

적 성질에 대한 객관적 탐구대신에 "행정규칙형식의 법규명령"의 경우 원래 성질이 법규명령이므로 법규명령으로 보자는 주장과 그럼에도 불구하고 그 형식을 중시하여 행정규칙으로 보자는 주장이 나올 수밖에 없고, 반대로 "법규명령형식의 행정규칙"의 경우에는 원래 성질이 행정규칙이므로 행정규칙으로 보자는 주장과 그럼에도 불구하고 그 형식을 중시하여 법규명령으로 보자는 주장이 도출될 수밖에 없는 것이다. 나아가 아예 위헌무효라고 주장하거나, 그 성질에 따른 구분을 포기하고 성질과는 상관없이 수권여부라는 형식적 기준으로만 판단하자는 학설이 전개되는 것도 이와 같은 맥락에서는 자연스러운 결과로 이해될 수 있을 것이다. 결국 이들 학설의 전개에서는 법규명령과 행정규칙의 본질에 관한 탐구 즉, 이 중간 영역에 존재하는 규정의 진정한 성질이 과연 무엇인가에 대한 논의의 핵심이 빠져있다. 이미 성질이 무엇이라고 결론을 내려놓은 상태에서 다시 그 성질을 논의한다는 것은 불가능하기 때문이다. 그러나 이 문제에서 가장 중요한 핵심은 법규명령과 행정규칙의 중간 영역에 존재하는 규정의 **「본질적 성질」을 규명**하여 그것을 법규명령에 속하는 것으로 보아야 할 것인지 아니면 행정규칙에 속하는 것으로 보아야 할 것인지에 있다는 점을 잊어서는 안 된다.

한편 판례의 입장을 살펴보면 대법원[26]과 헌법재판소[27]는 "행정규칙형식의 법규명령(소위 법령보충규칙)"과 관련해서 이는 상위법령의 내용을 보충하는 기능을 가지면서 그와 결합하여 대외적 효력을 발생하기 때문에 법규명령이라고 보고 있다. 나아가 대법원은 "법규명령형식의 행정규칙"의 경우, 부령으로 정한 행정처분의 기준은 행정규칙으로 보면서 대통령령으로 정한 행정처분의 기준은 법규명령으로 보아 그 형식만으로 성질을 판단하는 우를 범하고 있다. 실무상 입법형식을 대통령령으로 할지 부령으로 할지는 그 규정의 성질과는 무관하게 편의대로

26) 대판 1987.9.29, 86누484; 대판 2011.9.8, 2009두23822 등.
27) 헌재 2004.1.29, 2001헌마894.

즉흥적으로 이루어지고 있어서 이러한 형식이 당해 규범의 법적 성질을 파악하는 데 중요한 논거가 될 수 없다는 비판[28]이 이러한 판례의 결함을 잘 드러내고 있다고 할 것이다. 나아가 대법원의 태도에 대해서는 "행정규칙형식의 법규명령"에서는 대외적 효력이라는 「성질」을 기준으로 분류하면서 "법규명령형식의 행정규칙"에서는 이와 달리 입법의 「형식」을 기준으로 분류하는 것에 대한 논리 일관성 상실의 문제를 지적하지 않을 수 없다. 둘 다 입법형식과 규율 사항이 불 일치하는 법규명령과 행정규칙의 중간 영역에 존재하는 규정으로 보면서 왜 하나는 성질을 기준으로 다른 하나는 형식을 기준으로 분류하는가에 대한 아무런 논리적 근거가 제시되지 않고 있기 때문이다.

이미 지적했듯이 우리나라 학설은 "행정규칙형식의 법규명령", "법규명령형식의 행정규칙"이라는 제목 하에 본 문제를 다룸으로써 그 출발에서부터 모순을 안고 있는 것으로 보인다. 그렇다면 애초에 행정규칙과 법규명령의 개념이 시작된 독일의 입장은 어떠한지 살펴볼 필요가 있다. 독일의 행정법 교과서나 논문에서는 어디에도 이러한 제목하에 법규명령과 행정규칙의 중간 영역의 문제를 다루고 있지 않다.[29] 타당

---

28) 류지태·박종수, 앞의 책, 344쪽.

29) Vgl. *Bull/Mehde*, Allgemeines Verwaltungsrecht mit Verwaltungsprozessrecht, 10. Aufl., Heidelberg 2022, Rn. 222 ff., 231 ff.; *Detterbeck*, Allgemeines Verwaltungsrecht mit Verwaltungsprozessrecht, 21. Aufl., München 2023, § 12, 14; *Erbguth*, Allgemeines Verwaltungsrecht mit Verwaltungsprozess- und Staatshaftungsrecht, 4. Aufl., Baden-Baden 2011, § 25, 27; *Ipsen*, Allgemeines Verwaltungsrecht, 11. Aufl., München 2019, § 2; *Möstl*, in: Erichsen/Ehlers (Hrsg.), Allgemeines Verwaltungsrecht, 14. Aufl., Berlin 2010, § 20; *Maurer/Waldhoff*, Allgemeines Verwaltungsrecht, 21. Aufl., München 2024, § 13, 24; *Schmidt*, Allgemeines Verwaltungsrecht, 16. Aufl., Bremen 2013, Rn. 831 ff., 864 ff.; *Storr/Schröder*, Allgemeines Verwaltungsrecht, Sttutgart 2010, Rn. 92 ff., 103 ff.; *Wallerath*, Allgemeines Verwaltungsrecht, 6. Aufl., Berlin 2009, § 4 Rn. 15 ff., 35 ff.; *Wolff/Bachof/Stober/Kluth*, Verwaltungsrecht Ⅰ, 12. Aufl., München 2007, § 24 Rn. 18 ff., § 25 Rn. 40 ff.

하게도 법규명령과 행정규칙의 경계 설정의 기준 제시의 문제로 보고 가치중립적으로 이들 두 가지 문제를 함께 묶어서 논하고 있다.[30]

Ⅳ. 독일의 법규명령과 행정규칙의 경계 설정을 위한 기준 이론[31]

1. 형식적 기준설

법규명령의 형식적 전제조건이 갖추어져 있는지에 따라 법규명령과 행정규칙을 구분한다. 즉, 명칭이 무엇인지, 법률유보(수권의 근거)가 있는지, 공포를 하였는지, 기타의 형식적 전제조건(적법한 관할기관·절차·서명 등)을 준수하였는지를 구분 기준으로 한다는 것이다. 그러나 형식적 전제조건의 구비 여부는 엄밀히 따진다면 **적법성의 전제조건이지 경계선 상에 놓여있는 규정의 성격 부여의 징표는 아니다**. 즉, 형식적 전제조건이 결여된 경우 **위법한 법규명령**이 문제 될 뿐이다.[32] 따라서 독일에서 이러한 형식적 기준을 따르는 학자는 현재 없는 것으로 보인다.

30) 예를 들어 명시적으로 “법규명령과 행정규칙의 경계설정(Abgrenzung von Rechtsverordnung und Verwaltungsvorschriften)”이라는 제목 아래 이 문제를 다루고 있는 경우로는 vgl. Maurer, Allgemeines Verwaltungsrecht, 18. Aufl., München 2011, § 24 Rn. 37 ff.; Maurer/Waldhoff (Fn. 29), § 24 Rn. 17 ff.; Walter, Die Verwaltungsverordnung, ÖJZ 1965, S. 29. 그 외 모든 문헌이 이 문제를 경계 설정의 기준 제시의 문제로 보고 다루고 있다. Vgl. Z. B. Ossenbühl, Verwaltungsvorschriften und Grundgesetz, Berlin 1968, S. 166 ff.; Koja, Allgemeines Verwaltungsrecht, 3. Aufl., Wien 1996, S. 164 ff.; Nawiasky, Allgemeine Rechtslehre, 2. Aufl., Einsiedeln 1948, S. 118 ff. usw.

31) 홍강훈, 앞의 논문(각주 1), 364쪽 이하의 내용을 전면적으로 새롭게 보완하고 업데이트함.

32) Vgl. *Maurer/Waldhoff* (Fn. 29), § 24 Rn. 18. 이러한 *Maurer*교수의 형식적 기준설에 대한 비판은 한국의 형식설 및 수권여부기준설에도 그대로 적용될 수 있다.

2. 실질적 기준설

독일의 전통적 다수설은 실질적 기준에 따라 법규명령과 행정규칙의 경계를 설정하고 있다.[33] 그러나 실질적 기준은 하나로 통일된 것이 아니라 아래와 같이 두 가지로 세분되어 있다.

1) 법효과(Rechtswirkung)설

전통적인 견해로서 어떠한 규정이 외부효(Außenwirkung)[34]를 가지면 법규명령, 내부효(Innenwirkung)[35]를 가지면 행정규칙으로 구별한다. 이러한 법 효과를 통한 구분은 여전히 유효하고 전형적인 분류의 기준으로 널리 사용되고 있다.[36] 그러나 우리가 규명하고자 하는 법규명령과 행정규칙의 경계선상에 있는 규정들의 경우에는 과연 어디까지가 외부이고 어디까지가 내부인지의 그 경계가 불분명한 경우가 대부분이므로 이러한 법 효과만으로는 실질적인 기준이 될 수가 없다.[37]

2) 수범자의 범위(Adressatenkreis)설

어떠한 규정의 수범자가 누구인가에 따라 법규명령과 행정규칙을 구분하는 학설이다. 즉 그 규정의 적용대상자가 전체 시민(gesamte Bürgerschaft)이면 법규명령으로 보고, 적용대상자가 국가기관(Staatsorgan)

---

33) Vgl. *Maurer/Waldhoff* (Fn. 29), § 24 Rn. 19.

34) 일반적으로 국민에게 효력이 미치는 경우를 말한다.

35) 일반적으로 행정청(Behörde)과 공무원(기관담당자-Organwalter)에게 효력이 미치는 경우를 말한다.

36) Vgl. Z. B. *Bull*, Allgemeines Verwaltungsrecht, 6. Aufl., Heidelberg 2000, Rn. 304; *Schenke*, in: Kopp/Schenke, VwGO, 17. Aufl., München 2011, § 47; *Thieme*, Verwaltungslehre, 4. Aufl., Köln 1984, Rn. 738; *Ossenbühl*, in: Isensee/Kirchhof (Hrsg.), Handbuch des Staatsrechts, Bd. V, 3. Aufl., Heidelberg 2007, § 103 Rechtsverordnung Rn. 7, §104 Autonome Rechtsetzung der Verwaltung Rn. 44; *Maurer/Waldhoff* (Fn. 29), § 13 Rn. 3, § 24 Rn. 19 ff.

37) Vgl. *Ossenbühl* (Fn. 30), S. 172; *Jesch*, AöR 84 (1959), 82.

혹은 행정청(Behörde)이면 행정규칙으로 보는 학설이다. 그러나 기관 뒤에는 언제나 기관담당자(Organwalter)가 숨겨져 있으므로 사실상 이 학설은 그 규정이 공무원을 향하느냐 아니면 시민을 향하느냐를 기준으로 한다고 단순화할 수 있다.[38] 이 학설은 독일의 학계[39]와 판례[40]에서도 주장되고 있지만 특히 스위스[41]와 오스트리아[42]에서는 다수설로 자리 잡고 있다.[43]

수범자의 범위설에 대해서 *Ossenbühl* 교수는 오로지 공무원을 수범자로 하는 보조금 규정(Beihilfeverordnung)이나 공무원의 경력산정 규정(Laufbahnverordnung)들이 대부분의 주(Land)에서 법규명령으로 제정되고 있다는 사실을 지적하면서, 이러한 사실이 수범자의 범위설이 경계설정의 기준으로는 부적합하다는 것을 증명한다고 비판하고 있다.[44] 그러나 이러한 비판은 주객이 전도된 것이다. 바로 이러한 중간 영역에 존재하는 규정이 현실적으로 존재하고 이를 해결하기 위해 그 성질을 규명하는 기준으로 수범자의 범위설이 주장되는 것인데 그러한 현상이 존재하므로 그 기준이 잘못되었다는 것은 비논리적인 비판이다. 실질적

---

38) Vgl. *Ossenbühl* (Fn. 30), S. 173.

39) Vgl. Z. B. *Nawiasky* (Fn. 30), S. 118 ff.; *Wolff*, Verwaltungsrecht Ⅰ, 7. Aufl., München 1968, S. 107; *Schlochauer*, Öffentliches Recht, Karlsruhe 1957, S. 33, 88.

40) Z. B. OVG Kassel, DVBl. 1968, S. 259 (260); BayVerfGH AS 5, II, S. 103 (111 f.); BayVerfGH AS 6, II, S. 21 (26); BayVerfGH AS 14, II, S. 71 (76); BayVerfGH AS 13, II, S. 32 (41).

41) Vgl. *Giacometti*, Allgemeine Lehren des rechtsstaatlichen Verwaltungsrechts I, Zürich 1960, S. 154 ff.

42) Vgl. *Walter*, ÖJZ 1965, S. 29 ff.; *Koja* (Fn. 30), S. 164; *Adamovich/Funk*, Österreichisches Verfassungsrecht, Wien 1982, S. 247; *Jagmetti*, Vollziehungsverordnungen und gesetzvertretende Verordnungen, 1957, S. 39; *Antoniolli*, Allgemeines Verwaltungsrecht, Wien 1954, S. 74 f.; *Adamovich*, Handbuch des österreichischen Verfassungsrechts, 5. Aufl., Wien 1957, S. 29 f. usw.

43) Vgl. *Ossenbühl* (Fn. 30), S. 173.

44) Vgl. *Ossenbühl* (Fn. 30), S. 173 f.

인 비판으로 생각해 볼 수 있는 것은 과연 법효과설과의 차이점이 무엇이고 수범자가 누구인지를 명확하게 판가름할 기준이 있는지이다.

한편 *Maurer*교수는 이미 언급한대로 형식적 기준설을 비판하면서도 이러한 형식적 기준을 무시할 수는 없으며 나아가 실질적 기준 모두를 고려해서 판단해야 하지만 가장 큰 비중은 수범자의 범위설에 있다(즉 수범자가 '행정청'인지 '모든 사람'인지로 구분)고 함으로써 절충적인 수범자의 범위설의 입장이라고 할 수 있다.[45]

3. 제3의 법영역설 (독자적 집행법－originäres Administrativrecht－설)

행정은 자신의 기능영역(Funktionsbereich)에서 독자적이고 원천적인 고유의 입법권을 가지고 이에 근거해서 행정규칙을 제정할 수 있으며, 이러한 자신의 기능영역에서 제정된 행정규칙을 직접적인 외부효를 가지는 제3의 법영역으로 보는 학설이다.[46] 독일에서는 지금까지 역사적으로 입헌군주국 시절의 왕에 의한 입법권의 전횡에 관한 경험 특히 나치 시절의 히틀러에 의한 입법의 전횡(소위 히틀러 수권법)에 대한 나쁜 기억 때문에 법률의 수권이 없는 행정에 의한 입법(행정규칙)에 대한 공포증이 뿌리 깊게 자리 잡고 있다.[47] 이러한 공포증으로 인해서 행정규칙이라는 사생아(Bastard)를 전통적 법원(法源)의 영역에서 철저히 배제하는 전통이 내려오는 것이다.[48] 그러나 오늘날과 같은 민주적 법치국가에서 행정규칙은 법규명령과 마찬가지로 더 이상 전제군주나 통치

---

45) Vgl. *Maurer/Waldhoff* (Fn. 29), § 24 Rn. 19.

46) Vgl. *Wahl*, in: Festgabe 50 Jahre Bundesverwaltungsgericht, Köln 2003, Verwaltungsvorschriften: Die ungesicherte dritte Kategorie des Rechts, S. 593 ff.; *Ossenbühl* (Fn. 30), S. 166 ff.

47) Vgl. *Ossenbühl* (Fn. 36), §104 Rn. 16; *Wahl* (Fn. 46), S. 594.

48) Vgl. *Di Fabio*, DVBl. 1992, 1338; *Gerhardt*, NJW 1986, 2234

자의 독재를 위한 수단이 아니며, 실무상 민주주의국가 혹은 법치국가의 많은 근본적인 현실적 문제들이 법규명령만으로는 해결되기에는 불가능한 상황이 되었다는 것은 누구도 부인할 수 없다.[49] 오늘날 행정규칙은 행정청이나 공무원에게만 적용되는 것이 아니라 사실상 국민 개개인에게도 적용되며, 어떠한 행정행위가 적법한 것인가를 판단하기 위해서는 관련 행정규칙의 고려 없이는 사실상 불가능한 것 또한 현실이다.[50] 따라서 이제는 행정규칙에도 고유한 법원으로서의 자리를 보장 해주자는 학설이 독일에서 점점 그 세를 넓혀가고 있다.[51] 즉, 첫 번째 단계에서 의회는 본질적 사항에 대해서 법률로 규정하고, 두 번째 단계에서 그러한 법률에 대한 해석, 보충, 추가, 정밀화를 법규명령뿐만 아니라 행정규칙을 통해서 할 수 있도록 하는 전향적 사고의 전환이 요구된다는 것이다.[52] 그러나 이러한 제3의 법영역설에서 주의해야 할 점은 이 학설이 모든 행정규칙을 직접적인 외부효를 가지는 법규범으로 보지는 않는다는 점이다. 비전형적이고 예외적인 경우에는 여전히 기존과 같이 행정규칙의 직접적 외부효를 인정하지 않고 그 법규범성을 부정하고 있다.[53] 따라서 직접적 외부효를 가지는 행정규칙을 인정하기 위해서는 다음과 같은 전제조건이 요구된다. 즉, 행정규칙을 발

---

49) Vgl. *Wahl* (Fn. 46), S. 598.

50) Vgl. *Wahl* (Fn. 46), S. 598.

51) Vgl. *Wahl* (Fn. 46), S. 571 ff.; *Lorenz*, Der Rechtsschutz des Bürgers und die Rechtsweggarantie, München 1973, S. 37 ff.; *Vogel*, Gesetzgeber und Verwaltung, in: VVDStRL 24 (1966), S. 162 f.; *Vogel*, Verwaltungsvorschriften zur Vereinfachung der Sachverhaltsermittlung und normkonkretisierende Ver waltungsvorschriften, in: FS für Werner Thieme, Köln 1993, S. 607 ff.; *Ossenbühl* (Fn. 36), §104 Rn. 17; *von Bogdandy*, Gubernative Rechtsetzung, Tübingen 2000, S. 449 ff.; *Krebs*, VerwArch. 70 (1979), 269 ff.; *Beckmann*, DVBl. 1987, 616 ff.; *Hendler*, UTR 40 (1997), 55 ff.; *Sauerland*, Die Verwaltungsvorschrift im System der Rechtsquellen, Berlin 2005, 1 ff. usw.

52) Vgl. *Wahl* (Fn. 46), S. 594.

53) Vgl. *Maurer*, Allgemeines Verwaltungsrecht, 18. Aufl., München 2011, § 24 Rn. 26.

령하는 행정청 스스로의 의지(Wille der dekretierenden Stelle)에 따라 그 행정규칙을 직접적 외부효를 가지는 행정규칙으로 할 것인지 아니면 기존의 내부효만을 가지는 행정규칙으로 할 것인지를 결정해야만 하고,[54] 나아가 만약 예외적인 경우로서 내부효만을 가지는 행정규칙을 발하는 경우에는 그 행정규칙 자체에 이러한 예외에 해당함을 표시(예외유보－Ausnahmevorbehalt)하여야만 한다는 것이다.[55] 그 외에 직접적 외부효를 가지는 행정규칙은 법률우위의 원칙에 따라 헌법과 법률에 반하지 않아야 할 뿐만 아니라 법치국가의 원칙에 맞게 빠짐없이 '공포'되어야 하며 명확성의 원칙에 맞게 문구가 '명확'해야 할 것도 요구한다.[56]

이러한 제3의 법영역설에 대해서 행정이 자신의 기능영역에서는 스스로가 고유의 입법권을 가진다는 점을 인정한다고 하더라도, 이는 결국 행정의 고유한 기능영역이 과연 어디까지인가라는 여전히 해결되지 않은 입법부와 행정부의 기능영역 간의 경계 설정 문제로 다시 회귀하는 것이라는 비판이 있고, 나아가 또 다른 경계 설정의 문제 즉 행정규칙의 직접적 외부효과 여부가 왜 오로지 행정의 의지행위(Willensakt der Verwaltung)에 좌우되어야만 하는가의 문제점이 지적되고 있다.[57]

4. 판례의 입장

현재 독일의 판례는 형식적 기준설에 따른 판례,[58] 법효과설에 따른 판례,[59] 수범자의 범위설에 따른 판례,[60] 제3의 법영역설에 따른 판

54) Vgl. *Ossenbühl* (Fn. 30), S. 177 ff.
55) Vgl. *Wahl* (Fn. 46), S. 598.
56) Vgl. *Wahl* (Fn. 46), S. 598.
57) Vgl. *Maurer* (Fn. 53), § 24 Rn. 25, 41,
58) Z. B. BVerwGE 2, S. 163; OVG Münster, DVBl. 1963, S. 861; VGH Baden－Württemberg, DÖV 1950, S. 314; VGH Karlsruhe, VerwRspr. 2, S. 116; BayVGH, VerwRspr. 10, S. 151; BayVerfGH, AS NF 17, II, S. 117 usw. *Ossenbühl* (Fn. 30), S. 108 Fn. 22에서 재인용.

례[61] 등으로 나뉘고 있다. 즉 아직 통일된 입장 정립이 되어 있지 않은 상태이다.

Ⅴ. 「종합적 책임자기준설」(사견)[62]

위에서 설명한 대로 독일의 법규명령과 행정규칙의 경계 설정을 위한 기준 이론들은 모두 나름의 약점으로 인해 이미 비판받고 있다. 그럼에도 가장 궁극적인 해결책으로 볼 수 있는 학설은 현재 독일에서 그 지지의 저변을 넓혀가고 있는 제3의 법영역설이라 할 것이다. 왜냐하면 우리나라에서도 이제는 과거 유럽 입헌군주국가의 헌법 태동기의 시대 상황이 반영된 행정규칙에 대한 막연한 공포에서 벗어나서, 민주적 법치국가 체제하에서의 행정규칙의 실질적 법규범성을 직시하는 전향적 사고가 요구되고, 행정규칙의 직접적 법규범성의 인정을 통해서만이 법규명령과 행정규칙의 구분 문제에 대한 근본적 해결을 볼 수 있기 때문이다. 그러나 이러한 제3의 법영역설은 미래의 궁극적 해결책일지는 몰라도 한국의 현실에서는 당장 채택하기 어려운 극복할 수 없는 장애물이 있다. 독일 기본법 제19조는 한국 헌법 제37조 제2항의 일반적 법률유보와는 달리 개별적 법률유보를 규정하고 있다. 즉 "이 기본법에

59) Z. B. BayVerfGH, DÖV 1964, S. 22; BayVGH AS 5, I, S. 224 (228 f.); BSGE 6, S. 175; BSGE 11, S. 213 (216); OVG Hamburg, ZBR 1959, S. 81; OVG Rheinland-Pfalz, DÖV 1960, S. 350; OVG Hamburg, ZBR 1959, S. 81; BGH, VerwRspr. 10, S. 955 usw. *Ossenbühl* (Fn. 30), S. 108 Fn. 23에서 재인용.

60) Z. B. OVG Kassel, DVBl. 1968, 260; BayVerfGH, AS 5, II, S. 111; BayVerfGH, AS 6, II, S. 26; BayVerfGH, AS 14, II, S. 76; BayVerfGH, AS 13, II, S. 41 usw. *Ossenbühl* (Fn. 36), S. 108 Fn. 23에서 재인용.

61) 규정을 발한 행정청의 의지에 따른다고 한 판례로 BVerwGE 19, S. 48 (57). *Ossenbühl* (Fn. 36), S. 108 Fn. 23에서 재인용.

62) 홍강훈, 앞의 논문(각주 1), 368쪽 이하의 내용을 전면적으로 새롭게 보완하고 업데이트함.

따라 기본권이 법률에 의하여 또는 법률에 근거하여 제한될 수 있는 경우 그 법률은 일반적으로 적용되어야 하고 개별적인 경우에만 적용되어서는 안 된다."고 규정하고 있다. 여기서 중요한 것은 기본권이 '법률에 의하여 제한'되는 경우뿐만 아니라 **"법률에 근거하여 제한"**되는 경우도 상정하고 있다는 점이다. 즉 독일은 법률에 의하지 않더라도 법률에 근거하기만 하면 기본권이 제한될 수 있으므로 행정규칙이라도 법률에 근거한다면, 즉 법률의 명시적 위임이 있다면 기본권을 제한할 수 있다고 해석할 수 있는 여지가 헌법에 명시되어 있다. 따라서 독일에서는 제3의 법영역설이 인정될 수 있는 것이다. 그러나 이와 달리 한국 헌법은 제37조 제2항에 일반적 법률유보를 규정하면서 "국민의 모든 자유와 권리는 국가안전보장·질서유지 또는 공공복리를 위하여 필요한 경우에 한하여 법률로써 제한할 수 있으며,…"라고 규정하고 있다. 즉 한국 헌법은 명시적으로 모든 기본권은 '법률'로만 제한 가능하다고 규정하고, 그 법률의 구체적 위임을 받아 헌법 제75조(대통령령), 제95조(총리령·부령)에 근거해서 법규명령에 의한 기본권 제한이 가능한 구조이다. 따라서 행정규칙에 직접적 외부효를 부여하는 제3의 법영역설은 한국 헌법 제75조, 제95조와 유사한 기본법 제80조 제1항[63]의 규정을 가지고 있지만, 우리와는 다른 기본법 제19조를 가지고 있는 독일 기본법 체계하에서는 가능할지 몰라도(앞에서 설명한 독일의 학설대립에서 본 바와 같이 독일에서조차도 이는 논란 중임), 우리나라에서는 헌법 제37조 제2항에 명시적으로 반하는 위헌적인 학설인 것이다. 결국 이 학설의 도입을 위해서는 헌법의 개정이 전제될 수밖에 없다(따라서 행정기본법 제2조 1. 가. 3)의

63) 독일 기본법 제80조
① 연방정부, 연방장관 또는 주정부(Landesregierung)는 법률에 의하여 법규명령을 제정할 권한을 위임받을 수 있다. 이 경우 위임된 권한의 내용, 목적 및 범위는 법률에 확정되어야 한다. 법규명령에는 그 법적근거가 명시되어야 한다. 위임받은 권한을 다시 위임할 수 있음을 법률이 규정하고 있는 때에는 위임받은 권한의 위임을 위해 법규명령이 필요하다.

법률 및 법규명령의 위임을 받은 행정규칙을 법령으로 보는 규정은 위헌적인 규정이다). 그렇다면 현실적으로 어떠한 기준이 타당할 것인가? 나머지 기준도 이미 살펴본 대로 각각의 약점을 가지고 있으므로 하나의 기준만으로 법규명령과 행정규칙을 구분하려 한다면 이미 모순점을 내포하고 있고 실패할 수밖에 없다. 따라서 원칙적으로 일반적인 경우에는 형식적 기준설과 실질적 기준설 모두를 고려해야만 한다. 그러나 법규명령과 행정규칙의 중간 영역에 존재하는 경계규정의 경우 가장 결정적으로 작동할 수 있는 최후의 기준은 수범자의 범위설이라고 할 수 있다. 왜냐하면 경계설정기준의 문제는 어디까지나 그 경계규정의 본질적 '성질'(정체성)이 무엇인가를 밝혀내는 것이 핵심이므로, 논리적으로 형식적 기준설은 그 최후의 결정적 기준이 될 수 없고 실질적 기준 즉, 경계규정의 성질(그 효력이 행정청 내부에 미치는지 외부에 미치는지 또는 그 규범을 지켜야하는 수범자가 누구인지)을 척도로 이를 규명해야함은 어쩌면 당연한 결론이기 때문이다. 독일에서 현재 형식적 기준설을 따르는 학자가 존재하지 않고 실질적 기준설이 지배적 다수설인 것도 이를 반증하고 있다고 할 것이다. 결국 마지막으로 남는 문제점은 실질적 기준설인 법효과설과 수범자의 범위설 중 어느 학설이 이미 지적된 약점을 극복할 수 있는 타당한 학설인지 하는 것이다. 법효과설은 내부와 외부의 경계가 불분명하므로 구체적 기준이 될 수 없다는 약점은 그 극복이 어려워 보인다. 한편 수범자의 범위설은 그 규정의 수범자가 누구인지를 명확하게 판가름할 기준이 있는지가 약점으로 지적된다. 이는 나아가 그 규정의 적용대상자 또는 그 규정을 지켜야 하는 자가 행정청(공무원)이냐 국민이냐의 문제[수범자의 범위]와 그 규정이 외부효를 가져서 국민에게 효력이 미치는가 아니면 내부효를 가져서 공무원에게 효력이 미치는가의 문제[법효력]가 과연 무엇이 다른가라는 물음으로 연결된다. 그러나 이에 관해서는 다음과 같은 유용한 기준이 제시되고 있다. 수범자의 범위는 그 규정을 어겼을 때 누가 책임을 지는지를 기준

으로 판단해서 그 책임을 지는 자를 수범자로 보면 된다는 것이다. 즉 행정청(공무원)이 그 규정 위반의 책임을 지는 경우 그 규정은 행정규칙이고 국민이 책임을 지게 되면 법규명령이라는 것이다.[64] 어떠한 규정을 위반한 경우 그 위반의 책임을 지는 자는 그 규정을 지켜야만 하는 자 즉, 수범자에 한정되기 때문에 규정 위반의 책임자를 수범자로 보는 이러한 기준은 명확한 기준이 될 수 있다. 예를 들어보자. A대학의 학칙에 "마약 복용으로 실형을 받은 자는 퇴학에 처한다"는 규정이 있다고 하자. 만약 A대학 앞에 거주하는 50세의 일반인 甲이 마약 복용으로 실형을 선고받았을 때 甲은 A대학 퇴학의 책임을 부담하는가? A대학 학생이 아닌 甲이 퇴학당할 리는 없다. 즉 甲이 그 학칙을 위반했더라도 그 위반의 책임을 부담하지 않으므로 甲은 학칙의 수범자가 아니다. A대학 학칙의 수범자는 그 위반의 책임을 부담하는 A대학 학생이다. 결국 실질적 기준설 중 수범자의 범위설이 책임자를 기준으로 수범자를 가려낸다면 명확하면서도 실제 적용 가능한 가장 타당한 기준이 될 수 있는 것이다. 수범자가 국민이냐 행정청이냐의 문제는 결국 그 규정이 내부효를 갖느냐 외부효를 갖느냐의 문제와도 직결되기 때문에 법규명령과 행정규칙의 본래적 성질을 파악할 수 있는 가장 타당한 실질적 기준이 될 수 있는 것이다. 우리의 관심사는 법규명령과 행정규칙의 경계영역에 존재하는 규정의 정체성을 밝혀내는 데 있으므로, 이러한 경계영역에서는 규정 위반의 책임자가 누구인가에 따른 기준이 결정적이며 유용한 기준이 될 수 있다. 그 구체적 적용은 장을 바꾸어 아래에서 자세히 살펴보기로 한다.

---

64) Vgl. *Laband*, Das Staatsrecht des Deutschen Reiches, II, 5. Aufl., Tübingen 1964, S. 184; *Walter*, ÖJZ 1965, S. 30. 이 기준에 따라 경계규정을 구분할 경우 결과적으로 행정청(공무원)이 지는 책임은 징계책임이 될 것이고, 국민이 지게 되는 책임은 법적 책임이 될 것이다.

Ⅵ. 「종합적 책임자기준설」의 본 판결에의 적용

1. 「산재보험법」 시행령 [별표 3] '인정 기준'의 성격

본 판결에서 대법원은 「산재보험법 시행령」 제34조 제3항에 따른 [별표 3]이 법규명령인지 행정규칙인지 밝히지 않은 채, 이를 「산재보험법」 제37조 제1항 제2호에서 정한 '업무상 질병'에 해당하는 경우를 예시적으로 규정한 '예시 규정'이라고 하여 그 규범성을 약화시키고 있다. 그런데 시행령 제34조 제1항과 제2항은 "다음 각호의 요건 모두에 해당하면…업무상 질병으로 본다."고 규정하고, 제34조 제3항은 "제1항 및 제2항에 따른 업무상 질병에 대한 **구체적인** 인정 기준은 별표 3과 같다."고 규정하고 있다.[65] 즉 시행령 제34조는 제1항과 제2항의 각호가 제시하는 요건을 '모두' 만족해야만 업무상 질병으로 본다고 그 성립요건을 매우 엄격하고 한정적으로 규정하고 있으며, 제3항은 그 '구체적인' 인정 기준을 [별표 3]에 정하고 있다. [별표 3]에도 "~등"이라든지 "예를 들어"와 같은 예시적 규정이라고 추단할 만한 표현은 존재하지 않고 대신 "다음 어느 하나에 해당하는 원인으로…발병한 경우에는 업무상 질병으로 본다."([별표 3] 1. 가.)라고 하여 구체적인 인정 요건을 한정적으로 나열하고 있다. 따라서 [별표 3]의 구체적인 인정 요건에 존재하는 불확정개념의 해석을 통해서 그 범위를 확대하는 것은 가능하지만, [별표 3]에 나열된 인정 요건을 예시 규정으로 보고 해석을 통해 새로운 인정 요건을 추가하는 것은 문리해석의 한계를 넘는 입법행위에 해당한다. 따라서 [별표 3]을 예시적 규정이라고 보는 대법원의 주장은 따를 수 없다.[66]

---

65) 위 각주 3) 참조.

66) [별표 3]의 제13호는 "13. 제1호부터 제12호까지에서 규정된 발병요건을 충족하지 못하였거나, 제1호부터 제12호까지에서 규정된 질병이 아니더라도 근로자의 질병과

대법원은 종래에 소위 법규명령형식의 행정규칙의 경우 그 논의 대상을 일반적으로 제재적 처분기준, 즉 '침익적 처분기준'에 한정하고 있다.[67] 따라서 본 사안의 업무상 재해의 판정기준처럼 산재보험의 급여 대상인지를 판정하는 '수익적 처분기준'에 대해서는 기존의 기준(제재적 처분기준이 대통령령이면 법규명령, 부령이면 행정규칙)을 적용하여 판정할 수 없었을 것이다. 이미 비판한 바와 같이 법규명령과 행정규칙의 중간 영역에 존재하는 모든 규정을 대상으로 그 구분 기준을 논하는 방식(법규명령과 행정규칙의 경계 설정)이 아닌, 행정규칙형식의 법규명령, 법규명령형식의 행정규칙이라는 제목 아래 이미 성질에 대한 결론을 내려놓고, 그 대상을 전자는 법령보충규칙, 후자는 제재적 처분기준에 한정하여 논의하는 기존의 사고 틀에서는 이는 이미 예견된 공백일 것이다. 대법원은 원고의 편에서 근로복지공단의 요양불승인처분이 위법이라는 결론을 도출하기 위해 그 기준을 완화 즉, 기준의 규범성을 약화시킬 필요가 있는데, 시행령 [별표 3]에 대해서는 기존의 기준을 적용하여 행정규칙이라는 결론을 도출할 수 없었으므로 대신 예시적 규정으로 보아

업무와의 상당인과관계가 인정되는 경우에는 해당 질병을 업무상 질병으로 본다."고 규정하고 있다. 이 조항을 근거로 [별표 3]을 예시 조항으로 볼 수 있다고 주장할 수 있으나 대법원은 예시 조항의 근거로 제13호를 전혀 언급하고 있지 않다. 제1호부터 제13호 중 업무상 질병 인정 여부 결정에 관한 사항을 고시로 위임하고 있는 것은 제1호 "뇌혈관 질별 또는 심장 질병"과 제2호 "근골격계 질병"뿐이고, 따라서 그 위임에 따른 고용노동부 고시의 이름도 「뇌혈관 질병 또는 심장 질병 및 근골격계 질병의 업무상 질병 인정 여부 결정에 필요한 사항」인 것이다(위 각주 5 참조). 대법원이 업무상 질병의 실질적인 판정기준으로 삼고 있는 것도 바로 이 고시이다. 이 고시는 제13호와는 전혀 상관없고, 한정적으로 열거된 제1호와 제2호의 보다 구체화된 기준이다. 따라서 제13호를 예시 규정의 근거로 볼 수 없다. 만에 하나 예시 규정으로 본다고 하더라도 그 예시 규정이 법규명령인지 행정규칙인지의 판정이 선행되어야 한다. 그래야만 그 예시 규정을 판정기준으로 사용할지(법규명령), 사용할 수 없는지(행정규칙)가 결정되기 때문이다. 예시 규정으로 보아 그 규범성을 완화하는 것은 그 판정 이후의 일이다.

67) 대판 2019. 9. 26, 2017두48406; 대판 2014. 6. 12, 2014두2157; 대판 2001. 3. 9, 99두5207; 대판 1997. 12. 26, 97누15418 등 다수.

규범성을 약화시키는 편법을 사용한 것으로 보인다.

그러나 「종합적 책임자기준설」에 따르면 제재적 처분기준에 한정되지 않고, 즉 침익적이든 수익적이든 상관없이 성질의 규명이 필요한 중간 영역의 모든 규정에 대해 단일한 기준으로 판단이 가능하다. 업무상 질병의 인정 여부는 공단의 소속기관인 업무상질병판정위원회가 담당한다(「산재보험법」 제38조). 만약 업무상질병판정위원회의 7인의 위원 중 과반수(동법 시행규칙 제6, 9조)가 급여를 신청한 자와 특별한 친분이 있음을 이유로, 시행령 [별표 3] '업무상 질병에 대한 구체적인 인정 기준'을 충족하지 않음에도 불구하고 이를 어기고 업무상 질병에 해당한다는 판정을 한 경우, [별표 3] 위반에 대한 책임은 국민 즉 산재보험 급여를 신청한 근로자가 아니라 판정위원 즉 공무원(또는 공무수탁사인)이 부담한다. 따라서 시행령 [별표 3]은 행정규칙에 해당한다. 그렇다면 시행령 [별표 3]의 기준은 어겨도 위법이 아니라 적법한 것인가? 그렇지 않다. [별표 3]은 행정기본법 제9조의 평등의 원칙과 이에 근거한 자기 구속의 원칙에 따라 상황에 변동이 없는 한 누구에게나 동등하게 적용되어야 한다. 따라서 시행령 [별표 3]을 위반할 경우 행정기본법 제9조 위반으로 위법하므로 시행령 [별표 3]은 간접적·외부적 구속효를 가진다.

2. 시행령 [별표 3] '인정 기준'의 위임에 따른 「고용노동부고시」의 성격

(1) 「행정기본법」 제2조제1호 가목의 문제

행정기본법 제2조제1호 가목은 법령 즉 법규명령을 다음 어느 하나에 해당하는 것이라고 하면서 "1) 법률 및 대통령령·총리령·부령, 2) 국회규칙·대법원규칙·헌법재판소규칙·중앙선거관리위원회규칙 및 감사원규칙, 3) 1) 또는 2)의 위임을 받아 중앙행정기관의 장이 정한 훈령

·예규 및 고시 등 행정규칙"의 세 가지를 열거하고 있다. 그렇다면 기존의 행정규칙형식의 법규명령 즉, 소위 법령보충규칙의 문제는 행정기본법 제2조제1호 가목 3)에서 이를 법규명령이라고 선언[68]하고 있으므로 더 이상 논란의 여지 없이 그 구분의 문제가 해결된 것인가? 실제로 「행정기본법」 제2조제1호 가목의 제정에 따라 이 문제는 이제 완전히 해결된 것으로 보고(법령보충규칙=법규명령), 그 구분에 관한 기존의 학설 대립과 판례를 「행정기본법」 제정 전 상황으로 간단히 소개하는 것으로 서술 방식을 바꾼 교과서도 존재한다.[69] 그러나 이는 따를 수 없

68) 독일의 경우 행정규칙은 법적 근거 유무에 따라 (1) 법률상의 수권(위임)이 없이 상위관청의 지시 권한에 근거하여 발하여지는 전통적인 행정규칙인 단순행정규칙(einfache Verwaltungsvorschriften)과 (2) 관청의 권한 영역이 자신에 종속된 하위관청에만 미치는 것이 아니라 더 나아가 다른 영역에도 미치므로 헌법상의 혹은 법률상의 수권을 필요로 하는 간섭적 행정규칙(übergreifende Verwaltungsvorschriften)으로 나뉘고, 간섭적 행정규칙은 다시 ① 다른 행정주체의 관청과 공무원에게도 구속력을 미치는 주체간 행정규칙(intersubjektive Verwaltungsvorschriften)과 ② 동일한 행정주체 내부에서 자신에 종속된 하위관청뿐만 아니라 다른 관청 간에도 구속력을 미치는 관청간 행정규칙(interbehördliche Verwaltungsvorschriften)으로 나뉜다. 따라서 ② 관청간 행정규칙에는 상위관청이 자신에 종속된 하위관청에게 한 법률상의 위임(수권)을 근거로 종속된 하위관청이 발하는 행정규칙이 포함된다. 이에 대해 *Maurer* 교수는 "단순행정규칙에 대한 수권도 가능하다. 그러나 그 수권이 기존의 지시권한(Weisungskompetenz)의 관점에서 그 이상의 새로운 규율을 포함하지 않는 한 이는 단지 지시권한의 확인적(deklaratorisch) 의미만을 가진다"고 한다(vgl. *Maurer* (Fn. 53), § 24 Rn. 1). 즉, 자신에 종속된 하위관청에 대해서도 법상의 위임(수권)을 할 수 있고 이를 통해 발령된 행정규칙의 경우 그 수권의 성질은 실은 상위관청의 지시권한을 확인하는 의미만을 가진다는 것이다. 그러나 이러한 행정규칙은 법률상의 수권(위임)여부만을 기준으로 하는 위의 분류에서 어디까지나 간섭적 행정규칙 중 '관청간 행정규칙'에 속하므로 행정규칙의 하나로 분류된다(자세한 것은 홍강훈, 앞의 논문(각주 1), 371쪽 이하 참조). 즉 한국 행정기본법 제2조제1호 가목이 법규명령이라고 선언한 행정규칙형식의 법규명령의 대상 즉 소위 법령보충규칙에 대해 독일에서는 행정규칙으로 분류하고 있다. 그렇지만 이렇게 행정규칙으로 분류된 관청간 행정규칙이라도 법규명령과 행정규칙의 중간 영역에 존재하여 그 성질의 규명이 필요한 경우는 당연히 법규명령과 행정규칙의 경계설정을 위한 기준이론에 따른 구분의 대상이 된다는 것에 주의하여야 한다.

69) 홍정선, 앞의 책, 308쪽 옆 번호 996 이하.

다. 「행정기본법」에서 아무리 소위 법령보충규칙을 법규명령이라고 선언한다고 해도, 그 성질이 법규명령인지 행정규칙인지 분명하지 아니한 중간 영역에 존재하는 법령보충규칙은 여전히 존재하고, 이러한 실제의 상황은 법으로 정한다고 바뀌는 것이 아니다. 행정기본법 제정 이전에도 1997년에 제정된 「행정규제기본법」 제4조제2항은 "규제는…법령에서 전문적·기술적 사항이나 경미한 사항으로서 업무의 성질상 위임이 불가피한 사항에 관하여 구체적으로 범위를 정하여 위임한 경우에는 고시 등으로 정할 수 있다."고 규정하여 법령보충규칙을 통하여 국민을 규제할 수 있다고 선언하였고, 규제할 수 있다는 것은 국민을 일반적으로 구속할 수 있다는 의미이므로 이미 법령보충규칙의 성격이 외부법으로서 법규명령임을 선언하고 있었다. 그러나 동 조항의 제정으로 법령보충규칙의 성격 문제가 해결된 것은 아니고 그 구분에 관한 기존의 학설 대립과 판례가 오늘날까지 대립하고 있었던 것은, 「행정기본법」 제2조제1호 가목의 제정에 의해서도 여전히 법령보충규칙의 성질 규명은 해결되지 않았다는 것을 방증하고 있다고 할 것이다.

본 사안의 시행령 [별표 3] '인정 기준'의 명시적 위임에 따른 「뇌혈관 질병 또는 심장 질병 및 근골격계 질병의 업무상 질병 인정 여부 결정에 필요한 사항(고용노동부고시 제2022-40호)」은 대통령령(시행령 [별표 3])의 위임을 받아 중앙행정기관의 장인 고용노동부장관이 정한 고시[70]이므로 행정기본법 제2조제1호 가목 3)에 따르면 정확히 법령(법규명령)에 해당한다. 그럼에도 본 판결에서 대법원은 행정기본법에 반하여 본 고시의 성격을 행정규칙이라고 판시하고 있다. 이는 행정기본법의 제2조제1호의 제정에도 불구하고 소위 법령보충규칙의 성질 규명의 문

70) [별표 3] 1. 뇌혈관 질병 또는 심장 질병
가. 나. 생략
다. 가목 및 나목에 따른 업무상 질병 인정 여부 결정에 필요한 사항은 고용노동부장관이 정하여 고시한다.

제는 전혀 해결된 것이 아님을 반증하는 강력한 증거이다.

(2) 「고용노동부고시」에 대한 「종합적 책임자기준설」의 적용

시행령 [별표 3] '인정 기준'의 명시적 위임에 따른 「뇌혈관 질병 또는 심장 질병 및 근골격계 질병의 업무상 질병 인정 여부 결정에 필요한 사항(고용노동부고시 제2022-40호)」에 대해, 대법원은 이 고시를 대외적으로 국민과 법원을 구속하는 효력이 있는 규범이라고 볼 수 없고, 근로복지공단에 대한 내부적인 업무처리지침이나 법령의 해석·적용 기준을 정해주는 '행정규칙'이라고 판시하고 있다. 그러나 이는 기존의 일관된 대법원 판례와는 상반되는 것이다. 대표적으로 대법원은 국세청훈령 「재산제세사무처리규정」에 대해 "…비록 위 재산제세사무처리규정이 국세청장의 훈령형식으로 되어 있다 하더라도 이에 의한 거래지정은 소득세법시행령의 위임에 따라 그 규정의 내용을 보충하는 기능을 가지면서 그와 결합하여 대외적 효력을 발생하게 된다 할 것이므로 그 보충규정의 내용이 위 법령의 위임한계를 벗어났다는 등 특별한 사정이 없는 한 양도소득세의 실지거래가액에 의한 과세의 법령상의 근거가 된다."[71]고 판시하여 소위 법령보충규칙을 법규명령으로 보고 있으며, 이후 이러한 태도를 일관되게 유지하고 있다.[72] 본 사안의 「고용노동부고시」도 비록 고시의 형식으로 되어 있지만 시행령 [별표 3] '인정 기준'의 명시적 위임에 따라 업무와 질병과의 인과관계 인정의 구체적 기준을 정하고 있으므로, 시행령 [별표 3] '인정 기준'의 업무상 질병 인정기준을 보충하는 기능을 하면서 인정 기준과 결합하여 대외적 효력을 발생한다고 볼 수 있다. 따라서 대법원의 기존 판례에 따르면 이는 법

71) 대판 1987. 9. 29, 86누484. 그 밖에도 동일한 입장의 판례로

72) 대판 1994. 4. 26, 93누21668; 대판 1994. 3. 8, 92누1728; 대판 1996. 4. 12, 95누7727; 대판 1998. 9. 25, 98두7503; 대판 2008. 3. 27, 2006두3742, 3759; 대판 2011. 9. 8, 2009두23822 등.

령보충규칙으로서 법규명령에 해당하는 것이다. 그러나 대법원은 본 판시에서 돌연 아무런 해명 없이 기존 판례와는 전혀 상반되는 판결을 함으로써 일관성을 상실하고 있다.

그러나 「종합적 책임자기준설」에 따르면 만약 업무상질병판정위원회의 7인의 위원 중 과반수가 대상 근로자와 특별한 친분이 있음을 이유로, 업무와 질병과의 인과관계 판단에 대한 구체적 기준을 제시하고 있는 「고용노동부고시」의 기준에 명백히 어긋남에도 불구하고 인과관계를 인정한다면, 이러한「고용노동부고시」 위반에 대한 책임은 국민 즉 산재보험 급여를 신청한 근로자가 아니라 판정위원 즉 공무원(또는 공무수탁사인)이 부담한다. 따라서 「고용노동부고시」 또한 행정규칙에 해당한다. 그러나 이 고시 역시 행정기본법 제9조의 평등의 원칙과 이에 근거한 자기 구속의 원칙에 따라 상황에 변동이 없는 한 누구에게나 동등하게 적용되어야 하므로, 「고용노동부고시」를 위반할 경우 행정기본법 제9조 위반으로 위법하므로 「고용노동부고시」는 간접적·외부적 구속효를 가진다.

(3) 행정규칙의 내부적 효과와 위법성 판단의 기준시점 (처분시기준설)

한편 대법원은 「고용노동부고시」의 성격을 행정규칙으로 판정한 뒤에 "근로복지공단이 처분 당시에 시행된 '고용노동부고시'를 적용하여 산재요양 불승인처분을 하였더라도, 법원은 해당 불승인처분에 대한 항고소송에서 해당 불승인처분이 있은 후 개정된 '현행 고용노동부고시'의 규정 내용과 개정 취지를 참작하여 상당인과관계의 존부를 판단할 수 있다.… 따라서 '업무시간'은 업무상 과로 여부를 판단할 때 하나의 고려요소일 뿐 절대적인 판단 기준이 될 수 없다."고 판시하고 있다. 즉 대법원은 산재요양 불승인 처분의 위법성(고시에 따른 인과관계 판정의 위법성)을 판단하면서 처분 당시의 고시가 아니라 처분 이후 개정된 현행

「고용노동부고시」를 '사실상' 처분의 위법성(인과관계)의 판단 기준으로 삼고 있다. 그러나 대법원의 견해에 따라 「고용노동부고시」가 행정규칙이라면 법원이 이를 위법성의 판단 기준으로 삼아서는 안 된다. 대법원 스스로가 판시에서 밝히고 있는 바와 같이 「고용노동부고시」는 "…대외적으로 국민과 법원을 구속하는 효력이 있는 규범이라고 볼 수 없고, 근로복지공단에 대한 내부적인 업무처리지침이나 법령의 해석·적용 기준을 정해주는 '행정규칙'…"이기 때문이다. 나아가 이는 대법원이 일관되게 유지하고 있는 위법성 판단의 기준시점에 관한 처분시기준설("행정소송에서 행정처분의 위법 여부는 행정처분이 있을 때의 법령과 사실상태를 기준으로 하여 판단하여야 하고, 처분 후 법령의 개폐나 사실상태의 변동에 의하여 영향을 받지 않는다"[73])에도 어긋난 것이다. 대법원의 입장에서는 「고용노동부고시」를 행정규칙이라고 보았으므로 처분시기준설에서 말하는 기준인 '법령'에 포함되지 않으므로 처분시기준설에 명시적으로 반하는 것은 아니라고 항변할 수 있을 것이나, 본 판시에서 대법원은 「고용노동부고시」를 위법성(인과관계) 판단의 결정적 기준으로 실제로 사용하고 있으므로[74] 사실상 이를 '법령'으로 보고 있다. 따라서 이러한 논리로 반박한다고 해도 이를 따를 수 없다. 그렇다면 내부적 효과밖에 없는 행정규칙을 업무와 질병의 인과관계 기준으로 사용하여 사실상 외부적 효과를 인정하고, 기존의 견해를 뒤집고 판결시기준설에 따라 처분 이후의 완화된 현행「고용노동부고시」를 위법성 판단의 기준으로 사용한 대법원의 모순된 태도의 원인은 무엇일까? 이는 「고용노동부고시」의 성질이 원래는 행정규칙이지만 행정기본법 제9조의 평등의 원칙 및 자기 구속의 원칙에 의해 간접적·외부적 구속효를 가져 실질상 법규명

---

73) 대판 2022. 4. 28, 2021두61932(행정소송에서 행정처분의 위법 여부는 행정처분이 있을 때의 법령과 사실상태를 기준으로 하여 판단하여야 하고, 처분 후 법령의 개폐나 사실상태의 변동에 의하여 영향을 받지 않는다); 대판 2007. 5. 11, 2007두1811; 대판 2018. 6. 28, 2015두58195 등.

74) 위 II. 4. 대법원의 판결요지 - 원심판결 파기환송, [2] 부분 참조.

령의 성질을 띠고 있음에도 대법원이 이를 인지하지 못하고 있고, 처분 당시의 엄격했던 「구 고용노동부고시」를 위법성 판단의 기준으로 사용하면 원고(산재보험 급여를 신청한 근로자)를 위해 요양 불승인 처분의 위법성을 인정하기가 어려운 데 따른 것으로 보인다.

Ⅶ. 사안의 해결

「종합적 책임자기준설」에 따르면 시행령 [별표 3] '인정 기준'과 그의 명시적 위임에 따른 「고용노동부고시」는 모두 행정규칙에 해당하지만, 공통적으로 행정기본법 제9조의 평등의 원칙 및 이에 근거한 자기구속의 원칙에 따라 간접적·외부적 구속효를 가진다. 즉 둘 다 결과적으로는 사실상 법규명령에 해당한다. 따라서 시행령 [별표 3] '인정 기준'과 그의 위임에 따른 「고용노동부고시」는 업무와 질병 사이의 인과관계를 인정하기 위한 법적 기준이 된다. 원고는 근로시간이 1주 평균 52시간을 초과하지 않으므로 「고용노동부고시」I. 1. 다. 3) 항("3) 발병 전 12주 동안 업무시간이 1주 평균 52시간을 초과하지 않는 경우라도 2항의 업무부담 가중요인에 복합적으로 노출되는 업무의 경우에는 **업무와 질병과의 관련성이 증가한다.**"에 해당하고, 원고는 2) 항의 업무 부담 가중 요인 중 ① 근무일정 예측이 어려운 업무, ②교대제 업무, ⑦정신적 긴장이 높은 업무 등에 복합적으로 노출되는 업무에 종사하였으므로 업무와 질병과의 관련성이 증가한다고 판단된다. 따라서 굳이 대법원의 입장과 같이 시행령 [별표 3] '인정 기준'을 예시 규정으로 보아 기준을 완화하거나, 「고용노동부고시」를 행정규칙으로 보아 그 규범성을 상실시키거나, 완화된 기준인 현행 「고용노동부고시」를 적용하지 않아도 충분히 대법원의 판시와 똑같이 요양불승인 처분의 위법성을 인정하는 데는 문제가 없다. 소위 법규명령형식의 행정규칙의 경우 제재적

처분기준에 한정해서만 적용되는 불합리한 판정기준을 갖고 있는 대법원이 수익적 처분기준인 시행령 [별표 3]의 성질 판단을 유보한 채, 이를 예시 규정으로 보아 기준을 완화한 것은 기존 대법원의 판정기준의 한계를 여실히 보여준다. 또한 소위 행정규칙형식의 법규명령 즉, 법령보충규칙에 해당하는 「고용노동부고시」에 대해 대법원이 기존의 일관된 입장을 버리고 돌연 이를 행정규칙으로 파악하고 있는 것은 대법원의 판정기준의 한계를 스스로 자인하고 있는 셈이다. 요양불승인 처분이 위법하다는 대법원의 결론에는 찬성하지만 일관성과 논리성을 확보하기 위해서는 법규명령과 행정규칙의 중간 영역에 있는 규정에 대한 정체성 구별 기준의 획기적인 변화가 필요하다.

참고문헌

김기진, 행정입법의 정비에 관한 연구, 헌법판례연구 Vol. 13, 2012, 287쪽 이하.

김남진 · 김연태, 행정법 Ⅰ, 제16판, 법문사, 2012.

김남진, 행정법의 기본문제, 제4판, 법문사, 1994.

김남철, 행정법강론, 제10판, 박영사, 2024.

김도창, 일반행정법론 (상), 제4전정판, 청운사, 1993.

김동희, 행정법 Ⅰ, 제25판, 박영사, 2019.

김봉채, 행정입법에 대한 소고, 공법연구 제37집 제1－2호, 2008. 10, 229쪽 이하.

김성수, 일반행정법, 제7판, 홍문사, 2014.

김철용, 행정법, 박영사, 2011.

김해룡, 행정법규범체계연구 Ⅰ : 법규명령과 행정규칙, 공법연구 제35집 제3호, 2007. 2, 201쪽 이하.

류지태 · 박종수, 행정법신론, 제17판, 박영사, 2019.

박균성, 행정법론 (상), 제23판, 박영사, 2024.

박정훈, 법규명령 형식의 행정규칙과 행정규칙 형식의 법규명령—'법규' 개념 및 형식/실질 이원론의 극복을 위하여—, 행정법학 제5호, 2013. 9, 33쪽 이하.

박윤흔·정형근, 최신 행정법강의 (상), 개정30판, 박영사, 2009.

배영길, 공법의 규범체계, 공법연구 제37집 제1호, 2008. 10, 91쪽 이하.

석종현 · 송동수, 일반행정법 (상), 제14판, 삼영사, 2013.

이상규, 신행정법론 (상), 법문사, 1995.

정남철, 고시형식의 법규명령의 내용 및 법적 문제점, 고시연구 2006. 7, 14 쪽 이하.

정하중, 행정법개론, 제14판, 법문사, 2020..

조성규, 행정규칙의 법적 성질 재론, 행정법연구 제31호, 2011. 12, 131쪽 이하.

한견우 ·최진수, 현대행정법, 세창출판사, 2011.

홍강훈, "법규명령과 행정규칙의 경계설정을 위한 새로운 기준-소위 행정규칙형식의 법규명령과 법규명령형식의 행정규칙의 정체성 규명기준 -", 공법연구 제43집 제1호, 2014. 10, 359쪽 이하.

홍정선, 행정법원론 (상), 제32판, 박영사, 2024.

홍준형, 행정법, 제2판, 법문사, 2017.

Adamovich, Ludwig K., Handbuch des österreichischen Verfassungsrechts, 5. Aufl., Wien 1957.

Adamovich, Ludwig K./Funk, Bernd-Christian, Österreichisches Verfassungsrecht, Wien 1982.

Antoniolli, Walter, Allgemeines Verwaltungsrecht, Wien 1954.

Beckmann, Elke, Die gerichtliche Überprüfung von Verwaltungsvoschriften im Wege der verwaltungsgerichtlichen Normenkontrolle, DVBl. 1987, S. 611 ff.

Bull, Hans Peter, Allgemeines Verwaltungsrecht, 6. Aufl., Heidelberg 2000.

Bull, Hans Peter/Mehde, Veith, Allgemeines Verwaltungsrecht mit Verwaltungsprozessrecht, 10. Aufl., Heidelberg 2022.

Detterbeck, Steffen, Allgemeines Verwaltungsrecht mit Verwaltungsprozessrecht, 21. Aufl., München 2023.

Di Fabio, Udo, Verwaltungsvorschriften als ausgeübte Beurteilungsermächtigung, DVBl. 1992, S. 1338 ff.

Erbguth, Wilfried, Allgemeines Verwaltungsrecht mit Verwaltungsprozess-und Staatshaftungsrecht, 4. Aufl., Baden-Baden 2011.

Gerhardt, Michael, Normkonkretisierende Verwaltungsvorschriften, NJW

1986, S. 2233 ff.

Giacometti, Zaccaria, Allgemeine Lehren des rechtsstaatlichen Verwaltungsrechts I, Zürich 1960.

Hendler, Reinhard, Verwaltungsvorschriften zur Konkretisierung technischer Standards im Umweltrecht, UTR 40 (1997), S. 55 ff.

Ipsen, Jörn, Allgemeines Verwaltungsrecht, 11. Aufl., München 2019.

Jagmetti, Riccardo L., Vollziehungsverordnungen und gesetzvertretende Verordnungen, 1957.

Jesch, Dietrich, Zulässigkeit gesetzesvertretender Verwaltungsverordnungen?, AöR 84 (1959), S. 74 ff.

Koja, Friedrich, Allgemeines Verwaltungsrecht, 3. Aufl., Wien 1996.

Krebs, Walter, Zur Rechtsetzung der Exekutive durch Ver waltungsvorschriften, VerwArch. 70 (1979), S. 259 ff.

Laband, Paul, Das Staatsrecht des Deutschen Reiches, II, 5. Aufl., Tübingen 1964.

Lorenz, Dieter, Der Rechtsschutz des Bürgers und die Rechtsweggarantie, München 1973.

Maurer, Hartmut, Allgemeines Verwaltungsrecht, 18. Aufl., München 2011.

Maurer, Hartmut/Waldhoff, Christian, Allgemeines Verwaltungsrecht, 21. Aufl., München 2024.

Möstl, Markus, in: Erichsen/Ehlers (Hrsg.), Allgemeines Ver waltungsrecht, 14. Aufl., Berlin 2010, § 20.

Nawiasky, Hans, Allgemeine Rechtslehre, 2. Aufl., Einsiedeln 1948.

Ossenbühl, Fritz, Verwaltungsvorschriften und Grundgesetz, Berlin 1968.

Ossenbühl, Fritz, in: Isensee/Kirchhof (Hrsg.), Handbuch des Staatsrechts, Bd. V, 3. Aufl., Heidelberg 2007, § 103 Rechtsverordnung, § 104 Autonome Rechtsetzung der Verwaltung.

Sauerland, Thomas, Die Verwaltungsvorschrift im System der Rechtsquellen, Berlin 2005.

Schenke, Wolf-Rüdiger, in: Kopp/Schenke, Verwaltungsgerichtsordnung(VwGO), 17. Aufl., München 2011, § 47.

Schlochauer, Hans-Jürgen, Öffentliches Recht, Karlsruhe 1957.

Schmidt, Rolf, Allgemeines Verwaltungsrecht, 14. Aufl., Bremen 2010.

Storr, Stefan/Schröder, Rainer, Allgemeines Verwaltungsrecht, Sttutgart 2010.

Thieme, Werner, Verwaltungslehre, 4. Aufl., Köln 1984.

Vogel, Klaus, Gesetzgeber und Verwaltung, in: VVDStRL 24 (1966), S. 125 ff.

Vogel, Klaus, Verwaltungsvorschriften zur Vereinfachung der Sachverhaltsermittlung und normkonkretisierende Verwaltungsvorschriften, in: FS für Werner Thieme, Köln 1993, S. 605 ff.

von Bogdandy, Armin, Gubernative Rechtsetzung, Tübingen 2000.

Wahl, Rainer, in: Festgabe 50 Jahre Bundesverwaltungsgericht, Köln 2003, Verwaltungsvorschriften: Die ungesicherte dritte Kategorie des Rechts, S. 571 ff.

Wallerath, Maximilian, Allgemeines Verwaltungsrecht, 6. Aufl., Berlin 2009.

Walter, Robert, Die Verwaltungsverordnung, ÖJZ(Österreichische Juristen-Zeitung) 1965, S. 29 ff.

Wolff, Hans J., Verwaltungsrecht Ⅰ, 7. Aufl., München 1968.

Wolff, Hans J./Bachof, Otto/Stober, Rolf/Kluth, Winfried, Verwaltungsrecht Ⅰ, 12. Aufl., München 2007.

국문초록

법규명령과 행정규칙의 중간 영역에 존재하는 규정, 소위 "행정규칙형식의 법규명령"과 "법규명령형식의 행정규칙"을 어떠한 기준으로 구분할 것인가에 대해 필자는 선행연구에서 법규명령과 행정규칙의 구분을 위한 단일한 새로운 기준(「종합적 책임자기준설」)을 제시한 바 있다. 즉, 법규명령과 행정규칙의 중간 영역에 존재하는 모든 규정을 대상으로 '행정청(공무원)'이 그 규정 위반의 책임을 지는 경우 그 규정은 '행정규칙'이고, '국민'이 그 규정 위반의 책임을 지게 되면 '법규명령'이다.

대법원은 종래에 소위 법규명령형식의 행정규칙의 경우 그 논의 대상을 제재적 처분기준 즉 '침익적 처분기준'에 한정하고 있다. 따라서 본 사안의 업무상 재해의 판정기준처럼 산재보험의 급여 대상인지를 판정하는 '수익적 처분기준'에 대해서는 기존의 기준(제재적 처분기준이 대통령령이면 법규명령, 부령이면 행정규칙)을 적용하여 판정할 수 없었을 것이다. 이에 대법원은 원고의 편에서 근로복지공단의 요양불승인처분이 위법이라는 결론을 도출하기 위해 그 기준을 완화 즉, 기준의 규범성을 약화시킬 필요가 있는데, 시행령 [별표 3]에 대해서는 기존의 기준을 적용하여 행정규칙이라는 결론을 도출할 수 없었으므로 대신 예시적 규정으로 보아 규범성을 약화시키는 편법을 사용한 것으로 보인다. 그러나 「종합적 책임자기준설」에 의하면 시행령 [별표 3] '업무상 질병에 대한 구체적인 인정 기준'을 충족하지 않음에도 불구하고 이를 어기고 업무상 질병에 해당한다는 판정을 한 경우, [별표 3] 위반에 대한 책임은 국민 즉 산재보험 급여를 신청한 근로자가 아니라 판정위원 즉 공무원(또는 공무수탁사인)이 부담한다. 따라서 시행령 [별표 3]은 행정규칙에 해당한다. 그런데 [별표 3]은 행정기본법 제9조의 평등의 원칙과 이에 근거한 자기 구속의 원칙에 따라 상황에 변동이 없는 한 누구에게나 동등하게 적용되어야 한다. 따라서 시행령 [별표 3]을 위반할 경우 행정기본법 제9조 위반으로 위법하므로 시행령 [별표 3]은 간접적·외부적 구속효를 가진다.

대법원은 종래에 소위 행정규칙형식의 법규명령의 경우 그 논의 대상을 이른바 법령보충규칙에 한정하고 이를 법규명령으로 보고 있다. 그러나 대법원은 시행령 [별표 3] '인정 기준'의 명시적 위임에 따른 「뇌혈관 질병 또는 심장 질병 및 근골격계 질병의 업무상 질병 인정 여부 결정에 필요한 사항(고용노동부고시 제2022－40호)」에 대해 행정규칙이라고 판시하고 있다. 그러나 이는 기존의 일관된 대법원 판례와는 상반되는 것이다. 「종합적 책임자기준설」에 따르면 「고용노동부고시」의 기준에 명백히 어긋남에도 불구하고 인과관계를 인정한다면, 이러한「고용노동부고시」 위반에 대한 책임은 국민 즉 산재보험 급여를 신청한 근로자가 아니라 판정위원 즉 공무원(또는 공무수탁사인)이 부담한다. 따라서 「고용노동부고시」 또한 행정규칙에 해당한다. 그러나 이 고시 역시 행정기본법 제9조의 평등의 원칙과 이에 근거한 자기구속의 원칙에 따라 상황에 변동이 없는 한 누구에게나 동등하게 적용되어야 하므로, 「고용노동부고시」를 위반할 경우 행정기본법 제9조 위반으로 위법하므로 「고용노동부고시」는 간접적·외부적 구속효를 가진다.

주제어: 법규명령형식의 행정규칙, 행정규칙형식의 법규명령, 법령보충규칙, 제3의 법영역설, 종합적 책임자기준설

Zusammenfassung

Praktische Anwendung des „umfassenden Verantwortlicher Standards“, eines neuen Standards zur Unterscheidung zwischen Rechtsverordnung und Verwaltungsvorschrift
— Kommentar zur Entscheidung des Obersten Gerichtshofs 2022du47391 vom 13. April 2023 —

Hong, Kang-Hoon*

In Bezug auf die Kriterien zur Unterscheidung zwischen den sog. „Rechtsverordnungen in Form von Verwaltungsvorschriften“ und „Verwaltungsvorschriften in Form von Rechtsverodnungen“, die im mittleren Bereich zwischen Rechtsverordnungen und Verwaltungsvorschriften liegen, habe ich in früheren Studien ein neues, einheitliches Kriterium zur Klassifizierung (der „umfassende Verantwortlicher Standard“) vorgeschlagen. Wenn eine „Behörde (Beamter)“ für den Verstoß gegen die Regelung verantwortlich ist, handelt es sich bei der Regelung um eine „Verwaltungsvorschrift“, und der „Bürger“ ist für den Verstoß gegen die Regelung verantwortlich, handelt es sich um eine „Rechtsverodnung“.

Gemäß dem „Umfassende Verantwortlicher Standard“ sind für Verstöße gegen [Anhang 3] Beamter und nicht der Bürger

* Professor an der Uni. Yonsei Lawschool, Dr. iur.

verantwortlich. Daher ist die [Anlage 3] eine Verwaltungsvorschrift.

Gemäß dem „Umfassende Verantwortlicher Standard" sind Bamter und nicht Bürger für Verstöße gegen die „Auslegungsrichtlinien des Ministeriums für Beschäftigung und Arbeit" verantwortlich. Daher entspricht auch die „Auslegungsrichtlinien" einer Verwaltungsvorschrift.

Allerdings müssen beide Verwaltungsvorschriften entsprechend dem Gleichheitssatz des Artikels 9 Verwaltungsgrundgesetz und dem darauf beruhenden Grundsatz der Selbstbeschränkung für alle gleichermaßen gelten. Ein Verstoß gegen die beiden Verwaltungsvorschriften stellt daher einen Verstoß gegen Artikel 9 des Verwaltungsgrundsatzes dar, da die beiden Verwaltungsvorschriften eine mittelbare und nach außen bindende Wirkung haben.

Stichwörter: Verwaltungsvorschrift als Form der Rechtsverordnung, Rechtsverordnung als Form der Verwaltungsvorschrift, Gesetzesergänzende Verwaltungsvorschrift, Die Lehre von der dritten Kategorie des Rechts, Maßstabslehre von dem synthetischen Haftpflichtigen

투고일 2025. 5. 26.

심사일 2025. 6. 21.

게재확정일 2025. 6. 29.

行政行爲의 槪念과 種類

사회환경 변화에 따른 행정재량의 확대와 법적 대응 (김창조)

기속행위에 대한 사법심사 (정은영)

사회환경 변화에 따른 행정재량의 확대와 법적 대응

김창조*

대상판결: 대법원 2024. 7. 18. 선고 2023두36800 전원합의체 판결

Ⅰ. 대상판결의 개요[1)]

1. 사건의 개요

甲과 乙은 동성으로 2012년에 만나 2013년부터 교제를 시작하여 서로 반려자로 삼아 함께 생활하기로 합의하여 2017년 2월경부터 동거

* 경북대 법학전문대학원 교수

1) 오늘 학술대회의 주제가 「행정판례 40년」입니다. 우리나라 행정소송법은 1951년 제정되었습니다. 그 후 몇 차례 부분개정을 거쳐 1984년 전면 개정되었습니다. 전면개정 후 1985년 시행된 행정소송법[시행 1985. 10. 1.] [법률 제3754호, 1984. 12. 15., 전부개정]에 최초로 제27조에 재량처분의 취소에 관한 규정을 두게 되었습니다. 올해로 40년이 됩니다. 행정재량을 소재로 그 변화과정을 살펴보는 것도 의미있다고 생각하여, 이 주제로 발표하게 되었습니다.

하여 왔다. 그 후 2019년 5월 25일 결혼식을 올린 뒤 국민건강보험공단에 건강보험 직장가입자인 乙의 사실혼 배우자로 피부양자 자격취득 신고를 하여 2020년 2월 26일 자로 피부양자 자격을 취득한 것으로 등록되었다. 그러나 이 사실이 언론에 보도되자 국민건강보험공단이 甲을 피부양자로 등록한 것이 「착오 처리」였다며 甲의 피부양자 자격을 소급하여 상실시키고 2020년 3월 5일 자로 지역가입자로 甲의 자격을 변경한 후 그동안의 지역가입자로서의 건강보험료 등을 납입할 것을 고지한 것에 대해서 이러한 보험료 부과처분은 위법하다고 주장하면서 당해 처분의 취소를 구하여 제기한 소송이다.

2. 소송의 경과

1) 제1심 법원의 판단 (서울행정법원 2022. 1. 7. 선고 2021구합55456 판결)

제1심 법원은 이 사건에서 쟁점이 된 절차적 하자와 실체적 하자 부분에 대해서 다음과 같이 판시하여 청구를 기각하였다.

절차적 하자 : 「이 사건 부과처분에 앞서 원고에게 행정절차법 제21조 제1항에 따른 사전통지를 하지 않았던 사실은 충분히 인정된다. 그러나 앞서 인정한 사실과 변론 전체의 취지를 통해 알 수 있는 다음과 같은 사정을 종합하여 보면, 이 사건 부과처분은 그 처분의 성질상 의견청취가 명백히 불필요하다고 인정될 만한 상당한 이유가 있어 행정절차법 시행령 제13조 제5호에 따라 사전통지 등을 생략할 수 있는 경우에 해당한다고 판단된다. 따라서 피고가 이 사건 부과처분에 앞서 사전통지를 하지 않았다고 하더라도 이를 위법하다고 할 수 없다.」

실체적 하자 : 「원고는 이 사건 부과처분이 평등의 원칙을 위반한 것이어서 위법하다고도 주장한다. 그러나 행정법의 일반원칙으로서 평등원칙은 행정청의 재량권 행사를 통제하는 기능을 하는데, 이 사건 부

과처분의 전제는 현행 국민건강보험법 제5조, 제9조의 해석으로부터 직접 도출되는 것이고 거기에 달리 피고의 자의적인 재량이 개입되었다고 볼 수 없으므로, 평등원칙을 위반하였다고 볼 여지가 없다. 또한 헌법상 평등원칙은 본질적으로 같은 것을 자의적으로 다르게 취급함을 금지하는 것인데, 동성 간의 결합이 남녀 간의 결합과 본질적으로 같다고 볼 수는 없으므로, 양자를 구분하여 달리 취급하는 것이 그 자체로 헌법상 평등원칙에 현저히 위배된다고 보기도 어렵다.」

국제규약위반 : 「부과처분이 국제인권조약인 자유권규약과 사회권규약을 위반한 것이라고도 주장한다. 그러나 헌법이 제6조 제1항에서 '헌법에 의하여 체결·공포된 조약과 일반적으로 승인된 국제법규는 국내법과 같은 효력을 가진다'고 규정한 것은 우리나라가 가입한 조약과 일반적으로 승인된 국제법규가 국내법과 같은 효력을 가진다는 것으로서, 조약이나 국제법규가 국내법에 우선한다는 것이 아니다[대법원 2005. 5. 13. 자 2005초기189(2005도1936) 결정 등 참조]. 또한 원고가 들고 있는 자유권규약 및 사회권규약의 일반논평, 개인통보에 대한 자유권규약위원회의 견해에 규약 그 자체와 같은 법적 구속력이 인정된다고 인정할 수도 없으므로, 위 주장 역시 받아들일 수 없다.」

2) 원심의 판단(서울고법 2023. 2. 21. 선고 2022누32797 판결)

원심은 다음과 같이 절차적 하자와 실체적 하자를 인정하고 원고에 대하여 한 보험료 부과처분을 취소하는 판결을 하여 원고의 청구를 인용하였다.

절차적 하자 : 「피고가 이 사건 신고를 수리하고 원고를 피부양자로 등록하였다가 자격변경 통보로 피부양자 자격을 상실시킨 것은 『원고의 권익을 제한하는』 처분에 해당한다. 피고는, 원고가 자격변경으로 인해 소급하여 부담하게 된 보험료가 소액이라는 점을 들어 자격변경의 통보에 대하여 사전통지를 할 필요가 없다는 취지로도 주장하나, 이는

그 주장 자체로 이유 없을 뿐만 아니라, 앞서 본 바와 같이 이 사건 처분은 원고의 피부양자 자격을 소급하여 박탈하는 처분으로 그 결과 향후 원고에게는 지역가입자 지위에서 계속하여 보험료를 납부할 의무가 발생하게 되므로, 결과적으로 이를 소액이라고 할 수도 없다. 결국 피고의 주장은 이유 없고, 이 사건 처분은 행정절차법 제21조 제1항을 위반한 절차적 위법이 있다.」

실체적 하자 : 「인정한 사실에 의하면, 원고는 동성결합 상대방임이 인정된다. 피고는 합리적 이유 없이 동성결합 상대방인 원고를 사실혼 배우자와 차별하여 피부양자 자격을 박탈하는 이 사건 처분을 하였으므로, 이 사건 처분은 평등의 원칙에 위배되어 위법하다(원고의 평등원칙 위반 주장을 받아들여 이 사건 처분의 실체적 위법성을 인정하는 이상, 원고의 국제인권법규 위반 주장에 대하여는 별도로 판단하지 않는다).」

3. 대상판결 요지

【판시사항】

[1] 행정청이 내부준칙을 제정하여 그에 따라 장기간 일정한 방향으로 행정행위를 함으로써 행정관행이 확립된 경우, 그 내부준칙이나 확립된 행정관행을 통한 행정행위에 대해 헌법상 평등원칙이 적용되는지 여부(적극)

[2] 행정청의 행정행위가 합리적 이유 없는 차별대우에 해당하여 헌법상 평등원칙을 위반했는지 판단하는 방법

[3] 특수공익법인인 국민건강보험공단은 사적 단체 또는 사인과 달리 차별처우의 위법성이 더 폭넓게 인정될 수 있는지 여부(적극)

[4] 甲이 동성인 乙과 교제하다가 서로를 동반자로 삼아 함께 생활하기로 합의하고 동거하던 중 결혼식을 올린 뒤 국민건강보험공단에 건

강보험 직장가입자인 乙의 사실혼 배우자로 피부양자 자격취득 신고를 하여 피부양자 자격을 취득한 것으로 등록되었는데, 이 사실이 언론에 보도되자 국민건강보험공단이 甲을 피부양자로 등록한 것이 '착오 처리'였다며 甲의 피부양자 자격을 소급하여 상실시키고 지역가입자로 甲의 자격을 변경한 후 그동안의 지역가입자로서의 건강보험료 등을 납입할 것을 고지한 사안에서, 위 처분이 행정절차법 제21조 제1항과 헌법상 평등원칙을 위반하여 위법하다고 한 사례

【판결요지】

[1] 헌법 제11조 제1항은 "모든 국민은 법 앞에 평등하다. 누구든지 성별·종교 또는 사회적 신분에 의하여 정치적·경제적 ·사회적·문화적 생활의 모든 영역에 있어서 차별을 받지 아니한다."라고 규정하고 있다. 헌법상 평등원칙은 본질적으로 같은 것을 자의적으로 다르게 취급함을 금지하는 것으로서, 일체의 차별적 대우를 부정하는 형식적·절대적 평등을 뜻하는 것이 아니라 입법을 하고 법을 적용할 때에 합리적인 근거가 없는 차별을 해서는 안 된다는 실질적·상대적 평등을 뜻한다. 행정기본법 제9조는 "행정청은 합리적 이유 없이 국민을 차별하여서는 아니 된다."라고 규정하여, 행정청에 헌법상 평등원칙에 따라 합리적 이유가 없는 한 모든 국민을 동등하게 처우해야 할 의무를 부과하고 있다. 따라서 행정청이 내부준칙을 제정하여 그에 따라 장기간 일정한 방향으로 행정행위를 함으로써 행정관행이 확립된 경우, 그러한 내부준칙이나 확립된 행정관행을 통한 행정행위에 대해서도 헌법상 평등원칙이 적용된다.

[2] 행정청의 행정행위가 합리적 이유 없는 차별대우에 해당하여 헌법상 평등원칙을 위반하였는지를 확정하기 위해서는 먼저 행위의 근거가 된 법규의 의미와 목적을 통해 행정청이 본질적으로 같은 것을 다르게 대우했는지, 즉 다른 대우를 받아 비교되는 두 집단 사이에 본질

적인 동일성이 존재하는지를 확정해야 한다. 다음으로 그러한 차별대우가 확인되면 비례의 원칙에 따라 행위의 정당성 여부를 심사하여 헌법상 평등원칙을 위반하였는지를 판단해야 한다.

[3] 국가와 지방자치단체는 국가 발전수준에 부응하고 사회환경의 변화에 선제적으로 대응하며 지속가능한 사회보장제도를 확립하고 매년 이에 필요한 재원을 조달하여야 하고(사회보장기본법 제5조 제3항), 사회보장제도의 급여 수준과 비용 부담 등에서 형평성을 유지할 의무가 있다(제25조 제2항). 사회보장제도인 건강보험의 보험자로서 가입자와 피부양자의 자격 관리 등의 업무를 집행하는 특수공익법인인 국민건강보험공단은 공권력을 행사하는 주체이자 기본권 보장의 수범자로서의 지위를 갖는다. 그 결과 사적 단체 또는 사인의 경우 차별처우가 사회공동체의 건전한 상식과 법감정에 비추어 볼 때 도저히 용인될 수 없는 경우에 한해 사회질서에 위반되는 행위로서 위법한 행위로 평가되는 것과 달리, 국민건강보험공단은 평등원칙에 따라 국민의 기본권을 보호 내지 실현할 책임과 의무를 부담하므로, 그 차별처우의 위법성이 보다 폭넓게 인정될 수 있다.

[4] [다수의견] 甲이 동성인 乙과 교제하다가 서로를 동반자로 삼아 함께 생활하기로 합의하고 동거하던 중 결혼식을 올린 뒤 국민건강보험공단에 건강보험 직장가입자인 乙의 사실혼 배우자로 피부양자 자격취득 신고를 하여 피부양자 자격을 취득한 것으로 등록되었는데, 이 사실이 언론에 보도되자 국민건강보험공단이 甲을 피부양자로 등록한 것이 '착오 처리'였다며 甲의 피부양자 자격을 소급하여 상실시키고 지역가입자로 甲의 자격을 변경한 후 그동안의 지역가입자로서의 건강보험료 등을 납입할 것을 고지한 사안에서, 위 처분은 국민건강보험공단의 자격변경 처리에 따라 甲의 피부양자 자격을 소급하여 박탈하는 내용을 포함하므로, 국민건강보험공단이 위 처분에 앞서 甲에게 행정절차법 제21조 제1항에 따라 사전통지를 하거나 의견 제출의 기회를 주어야

함에도 이를 하지 않은 절차적 하자가 있고, 실체적 하자와 관련하여 ① 국민건강보험법 제5조 제2항 제1호(이하 '쟁점 규정'이라 한다)의 '배우자'에서 사실상 혼인관계에 있는 사람을 배제한다면 평등원칙에 반하는 위헌적 결과가 발생할 수 있기 때문에 국민건강보험공단이 배우자를 피보험자로 정한 쟁점 규정을 국민건강보험공단의 '자격관리 업무지침'에 따라 '사실상 혼인관계에 있는 사람'도 인우보증서를 제출할 것을 조건으로 피부양자에 포함하는 것으로 해석·적용하는 것은 적법하고, ② 국민건강보험공단이 위 처분을 통하여 사실상 혼인관계 있는 사람 집단에 대하여는 피부양자 자격을 인정하면서도, 동성 동반자 집단에 대해서는 피부양자 자격을 인정하지 않음으로써 두 집단을 달리 취급하고 있는데, 동성 동반자는 직장가입자와 단순히 동거하는 관계를 뛰어넘어 동거·부양·협조·정조의무를 바탕으로 부부공동생활에 준할 정도의 경제적 생활공동체를 형성하고 있다는 점에서 차이가 없는 점, 자격관리 업무지침에 따르면 '사실상 혼인관계에 있는 사람'의 경우 피부양자로 인정받기 위해서는 인우보증서를 제출해야 하는데, 동성 동반자도 이러한 내용의 인우보증서를 제출할 수 있다는 점에서 차이가 없는 점, 국민건강보험공단이 사실상 혼인관계에 있는 사람을 피부양자로 인정하는 이유는 그가 직장가입자의 동반자로서 경제적 생활공동체를 형성하였기 때문이지 이성 동반자이기 때문이 아닌 점 등에 비추어, 이러한 취급은 성적 지향을 이유로 본질적으로 동일한 집단을 차별하는 행위에 해당하며, ③ 건강보험제도와 피부양자제도의 의의, 취지와 연혁 등을 관련 법리와 기록에 비추어 살펴보면, 국민건강보험공단이 직장가입자와 사실상 혼인관계에 있는 사람, 즉 이성 동반자와 달리 동성 동반자인 甲을 피부양자로 인정하지 않고 위 처분을 한 것은 합리적 이유 없이 甲에게 불이익을 주어 그를 사실상 혼인관계에 있는 사람과 차별하는 것으로 헌법상 평등원칙을 위반하여 위법하다고 한 사례.

[대법관 이동원, 대법관 노태악, 대법관 오석준, 대법관 권영준의

별개의견] 국민건강보험법상 '배우자'의 개념은 이성 간의 결합을 본질로 하는 '혼인'을 전제로 하고, '동성 동반자'는 이에 해당하지 않는다. 국민건강보험공단은 이에 따라 동성 동반자인 甲을 피부양자에 해당하지 않는다고 보고 위 처분을 하였다. '동성 동반자'와 '사실상 혼인관계에 있는 사람'은 본질적으로 동일한 집단에 속한다고 볼 수 없고, 동성 동반자를 피부양자에서 제외하여 지역가입자로 분류한 것을 합리적 근거 없는 자의적 차별이라고 하기도 어렵다. 그러므로 위 처분에 실체적 하자가 있다고 할 수 없다. 따라서 다수의견 중 위 처분에 절차적 하자가 있다고 본 부분은 동의하나, 위 처분의 실체적 하자까지도 인정한 다수의견의 입장에는 동의할 수 없다.

Ⅱ. 주요쟁점

국민건강보험법 제5조 제2항 제1호는 직장가입자의 피부양자가 될 수 있는 사람으로 「직장가입자의 배우자」, 「직장가입자의 직계존속」, 「직장가입자의 직계비속과 그 배우자」, 「직장가입자의 형제·자매」 등을 규정하고 있다. 이 사건에서 쟁점이 된 사항은 「직장가입자의 배우자」의 범위에 관한 것이다. 법령 규정상으로는 사실혼에 의한 배우자에 대해서는 별다른 규정이 없지만, 종래에 국민건강보험공단의 「자격관리 업무지침」에 따라 「사실상 혼인관계에 있는 사람」도 인우보증서를 제출할 것을 조건으로 피부양자에 포함하는 것으로 해석·적용하여 왔다. 이러한 배우자 범위에 동성혼을 포함시켜 피부양자자 자격을 인정할 것인가가 주된 쟁점이 되었다.

검토과제로는, 국민건강보험공단의 자격관리 업무지침의 법적 성격이 무엇이고, 행정처분과정에서 어떠한 체계적 지위를 갖는가, 이 지침이 사법심리과정에서 어떠한 의미를 가질 수 있는가, 평등원칙 적용

과정은 적절했는가, 사회적·기술적 환경 변화 등에 따른 행정재량의 확대에 대한 법적 대응 과제로 어떤 것을 고려할 수 있는가 등을 들 수 있다.

Ⅲ. 대법률재량과 대사법재량

1. 설명개념으로서 대법률재량과 대사법재량

행정재량은 행정과 사법 혹은 행정과 입법과 관계에서 문제 된다. 행정과 입법과 관계에서 행정청에 존재하는 재량은 소송의 장과 별개로 존재하는 재량으로 양자는 분리하여 접근하는 것이 바람직하다. 행정과 입법 사이에 행정처분 집행 이전의 법률의 시행과정에 존재하는 행정재량 즉, 대법률재량은 시행령, 시행규칙 등 하위법령 마련, 그밖에 고시, 지침 등의 행정규칙, 재량기준 등의 처분기준 정립, 행정절차 등을 통하여 재량존재의 형태와 재량범위가 점차적으로 구체화되고 그것이 감축되고 축소되게 한다. 종래 교과서 등에서 언급된 행정재량에 대한 입법적 통제는 이러한 관념을 전제하여 사용된 것으로 생각된다.[2)]

행정재량의 또 다른 국면은 소송에서 문제되는 대사법재량이다. 대사법재량은 소송의 장에 있어서 법집행과정에서 행정과 사법의 기능분담이 문제 된 것으로 사법심사과정에서 법원이 재량권의 남용·일탈의 심리를 행하는데 그친다는 의미에서 재량이다.

---

2) 박균성, 행정법론(상)(제24판), 박영사, 2025, 378면.

2. 수권과 행정재량

법률과 관계에서 행정재량은 행정의 속성상 법률규정 이전에 존재하는가 혹은 법률에 의해서 인정되는가를 검토할 필요가 있다. 법률에 의한 수권원칙이 형성되기 이전의 법상태를 상정하면, 국가활동은 법률의 수권 없이도 행해지지만, 법률에 의한 수권이 인정되면서 법률에 의한 수권이 없으면(법률유보의 형성과정) 행정처분을 행하는 권한은 인정되지 않고, 법률에 의한 수권에 의해서 비로소 권한이 부여된다는 설명이 사용된다. 이것을 법률상 처분권한의 수권이라고 표현한다. 이와 관련하여 행정재량에 대해서 이와 같은 표현을 사용하는 것이 가능할 것인가가 문제 될 수 있다. 법률이 행정의 처분권한을 수권할 때, 요건과 효과를 규제하지만, 어떤 이유가 존재하여 이 규제가 느슨하게 될 때, 행정에게 재량 내지 판단여지가 존재하게 된다.[3] 법률에 의한 요건과 효과의 규제 엄격성이 강화되면서 행정처분의 권한에 대한 규제 정도가 강화되지만 이것이 0에까지 도달하기는 어렵다. 이에 따라 존재하는 것이 재량이다. 만약 규율정도가 재량권이 0으로 도달할 정도이면, 그 시점에 행정처분은 완전 기속행위화된다고 표현할 수 있다. 이러한 행정재량은 처분기준의 정립, 절차의 실시, 법원에 의한 재량심사 등을 통하여서도 그 범위가 축소 내지 감축되는데, 처분권한의 경우에는 동일한 수권정도를 유지한다. 이러한 점에서도 처분권한과 재량은 차이가 있다고 할 수 있다.[4]

---

3) 행정재량은 법률(입법자·근거법규)에 의하여 수권된다는 표현이 있다. 그러나 법률과 행정처분, 법률과 재량과 관계는 각각 서로 다르기 때문에 재량존재를 수권이라는 용어로 표현하는 것에는 의문이 있다. 법률규정에서 다의적 문언을 사용하여, 행정재량이 존재를 인정하면서, 법률이 행정재량을 승인한다·허용한다·부여한다는 표현을 사용하는 것은 가능할 것이다. 그러나 이 승인은 행정처분 등의 행정활동에 대한 법률의 수권과 의미를 달리하기 때문에 용어상 이것을 수권이라고 지칭하는 것은 적절하지 않다고 생각한다.

4) 법률규정 중에는 「가능하다」 혹은 「할 수 있다」라고 규정하여, 행정에게 결정 여부

또한 법률에 근거 없는 행정계획[5]과 같이 행정활동 중에는 법률의 수권 없이 행하여지는 것이 다수 존재한다. 이러한 활동은 법률의 수권을 받는 활동보다도 넓은 재량이 존재한다고 할 수 있다. 이러한 것에 대해서 재량권의 수권이라는 표현은 자연스럽지 못하다고 할 수 있다.

한편 행정의 전문기술적 능력 혹은 정책판단능력을 활용하기 위해서 법규정에 불확정적·다의적 규정을 사용하는 경우가 있다. 이 경우에도 불확정적·다의적 규정을 둔 것은 사안의 특수성을 고려해서 낮은 규제밀도를 취하고 이에 따라 행정의 판단여지 등이 발생한 것이므로, 행정에게 재량권 내지 판단여지를 수여하기 위한 목적으로 불확정적·다의적 규정 형식을 취한 것은 아니라고 설명하는 것이 설득력이 있는 것 같다. 그러나 현실적으로 다수의 경우에 재량권의 수권 내지 부여라는 용어가 사용되는 경우가 있다.

3. 행정재량론의 출발점(대법률재량)

법률이 처분요건 및 효과에 충분히 재량에 대한 규제밀도를 확보하지 못하고 그것을 행정에 위임하는 경우가 있다. 이때 행정은 시행령, 시행규칙, 고시 등의 행정규칙, 혹은 재량기준의 정립, 절차실시 등을 통하여 재량의 범위를 감축 내지 축소시킨다.

이렇게 감축 내지 축소된 재량이 소송에서 법원의 심리대상이 된다. 그리고 법원은 이렇게 축소된 재량을 사법심리를 통하여 더욱 축소

를 부여하는 결정재량을 인정하는 입법자의 의사가 읽혀지는 경우가 있다. 이것에 대해서 재량권의 수여로 볼 여지가 있을 수 있다. 그러나 「가능하다」, 「할 수 있다」라고 규정한 것은 요건이 충족된다면 작위의무를 인정할 수 있다는 해석상 이치 내지 논리를 기술적으로 표현한 것으로 보인다.

5) 행정계획 중 법률에 근거하는 경우도 있지만, 다수의 행정계획은 법령의 근거 없이 수립된다.

시킨다. 법원의 사법심리과정은 처분요건과 처분효과를 전면적으로 심리하여 그 결과를 자기의 판단으로 대치하는 방식, 즉 행정청 처분에 대한 판단대치형식의 심리(완전심리)가 행하여지는 경우(판단여지, 재량여지가 없는 경우)와 법원에 의해서 판단여지 또는 재량으로 취급되어 당해 재량권의 일탈·남용의 유무만을 심리하는 경우 (대사법재량)로 나눌 수 있다.

이러한 대법률재량과 대사법재량을 나누는 의미는 다음과 같다고 생각된다.

첫째, 강약의 차이가 있지만, 소송에서 법원이 행정청의 판단을 존중할 때, 대사법재량이 언급될 수 있는데, 갑자기 어떤 행위에 대해서 행정청의 판단을 존중한다고 한다면, 그것은 법률의 규제가 약한 행위 즉, 대법률재량이 인정된 행위일 것이다. 법원이 행정재량의 사법심리를 제한하는 근본적 이유는 대법률재량의 존재에 있다. 그러므로 행정재량 이론의 출발점은 대법률재량을 기점으로 이론구성을 할 필요가 있다. 이러한 검토 없이 갑자기 대사법재량만을 고찰의 대상으로 한다면, 이에 대한 법원의 심리가 왜 제한되는가의 설명이 어렵게 되기 때문이다.

둘째, 행정청이 처분을 행할 때, 다수의 선택지가 존재할 때가 있다. 이러한 선택지에 일정한 제한을 가하기 위해서 재량기준을 정립할 경우가 있다. 이러한 재량기준의 정립은 대법률재량이 있을 때, 그것을 규정하는 것이 요구되는 것이다.

셋째, 행정계획과 같이 폭넓은 재량이 인정되는데 이에 대한 규율방법으로 행정절차 정비를 지적하는 의견이 있다. 이것은 대법률재량을 전제한 주장이라고 할 수 있다. 그리고 행정계획 이외의 다른 행정결정에 대한 국민의 참여절차가 필요한 것도 대법률재량적 관점에서 이해할 수 있다. 재량기준의 정립과 행정절차 정비 등이 특히 필요한 것은 대사법재량이 인정될 때이지만, 행정단계에서 대법률재량이 인정되는 경우에도 이에 대한 사전적 재량 통제 내지 구속으로서 의미가 있기 때문

이다. 즉, 법원의 심리를 충분히 할 수 없기 때문에, 사전적 재량통제 내지 구속이 필요하지 않다고 할 수 없기 때문이다.

어떤 재량개념을 채용할 것인가는 연구자의 취향의 문제일 수 있지만, 행정재량의 문제를 사법심리 국면에 한정하는 것은 결국 행정재량의 전체적 모습을 보지 못하게 될 가능성이 적지 않다. 사회과학적 사고에 따를 경우, 법적 규제가 미치지 않는 행정재량이 존재할 수 있다고 인식하고, 그 위에 법적 통제가 미치는 방책을 생각하는 것이 타당하다. 사법심리는 이러한 방책을 구성하는 한 부분으로 보는 것이 타당한 것 같다. 이러한 의미에서 대법률재량이라는 용어는 사실로서 재량존재를 지칭하는 것으로 사법심리제한을 직접적으로 의미하는 것은 아니다. 오히려 이것에 대해서 사법심리가 미쳐야 할 과제영역으로서 의미를 갖는 것이라고 할 수 있다.[6]

행정재량론은 그 출발점을 대법률재량을 기점[7]으로 하여 분석·검토하는 것이 타당하고, 이러한 대법률재량은 법규명령과 재량규칙 등 행정의 내부규범 및 행정절차에 의해서 점진적으로 축소되고, 최종적으로 대사법재량에 따라서 축소되어 행정과 사법의 법집행과정에서 기능분담의 형태로 종결될 것이다.

4. 행정입법재량

행정입법은 행정에 위임된 구체적 법형성에 관한 재량행사로 평가할 수 있지만, 동시에 그것에 의해 제정된 법규명령 등은 다른 측면에서 행정에게 부여된 재량을 규제하는 의미도 동시에 갖기 때문에 2중

6) 芝池義一, "行政裁量の基礎概念", 関西大学 法学論集, 第74巻 第2号, 2024, 163－167頁.
7) 대법률재량에서 재량규제의 출발점을 헌법에서 시작할 것인가, 또는 법률에서 출발할 것인가가 문제된다. 헌법규정은 규제규범으로서 성격을 완전히 부정할 수는 없지만, 개개의 행정활동에 대해서 구체적 수권규제를 두지 않고 있기 때문에, 행정재량의 기점을 법률로 하는 것이 타당하다고 생각된다.

적 성격을 갖는다. 또한 행정입법은 입법에 관한 행정재량의 행사이지만, 동시에 행정입법을 통하여 헌법과 법률의 해석이 행해진다. 즉 행정입법은 행정재량을 행사하는 것인 동시에 헌법과 법률을 해석하는 성격을 띠고 있다. 이를 순서별로 보면, 헌법과 법률이 해석되고 이에 따라 재량적 판단을 행하여 행정입법이 이루어지는 과정을 거치게 된다. 그리고 이 과정에 필요하다면 당연히 관련 시행령이나 시행규칙의 해석도 행하여질 것이다. 이러한 시행령이나 시행규칙의 위법성 판단에는 위임의 범위 내지 취지를 일탈하고 있는지가 문제 되고 조례의 위법성 판단에는 위임의 내용과 범위가 법령에 위반 여부가 핵심적 기준이 된다.

법규명령에 대한 재량의 허용범위는 종래에는 주로 위임입법의 한계라는 관점에서 검토되었다. 법률에 기초한 행정에 대한 입법권 수권은 국회입법의 원칙이 기본적으로 유지될 수 있는 한도에서 구체성과 명확성이 확보되어 예측가능성이 확보되는 한도에서 인정된다. 즉, 「법규명령이 법률의 위임 범위를 벗어났는지는 직접적인 위임 법률조항의 형식과 내용뿐만 아니라 법률의 전반적인 체계와 목적 등도 아울러 고려하여 법률의 위임 범위나 한계를 객관적으로 확정한 다음 법규명령의 내용과 비교해서 판단해야 한다. 법규명령의 내용이 위와 같이 확정된 법률의 위임 범위 내에 있다고 인정되거나 법률이 예정하고 있는 바를 구체적으로 명확하게 한 것으로 인정되면 법규명령은 무효로 되지 않는다. 나아가 어느 시행령 규정이 모법의 위임 범위를 벗어난 것인지를 판단할 때 중요한 기준 중 하나는 예측 가능성이다. 이는 해당 시행령의 내용이 이미 모법에서 구체적으로 위임되어 있는 사항을 규정한 것으로서 누구라도 모법 자체로부터 위임된 내용의 대강을 예측할 수 있는 범위에 속한다는 것을 뜻한다. 이러한 예측 가능성의 유무는 해당 조항 하나만을 가지고 판단할 것은 아니고 법률의 입법 취지 등을 고려하여 관련 법조항 전체를 유기적·체계적으로 종합하여 판단

하여야 한다」[8]고 하였다. 그리고 지역적 사정에 따라 대응할 수 있는 조례, 규칙의 경우도 법령의 범위 내에서 규정하도록 되어 있지만, 지역적 상황이나 사안의 특수성 등을 감안하여 입법적으로 혹은 해석상 법령의 범위를 탄력적으로 인정하여 행정의 유연한 대응을 가능하게 하고 있다.[9]

그러나 이러한 법규명령 형식의 입법재량만으로 전문기술적 혹은 정책적 재량에 대한 대응이 충분하지 못하게 되었다. 이에 따라 등장한 수단이 행정규칙을 이용한 행정입법재량이다.

법률보충적 행정규칙, 규범구체화행정규칙 등도 이러한 예에 속한다고 할 수 있다. 법령보충적 행정규칙이라 함은 법령의 위임에 의해 법령을 보충하는 법규사항을 정하는 행정규칙을 말한다. 이러한 제도운영에 대해서는 현행 헌법상 그 인부에 관한 학설상 찬반의 의견이 있지만, 급변하는 기술발전상황과 정책적 여건변화에 신속한 대응이 필요하다는 측면에서 현행법 해석상 이를 긍정하는 것이 타당할 것 같다.[10] 판례는 「법령의 규정이 특정 행정기관에 그 법령 내용의 구체적 사항을

8) 대법원 2021. 7. 29. 선고 2020두39655 판결

9) 예컨대, 환경정책기본법 제12조 제3항은 「특별시·광역시·특별자치시·도·특별자치도(이하 "시·도"라 한다)는 해당 지역의 환경적 특수성을 고려하여 필요하다고 인정할 때에는 해당 시·도의 조례로 제1항에 따른 환경기준보다 확대·강화된 별도의 환경기준(이하 "지역환경기준"이라 한다)을 설정 또는 변경할 수 있다」고 규정하여 법규정을 통한 법령강화조례 내지 법령추가조례를 인정하고 있다.

10) 전원재판부 2015헌바191, 2016. 2. 25 「사회적 변화에 대응한 입법수요의 급증과 종래의 형식적 권력분립주의로는 현대사회에 대응할 수 없다는 기능적 권력분립론 등을 감안하여 헌법 제40조와 헌법 제75조, 제95조의 의미를 살펴보면, 의회가 구체적으로 범위를 정하여 위임한 사항에 관하여는 당해 행정기관이 법정립의 권한을 갖게 되고, 이 경우 입법자는 규율의 형식도 선택할 수 있다 할 것이므로, 헌법이 명시하고 있는 법규명령의 형식이 아닌 행정규칙에 위임하더라도 이는 국회입법의 원칙과 상치되지 않는다. 다만, 행정규칙은 법규명령과 같은 엄격한 제정 및 개정절차를 요하지 아니하므로, 기본권을 제한하는 내용에 대해서는 법규명령에 위임함이 바람직하고, 부득이 고시와 같은 형식으로 위임을 할 때에는 적어도 전문적·기술적 사항이나 경미한 사항으로서 업무의 성질상 위임이 불가피한 사항에 한정된다.」

정할 수 있는 권한을 부여하면서 그 권한 행사의 절차나 방법을 특정하고 있지 않아 수임행정기관이 행정규칙인 고시의 형식으로 그 법령의 내용이 될 사항을 구체적으로 정하고 있는 경우, 그 고시가 당해 법령의 위임 한계를 벗어나지 않는 한, 그와 결합하여 대외적으로 구속력이 있는 법규명령으로서 효력을 가진다」고 한다.[11] 이러한 행정규칙 중 고시에 의한 행정이 쟁점이 되는 경우가 많다. 고시는 행정사무의 처리기준이 되는 일반적 추상적 규범의 성질을 갖는 행정규칙이다. 이러한 고시가 법령의 수권에 의해서 법령을 보충하는 사항을 정하는 경우 법령보충적 고시가 된다.[12]

대법률재량과 관계에서 문제 된 재량유형의 하나가 규범구체화 행정규칙이다. 이것은 과학·기술 전문분야에서 상위법령의 내용을 구체화하는 행정규칙을 말한다. 독일에서 환경기준은 전문가들의 감정을 반영하여 행정규칙으로 정하도록 하고 있다. 이 같은 유형이 전형적인 규범구체화 행정규칙의 예이다.[13] 독일의 경우 EU법과 독일 국내법과 관계에서 EU법과 정합성을 확보하기 위해서 시간적, 상황적 긴급성이 요청될 때, 규범구체화 행정규칙을 통한 규율을 행할 때가 있다. 우리 법령의 해석상으로는 수용하기 어려운 부분이 많다. 이러한 기능을 사실상 행하는 것이 우리 법제에서 법령보충적 행정규칙이라고 할 수 있다. 이러한 행정규칙 형태의 행정입법도 행정의 대법률적 재량의 한 가지 표현이라고 할 수 있다.

재량기준 혹은 해석기준의 설정 등의 처분기준 설정도 대법률재량

---

11) 대법원 2008. 4. 10. 선고 2007두4841 판결

12) 행정규제기본법 제4조 제2항 「규제는 법률에 직접 규정하되, 규제의 세부적인 내용은 법률 또는 상위법령(上位法令)에서 구체적으로 범위를 정하여 위임한 바에 따라 대통령령·총리령·부령 또는 조례·규칙으로 정할 수 있다. 다만, 법령에서 전문적·기술적 사항이나 경미한 사항으로서 업무의 성질상 위임이 불가피한 사항에 관하여 구체적으로 범위를 정하여 위임한 경우에는 고시 등으로 정할 수 있다.」

13) 정하중·김광수, 행정법개론, 법문사, 2025, 138면.

의 한 유형으로 분류할 수 있으나 이에 대해서는 항목을 바꾸어 후술한다.

5. 행정계획재량

계획법규는 계획목적과 수단선택에 있어서 폭넓은 형성을 자유를 부여하고 있다. 이러한 계획재량은 행정주체가 계획행정영역에서 갖는 재량으로서 행정법규의 집행과 관련하여 인정되는 통상적인 행정처분재량과 구별된다. 이러한 계획재량은 계획법규와 이에 기초하여 수립확정되는 행정계획의 특수성에서 도출되고 있다. 처분법규의 경우 조건명제의 형식을 취하지만, 계획법규는 목적·수단의 형식으로 되어 있다. 이러한 계획법규는 ① 계획을 통하여 달성하게 될 목표에 관하여 규율한다는 점, ② 계획목표설정에 있어서 지켜야 할 행정의 기본원칙과 계획실현을 위한 수단에 대해서 규율하는 점, ③ 계획목표의 실현을 위한 절차에 관하여 규율한다는 점 등의 구조적인 특색을 갖고 있다.[14]

계획수립절차에 있어서 공익과 사익을 포함하여 관련 제이익의 정당한 형량을 행정청의 의무로 하고 있으며, 이러한 형량의무에 위반한 행정주체의 계획 활동은 위법하다고 평가된다.[15] 이러한 형량과정에서 조사의 누락이나 결함이 있을 경우, 형량의 해태, 형량의 흠결, 오형량 등 형량의 하자가 발생하면 당해처분은 위법한 처분으로 취소될 수 있다.[16] 이러한 국면에서는 사법심리 한계영역으로서 대사법재량이 문제

14) 정하중·김광수, 전게서, 314면.

15) 행정절차법 제40조의 4(행정계획) 「행정청은 행정청이 수립하는 계획 중 국민의 권리·의무에 직접 영향을 미치는 계획을 수립하거나 변경·폐지할 때에는 관련된 여러 이익을 정당하게 형량하여야 한다.」

16) 대법원 1996. 11. 29. 선고 96누8567 판결. 「행정계획이라 함은 행정에 관한 전문적·기술적 판단을 기초로 하여 도시의 건설·정비·개량 등과 같은 특정한 행정목표를 달성하기 위하여 서로 관련되는 행정수단을 종합·조정함으로써 장래의 일정한 시점에 있어서 일정한 질서를 실현하기 위한 활동기준으로 설정된 것으로서, 도시계획법

된다.

6. 행정지도재량(가이드라인에 의한 행정)

가이드라인은 일반적으로 행정지도 즉 「행정기관이 그 소관 사무의 범위에서 일정한 행정목적을 실현하기 위하여 특정인에게 일정한 행위를 하거나 하지 아니하도록 지도, 권고, 조언 등을 하는 행정작용」을 말한다.[17] 가이드라인의 가장 특징적 성격은 비구속적 행정작용이라는 점이다. 가이드라인을 통한 해석기준·재량기준이 제시되는 경우가 있다.

전문기술적 영역에서 고시에 의한 행정과 더불어 문제되는 영역이 가이드라인에 의한 행정이다. 예컨대 최근 개정, 공표된 가명처리 가이드라인은 개인정보처리자가 법규정을 준수하였다면, 가이드라인을 준수하지 않았다는 이유만으로 처벌받지 않는다는 점을 명시적으로 밝히고 있다.[18] 그러나 이것은 어디까지나 형사적 처벌에 관한 것이고 행정법관계나 민사법 관계에서는 이와 관련된 문제가 발생할 때, 그 평가는 여전히 불분명한 점이 너무 많다고 생각한다.

가명정보는 「개인정보의 일부를 삭제하거나 일부 또는 전부를 대체하는 등의 방법으로 추가 정보가 없이는 특정 개인을 알아볼 수 없

등 관계 법령에는 추상적인 행정목표와 절차만이 규정되어 있을 뿐 행정계획의 내용에 대하여는 별다른 규정을 두고 있지 아니하므로 행정주체는 구체적인 행정계획을 입안·결정함에 있어서 비교적 광범위한 형성의 자유를 가진다고 할 것이지만, 행정주체가 가지는 이와 같은 형성의 자유는 무제한적인 것이 아니라 그 행정계획에 관련되는 자들의 이익을 공익과 사익 사이에서는 물론이고 공익 상호간과 사익 상호간에도 정당하게 비교교량하여야 한다는 제한이 있는 것이고, 따라서 행정주체가 행정계획을 입안·결정함에 있어서 이익형량을 전혀 행하지 아니하거나 이익형량의 고려 대상에 마땅히 포함시켜야 할 사항을 누락한 경우 또는 이익형량을 하였으나 정당성·객관성이 결여된 경우에는 그 행정계획결정은 재량권을 일탈·남용한 것으로서 위법하다.」

17) 행정절차법 제2조 제3호

18) 가명처리 가이드라인(2024.2) 5면.

도록 처리」 함으로써 「원래의 상태로 복원하기 위한 추가 정보의 사용·결합 없이는 특정 개인을 알아볼 수 없는 정보」를 지칭한다.[19] 가명정보를 구성하는 이들 각각의 개념요소들은 규범적, 기술적 측면에서 복잡한 고려를 거친 후에 비로소 그 의미를 확정할 수 있다. 이러한 현실적 어려움을 타개하기 위하여 개인정보보호위원회, 금융위원회, 보건복지부, 교육부 등 관련 부처에서는 가이드라인을 제정하여 이를 통하여 사실상 규제를 가하고 있다. 이러한 가이드라인은 행정과정에서 규제주체와 규제 상대방 모두에게 상황에 따른 유연한 대응을 가능하게 한다.

가명처리의 처리행위가 위법한지 아닌지는 종국적으로 법령의 해석적용 권한이 전속된 법원의 판단에 따른다. 구체적 분쟁에 있어서 법원은 관련 부처에서 제시한 해석기준으로 볼 수 있는 가이드라인에 기속되지 아니한다. 다만, 누군가가 가명정보를 처리한 행위 태양이 가이드라인에 실린 일반적인 사례들과 완전히 괴리되어 있는 경우에는 부적절하다고 판단될 수 있다. 이러한 경우 가이드라인은 법령의 해석 기준 또는 유력한 참고자료로 활용될 수 있어 사실상의 구속력이 인정될 수 있다. 이러한 점에 있어서는 가이드라인은 사실상의 기술적 판단과 규범적 판단의 접점을 이루는 문제에 있어서 그 적정성판단의 중요한 기준으로 작용할 수 있다.

가명처리와 같은 과학적·기술적 분야에서 가이드라인 형식의 규제가 행하여지는 이유 중의 하나는 가명처리에 관한 여러 가지 요소들을 법 규정에 담아내기에는 여러 가지 어려움이 있다는 점을 들 수 있다. 왜냐하면 이들 사안이 높은 수준의 전문적, 기술적인 것일 뿐만 아니라 빠른 속도로 기술발전이 계속되기 때문이다. 불과 20여 년 전만 하더라도 성명, 연령 등 주요 식별자를 삭제, 대체하는 조치만으로도 충분한

---

19) 개인정보보호법 제2조

비식별처리가 인정될 수 있었다. 그러나 기술발전을 통해 개인정보 간 결합가능성을 위험요인으로 본격적으로 인식하게 되었고, 이러한 변화에 신속하고 유연하게 대응하기 위해서 수정이 용이한 가이드라인을 통한 통제를 도입했다고 볼 수도 있다.

정부부처가 규제수단으로서 가이드라인 형식을 취하는 또 다른 이유는 구속력이 약한 형식의 규제를 취함으로써 이들 분야의 기술발전의 특수성을 시장에 빠르게 반영할 수 있다. 예를 들어, 개인정보처리자가 차분 프라이버시(Differential Privacy), 연합 학습(Federated Learning), 재현 데이터(Synthetic Data) 등 진보된 프라이버시 보호기술을 활용함으로써 개인정보를 더욱 두텁게 보호하면서 이를 이용하고자 하는데, 법 규정 상으로는 마스킹(Masking) 과 같은 고전적 기법만 허용한다면, 정보주체가 더 나은 보호를 받을 수 없을 뿐 아니라, 개인정보처리자가 더 나은 개인정보 보호기술을 고안하고 적용할 유인이 사라질 것이다. 반면 가이드라인은 구속력이 약하므로 상황에 따라 유연하고 유동적으로 처리할 수 있는 자율성을 부여함으로써 법규제 시스템과 법집행과정에 있어서 경직성을 제한하고 있다.[20]

그러나 대법률재량으로서 행정지도의 경우, 일반적인 수권형식이 작용법적 수권이 아닌 조직법적 수권을 행하기 때문에 법률유보라는 측면에서 문제가 되고, 대상적격성의 인정이 어렵기 때문에 항고소송을 통한 법적 통제도 어렵다는 점도 문제로 지적할 있다. 향후 이러한 쟁점에 대한 학설과 판례의 발전을 기대한다.

20) 고학수·김병필·구본효·백대열·박도현·정종구·김은수, 인공지능 시대의 개인정보보호법, 박영사, 2022, 107-112면.

Ⅳ. 행정행위재량에 대한 논의의 변천

1. 전통적 행정재량론의 전개[21)]

재량불심리원칙이 통용되던 제2차 세계대전 이전에는 자유재량에 맡겨진 행정행위에 대하여는 법원은 심리하지 않는다는 원칙이 지배되었다. 이러한 재량불심리원칙이 인정되던 시기의 행정재량의 논의는 사법심사가 배제되는 재량소재의 파악이 주된 논의대상이 되었다. 행정행위에 관하여 자유재량행위와 기속행위로 구분하고 자유재량이 존재하는 영역을 두고 학설상 견해가 대립하였다.

행정행위의 발령시 요건인정과 효과결정·선택과정이 존재하는데 전자에 재량이 소재한다는 이론이 요건재량설이고, 후자에 재량이 존재한다는 학설이 효과재량설이다.

요건재량설은 요건인정 중에 자유재량이 존재한다고 하며, 법령의 규정형식을 기준으로 재량소재를 파악한다는 점에서 형식설로 칭하는 경우도 있다. 이 견해는 법률요건의 규정형식 내지 방식에 따라서 재량의 존부를 판단할 수 있다고 한다. 이 견해에서 주장하는 내용은 다음의 3가지로 요약할 수 있다. 첫째, 법령이 행정행위의 요건을 규정하지 않은 경우(공백규정)로 규정하고 있을 때, 당해 요건규정에 대해서는 행정청의 재량이 인정된다. 둘째, 법률규정이 행위요건을 규정함에 있어서 종국목적인 공익을 사용하여 규정할 때, 예컨대, 「공익을 위하여 필요한 때」라고 규정할 경우에는 이에 대한 판단 시 행정청에게 재량이 인정된다고 한다. 셋째, 요건규정이 종국목적이 아닌 중간목적으로 규정되어 있을 때에는 행정청에게는 재량이 인정되지 아니하고 기속행위라고 한다. 그 후 이 견해는 법률의 규정형태에 착안하여 법률이 어떤

21) 김창조, 행정재량과 주장·증명책임, 행정판례연구 제25권 제2호, 2020, 119-121면.

행위에 대하여 「가능하다」고 규정하는 경우 등에도 재량이 인정된다고 한다. 이러한 입장변화는 재량존재의 영역을 처분요건에 한정하지 않고 법률효과 면에도 인정하고 있다고 볼 수 있다.

요건재량설은 입법자에 의한 공익판단이 행하여지지 않은 경우에 자유재량을 인정하고 입법자가 어떤 형태로든 공익판단을 행한 경우에는 자유재량을 부인하고 법원의 심리를 인정하려는 것으로 재량이란 무엇인가에 대하여 일정한 기준을 제시하고 있다. 그리고 입법자에 의한 공익판단이 없다면 사법심사를 인정하지 않는다는 점에서 법원을 입법자에 의하여 정립된 기준의 적용기관이라는 이해에 기초한 견해라고 할 수 있다. 그러나 법률이 요건으로서 규정한「공익상 필요성」의 존부 판단이 항상 행정청의 자유재량에 속한다고 보는 것은 불합리하다고 할 수 있다. 그리고 법령이 중간목적을 나타내는 개념을 사용하여 요건을 규정하는 경우에도 행정청의 자유재량의 여지 내지 판단여지를 완전히 배재하는 것은 적절하지 못하다고 할 수 있다. 또한 법률이 어떤 행위에 대하여 「가능하다」고 규정하는 경우에도 모두 재량이 인정되는 것은 아니다.

효과재량설은 법률효과의 선택 혹은 결정과정에 재량이 있다고 한다. 이 학설은 행위의 성질에 맞추어 재량존부를 판단한다는 점에 착안하여 성질설로 칭하는 경우가 있다. 요건인정에는 조리법이 지배하기 때문에 행정재량이 인정되지 않고, 행정재량은 행정행위를 할 것인가 여부의 판단단계 즉, 법률효과의 선택 혹은 결정과정에서 인정된다고 한다.[22)]

이 견해는 다음과 같은 것을 기준으로 재량 3원칙 의거하여 재량존부를 판단한다. 첫째, 침해적 행정행위는 기속행위에 속한다. 둘째,

---

22) 효과재량설의 핵심은 침해적 행위와 수익적 행위의 구분에 있었기 때문에 실질설로 부르는 경우도 있다. 이에 대비하여 요건재량설을 형식설 혹은 문언설이라고 칭하기도 한다.

사인에 대한 수익적 행위는 행정재량에 속한다.[23] 셋째, 사인의 권리·의무 등 법적 지위에 영향을 미치지 않는 행위는 재량행위이다. 효과재량설은 요건규정에 존재하는 불확정법개념의 해석과정에서 존재하는 판단여지에 대해서 이를 재량으로 파악하여 전기 재량 3원칙에 추가하여 네 번째 원칙으로 편입하여 행정재량을 이해하는 견해와 효과재량설을 견지하면서 요건부분에 존재하는 불확정법개념은 재량개념과 구별하여 판단여지로 설명하는 입장으로 전개되기도 한다.

효과재량설은 침해적 행위에 대하여 사법심사 가능성의 기초를 확보하였다는 점에서 적극적 의미가 있다. 침해적 행위는 상대방의 권리의무를 제한하는 것이고 수익적 처분보다도 구제의 필요성이 크다는 것은 분명하기 때문이다. 또한 행정청이 요건이 존재한다고 판단하여 행한 침해적 행위에 대하여 그 요건 유무에 대하여 법원의 심리를 가능하게 하였다는 점에서 의미가 있다. 그러나 침해적 행위에 대하여 사법심사가 인정되고 수익적 행위에 대하여 사법심사가 인정되지 않는 이론적 근거가 명확하지 않다. 효과재량설은 재량이 무엇이냐에 대한 문제에 대하여 이론적 해답을 부여하려는 것이 아니고 구제의 필요성이라는 관점에서 침해적 행위에 대하여 사법심사의 가능성을 인정한 견해라고 할 수 있다. 또한 요건인정에 대하여 조리법이 지배하는 것으로서 항상 사법심사의 가능성을 인정하였다. 그러나 불확정개념에 관한 행정청의 판단여지 등에서는 사법심리가 미치지 못하는 한계영역도 존재한다.

행정재량 영역에서 사법심사 범위확대와 밀도강화를 주장하는 학설과 이를 반영한 재량권 일탈·남용을 규정한 법규정의 등장과 함께 원

---

23) 대법원 2002. 10. 25. 선고 2002두5795 판결.「도로법 제40조 제1항에 의한 도로점용은 일반공중의 교통에 사용되는 도로에 대하여 이러한 일반사용과는 별도로 도로의 특정부분을 유형적·고정적으로 특정한 목적을 위하여 사용하는 이른바 특별사용을 뜻하는 것이고, 이러한 도로점용의 허가는 특정인에게 일정한 내용의 공물사용권을 설정하는 설권행위로서, 공물관리자가 신청인의 적격성, 사용목적 및 공익상의 영향 등을 참작하여 허가를 할 것인지의 여부를 결정하는 재량행위이다.」

칙적으로 재량불심리원칙은 폐기되었다고 볼 수 있다. 그리고 이 원칙을 바탕으로 정립된 자유재량이라는 개념에 대한 재검토도 함께 요구받게 되었다. 이러한 과정에서 자유재량행위와 기속행위 사이에 위치하는 중간적 개념으로 기속재량행위라는 개념이 등장하였지만, 이것은 사법심사가 전면적으로 배제되는 자유재량의 존재영역을 축소하려는 노력의 일환으로 평가할 수 있다. 그러나 현행 헌법이 전제하는 실질적 법치주의 하에서 법적 규율밀도가 0에 해당하는 완전한 자유재량개념은 승인하기 어렵고, 재량행위와 기속행위는 법적 구속밀도의 정도의 차이가 존재할 뿐이다. 질적 측면에서 하나는 법적 구속을 전혀 받지 않고 다른 하나는 100% 법적 규율 밀도가 확보되는 식으로 양자를 유형화시키는 것은 타당하지 않다고 생각한다. 즉, 종래 주장되던 자유재량과 기속행위는 모두 사법심사의 대상이 되며, 그중에서 법 집행과정의 기능적 역할 측면에서 상대적으로 행정청의 판단을 존중하는 일부 영역을 행정재량으로 파악하는 것이 현행법 해석으로 타당한 것으로 보인다. 이러한 측면에서 사법심사가 배제되는 자유재량과 사법심사 대상이 되는 기속재량을 유형화할 필요성이 그다지 크지 않지 않으며, 양자는 공통적으로 사법심사의 대상이 되지만, 단지 법적 구속밀도에서 상대적 차이가 있을 뿐이다. 이것은 기속행위의 경우도 같다.

2. 행정재량과 판단여지

재량행위와 기속행위의 구별은 법적 구속밀도에 관한 질적 차이가 아닌 양적 차이로 관념하는 것이 실질적 법치주의를 전제한 현행 헌법질서에 부합한 접근방법이라고 생각한다. 이러한 관점에서 볼 때, 행정처분재량은 법집행과정에서 존재하는 법원과 행정청간 기능분담의 하나라고 생각한다. 행정재량에 관하여 행정행위의 성질 및 법령상 규정형태를 모두 고려하여 그 판별기준을 발전시킨 판례법의 발전 방향은

재량존부 파악과 행정재량에 대한 효율적 사법 통제라는 관점에서 긍정적으로 평가된다.[24] 행정재량에 대한 사법심사는 법률의 규정형식, 사법심사의 방식과 기준의 형성상황, 법적 구제의 필요성 정도, 행정의 정책적·전문적 판단의 정도 등을 고려하여 사안별로 개별·구체적인 접근이 필요하다.[25]

한편, 다만 법률요건에서 인정되는 행정청의 독자적 판단여지는 이를 재량과 구별하여 정립하는 것이 타당한 것 같다. 왜냐하면 판단여지에 대한 적절한 사법심사의 확립이라는 관점에서 사법심사의 방법과 심사기준이 행정재량과 중복되는 경우도 있을 수 있지만 이와 구별하여 적용할 필요가 있는 경우도 있을 수 있기 때문이다. 판단여지에 대한 위법성 존부의 판단기준으로 ① 행정기관 구성이 적정하게 구성되었는지 여부, ② 법에 규정된 절차의 준수여부, ③ 행정결정이 정확한 사실관계에 기초하고 있는지 여부, ④ 법령상 일반적으로 인정된 평가기준을 준수하였는지 여부, ⑤ 타사고려 등을 들 수 있다.[26] 다만 법률요건에서 인정되는 행정청의 독자적 판단여지는 이를 재량과 구별하여 정립하는 것이 타당한 것 같다.[27] 이러한 판단여지가 인정되는 영역으로는

---

24) 대법원 2001. 2. 9. 선고 98두17593 판결. 「행정행위가 그 재량성의 유무 및 범위와 관련하여 이른바 기속행위 내지 기속재량행위와 재량행위 내지 자유재량행위로 구분된다고 할 때, 그 구분은 당해 행위의 근거가 된 법규의 체재·형식과 그 문언, 당해 행위가 속하는 행정 분야의 주된 목적과 특성, 당해 행위 자체의 개별적 성질과 유형 등을 모두 고려하여 판단하여야 하고, 이렇게 구분되는 양자에 대한 사법심사는, 전자의 경우 그 법규에 대한 원칙적인 기속성으로 인하여 법원이 사실인정과 관련 법규의 해석·적용을 통하여 일정한 결론을 도출한 후 그 결론에 비추어 행정청이 한 판단의 적법 여부를 독자의 입장에서 판정하는 방식에 의하게 되나, 후자의 경우 행정청의 재량에 기한 공익판단의 여지를 감안하여 법원은 독자의 결론을 도출함이 없이 당해 행위에 재량권의 일탈·남용이 있는지 여부만을 심사하게 되고, 이러한 재량권의 일탈·남용 여부에 대한 심사는 사실오인, 비례·평등의 원칙 위배, 당해 행위의 목적 위반이나 동기의 부정 유무 등을 그 판단 대상으로 한다.」

25) 김창조, 전게논문, 124면 이하.

26) 정하중·김광수, 전게서, 175면.

27) 판례는 판단여지와 재량을 구별하지 않고 있다. 대학수학능력시험과 각 대학별 입학

공무원의 인사고과 결정과 같은 비대체적 결정, 청소년의 유해도서판정과 같은 구속적인 가치평가, 환경적 위해평가와 같은 예측결정, 경제정책의 결정과 같은 정책적인 평가 등을 그 예로 들 수 있다.[28)]

3. 행정재량에 관한 일반적 법적 통제근거

행정소송법 제27조는 「행정청의 재량에 속하는 처분이라도 재량권의 한계를 넘거나 그 남용이 있는 때에는 법원은 이를 취소할 수 있다」고 규정하고, 행정기본법 제21조에 「행정청은 재량이 있는 처분을 할 때에는 관련 이익을 정당하게 형량하여야 하며, 그 재량권의 범위를 넘어서는 아니 된다」고 규정되어 있다. 행정행위 중심적 행정법 체계를 구축한 우리나라 행정법이론은 재량영역에서도 행정행위 재량을 중심으로 재량이론을 전개하여 왔다. 그리고 그 연장선에서 행정계획에 대한 대상적격성을 확대하고 이를 바탕으로 계획재량에 대한 법적 통제에 관하여서도 활발한 검토를 진행하고 있다.[29)]

전형에 있어서 출제 및 배점, 채점이나 면접의 방식, 점수의 구체적인 산정 방법 및 기준, 합격자의 선정 등이 시험 시행자 또는 전형절차 주관자의 재량 사항인지 여부가 쟁점이 된 사건에서 대법원은 「법령에 의하여 국가가 그 시행 및 관리를 담당하는 대학수학능력시험은 물론 각 대학별 입학전형에 있어서, 출제 및 배점, 정답의 결정, 채점이나 면접의 방식, 점수의 구체적인 산정 방법 및 기준, 합격자의 선정 등은 원칙적으로 시험 시행자의 고유한 정책 판단 또는 전형절차 주관자의 자율적 판단에 맡겨진 것으로서 폭넓은 재량에 속하는 사항이며, 다만 그 방법이나 기준이 헌법이나 법률을 위반하거나 지나치게 합리성이 결여되고 객관적 정당성을 상실한 경우 또는 시험이나 입학전형의 목적, 관계 법령 등의 취지에 비추어 현저하게 불합리하거나 부당하여 재량권을 일탈 내지 남용하였다고 판단되는 경우에 한하여 이를 위법하다고 볼 것이다」라고 하였다.(대법원 2007. 12. 13., 선고, 2005다66770, 판결)

28) 최선웅, 재량과 행정쟁송, 박영사, 2021, 15면 이하.

29) 대법원 2023. 11. 16. 선고 2022두61816 판결. 「행정계획이란 행정에 관한 전문적·기술적 판단을 기초로 하여 도시의 건설·정비·개량 등과 같은 특정한 행정목표를 달성하기 위하여 서로 관련되는 행정수단을 종합·조정함으로써 장래의 일정한 시점에 일정한 질서를 실현하기 위한 활동기준으로 설정된 것이다. 도시공원 및 녹지

독일은 행정법원법 제114조에 「행정청이 재량에 따라 행사할 권한이 있는 경우에, 법원은 재량권의 법적 한계를 넘거나 수권 목적에 부합하지 않는 방법으로 재량을 행사하였기 때문에 행정 행위 또는 행정행위의 거부 또는 부작위가 위법한지 여부를 심사한다. 행정청은 행정소송 절차에서 행정행위에 대한 재량적 판단을 보완할 수도 있다」고 규정하고, 행정절차법 제40조에 「행정청에게 재량권이 부여되어 있을 경우에, 당해 행정청은 목적에 따라 재량권을 행사하고 재량의 법적 한계를 준수해야 한다」고 규정하고 있다.

독일의 행정재량론도 행정행위재량과 행정계획재량을 중심으로 전개되고 있다. 우리 행정재량론이 독일이론과 보폭을 맞추어 전개되었기 때문에 이론의 전개 상황은 비슷하다. 다만 행정행위의 경우, 효과재량론과 요건에 있어서 판단여지개념을 인정한다. 그러나 처분과정에서 효과선택이나 효과결정에 대한 재량을 인정하지만, 그 판단기준에 대해서는 행위 성질 보다는 법률규정의 형태에 따라서 재량여부를 판단하고

등에 관한 법률(이하 '공원녹지법'이라 한다) 등 관계 법령에는 추상적인 행정목표와 절차만이 규정되어 있을 뿐 행정계획의 내용에 대하여는 별다른 규정을 두고 있지 않으므로 행정주체는 구체적인 행정계획을 입안·결정하면서 비교적 광범위한 형성의 자유를 가진다. 하지만 행정주체가 가지는 이와 같은 형성의 자유는 무제한적인 것이 아니라 행정계획에 관련되는 자들의 이익을 공익과 사익 사이에서는 물론이고 공익 상호 간과 사익 상호 간에도 정당하게 비교교량해야 한다는 제한이 있다. 따라서 행정주체가 행정계획을 입안·결정하면서 이익형량을 전혀 행하지 않거나 이익형량의 고려 대상에 마땅히 포함시켜야 할 사항을 누락한 경우 또는 이익형량을 하였으나 정당성과 객관성이 결여된 경우에는 그 행정계획결정은 형량에 하자가 있어 위법하다. 공원녹지의 확충·관리·이용 등 쾌적한 도시환경의 조성 등을 목적으로 하는 도시관리계획결정과 관련하여 재량권의 일탈·남용 여부를 심사할 때에는 공원녹지법의 입법 취지와 목적, 보존하고자 하는 녹지의 조성 상태 등 구체적 현황, 이해관계자들 사이의 권익 균형 등을 종합하여 신중하게 판단해야 한다. 그리고 자연환경 보호 등을 목적으로 하는 도시관리계획결정은 식생이 양호한 수림의 훼손 등과 같이 장래 발생할 불확실한 상황과 파급효과에 대한 예측 등을 반영한 행정청의 재량적 판단으로서, 그 내용이 현저히 합리성을 결여하거나 형평이나 비례의 원칙에 뚜렷하게 반하는 등의 사정이 없는 한 폭넓게 존중해야 한다.」

있다.[30]

일본은 행정사건소송법 제30조「행정청의 재량처분에 대해서는 재량권의 범위를 넘거나 그 남용이 있는 경우에 한하여 그 처분을 취소할 수 있다」고 규정하고 있다. 이 규정 이외에 행정절차법이나 다른 법률에 재량통제에 관한 일반규정은 없다. 일본에 있어서 재량론의 특징은 요건부분에 존재하는 사법심사한계영역, 즉 판단여지에 대해서 재량과 구별하지 않고 재량의 일종으로 파악하는 학설이 지배적이며, 최근 최고재판소 판결과 학설상의 주목을 끌고 있는 점은 계획재량에서 사법심리방법으로 발전되어온 판단과정심리방식을 일반 행정처분 전반에 확장시키려는 노력을 계속하고 있는 점이다.[31]

Ⅴ. 행정처분과정과 국면별 행정재량[32]

1. 행정처분과정

행정재량의 파악방법으로 행정처분 단위별 포착방법과 행정처분의 국면별 재량포착의 2가지를 생각할 수 있다. 종래 행정재량에 대해서 사용되는 용어법인 재량행위, 자유재량행위, 기속재량행위의 관념은 행위단위에 입각한 재량포착방법이라고 생각된다. 행위단위별 재량론은 하나의 행정행위가 전체적으로 보아서 재량행위, 자유재량행위, 기속재량행위 중 어디에 속할 것인가를 결정하는 방식이다. 이러한 행위단위별 재량포착방법은 재량의 국면을 고려하지 않고, 어떤 행정처분에 대해서 포괄적으로 행위 단위별로 접근하는 방법이다. 이에 대해서 처분

30) Friedhelm Hufen, Verwaltungsprozessrecht 12.Auf, 2021, S. 423ff.
31) 高橋正人, 行政裁量と司法審査論, 晃洋書房, 2019, 211－232頁.
32) 塩野 宏, 행정법Ⅰ, 有斐閣, 2015, 136－146頁.

과정의 국면을 고려하여, 행정처분의 처분과정 전체를 보다 분석적으로 파악하여 요건인정, 효과판단, 절차결정, 시기선택 등 각 국면 별로 재량유무를 판단하는 것도 가능할 것이다.[33)]

행정처분과정이라는 표현을 사용할 때, 처분과정이 언제부터 시작하는가라는 문제가 된다. 이 사건의 예를 들면 요건사실이 발생할 때, 즉 지역가입자 보험료부과가 문제되는 상황이 발생한 때 시작된다고 본다. 요건인정과 효과판단은 행정개입이 필요한 사태가 발생하였을 때 행해지므로, 이러한 행정개입을 하여야 할 사태 발생이 처분과정의 시작으로 볼 수 있다. 사인의 신청이 필요한 사건에서는 사인에 의한 신청이 처분과정의 시작이라고 할 수 있다. 그러나 약간의 시야를 확대하면, 처분과정의 선행과정의 단계를 생각할 수 있는데, 예컨대 새로운 법률이 제정된 경우를 생각해 보면 제정 직후 행정은 법률안 제정 직후 당해 법률안에 대해서 일반적 상황을 전제로 해석을 하는 경우를 상정할 수 있는데, 이러한 것을 감안하면, 해석은 처분과정의 선행과정으로 볼 수 있다.

처분의 선행과정을 포함한 행정처분의 전개과정은 다음과 같이 도식화할 수 있다. ①적용법규·적용규정의 결정→②해석→③재량기준의 정립→④요건인정→⑤효과판단→⑥절차의 결정→⑦시기의 결정 등의 순서로 전개될 것이다. 처분과정에 착안하여 행정재량의 존재가능성을 검토하면 기존의 요건재량(판단여지)와 효과재량에 추가하여 절차재량과 시기의 재량 등을 추가할 수 있다. ①, ②, ③의 과정과 관련하여 재량기준과 해석기준은 후술하기 때문에 여기에서 언급은 하지 않는 것으로 한다. ④, ⑤에 대해서도 앞에서 검토한 것으로 대신한다.

33) 塩野 宏, 前揭書, 138頁.

2. 해석

행정활동에 대한 법률이 제정되면, 당해 법률을 소관 하는 행정조직은 그 법률에 해석을 행하여 업무의 범위를 확정할 것이다. 법률안 자체가 행정에 의해서 작성될 경우에도, 국회의 심의를 거쳐 법률로써 확정되면, 행정은 업무범위 확정과 구체적 업무수행내용을 설정하기 위하여 다시 한 번 법률을 해석할 것이다. 이러한 해석은 이후의 행정과정을 절대적으로 구속하는 것은 아니고, 수정되는 것도 허용된다. 해석은 처분과정의 선행단계에서 행하여지지만, 해석은 이 단계뿐만 아니라 처분의 각 단계별로 다시 법률이 참조되고 해석될 것이다. 이러한 해석은 이미 행해진 해석을 확인하는 경우도 있지만, 새로운 해석이 제기되는 경우도 있다. 다만 행정을 구속하는 종국적인 해석은 종국처분 시의 해석이라고 생각한다. 해석변경은 합리적 이유가 있다면 허용되지만, 처분마다 서로 다른 해석을 하는 것은 허용되지 않는다. 법률의 위임이 있을 경우에는 위임규정에 따른 해석을 거쳐서 시행령이나 시행규칙이 제정될 것이다. 이 경우 이러한 행정입법 행위는 해석의 요소와 재량행사의 요소가 동시에 포함되는 경우도 있다.

3. 절차재량[34)]

절차재량은 행정청이 처분을 행할 때, 어떤 행정절차를 취할 것인가 여부에 대한 재량이다. 행정절차에 대해서는 행정절차법 및 개별법률에 따라서 절차적 규제가 행하여진다. 그러나 이러한 법률에 의한 절차규제가 미치지 않는 경우에는 행정청 스스로가 어떠한 절차를 취할 것인가를 결정할 필요가 있고 이 경우에 존재하는 재량이 절차재량이라

34) 塩野 宏, 前揭書, 146頁.

고 할 수 있다.

절차재량이 있다고 한다면, 이에 대응한 절차결정을 상정할 수 있다. 절차결정이라 함은 행정처분을 행하는데, 처분과정에서 일정한 절차를 취할지 여부와 만약 취할 경우 어떠한 절차를 취할지를 결정하는 것을 말한다. 절차재량의 대상이 절차결정에는 아직 법률의 수권이 있는 것은 아니다. 이러한 절차결정은 내부적 행위로 생각된다. 이러한 절차결정에 대해서 주의할 점은 행정의 사전절차에 대해서는 행정절차법에 의한 일반법 레벨에서 규율되고, 경우에 따라서는 개별 법률로 절차를 규율하는 경우도 있다. 또한 개별법 시행령 등에서 규정되는 경우도 있다. 이러한 법령에 의해 일의적으로 절차가 규정되어 있을 때에는 행정은 별도의 절차결정을 할 필요가 없고 그 한도에서는 절차재량도 문제가 되지 않는다. 그리고 절차를 규정하는 법령의 규정에 의하여 전체로서 절차재량이 축소된다고 표현할 수 있다. 행정절차법 등의 절차규정에 의한 규제가 행하여지지 않는 곳에서는 행정은 재량으로 절차결정을 행한다고 볼 수 있다. 이러한 절차결정에는 절차를 취하지 않는 결정도 포함된다고 본다. 절차결정과 절차재량이 문제되는 것은 행정이 재량기준을 설정할 때와 처분을 행할 때이다. 재량기준 제정의 단계에서 국민의 의견을 듣는 절차를 취하는 것은 충분히 생각할 수 있기 때문에 절차결정이 존재하고, 그 점에서 행정재량의 존재를 지적할 수 있다. 문제는 언제 절차결정을 하고 절차재량을 행사할 것인가의 여부이다. 절차재량의 합리적 행사를 확보하기 위해서는 개개 재량기준별로 그 제정절차를 결정하는 것보다 일반적인 재량기준 제정절차를 규정하는 것도 하나의 해결방법이라고 생각한다. 행정절차법 제20조에는 처분기준에 관한 규정을 두고 있다. 재량기준 제정절차의 참여자는 재량기준의 존재방식에 관한 정책적 견지에서 의견을 진술하는 것도 가능할 것이다.

행정처분을 행할 때에는 사실인정과 효과판단의 단계가 있지만, 사

실인정을 살펴보면 행정이 파악한 사실에 대해서 그 진위를 확인하기 위해서 상대방의 의견을 청취할 필요가 있다. 예컨대 행정절차법상 청문과 같은 절차는 전형적으로 이러한 목적에 기여한다. 이 경우 절차결정은 행정절차법에 따라 행해진다. 사실인정에 관하여 행정절차법이나 행정조사기본법 등이 미치지 않는 경우에는 절차재량이 문제 될 수 있다. 행정과정에서 절차재량이 인정되면 언제 절차결정을 할 것인지가 문제 된다. 처분별로 절차결정을 하는 것은 합리적이지 않고, 각각의 처분 상대방 등에 대한 취급의 공정성 확보라는 점에서 적절하지 않은 것 같다. 가능하다면 재량기준 중에 절차실시 기준을 규정하는 것이 적절하다고 본다. 물론 개별적 처분단계에서 절차세목을 규정하는 것도 가능할 것이다.

다음으로 효과판단 단계에서 절차재량이 있을 수 있는지가 문제 된다. 앞에서 예로 든 청문절차에 청문의 역할이 사실확인이라고 한다면, 효과판단에 있어서 절차는 행하여지지 않는 것이 된다. 그러나 절차참가자가 처분내용이나 처분을 할 것인가 여부에 대한 결정에 대해서 의견을 진술하는 것이 가능하다고 한다면, 절차결정과 절차재량이 문제 될 여지가 없는 것도 아니다. 요건인정과 효과결정의 절차결정은 서로 각각 독립해서 진행되는 것이 아니고 이 2개를 합하여 하나의 결정으로 하면 충분하다고 생각된다.

4. 시기의 재량[35)]

행정소송법은「행정청이 당사자의 신청에 대하여 상당한 기간 내에 일정한 처분을 하여야 할 법률상 의무가 있음에도 불구하고 이를 하지 아니하는」경우에 부작위위법확인소송을 통하여 법적 구제를 받을

35) 塩野 宏, 前揭書, 143頁.

수 있다고 규정하고 있다.[36] 이 규정에 따르면 행정청은 신청에 관한 처분의 경우 「상당한 기간 내」라는 시간적 범위에서 처분을 할 수 있다. 달리 표현하면 행정처분 시기가 구체적으로 특정되지 않은 경우에는, 「상당한 기간 내」라는 시간적 의미에서 재량이 인정된다고 보인다. 시기의 재량은 행정처분을 행하는 시기 선택에 관한 재량이라고 할 수 있다. 앞에서 본 처분과정에서 행정청은 효과판단에 의하여 행정처분의 결정이 되지만, 이것은 내부적 단계로서 이것이 효력을 발생하기 위해서는 상대방에 대한 통지가 행하여지고, 통지가 상대방에 도달하는 것이 필요하다고 본다. 이 과정에서 처분을 언제 행할 것인가에 대한 결정도 행하여질 것이다. 이것이 행정처분의 시기의 재량 내지 행정처분의 타이밍의 재량이라고 할 수 있다. 시기의 재량은 시기결정에 있어서 행사되는 재량이다.

시기결정은 행정처분의 결정과 구별된다. 예컨대 30일 후에 행정처분을 결정하는 것도 가능하고, 내일 행정처분을 결정하는 것도 가능하다고 한다면, 이 경우 시기의 결정이 존재한다고 할 수 있다. 행정이 시기를 의식하지 않고 행정처분의 결정을 하고, 이것을 상대방에게 통지하는 것도 가능하다. 이 경우에도 시기의 결정이 있었다고 보는 것이 가능하다. 시기의 재량은 시기결정의 재량이지만, 그것은 여전히 행정내부의 행위이다. 그러나 시기결정을 의식하는 것에 의해 그것의 외부화를 도모하여, 행정처분 시기의 예고제도를 새로운 제도로서 도입하는 것도 생각할 수 있다. 현재 행정절차법은 행정처분 기간의 설정·공표제도에 의하여 국민이 행정처분의 시기를 추측하는 것이 가능하다.[37] 시

36) 행정소송법 제2조 제1항 제2호, 동법 제36조

37) 행정절차법 제19조(처리기간의 설정·공표) ① 행정청은 신청인의 편의를 위하여 처분의 처리기간을 종류별로 미리 정하여 공표하여야 한다.

② 행정청은 부득이한 사유로 제1항에 따른 처리기간 내에 처분을 처리하기 곤란한 경우에는 해당 처분의 처리기간의 범위에서 한 번만 그 기간을 연장할 수 있다.

③ 행정청은 제2항에 따라 처리기간을 연장할 때에는 처리기간의 연장 사유와 처리

기의 재량에 있어서 재량권 남용은 행정의 부작위 재량과도 연결될 수 있다. 행정의 부작위 재량의 통제라는 측면에서 시기의 재량을 검토할 필요가 있다.

Ⅵ. 재량기준[38]과 해석기준

1. 재량기준의 기능과 법적 구속력

법규정이 일의적인가 다의적인가 여부와 관계없이 법률규정의 개별사건에 대한 적용은 통상적으로 수차례 반복하여 행하여지고, 경우에 따라서는 처분의 상대방도 다수가 존재하는 경우가 많다. 과세처분과 같이 대량으로 반복하여 행하여지는 경우도 있다. 이 때문에 법률이 다의적 규정의 형태를 취할 경우에는 적용행위들 간에 통일성을 확보하기 위해서 구체적 기준이 필요하고, 이것은 법적용기관이 1개만 존재할 경우도 같다고 생각된다. 시행령이나 시행규칙의 형식을 취하여 이것을 정하는 것도 하나의 방법이고, 이것이 충분하지 않을 경우는 고시, 지침 등의 행정의 내부규정을 통하여 기준을 정하는 경우도 있다. 이러한 기준 가운데 재량행사에 관한 것이 재량기준이다.

재량기준은 개별사건에서 재량행사를 위한 기준이다. 처분기관 또는 상급기관이 재량기준을 정하고, 개별사건에서 이것을 기준으로 재량

예정 기한을 지체 없이 신청인에게 통지하여야 한다.

④ 행정청이 정당한 처리기간 내에 처리하지 아니하였을 때에는 신청인은 해당 행정청 또는 그 감독 행정청에 신속한 처리를 요청할 수 있다.

⑤ 제1항에 따른 처리기간에 산입하지 아니하는 기간에 관하여는 대통령령으로 정한다.

38) 재량기준 대신에 재량준칙이라는 용어를 사용하는 경우가 있다. 행정절차법 제20조가 재량기준과 해석기준을 포함한 개념으로 「처분기준」이라는 용어를 사용하고 있다. 이점을 고려하여 재량기준이라는 용어를 사용하기로 한다.

행사가 되고 처분이 행해진다. 이 때문에 처분이 재량기준에 따르지 않을 때는 당해 처분이 재량기준에 위반하여 위법이 되는가 여부가 문제된다. 이것이 재량기준의 법적 구속력이다.[39]

이것에 대해서 행정이 행한 처분이 재량기준에 따른 것일 경우에는 우선 문제가 되는 것은 재량기준 자체가 위법한가 여부이다. 만약 재량기준이 위법하다면, 이것은 외부적 효력이나 재판규범성 자체가 부정되어야 할 것이다. 그러나 법원은 재량기준에 합리성이 있다고 판단한 경우에는 이것에 따른 행정처분은 적법하다고 판단될 수 있고, 재량기준에 합리성이 없다고 판단할 때에는 이것을 따른 처분을 위법하다고 판단될 수 있다. 어떤 사안에 대해서 명확한 법령의 규정이 없을 때 혹은 법규정이 다의적으로 규정되어 경우에, 만약 이에 관한 재량기준에 합리성이 인정된다면, 그것을 기준 내지 규범으로 사용하여 적법·위법을 판단하는 것은 자연스러운 것으로 재량기준에 법적 구속력이 있는가 여부를 논할 필요도 없는 경우도 있을 수 있다. 이러한 경우에 법원은 합리성 있는 재량기준을 재판규범으로 사용할 수 있다고 설명하는 것도 가능하다.[40] 그리고 재량기준이 법적 구속력이 없더라도 법원은 이에 대한 합리성 심리를 행할 수 있다. 만약 합리성이 있다면 사건 해결을 위해서 재량기준을 적용할 수도 있을 것이다. 그리고 개별적 사정을 고려하여 재량기준을 적용하지 않는 경우도 있을 것이다. 행정청은 재량기준이 규정된 경우라고 하더라도, 재량행사 시 구체적 사건의 개별적 사정 내지 특수한 사정이 존재할 때에는 이를 고려하여 행해야 한다. 이것을 재량행사 시 요구되는 행정청의 개별적 고려의무 내지 특수사항 고려의무라고 할 수 있다.

39) 박균성, 전게서, 279면 이하.
40) 김철용, 행정법(제13판), 고시계사, 2024, 236－239면.

2. 재량기준에 의거한 행정처분 위법성 판단을 위한 2단계 심사론

재량기준의 재판규범성에 대해서 판례는 평등원칙과 신뢰보호의 원칙을 매개하여 재량기준의 대외적 구속력을 인정하고 이에 기초한 재량권 행사의 적부를 판단하고 있다. 즉 「상급행정기관이 하급행정기관에 대하여 업무처리지침이나 법령의 해석적용에 관한 기준을 정하여 발하는 이른바 『행정규칙이나 내부지침』은 일반적으로 행정조직 내부에서만 효력을 가질 뿐 대외적인 구속력을 갖는 것은 아니므로 행정처분이 그에 위반하였다고 하여 그러한 사정만으로 곧바로 위법하게 되는 것은 아니다. 다만, 재량권 행사의 준칙인 행정규칙이 그 정한 바에 따라 되풀이 시행되어 행정관행이 이루어지게 되면 평등의 원칙이나 신뢰보호의 원칙에 따라 행정기관은 그 상대방에 대한 관계에서 그 규칙에 따라야 할 자기구속을 받게 되므로, 이러한 경우에는 특별한 사정이 없는 한 그를 위반하는 처분은 평등의 원칙이나 신뢰보호의 원칙에 위배되어 재량권을 일탈·남용한 위법한 처분이 된다」고 하였다.[41]

재량기준의 재판규범성을 인정하기 위해서 보다 적극적으로 재량기준의 합리성심사와 이것이 긍정될 때, 당해 재량기준에 따른 처분의 적합성 심사를 행하는 경우도 있다. 이러한 접근법을 재량기준에 의거한 행정처분에 대한 위법성 판단을 위한 2단계 심사론이라고 할 수 있다.

「(일본) 행정절차법 제12조 제1항에 의거하여 규정된 처분기준은 단순히 행정운영상의 편의를 위한 것에 머물지 않고, 불이익처분에 관한 판단과정의 공정성과 투명성을 확보하고, 그 상대방의 권리이익의 보호에 기여하기 위해서 규정하여 공표한 것이다. 따라서 행정청이 이 규정에 따라 규정하고 공표한 처분기준에서, 선행처분에서 받은 이유로

41) 대법원 2009. 12. 24. 선고 2009두7967 판결.

후행처분에 관한 양정에 대해 당해 처분기준과 다른 취급을 한다면, 재량권 행사에서 공정하고 평등한 취급요청과 내용에 관한 상대방 보호 등의 관점에서 당해 처분기준과 다른 취급을 할 특단의 사정이 없는 한 그와 같은 취급은 재량권의 범위의 일탈·남용에 해당한다고 해석되어야 한다. 이러한 의미에서 당해 행정청은 후행처분 재량권을 당해 처분기준에 따라서 행사되어야 한다. 선행처분을 받은 자가 후행처분의 대상이 될 때는 상기 특단의 사정이 없는 한 당해 처분기준의 규정에 의해 양정의 가중이 되어야 된다고 할 수 있다.」[42]

「원자로설치의 안전성에 관한 심사의 특질을 고려하여 상기 각호 소정의 기준의 적합성에 대하여는 각 전문분야의 전문가들로 구성되는 원자력 위원회의 과학적, 전문기술적 식견에 의거한 견해를 존중하여 행하는 내각총리의 합리적 판단에 위임한다고 해석하는 것이 상당하다…원자력시설의 안전성에 관한 판단의 적부가 다투어지는 원자로 설치허가처분의 취소소송에 있어서 법원의 심리판단은 원자력위원회 혹은 원자력 안전전문심사회의 전문기술적인 조사심의 및 판단을 기초로 하여 행하여진 피고 행정청의 판단에 불합리한 점이 있는가 여부의 관점에서 행하여져야 한다. 현재의 과학기술 수준에 비추어 이러한 조사심의에 이용된 구체적 심사기준에 불합리한 점이 있거나 혹은 당해 원자력시설이 이러한 구체적 심사기준에 적합하다고 한 원자력위원회 또는 원자로 안전전문심사회의 조사심의 및 판단과정에 간과하기 어려운 과오, 결함이 있고, 피고 행정청의 판단이 이것에 의거하여 행하여졌다고 인정되는 경우에는 피고 행정청의 상기판단에는 불합리한 점이 있는 것으로서 이러한 판단에 의거한 원자로설치허가처분은 위법하다고 하여야 할 것이다.」[43]

재량판단의 적정성을 판단하는 전기 판결의 논리적 구조는 첫째,

---

42) 最判 2015·3·3 民集69卷 2号 143頁
43) 最判 1992·10·29 民集46卷 7号 1174頁

제1단계로 재량기준의 합리성 존부를 평가하고(재량기준 합리성평가), 쟁점이 된 법령해석상 재량기준의 합리성이 인정된다면, 제2단계로 재량기준에 입각한 처분의 적합성을 심사하는 형태로 진행된다(재량기준에 의거한 처분의 적합성 평가). 만약 재량기준에 문제가 없는데, 행정청이 이와 다른 취급을 할 경우에는 판례의 논리에 따르면 이것을 정당화할「특단의 사정」을 요구하고 있다. 이러한「특단의 사정」의 존재가 없는데도 불구하고 처분기준에 따르지 않은 처분은 평등원칙이나 신뢰보호의 원칙의 위반이 되어 위법한 재량권 행사가 된다.

3. 재량기준과 해석기준

이 사건에서 문제가 된 국민건강보험공단의「자격관리 업무지침」에서 배우자의 범위와 관련된 부분은 해석기준의 일종으로 판단된다. 재량과 해석은 법원의 심리가능성이라는 측면에서는 큰 차이가 있지만, 행정이 다의적 규정을 개별사건에 적용할 때에는 그 판단은 재량과 해석이 혼재하는 요소가 존재할 수 있고, 이 점에서 양자는 가까운 관계에 있다고 할 수 있다. 해석기준과 재량기준의 구별은 항상 간단한 것은 아니다. 양자는 다음의 점에서 항상 상호 대응적인 것은 아니다. 재량의 행사는 구체적 사안에서 대량 혹은 반복적으로 행하여지는 경우에 사안별로 행사의 형태가 서로 다를 가능성이 존재하기 때문에, 재량판단에 있어서 자의적 재량권 행사를 방지하기 위해서 재량기준이 규정된다.[44]

이에 반해 해석은 개별사건별로 그 해석이 변하는 것을 인정할 수 없다. 행정은 구체적 사건에 있어서 이미 행해진 해석을 적용하는 것일 뿐이고, 당해 법률규정을 적용할 사안이 다수 존재할 경우라도 변함이

44) 박균성, 전게서, 279면 이하.

없다. 예외적으로 해석변경을 행할 경우가 있지만, 이것은 극히 예외적 조건이 충족될 경우일 것이다. 이러한 해석에 대한 이해를 바탕으로 보면, 재량기준에 대응하는 해석기준을 정하는 것은 존재하기 어렵다고도 볼 수 있다.

4. 해석기준과 해석

재량기준은 개별사건에서 재량행사를 위한 일반적 기준이다. 재량과 재량기준의 관계를 해석과 해석기준에 대응해 보면, 해석기준은 개별사건에서 행해지는 해석을 위한 기준이라고 할 수 있다. 따라서 해석과 해석기준은 구별해야 한다. 그러나 해석은 개별사건별로 사정에 따라서 변하는 것이 아니기 때문에, 해석의 기준이 되는 해석기준을 정하는 것은 존재하지 않는 것이 아닌가라는 의문이 있을 수 있다. 이러한 의문은 처분기관이 해석기준을 정하고 해석하는 경우를 염두에 둔 것이다. 이에 비하여 처분기관이 정하는 해석기준에 대해서 상급기관이 그 해석에 대한 기준을 규정하는 것을 생각할 수 있다. 이러한 것을 고려하여 해석기준을 상급기관이 하급기관에 대해서 발하는 법령 해석의 기준이라고 한다.

해석기준이 필요한 경우는 동일한 처분권한이 복수의 처분기관에 분배된 경우이다. 이런 것 중 하나의 패턴은 법률이 처분권한을 다수의 기관에 분배하고 그 다수의 기관에 대한 상급기관이 존재하는 경우이다. 이러한 관계의 대표적 예로서, 국세의 부과징수 권한을 각 세무서장에게 분배하는 경우를 들 수 있다. 이러한 권한분배가 행해질 때, 만약 처분기관이 해석권한을 각각 행사한다면, 각 기관 간의 해석이 서로 다르게 될 우려가 있다. 이러한 부적절한 사태를 피하고 해석의 통일성을 확보하기 위해서, 상급기관에 의해서 해석기준이 제시된다.

해석기준이 존재할 수 있는 또 다른 경우는 권한의 위임, 기관의

권한을 다른 기관에 위임하는 경우이다. 권한의 위임은 권한소재의 변경 내지 이전이기 때문에 권한위임이 있으면 해석권한도 수임기관에 이전한다. 기관위임사무와 같이 수임기관이 복수로 존재한다면 수임기관에 의한 해석의 통일성을 확보하기 위해서 위임기관이 복수의 수임기관에 대해서 해석기준을 제시하는 경우가 있을 수 있다.

이러한 설명은 해석권한이 처분기관에 있다는 이해를 전제한 것이지만, 상급기관이 해석기준 설정을 통해 처분기관의 해석권한을 흡수할 수 있는 경우도 있을 수 있다. 일반적으로 행정기관이 처분권한을 가진다는 것은 당해 행정기관이 해석권한이 있다는 것을 의미한다. 이러한 것을 전제한다면, 상급기관이 처분기관의 해석권한을 흡수하는 것은 상정하기 어렵다고 볼 수 있다.

상급기관이 하급행정기관에 지휘명령을 할 때, 법령해석이 행하여지는 경우가 많다. 지휘감독권은 해석권한을 포함하는 경우가 있을 수 있다. 일반적으로 상급기관이 발하는 해석상 기준은 해석기준에 추가하여 해석지시를 포함할 수 있게 되어 양자의 구분이 문제 될 경우도 있을 수 있다. 상급기관이 해석권한을 갖게 되면 해석권한은 처분기관과 상급기관이 공유하게 되거나 나누어 가지게 된다. 이것은 개별적 사항에 따라서 서로 차이가 있을 수 있다. 여기에서 제기될 수 있는 문제는 상급기관이 하급기관의 해석권한을 흡수하는 것이 가능한가 여부이다. 만약 흡수하는 것이 인정되고 실제로 행해진다면, 처분기관은 해석권한을 상실하게 되고, 상급기관이 해석에 관하여 지시하는 것도 더 이상 해석기준이 아닌 해석 그 자체가 될 것이다. 상급기관의 해석권한 흡수와 관련하여 이것이 상급기관의 임의로 행하는 것이 가능한가 그렇지 않으면 어떠한 제약이 있는가가 문제될 수 있다.

재량기준의 법적 구속력에 대응하여 해석기준의 법적 구속력이 문제 된다. 즉, 처분기관이 해석기준에 따르지 아니하고 독자적 해석으로 처분을 행할 때, 특히 처분의 상대방인 사인의 입장에서 해석기준보다

엄격한 처분이 행해졌을 때, 해석기준으로부터 일탈한 것이 위법 원인이 될 수 있는가 여부가 쟁점이 될 수 있다.

이점에 대해서는 해석기준의 개념이 처분기관에게 해석권한을 남긴다는 점에서 보면(해석기준→해석→행정처분이라는 흐름을 상기하면 알 수 있다), 해석기준은 법적 구속력을 논할 필요가 없는 것 같이 보인다. 처분기관에 의하여 해석기준 내용이 처분기관의 해석으로서 나타나기 때문에, 통상적으로 해석기준은 처분기관의 해석과 별도의 의미를 갖지 않는다. 따라서 통상적인 경우에는 법원은 처분기관의 해석의 당부를 판단하면 충분하다고 생각된다.[45)]

5. 해석기준[46)]과 해석의 구별과 실익

실제로 상급기관의 고시나 지침 규정이 해석기준과 재량기준이 혼재할 경우가 다수 존재하지만, 양자의 구별이 쉽지 않은 경우도 있다. 재량의 경우, 재량기준이 존재하더라도 처분청에게 구체적 사정에 따른 재량판단의 여지를 인정할 수 있다. 해석의 경우에도, 어떤 사항에 대해서 상급기관이 해석기준을 제시하였다고 하더라도, 하급기관에 해석권한이 남아있다고 할 수 있다. 그러나 이것이 만약 상급기관이 제시한 것이 해석이라면, 그 한도에서 하급기관에게 해석권한이 남겨있지 않다고 생각된다. 그 때문에 상급기관이 제시하는 것이 해석기준인가 해석인가를 판단할 때, 가능한 한 해석기준으로 해석하여 하급기관에게 해석권한을 남겨두는 것이 바람직하다.

행정절차법 제20조에서 규정하는 처분기준에는 재량기준과 처분기

45) 芝池義一, 前掲論文, 217頁.

46) 새로운 법률이 제정 혹은 개정되었을 때, 입법 관여한 사람이 일반적인 해설서를 출간할 때가 있다. 이러한 것은 해석기준과 구별하여 일반적 사전해석으로 칭할 수 있는데, 행정의 법집행과정에서 통일성을 확보하고 해석의 명확성을 확보하기 위하여 활용될 수도 있다.

준이 포함된다고 해석된다. 따라서 해석기준도 설정·공표의무가 있다고 생각된다. 해석기준은 재량기준에 비견되는 것으로 생각되지만 다음의 점에서 양자의 차이가 있다고 파악된다. 재량기준은 행정청에 재량권이 인정되는 경우에 존재할 수 있지만, 해석기준은 재량이 존재하지 않을 때도 인정될 수 있다. 그리고 재량기준은 본래 처분기관이 정립하는 것이지만, 해석기준은 상급기관이 발하는 것이 일반적이다. 상급기관이 발하는 해석기준이 존재할 경우에 소송에 있어서 해석이 문제 될 경우에는 법원은 처분기관의 해석을 문제로 하면 충분할 것이다. 이러한 점을 전제할 때, 원칙적으로 재량기준과 해석기준을 병렬적으로 두고 재량기준의 법리를 유추하여 해석기준의 법리를 생각하는 것은 적절하지 않을 수도 있다.

6. 행정청의 법해석과 사법심사

법해석은 통상적으로 사실인정과 포섭 사이에 행정처분과정의 하나의 단계로 설명한다. 그러나 전술한 바와 같이 해석은 법률이 제정되면, 당해 법률에 대해서 일반적으로 검토하는 단계(개별사건에서 문제가 제기되기 이전 단계에서)에서 이미 행하여진다. 이러한 일반적 검토 후에 개별사건이 발생하면 요건인정과 효과판단의 단계에서도 계속하여 법해석이 행해진다. 이러한 과정을 감안한다면, 행정의 법해석은 처분과정에 선행하여 존재한다고 할 수 있다.

재량행위를 심리하는 법원의 판단 중에는 해석에 해당하는 것과 재량행사에 해당하는 것이 있다. 행정법률 중에서 다의적 규정에 대해서는 행정이 법집행을 하는 과정에서 해석이 요구된다. 물론 다의적 규정이 아닌 경우에도 법집행을 위해서 해석이 요구된다.

행정의 법해석 재량이 있을 수 있는가가 문제 될 수 있다. 하나의 법률규정에 대해서 복수의 해석가능성이 존재할 때 발생할 수 있다. 예

컨대 하나의 법률규정에 대해서 A와 B의 해석이 대립하고 있고 각각의 견해에 대해서 학설, 판례도 나누어져 지지되고 있다. 그리고 행정이 A와 B 중 어느 것을 선택하는 것이 가능하다고 한다면 재량(대법률재량)으로 부르는 것도 가능할 것이다. 이런 상황에서 행정이 A 해석을 취한 경우, 행정의 해석이 소송에서 다투어지고 법원이 행정청이 채용한 A해석이 잘못되었다고 판단(해석)한다면, A해석에 의거하여 행해진 처분을 위법하다고 판단하는 것이 가능하다. 해석은 법원의 전권이라는 것을 전제한다면, 법원은 행정이 취한 해석이 타당한가 여부를 판단하는 것이 가능하고, 소송단계에서 행정청에게 재량(대사법재량)은 없다고 보아야 한다.[47)]

그러나 만약 이 경우에 법원이 자기의 독자적 해석을 제시하는 것을 자제하고 행정이 취한 해석을 존중하고 이것을 실제 사건 해결을 위해서 사용할 수 있다. 이러한 장면에서는 해석에 관한 행정청의 재량이 인정된다고 볼 수 있고, 이를 해석재량이라고 부르는 것도 가능할 것이다. 이러한 법원의 대응은 잘못된 것이고, 법원은 자신이 타당하다고 판단되는 해석을 채용해야 하고 행정이 채용한 해석을 그대로 채용해야 하는 것은 적절하지 않다는 비판을 가할 수도 있다. 그러나 법원이 행정청이 행한 해석을 시인할 때, 법원이 취한 해석이 자신의 해석인가, 그렇지 않으면 행정의 해석을 존중한 것인가를 판별하는 것은 분명하지 않는 경우가 있을 수 있다. 그러나 혹여 이러한 행정청의 해석재량이 인정된다고 하더라도 그것은 행정청이 개별사건에 대한 법령의 해석에 있어서 그 해석의 취지를 자유롭게 변경할 수 있는 것을 의미하지는 않는다. 행정의 해석변경에는 그에 상응한 합리적 이유가 필요

47) 미국의 경우 종래 일부판결에서 제시한 행정청의 해석기준을 사법심사기준으로 적용한 예가 있었다(허성욱,"행정재량에 대한 사법심사기준에 대한 소고－미국 행정법상 쉐브른 원칙(Chevron Doctrine)과 해석규범(Canon)의 기능과 상호관계를 중심으로", 공법연구 제41권 제3호, 2013 557－581면). 그러나 최근 판례에서는 이를 부정되고 있다. Loper Bright Enterprises v. Raimondo, 603 U.S. 369 (2024)

할 것이다.[48)]

7. 소결

대상판결에서 위법성 심사의 논리 구조는 전술한 재량기준에 의거한 행정처분 위법성 판단을 위한 2단계 심사론과 유사성을 띠고 있다. 즉, 처분의 실체적 위법성을 판단하는 과정에서 2단계 심사론을 취하고 있다. 제1단계로 해석기준의 법적합성 심사를 행하고 제2단계로 해석기준에 의거한 처분의 적법성 심사를 행하고 있다.

제1단계 해석기준 적법성 심사에서 「국민건강보험공단이 배우자를 피보험자로 정한 쟁점 규정을 국민건강보험공단의 『자격관리 업무지침』에 따라 『사실상 혼인관계에 있는 사람』도 인우보증서를 제출할 것을 조건으로 피부양자에 포함하는 것으로 해석·적용하는 것은 적법」하다고 판단하였다.

이어서 제2단계 해석기준에 의거한 처분의 적법성 심사에서 「건강보험제도와 피부양자제도의 의의, 취지와 연혁 등을 관련 법리와 기록에 비추어 살펴보면, 국민건강보험공단이 직장가입자와 사실상 혼인관계에 있는 사람, 즉, 이성 동반자와 달리 동성 동반자인 甲을 피부양자로 인정하지 않고 위 처분을 한 것은 합리적 이유 없이 甲에게 불이익을 주어 그를 사실상 혼인관계에 있는 사람과 차별하는 것으로 헌법상 평등원칙을 위반하여 위법하다」 판시하고 있다. 재량기준과 해석기준은 전술한 바와 같이 서로 성격을 달리하므로 그 취급에 있어서도 차이를 두는 것이 타당한 것으로 보인다. 이 판결은 전통적 재량기준과 해석기준 구별론에 대한 새로운 측면의 검토과제를 제시한다고 평가된다. 즉 재량기준과 해석기준의 구별 상대론을 제시하고 있으며, 해석기준이 재

48) 芝池義一, 前掲論文, 201－202頁.

판규범이 될 수 있는가에 대한 의문을 제시하고 있다.[49]

Ⅶ. 행정재량과 사법심사

사법심사의 밀도라는 관점에서 보면 행정재량에 대한 최대한 심사, 중간정도 심사, 최소한 심사 등으로 분류할 수 있다. 이러한 심사밀도는 당해 사안의 기술적·전문정책적 성격에 따른 전면적 사법심사의 가능정도와 관련이익이 중대한 권리이익(생명, 신체, 건강 등)에 관한 것인지 여부 등에 의존한다고 보인다. 그리고 행정재량에 대한 사법심사방법으로는 실체적 심사, 절차적 심사, 판단과정심사로 나눌 수 있다.

1. 실체적 판단대치방식 심사(전면적 심리방식)

실체적 판단대치방식의 재량심리방법은 법원이 행정재량에 관한 사항을 전면적으로 심사하여 그 결과와 행정청의 판단이 서로 일치하지 않는 경우에는 법원의 판단을 우선 시켜 행정행위를 취소하는 방식을 말한다.[50] 법원은 재량권 행사의 한계가 쟁점이 된 사안의 심리에 있어서 사실인정과 법적 효과선택에 관한 모든 판단을 독자적으로 행하여 그 결과와 행정청의 그것과 비교하여 이것이 불일치할 경우에 자신의 판단결과를 행정청의 판단결과에 대치하는 방식을 취한다. 이것은 어떤 경우가 재량권의 일탈·남용이 되는가에 대한 가장 전통적인 방법으로, 행정청의 재량판단에 사실인정이나 법적 효과를 선택하는 데 있어서 일

49) 김철용, 전게서, 239면.

50) 행정재량의 행사는 일정한 실체적 기준에 위반하고 있는 경우에는 일탈·남용으로서 위법이 된다. 법원도 재량행사의 결과에 초점을 맞추어 그것이 실체적 기준에 적합하는가 여부를 심리하는 것이 일반적이다.

정한 실체적 기준에 위반하는 경우에 재량권의 일탈·남용으로서 위법하게 된다. 즉 법원은 재량권 행사의 결과에 착안하여 당해 재량권 행사가 실체적 기준에 적합한가 여부를 심리하여 재량권행사의 위법여부를 심리하는 방법이다. 이러한 실체적 판단대체방식을 취할 경우, 재량권 통제를 위하여 학설상 혹은 판례를 통하여 정립된 각종 기준이 재량권의 일탈·남용에 대한 주요 판단기준으로 기능할 수 있다. 이러한 기준으로서 사실의 오인, 법의 목적·취지 위반, 비례원칙, 평등원칙, 신뢰보호원칙, 부당결부금지원칙 등을 들 수 있다.[51] 이 중에서 이 사건에서는 요건인정과 관련하여 평등원칙이 문제되었다.

1) 평등원칙

행정기본법 제9조의 평등 원칙은 모든 행정작용에 적용된다. 침해적 행정과 수익적 행정, 질서행정과 급부행정 등 모든 행정영역에 적용된다.[52] 헌법 제11조에서 말하는 평등이란 어떠한 차이를 두지 않는 절대적 평등이 아니라, 국가의 모든 작용에 합리적인 이유가 없는 차별을 하여서는 아니 된다는 상대적 평등으로 이해된다. 평등권 위반 여부를 심사하는 핵심적 기준은 자의금지원칙과 비례성원칙이라고 할 수 있다.

헌법재판소[53]는 이와 관련하여 「평등원칙은 평등위반 여부를 심사함에 있어 엄격한 심사척도에 의할 것인지, 완화된 심사척도에 의할 것인지는 입법자에게 인정되는 입법형성권의 정도에 따라 달라지게 될 것이나, 헌법에서 특별히 평등을 요구하고 있는 경우와 차별적 취급으로 인하여 관련 기본권에 대한 중대한 제한을 초래하게 된다면 입법형성권은 축소되어 보다 엄격한 심사척도가 적용되어야 할 것인바, 가산

51) 박균성, 전게서, 369-371면.
52) 홍정선, 행정기본법 해설(제2판), 박영사, 2022, 74-76면.
53) 헌재 1999. 12. 23. 98헌마363

점제도는 헌법 제32조 제4항이 특별히 남녀평등을 요구하고 있는 "근로" 내지 "고용"의 영역에서 남성과 여성을 달리 취급하는 제도이고, 또한 헌법 제25조에 의하여 보장된 공무담임권이라는 기본권의 행사에 중대한 제약을 초래하는 것이기 때문에 엄격한 심사척도가 적용 된다」고 하였다.

한편 평등원칙을 적용할 때, 비교대상이 사실관계의 동일성에 관하여는 「평등원칙은 입법자에게 본질적으로 같은 것을 자의적으로 다르게, 본질적으로 다른 것을 자의적으로 같게 취급하는 것을 금하고 있다. 그러므로 비교 대상을 이루는 두 개의 사실관계 사이에 서로 상이한 취급을 정당화할 수 있을 정도의 차이가 없음에도 불구하고 두 사실관계를 서로 다르게 취급한다면, 입법자는 이로써 평등권을 침해한 것으로 볼 수 있다. 그러나 서로 비교될 수 있는 두 사실관계가 모든 관점에서 완전히 동일한 것이 아니라 단지 일정 요소에 있어서만 동일한 경우에 비교되는 두 사실관계를 법적으로 동일한 것으로 볼 것인지 아니면 다른 것으로 볼 것인지를 판단하기 위하여 어떠한 요소가 결정적인 기준이 되는가가 문제된다. 두 개의 사실관계가 본질적으로 동일한가의 판단은 일반적으로 당해 법률조항의 의미와 목적에 달려 있다」[54]고 하였다.

평등원칙에 관하여 이 사건에서 사실관계 동일성이 문제된 것은 사실혼과 동성혼의 관계이다. 이와 관련하여 대상판결은 「국민건강보험공단이 위 처분을 통하여 사실상 혼인관계 있는 사람 집단에 대하여는 피부양자 자격을 인정하면서도, 동성 동반자 집단에 대해서는 피부양자 자격을 인정하지 않음으로써 두 집단을 달리 취급하고 있는데, 동성 동반자는 직장가입자와 단순히 동거하는 관계를 뛰어넘어 동거·부양·협조·정조의무를 바탕으로 부부공동생활에 준할 정도의 경제적 생활공동

54) 헌재 2021. 7. 15. 2020헌바1

체를 형성하고 있다는 점에서 차이가 없는 점, 자격관리 업무지침에 따르면 『사실상 혼인관계에 있는 사람』의 경우 피부양자로 인정받기 위해서는 인우보증서를 제출해야 하는데, 동성 동반자도 이러한 내용의 인우보증서를 제출할 수 있다는 점에서 차이가 없는 점, 국민건강보험공단이 사실상 혼인관계에 있는 사람을 피부양자로 인정하는 이유는 그가 직장가입자의 동반자로서 경제적 생활공동체를 형성하였기 때문이지 이성 동반자이기 때문이 아닌 점 등에 비추어, 이러한 취급은 성적 지향을 이유로 본질적으로 동일한 집단을 차별하는 행위에 해당」한다고 하여 양자는 본질적 차이를 부정하였다.

동성혼의 허용여부는 사회적 문화적 환경과 역사발전의 정도에 따라 입장이 달라질 수 있다. 우리 사회도 이것에 대한 입장은 서서히 변화하고 있고, 이 판결은 이러한 가치변화를 반영한 해석을 통하여 새로운 제도운용방향을 제시하고 있다. 행정법의 핵심적 기능으로 사회통제적 기능과 자원분배적 기능을 들 수 있다. 전자를 강조한다면, 이 판결과 다른 결론을 도출할 수 있지만, 적극행정과 복지행정이 전제되는 현대적 행정수요를 고려한다면 자원분배적 기능에 중점을 둘 필요가 있다. 이 판결은 이런 측면을 강조한 판결이라고 생각된다.

2. 절차적 심사

행정기관이 행정활동을 행함에 있어서 일정한 사전절차를 거치는 것이 법적으로 요구될 때에는 법원은 행정청 판단의 실체적 결과의 적부판단과는 별도로 이 절차가 적법하게 행하여졌는가 여부를 심리할 수 있다. 행정청의 재량판단의 결과와 과정에 대한 심사 이외에 행정절차법 등에 규정된 절차적 규율에 관한 하자가 존재하는가 여부에 대한 심사도 결과적으로는 재량적 행정행위의 통제수단 내지 심리방법의 하나라고 할 수 있다. 행정청의 판단이 형성되는 프로세스에 대한 심사라는

점에서 판단과정적 심사와 유사하지만, 이것이 행정행위를 함에 있어서 행정청의 내부적 판단과정인 행정행위와 관련된 제이익·제사유의 비교 형량과정의 심사임에 반하여, 행정절차법 등 제법령이 규정한 절차적 규율의 이행심사는 행정청의 외부적 판단과정의 심사라는 점에서 양자는 차이가 있다고 할 수 있다.

재량적 행정처분의 절차적 하자판단과 관계된 주요 심사사항으로 처분의 사전통지, 의견제출, 청문, 공청회, 심사기준·처분기준, 이유제시 등을 제시할 수 있다.

이 사건에서 쟁점이 된 절차적 하자는 행정절차법 제21조 제1항에 규정된 처분의 사전통보를 위반한 것인가 여부이다. 처분의 사전통보 대상이 되는 것은 침해적 행정처분이다. 동 규정이 정하는 「의무를 부과하는 처분」이라 함은 조세부과처분과 시정명령과 같은 행정법상 의무를 부과하는 처분을 지칭하고, 「권익을 제한하는 처분」은 허가취소와 같은 수익적 처분의 취소와 정지처분 등을 지칭한다. 이 사건에서 문제된 보험료부과처분은 판결에서 지적하는 바와 국민건강보험공단의 자격변경 처리에 따라 갑의 피부양자 자격을 소급하여 박탈하는 내용을 포함하고 있다. 따라서 전형적인 침해적 행정처분에 해당하는 것으로 이러한 절차를 결한 처분은 절차적 하자를 갖는다고 판단된다.

3. 판단과정적 심사

1) 일반 행정처분에 대한 판단과정적 심사의 확장가능성

재량행사에 대한 법원의 심리는 그 결과나 절차에 대해서 뿐만 아니라 판단과정에도 미친다. 전통적인 재량통제의 관심은 재량권행사의 결과에 착안하여 처분의 실체법적 적부에 초점이 맞춰졌는데 재량통제기준으로 제시되고 있는 사실오인, 목적위반, 동기위반, 비례원칙위반, 평등원칙위반 등의 고전적 재량판단기준은 이러한 사고에 기초한 것이

다. 이에 대하여 행정청에 재량판단의 판단과정에 착안하여 그 합리성을 심사하는 수법이 있다. 행정청이 전문기술적 혹은 정책적 판단과정에서 불합리한 점이 있는가 여부의 관점에서 행정청의 판단과정에 간과하기 어려운 과오나 결함이 있는가를 심리하는 방법이다. 재량행사에 법원의 심리는 그 결과에 대하여 뿐만 아니라 판단과정에도 미친다. 판단과정적 심리방식은 독일의 계획행정법 분야에서 발전한 형량명령제도[55]의 영향을 받아 우리나라 학설, 판례에서 전개하고 있는 것으로 특히 계획재량의 한계와 관련하여 항상 언급되고 있다. 폭넓은 재량이 인정되는 계획재량의 경우, 행정결정을 함에 있어서 고려사항의 범위와 대립되는 이익의 비교형량이 핵심적 판단과정을 구성하는데, 법원은 이러한 행정결정의 형성과정에 대한 적정성을 심사함으로써 재량권의 일탈·남용을 통제하는 것이다. 이러한 판단과정적 통제방법은 다기적 이해관계가 대립의 조정과 해결로 특징지워지는 현대 행정의 특성을 고려할 때, 계획법적 영역에 한정할 것이 아니라 재량적 행정결정의 일반적

---

55) 판단과정적 하자가 존재할 경우 당해 하자를 실체적 하자로 볼 것인가 절차적 하자로 볼 것인가에 대하여 견해가 대립할 수 있으나 독일의 경우 건축법전에서 형량의 하자를 절차적 하자의 일종으로 규정하고 있다. (Spannowsky/Uechtritz, BauGB Kommentar, 2. Auf, 2014, S.79ff.) 계획재량의 통제법리로 기능하는 형량명령은 독일의 건설법전에 명문으로 규정된 법원칙으로 동법에는 이익형량과정에서 고려되어야 할 제사항을 규정하고 있다. 형량명령의 구체적 내용은 독일의 연방헌법재판소, 연방재판소 및 연방행정재판소의 판례를 통하여 발전되어 왔다. 형량명령위반에 따른 계획의 위법성의 판단기준으로서 도출된 것으로는 ① 이익형량자체가 전혀 행하여지지 아니한 형량의 해태(Abwägungsausfall), ② 이익형량과정에서 계획의 상황에 비추어 중요하게 고려될 것이 요구되는 이익들이 형량과정에 포함되지 아니한 형량의 흠결(Abwägungsdefizit), ③ 이익형량에 있어 관련된 이익의 의미가 객관적으로 잘못 평가된 경우인 오형량(Abwägungsfehleinschätzung), ④ 이익형량의 결과 개별적·구체적 이해관계의 조정이 형평을 잃은 경우인 형량의 불균형(Abwägungsdisproportionalität) 등이 제시되고 있다. 독일에서는 형량명령이 계획행정법 분야에서 발전한 법원칙으로 건설법전 제6조에 규정되어 먼저 건설상세계획에 관한 법원칙으로 확립되었고, 그후 영역을 확대하여 계획확정결정이 이루어지는 전문영역으로 적용영역을 확대하였다.

유형에도 사법심사의 한계를 극복할 수 있는 방법으로서 적극적 검토가 필요하다고 할 수 있다.

2) 행정계획이 아닌 재량처분인 행정처분에 대한 판단과정적 심사가능성

행정계획이 아닌 일반 행정처분에서 판단과정적 심사방식을 취한 leading case로 2006년 2월 27일 일본 최고재판소 판결을 들 수 있다.[56]

원고는 매년 개최되는 교육연구집회의 회의장으로 사용할 목적으로 시립 중학교 학교시설의 목적 외 사용신청에 하였으나 불허가 처분을 받았다.[57] 이에 원고는 시립중학교가 소속된 시를 상대로 국가배상소송을 제기한 사건에서 위법성 판단과 관련하여 재량권행사의 한계에 대해서 최고재판소는 다음과 같이 판시하였다.

「학교시설의 목적 외 사용을 허가할 것인가의 여부는 원칙적으로 관리자의 재량에 맡겨져 있다고 해석하는 것이 상당하다. 즉, 학교 교육상 지장이 있다면, 사용을 허가할 수 없는 것이 자명하지만, 그러한 지장이 없다고 하여 당연히 허가를 하여야 하는 것은 아니고, 행정재산인 학교시설의 목적 및 용도와 목적 외 사용 목적, 태양 등의 관계를 배려한 재량판단에 의해서 사용허가를 하지 않을 수도 있다. …… 학교관리자의 허가신청에 관련된 사용일시, 장소, 목적 및 태양, 사용자의 범위, 사용 필요성의 정도, 재량판단은 허가와 관련된 지장, 또는 허가를 한 경우에 폐해 혹은 영향의 내용 및 정도, 대체시설 확보의 곤란성 등 허가를 하지 않는 것에 의한 신청자 측의 불편함 또는 영향의 내용 및 정

56) 最判 2006. 2. 7 民集60卷2互401頁

57) 일본의 경우, 이 사건에서 문제 된 행정재산의 목적 외 사용에 대해서 지방자치법 제238조의 4 제4항과 학교교육법 제85조가 규율하고 있다. 우리나라 법제에서는 행정재산의 목적 외 사용을 규정한 공유재산법 제20조가 이에 해당한다고 할 수 있다.

도 등의 제반 사정을 종합적으로 고려해야 한다. 이러한 재량권의 행사가 일탈·남용에 해당하는가의 사법심사에 있어서 이러한 판단이 재량권 행사로서 행하여졌다는것을 전제하여, 판단요소의 선택 및 판단과정의 합리성이 결한 바가 있는가를 검토하여, 그 판단이 중요한 사실의 기초를 결한다거나, 사회통념에 비추어 현저한 타당성을 결한다고 인정되는 경우에 한하여, 재량권의 일탈 또는 남용으로서 위법하다고 해석하는 것이 상당하다」고 하였다.

이 판결에서 재량권의 일탈·남용 즉 위법성판단의 접근방식으로 판단과정심사 방법을 취하고 있다. 이와 관련하여 처분처분과정에서 행정청의 판단요소의 선택과 판단과정의 합리성 결여 여부 심사하는 방식으로 재량행사의 위법성 존부를 심사하였다. 이 판결에서 판단요소 내지 고려요소로서 들고 있는 것이 ① 사용목적(교육연구집회의 성질), ② 허가한 경우의 영향(과거 교육연구집회의 예, 이 사건 집회 예정일이 주말이었다는 점), ③ 집회를 학교시설에 개최하는 것에 의한 교육상의 영향(악영향이 발생한다는 평가에 대해서), ④ 학교시설을 이용하는 경우와 다른 공공시설을 이용하는 경우의 비교(분과별 활동에 대한 편리성), ⑤ 불허가처분에 이르는 경위(우익단체에 의한 방해활동의 위험) 등이다. 최고재판소는 이들 각각에 대해서 검토한 후에 결론적으로 「이 사건 중학교 및 그 주변의 학교 및 지역에 혼란을 초래하고 학생들에게 교육상 악영향을 주고, 학교교육에 지장을 가져오는 것이 예상된다는 이유로 행해진 이 처분은 중시해서는 안 될 고려요소를 중시하는 등, 고려사항에 대한 평가가 명백하게 합리성을 결하고 있고, 다른 한편으로는 당연히 고려되어야 할 사항을 충분히 고려하지 않아서 그 결과, 사회통념에 비추어 현저히 타당성을 결한 것」이라고 판단하여 상고를 기각(처분은 위법)하였다.

이 판결은 다른 측면에서 보면 재량적 거부처분이 허용될 수 있는가라는 점에서도 분석할 수 있다, 최고재판소는 처분청이 제시한 처분

이유를 전제로 고려사항의 범위와 고려사항에 대한 형량의 적정성을 평가하여 행정의 재량판단의 적정성을 판단하고 있다.

3) 재량처분의 조사 · 검증과정과 결론의 논증과정의 합리성 심사

행정은 국민에 대해서 설명책임을 진다. 이것은 우리나라 헌법 제1조 제2항에 규정된 국민주권의 해석상 도출되는 가치이다. 종래에 행정의 설명책임은 정보공개나 행정절차의 이유제시 등을 통하여도 실현되지만, 이를 넘어서 모든 행정처분과정에서 그 적정성과 타당성을 제시하면서 이를 통하여 국민에 대한 설명책임을 다해야 한다는 것이 행정청에게 요구된다고 볼 수 있다. 행정처분과정에서 요건인정과 효과판단과정을 전제할 경우, 행정청은 행정처분과정에서 사실파악을 위한 「조사·검증과정」과 이를 바탕으로 한 최종결정(효과판단)을 도출하기 위한 「논증과정」이 있다고 가정할 수 있다. 이를 각각의 과정에 적절성을 결할 경우, 「조사·검증과정」의 흠결과 「논증과정」의 흠결로 표현할 수 있다. 이러한 것들은 재량권의 남용이나 일탈에 해당할 것이다. 이에 대해서 종래의 학설 · 판례의 다수는 목적위반, 동기위반, 사실오인, 비례 · 평등원칙 위반 등을 이유로 재량권남용으로 바로 직접적으로 연결시켰다. 그러나 사안에 따라서는 이들 원칙의 기계적 적용으로 문제해결이 쉽지 않은 경우가 있다. 이러한 경우에 행정의 최종결정을 위한 「조사·검증과정」과 「논증과정」의 고려사항을 파악하고 이것에 대해서 고려사항 선택의 적정성과 관련 이익의 형량의[58] 적정성으로 나누어 판단과정적 심사방식을 취한다면 재량영역에 대한 사법심사의 밀도를 강화하

58) 행정기본법 제21조는 재량행사의 기준으로 관련이익의 적절한 형량원칙을 제시하고 있는데, 조문의 구조상 이것은 행정계획 등에 한정되지 않고 행정처분 일반에 적용될 수 있다고 해석된다. 이 규정에 기초하여도 행정처분과정에는 관련이익의 선택의 적정성(고려사항선택의 적정성)과 관련이익 형량의 적정성이 요구된다고 보여 진다.

고 행정의 자의적 재량권행사에 대한 적절한 통제수단으로 기능할 것으로 보인다.

Ⅷ. 결론

대법률적 재량은 입법과 행정 간 법제정과 법형성 과정에서 역할분담을 도모한 것이다. 이것은 사회의 급속한 변화와 법규제 대상의 전문적·기술적 성격 때문에 앞으로 그 정도와 영역이 확장될 것으로 보인다. 계속적으로 확대되는 대법률재량에 대한 적절한 사법통제를 강화를 위해서 사법심사 형식과 방법의 적절한 정비와 개선이 필요하다. 대사법재량은 법원과 행정의 법 집행상 기능분담이다. 전문기술적 사항에 대해서 행정청의 판단능력이 법원의 판단능력보다 더 앞서는 경우를 상정할 수 있다. 예컨대 원자로 설치허가와 같이 전문가를 다수 가지고 있는 행정조직에서 심사되고 판단된 행정처분이나 전문가에 의해서 구성된 제3자 기관의 심의를 거쳐서 행해진 행정처분에 대해서는 행정이 고도의 전문기술적 능력을 가지고 있기 때문에 그 능력을 고려하여, 법원이 행정의 판단을 존중하고 심리를 자제하는 경우가 있을 수 있다. 또 다른 경우는 정책적 사안의 경우이다. 이러한 사안에 대해서는 항상 행정청의 판단이 반드시 법원의 판단에 앞선다고 생각되지 않는다. 다만 이런 경우에 법원이 재량을 인정하는 것은 권력분립상 행정청의 정책적 판단에 대해서 사법심리를 자제한 결과라고 생각한다. 법률에 의한 행정 원리에서 보면 전문기술적 측면에서 인정된 사법심리 한계영역을 제외하고는 가능한 범위에서 전면적 심리를 하는 것이 바람직할 것이다. 그리고 이러한 심리방식을 취하기 힘든 경우에는 절차적 통제나 판단과정적 통제를 통한 심리방식을 확대·강화시킬 필요가 있다.

이 사건은 표면적으로는 보험료부과처분의 위법성을 다툰 사건이

지만, 의료보험 제도운용과 관련하여 법적 보호 밖에 있는 일부 소수자들을 현행 제도 하에서 어떻게 취급할 것인가를 다룬 정책형성판결이라고 할 수 있다. 이러한 문제에 대한 해결을 위하여 통상적으로 전체적 법적 정합성을 강조하여 top down 방법을 취하여 문제해결을 도모하여 왔다. 이 판결은 구체적 타당성을 확보한다는 관점에서 취한 문제해결의 방식으로 bottom up식 접근을 했다고 평가된다.

이 판결의 주된 쟁점은 종래 국민건강보험공단의 「자격관리 업무지침」에 따라 「사실상 혼인관계에 있는 사람」도 인우보증서를 제출할 것을 조건으로 피부양자에 포함하는 것으로 해석·적용하여 온 해석기준을 동성혼에 적용하여 피부양자자 자격을 인정할 것인가가 여부의 문제이다. 그리고 사법심사과정에서 행정청의 해석기준을 어떻게 취급할 것인가의 문제이다.

이 판결에서 위법성 심사 논리 구조는 전술한 바와 같이 해석기준에 의거한 행정처분 위법성 판단을 위한 2단계 심사론을 취하고 있다. 제1단계로 해석기준의 법적합성 심사를 행하고 제2단계로 해석기준에 의거한 처분의 적법성 심사를 행하고 있다. 이러한 것은 간접적으로 해석기준이 재판규범이 될 수 있는 가능성을 제시하고 있는데, 해석기준의 성질과 행정과정에서 차지하는 체계적 위치를 고려할 때, 의문이 남는 점도 적지 않다. 결과적으로 해석기준과 재량기준의 상대화 현상이 발생하고 있는데, 이에 대한 고찰은 향후 과제로 설정한다.

참고문헌

[단행본]

최선웅, 재량과 행정쟁송, 박영사, 2021
홍정선, 행정기본법 해설(제2판), 박영사, 2022
김동희 · 최계영, 행정법Ⅰ, 박영사, 2023
김철용, 행정법(제13판), 고시계사, 2024
김남진 · 김연태, 행정법Ⅰ,법문사, 2024
박균성, 행정법론(상)(제24판), 박영사, 2025
정하중 · 김광수, 행정법개론 19판, 법문사, 2025
고학수 · 김병필 · 구본효 · 백대열 · 박도현 · 정종구 · 김은수, 인공지능 시대의 개인정보보호법, 박영사, 2022

[논문]

김창조, "행정재량과 주장 · 증명책임", 행정판례연구 제25권 제2호, 2020
허성욱, "행정재량에 대한 사법심사기준에 대한 소고－미국 행정법상 쉐브른 원칙(Chevron Doctrine)과 해석규범(Canon)의 기능과 상호관계를 중심으로", 공법연구 제41권 제3호, 2013.

[독일문헌]

Spannowsky/Uechtritz, BauGB Kommentar 2.Auf, C.H.BECK, 2014
Friedhelm Hufen, Verwaltungsprozessrecht 12.Auf, C.H.BECK, 2021
Steffen Detterbeck, Allgemeines Verwaltungsrecht mit Verwaltungsprozessrecht 2.Auf, C.H.BECK, 2021

[일본문헌]

塩野 宏, 행정법Ⅰ, 有斐閣, 2015

高橋正人, 行政裁量と司法審査論, 晃洋書房, 2019

芝池義一, "行政裁量の基礎概念", 関西大学　法学論集, 第74巻　第2号, 2024

국문초록

행정재량은 행정과 사법 혹은 행정과 입법과 관계에서 문제 된다. 행정과 입법과 관계에서 행정청에 존재하는 재량은 소송의 장과 별개로 존재하는 재량으로 양자는 분리하여 접근하는 것이 바람직하다.

대법률적 재량은 입법과 행정 간 법제정과 법형성 과정에서 역할분담을 도모한 것이다. 이것은 사회의 급속한 변화와 법규제 대상의 전문적·기술적 성격 때문에 앞으로 그 정도와 영역이 확장될 것으로 보인다. 계속적으로 확대되는 대법률재량에 대한 적절한 사법통제를 강화를 위해서 사법심사 형식과 방법의 적절한 정비와 개선이 필요하다. 대사법재량은 법원과 행정의 법집행 상 기능분담이다. 전문기술적 사항에 대해서 행정청의 판단능력이 법원의 판단능력보다 더 앞서는 경우를 상정할 수 있다. 예컨대 원자로 설치허가와 같이 전문가를 다수 가지고 있는 행정조직에서 심사되고 판단된 행정처분이나 전문가에 의해서 구성된 제3자 기관의 심의를 거쳐서 행해진 행정처분에 대해서는 행정이 고도의 전문기술적 능력을 가지고 있기 때문에 그 능력을 고려하여, 법원이 행정의 판단을 존중하고 심리를 자제하는 경우가 있을 수 있다. 또 다른 경우는 정책적 사안의 경우이다. 이러한 사안에 대해서는 항상 행정청의 판단이 반드시 법원의 판단에 앞선다고 생각되지 않는다. 다만 이런 경우에 법원이 재량을 인정하는 것은 권력분립상 행정청의 정책적 판단에 대해서 사법심리를 자제한 결과라고 생각한다. 법률에 의한 행정 원리에서 보면 전문기술적 측면에서 인정된 사법심리 한계영역을 제외하고는 가능한 범위에서 전면적 심리를 하는 것이 바람직할 것이다. 그리고 이러한 심리방식을 취하기 힘든 경우에는 절차적 통제나 판단과정적 통제를 통한 심리방식을 확대·강화시킬 필요가 있다.

이 사건은 표면적으로는 보험료부과처분의 위법성을 다툰 사건이지만, 의료보험 제도운용과 관련하여 법적 보호 밖에 있는 일부 소수자들을 현행 제도 하에서 어떻게 취급할 것인가를 다룬 정책형성판결이라고 할 수 있다.

이러한 문제에 대한 해결을 위하여 통상적으로 전체적 법적 정합성을 강조하여 top down 방법을 취하여 문제해결을 도모하여 왔다. 이 판결은 구체적 타당성을 확보한다는 관점에서 취한 문제해결의 방식으로 bottom up식 접근을 했다고 평가된다.

이 판결의 주된 쟁점은 종래 국민건강보험공단의 「자격관리 업무지침」에 따라 「사실상 혼인관계에 있는 사람」도 인우보증서를 제출할 것을 조건으로 피부양자에 포함하는 것으로 해석·적용하여 온 해석기준을 동성혼에 적용하여 피부양자자 자격을 인정할 것인가가 여부의 문제이다. 그리고 사법심사과정에서 행정청의 해석기준을 어떻게 취급할 것인가의 문제이다.

이 판결에서 위법성 심사 논리 구조는 전술한 바와 같이 해석기준에 의거한 행정처분 위법성 판단을 위한 2단계 심사론을 취하고 있다. 제1단계로 해석기준의 법적합성 심사를 행하고 제2단계로 해석기준에 의거한 처분의 적법성 심사를 행하고 있다. 이러한 것은 간접적으로 해석기준이 재판규범이 될 수 있는 가능성을 제시하고 있는데, 해석기준의 성질과 행정과정에서 차지하는 체계적 위치를 고려할 때, 의문이 남는 점도 적지 않다. 결과적으로 해석기준과 재량기준의 상대화 현상이 발생하고 있는데, 이에 대한 고찰은 향후 과제로 설정한다.

주제어: 대법률적 재량, 대사법재량, 사법심리, 해석기준과 재량기준의 상대화, 행정처분 위법성 판단을 위한 2단계 심사론

Abstract

The Expansion of Administrative Discretion and Legal Response to Changes in the Social Environment

Kim, Chang JO*

The administrative discretion over legislative power seeks to divide roles between the legislative and administrative branches in the process of law making and law formation. It is expected that the extent and scope of this will expand in the future due to rapid changes in society and the specialized and technical nature of the object of legal regulation. In order to strengthen appropriate judicial control over the continuously expanding the administrative discretion over legislative power, it is necessary to appropriately organize and improve the format and method of judicial review.

The administrative discretion over judicial power is a division of functions between the courts and the administration in the application of law. It may be assumed that the administrative agency's judgment ability is superior to that of the court in matters of technical expertise. From the perspective of the principle, the rule of law, it would be desirable to conduct a comprehensive review to the extent possible, except for areas where judicial review is limited due to technical expertise. In cases where it is difficult to

* Professor, Law School, Kyungpook National University

adopt this method of judicial review, it is necessary to expand or strengthen the judicial review method through procedural control or judgment process control.

In the Korean case law reviewed in this academic paper, the logical structure of the illegality review adopts a two-step review theory for judging the illegality of administrative dispositions based on the interpretation standards by administrative agency. This indirectly suggests the possibility that administrative interpretation criteria can become a judicial norm, but considering the nature of administrative interpretation criteria and their systematic position in the administrative process, there are many questions which is not clear in the legal aspect. As a result, the phenomenon of relativization of interpretation criteria and discretionary criteria is occurring, and a review of this will be set as a future task.

KeyWords: the administrative discretion over legislative power, the administrative discretion over judicial power, judicial review, the relativization of interpretation criteria and discretionary criteria, two-step review theory for judging the illegality of administrative dispositions.

투고일 2025. 5. 28.
심사일 2025. 6. 24.
게재확정일 2025. 6. 29.

기속행위에 대한 사법심사*
- 비례원칙, 신뢰보호원칙 적용을 중심으로 -

정은영**

대상판결: 대법원 2024. 4. 25. 선고 2023두54242 판결

Ⅰ. 대상판결 개요 및 쟁점 정리

1. 사안개요: 처분 경위

원고1 회사는 감리업 등을 영위하는 법인, 원고2는 원고1 회사 소속으로 감리업무 등을 수행한 건설기술인, 피고 서울교통공사는 도시철

* 본고는 2025. 5. 16. 한국행정판례연구회 제406차 월례발표회에서 발표한 내용을 정리한 것입니다. 월례발표회에서 토론을 맡아주신 박건우 교수님과 참석해 주신 회원님들 그리고 익명의 심사위원님들께서 나눠 주신 고견에 깊이 감사드립니다.

** 서울행정법원 부장판사, 법학박사

도 건설·운영 등을 목적으로 서울특별시가 설립한 공법인이다.

원고1 회사는 공동수급체를 결성하여(원고1 회사 지분비율 55%) 2018. 5. 14. 피고와 사이에 '지하철 1~4호선 내진보강공사 및 방음벽 교체공사('이 사건 공사')에 관한 건설사업관리용역계약'을 체결하고, 원고2를 책임건설사업관리기술인으로 지정하였으며, 원고1 회사 등은 2018. 5. 18.부터 2021. 2. 10.까지 사이에 용역 업무를 수행하였다.

서울특별시 감사위원회('감사위원회')는 원고들 용역을 포함한 이 사건 공사에 관한 감사를 실시하여 '원고들이 기존 철근 간섭 등 확인 없이 설계 내용을 임의변경하고, 구조적 안정성 및 폐공처리재료 적정성 검토 없이 임의시공하여 기존 철근콘크리트 벽체의 단면손실·손상, 기존 철근의 간섭·손상을 초래한 사실('이 사건 임의변경')을 발견하였다. 피고는 감사위원회로부터 이 사건 임의변경에 관하여 원고들에게 벌점을 부과하도록 요구하는 시정요치 및 통보를 받고, 2020. 7. 20. 원고들에게 '원고1 회사에 벌점 0.55점, 원고2에게 벌점 1점'을 부과할 예정이라는 사전통지를 하였으며, 원고들은 벌점부과조치가 부당하다는 의견서를 제출하였다. 피고는 2020. 11. 17. 벌점심의위원회를 개최하여 그 심의결과에 따라 2021. 1. 13. 원고들에게 '벌점심의위원회 심의결과 알림'이라는 제목의 공문을 보내 '심의결과: 미부과. 아울러 해당 업무과실의 경중 및 소명(진술) 내용의 일부 타당성 등이 감안되어 벌점심의위원회에서는 미부과로 의결하였지만, 철근탐사 시 설계에 반영된 장비와 다른 대체 장비를 사용한 점, 검증되지 않은 재료로 폐공 후 감사지적을 받아 시정을 한 점은 업무과실로 볼 수 있기에 서면으로 '주의' 조치한다고 통보하였다('이 사건 선행조치').

주요 관계법령

건설기술 진흥법

제53조(건설공사 등의 부실 측정)

① 국토교통부장관, 발주청(「사회기반시설에 대한 민간투자법」에 따른 민간투자사업인 경우에는 같은 법 제2조제5호에 따른 주무관청을 말한다. 이하 이 조에서 같다)과 인·허가기관의 장은 다음 각 호의 어느 하나에 해당하는 자가 건설엔지니어링, 건축설계, 「건축사법」 제2조제4호에 따른 공사감리 또는 건설공사를 성실하게 수행하지 아니함으로써 부실공사가 발생하였거나 발생할 우려가 있는 경우 (중략) 부실의 정도를 측정하여 벌점을 주어야 한다.[1]

② 발주청은 제1항에 따라 벌점을 받은 자에게 건설엔지니어링 또는 건설공사 등을 위하여 발주청이 실시하는 입찰 시 그 벌점에 따라 불이익을 주어야 한다.

④ 제1항부터 제3항까지의 규정에 따른 부실 정도의 측정기준, 불이익 내용, 벌점의 관리 및 공개 등에 필요한 사항은 대통령령으로 정한다.

구 건설기술 진흥법 시행령(2020. 11. 10. 대통령령 제31156호로 개정되기 전의 것) 제87조(건설공사 등의 부실 측정에 따른 벌점 부과 등)

② 건설엔지니어링, 건축설계(「건축사법」 제2조제3호에 따른 설계를 말한다), 공사감리(「건축사법」 제2조제4호에 따른 공사감리를 말한다) 또는 건설공사를 공동도급하는 경우에는 다음 각 호의 구분에 따라 벌점을 부과한다.

1. 공동이행방식인 경우: 공동수급체 구성원 모두에 대하여 공동수급협정서에서 정한 출자비율에 따라 부과

⑤ 법 제53조 제1항 및 제2항에 따른 부실 정도의 측정기준, 불이익 내용, 벌점의 공개 대상·방법·시기·절차 및 관리 등은 별표 8의 벌점관리기준에 따른다.

[별표 8] 건설공사 등의 벌점관리기준(제87조 제5항 관련)

5. 벌점 측정기준

나. 시공 단계의 건설사업관리를 수행하는 건설사업관리용역사업자 및 건설사업관리기술인에 대한 벌점 측정기준

번호	주요 부실내용	벌점
1)	설계도서의 내용대로 시공되었는지에 관한 단계별 확인의 소홀	
	다) 그 밖의 구조부에 대한 검토·확인 절차를 이행하지 않거나 설계도서와 다르게 하여 보수·보강이 필요한 경우	1

1) 이하 밑줄은 필자 추가

감사위원회는 2021. 5.경 위 감사에 관하여 '이행실태감사'를 실시하여 당초 통보대로 원고들에게 벌점부과조치를 이행할 것을 재통보하였고, 이에 따라 피고는 사전통지 및 원고들 의견서 제출을 거쳐 벌점부과위원회 심의 없이 2022. 1. 12. 원고들에게 '벌점부과 재검토결과 알림'이라는 제목의 공문을 보내 이 사건 임의변경을 이유로 '원고1 회사에 벌점 0.55점, 원고2에 벌점 1점' 부과를 통보하였다('이 사건 처분').

2. 소송경과

가. 제1심

○ 처분사유에 관한 판단: 원고들의 공사감리로 인해 부실공사가 발생했거나 발생할 우려가 있다고 할 수 없다는 주장을 배척하였다.

○ 신뢰보호원칙 위반 주장에 관한 판단: 다음과 같은 근거로, 피고가 별다른 근거 없이 이 사건 선행조치를 번복하고 이 사건 처분을 한 것은 원고들이 정당한 신뢰이익을 침해하였다는 원고의 신뢰보호원칙 위반 주장을 받아들였다.

'이 사건 선행조치는 공적 견해표명에 해당하고, 원고들은 위 견해표명이 정당하다고 신뢰하여 공사감리 등 업무를 계속 수행하였으며, <u>건설기술 진흥법 제53조 제1항 등 관계규정의 문언과 체계, 벌점부과의 목적과 특성 등을 고려할 때 공사감리를 불성실하게 하여 부실공사가 발생할 우려가 있더라도 벌점부과 여부 등에 대해 발주청인 피고에게 재량이 있다고 보이는 점,</u> 이 사건 선행조치를 한 것이 원고들의 허위자료제출 등 부정행위에 기인한 것이 아닌 점 등을 고려하면 위 견해표명에 하자가 있음을 알았거나 중대한 과실로 이를 알지 못하였다고 볼 만한 사정도 찾기 어렵다. 여기에 이 사건 선행조치에 별다른 하자를 찾기 어렵고 그 조치를 약 1년 만에 번복한 사이에 부실공사 위험이 현실화되는 등 별다른 사정변경은 없었던 점, 피고로부터 벌점을 부과받

을 경우 원고1 회사는 누계 평균벌점이 증가하여 공공기관 발주 입찰에 참가할 때 유·무형의 불이익을 받게 될 우려가 있거나, 원고2는 건설기술인 사업수행능력 평가 시 감점요인이 되어 현장 배치에서 배제되는 등 생계에 지장이 초래될 우려가 있고 누계 평균벌점이 1점에 도달하지 않았다고 하여 이와 달리 보기 어려운 점 등을 고려하면 이 사건 처분을 통해 건설공사 부실을 방지하려는 공익에 비해 이로 인해 침해되는 신뢰이익이 지나치게 크다.'

○ 비례원칙 주장에 관한 판단: 이 사건 처분이 지나치게 가혹하다는 이 부분 주장에 관해서는, 신뢰보호원칙 위반 주장을 받아들여 재량권 일탈·남용을 이유로 이 사건 처분을 취소하는 이상 나아가 판단하지 않았다.

나. 원심

○ 처분사유 및 신뢰보호원칙 위반 주장 중 '이 사건 선행조치가 공적 견해표명에 해당하고 그 견해표명을 신뢰한 데 원고들의 귀책사유가 없다는 점'은 제1심과 같이 판단하였으나, 이 사건 선행조치와 인과관계 있는 원고들의 행위 및 이익 침해 부분, 공·사익 형량 부분에 관하여 아래와 같이 판단하여 그 주장을 배척하였다.

'이 사건 처분이 원고들의 공공입찰 참가자격 자체를 박탈하는 것은 아니므로 이 사건 선행조치가 원고들에게 공공입찰 참가와 관련하여 직접적인 신뢰를 준 것으로 보기는 어렵다. 원고들이 이 사건 처분을 받더라도 원고1 회사의 누계 평균벌점은 0.19점, 원고2의 누계 평균벌점은 0.50점에 불과하여 이 사건 처분만으로는 입찰참가자격 사전심사 시 감점을 받게 될 현실적인 우려가 있다고 보이지도 않는다.[2] 또한 원

---

2) **건설기술 진흥법 시행령** 제87조 제5항 관련 별표 8

4. 벌점 적용기준

가. 법 제53조제2항에 따라 발주청은 벌점을 받은 업체 및 건설기술인등에 대한 입찰 참가자격의 사전심사를 할 때 아래 표의 구분에 따른 점수를 감점하되, 이

고들로서는 피고가 당초 이 사건 처분과 같이 벌점을 부과하였더라도 마찬가지로 공공입찰에 참여하였을 것으로 보이므로 선행조치에 대한 신뢰와 원고들의 공공입찰 참가행위 사이에 인과관계가 인정된다고 볼 수 없다. 나아가 공익적 필요성이 침해되는 원고들의 불이익에 비해 매우 크다.'

○ 비례원칙 위반 주장에 관한 판단: 원고들은, 이 사건 처분으로 인해 원고1 회사는 누계 평균벌점이 증가하여 향후 공공입찰 참가자격이 제한되는 등 불이익을 받을 가능성이 있고, 원고2는 건설기술인 사업수행능력 평가 시 감점요인이 되어 현장 배치에서 배제되는 등 생계에 막대한 지장이 초래될 우려가 있어 지나치게 가혹하다고 주장하였으나, 아래와 같은 이유로 이 부분 주장을 배척하였다.

'부실공사에 대한 경각심을 높이고 안전사고를 미연에 방지하기 위한 벌점부과제도의 공익적 목적이 매우 크고, 처분기준이 객관적으로 불합리하거나 타당하다고 볼 만한 사정이 없으며, 부실공사가 발생할 우려가 있음은 앞서 본 바와 같으므로 처분규정에 의할 때 원고1 회사는 0.55점, 원고2는 1점의 벌점을 부과하여야 할 사유에 해당함이 분명하다. 피고는 벌점심의위원회의 심의 결과에 기속되는 것이 아니고, 감사위원회의 이행실태감사에 따른 벌점부과 요구가 있었는바 이 사건 선행조치가 지나치게 경미하다는 반성적 고려에서 이 사건 처분을 한 경위 등을 고려할 때 선행조치로부터 약 1년 지난 시점에 이 사건 처분을 하였다고 하여 그 기간이 지나치게 길다고 평가하기는 어려운 사정을 종합하면 선행조치를 번복함으로써 원고들이 받을 불이익보다 이 사건 처분으로 인하여 달성할 공익이 크다.'

기준을 적용하기 부적합한 경우에는 별도의 기준을 정할 수 있다.

합산벌점	감점되는 점수(점)
1점 이상 2점 미만	0.2

다. 대상판결

○ 처분사유 부분에 관하여는 원심판단을 수긍하였고, 기속행위와 재량행위 판단 방법 및 사법심사 방법에 관한 법리를 설시하면서, 처분 근거법률의 개정 연혁, 개정 이유, 문언 등을 종합해 볼 때 이 사건 처분이 기속행위에 해당한다고 판단하였다.

『어느 행정행위가 기속행위인지 재량행위인지는 일률적으로 말할 수 없고 당해 처분의 근거가 된 규정의 형식이나 체계 또는 문언에 따라 개별적으로 판단하여야 한다. 기속행위와 재량행위의 사법심사는 다른 모습으로 이루어진다. 기속행위의 경우 법원은 사실인정과 관련 법규의 해석·적용을 통하여 일정한 결론을 독자적으로 도출한 후 그 결론에 비추어 행정청의 판단이 위법한지를 심사한다. 재량행위의 경우 법원은 행정청의 공익판단에 관한 재량의 여지를 감안하여 일정한 결론을 독자적으로 도출하지는 않고 행정청의 판단에 재량권 일탈·남용이 있는지 여부만을 심사한다. 재량권 일탈·남용 여부는 행정청이 재량판단에서 고려한 사유에 관하여 관련 법령을 잘못 해석하였거나 사실을 오인하였는지, 공익과 사익의 비교형량에서 비례·평등 원칙을 위반하였는지 등을 기준으로 심사한다.

구 건설기술관리법(2001. 1. 16. 법률 제6369호로 개정되기 전의 것) 제21조의4 제1항은 "건설교통부장관, 발주청과 건설공사의 허가·인가·승인 등을 한 행정기관의 장은 건설업자, 설계 등 용역업자나 그에 고용된 건설기술자, 감리원 등이 설계 등 용역·책임감리 또는 건설공사를 성실하게 수행하지 아니함으로써 부실공사가 발생하거나 발생할 우려가 있는 경우에는 부실의 정도를 측정하여 부실벌점을 줄 수 있다."라고 규정하고 있었고, 같은 조 제2항은 "발주청은 제1항의 규정에 의하여 부실벌점을 받은 자에 대하여 그 부실벌점에 따라 입찰 시 불이익을 줄 수 있다."라고 규정하고 있었다. 그런데 이 법이 2001. 1. 16. 법률

제6369호로 개정되면서 기존 제21조의4 제1항의 '부실벌점을 줄 수 있다.'가 '부실벌점을 주어야 한다.'로, 같은 조 제2항의 '불이익을 줄 수 있다.'가 '불이익을 주어야 한다.'로 개정되었다. 그 개정 이유는 "종전에는 건설공사 또는 설계 등 용역업무를 부실하게 수행한 경우 부실벌점을 부과할 수 있도록 하였으나, 앞으로는 이를 의무적으로 부과하도록 함으로써 건설공사 및 설계 등 용역업무의 부실을 예방할 수 있도록 함"이었다. 이러한 제21조의4 제1항, 제2항의 내용은 이 법이 2013. 5. 22. 법률 제11794호로 전부 개정되고 법률의 제명이 '건설기술 진흥법'으로 변경된 이후에도 건설기술 진흥법 제53조 제1항, 제2항으로 유지되고 있다. 이와 같은 건설기술 진흥법 제53조 제1항, 제2항의 형식이나 체계, 문언과 개정 경위 및 내용, 건설공사 부실 방지의 중요성 및 부실공사에 대한 제재 필요성 등을 종합하면, 건설기술 진흥법 제53조 제1항은 '부실공사가 발생하거나 발생할 우려가 있는 경우' 행정청이 벌점을 의무적으로 부과해야 한다는 의미로 해석되어야 한다. 그러므로 건설기술 진흥법 제53조 제1항에서 규정한 벌점부과처분은 부과 여부에 관한 한 행정청의 재량이 인정되지 않는 기속행위이다.』

○ 비례원칙 위반 관련, 원심이 이 사건 처분을 벌점부과 여부에 관하여도 행정청의 재량이 인정되는 재량행위로 보아 비례의 원칙 위반에 따른 재량권 일탈·남용 여부를 판단한 것은 잘못이나, 이 사건 처분이 비례의 원칙을 위반하였다는 원고들의 주장을 배척하여 이 사건 처분이 위법하지 않다고 인정한 원심의 결론은 정당한 것으로 수긍하였다.

○ 신뢰보호원칙 위반 관련, 이 사건 처분이 신뢰보호원칙을 위반하였다고 볼 수 없다고 한 원심의 판단은 정당한 것으로 수긍하였다.

3. 쟁점 정리[3)]

본고에서는 기속행위로 인해 침해되는 수범자의 이익이 과도한 경우 이를 구제하는 방안으로, 공·사익 형량을 본질적 요소로 하는 법의 일반원리를 원용하는 것이 가능한지, 가능하다면 그 범위와 한계는 어떻게 설정할 수 있는지를 중심으로 검토하고자 한다.

우선 이 사건 제1심과 원심은 '벌점을 부과하여야 한다'는 문언에도 불구하고 벌점부과처분을 재량행위로 판단하였는바, 이와 같은 문언('기속규정 형식'이라 한다[4)])으로 규정된 법률을 해석·적용하는 방법을 개관하고(Ⅱ. 1. 가, 나.항), '기속규정 형식' 법률에 근거한 처분 심사 시 형량을 통해 구체적 사정들을 감안하도록 하는 산업재해보상보험법상 부당이득징수처분 선례의 방법론을 살펴봄으로써 위 중심쟁점에 관한 검토의 전제로 삼기로 한다(Ⅱ. 1. 다.항).

한편 이 사건 처분이 기속행위에 해당하므로 '부실공사 발생 또는 그 우려'라는 요건이 충족된 이상 '벌점부과처분 부과'라는 효과가 발생하게 되는데, 대상판결은 이 사건 처분에 관하여 비례원칙 위반에 따른 재량권 일탈·남용 여부를 판단하는 것은 잘못이나 신뢰보호원칙 위반 여부는 심사가 가능한 것으로 전제하였다. 이와 관련하여, 기속행위에 대해 법해석 및 적용·포섭과정이 완료된 다음 추가로 법의 일반원리를 원용하여 이를 취소하는 것이 가능한지, 가능하다면 그 범위와 한계는 어떻게 설정할 것인지에 관해 검토하고(Ⅱ. 2.항), 비례원칙 및 신뢰보호원칙 사이의 유사점·차이점을 개괄적으로 검토한 다음 대상판결의 논증을 보완할 부분에 관해 살펴보기로 한다(Ⅱ. 3.항).

---

3) 부실공사 해당 여부 및 그 판단 방법, 신뢰보호원칙 판단 시 '공적 견해표명과 인과관계 있는 수범자의 조치 및 그로 인해 침해되는 이익'의 인정 여부와 범위 등에 관한 검토는 추후 과제로 남기기로 한다.

4) 주석 행정소송법(Ⅱ), 한국사법행정학회, 2023, 351면

Ⅱ. 평석

1. '기속규정 형식' 법률의 해석·적용

가. 기속규정 형식 법률에 근거한 행정행위 : 원칙적으로 기속행위

기속행위와 재량행위를 구별할 때 1차적 판단 기준이 되는 것은 법규의 문언으로서, 근거법률에서 '행정청은 ~ 하여야 한다'는 기속규정 형식을 취한 경우 원칙적으로 기속행위라고 본다.[5] 이 사건에서 처분의 근거법률 문언상 행정청으로 하여금 부실공사 관련 요건 충족 시 '벌점을 주어야 한다'는 기속적 의무를 부과하고 있음이 분명한데도 제1심, 원심은 명시적인 문언에 반하여 별다른 이유제시 없이 '벌점부과 여부'에 관해 행정청에게 재량이 부여되어 있음을 전제로 하여, 이를 수범자의 공적 견해표명 신뢰에 귀책사유가 없다는 판단의 근거로 설시하였다.

법원으로서는 문언으로써 기속적 의무를 명시적으로 부과한 입법자의 결단을 존중하여 해석하여야 할 것이다. 의무위반에 대해 등록 말소 또는 자격 박탈 등의 중한 처분을 '하여야 한다'고 규정한 법률들에 대해 헌법재판소는 다수 사건들에서 합헌으로 판단하였는바,[6] 입법자에게는 그보다 가벼운 제재처분에 관해 기속행위로 규정할 입법재량이 있다고 할 것이고, 그러한 입법재량으로써 달성하고자 하는 공익 목적과 취지를 최대한 존중하여 법률을 해석·적용하여야 한다. 명시적 문언과 달리 재량행위로 판단하기 위해서는 입법목적, 법률 연혁, 개정이유,

---

5) 주석 행정소송법(Ⅱ)(주 4), 351면

6) 택시운전자격을 취득한 사람이 강제추행 등 성범죄를 범하여 금고 이상의 형의 집행유예를 선고받은 경우 그 자격을 취소하도록 규정한 여객자동차 운수사업법 조항 합헌결정[헌법재판소 2018. 5. 31. 선고 2016헌바14, 2017헌가24, 2017헌바376(병합) 결정] 등

법체계 및 사안에 따라서는 당해 행위가 속하는 행정 분야의 주된 목적과 특성, 당해 행위 자체의 개별적 성질과 유형 등[7] 그 판단의 근거를 충실히 제시할 필요가 있다.[8]

나. 기속규정 형식 법률에 근거한 처분 사건에서 구체적 타당성 확보 방법

기속규정 형식의 근거법률에 의한 처분으로 인해 침해되는 사익이 과도한 경우 법원이 구체적 타당성을 확보하기 위한 방법은 ① 구체적 타당성을 도모할 여지를 열어두는 방식으로 법률의 요건과 효과를 해석하는 방법, ② 요건이 충족되어 처분의무는 발생하였으나 당해 사건의

---

7) 대법원 2001. 2. 9. 선고 98두17593 판결(건축물용도변경신청거부처분취소)

8) 법률해석의 방법 및 한계에 관하여 아래 선례(대법원 2021. 3. 18. 선고 2018두47264 전원합의체 판결. 육아휴직기간이 종료된 때부터 12개월 이내에 휴직급여를 신청하도록 한 고용보험법 조항이 강행규정인지 훈시규정인지 여부) 참조
법은 원칙적으로 불특정 다수인에 대하여 동일한 구속력을 갖는 사회의 보편타당한 규범이므로 법의 표준적 의미를 밝혀 객관적 타당성이 있도록 해석하여야 하고, 가급적 모든 사람이 수긍할 수 있는 일관성을 유지함으로써 법적 안정성이 손상되지 않도록 하여야 한다. 실정법은 보편적이고 전형적인 사안을 염두에 두고 규정되기 마련이므로 사회현실에서 일어나는 다양한 사안에서 구체적 사안에 맞는 가장 타당한 해결이 될 수 있도록 해석·적용할 것도 요구된다. 요컨대, 법해석의 목표는 어디까지나 법적 안정성을 저해하지 않는 범위 내에서 구체적 타당성을 찾는 데 두어야 한다. 나아가 그러기 위해서는 가능한 한 법률에 사용된 문언의 통상적인 의미에 충실하게 해석하는 것을 원칙으로 하면서, 법률의 입법 취지와 목적, 제·개정 연혁, 법질서 전체와의 조화, 다른 법령과의 관계 등을 고려하는 체계적·논리적 해석방법을 추가적으로 동원함으로써, 위와 같은 법해석의 요청에 부응하는 타당한 해석을 하여야 한다.
한편 법률의 문언 자체가 비교적 명확한 개념으로 구성되어 있다면 원칙적으로 더 이상 다른 해석방법은 활용할 필요가 없거나 제한될 수밖에 없고, 어떠한 법률의 규정에서 사용된 용어에 관하여 그 법률 및 규정의 입법 취지와 목적을 중시하여 문언의 통상적 의미와 다르게 해석하려 하더라도 당해 법률 내의 다른 규정들 및 다른 법률과의 체계적 관련성 내지 전체 법체계와의 조화를 무시할 수 없으므로, 거기에는 일정한 한계가 있을 수밖에 없다(대법원 2009. 4. 23. 선고 2006다81035 판결 등 참조).

구체적 사정들을 감안하여 사익이 공익보다 중하다고 판단하여 구제하는 방법으로 나눌 수 있고,[9] ①의 방법은 다시 '법률 요건'을 제한적으로 해석하는 방법(①-1)과 법률 문언 외에 법률연혁, 입법목적, 법체계, 행정행위 영역 및 특성 등을 고려하여 '법률 효과' 부분에서 재량행위에 해당한다고 해석하는 방안(①-2)으로 세분할 수 있다.

쌀소득보전법상 직불금 2배를 추가징수하여야 하는 범위인 '지급한 금액'을 '거짓이나 그 밖의 부정한 방법으로 수령한 직불금'으로 제한해석한 사안[10] 등이 ①-1의 방법이고, 대상판결에서 기속행위인 벌점부과처분의 요건을 충족한 이 사건에 관하여 신뢰보호원칙 위반 여부를 추가로 심사하여 공·사익 형량의 여지를 열어 둔 것이 ②의 방법이라 할 수 있다. 한편 오지급 보험급여를 '징수하여야 한다'고 규정한 산업재해보상보험법('산재보험법')상 부당이득징수처분 관련 선례에 대해서는 서로 다른 평가가 있는바, 이 부분에 관하여 항을 바꾸어 살펴본다.

다. 산업재해보상보험법상 부당이득징수처분의 성격

산재보험법 제84조 제1항 제3호는 잘못 지급된 보험급여가 있는 경우 그 급여액에 해당하는 금액을 '징수하여야 한다'고 정하고 있는데,[11] 근로복지공단이 재해근로자의 장해등급을 잘못 결정하여 이미 지급한 급여 중 장해등급 변경에 따른 차액을 징수한 처분,[12] 지급사유에 일부 착오가 있어 지급결정을 취소하고 이미 지급한 급여를 징수한 처

9) 두 방법론의 차이 및 구별 필요성에 관해서는 아래 Ⅱ. 2. 다.항

10) 대법원 2019. 2. 21. 선고 2014두12697 전원합의체 판결(판시 내용은 아래 주 30)

11) **제84조(부당이득의 징수)**

① 공단은 보험급여를 받은 사람이 다음 각 호의 어느 하나에 해당하면 그 급여액에 해당하는 금액(제1호의 경우에는 그 급여액의 2배에 해당하는 금액)을 징수하여야 한다. (후문 생략)

3. 그 밖에 잘못 지급된 보험급여가 있는 경우

12) 대법원 2014. 4. 10. 선고 2011두31697 판결(보험급여 지급 1년 7개월 후 장해등급 정정에 따른 차액 743만 원 징수처분 취소를 구한 사건)

분[13] 등에 대하여, 대법원은 공익과 사익의 형량을 거쳐 사익이 우월하다면 징수처분을 취소하여야 한다고 판시하였다.

즉 대법원은 '구 산재보험법 제84조 제1항 제3호에 따라 보험급여를 받은 당사자로부터 잘못 지급된 보험급여액에 해당하는 금액을 징수하는 처분을 할 때에는 보험급여 수급에 관하여 당사자에게 고의 또는 중과실의 귀책사유가 있는지, 잘못 지급된 보험급여액을 쉽게 원상회복할 수 있는지, 잘못 지급된 보험급여액에 해당하는 금액을 징수하는 처분을 통하여 달성하고자 하는 공익상 필요의 구체적 내용과 처분으로 말미암아 당사자가 입게 될 불이익의 내용 및 정도와 같은 여러 사정을 두루 살펴, 잘못 지급된 보험급여액에 해당하는 금액을 징수하는 처분을 해야 할 공익상 필요와 그로 말미암아 당사자가 입게 될 기득권과 신뢰의 보호 및 법률생활 안정의 침해 등의 불이익을 비교·교량한 후, 공익상 필요가 당사자가 입게 될 불이익을 정당화할 만큼 강한 경우에 한하여 보험급여를 받은 당사자로부터 잘못 지급된 보험급여액에 해당하는 금액을 징수하는 처분을 해야 한다.'고 설시하는데, 이 경우 형량이 이루어지는 단계에 관해서는 서로 다른 평가가 있다.

우선 징수처분을 하기 위한 '요건'인 '잘못 지급된 경우'에 관해 공·사익 형량을 통해 제한해석한 것이라고 평가하는 입장에서는 수익적 행정행위 직권취소·철회 제한법리가 처분요건에 관하여 적용되고 효과재량에 관한 문제가 아니라고 본다(①-1의 방법).[14] 반면 사회보장수급권의 중요성, 부당이득징수처분이 경제적 기반이 취약한 수급자의 어려

13) 대법원 2014. 7. 24. 선고 2013두27159 판결(출장 중 교통사고로 사망한 근로자의 유족에게 유족급여를 지급한 다음 음주운전 사고였다는 사실을 추후 확인하여 유족급여 지급결정을 취소하고 지급한 금액 징수처분 취소를 구한 사건)

14) 이상덕, 제재적 행정처분에 관한 사법심사 - 최근 대법원 판례 동향을 중심으로, 행정법연구 제71호, 사단법인 행정법이론실무학회, 2023년 8월, 257면. 위 글에서는 나아가, 수급인에게 고의·중과실의 귀책사유가 없어 그 신뢰를 보호할 가치가 있는 경우에 한하여 공·사익 형량이 필요하다고 본다.

움을 가중시키므로 그 처분에 신중을 기해야 한다는 점 등 사회보장 영역의 특수성을 고려하여 재량행위로 해석하고 이를 전제로 재량하자 유무에 관한 판단기준을 설시한 것으로 보는 입장(①-2의 방법)이 있다.[15] 또한 처분 근거법률이 기속규정 형식으로 되어 있어 그 의미가 일의적으로 명확하게 표현되어 있으므로 입법자로서는 '오지급 보험급여'에 대한 일률적인 '환수'를 통해 산재보험 재정의 부실화 방지 등의 공익을 우선한 것으로 보아 기속행위로 해석하면서 개별 구체적 사안에서 공·사익 형량을 할 여지를 열어둔 것으로 보는 설명(②의 방법)도 가능하다.[16]

공·사익 형량이 '요건' 해석 단계에서 이루어진 것으로 보는 입장(①-1의 방법)은 헌법합치적 해석 관점에서 처분 근거법률의 요건을 제한적으로 해석한 것으로 이해할 수 있고,[17] 징수처분의 '효과' 부분에서 '재량행위'에 해당하는 것으로 해석하는 방법론(①-2의 방법) 역시 법률해석에 관한 전권을 부여받은 법원이 그 고유의 권한을 행사하는 범위 내에 있다.[18] 그러므로 ①-1, ①-2의 방법론은 모두 - '법률 해석의 한계를 넘지 않는 한' - 기속행위라고 전제하고 사안별 형량을 하는 것으로 설명하는 방법론(②)과 비교했을 때 입법부와의 관계에서 권력분립 문제가 발생하지 않고,[19] 이 점에서 두 방법론은 차이가 있다.

15) 이용우, 사회보장 행정영역에서 수익적 행정처분의 취소 및 부당이득징수처분이 갖는 특수성: 사회보장수급권에 대한 대법원의 인식 및 그 한계, 재판자료 제143집, 법원도서관, 2022, 85, 86면과 이를 인용한 주석 행정소송법(Ⅱ)(주 4), 355면

16) 같은 취지 선례인 대법원 2017. 6. 29. 선고 2014두39012 판결에 관한 판례해설(김길량, 사회보장행정 영역에서의 수익적 행정행위 취소 제한에 관한 이익형량의 모습, 대법원 판례해설 제111호, 법원도서관, 2017) 내용만으로는 이중 어느 방법론에 속하는지 알기 어려웠다.

17) 위 대법원 2011두31697 판결에서 '합헌적 법률해석'이라고 명시하지는 않으나 '산업재해보상보험 수급권은 이른바 사회보장 수급권에 속한다'고 전제하였는바, 헌법상 기본권 보장을 위해 제한적 해석을 하고 있음을 간접적으로 시사하는 것으로 보인다.

18) 부당이득징수처분 근거 조항에 대해, 기속규정으로 되어 있는 명문규정상 신뢰보호원칙에 의하더라도 기속행위를 재량행위로 바꿀 수는 없다는 견해로, 김중권, 행정법, 법문사, 2023, 70면

19) 보다 상세한 내용은 Ⅱ. 2. 라.항

생각건대 선례가 명시적인 법률 문언과 달리 재량행위로 해석하였다고 볼 근거가 충분하지 않고, ②의 방법은 아래 Ⅱ. 2. 라.항에서 보는 바와 같이 입법부와의 관계에서 권력분립 차원의 문제가 있으며, 선례의 설시 문언 자체로도 '공익상 필요가 당사자가 입게 될 불이익을 정당화할 만큼 강한 경우에 한하여' 징수처분을 하여야 한다고 하고 있으므로 징수처분의 요건을 제한해석한 것으로 보는 것이 타당하다.[20][21]

2. 기속행위에 대한 심사와 법의 일반원리

가. 기속행위에 대한 사법심사 근거로서의 법원(法源) : 관련법규 + 법의 일반원리?

대상판결이 재확인하였듯이, 기속행위에 대한 사법심사 시 법원은 사실인정과 관련 법규의 해석·적용을 통하여 일정한 결론을 독자적으로 도출한 후 그 결론에 비추어 행정청의 판단이 위법한지 여부를 심사한다. 이는 법원이 독자적 결론을 도출하지 않고 재량권 일탈·남용 여

20) 이처럼 '법률을 해석하는 단계'에서 형량을 도입하는 것이 구체적으로 타당한 결론을 도출하기 위해 법원이 우선 고려해야 할 방안이다. Kolja Naumann, Die Prüfung der Verhältnismäßigkeit im Rahmen gebundener Entscheidungen: Versuch einer dogmatische Verortung aktueller Entwicklungen in der Rechtsprechung, DÖV, 2011, S. 98 참조

21) 다만, 필자가 변론기일에서 소송수행자들에게 실무를 확인한 바로는, 축적된 선례들에도 불구하고 근로복지공단은 수급자의 고의·중과실 여부 등과 무관하게 '잘못 지급된 보험급여가 있는 경우'에 해당하면 곧바로 징수처분을 하고, 연금을 지급받는 수급자에 대해서는 징수금액에 달할 때까지 연금의 일정 비율(원칙적으로 1/10)을 매달 공제하여 이를 집행한다(산재보험법 제86조, 산재보험법 시행령 제80조). 수급자는 고의·중과실이 없는 경우에도 과지급된 급여가 있으면 언제나 징수처분에 따른 공제 등 불이익을 감수하면서 쟁송을 통해서만 구제받을 수 있는바, 근본적으로는 단순 오지급 사안에서 징수처분을 하기 위한 고의·중과실 등 요건을 법률로 명시함으로써 행정청에 대한 행위규범으로 기능하도록 하는 해결방안이 필요하다고 할 것이다(같은 취지로, 김남희, 사회보장급여 환수의 문제점과 개선방안, 사회보장법연구 제10권 제1호, 서울대학교 사회보장법연구회, 2021, 174면).

부만을 심사하는 재량행위에 대한 사법심사 방식과 구별된다.

기속행위에 대한 사법심사 시 법원이 결론을 도출하는 근거인 법원(法源)은 일차적으로 '관련법규'이다. 기속행위의 처분근거가 되는 관련법규를 해석하여 요건이 충족되면 그 법규에서 예정하는 법률효과가 발생한다고 판단하게 되므로, 이 사건에서도 '부실공사 발생 또는 그 우려'라는 요건이 충족되었다고 판단하였다면 법원이 도출하는 결론은 '벌점부과처분을 하는 것'이고, 근거법령이 예정하는 효과대로 벌점을 부과한 이 사건 처분은 원칙적으로는 관련법규 외에 추가적으로 법의 일반원리를 원용하는 단계까지 나아갈 필요 없이 그 자체로 적법하다. 대상판결에서 기속행위에 대해 비례원칙 위반 여부를 심사함으로써 재량권 일탈·남용 여부를 판단한 원심판단에 잘못이 있음을 지적한 부분이 이를 뒷받침한다고 할 것이다.

그런데 다른 한편 대상판결은 비례원칙 위반 판단과 달리 신뢰보호원칙 위반 여부를 심사한 원심판단 부분은 수긍하였는바, 두 원칙 사이에 어떠한 차이점이 이러한 판단의 차이를 가져온 것인지 의문이 든다. 본 항에서는 기속행위에 대한 심사 시 법의 해석 및 포섭이 완료된 다음 추가로 법의 일반원리를 원용하는 것이 가능한지에 관해 살피고, 다음 항에서 비례원칙과 신뢰보호원칙의 차이를 개관한 다음 이 사건에서 두 원칙 사이에 차이를 둔 대상판결의 논증 구조에 관해 검토한다.

나. 행정법의 일반원리 개관

행정법의 일반원리는 '일반행정법 영역에서 타당한 추상적·원리적 법규범'으로,[22] 헌법에 그 효력근거를 갖는 '헌법원리'와 헌법을 근본적인 근거로 하나 일차적·직접적으로는 입법자의 결정권능에 근거하는 '법률원리'로 구분된다.[23] 법의 일반원리 중 비례원칙의 경우 경찰행정

22) 박정훈, 행정법의 법원, 행정법의 체계와 방법론[행정법연구 I], 박영사, 2005, 135면
23) 박정훈, 행정법에 있어서의 이론과 실제, 위의 책(주 22), 44면; 박균성, 행정법론

작용에 대한 심사수단에서 유래하여 헌법차원의 원리로 '법체계상의 지위'(Normhierarchie)가 이동한 것으로 평가되고,[24] 대법원도 '비례원칙은 법치국가 원리에서 당연히 파생되는 헌법상의 기본원리로서 모든 국가작용에 적용된다'고 판시한다.[25] 법체계상 행정법 영역에서 법률이 규율하지 못하는 공백이 있는 경우 헌법이 보충적 法源으로 기능하는 바,[26] 법의 일반원리 체계상으로도 입법자의 결정권능이 반영된 차원인 법률 차원의 법의 일반원리가 우선 적용되고, 그 공백이 있는 경우 헌법 차원의 법의 일반원리가 보충적으로 원용된다고 할 것이다.

다. 법해석·적용 과정에서 법의 일반원리 원용

법률 문언이 일의적이고 명확하여 다의적 해석의 여지를 남기지 않는 경우, 법률효과 측면에서 특정 효과를 발생하도록 명시적으로 명하고 있는 경우에는 원칙적으로 법의 일반원리가 法源으로 작용할 여지가 없다. 입법자의 결단이 명백한 경우 법원으로서는 이를 존중하여 법을 해석·적용하는 것이 권력분립의 원칙적 모습이다.[27]

반면 법률 문언이 불명확하고 그에 대한 다의적 해석이 가능한 경

(상) 제22판, 박영사, 2023, 49면

24) von Johannes Saurer, Die Globalisierung des Verhält nismäßigkeitsgrundsatzes, Der Staat 51(2012), S. 6에 인용된 Michael Kloepfer, Die Entfaltung des Verhält nismäßigkeitsprinzips, in: FS 50 Jahre BVerwG, 2003, S. 329, 330

25) 대법원 2019. 7. 11. 선고 2017두38874 판결(사증발급거부처분취소. 재외동포에 대한 입국금지결정이 있는 경우 행정청이 그에 구속되어 아무런 재량을 행사하지 않고 사증발급 거부처분을 한 것이 적법한지가 문제된 사건)

26) 박정훈, 행정법의 법원, 위의 책(주 22), 134면

27) 이와 관련하여, 위 대법원 2018두47264 전원합의체 판결(주 8) 중 대법관 안철상의 다수의견에 대한 보충의견 참조: 법률 조항의 의미가 명확하게 일의적으로 표현되어 있어 다의적인 해석의 여지가 없음에도 그와 같은 방법으로 축소·제한 해석을 하는 것은 타당하지 않다. 법관이 법률 문언의 가능한 의미를 넘어서까지 법해석의 방식을 통해 입법자의 의사를 왜곡하거나 변형하는 것은 법해석을 통한 새로운 규율을 창조하는 부작용을 발생시키는 것으로 헌법이 정한 권력분립원칙에 어긋난다.

우 법원은 법률을 해석할 때 법의 일반원리를 원용할 수 있다.[28] 해석·적용단계에서 법의 일반원리를 원용하는 과정에서 공·사익 형량을 통해 대전제인 법령의 의미가 일반적·추상적으로 확정되고,[29] 그와 같이 확정된 대전제에 구체적 사실관계를 포섭하는 과정이 이어지게 된다. 대법원은 '제재를 함에 있어 위반행위의 경중'이라는 의미의 '비례원칙'을 명시적으로 원용하여 처분의 근거법률을 제한적으로 해석하거나,[30] 헌법이 기본권으로 보장하는 자유를 제한하는 침익적 처분의 근거법률을 해석할 때 그에 대한 제한이 필요 최소한에 그쳐야 하고 그 본질적인 내용을 침해할 수 없다고 전제하면서, 헌법상 기본권 보장 및 과잉금지원칙에 비추어 그 처분의 요건을 제한적으로 해석함으로써 헌법상 일반원리를 원용하기도 한다.[31] 이처럼 해석·적용단계에서 법의 일반원리

28) Ekkehard Hofmann, Abwägung im Recht: Chancen und Grenzen numerischer Verfahren im öffentlichen Recht, 2007, S. 114. 이 부분 이하는 정은영, 행정법상 비례원칙에 관한 연구, 행정법연구 제63호, 사단법인 행정법이론실무학회, 2020년 11월, 205-206면 부분을 정리·보완한 것이다.

29) 이는 '해석상 형량'(interpretative·definitional balancing) 또는 '범주적 형량'(categorical balancing)으로 불리기도 한다. Vicki C. Jackson, "Constitutional Law in an Age of Proportionality", Yale Law Journal 124, 2015, p. 3167 참조

30) 구 쌀소득보전법에 의하면, 농림수산식품부장관은 직불금 등록자 또는 수령자가 거짓이나 그 밖의 부정한 방법으로 등록 또는 수령을 한 경우 '등록된 모든 농지'에 대하여 직불금 전부를 지급하지 아니하고(제13조 제1항 제1호), 위와 같은 사유에도 불구하고 직불금을 이미 지급한 경우에는 이를 돌려받아야 하며(제13조의2 제1항 전문), 이 경우 제13조 제1항 제1호에 해당하는 경우에는 지급한 금액의 2배를 추가로 징수하여야 한다(제13조의2 제1항 후문). 제13조의2 제1항 후문에 따른 2배의 추가징수 기준인 '지급한 금액'은 '거짓이나 그 밖의 부정한 방법으로 수령한 직불금'에 한정된다고 새겨야 한다. 등록된 농지 중 일부 농지에 관하여 거짓·부정이 있는 경우에도 등록된 모든 농지에 관한 직불금 전액의 2배를 추가징수하여야 한다고 해석하게 되면, 그 자체로 지나치게 가혹할 뿐 아니라 제재를 함에 있어 위반행위의 경중이 전혀 고려되지 않게 되므로, 비례의 원칙이나 책임의 원칙에 부합하지 않게 된다(대법원 2019. 2. 21. 선고 2014두12697 전원합의체 판결).

31) 국민의 출국의 자유는 헌법이 기본권으로 보장한 거주·이전의 자유의 한 내용을 이루는 것이므로 그에 대한 제한은 필요 최소한에 그쳐야 하고 그 본질적인 내용을 침

가 원용되는 경우 구체적·개별적 사안의 특성, 당해 사안에 고유한 사실관계나 이익상황은 고려되지 않는다. 반면 해석 및 포섭을 마친 다음 예컨대 재량권 일탈·남용 심사단계에서 법의 일반원리가 추가로 원용되더라도 그 과정에서 위와 같이 확정된 대전제에 영향을 미치지는 않는다.[32] 법의 일반원리가 원용되는 이러한 두 가지 국면은 서로 명확히 구분되고,[33] 해석·적용 과정에 법의 일반원리를 원용하는 것은 법원의 고유권한인 반면, 법해석·적용을 마친 다음 다시 법의 일반원리를 원용하는 것에는 입법부와의 관계에서 일정한 한계가 있을 수 있다는 점에 차이가 있다.

법률의 해석 및 사안에의 포섭 결과 '처분 부과'라는 단일한 법률효과가 발생하는 기속행위의 경우에도 법의 일반원리를 추가로 원용하여

해할 수 없고, 출입국관리법 등 출국금지에 관한 법률 규정의 해석과 운용도 같은 원칙에 기초하여야 한다. 구 출입국관리법 제4조 제1항, 구 출입국관리법 시행령 제1조의3 제2항은, 5천만 원 이상의 '국세 ·관세 또는 지방세를 정당한 사유 없이 그 납부기한까지 내지 아니한 사람'에 대하여는 기간을 정하여 출국을 금지할 수 있다고 규정하고 있다. 그러나 위와 같은 조세 미납을 이유로 한 출국금지는 그 미납자가 출국을 이용하여 재산을 해외에 도피시키는 등으로 강제집행을 곤란하게 하는 것을 방지함에 주된 목적이 있는 것이지 조세 미납자의 신병을 확보하거나 출국의 자유를 제한하여 심리적 압박을 가함으로써 미납 세금을 자진납부하도록 하기 위한 것이 아니다. 따라서 재산을 해외로 도피할 우려가 있는지 여부 등을 확인하지 않은 채 단순히 일정 금액 이상의 조세를 미납하였고 그 미납에 정당한 사유가 없다는 사유만으로 바로 출국금지 처분을 하는 것은 헌법상의 기본권 보장 원리 및 과잉금지의 원칙에 비추어 허용되지 않는다(대법원 2013. 12. 26. 선고 2012두18363 판결). 위 설시에 이어지는 다음 설시, 즉 출국금지처분의 적법 여부는 '재산의 해외 도피 가능성 등 출국금지 처분의 요건이 갖추어졌는지 여부에 따라 가려져야 한다'는 부분과 결합하여 보면, 과잉금지원칙을 원용하여 출국금지처분에 관하여 '조세를 정당한 사유 없이 체납한 경우'라는 법문상 요건 외에 '재산의 해외 도피 가능성'을 추가하는 것으로 해석하고 있다.

32) Alexander Tischbirek, Die Verhältnismäßigkeitsprüfung: Methodenmigration zwischen öffentlichem Recht und Privatrecht, 2017, S. 184 참조

33) Frederick Schauer, "Balancing, Subsumption, and the Constraining Role of Legal Text", Law & Ethics of Human Rights 4, 2010, p. 43 참조

판단할 수 있는가. 이와 관련하여 독일 재판례 중에는 여러 행정 영역에서 기속규정 형식으로 의무를 부과하는 침익적 행정행위에 대해 기속행위라는 전제에서 비례원칙을 원용하여 판단한 사안들이 있고 이에 대한 평가들도 다수 있는바, 다양한 기속행위 사안들에서 비례원칙을 통해 구체적으로 타당한 결론 도출 가능성을 열어두고자 한 독일사례들을 살펴봄으로써 우리 행정재판에서 기속행위에 대한 법의 일반원리 원용 가능성과 그 한계를 검토하는 전제로 삼기로 한다.

라. 기속행위에 대한 비례원칙 심사

1) 독일 판결례들[34)]

독일에서는 영업법 등에서 기속행위에 대해 예외적으로 비례원칙이 적용될 수 있다고 한 판결례들이 있어 왔다. 「영업에 관한 법률」 제35조 제1항은 '영업자 본인 또는 그 수탁자의 신뢰성 결여(Unzuverlässigkeit. '비신뢰성')가 있다고 인정되는 경우, 공공의 보호 또는 그 영업 종사자들의 보호를 위하여 필요한 경우에 한하여, 관할 행정청은 그 영업의 전부 또는 일부를 금지하여야 한다(ist...zu untersagen)'고 정하고 있는데, 1982년 연방행정법원은 '신뢰성 결여가 인정되고 공공의 보호 등을 위한 필요 역시 인정되는 경우에도, 극히 예외적인 경우에는 과잉금지위반이 인정될 수 있다'고 판시하여,[35)] 영업 금지 요건이 모두 충족된 경우에도 예외적으로 비례원칙 적용가능성을 인정하였다.

---

34) 이하 판결례 등은 정은영, 행정법상 비례원칙에 관한 연구 - 헌법상 비례원칙과의 비교를 중심으로, 서울대학교 박사학위 논문, 2020, 209-217면 내용을 정리·보완한 것이다[인용된 판결들은 Tristan Barczak, Der gebundene Verwaltungsakt unter Verhältnismäßigkeitsvorbehalt, VerwArch 105, 2014, S. 163-168; Mehde, Veith, Die Prüfung der Verhältnismäßigkeit bei gebundenen Entscheidungen, DÖV, 2014, S. 543-544; Benedikt Vogt, Die verhältnismäßige Anwendung „gebundener" Normen, Duncker & Humblot, 2019, S. 51-52, 54-59, 61-63, Kolja Naumann, 위의 글(주 20), S. 97을 참조한 것이다]

35) Urteil vom 16. März 1982, Az. 1C 124/80

한편 연방헌법재판소는 2007년 구 외국인에 관한 법률(Ausländergesetz) 상 마약 관련 범죄로 자유형을 선고한 판결이 확정된 외국인은 '추방된다(ist...ausgewiesen)'고 정한 조항에 근거한 추방처분 취소청구 기각판결에 대한 헌법소원 사건에서, '비례원칙 심사를 할 수 있고 하여야 한다'고 전제하고, 청구인이 독일에 머문 기간, 독일 사회에 통합된 정도, 그에 비해 국적국과의 유대는 낮은 점 등에 비추어 추방처분이 비례원칙에 위반된다는 취지로 결정하였다.[36] 이후 위 2007년 연방헌법재판소 결정 취지를 이어받은 판결들[37]이 계속 선고되었고, 이러한 판결례들이 축적된 결과 법률에 정한 요건을 갖추어 이루어진 추방처분에 대해서도 추가적으로 그 처분이 비례원칙에 부합한다는 점에 관한 논증책임이 정부 측에 부과되기에 이른다.[38] 이후 2016. 1. 1.부터 시행된 개정 「외국인의 체류 등에 관한 법률」 중 추방조항에서는, 일정 기준 이상의 형벌을 선고받은 외국인이라 하더라도 일률적으로 추방처분을 하는 것이 아니라 추방을 하여야 할 공익과 당사자의 이익을 형량하여 추방처분을 하도록 하는 규정[39]을 명문화하였다.

---

36) BVerfGK 12, 37, 41(기본법 제2조 제1항 일반적 행동의 자유가 침해되었다고 판단하였다)

37) 2009. 3. 함부르크 고등행정재판소 판결(Urteil vom 24. März 2009, Az. Bf. 166/04: 2007년 연방헌법재판소 결정을 원용하고 유럽인권협약을 고려하여 비례원칙 적용을 긍정), 2009. 5. 뮌스터 고등행정재판소 판결(Beschluss vom 26. Mai 2009, Az. 18E 1230/08: 추방처분에 대한 심사에서 비례원칙에 따른 개별·구체적 사정을 심사하는 것이 원칙적인 것이라고 선언)

38) Tristan Barczak, 위의 글(주 34), S. 166; Benedikt Vogt, 위의 책(주 34), S. 55 참조

39) **외국인의 체류, 영업 및 통합에 관한 법률 제53조(추방)**

(1) 외국인은 국내에 체류하는 것이 공공의 안녕과 질서, 자유민주주의적 기본질서 또는 그 밖에 독일연방공화국의 이익을 해하는 경우, 추방으로 인한 이익과 국내체류로 인한 이익을 개별적으로 형량하여 추방으로 인한 공익이 우월한 경우에 추방된다.

(2) 제1항에 의하여 형량을 함에 있어서는, 체류기간, 독일과 국적국 또는 그 밖에 수용가능성 있는 국가와의 인적·경제적 기타 유대관계, 추방이 가족과 동반자에 미치는 영향 및 법에 충실하게 생활해 왔는지 여부 등을 고려한다.

연방헌법재판소의 위 2007년 리딩케이스 이후 비례원칙이 보다 일반적으로 기속행위에 원용되기 시작하였다. 공적 작용에 소요된 비용 부과 사안(납치 여행객 귀환에 소요된 비용 부과,[40] 사망자 매장 비용 부과[41]), 시험법상 처분에 관한 사안(결시 학생에 대한 6등급 부여,[42] 의무위반자에 대한 6등급 부여[43] 또는 0점 처리[44]) 등 사안에서 법원은 비례원칙위반 여부를 심사하여 구체적 타당성 있는 결론을 도출할 수 있는 여지를 열어 두었다.

2) 평가

독일의 이와 같은 판결례들에 대해, 민주적 정당성이 부여된 입법부에 의한 명문의 법문이 해석으로 은폐되어서는 안 되고 법률의 우위

---

40) 여행 중 납치된 독일국적인 여행객을 납치범의 요구에 따라 헬리콥터로 귀환시킨 다음, 이 경우 비용 부담을 의무로 규정한 조항(verpflichtet ist)에 근거하여 여행객에게 비용을 부과한 사안에서, 예외적인 경우에는 비례원칙에 따라 개인의 비용납부여력, 여행의 동기와 납치 경위, 여행금지구역인지 여부 등을 종합적으로 고려하여 비용의 전부 또는 일부를 면제할 수 있다고 한 VerwG, Urteil vom 28. Mai, 2009, Az. 7C 13.08(결과적으로 이 사안에서는 비례원칙에 위반되지 않는 처분으로 보았다)

41) 친부가 친모를 살해한 후 20여 년간 친부를 만나지 않고 지낸 자녀에 대하여 행정청이 친부의 시신을 매장한 비용을 부과한 처분에 대해, 이와 같이 부담을 부과하는 행정작용을 할 때에는 헌법상 비례원칙을 준수하여야 하고 전체적인 이익형량을 통해 수인가능성을 넘지 않아야 한다고 판단한 VGH Urteil vom 26. Oktober, 2011, Az. 5A 1245-11

42) 대학입학시험(아비투어) 중 구술시험에 결시한 학생에 대한 6등급(ungenügend. 또는 '낙제') 처리 사안: OVG NRW, Beschluss vom 18. Juni 2008, Az. 19B 870/08: '기속적 행정행위의 경우에도, 규정된 법률효과가 개별 사안의 구체적 사정에 비추어 정당한지 여부를 심사할 수 있다. 이 경우 과잉금지원칙은 특히 일률적으로 유형화된 규정으로 인하여 개별 사안에서 현저히 중요한 사정을 고려할 수 없을 때 적용된다.'

43) 직업학교 졸업시험 중 구술시험에 규정에 위반하여 휴대용 전화기를 소지한 응시자에 대한 6등급(ungenügend, '낙제'로 번역되기도 함) 평가 사안: VG Karlsruhe, Urteil vom 29. Juni, 2011, Az. 7K 3433/10

44) 주(州) 사법시험 응시자가 출제자에게 전화로 평가의 근거를 문의하였다는 이유로 0점 처리한 사안: BVerwG, Urteil vom 21. März 2012, Az. 6C 19.11: 개별 구체적 사정을 고려하면, 당해 처분이 기본법 제12조에 정한 직업선택의 자유를 침해한다.

원칙상 법률에 반영된 입법자의 의지에 반하여서는 안 된다거나,[45] 비례원칙에 따른 공·사익 형량은 일차적으로 입법자의 임무인데 사법부가 기속행위에 비례원칙을 원용함으로써 입법자의 형량결과가 반영된 법률의 효력이 약화된다는 등[46] 최근까지도 비판적 평가가 이루어지고 있다. 또한 2007년 연방헌법재판소의 결정 외에 연방행정법원 차원에서 이 부분 법리가 명시된 바는 없어 향후 판례 형성을 통해 정리될 필요가 있는 쟁점이다.[47]

기속행위에 대한 비례원칙(보다 넓게는 법의 일반원리) 원용의 문제는, 일차적·우선적으로 공·사익을 형량할 책임을 부여받은 입법자가 그 형량 결과를 일반·추상적 입법에 반영함으로써 법적 안정성, 예견가능성, 평등한 법적용의 가치를 구현하게 되는 권한과, 입법자가 예견하기 어려웠던 예외적 사안에서 법률 규정에도 불구하고 구체적 타당성을 고려한 결론을 통해 기본권을 보장할 사법부이 권한이 충돌하는 문제라고 할 것이다. 법원이 기속행위에 법의 일반원리를 원용하는 것은 권력분립원칙의 예외에 해당하기는 하지만 이를 전면 부정하는 견해는 찾을 수 없고, 법의 일반원리를 통해 구체적 타당성을 도모할 수 있는 예외적인 경우에 관해 어떻게 근거를 제시할 것인지가 문제된다고 할 것이다.[48]

생각건대 모든 국가기관은 개인이 가지는 불가침의 기본적 인권을 확인하고 이를 보장할 의무를 지고(헌법 제10조 후문), 법관은 심판권 행

45) Tristan Barczak, 위의 글(주 34), S. 174－175; Benedikt Vogt, 위의 책(주 34) S. 55; Kolja Naumann, 위의 글(주 20), S. 100

46) Liesa Pappert, Der Verhältnismäßigkeitsatz bei gebundenen Verwaltungs entscheidungen, Nomos, 2020, S. 176－202. 유사한 취지로, Markus Müller, Verhältnismäßigkeit - Gedanken zu einem Zauberwürfel, Stämpfli Verlag, 2023, S. 75－83

47) Vogt, 위의 책(주 34), S. 71－73

48) 수인가능성을 원용하여 설명하는 견해, 입법부와 사법부 사이의 묵시적 권한 배분으로 설명하는 견해, 공정한 사안 해결을 위한 권한에 근거하여 심사할 수 있다는 견해 등을 소개한 Liesa Pappert, 위의 책(주 46), S. 211－222

사에 있어 헌법에 기속되며(헌법 제103조), 법률에 의한 기본권 제한의 경우에도 그 본질적인 내용은 침해할 수 없다는 한계가 있다(헌법 제37조 제2항). 입법자의 형량 결과인 법률효과를 그대로 관철하면 기본권의 본질적인 내용이 침해될 정도로 부당한 결과가 발생하는 경우, 입법자와 함께 기본권 보장 책무를 분담하는 법원으로서는 예외적으로 헌법상 비례원칙을 원용하여 당해 처분이 위법하거나 위헌이라고 판단할 수 있다고 할 것이다. 다수결 원리에 입각하여 일반·추상적 규율을 정립하는 입법작용의 내재적 특성상, 법률의 해석·적용 과정에서는 입법과정에서 고려하거나 예상하지 못한 구체적 사정이 나타날 수밖에 없다. 이러한 경우 법원으로서는 입법자의 일반·추상적인 결단에도 불구하고 예외적으로 그 국민을 보호하는 방향으로 행정행위를 심사하여야 할 의무가 있다.[49] 이 경우 법원은 입법자의 일차적 결단인 법률이 예정하는 효과에 반하는 결론을 내리게 되므로 이러한 심사는 예외적으로 이루어져야 하고, 권력분립원칙에도 불구하고 헌법상 일반원리인 비례원칙을 원용하여 처분을 취소하여야 하는 이유 및 비례원칙 위반에 해당하는 이유에 관해 자세하고 충분한 이유를 제시하여야 할 것이다. 대법원은 근거법률을 합헌적으로 해석하는 경우뿐 아니라 행정행위의 재량권 일탈·남용 여부를 판단할 때[50] 및 처분의 위법 여부 판단 시[51] 헌법상

49) 같은 취지로, 김상환, 국가의 기본권 보장의무와 법원의 역할, 헌법학연구 14권 4호, 한국헌법학회, 2008, 5-7면; Markus Müller, Verhältnismäßigkeit - Ein Verfassungsprinzip zwischen Rechtsregel und Metaregel, in Verhältnismäßigkeit als Grundsatz in der Rechtsetzung und Rechtsanwendung, Nomos, 2019, S. 23-25; Rafael Bellem de Lima, Verhältnismäßigkeit und Verfassungsgerichte als Recht fertigungsinstanzen, Nomos, 2023, S. 127

50) 헌법 제34조 제6항은 "국가는 재해를 예방하고 그 위험으로부터 국민을 보호하기 위하여 노력하여야 한다."라고 규정하고, 제36조 제3항은 "모든 국민은 보건에 관하여 국가의 보호를 받는다."라고 규정하여 재해나 질병으로부터 국민을 보호할 국가의 보호의무를 강조하고 있다. 이러한 헌법 이념에 근거하여 국민 건강에 위해가 되는 감염병의 발생과 유행을 방지하고 그 예방 및 관리를 위하여 구 감염병의 예방 및 관리에 관한 법률(2020. 8. 11. 법률 제17472호로 개정되기 전의 것, 이하 '구 감

염병예방법'이라 한다)을 마련하고, 재난 및 안전관리 기본법(이하 '재난안전법'이라 한다) 제3조 제1호 (나)목에서 구 감염병예방법에 따른 감염병을 사회재난의 일종으로 규정하고 있다. 이에 감염병의 예방 및 관리를 통해 국민의 생명·신체 및 재산을 보호할 것을 국가와 지방자치단체의 책무로 하면서, 국가 등으로 하여금 감염병 예방 조치 등을 통해 감염병으로 인한 피해를 신속히 대응·복구하도록 규정하고 있다(구 감염병예방법 제4조 제2항, 재난안전법 제4조 제1항 참조).

이러한 규정 체계 등에 따라, 구 감염병예방법 제49조 제1항은 각호에서 국가나 지방자치단체가 감염병을 예방하기 위하여 취해야 할 여러 유형의 조치를 열거하면서 감염병 예방 조치의 유형, 예방 조치별 범위 및 강도 등을 행정청의 선택에 맡기고 있는데, 행정청이 어떠한 감염병 예방 조치가 필요한지 결정할 때에는 의학, 역학, 통계학 등 과학적 지식을 바탕으로 장래에 발생할 불확실한 상황과 파급효과에 대해 전문적인 위험예측에 관한 판단을 하게 된다.

위와 같이 헌법 제34조 제6항, 제36조 제3항에서 정한 국가의 기본권 보호의무와 구 감염병예방법, 재난안전법의 내용 및 취지 등에 비추어 보면, 행정청이 전문적인 위험예측에 관한 판단에 기초하여 감염병을 예방하기 위한 여러 종류의 조치 중에서 필요한 조치를 선택한 데에 비례의 원칙 위반 등 재량권 일탈·남용의 위법이 있는지를 판단할 때에는, 감염병의 특성과 확산 추이, 예방 백신이나 치료제의 개발 여부, 예방 조치를 통해 제한 또는 금지되는 행위로 인한 감염병의 전파가능성 등 객관적 사정을 기초로, 해당 예방 조치가 행정목적을 달성할 수 있는 효과적이고 적절한 수단인지, 그러한 행정목적을 달성하는 데 해당 예방 조치보다 상대방의 권리나 이익이 덜 제한되도록 하는 합리적인 대안은 없는지, 행정청이 해당 예방 조치를 선택하면서 다양한 공익과 사익의 요소들을 고려했는지, 나아가 예방 조치를 통해 달성하려는 공익과 이에 따라 제한될 상대방의 권리나 이익이 정당하고 객관적으로 비교·형량 되었는지 등을 종합적으로 고려해야 한다(대법원 2024. 7. 18. 선고 2022두43528 전원합의체 판결).

51) 행정청의 행정행위가 합리적 이유 없는 차별대우에 해당하여 헌법상 평등원칙을 위반하였는지를 확정하기 위해서는 먼저 행위의 근거가 된 법규의 의미와 목적을 통해 행정청이 본질적으로 같은 것을 다르게 대우했는지, 즉 다른 대우를 받아 비교되는 두 집단 사이에 본질적인 동일성이 존재하는지를 확정해야 한다. 다음으로 그러한 차별대우가 확인되면 비례의 원칙에 따라 행위의 정당성 여부를 심사하여 헌법상 평등원칙을 위반하였는지를 판단해야 한다(대법원 2024. 7. 18. 선고 2023두36800 전원합의체 판결. '동성 동반자'를 국민건강보험법상 피부양자 중 '배우자'에 해당하지 않는다고 보아 보험료를 부과한 처분이 문제된 사건). 위 판결에서 대법원은 '이성 동반자와 달리 동성 동반자인 갑을 피부양자로 인정하지 않고 위 처분을 한 것은 합리적 이유 없이 갑에게 불이익을 주어 그를 사실상 혼인관계에 있는 사람과 차별하는 것으로 헌법상 평등원칙을 위반하여 위법하다'고 판단하였는바, "처분이 헌법이나 법률에 위반되는 여부가 재판의 전제가 된 경우에는 대법원은 이를 최

기본권 및 헌법원리를 명시적으로 원용하고 있는바, 이러한 선례의 연장선상에서 기속행위에 대한 심사 국면에서도 헌법상 기본권과 헌법원리가 적절하게 원용될 필요가 있다고 할 것이다.

다만 이러한 방안으로 예외적인 사안들을 구제하는 것에는 예측가능성이나 평등한 법적용의 가치를 해할 우려 역시 존재하므로, 구제가 가능한 사안들을 유형화할 수 있다면[52] 이를 법률에서 규정하는 것이 바람직하고, 이러한 사안들에 관하여 법원으로서는 위헌법률심판제청과 같은 규범통제절차를 통해 입법부의 기존 형량 결과가 합헌적인지 여부를 심사하도록 할 필요가 있다.[53]

3. 신뢰보호원칙심사와 비례원칙심사의 차이

가. 신뢰보호원칙 적용요건

대법원은 신뢰보호원칙 적용요건으로, 첫째 행정청이 개인에 대하여 신뢰의 대상이 되는 공적인 견해표명을 하여야 하고, 둘째 행정청의 견해표명이 정당하다고 신뢰한 데에 대하여 그 개인에게 귀책사유가 없어야 하며, 셋째 그 개인이 그 견해표명을 신뢰하고 이에 상응하는 어

종적으로 심사할 권한을 가진다."고 규정한 헌법 제107조 제2항과 관련하여 '처분의 위헌 여부가 민·형사 등 다른 재판의 선결문제로서 판단되어야 하는 경우'를 의미하나(김하열, 헌법강의, 박영사, 2024, 926면 등), 위 헌법조항이 처분의 경우에도 '재판의 전제성'이라는 표현을 사용한 것은 명령·규칙과 처분이라는 상이한 유형의 행정작용을 함께 규율하는 과정에서 발생한 입법기술적 결함으로 보아 '재판의 전제가 된 경우'를 삭제하는 것으로 헌법을 개정할 필요가 있다고 보는 견해(한수웅, 헌법학, 법문사, 2024, 1378면)가 있다.

52) 앞서 본 산재보험법상 부당이득징수처분 사건들에서 수급자에게 '고의·중과실이 없는 경우' 등

53) Kolja Naumann, 위의 글(주 20), S. 99; Tristan Barczak, 위의 글(주 34), S. 157. 유사한 취지에서, '비례원칙은 주로 재량행위의 통제법리이며 기속행위의 경우에는 기속행위의 근거가 된 법령에 대한 비례성 통제를 통하여 간접적으로 행해진다'고 설명하는 박균성, 위의 책(주 23), 57면

떠한 행위를 하였어야 하고, 넷째 행정청이 위 견해표명에 반하는 처분을 함으로써 그 견해표명을 신뢰한 개인의 이익이 침해되는 결과가 초래되어야 하며, 마지막으로 위 견해표명에 따른 행정처분을 할 경우 이로 인하여 공익 또는 제3자의 정당한 이익을 현저히 해할 우려가 있는 경우가 아니어야 한다고 한다.[54] 한편 수익적 행정행위의 철회·취소 사안에서는 '수익적 행정행위를 취소하여야 할 공익상 필요와 취소로 인하여 당사자가 입게 될 기득권과 신뢰보호 및 법률생활 안정의 침해 등 불이익을 비교·교량한 후 공익상 필요가 당사자가 입을 불이익을 정당화할 만큼 강한 경우에 한하여 취소할 수 있다'고 하여 위와 같이 요건별로 구분된 신뢰보호원칙과는 다른 법리를 전개한다.[55]

나. 비례원칙 개념구분

비례원칙은 여러 법 영역에서 다양한 의미로 이용되는데, 행정법 영역에서 넓은 의미의 비례원칙에는 '장래를 향하여 달성하고자 하는 목적과 그 목적 달성을 위한 수단 사이를 비교'할 것을 명하는 협의의 비례원칙, 제재적 행정작용에서 의무위반과 제재 사이의 비례관계를 고려할 것을 명하는 의미의 비례원칙,[56] 제반 형량 요소들을 두루 고려할 것을 요청하는 의미의 형량명령 등이 포함되고,[57] 협의의 비례원칙은 행정기본법 제10조[58]로 명문화되었다. 협의의 비례원칙은 당해 수단이

---

54) 대법원 2001. 9. 28. 선고 2000두1512 판결 등

55) 대법원 2005. 6. 9. 선고 2005두1459 판결. 수익적 행정행위 철회·취소 사안에서는 수익적 행정행위가 이미 발급되었고 이를 취소하였으므로 그 자체로 선행 요건들을 갖춘 것으로 볼 수 있기 때문에 이익형량만을 심사하고, 다만 공적 견해표명이 정당하다고 신뢰한 데 대하여 귀책사유가 없어야 한다는 사정은 이익형량의 한 요소로 고려된다는 분석으로, 김길량, 위의 글(주 16), 330－331면

56) 헌법재판소 결정들에 나타난 '책임과 형벌 사이의 비례성(헌법재판소 2002. 11. 28. 선고 2002헌가5 결정 등)'과 그 비교대상의 구조 측면에서 유사한 요청이라 할 수 있다.

57) 정은영, 위의 책(주 34), 207면

58) **제10조(비례의 원칙)** 행정작용은 다음 각 호의 원칙에 따라야 한다.

목적 달성에 적합하고 필요한 것이어야 하고 그 수단으로써 추구하는 공익과 그 수단으로 인해 침해되는 사익 사이를 형량할 것을 요구하며, 이 사건과 같이 위반행위와 제재처분 사이의 비례관계가 문제되는 경우 위반행위의 내용 및 수범자 측의 주관적 사정과 제재양정 사이의 비례관계가 유지될 것이 요구된다.

대법원도 '행정목적을 달성하기 위한 수단은 목적달성에 유효·적절하고 사익을 가능한 한 최소한 침해하는 것이어야 하며 그 수단으로 인한 침해가 의도하는 공익을 능가하여서는 안 된다'는 요청을 '비례원칙'이라고 하고, 처분상대방의 의무위반을 이유로 한 제재처분의 경우 의무위반 내용과 양정 사이에는 '비례관계'가 있어야 한다고 설시한다.[59]

다. 신뢰보호원칙과 비례원칙의 관계

신뢰보호원칙과 비례원칙은 모두 공익과 사익을 형량하는 심사단계를 포함한다. 다만 신뢰보호원칙은 당해 처분에 선행하는 공적 견해표명이 존재함으로 인해 그 견해표명과 당해 처분 사이의 기간 동안 형성된 경제적·생활적 이익(아래 표 Ⓐ)이 형량요소로 추가된다는 점에서[60] 비례원칙과 차이가 있고, 그 형량과정에는 비례원칙에 따른 공·사익 형량도 포함된다는 점에서 '특수한 비례원칙'에 해당한다고 설명된다.[61]

---

1. 행정목적을 달성하는 데 유효하고 적절할 것
2. 행정목적을 달성하는 데 필요한 최소한도에 그칠 것
3. 행정작용으로 인한 국민의 이익 침해가 그 행정작용이 의도하는 공익보다 크지 아니할 것

59) 대법원 2019. 7. 11. 선고 2017두38874 판결(재외동포에 대한 사증발급 거부처분 사건. 주 25)

60) 박정훈, 행정법의 법원, 위의 책(주 22), 151면

61) 김혜진, 공법상 신뢰보호에 관한 연구 - 독일과 프랑스의 비교를 중심으로 -, 서울대학교 박사학위논문, 2022, 67면

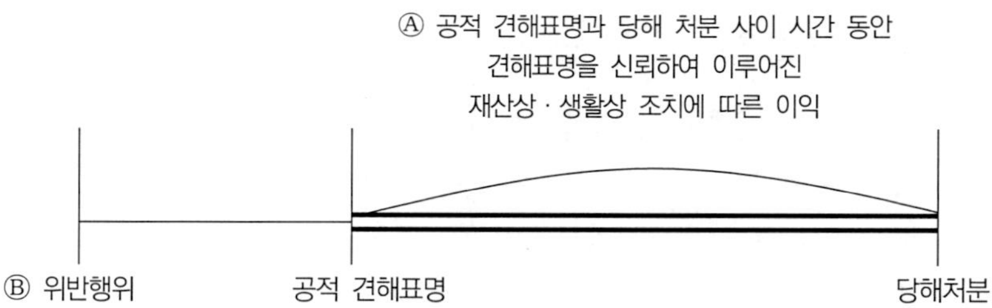

그런데 제재양정에서 요구되는 '비례관계'는 신뢰보호원칙과는 별개의 심사기준이 되는 경우가 있을 수 있다. 신뢰보호원칙 심사결과 공적 견해표명을 신뢰하여 이루어진 수범자의 조치로 인한 이익(위 표 Ⓐ)이 당해 처분으로 달성하고자 하는 공익보다 우월하다고 인정되는 경우 그 처분은 위법하여 취소되는데, 이 경우 '위반행위의 내용에 비해 처분을 하는 것이 과하다'는 판단이 함께 이루어질 수는 있으나(이 사건 제1심도 이 사건 처분이 신뢰보호원칙에 위반된다고 한 판단이유 중에 '원고들의 주관적 사정, 즉 입찰 참가 시 불이익 우려·생계 지장 우려'를 형량요소로 고려하였고, 이러한 점에서 신뢰보호원칙이 '특별원칙'으로서 비례원칙에 우선하여 판단되는 원칙이라고 할 수 있다), 그 과정에서 위반행위의 내용과 제재양정의 비례관계가 판단되지는 않는다. 만일 처분으로 달성하고자 하는 공익이 Ⓐ 부분 이익을 비롯한 사익에 비해 우월하다고 인정되어 신뢰보호원칙 위반 주장이 배척되더라도, 위반행위의 내용·정도 및 수범자의 주관적 사정 등과 제재양정 사이에 비례관계가 있는지는 별도로 심사될 수 있다고 할 것이다. 즉 신뢰보호원칙이 '처분 부과 여부'에 관한 재량심사 시 비례원칙보다 우선 적용되는 특별한 법의 일반원리라면, '제재양정'에 관한 재량심사 시 '비례관계'라는 의미의 비례원칙은 신뢰보호원칙과 별개의 고유한 심사기준으로 작동한다고 할 수 있다.

라. 기속행위에 대한 신뢰보호원칙 원용 여부

대상판결에서 기속행위인 이 사건 처분에 대해 비례원칙에 따른 재량권 일탈·남용 여부는 심사하지 않으면서도 신뢰보호원칙에 대하여는 나아가 심사하는바, 신뢰보호원칙은 효과재량에 대한 통제를 위한 심사원리라는 점에서는 비례원칙과 같은데도[62] 기속행위 심사에서 두 원리 사이에 차이가 나는 이유는 무엇인가.

기속행위인 조세부과처분에 대해서는 근거법률 자체에서 신의성실원칙을 명문화하고 있고[63] 그 적용요건은 신뢰보호원칙의 적용요건과 동일하다고 평가되는바,[64] 이 경우에는 납세자의 신뢰보호와 법률적합성 사이를 항상 형량할 것이 법률상 요청된다고 할 수 있다. 또한 사회보장영역에서 부당이득징수처분에 대하여도 앞서 본 바와 같이 선례에 의해 공·사익 형량을 하도록 하여 수급자의 신뢰를 보호할 여지를 열어 두고 있다. 이처럼 명문의 법률규정이 없거나 이미 지급한 급부를 환수하는 처분 등이 아닌 행정행위 영역의 기속행위에 대해서도, 신뢰보호와 행정의 법률적합성 사이의 형량이 문제될 뿐 신뢰보호원칙을 적용하는 것 자체는 문제되지 않는다는 입장도 있다.[65] 이러한 입장은 일

62) 법원실무제요 행정(Ⅱ), 사법연수원, 2023, 188면: 행정청이 내세운 처분사유를 중심으로 그 처분사유가 내세운 법령의 적용이나 해석, 사실상태의 인정이 맞는지 비교·대조하여 그 처분의 실체위법을 판단하는 것 외에 그 처분이 행정청의 재량에 속한다면 재량권의 한계를 넘거나 그 남용이 있는지도 심사하게 된다(행정소송법 27조). 행정청이 내세운 처분사유에 관하여는 따로 살펴보기 때문에 효과재량의 하자에서는 개별 근거법령이 아닌 '행정의 법 원칙'이 주로 문제된다.

63) 예컨대, **국세기본법 제15조(신의·성실)** 납세자가 그 의무를 이행할 때에는 신의에 따라 성실하게 하여야 한다. 세무공무원이 직무를 수행할 때에도 또한 같다.

64) 이상덕, 산재보험 영역에서 과오급 보험급여 환수의 법적 문제 - 수익적 행정행위 직권취소 제한의 법리와 관련하여, 사법논집 제57집, 법원도서관, 2013, 154면

65) 하정훈, 국적 취득 절차에서의 신뢰보호의 원칙과 미성년자의 보호(대법원 2024. 3. 12. 선고 2022두60011 판결), 대법원판례해설 제139호, 법원도서관, 2024, 806면: "신뢰보호원칙 또는 신의칙은 일반적인 법원칙으로서 기속행위라고 하여 신뢰보호

응 신뢰보호원칙이 헌법상 원리로서 행정절차법에 명문으로 구현되어 있는 독일 행정법의 영향을 받은 것으로 추측된다. 독일에서는 '위법한 수익적 행정행위의 취소·철회' 시 그 행정행위를 신뢰한 개인의 이익과 위법한 행정행위의 효과를 제거하여야 할 공익 사이를 형량하여야 한다는 연방행정법원의 판례가 확립되어 왔고 학계 역시 이를 지지하였으며 결국 독일 행정절차법 제48조, 제49조에 반영되기에 이르렀다.[66)][67)]

이 사건과 같이 벌점을 부과할 의무가 있는 사건에서 미부과 통지를 하였다가 벌점부과처분을 한 사안에서도 신뢰보호원칙을 원용하는 것은 '기속행위'로 정한 법률의 효과를 약화시킨다는 측면에서 비례원칙에서와 같은 입법자 간의 긴장관계라는 문제가 있는 것은 아닌지,[68)] 독일 행정절차법과 같이 위법한 행정행위라 하더라도 신뢰보호원칙의 제한 내에서만 취소·철회할 수 있다고 하는 법률규정이 없는 우리 행정법 체계에서도 독일의 논의를 곧바로 이어받을 수 있는지 등에 관하여 보다 구체적인 검토가 필요할 것으로 보인다.

생각건대 신뢰보호원칙이 법률적합성과 사이에서 원칙적으로 형량이 가능하다고 하면 성문법률의 효력을 불문의 법원칙으로써 약화시키는 것이 원칙적으로 가능하게 된다. 법률적합성이 양보될 수 있는 예외사안에 해당한다는 논증을 위해서는 비례원칙에서와 마찬가지로 헌법상 기본권 및 헌법원리에 그 근거를 두어야 할 것으로 생각된다. 향후

원칙의 적용이 배제되는 것은 아니다. 다만 기속행위에 대하여 신뢰보호원칙을 적용할 때는 행정의 법적합성과의 충돌문제가 있을 수 있는데, 이는 결국 해당 사건에서 당사자들의 신뢰보호와 행정의 법적합성 중 어떤 법익이 우선하는지에 관한 비교형량의 문제일 뿐이다."

66) 제48조는 위법한 행정행위의 취소, 제49조는 적법한 행정행위의 철회에 대하여 규정한다.

67) Kyrill－A. Schwartz, Vertrauensschutz als Verfassungsprinzip, Nomos, 2002, S. 323－324

68) 독일의 신뢰보호원칙과 법의 평등한 적용, 법적 안정성, 권력분립과의 관계에 관한 개괄적 논의로, Kyrill－A. Schwarz, 위의 책(주 67), S. 50－53

판례를 통해 기속행위에 대한 사법심사 시 비례원칙심사와 달리 신뢰보호원칙 위반 여부는 심사를 하는 근거가 제시되기를 기대한다.

마. 여론: 이 사건에서 신뢰보호원칙 및 비례원칙의 이익형량 차이

비례원칙에서는 위반행위의 내용, 경중 및 그 밖에 제재양정에 고려될 제반 사정들(향후 입찰 참가 제한 우려, 감리 배제로 인한 생계에의 타격 등)에 비추어 벌점을 부과하는 것이 지나친 것인지 여부, 그리고 벌점을 시행령상 처분기준에 명시된 그대로 부과하는 것이 과도한 제재인지 여부를 심사한다.[69] 한편 신뢰보호원칙에서는 선행조치와 이 사건 처분 사이 기간 동안 선행조치를 신뢰하고 축적한 경제상·생활상 관계에서 비롯되는 이익과 이 사건 처분으로써 달성하고자 하는 공익 사이를 형량한다. 이처럼 두 원리의 이익형량에서 고려되는 이익의 측면에 차이가 있음은 앞서 본 바와 같다.

이 사건 원고들은 위반행위에 비해 벌점을 부과하는 것이 지나치게 가혹하다는 비례원칙 위반을 주장하였다. 이 사건 선행조치에서 벌점 미부과 및 '주의'의 가벼운 조치를 통보한 이유에 '위반행위의 경중'이 적시되어 있었는바, 벌점심의위원회에서 벌점을 부과하지 않는 것으로 의결할 만큼 위반의 정도가 경미하다고 할 사정이 인정되는 사안으로 보인다. 처분기준상 '일정기간 내 사망사고가 발생하지 않은 경우' 또는 '벌점 미부과로 관리 우수 현장 비율이 높은 경우' 등을 감경사유로 명시하고 있는데,[70] 위 처분기준에 정한 사유에 해당하지 않는다 하

---

69) 이와 관련하여, 위반행위의 내용·정도와 그에 대한 제재 수위 사이의 형량이 핵심이라고 보는 이상덕, 위의 글(주 14), 258면

70) 앞서 본 별표 8(주 2) 중 5. 벌점측정기준
바. 벌점 경감기준
1) 반기 동안 사망사고가 없는 건설사업자, 주택건설등록업자 또는 건설엔지니어링 사업자에 대해서는 다음 반기에 부과된 벌점의 20%를 경감하며, 반기별 연속하

더라도 이 사건에서는 심의위원회의 의결에 따른 벌점 미부과 조치라는 특단의 사정이 있었는바, 이러한 사정을 고려할 때 위반의 내용·정도에 비례하는 벌점으로 감경할 여지가 있다고 보인다.[71]

원심에서는 비례원칙 위반 여부를 판단하면서 '처분으로써 달성하려는 공익이 중대한 점' 외에 '처분기준이 합리적인데 이 사건 위반사항에 대해서는 처분기준에 정한 벌점을 부과하는 것이 타당하다'고만 설시하고 있다.[72] 원용하고 있는 선례 역시 수익적 행정행위의 철회에 관

여 사망사고가 없는 경우에는 다음 표에 따라 다음 반기에 부과된 벌점을 경감한다.

사망사고가 없는 연속반기 수	2반기	3반기	4반기
경감률	36%	49%	59%

2) 반기 동안 10회 이상의 점검을 받은 건설사업자, 주택건설등록업자 또는 건설엔지니어링사업자에 대해서는 반기별 점검현장 수 대비 벌점 미부과 현장 비율(이하 "관리우수 비율"이라 한다)이 80% 이상인 경우에는 다음 표에 따라 해당 반기에 부과된 벌점을 경감하며, 경감점수가 부과된 벌점(부과된 벌점이 없는 경우를 포함한다)보다 커서 경감점수가 남은 경우에는 다음 반기에 한정하여 해당 반기의 벌점에서 경감한다.

관리우수 비율	80% 이상~90% 미만	90% 이상~95% 미만	95% 이상
경감점수	0.2점	0.5점	1점

71) 대상판결에서 벌점부과 여부에 한하여 기속행위로 해석하고 벌점 내용에 관해서는 재량행위로 보는 절충적 입장을 취함으로써 제재처분 특성을 고려하여 구체적 타당성을 확보할 수 있다고 본 김은정·김혜진·이수안, 2024년 행정판례의 이론적 조명(1): 총론 편, 행정법연구 제76호, 사단법인 행정법이론실무학회, 2025년 3월, 338면. 다만 법원은 의무위반으로 인한 재제처분에서 행정청에게 부여된 재량의 행사가 현저하게 불합리하지 않는 한 비례원칙이 엄밀하게 구현되지 않았다는 이유만으로 재량권 일탈·남용이라고 단정 짓고 행정청의 양형판단을 법원의 양형판단으로 대체하려고 해서는 안 된다는 지적으로, 이상덕, 위의 글(주 14), 258면

72) 이외에 이 부분 판단의 이유로, '건설기술 진흥법 제87조의2 제3항에 따르면 측정기관은 벌점심의위원회의 심의 결과 부실 측정과 벌점 부과에 잘못이 있는 경우에는 벌점 부과 결과를 정정하여야 하는 것이므로, 피고가 벌점심의위원회의 심의 결과에 기속되는 것도 아니다'고 하고 있으나, 위 제3항은 당초 부과처분에 대해 이의가 제기되어 개최된 심의위원회 심의 결과 당초 처분에 잘못이 있다고 인정되는 경우 당초의 벌점을 정정할 의무를 정한 규정으로서, 오히려 이의신청이 있는 경우에는 심의위원회 심의 결과(벌점 부과 결과 정정)에 따라야 한다는 근거규정이라고 이해된다.

한 것이고,[73] 형량 판단에서도 '선행조치와 이 사건 처분 사이의 1년 기간이 길지 않은 점'을 들고 있어 신뢰보호원칙에서의 형량판단과 중복되는 면이 있으며, 비례원칙 위반 관련 원고들 주장에 대한 답변으로 충분하지 않은 면이 있다. 위반의 내용과 정도, 그 결과라는 객관적 사정 및 위반의 경위와 동기, 위반 이후의 정황 등 수범자 측 사정들을 두루 감안하여 벌점을 감경할 사안인지 여부를 판단하는 것이 이 부분에 필요한 이유제시라고 할 것이다.

제87조의2(이의 신청 등)

① 벌점 부과 내용을 통보받은 벌점 부과 대상자는 그 통보를 받은 날부터 30일 이내에 측정기관에 이의 신청을 할 수 있다. 이 경우 벌점 부과에 대하여 불복하는 사유를 분명하게 밝혀 신청해야 한다.

② 제1항에 따라 이의 신청을 받은 측정기관은 제87조의3에 따른 벌점심의위원회의 심의를 거쳐 그 결과를 이의 신청일부터 40일 이내에 이의신청인에게 통보해야 한다.

③ 측정기관은 제2항에 따른 심의 결과 부실 측정과 벌점 부과에 잘못이 있는 경우에는 벌점 부과 결과를 정정해야 한다.

73) 원심은 노선배분취소처분 등에 관한 대법원 2004. 11. 26. 선고 2003두10251, 10268 판결(처분청은 비록 그 처분 당시에 별다른 하자가 없었고, 또 그 처분 후에 이를 철회할 별도의 법적 근거가 없다 하더라도 원래의 처분을 존속시킬 필요가 없게 된 사정변경이 생겼거나 또는 중대한 공익상의 필요가 발생한 경우에는 그 효력을 상실케 하는 별개의 행정행위로 이를 철회할 수 있다고 할 것이나, 수익적 행정처분을 취소 또는 철회하는 경우에는 이미 부여된 그 국민의 기득권을 침해하는 것이 되므로, 비록 취소 등의 사유가 있다고 하더라도 그 취소권 등의 행사는 기득권의 침해를 정당화할 만한 중대한 공익상의 필요 또는 제3자의 이익보호의 필요가 있는 때에 한하여 상대방이 받는 불이익과 비교·교량하여 결정하여야 하고, 그 처분으로 인하여 공익상의 필요보다 상대방이 받게 되는 불이익 등이 막대한 경우에는 재량권의 한계를 일탈한 것으로서 그 자체가 위법하다)을 원용하면서, '이 사건에서 선행조치 그 자체는 원고들에게 불이익한 처분이나, 피고는 선행조치보다 더 중한 이 사건 처분을 하기 위하여 선행조치를 취소 또는 철회한 것이므로 이 사건에 관하여도 마찬가지로 위 법리를 적용할 수 있다'고 하였으나, 수익적 행정행위 철회·취소와 침익적 행정행위의 취소 사이에는 차이가 있고[김은정·김혜진·이수안, 위의 글(주 71), 337면], 선행조치는 행정청에게 벌점 부과 여부에 관한 재량이 부여되어 있다고 착오한 데에서 비롯된 하자 있는 처분이어서 위 선례를 이 사건에 그대로 원용하기는 어렵다고 보인다.

Ⅲ. 결론

'기속규정 형식'의 문언에 근거한 행정행위는 원칙적으로 기속행위로 해석하여야 할 것이고, 문언에도 불구하고 재량행위라고 해석하기 위해서는 그러한 해석을 정당화할 수 있는 충분한 이유를 제시할 필요가 있다. 기속규정 형식 법률에 근거한 행정행위에 대한 사법심사에서 구체적으로 타당한 결론을 도출하기 위한 방법은, 처분의 요건 부분을 합헌적으로 제한해석하는 방안, 사익 침해 사안이 일정 부분 유형화될 수 있다면 입법자로 하여금 그 고유의 이익형량 권한을 행사하여 처분의 근거법률 자체를 보다 정밀하게 개정하도록 위헌법률심판을 제청하는 방안, 법률 개정이라는 근본적인 해결은 불가능하나 사익 침해가 극심한 예외적인 경우에는 헌법상 기본권 및 헌법원리를 원용하여 개별 구체적 사안에서 공·사익을 형량하는 방안으로 나누어 볼 수 있다. 세 번째 방안 관련, 기속행위에 대한 사법심사에서 법률이 예정한 법률효과를 그대로 인정한다면 헌법상 보장되는 기본권 차원의 이익의 본질적 내용이 침해되는 예외적인 경우에는 헌법상 기본권 제한에 관한 심사원리로서 비례원칙이나 신뢰보호원칙을 원용할 수 있다고 할 것이다. 법원은 일정 행정행위에 대해 기속행위로 규정한 입법자의 일차적 결단을 원칙적으로 존중하면서도, 기본권을 수호하는 책무를 공동으로 부여받은 헌법기관으로서 기속행위로 인해 기본권을 과도하게 제한받는 수범자를 보호하는 근거로 헌법을 적절히 활용할 필요가 있다. 한편 비례원칙과 신뢰보호원칙은 형량할 사익의 내용이나 비교의 대상에 차이가 나는 경우가 있으므로, 그 차이를 정확히 반영하여 적용해야 한다.

참고문헌

법원실무제요 행정(Ⅱ), 사법연수원, 2023

주석 행정소송법(Ⅱ), 한국사법행정학회, 2023

김중권, 행정법, 법문사, 2023

김혜진, 공법상 신뢰보호에 관한 연구 - 독일과 프랑스의 비교를 중심으로, 서울대학교 박사학위논문, 2022

박균성, 행정법론(상) 제22판, 박영사, 2023

정은영, 행정법상 비례원칙에 관한 연구 - 헌법상 비례원칙과의 비교를 중심으로, 서울대학교 박사학위논문, 2020

김길량, 사회보장행정 영역에서의 수익적 행정행위 취소 제한에 관한 이익형량의 모습, 대법원 판례해설 제111호, 법원도서관, 2017

김은정·김혜진·이수안, 2024년 행정판례의 이론적 조명(1): 총론 편, 행정법연구 제76호, 사단법인 행정법이론실무학회, 2025년 3월

김상환, 국가의 기본권 보장의무와 법원의 역할, 헌법학연구 14권 4호, 한국헌법학회, 2008

박정훈, 행정법에 있어서의 이론과 실제, 행정법의 체계와 방법론[행정법연구 I], 박영사, 2005

박정훈, 행정법의 법원, 행정법의 체계와 방법론[행정법연구 I], 박영사, 2005

이상덕, 산재보험 영역에서 과오급 보험급여 환수의 법적 문제 - 수익적 행정행위 직권취소 제한의 법리와 관련하여, 사법논집 제57집, 법원도서관, 2013

이상덕, 제재적 행정처분에 관한 사법심사 - 최근 대법원 판례 동향을 중심으로, 행정법연구 제71호, 사단법인 행정법이론실무학회, 2023년 8월

이용우, 사회보장 행정영역에서 수익적 행정처분의 취소 및 부당이득징수 처분이 갖는 특수성: 사회보장수급권에 대한 대법원의 인식 및 그 한계, 재판자료 제143집, 법원도서관, 2022

정은영, 행정법상 비례원칙에 관한 연구, 행정법연구 제63호, 사단법인 행정법이론실무학회, 2020년 11월

하정훈, 국적 취득 절차에서의 신뢰보호의 원칙과 미성년자의 보호(대법원 2024. 3. 12. 선고 2022두60011 판결), 대법원판례해설 제139호, 법원도서관, 2024

Hofmann, Ekkehard, Abwägung im Recht: Chancen und Grenzen numerischer Verfahren im öffentlichen Recht, 2007

de Lima, Rafael Bellem, Verhältnismäßigkeit und Verfassungsgerichte als Rechtfertigungs – instanzen, Nomos, 2023

Mehde, Veith, Die Prüfung der Verhältnismäßigkeit bei gebundenen Entscheidungen, DÖV, 2014

Müller, Markus, Verhältnismäßigkeit - Ein Verfassungsprinzip zwischen Rechtsregel und Metaregel, in Verhältnismäßigkeit als Grundsatz in der Rechtsetzung und Rechtsanwendung, Nomos, 2019

Müller, Markus, Verhältnismäßigkeit - Gedanken zu einem Zauber würfel, Stämpfli Verlag, 2023

Pappert, Liesa, Der Verhältnismäßigkeitsatz bei gebundenen Ver waltungsentscheidungen, Nomos, 2020

Schwartz, Kyrill–A., Vertrauensschutz als Verfassungsprinzip, Nomos, 2002

Vogt, Benedikt, Die verhältnismäßige Anwendung „gebundener“ Normen, Duncker & Humblot, 2019

Barczak, Tristan, Der gebundene Verwaltungsakt unter Verhält nismäßigkeitsvorbehalt, VerwArch 105, 2014

Naumann, Kolja, Die Prüfung der Verhältnismäßigkeit im Rahmen gebundener Entscheidungen: Versuch einer dogmatische Verortung aktueller Entwicklungen in der Rechtsprechung, DÖV, 2011

국문초록

어떠한 행정행위가 기속행위인지 재량행위인지 여부에 따라 사법심사 방법이 달라지므로 이는 행정행위에 대한 사법심사 시 선결적으로 판단되어야 할 쟁점으로서, 행정행위의 근거법률이 '기속규정' 형식의 문언인 경우 원칙적으로 기속행위라고 볼 것이고, 재량행위로 보기 위해서는 개정 연혁, 개정 이유, 법체계, 입법 목적과 취지 등을 문언과 달리 판단하는 근거를 충분히 제시할 필요가 있다.

기속행위에 대해 법률의 해석 및 포섭이 완료된 이후 법의 일반원리를 추가로 원용하여 구체적 타당성 있는 결론을 도출할 수 있는지 여부와 관련하여, 독일 재판례들에서 다양한 사안들이 있었고 그에 관하여 입법부와의 권력분립 차원에서 비판적으로 검토되고 있는바, 우리 행정재판에서는 기속행위로 인해 헌법상 보장된 기본권이 침해된 경우 헌법상 일반원리를 원용하여 행정행위가 위법·위헌 여부를 판단할 수 있다고 할 것이다.

한편 비례원칙과 신뢰보호원칙은 모두 공·사익 형량 단계를 포함하나 그 형량의 대상이 되는 사익의 구체적 양상은 달라지는 경우가 있는바, 그와 같이 차이나는 이익을 명확하게 구분함으로써 두 원리를 정확히 적용할 필요가 있다.

주제어: 기속행위, 재량행위, 사법심사, 법의 일반원리, 비례원칙, 신뢰보호원칙

Abstract

Judicial Review of Binding Administrative Act: Focusing on the Application of the Principle of Proportionality and the Principle of Protection of Legitimate Expectations

Eunyoung Jeong*

The classification of administrative acts as either binding (non-discretionary) or discretionary constitutes a foundational determination that governs both the scope and intensity of subsequent judicial review. When statutory language employs mandatory terms, courts presume the resulting administrative act to be binding in nature. Any interpretation characterizing such an act as discretionary demands compelling justification, requiring thorough examination of legislative history, statutory purpose, and the encompassing legal framework within which the provision operates.

A more complex analytical question emerges regarding whether general principles of law—particularly proportionality—may be invoked even after a binding administrative act has been properly interpreted and lawfully applied. German jurisprudence continues to grapple with this issue, reflecting ongoing scholarly and judicial debate. In the Korean legal system, I argue that courts not only may but must invoke constitutional principles when binding administrative acts infringe upon fundamental rights, thereby ensuring the preservation of constitutional integrity and

* Presiding Judge(Seoul Administrative Court), Ph. D. in law

supremacy.

While both proportionality and the principle of legitimate expectations require courts to balance competing public and private interests, these doctrines protect different categories of private interests. The conceptual distinction proves essential for the precise and appropriate application of each principle, preventing doctrinal confusion and ensuring that courts employ the most suitable analytical framework for the specific legal issues presented.

Keyword: discretionary act, binding(non-discretionary) act, judicial review, general principles of law, principle of proportionality, principle of protection of legitimate expectations

투고일 2025. 6. 5.

심사일 2025. 6. 21.

게재확정일 2025. 6. 29.

行政行爲의 瑕疵

공법상 계약과 일부무효의 법리 적용 문제에 관한 고찰 (박종준)

공법상 계약으로서의 기부채납 관련 사실오인으로 인한 사용허가거부처분의 재량하자 (정의석)

공법상 계약과 일부무효의 법리 적용 문제에 관한 고찰*

박종준**

대법원 2024. 7. 11. 선고 2024다211762 판결

Ⅰ. 들어가는 말

대법원 2024. 7. 11. 선고 2024다211762 판결은 주거단지 및 종합의료시설 등을 조성하는 사업의 시행사가 해당 사업의 인가청인 지방자치단체를 상대로 하여 해당 사업과 관련된 부지의 매매계약에 따른 매매대금 중 일부에 대하여 부당이득반환을 구하는 민사소송이다. 1심에서는 원고의 부당이득 반환 주장이 받아들여지지 않았지만 2심에서는 민법 제137조에 따른 법률행위의 일부무효에 관한 법리가 적용되어 원고인 사업시행자의 주장이 인정되었고, 다시 대법원에서는 매매계약의 일부만을 무효라고 본 원심판결이 파기되었다. 이 과정에서 이 사건의 매매계약이 공법상 계약에 해당되는지 여부에 대한 대법원의 판단이 추

* 이 글은 2025년 4월 18일 개최된 2025년 (사)한국행정판례연구회 제405차 월례발표회에서 필자가 발표한 내용을 수정·보완한 것입니다. 본 발표회에서 유익한 토론을 해주신 서울대학교 법학연구소의 정의석 박사님, 그리고 소중한 심사의견을 주신 익명의 심사위원님들께 진심으로 감사드립니다.

** 강원대학교 법학전문대학원 조교수

가되었다. 지방자치단체가 소유하는 공유재산 중 일반재산의 매매계약은 사법상 계약에 해당한다고 보는 것이 학설과 판례의 비교적 일관된 입장이라고 할 것인바, 부당이득금 반환을 구하는 민사소송으로 시작된 본 사건에서 공법상 계약과 관련된 법리가 언급된 것은 어쩌면 이례적인 일이라고 볼 수 있다. 그리고 이는 최근 공법상 계약의 개념 범주에 관한 판단 요소를 직접적으로 밝힌 대법원 2023. 6. 29. 선고 2021다250025 판결이 가지는 행정법적 의의와 맞물려 충분히 주목해야 할 가치가 있는 판례라고 하겠다. 이에 더하여 본 판결에서 문제가 된 매매계약이 지방의회의 의결을 거치지 않았다는 이유로 전부무효로 판단한 대법원의 결론은, 사업시행자와 지방자치단체 모두 개발사업이 거의 완료된 단계에서 양자 모두 해당 매매계약이 전부무효가 되는 상황을 원하지 않았음에도 불구하고, 전부무효라는 결론으로 인하여 해당 사건의 공익사업의 수행에 불필요한 혼선을 야기할 우려가 있을 수 있다는 점, 추후 소송이 여전히 진행 중인 관계로 불필요한 비용이 소요되고 있는 점 등을 감안하다면 결과적으로 불합리해 보이는 측면이 엄연히 존재하는 것도 사실이다. 이하에서 보다 자세하게 살펴보겠지만 해당 대법원 판결 이후 환급심에서는 매매계약이 전부무효라는 것을 전제로 지방자치단체와 사업시행자 각각에게 부당이득금 반환 의무와 이 사건 각 토지의 반환의무가 인정되나, 이후 기부채납에 따라 후자의 토지 반환의무가 이행불능이 되었으므로, 그 이행불능 시인 기부채납 당시의 이 사건 각 토지의 가액을 지방자치단체에게 반환하여야 함을 밝히고 있고,[1] 이에 따라 위 각 의무 간의 상계를 위한 추가적인 소송이 진행 중인 상황이다.

본 판결은 이처럼 민사소송에 기반해 있으나 소송의 대상이 된 매

1) 서울고등법원 2024. 10. 17. 선고 2024나2032325 판결.

매계약이 주거단지 및 종합의료시설 등을 조성하기 위한 공익사업과 밀접하게 결부되어 있고, 비록 사법상 계약을 전제로 한 것이지만 법률행위의 일부무효 법리가 문제되었다는 점, 공법상 계약의 개념 범주의 인정 문제와 더불어 공법상 계약에 특유한 일부무효 법리의 적용가능성을 살펴볼 기회를 제공하고 있다는 점 등에 비추어 볼 때, 행정법적으로 매우 흥미로운 사건이라고 평가할 수 있다. 본 발표문은 부당이득금 반환소송에서 시작된 원심의 판결이 공법상 계약에 관한 언급이 포함된 대법원 판결로 이어진 맥락을 구체적으로 살펴보고, 이를 토대로 해당 판결에서의 주요한 쟁점으로서 공법상 계약의 개념 범주의 인정 문제, 본 사건의 매매계약에 대한 일부무효 법리의 적용 문제, 마지막으로 공법상 계약에 있어서 일부무효 법리 등의 적용 가능성 문제 등을 핵심 쟁점으로 하여 대상 판결의 의의와 한계 등을 평가해 보고자 한다. 그리고 더 나아가 동 판결에서 통해서 드러난 공법상 계약을 둘러싼 쟁점들에 대한 합리적인 대응을 위한 제도 개선 방향까지 모색하여 보고자 한다.

Ⅱ. 대상 판결 개관

1. 사실관계

가. 당사자의 지위

1) 원고는 ○○시 △△동 (이하 ‘ △△동 ’이라 한다) (지번 1 생략) 일원 ㅁㅁ유원지 부지에서 주거단지 및 종합의료시설 등을 조성하는 사업(이하 ‘이 사건 사업’이라 한다)의 시행사이고[당초 이 사건 사업의 사업주체는 소외 2 회사 였으나, 2016. 8. 2. 소외 2 회사 가 이 사건 사업구역 내 토지 소유권을 원고에 신탁하였기 때문에 이 사건 사업

의 주체가 원고로 변경되었다].

2) 피고는 이 사건 사업의 인가청인 ○○시장이 속해 있는 지방자치단체이다(이하 편의상 피고와 그 대표자로서 행정청의 지위에 있는 ○○시장을 구분하지 아니하고 '피고'라 한다).

나. ㅁㅁ유원지 부지에 관한 피고의 도시관리계획 변경결정

1) 소외 2 회사 는 2013년경부터 이 사건 사업을 추진하기 위하여 피고에게 ㅁㅁ유원지 부지에 관한 도시관리계획 입안 제안을 하였는데, 그 과정에서 2014. 7. 23. 피고에게 종합의료시설 부지 약 10,000평과 구역 내·외 도시계획시설(경관·완충녹지, 도로 등)을 기부채납 하겠다는 내용의 확약서를 제출하였고, 2015. 11. 23. 및 2015. 12. 29. 피고에게 위와 유사한 내용의 기부채납에 관한 확약서를 추가로 제출하였다.

2) 피고는 2016. 3. 30. ① ㅁㅁ유원지 부지 420,185㎡에 관하여 유원지 시설을 폐지하고, ② 그 중 214,129㎡ 부분의 용도지역을 제1종일반주거지역 또는 제2종일반주거지역으로 변경하는 한편, ③ ㅁㅁ유원지 부지 중 287,561㎡ 부분을 지구단위계획구역인 ' ㅁㅁ지구 '로 지정하고(이하 '이 사건 지구'라 한다), 이 사건 지구 내의 도로, 녹지, 학교, 종합의료시설 등 기반시설의 위치와 규모 등을 구체적으로 열거한 도시관리계획(시설, 용도지역, 지구단위계획)을 결정·고시하였다(○○시 고시 제2016-82호, 이하 '이 사건 도시관리계획 결정'이라 한다).

3) 한편, 이 사건 도시관리계획 결정에 의하여 이 사건 지구 중 △△동(지번 2 생략) 일대 33,060㎡가 지구단위계획상의 종합의료시설 부지(이하 '이 사건 의료시설 부지'라 한다)로 지정되었다.

다. 주택건설사업에 관한 사업계획 승인

1) 소외 2 회사 는 2016. 4. 4. 이 사건 사업의 일환으로 이 사건 지구

중 △△동 (지번 1 생략) 일대 153,427㎡에 공동주택(아파트) 및 근린생활시설을 건설하는 사업(이하 '이 사건 주택건설사업'이라 하고, 위 아파트를 '이 사건 아파트'라 한다)에 관한 사업계획 승인신청을 하였다.

2) 이에 따라 피고는 소외 2 회사를 사업주체로 하여 2016. 6. 24. 이 사건 주택건설사업에 관한 사업계획을 승인하면서, '종합의료시설 부지는 소외 2 회사 가 제출한 확약서에 따라 공동주택의 사용검사 전까지 조성 완료하여 피고 또는 피고가 지정하는 병원 사업자 등과 협약 체결 후 기부채납 또는 무상 양도하기 바란다.'는 취지의 승인조건을 부과하였다(이하 '이 사건 사업계획 승인조건'이라 한다).

라. 이 사건 도시계획시설사업 실시계획인가 등

1) 피고는 2017. 10. 19. 및 2018. 3. 22. 이 사건 도시관리계획 결정을 근거로 원고를 사업주체로 하여 위 △△동 (지번 2 생략) 일원 33,321㎡에 종합의료시설을 건립하는 사업 등 이 사건 지구 내의 기반시설의 설치에 관한 도시계획시설사업(이하 '이 사건 도시계획시설사업'이라 한다)의 실시계획을 인가·고시하였다(○○시 공고 제2017-312호, 제2017-315호, 제2018-140호).

2) 이 사건 도시계획시설사업 실시계획인가에 따라 피고 소유의 공유지인 ① △△동 (지번 3 생략) 대 107㎡, ② △△동 (지번 4 생략) 도로 214㎡, ③ △△동 (지번 5 생략) 도로 172㎡, ④ △△동 (지번 6 생략) 도로 553㎡, ⑤ △△동 (지번 7 생략) 도로 1,486㎡, ⑥ △△동 (지번 8 생략) 도로 3,142㎡가 분할을 거쳐 이 사건 의료시설 부지에 포함되었다(이하 위 각 토지를 합하여 '이 사건 각 토지'라 한다).

3) 피고는 2019. 1. 17. 이 사건 각 토지 중 순번 2 내지 6 기재 토지(이하 '이 사건 도로부지'라 한다)가 이 사건 의료시설 부지에 포함되었다는 사유로 위 각 토지에 관한 도로구역 해제 결정을 하였고(○○시 고시 제2019-16호), 2019. 3. 11. 또는 2020. 11. 5. 위 각 토지에 관

한 용도폐지 절차를 밟아 그 지목을 '도로'에서 '대'로 변경하였다.

마. 이 사건 각 토지에 관한 매매계약 등

1) 원고는 2020. 10. 12. 피고에게 이 사건 각 토지에 관한 공유재산 매수신청서를 제출하였고, 그에 따라 2021. 1. 28. 피고와 사이에 이 사건 각 토지를 매매대금 합계 9,863,758,400원에 매수하는 매매계약을 체결하고(이하 '이 사건 매매계약'이라 한다), 그 무렵 피고에게 위 매매대금을 모두 지급한 후 이 사건 각 토지에 관한 소유권이전등기를 마쳤다.
2) 한편 원고는 이 사건 사업계획 승인조건에 따라 2021. 1. 28. 피고와 이 사건 각 토지를 포함하여 이 사건 의료시설 부지를 기부채납 하기로 하는 협약(이하 '이 사건 협약'이라 한다)을 체결하였고, 2021. 4. 28. 위 협약에 따라 피고에게 이 사건 의료시설 부지를 기부채납하였다.

2. 원고의 주장 요지

다음과 같은 이유로 이 사건 매매계약에 따른 매매대금 중 이 사건 각 토지의 적정 가액을 초과하는 부분은 무효이므로, 피고는 원고에게 위 매매대금과 위 적정 가액과의 차액인 7,269,411,400원(=9,863,758,400원-2,594,347,000원) 및 이에 대한 지연손해금을 부당이득으로 반환할 의무가 있다.[2)]

가. 주위적 주장

1) 이 사건 사업계획 승인조건에 따르면 원고가 이 사건 아파트에 관한

2) 서울중앙지방법원 2023. 5. 18.선고 2022가합505031 판결.

사용검사 전까지 피고에게 이 사건 의료시설 부지를 기부채납 하여야 하고, 이 사건 의료시설 부지에는 피고 소유의 이 사건 각 토지가 포함되어 있었다. 그런데 원고는 이 사건 도시계획시설사업의 시행자로서 이 사건 각 토지를 수용할 수 있는 권한이 있으므로, 피고가 공유재산 및 물품 관리법(이하 개정 여부에 관계없이 법률 명칭을 '공유재산법'이라 약칭한다) 제30조 , 같은 법 시행령 제27조 제1항 에 따라 이 사건 각 토지에 관한 매매대금의 기준이 되는 시가를 산정함에 있어서도 원고가 이 사건 각 토지를 수용하는 경우와 동일하게 공익사업을 위한 토지 등의 취득 및 보상에 관한 법률(이하 '토지보상법'이라 한다) 제67조 제2항 을 적용하여 이 사건 도시계획시설사업의 시행으로 인한 개발이익을 배제하고 이 사건 도시계획시설사업 실시계획인가 당시의 객관적 가치를 기준으로 하여야 한다. 이와 같은 방법으로 이 사건 각 토지의 적정 가액을 산정하면 2,594,347,000원이 된다.

2) 그럼에도 피고는 이 사건 주택건설사업의 인·허가 관할관청이라는 우월한 지위에 있으면서 이러한 원고의 궁박한 상황을 이용하여 이 사건 각 토지의 개발이익이 포함된 가액인 9,863,758,400원을 매매대금으로 정하여 이 사건 매매계약을 체결함으로써 약 4배에 이르는 폭리를 취하였는데, 원고로서는 이 사건 아파트에 관한 사용검사를 받기 위해서 피고에게 이 사건 의료시설 부지를 반드시 기부채납 하여야 하였고, 원고가 이 사건 아파트에 관한 사용검사를 받지 못할 경우 P/F대출약정의 책임준공의무를 이행하지 못하게 되어 기한의 이익을 상실하는 궁박한 상황에 있었으므로, 이 사건 도시계획시설사업의 시행자로서 이 사건 각 토지를 수용할 수 있었음에도 피고와 이 사건 매매계약을 체결할 수밖에 없었다.

3) 따라서 이 사건 매매계약 가운데 이 사건 각 토지의 적정 가액은 초과하는 부분은 민법 제104조의 불공정한 법률행위에 해당한다.

나. 예비적 주장

피고는 이 사건 각 토지를 원고에게 무상양도할 수 있음에도 그 적정 가액의 4배에 이르는 가격으로 매도하였을 뿐만 아니라, 그 토지에 조성된 이 사건 의료시설 부지를 기부채납 받음으로써 2중의 이익을 얻었다. 이 사건 의료시설 부지는 이 사건 도시계획시설사업 부지의 약 59%에 이르는데, 피고는 위와 같이 기부채납 받은 이 사건 의료시설 부지를 제3자에게 매각함으로써 3중의 이익을 얻게 될 것이다. 원고가 이 사건 각 토지를 수용할 수 있었음에도 피고가 이 사건 각 토지를 적정 가격에 매각할 것을 신뢰하여 수용재결 절차에 나아가지 않았다는 점까지 고려하면, 이 사건 매매계약 중 이 사건 각 토지의 적정 가액을 초과하는 부분은 신의성실의 원칙, 공평의 원칙 또는 공서양속에 반한다고 보아야 한다.

3. 판결의 요지

가. 원심

원심[3]은 우선 원고가 주장한 부당이득반환의무의 발생과 관련하여 민법 제104조 '불공정한 법률행위'의 위반 여부, 주택법 제17조[4] 및 「공유재산 및 물품 관리법」(이하 '공유재산법'이라 한다) 제7조 제2항[5] 위

---

3) 서울고등법원 2024. 1. 12. 선고 2023나2026125 판결.

4) 주택법 제17조제1항에 의하면 "사업계획승인권자는 제15조제1항 또는 제3항에 따라 사업계획을 승인할 때 사업주체가 제출하는 사업계획에 해당 주택건설사업 또는 대지조성사업과 직접적으로 관련이 없거나 과도한 기반시설의 기부채납(寄附採納)을 요구하여서는 아니 된다."고 규정되어 있는바, 원심은 원고가 주장하는 사정들만으로는 이 사건 의료시설 부지의 기부채납이 과도한 기반시설의 기부채납이라고 인정하기 어렵고, 달리 이를 인정할 증거가 없다고 보았다.

5) 공유재산법 제7조(기부채납) ① 지방자치단체의 장은 제4조제1항 각 호의 재산을 지방자치단체에 기부하려는 자가 있으면 대통령령으로 정하는 바에 따라 받을 수

반 여부, 신의성실의 원칙, 공평의 원칙 또는 공서양속 위반 여부를 모두 인정하지 않았다. 하지만 원심은 제1심이 공유재산의 처분 과정에서 거쳐야 할 내부적 절차에 불과하다고 판단[6]했던 공유재산 관리계획의 수립 및 지방의회의 의결을 거치지 않은 부분에 대해서 결정적으로 의견을 달리 하였다. 즉 원심에 의하면 지방자치단체가 지방의회의 의결을 요하는 행위를 지방의회의 의결도 없이 하였다면 그 행위는 무효[7]라고 전제한 다음, 민법 제137조에 따른 법률행위의 일부무효 법리를 적용하였다. 이에 의하면 민법 제137조는 임의규정으로서 의사자치의 원칙이 지배하는 영역에서 적용된다고 할 것이므로, 법률행위의 일부가 강행법규인 효력규정에 위반되어 무효가 되는 경우 그 부분의 무효가 나머지 부분의 유효·무효에 영향을 미치는가의 여부를 판단함에 있어서는 개별 법령이 일부무효의 효력에 관한 규정을 두고 있는 경우에는 그에 따라야 하고, 그러한 규정이 없다면 원칙적으로 민법 제137조가 적용될 것이나 당해 효력규정 및 그 효력규정을 둔 법의 입법 취지를 고려하여 볼 때 나머지 부분을 무효로 한다면 당해 효력규정 및 그 법의 취지에 명백히 반하는 결과가 초래되는 경우에는 나머지 부분까지 무효가 된다고 할 수는 없다고 보았다.[8]

특히 구 지방자치법(2021. 1. 12. 법률 제17893호로 전부 개정되기 전의

있다.

② 제1항에 따라 기부하려는 재산이 지방자치단체가 관리하기 곤란하거나 필요하지 아니한 경우 또는 기부에 조건이 붙은 경우에는 대통령령으로 정하는 바에 따라 받아서는 아니 된다. 다만, 다음 각 호의 어느 하나에 해당하는 경우에는 기부에 조건이 붙은 것으로 보지 아니한다.

6) 서울중앙지방법원 2023. 5. 18. 선고 2022가합505031 판결.
7) 대법원 1994. 11. 4. 선고 93다12978 판결 , 대법원 2004. 4. 16. 선고 2002다57812 판결 등 참조.
8) 대법원 2004. 6. 11. 선고 2003다1601 판결 , 대법원 2010. 7. 22. 선고 2010다23425 판결 등 참조

것, 이하 '구 지방자치법'이라 한다) 제39조 제1항 제6호[9]에서 중요 재산의 취득·처분에 관하여 지방의회의 의결을 얻도록 한 취지는, 중요재산의 취득과 처분은 지방자치단체의 구역 내에 거주하는 주민의 삶에 큰 영향을 미치게 되므로 주민들의 의사를 존중하여 궁극적으로는 지역 발전과 지역 주민의 복리를 도모하려는 것인데, 이미 이 사건 주택건설사업의 사용검사까지 이루어진 상황에서 만약 이 사건 매매계약이 전부 무효로 된다면, 이는 오히려 지역 주민의 복리 및 지역 발전을 도모하고자 하는 구 지방자치법 제39조 제1항 제6호의 입법 취지에 반하는 결과가 되는 점 등을 고려하여야 한다고 보았다. 이에 이 사건 매매계약은 토지보상법에 따라 산정한 보상액인 2,594,347,000원을 초과하는 범위 내에서만 무효라고 봄이 타당하므로 피고는 원고에게 부당이득반환으로 이 사건 매매계약의 매매대금과 토지보상법에 따라 산정한 보상액과의 차액인 7,269,411,400원(=9,863,758,400원-2,594,347,000원) 및 그중 1,000,000,000원에 대하여는 이 사건 소장 부본 송달일 다음 날인 2022. 2. 10.부터, 나머지 6,269,411,400원에 대하여는 2022. 10. 7. 자 청구취지 변경신청서 부본 송달일 다음 날인 2022. 10. 8.부터 각 피고가 그 이행의무의 존재 여부나 범위에 관하여 항쟁하는 것이 타당하다고 인정되는 이 판결 선고일인 2024. 1. 12.까지는 민법이 정한 연 5%, 그 다음 날부터 다 갚는 날까지는 소송촉진 등에 관한 특례법이 정한 연 12%의 각 비율로 계산한 지연손해금을 지급할 의무가 있다고 판시하였다.[10]

9) 구 지방자치법(2021. 1. 12. 법률 제17893호로 전부 개정되기 전의 것, 이하 같다) 제39조(지방의회의 의결사항) ① 지방의회는 다음 사항을 의결한다.
6. 대통령령으로 정하는 중요 재산의 취득·처분

10) 서울고등법원 2024. 1. 12. 선고 2023나2026125 판결.

나. 대법원

1) 이 사건 매매계약이 공법상 계약에 해당하는지 여부

대법원은 공법상 계약의 의미를 "공법적 효과의 발생을 목적으로 하여 대등한 당사자 사이의 의사표시 합치로 성립하는 공법행위"로 정의한 다음, 어떠한 계약이 이러한 공법상 계약에 해당하는지 여부를 판단하는 방법으로서 "계약이 공행정 활동의 수행 과정에서 체결된 것인지, 계약이 관계 법령에서 규정하고 있는 공법상 의무 등의 이행을 위해 체결된 것인지, 계약 체결에 계약 당사자의 이익만이 아니라 공공의 이익 또한 고려된 것인지 또는 계약 체결의 효과가 공공의 이익에도 미치는지, 관계 법령에서의 규정 또는 그 해석 등을 통해 공공의 이익을 이유로 한 계약의 변경이 가능한지, 계약이 당사자들에게 부여한 권리와 의무 및 그 밖의 계약 내용 등을 종합적으로 고려하여 판단하여야 한다"는 대법원 2023. 6. 29. 선고 2021다250025 판결의 법리를 재확인하였다. 그리고 이를 전제로 하여 "이 사건 매매계약은 지방자치단체가 사경제의 주체로서 계약 상대방과 대등한 위치에서 공유재산을 매매하기 위해 체결한 것이므로 공법적 효과의 발생을 목적으로 한 공법상 계약이 아니라 사법상 계약에 해당한다. 또한 매매계약의 전부 또는 일부가 무효임을 이유로 그 매매대금의 일부에 해당하는 금액의 부당이득반환을 청구하는 이 사건 소송의 대상이 공법상 당사자소송의 대상이 되는 행정청의 처분 등을 원인으로 하는 법률관계에 관한 소송 그 밖에 공법상 법률관계에 관한 소송(행정소송법 제3조 제2호)에 해당한다고 보이지도 않는다. 따라서 이 사건은 민사소송의 대상이다."고 판단하였다.

2) 지방의회의 의결을 받지 않은 채 중요 재산에 관한 매매계약을 체결한 경우, 그 계약의 효력 여부

대법원은 구 지방자치법 제39조 제1항 제6호에서 지방의회의 의결

사항으로 '대통령령으로 정하는 중요 재산의 취득·처분'을 규정하고, 구 「지방자치법 시행령」(2021. 12. 16. 대통령령 제32223호로 전부 개정되기 전의 것, 이하 '구 지방자치법 시행령'이라 한다) 제36조 제1항[11])에서는 위 '중요 재산의 취득·처분이란 「공유재산 및 물품 관리법 시행령」 제7조 제1항에 따른 중요 재산의 취득 · 처분을 말한다.'고 규정하고 있음을 우선 확인하였다. 이어서 구 「공유재산 및 물품 관리법」(2021. 4. 20. 법률 제18086호로 개정되기 전의 것, 이하 '구 공유재산법'이라 한다) 제10조 제1항 전문에서 "지방자치단체의 장은 예산을 지방의회에서 의결하기 전에 매년 공유재산의 취득과 처분에 관한 계획(이하 '관리계획'이라 한다)을 세워 그 지방의회의 의결을 받아야 한다."라고 규정하고, 같은 조 제4항은 "관리계획에 포함하여야 할 공유재산의 범위, 관리계획의 작성기준 및 변경기준은 대통령령으로 정한다."라고 규정하며, 같은 조 제5항에서는 "관리계획에 관하여 지방의회의 의결을 받았을 때에는 지방자치법 제47조 제1항 제6호(구 지방자치법 제39조 제1항 제6호와 같다)에 따른 중요 재산의 취득 · 처분에 관한 지방의회의 의결을 받은 것으로 본다."라고 규정하고 있는 것에 주목하였다.

이를 전제로, 구 「공유재산법 시행령」(2022. 4. 20. 대통령령 제32601호로 개정되기 전의 것, 이하 같다) 제7조 제1항이 구 공유재산법 제10조 제1항에 따른 관리계획에 포함되어야 할 사항에 대해 규정하면서 제2호 (나)목으로 '토지 처분의 경우 1건당 토지 면적이 5천㎡(시 · 군 · 자치구의 경우에는 2천㎡) 이상인 토지'로 정하고 있고, 다만 구 「지방자치법 시행령」 제36조 제2항[12]), 구 「공유재산법 시행령」 제7조 제3항 제4호[13])에

11) 제36조(중요 재산, 공공시설의 취득 · 설치 및 처분의 범위 등) ① 법 제39조제1항제6호에서 "대통령령으로 정하는 중요 재산의 취득 · 처분"이란 「공유재산 및 물품관리법 시행령」 제7조제1항에 따른 중요 재산의 취득 · 처분을 말한다.

12) 제36조(중요 재산, 공공시설의 취득 · 설치 및 처분의 범위 등) ② 제1항에도 불구하고 「공유재산 및 물품 관리법 시행령」 제7조제3항에 해당하면 중요 재산의 취득 · 처

따르면 「공익사업을 위한 토지 등의 취득 및 보상에 관한 법률」(이하 '토지보상법'이라 한다)에 따른 취득[「국토의 계획 및 이용에 관한 법률」 제2조 제6호 (가)목·(나)목 또는 (마)목의 기반시설을 설치·정비 또는 개량하는 경우만 해당한다]·처분은 중요 재산의 취득·처분에 포함되지 아니하고, 관리계획의 대상에도 포함되지 아니한다고 규정하고 있음을 확인하였다. 이에 따라서 지방의회 의결을 받아야 하는 중요 재산의 취득·처분에 해당함에도 지방의회의 의결을 받지 아니한 채 중요 재산에 관한 매매계약을 체결하였다면 이는 강행규정인 지방자치법령에 위반된 계약으로서 무효가 된다고 판단하였다.

3) 이 사건 매매계약에 대하여 민법 제137조가 적용될 수 있는지 여부

대법원은 민법 제137조에 따른 일부무효의 법리가 "일체로서 행하여진 법률행위의 일부분에만 무효사유가 존재하고 그 무효부분이 없더라도 나머지 부분이 독립된 법률행위로서 유효하게 존속할 수 있는 경우에 적용된다. 따라서 법률행위가 분할될 수 없거나 무효인 일부분을 제외한 나머지 목적물이 특정될 수 없다면 민법 제137조는 적용될 여지가 없다."고 우선 전제하였다. 그리고 앞서 논급한 지방의회 의결을 받아야 하는 중요 재산의 취득·처분에 해당함에도 지방의회의 의결을 받지 아니한 채 중요 재산에 관한 매매계약을 체결함으로써 강행규정인 지방자치법령에 위반된 계약으로서 무효라고 판단한 것에 대하여 이러한 민법 제137조에 따른 일부무효의 법리가 적용될 수 있는지 여부를 판단하였다.

분에 포함하지 아니한다.

13) 제7조(공유재산의 관리계획) ③ 제1항에도 불구하고 다음 각 호의 어느 하나에 해당하는 재산의 취득·처분은 관리계획에 포함하지 아니한다.
4. 「공익사업을 위한 토지 등의 취득 및 보상에 관한 법률」에 따른 취득(「국토의 계획 및 이용에 관한 법률」 제2조제6호가목·나목 또는 마목의 기반시설을 설치·정비 또는 개량하는 경우만 해당한다)·처분

이와 관련하여 원고가 이 사건 도시계획시설사업의 시행자로서 그 사업 시행을 위하여 이 사건 의료시설 부지에 포함된 면적 합계 5,674㎡의 이 사건 각 토지를 일체로 하여 피고와 이 사건 매매계약을 체결하였다면 피고가 이 사건 각 토지를 일체로 매각하는 이상 그 매매대금이 토지수용법에 따른 보상액으로 감축되더라도 그 매매계약의 목적물이 구 「공유재산법 시행령」 제7조 제1항 제2호 (나)목[14]에 따라 그 처분 시에 지방의회의 의결을 받아야 하는 중요 재산에 해당한다는 사정은 달라지지 않는다고 보았다. 따라서 피고가 구 「공유재산법 시행령」 제7조 제1항 제2호 (나)목에서 정한 토지 면적 미만의 토지에 관하여 매매계약을 체결하거나 같은 조 제3항에 따라 지방의회의 의결을 받지 아니하여도 되는 사유에 해당하지 아니하는 한, 지방의회 의결을 받지 아니하였다는 이 사건 매매계약의 무효사유는 이 사건 각 토지를 목적물로 하는 매매계약 전체에 존재하고, 그 매매대금이 감액되더라도 지방의회 의결을 받지 아니하고 체결된 매매계약은 여전히 무효이므로 민법 제137조에서 정한 법률행위의 일부무효 법리가 적용될 수 없다고 판단하였다.[15] 결론적으로 이 사건 매매계약이 토지보상법에 따라 산정된 보상액을 초과하는 범위 내에서만 무효라고 본 원심판단에는 일부무효에 관한 법리를 오해하여 판결에 영향을 미친 잘못이 있다고 판시하였다.

---

14) 구 「공유재산법 시행령」 제7조(공유재산의 관리계획) ① 법 제10조제1항에 따른 공유재산의 취득과 처분에 관한 계획(이하 "관리계획"이라 한다)에 포함되어야 할 사항은 다음 각 호의 어느 하나에 해당하는 재산의 취득[매입, 기부채납, 무상 양수, 환지(換地), 무상 귀속, 교환, 건물의 신축·증축 및 공작물의 설치, 출자 및 그 밖의 취득을 말한다. 이하 이 조에서 같다] 및 처분(매각, 양여, 교환, 무상 귀속, 건물의 멸실, 출자 및 그 밖의 처분을 말한다. 이하 이 조에서 같다)으로 한다.

2. 토지의 경우 1건당 토지 면적이 다음 각 목의 구분에 따른 면적 이상인 토지
   나. 처분의 경우: 1건당 5천제곱미터(시·군·자치구의 경우에는 2천제곱미터)

15) 대법원 2024. 7. 11. 선고 2024다211762 판결.

Ⅲ. 대상 판결 평석

1. 공법상 계약의 개념 범주 인정 문제

가. 공법상 계약의 의의

공법상 계약은 개별적·구체적 사정에 따라 탄력적인 행정상 대응을 가능하게 하고, 행정청과 개별 당사자 간의 합의에 기반함으로써 사실관계·법률관계의 불명확성이나 법적 흠결, 불필요한 분쟁을 최소화할 수 있는 대표적인 비권력적 행정작용으로서 그 유용성이 인정되어 왔다. 주지하다시피 공법상 계약은 독립한 행정재판소를 두고 있는 유럽 대륙법계 국가를 중심으로 형성되어 왔는데, 꽁세이데타(Conseil d'Etat)의 판결을 중심으로 일찍부터 넓게 인정되어 온 프랑스의 행정계약이나 1976년 제정된 「연방행정절차법」(Verwaltungsverfahrensgesetz : VwVfG)에서 공법상 계약에 관한 일반적인 근거 규정을 마련하고 관련 법리를 본격적으로 발전시켜 온 독일의 공법상 계약 등에 관한 논의[16]가 이러한 공법상 계약에 관한 대표적인 이론적 배경이라고 평가된다. 과거 공권력 중심의 권위주의적 국가에서 민관 간의 협력적 거버넌스를 추구하는 현대 행정에서 공법상 계약이 가지는 중요성은 갈수록 더욱 커져가고 있다. 하지만 이러한 공법상 계약의 중요성과 유용성에도 불구하고 아직 국내에서 공법상 계약에 관한 법리가 확고하게 자리 잡고 있다고 평가하기는 어려운 상황이다.[17] 그동안 공법상 계약에 관한 학문적 연구가 적지 않게 축적되어 왔고, 달라진 행정 환경에 기반하여 점차 공법상 계약의 범주를 인정하는 판례가 속속 등장하고 있으며 무

16) 독일의 공법상 계약상 주요 법리에 관한 보다 심층적인 연구 내용에 대해서는, 정의석, "독일 공법상 계약에 관한 연구", 서울대학교 대학원 법학박사 학위논문, 2024. 8, 8면 이하를 참조할 것.

17) 김대인, "「행정기본법」상 공법상 계약에 대한 고찰", 법조 제71권 제6호, 2022. 12. 28, 191면.

엇보다도 2021년 제정된 「행정기본법」에서 공법상 계약에 관한 일반적 규정(제27조)이 도입되기에 이르렀으나 아직은 공법상 계약을 둘러싼 과제가 여전히 산적되어 있고 이에 대하여 점진적으로 대응해 가야 하는 현재진행 중인 상황으로 볼 수 있다.

「행정기본법」 제27조는 공법상 계약의 개념을 별도의 정의 조항을 통하여 규율하고 있지는 않고, 다만 "행정청은 법령등을 위반하지 아니하는 범위에서 행정목적을 달성하기 위하여 필요한 경우에는 공법상 법률관계에 관한 계약(이하 "공법상 계약"이라 한다)을 체결할 수 있다."고 규정함으로써 공법상 계약이라는 용어를 통칭하는 방식의 입법 형태를 취하고 있다. 즉 공법상 계약이라는 비권력적 행정작용에 내재된 핵심적 개념 표지를 제시하는 적극적인 개념 정의 방식이 아니라 주로 공법상 계약의 허용성을 중심으로 규정하면서 용어를 통칭하는 다소 소극적인 방식을 채택하고 있다.[18] 이러한 규율 방식은 공법상 계약이 폭넓은 범주를 아우르게 할 수 있다는 점에서 일면 긍정적이나 또 한편으로 공법상 계약을 둘러싼 최소한의 개념 범주를 입법적으로 확정할 수 있는 기회를 놓쳤다는 점에서는 아쉬운 부분이 남는다. 공법상 계약의 개념과 관련하여 학설에서는 공법상 계약을 "공법적 효과의 발생을 목적으로 하는 복수당사자 사이의 서로 반대 방향의 의사합치에 의하여 성립하는 공법행위[19]" 또는 "행정주체 상호 간에, 행정과 시민간에 행정법적 권리와 의무에 관해서 체결한 공법적 효과의 발생을 목적으로 한

18) 이와 같은 입법 방식은 '공법상 계약의 허용성'에 관한 조항인 독일 「연방행정절차법」제54조를 참조한 것으로서, 역시 같은 법 제54조 제2문에서 규정하고 있는 '행정행위를 갈음하는 행정계약'의 개념을 포함할 것인지 여부를 두고 입법 과정에서 논의가 있었으나, 동 개념이 아직 실무상 확고히 정착되어 있다고 보기 어렵다는 이유로 결국 법률에 포함되지 않았다(정의석, 앞의 학위논문, 208-209면).

19) 이일세, 『행정법총론』, 법문사, 제3판, 2024, 360면; 김동희·최계영, 『행정법 I』, 박영사, 제27판, 2023, 225면; 류지태·박종수, 『행정법신론』, 박영사, 제18판, 2023, 352면 등

(공법)계약[20]" 등으로 파악하고 있다. 이처럼 공법상 계약의 개념에 대해서는 학설상 다양한 정의가 존재하지만 해당 개념의 구체적인 요소를 나누어 분석하고 있기 보다는 사법상 계약과의 구별이나 다른 행정작용과의 구별 등을 통하여 공법상 계약의 특징을 제시하고 있는 것에 초점을 두어 왔으며, 공법상 계약의 판단기준에 대해서는 주로 대법원 판례를 통하여 일종의 귀납적인 방식을 통하여 정립되어 왔다고 평가할 수 있다.[21] 공법상 계약의 개념과 관련되어 형성 및 발전되어 온 대법원의 법리에 대해서는 항을 바꾸어 살펴보기로 한다.

나. 공법상 계약의 개념 관련 대법원 판례 검토

공법상 계약의 개념을 판단하는 기준과 관련하여 기존의 대법원 판례는 주로 계약의 '내용'을 중심으로 검토하였으나, 최근에는 계약의 내용과 목적 등을 종합적으로 고려하는 방향으로 발전하고 있다고 평가된다.[22] 이중에서도 특히 대법원 2023. 6. 29. 선고 2021다250025 판결은 '공법상 계약'의 의미와 '공법상 계약'에 해당하는지 판단하는 방법을 구체적으로 밝힘으로써 공법상 계약의 개념을 판단할 수 있는 종합적인 기준을 최초로 제시한 판결로 크게 주목받고 있다. 즉 기존의 대법원 판례는 공권력 행사성 여부 또는 공법상 근무관계의 존재 여부 등 계약의 내용을 중심으로 공법상 계약 여부를 판단해 왔으며, 이후 비교적 최근에는 이에 더하여 계약의 목적도 공법상 계약의 개념을 판단하는 중요 지표로써 종합적으로 고려하는 판결도 속속 등장해 왔는바, 금번

---

20) 김중권, 『김중권의 행정법』, 법문사, 제6판, 2025, 491면. 김중권 교수님은 행정법을 광의의 행정법으로 이해하여 '행정의 법'으로 접근하면 행정계약은 공법계약으로서의 행정계약과 함께 행정상의 사법계약을 포함한다고 파악하시면서 행정계약이라는 용어를 사용하고 계신다. 해당 주장의 타당성과 합리성을 존중하면서도 본고에서는 일단 「행정기본법」에서 명시된 공법상 계약이라는 용어로 통일하여 표기하고자 한다.

21) 정의석, "공법상 계약의 판단기준과 해석방법 – 대법원 2023. 6. 29. 선고 2021다250025 판결에 대한 평석을 겸하여 –", 법조 제74권 제1호, 2025. 2. 28, 337면.

22) 정의석, 앞의 논문(각주 21번), 337–338면.

대법원 2023. 6. 29. 선고 2021다250025 판결에서는 드디어 공법상 계약의 개념을 판단하는 기준을 구체적으로 제시하는 데까지 이르게 된 것이다.[23)]

대법원 2023. 6. 29. 선고 2021다250025 판결은 「산업기술혁신 촉진법」상 산업기술개발사업에 관하여 체결된 협약에 따라 집행된 사업비 정산금 반환채무의 존부에 대한 분쟁이 공법상 당사자소송의 대상인지 문제된 사건으로, 대법원 판례는 "공법상 계약이란 공법적 효과의 발생을 목적으로 하여 대등한 당사자 사이의 의사표시 합치로 성립하는 공법행위를 말한다. 어떠한 계약이 공법상 계약에 해당하는지는 계약이 공행정 활동의 수행 과정에서 체결된 것인지, 계약이 관계 법령에서 규정하고 있는 공법상 의무 등의 이행을 위해 체결된 것인지, 계약 체결에 계약 당사자의 이익만이 아니라 공공의 이익 또한 고려된 것인지 또는 계약 체결의 효과가 공공의 이익에도 미치는지, 관계 법령에서의 규정 내지 그 해석 등을 통해 공공의 이익을 이유로 한 계약의 변경이 가능한지, 계약이 당사자들에게 부여한 권리와 의무 및 그 밖의 계약 내용 등을 종합적으로 고려하여 판단하여야 한다."고 판시함으로써 공법상 계약의 의미를 판단하는 세부 지표를 명확히 밝히고 있다. 동 사건은 갑 주식회사 등으로 구성된 컨소시엄과 한국에너지기술평가원이 「산업기술혁신 촉진법」 제11조 제4항에 따라 산업기술개발사업에 관한 협약(이하 '이 사건 협약')을 체결하고, 위 협약에 따라 정부출연금이 지급되었는데, 한국에너지기술평가원이 갑 회사가 외부 인력에 대한 인건비를 위 협약에 위반하여 집행하였다며 갑 회사에 정산금 납부 통보를 하자, 갑 회사는 한국에너지기술평가원 등을 상대로 정산금 반환채무가 존재하지 아니한다는 확인을 구하는 소를 민사소송으로 제기한 것이었

23) 국내의 공법상 계약에 관한 대법원 판례의 판단기준에 관한 보다 상세한 연구 내용에 대해서는, 정의석, 앞의 논문(각주 21번), 337면 이하를 참조할 것.

다. 대법원 판례는 위의 법리를 전제로 하여 동 사건에서 이 사건 협약의 체결 경위와 체결 및 이행의 효과가 공공의 이익에 미치는 영향이 존재한다는 점, 이 사건 협약에 적용되는 여러 공법 관계 법령 및 규정이 적용되고 있는 점, 당사자들 사이의 법률관계가 상호 대가성을 전제로 하고 있지 않는 점, 관계 법령에 의한 행정청의 권한 행사 등을 배제하지 않고 있는 점, 공적인 목적이나 사유가 있는 경우 원고 등 컨소시엄의 귀책사유가 없어도 그 동의나 승낙 없이 주위적 피고인 전담기관이 이 사건 협약의 내용을 변경하거나 해약할 수 있는 점, 협약의 상대방에게 다양한 법정 의무와 그에 따른 환수조치 또는 제재부가금의 부과·징수 등의 근거가 마련되어 있는 점 등을 들어 이 사건 협약은 공법상 계약에 해당하며, 따라서 공법상 당사자소송의 대상이어야 한다고 판단하였다.[24)]

다. 사안의 적용

공법상 계약의 개념을 단지 "공법적 효과의 발생을 목적으로 하여 대등한 당사자 사이의 의사표시의 합치로 성립하는 공법행위"로 정의하였던 기존 대법원 판례[25)]에서 한걸음 더 나아가 그 세부 개념 지표를 제시하고 있는 대법원 2023. 6. 29. 선고 2021다250025 판결이 가지는 공법적 의의는 이미 상당하다고 평가할 수 있다. 당장 동 판결 이후 선고된 주요 하급심 판결들에서 동 판결에 따른 공법상 계약의 개념에 관한 법리가 적극적으로 활용되고 있다.[26)] 대법원 2023. 6. 29. 선고 2021다250025 판결은 공법상 계약이 "공법적 효과의 발생을 목적으로 하여

---

24) 대법원 2023. 6. 29. 선고 2021다250025 판결.

25) 대법원 2021. 2. 4. 선고 2019다277133 판결.

26) 서울행정법원 2023. 11. 23. 선고 2022구합54108 판결, 인천지방법원 2023. 10. 6. 선고 2022구합55303 판결, 서울행정법원 2024. 5. 3. 선고 2023구합71902 판결 등이 이에 해당하는 하급심 사건인바, 그 구체적인 평석에 관해서는 정의석, 앞의 논문(각주 21번), 342-344면 이하를 참조할 것.

대등한 당사자 사이의 의사표시 합치로 성립하는 공법행위"라는 것을 전제로, 어떠한 계약이 이러한 공법상 계약에 해당하는지 여부를 ① 계약이 공행정 활동의 수행 과정에서 체결된 것인지, ② 계약이 관계 법령에서 규정하고 있는 공법상 의무 등의 이행을 위해 체결된 것인지, ③ 계약 체결에 계약 당사자의 이익만이 아니라 공공의 이익 또한 고려된 것인지 또는 계약 체결의 효과가 공공의 이익에도 미치는지, ④ 관계 법령에서의 규정 내지 그 해석 등을 통해 공공의 이익을 이유로 한 계약의 변경이 가능한지, ⑤ 계약이 당사자들에게 부여한 권리와 의무 및 그 밖의 계약 내용 등을 종합적으로 고려하여 판단하여야 한다고 제시하고 있다.

그리고 이와 같은 대법원 2023. 6. 29. 선고 2021다250025 판결에 따른 공법상 계약의 개념 판단기준을 본 발제의 검토 대상인 대법원 2024. 7. 11. 선고 2024다211762 판결에서의 이 사건 매매계약에 적용해 본다면 어떠한 결론을 내릴 수 있을지를 따져볼 필요가 있다. 대상판결의 경우 1심과 원심 모두 이 사건 매매계약을 공통적으로 사법상 계약으로 보고 심리를 진행하였는바, 대법원에서 공법상 계약의 의미를 언급하게 된 것은, 원심판결에서 패소한 피고 측이 상고의 이유 중 하나로 이를 주장했기 때문이다. 대상판결은 대법원 2023. 6. 29. 선고 2021다250025 판결에 따른 공법상 계약의 개념 판단기준을 동일하게 전제로 제시한 다음 이 사건 매매계약은 "지방자치단체가 사경제의 주체로서 계약 상대방과 대등한 위치에서 공유재산을 매매하기 위해 체결한 것이므로 공법적 효과의 발생을 목적으로 한 공법상 계약이 아니라 사법상 계약에 해당"한다는 결론을 내려 피고 측의 주장을 받아들이지 않았다. 이는 학설과 판례 모두 국가 또는 지방자치단체가 소유하는 일반재산의 매각·대부·양여는 사법상 계약에 해당하며 그에 대한 다툼은 원칙적으로 민사소송의 대상이 된다는 법리에 입각한 것으로 판단된

다.[27] 비록 공법상 계약에 관한 보다 세부적인 개념 지표가 등장했음에도 불구하고, 이른바 행정상의 사법관계(사경제작용 또는 국고작용)에 전형적으로 해당하는 국공유 일반재산의 매각은 아무리 행정주체가 일방당사자라고 하더라도 사인간의 법률관계와 마찬가지로 취급되어야 한다는 강고한 법리를 넘어서지 못한 셈이다. 하지만 이러한 대상판결의 결론은 이 사건 매매계약을 오로지 일반재산의 매각이라는 협소한 차원에서만 단편적으로 접근함으로써, 이 사건 매매계약의 전후방을 둘러싼 공적인 절차의 법적 의의를 의도적으로 도외시하였고 이로 인해 이 사건 매매계약이 가지는 공법상 계약을 부정하는데 이르렀다는 점에서 아쉬움이 남는다. 대상판결은 공법상 계약의 개념 판단기준을 상세하게 제시한 것과 대조적으로 이 사건 매매계약이 이러한 개념 판단기준의 어떠한 요소를 충족하지 못하였는지를 충분히 논증하고 있지 않다. 대신 대법원 2023. 6. 29. 선고 2021다250025 판결 이전의 대법원 판례가 공법상 계약에 해당하는지 여부를 판단할 때 적용하였던 계약의 내용(즉, '공권력 행사성'의 기준)을 위주로 하여, "지방자치단체가 사경제의 주체로서 계약 상대방과 대등한 위치에서 공유재산을 매매하기 위해 체결한 것이므로 공법적 효과의 발생을 목적으로 한 공법상 계약이 아니라 사법상 계약에 해당"한다고 판시하였을 뿐이다.

하지만 이 사건 매매계약은, 학설과 판례 모두 사법상 계약으로 보아왔던 기존의 일반재산 매각을 위한 계약과는 분명 다른 차별점을 가진다는 것에 유의할 필요가 있다. 앞서 대상판결의 사실관계에서 확인한 것처럼 이 사건 매매계약이 도시관리계획 입안·변경결정에서부터 기부채납을 조건으로 승인된 주택건설사업에 관한 사업계획, 이 사건 도시계획시설사업의 실시계획 인가·고시, 이 사건 각 토지를 포함하여

27) 이일세, 앞의 책, 366면; 대법원 1988. 5. 10. 선고 87누1219 판결, 대법원 1993. 12. 21. 선고 93누13735 판결, 대법원 2000. 2. 11. 선고 99다61675 판결 등 참조.

이 사건 의료시설 부지를 기부채납 하기로 하는 협약 체결과 그 이행에 이르기까지의 일련의 공행정 활동의 수행 과정 내에 놓여 있다는 점에 주목할 필요가 있다. 이 사건에 이루어진 이러한 일련의 공행정 활동의 수행 과정 중에서 이 사건 매매계약만을 따로 분리하여 사법상의 행위로 파악하는 것은, 공법적으로 일관되지 못한 체계 구성이고 이는 무엇보다도 해당 공행정 활동이 지향하는 공익적 목표 달성에도 합리적으로 부합하지 못하며 오히려 역행할 수도 있는 가능성마저 발생할 우려가 있다. 대상판결이 제시하고 있는 공법상 계약의 개념 표지 중 해당 계약이 공행정 활동의 수행 과정에서 체결된 것인지 여부를 따지는 것도 바로 이러한 부분과 연계되는 것이라고 볼 수 있다. 이 사건 매매계약이 이러한 공행정 활동의 연장선상에 이루어진 것이라면, 이어서 이 사건 매매계약 체결에 계약 당사자의 이익만이 아니라 공공의 이익이 고려된 것으로 볼 여지 또한 충분하다. 피고인 지방자치단체가 이 사건 각 토지의 매각가격을 이 사건 각 토지의 개발이익이 포함된 가액인 9,863,758,400원으로 정하여 이 사건 매매계약을 체결한 것이 단순히 사익을 추구한 결과로 보기는 어려우며, 지방재정이라는 공공상 이익을 감안하여 헐값으로 공유재산을 매각해서는 안 된다는 판단에 따른 것이라면, 이 사건 매매계약을 단순히 계약 당사자의 이익만을 추구한 것이라고 보기 어렵다. 그리고 이 사건 매매계약 체결의 효과가 종국적으로는 이 사건 공익사업을 통하여 달성하고자 하는 공공의 이익에도 당연히 영향을 미친다고 보아야 할 것이다. 이 사건에서 결국 가장 문제가 된, 중요재산의 취득·처분에 관하여 지방의회 의결을 얻도록 한 구 지방자치법 제39조 제1항 제6호의 규정 취지가 지역 주민의 복리 및 지역 발전을 도모하는 것에 있다는 점도 이러한 판단에 중요한 근거가 될 것이다. 그 밖에 이 사건 매매계약에 대하여 공유재산법 제36조부터 제38조까지의 규정이 적용되므로 관계 법령에서의 규정 또는 그 해석 등을 통해 공공의 이익을 이유로 한 계약의 변경이 가능하다고 볼 수 있다는

점 등을 종합적으로 고려한다면, 이 사건 매매계약을 공법적 효과의 목적을 하여 공법적 효과의 발생을 목적으로 하여 대등한 당사자 사이의 의사표시 합치로 성립하는 공법상 계약으로 볼 여지가 충분하다고 판단된다.[28] 그리고 이처럼 이 사건 매매계약을 공법상 계약으로 파악하게 될 경우, 이 사건과 관련된 일련의 공행정 활동 수행이라는 보다 광범위한 공법적 관점에서 해당 계약의 효력을 좀 더 일관적·합리적으로 검토해 볼 수 있는 기반을 확보할 수 있게 될 것이다.

2. 법률행위의 일부무효 법리의 적용 문제

가. 법률행위의 일부무효 법리에 관한 검토

이 사건 원심과 대법원은 모두 이 사건 매매계약이 사법상 계약에 해당한다는 것을 전제로, 본 계약의 내용이 지방의회 의결을 받아야 하는 중요 재산의 취득·처분에 해당함에도 지방의회의 의결을 받지 아니한 채 중요 재산에 관한 매매계약을 체결하였으므로 이는 강행규정인 지방자치법령에 위반된 계약으로서 무효라는 점에 대하여 의견이 일치하였다.[29] 양자의 판단이 크게 달랐던 지점은 바로 법률행위의 일부무효 법리가 이 사건 매매계약에 관하여 적용될 수 있는지 여부의 문제였다. 즉 이 사건 원심은 사법상 계약에 해당하는 이 사건 매매계약에 대하여 민법 제137조에 따른 법률행위의 일부무효 법리가 적용된다고 판단하였다. 민법 제137조에 의하면 법률행위의 일부분이 무효인 때에는

28) 물론 이때 공법적 효과의 발생은, 해당 계약으로 인한 구체적인 권리·의무에 국한된 효과를 넘어서서 공행정 활동의 수행 과정 중에서 이루어진 이 사건 매매계약이 지향하는 보다 광범위한 의미의 공법적 효과라고 파악하여야 할 것이다.

29) 이는 앞서 설명한 것처럼 본 사건의 제1심(서울중앙지방법원 2023. 5. 18. 선고 2022가합505031 판결)에서 공유재산 관리계획의 수립 및 지방의회의 의결이 피고(지방자치단체)가 공유재산의 처분 과정에서 거쳐야 할 내부적 절차에 불과하다고 판단했던 부분과 달라지는 지점이기도 하다.

그 전부를 무효로 하는 것이 원칙이다(동조 본문). 그러나 그 무효부분이 없더라도 법률행위를 하였을 것이라고 인정될 때에는 나머지 부분은 무효가 되지 않는데(동조 단서), 이를 법률행위의 일부무효 법리라고 한다. 민법 제137조의 취지는, 법률행위의 일부에 관해서라도 무효사유가 존재하면 효력 부여를 전면적으로 거부하는 '기본값'과 당사자의 가정적 의사에 기하여 나머지 부분에 대하여 효력을 부여하는 '예외'의 관계로 이해될 수 있지만 입법론적으로는 효력유지의 관점에서 검토가 필요하다고 평가된다.[30] 또한 민법 제137조 단서에 따라 나머지 부분으로 법률행위가 존속하는 경우에 무효로 공백이 된 부분은 법률행위 해석의 일반 법리(보충적 해석)에 따라 처리될 수 있다.[31]

민법 제137조 단서에 따른 법률행위의 일부무효 법리가 적용되기 위해서는 첫째, 하나의 법률행위(일체성)가 있어야 할 것, 둘째, 법률행위가 가분적이어야 할 것, 셋째, 당사자의 가정적(假定的) 의사가 존재할 것이라는 세 가지 요건이 요구된다.[32] 우선 첫 번째 요건과 관련하여 법률행위가 하나인지 여부는 법률행위 당시의 당사자의 의사에 의하여 구체적으로 판단되어야 하며, 판례에 의하면 "법률행위의 일부무효 법리는 여러 개의 계약이 체결된 경우에 그 계약 전부가 경제적, 사실적으로 일체로서 행하여져서 하나의 계약인 것과 같은 관계에 있는 경우에도 적용된다"고 하면서, 이때 그 계약 전부가 일체로서 하나의 계약인 것과 같은 관계에 있는 것인지의 여부는 계약 체결의 경위와 목적 및 당사자의 의사 등을 종합적으로 고려하여 판단해야 한다고 판시하였다.[33] 또한 복수 당사자가 하나의 법률행위를 한 경우 그 중 일부 당사자의 법률행위가 무효인 경우에도 일부무효 법리가 적용될 수 있다고

30) 지원림, 『민법강의』, 홍문사, 제21판, 2024, 133면.
31) 양창수·김재형, 『민법 Ⅰ: 계약법』, 박영사, 제4판, 2024, 836면.
32) 지원림, 앞의 책, 134면.
33) 대법원 2023. 2. 2. 선고 2019다232277 판결.

판단하기도 하였다.[34] 두 번째 요건인 법률행위의 가분성은 무효인 부분이 존재하지 않아도 나머지 부분이 독립한 법률행위로 존재할 수 있음을 뜻하는바, 다시 말해 법률행위의 전체적 성격을 변경하지 않으면서 분할될 수 있고 무효인 부분을 제외한 나머지로써도 그 자체가 하나의 법률행위가 되는 것을 의미한다.[35] 마지막 요건으로서 법률행위 중 무효부분이 없더라도 법률행위를 하였을인지 여부는 당사자의 의사에 의하여 판정되어야 하며, 이와 관련하여 판례는 이러한 당사자의 의사는 실재하는 의사가 아니고 법률행위의 일부분이 무효임을 법률행위 당시에 알았다면 당사자 쌍방이 이에 대비하여 의욕하였을 가정적 효과의사를 가리킨다고 판시하였다[36].

한편 민법 제137조는 임의규정이므로 민법이나 개별법에서 특별규정을 두고 있는 경우에는 그러한 개별규정이 동 조항에 우선하여 적용된다.[37] 또한 판례는 민법 제137조가 "의사자치의 원칙이 지배하는 영역에서 적용된다고 할 것이므로, 법률행위의 일부가 강행법규인 효력규정에 위반되어 무효가 되는 경우 그 부분의 무효가 나머지 부분의 유효·무효에 영향을 미치는가의 여부를 판단함에 있어서는 개별 법령이 일부무효의 효력에 관한 규정을 두고 있는 경우에는 그에 따라야 하고, 그러한 규정이 없다면 원칙적으로 민법 제137조가 적용될 것이나 당해 효력규정 및 그 효력규정을 둔 법의 입법 취지를 고려하여 볼 때 나머지 부분을 무효로 한다면 당해 효력규정 및 그 법의 취지에 명백히 반하는 결과가 초래되는 경우에는 나머지 부분까지 무효가 된다고 할 수

34) 대법원 2010. 3. 25. 선고 2009다41465 판결.
35) 양창수·김재형, 앞의 책, 834-835면.
36) 대법원 2023. 2. 2. 선고 2019다232277 판결 등 참조; 송덕수, 『신민법강의』, 박영사, 제17판, 2024, 190면.
37) 대표적인 입법례로 「약관의 규제에 관한 법률」 제16조에 따른 '일부 무효의 특칙'조항이 있다.

는 없다"고 판시[38]하여 일부무효 법리의 적용에 있어서 당해 효력규정의 취지를 고려해야 함을 강조하고 있다. 이 사건의 원심은 바로 이러한 법리에 특히 주안점을 두고서 이 사건 매매계약을 전부무효로 하는 것이 오히려 지역 주민의 복리 및 지역 발전을 도모하고자 하는 구 지방자치법 제39조 제1항 제6호의 입법 취지에 반하는 결과가 된다고 판단하여 일부무효 법리를 적용하였다.

나. 사안의 적용

원심은 이 사건 매매계약을 체결함에 있어서 공유재산 관리계획의 수립 및 지방의회의 의결이 필요한데, 피고가 이 사건 각 토지의 매각에 관하여 공유재산 관리계획을 수립하지 않았고 지방의회의 의결을 받지도 않았으므로 이 사건 매매계약이 무효라고 판단하였다. 그럼에도 불구하고, "① 이 사건 매매계약에 따른 매매대금 지급의무는 금전채무로서 채무의 성격상 가분적인 점, ② 원고는 당초 이 사건 주택건설사업을 진행하기 위하여 이 사건 각 토지를 매수하는 것이 필요한 상황에서 공유재산법 시행령 제27조 제6항에 의하여 토지보상법에 따라 산정한 보상액으로 이 사건 각 토지를 매수할 의사가 있었다 할 것이고, 피고도 이 사건 각 토지의 매각이 공유재산법 시행령 제7조 제3항 제4호에서 정한 '토지보상법에 따른 처분'에 해당함을 이유로 공유재산 관리계획의 수립 및 지방의회의 의결을 생략한 것으로 보이는 점, ③ 앞서 본 바와 같이 공유재산법 시행령 제7조 제3항 제4호에서 정한 '토지보상법에 따른 처분'은 관리계획의 수립 및 지방의회의 의결을 받지 않아도 되고, 제1심감정인 소외 3이 이 사건 각 토지에 관하여 토지보상법에 따른 보상액을 산정하면 2,594,347,000원이라는 의견을 밝힌 점, ④ 지방자치법 제39조 제1항 제6호에서 중요 재산의 취득·처분에 관하여

38) 대법원 2004. 6. 11. 선고 2003다1601 판결, 대법원 2010. 7. 22. 선고 2010다23425 판결 등.

지방의회의 의결을 얻도록 한 취지는, 중요재산의 취득과 처분은 지방자치단체의 구역 내에 거주하는 주민의 삶에 큰 영향을 미치게 되므로 주민들의 의사를 존중하여 궁극적으로는 지역 발전과 지역 주민의 복리를 도모하려는 것인데, 이미 이 사건 주택건설사업의 사용검사까지 이루어진 상황에서 만약 이 사건 매매계약이 전부 무효로 된다면, 이는 오히려 지역 주민의 복리 및 지역 발전을 도모하고자 하는 지방자치법 제39조 제1항 제6호의 입법 취지에 반하는 결과가 되는 점 등에 비추어 보면, 이 사건 매매계약은 토지보상법에 따라 산정한 보상액인 2,594,347,000원을 초과하는 범위 내에서만 무효라고 봄이 타당하다"고 판단하였다. 이에 반하여 대법원은 "피고가 구 「공유재산법 시행령」 제7조 제1항 제2호 (나)목에서 정한 토지 면적 미만의 토지에 관하여 매매계약을 체결하거나 같은 조 제3항에 따라 지방의회의 의결을 받지 아니하여도 되는 사유에 해당하지 아니하는 한, 지방의회 의결을 받지 아니하였다는 이 사건 매매계약의 무효사유는 이 사건 각 토지를 목적물로 하는 매매계약 전체에 존재하고, 그 매매대금이 감액되더라도 지방의회 의결을 받지 아니하고 체결된 매매계약은 여전히 무효이므로 민법 제137조에서 정한 법률행위의 일부무효 법리가 적용될 수 없다."고 판시하였다.[39)]

원심의 경우 이 사건 매매계약이 사법상 계약에 해당한다는 것을 전제로 민법 제137조에 따른 법률행위의 일부무효 법리를 적극적으로 적용하였다. 특히 민사소송으로서 이 사건 매매계약이 사법상 계약이라는 전제 위에 서 있으면서도, 이 사건 의료시설 부지를 기부채납 하기로 하는 협약에 따라 이미 해당 부지의 기부채납이 이루어진 상황에서 이 사건 매매계약 전부를 무효로 하는 것은 지역 주민의 복리 및 지역

39) 대법원 2024. 7. 11. 선고 2024다211762 판결.

발전을 도모하고자 하는 지방자치법 제39조 제1항 제6호의 입법 취지에 반하는 결과를 낳게 된다는 점을 강조하였다. 구체적 타당성이 있는 결론을 도출하기 위한 원심의 고민에 어느 정도 수긍이 가면서도, 애초부터 이 사건 매매계약을 공법상 계약으로 보아 민사소송이 아닌 당사자소송의 형식으로 진행하였다면 지방자치법에 따른 공익적 가치를 이익형량의 중대한 요소로 삼는 것이 법논리적으로 더욱 일관되었을 것이라는 점에서 아쉬움이 남는다. 더 나아가 원심은, 피고도 이 사건 각 토지의 매각이 공유재산법 시행령 제7조 제3항 제4호에서 정한 '토지보상법에 따른 처분'에 해당함을 이유로 공유재산 관리계획의 수립 및 지방의회의 의결을 생략한 것으로 보이며, 제1심감정인 소외 3이 이 사건 각 토지에 관하여 토지보상법에 따른 보상액을 산정하면 2,594,347,000원이라는 의견을 밝힌 점을 들어 바로 이 부분이 일부유효하다는 판단을 하였는바, 아무리 민법 제137조에 따른 법률행위의 일부무효가 임의규정으로서 당사자의 가정적 의사에 기반한다고 하더라도, 토지보상법에 따른 처분에 관한 절차가 이 사건 과정에서 진행된 적이 없어 이에 관한 실체가 존재하지 않는 점, 이 사건 각 토지 전체가 공유재산으로서 지방의회의 의결을 거쳐야 하는 불가분의 급부라는 점 등을 고려할 때, 단지 감정인의 토지보상법에 따른 보상액에 관한 의견만 들어 해당 부분이 일부유효라고 판단한 것은, 무효인 부분을 제외한 나머지로써도 그 자체로 하나의 법률행위일 것을 요구하고 있는 가분성의 요건에 반하는 판단이라는 점에서 쉽게 수긍하기 어려운 결론이라고 평가할 수 있다. 한편 대법원의 경우에는 지방의회 의결을 받지 아니하였다는 이 사건 매매계약의 무효사유가 이 사건 각 토지를 목적물로 하는 매매계약 전체에 존재하고, 그 매매대금이 감액되더라도 지방의회 의결을 받지 아니하고 체결된 매매계약은 여전히 무효라는 점을 명확하게 제시하였다는 점에서 일면 긍정적인 부분이 분명 존재한다. 하지만 앞서 살펴본 것처럼 민법 제137조에 따른 일부무효의 법리는 임의규정으로서 의

사자치의 원칙이 지배하는 영역에서 충분히 유연하게 적용될 수 있는 가능성이 존재함에도 불구하고, 이 사건 매매계약을 사법상 계약으로 전제하면서도 정작 일부무효 법리의 적용에 있어서는 지방자치법령의 강행규정성만을 내세우며 다소 경직된 법적용을 함으로써 오히려 공익에 반하는 불합리한 결과를 낳게 된 것은 아닌지에 대한 성찰이 필요해 보인다. 또한 일부무효의 인정에 있어서 "당해 효력규정 및 그 효력규정을 둔 법의 입법 취지를 고려하여 볼 때 나머지 부분을 무효로 한다면 당해 효력규정 및 그 법의 취지에 명백히 반하는 결과가 초래되는 경우에는 나머지 부분까지 무효가 된다고 할 수는 없다"고 판시한 기존의 판례 법리를 충분히 숙고하지 않은 것도 아쉬운 대목이라고 평가할 수 있다. 앞서 원심의 판단을 검토하면서 지적하였던 것처럼, 대법원의 경우도 만약 이 사건 매매계약을 공법상 계약으로 파악하였다면 공법적으로 보다 일관된 결정, 더 나아가 이 사건 공익사업과 관련된 공공의 이익을 훨씬 더 논리적으로 수월하게 형량해 볼 수 있는 기회가 마련될 수 있었다는 것을 새삼 상기해 볼 필요가 있다.

3. 공법상 계약에 관한 일부무효 법리의 적용 문제

가. 공법상 계약에 관한 일부무효 법리의 적용 필요성

이 사건 매매계약이 공법상 계약에 해당한다고 볼 경우 앞서 언급한 것처럼 이 사건 매매계약의 전후방을 둘러싼 공적인 성격의 절차 내에서 해당 계약을 공법적으로 일관성 있게 검토할 수 있다는 것이 가장 큰 법적 의의라고 평가할 수 있다. 대법원의 경우 이 사건 매매계약이 지방의회 의결을 받아야 하는 중요 재산의 취득·처분에 해당함에도 이를 받지 않고 체결되었다면 강행규정인 지방자치법령에 위반된 계약으로서 전부무효가 된다고 판단하였는바, 단지 '강행규정'이라는 의도적인 법적 표현을 사용함으로써 비록 표면적으로 공법상의 명시적인 판단을

드러내지 않고 있다고 하더라도, 결국 그 실질에 있어서는 분명 공법에 해당하는 지방자치법령상 중요한 규율을 위반하였다는 것이 전부무효의 사유가 되었다는 것에 주목해야 할 것이다. 그런데 이와 같이 이 사건 매매계약을 공법상 계약으로 본다고 하였을 때 발생하게 되는 법적 의의가 오로지 공행정 활동의 전체적인 수행 과정에서 해당 계약을 공법상 보다 체계적으로 위치지음으로써 공법상 일관성·체계성을 확보하는 데 단순히 머문다면, 그리고 이에 더하여 이 사건 매매계약을 민사소송이 아닌 당사자소송이라는 공법상 소송으로 다툴 수 있게 하는 것 정도의 의의만이 인정된다면, 굳이 이 사건 매매계약을 공법상 계약의 법리로 포섭하여 논의할 필요성까지 과연 존재하는가에 대한 본질적인 의문이 제기될 수밖에 없다. 이 사건의 특징은 문제가 된 이 사건 매매계약이 지방의회의 의결을 거치지 않았다는 이유로 전부무효로 판단한 대법원의 결론으로 인하여, 사업시행자와 지방자치단체 모두 개발사업이 거의 완료된 단계에서 양자 모두 해당 매매계약이 전부무효가 되는 상황을 원하지 않았고, 이러한 전부무효라는 결과가 오히려 해당 공익사업 및 지방재정 등의 측면에서 부정적인 파급효과를 발생시킬 우려가 있다는 점, 환급심 판결[40] 이후에도 여전히 사건이 완전히 해결되지 않

40) 본 사건의 대법원 파기 환송 이후 환급심(서울고등법원 2024. 10. 17. 선고 2024나2032325 판결, 이하 같다)에서는 “피고는 원고에게 9,863,758,400원 및 그중 1,000,000,000원에 대하여는 2022. 2. 10.부터, 6,269,411,400원에 대하여는 2022. 10. 8.부터, 나머지 2,594,347,000원에 대하여는 2024. 9. 26.부터 각 2024. 10. 17.까지 연 5%, 그다음 날부터 다 갚는 날까지 연 12%의 각 비율로 계산한 돈을 지급하라”하는 내용으로 제1심 판결을 변경하였다. 그러면서 “이 사건 매매계약 전체가 무효인 이상, 원고 역시 피고에게 이 사건 매매계약의 목적물인 이 사건 각 토지를 반환하여야 한다. 그런데 앞서 본 바와 같이, 원고는 피고로부터 이 사건 각 토지를 매수한 후 피고에게 다시 이 사건 협약에 따라 이 사건 각 토지를 포함하여 이 사건 의료시설 부지를 기부채납한 점, 이 사건 의료시설 부지의 기부채납은 이 사건 사업계획 승인조건이었던 점, 이 사건 매매계약이 무효라고 하여 이 사건 협약이나 이 사건 각 토지의 기부채납까지 무효가 된다고 보기는 어려운 점 등을 고려하면, 이 사건 매매계약의 무효에 따른 원고의 이 사건 각 토지 반환의무는 이행불능되었다

음으로 인하여 불필요한 소송상 비용 지출이 이어지고 있다는 점 등을 생각해 볼 필요가 있다. 공법상 계약에 관하여 특유하게 적용될 수 있는 일부무효 법리를 공법상 독자적으로 도출하려는 시도는 이러한 차원에서 중요한 의의를 가진다.[41] 특정 계약을 사법상 계약과 구별되는 공법상 계약으로 일종의 당위적 차원에서 단순히 자리매김하는 것에서 한 걸음 더 나아가 공법상 계약에 특유한 법리를 풍성하게 마련하는 것이 보다 유의미하다고 판단된다. 이 사건의 매매계약을 비록 공법상 계약으로 파악한다고 하더라도 그 다음 단계로 이에 적용될 수 있는, 공법적 특성이 가미된 일부무효의 법리가 마련되어 있지 않다면 결국 이 사건 민사소송과 동일한 결론에 이를 수밖에 없기 때문이다.[42]

고 봄이 타당하고, 원고는 그 이행불능 시인 위 기부채납 당시의 이 사건 각 토지의 가액을 피고에게 반환하여야 할 것이다." 이에 따라 사업시행자인 원고와 지방자치단체인 피고 간에 이 사건 각 토지의 가액 반환의무를 둘러싼 일종의 상계소송이 여전히 진행되고 있는 상황이다.

41) 공법상 계약에 적용할 수 있는 독자적인 법리를 마련하기 위한 연구의 지속적인 시도가 이어지고 있는바, 대표적인 선행연구로, 김대인, "공법상 계약의 법리에 대한 고찰 - 행정행위와의 구별을 중심으로 -", 유럽헌법연구 제23호, 2017. 4.를 참조할 것.

42) 이 사건 환급심에 의하면 피고는 "2024. 3.경 이 사건 매매계약에 관하여 사후적으로 공유재산 관리계획을 수립하였고, 피고 ○○시의회는 2024. 3. 22. 이 사건 매매계약을 사후 추인하는 의결을 하였다. 따라서 이 사건 매매계약의 무효 사유는 치유되었다"고 주장하였으나, 환급심은 "구 지방자치법 제39조 제1항 제6호에 따라 지방자치단체의 중요 재산 처분에 대하여 받아야 하는 지방의회의 의결은 그 중요 재산을 처분하기 이전에 있어야 하는 사전 의결을 의미"하므로 시의회의 사후 추인 의결만으로 무효인 이 사건 매매계약이 다시 유효로 된다고 보기 어렵다고 판단하였다. 본 발제문에서의 주된 논의대상이 일부무효 법리이기에 민법 제139조에 따른 무효행위의 추인에 대해서는 여기서 별도로 다루지는 않겠지만, 이러한 쟁점 또한 공법상 계약에 있어서 특유한 무효행위의 추인이라는 법리를 고민해 볼 좋은 계기를 제공해 주고 있다고 하겠다.

나. 공법상 계약에 관한 일부무효 법리의 적용 방향

공법상 계약에 관한 일부무효 법리의 적용은 그 전제로서 법적 근거의 존재를 요구하게 된다. 독일의 경우 「연방행정절차법」 제59조제3항에서 "계약의 일부만이 무효인 경우, 그 계약이 무효인 부분이 없어도 체결되었을 것이라고 인정될 수 없는 경우에는 그 계약은 전부무효이다[43]"라고 명시함으로써 공법상 계약에 관한 일부무효 법리의 근거를 직접 규정하고 있다. 동 조항은 같은 법 제44조제4항[44]에서 규정하고 있는 행정행위의 일부무효에 관한 근거와 동일한 구조와 내용으로 되어 있는데, 이는 결국 독일 민법(Bürgerliches Gesetzbuch : BGB) 제139조[45]에 따른 일부무효에 관한 근거에 그 연원(淵源)을 두고 있는 규율로 평가할 수 있다. 이처럼 비록 동일한 규율 구조와 내용이라고 하더라도 독일 「연방행정절차법」 제59조제3항은 같은 법 제54조에 의한 모든 공

43) Verwaltungsverfahrensgesetz § 59 Nichtigkeit des öffentlich－rechtlichen Vertrags(「연방행정절차법」 제59조 공법상 계약의 무효) (3) Betrifft die Nichtigkeit nur einen Teil des Vertrags, so ist er im Ganzen nichtig, wenn nicht anzunehmen ist, dass er auch ohne den nichtigen Teil geschlossen worden wäre(계약의 일부만이 무효인 경우, 그 계약이 무효인 부분이 없어도 체결되었을 것이라고 인정될 수 없는 경우에는 그 계약은 전부무효이다).

44) Verwaltungsverfahrensgesetz § 44 Nichtigkeit des Verwaltungsaktes(「연방행정절차법」 제44조 행정행위의 무효) (4) Betrifft die Nichtigkeit nur einen Teil des Verwaltungsaktes, so ist er im Ganzen nichtig, wenn der nichtige Teil so wesentlich ist, dass die Behörde den Verwaltungsakt ohne den nichtigen Teil nicht erlassen hätte(행정행위의 일부만이 무효인 경우, 그 무효인 부분이 본질적이어서 행정청이 그 무효인 부분이 없이는 행정행위를 발령하지 않았을 것이라면 그 행정행위는 전부무효이다).

45) Bürgerliches Gesetzbuch § 139 Teilnichtigkeit(독일 민법 제139조 일부무효) Ist ein Teil eines Rechtsgeschäfts nichtig, so ist das ganze Rechtsgeschäft nichtig, wenn nicht anzunehmen ist, dass es auch ohne den nichtigen Teil vorgenommen sein würde(법률행위의 일부만이 무효인 경우, 그 무효인 부분이 없어도 법률행위가 행해졌을 것이라고 인정될 수 없는 경우에는 그 법률행위는 전부무효이다).

법상 계약에 적용되며, 또한 동 조항은 공법상 계약에 관한 특별 규정이므로 행정행위의 일부무효에 관한 같은 법 제44조제4항이나 민법 제139조는 준용되지 않는다. 결국 독일의 공법상 계약에 관한 일부무효 조항은 민법상 법률행위의 일부무효 조항을 채택한 것이므로 법률행위의 일체성, 가분성, 그리고 당사자의 가정적 의사의 존재라는 요건은 공법상 계약에 대해서 동일하게 적용된다.[46)]

주지하다시피 국내의 경우 「행정기본법」을 제정하면서 공법상 계약에 관한 명문의 규정을 도입하였다. 「행정기본법」 제27조 제1항은 "행정청은 법령 등을 위반하지 아니하는 범위에서 행정목적을 달성하기 위하여 필요한 경우에는 공법상 법률관계에 관한 계약(공법상 계약)을 체결할 수 있다"고 전제한 다음, 후단에서는 "이 경우 계약의 목적 및 내용을 명확하게 적은 계약서를 작성하여야 한다"고 규정하여 공법상 계약에 있어서 서면주의 원칙을 천명하고 있다. 한편 동 조 제2항은 "행정청은 공법상 계약의 상대방을 선정하고 계약 내용을 정할 때 공법상 계약의 공공성과 제3자의 이해관계를 고려하여야 한다"고 명시하여 공법상 계약의 체결에 있어서 공공성 실현과 제3자의 이익 등에 관한 이익형량이 병행되어야 함을 강조하고 있다.[47)] 원래 행정기본법의 정부안에서는 공법상 계약의 허용성에 관한 제27조 이외에 추가적인 조문으로 '공법상 계약의 변경·해지 및 무효'에 관한 규정이 존재하였고, 이 중에서 일부무효의 근거로서 "공법상 계약의 일부분이 무효일 때에는 그 전부를 무효로 한다. 다만, 그 무효 부분이 없더라도 공법상 계약을 체결하였을 것이라고 인정되는 경우에는 나머지 부분은 무효로 하지 아

46) 정의석, 앞의 학위논문, 147면.

47) 동 조항은 독일 「연방행정절차법」 제58조가 제3자와 관련되는 공법상 계약에 대하여 제3자의 동의를 요구하고 있는 것에 비하면 상대적으로 공법상 계약의 활용상 제약요건을 완화한 것으로 평가된다고 한다(최승필, "공법상계약의 활용을 위한 법적 기반의 검토", 외법논집 제47권 제2호, 2023, 99면).

니한다"라는 규정이 마련되어 있었으나,[48] 입법 과정에서 제외되었다. 행정기본법안의 일부무효에 관한 규정은 독일 「연방행정절차법」 제59조제3항을 참조하여 성안한 것으로 판단되는바, 그 규율 내용에 있어서 공법상 계약의 일부무효는 전부무효가 원칙임을 전면에 내세우고 그에 대한 예외로서 일부무효를 인정한다는 것을 독일의 입법례보다 좀 더 명확하게 정하고 있다는 것이 특징적이라고 할 것이다. 「행정기본법」에 도입된 공법상 계약에 관한 규정은 공법상 계약에 관한 법적 토대가 취약하였던 기존 상황을 고려하면 그 자체로서 적지 않은 법적 의의가 있다고 할 것이나 역시 공법상 계약에 적용할 수 있는 다양한 법리에 관한 근거를 충분히 마련하지 못하였다는 부분에 대해서는 비판적 시각이 존재한다.[49]

「행정기본법」에 공법상 계약에 관한 법리를 충분히 담아내지 못한 아쉬움이 있으나, 앞으로 지속적으로 공법상 계약에 관한 판례와 연구가 등장하게 된다면 공법상 계약을 둘러싼 법제도의 발전도 도모할 수 있게 될 것이다. 무엇보다도 공법상 계약으로 파악될 수 있는 사건이 점차 증가할수록 주로 민법이나 개별법상의 파편화된 규율, 행정법상 일반원칙 등에 의존[50]하는 현행 법제도만으로는 합리적이고도 종국적인 사안의 해결을 구하는 것에 분명한 한계가 발생하게 될 것이다. 이러한 맥락에서 대법원 2024. 7. 11. 선고 2024다211762 판결은 비록 민사소송이기는 하나 공법상 계약의 법리 개발이라는 측면에서 시사하는 바가 적지 않은 사건이라고 할 수 있다. 입법적 시도가 좌절된 행정기

48) 법제처, 행정기본법 정부안, 2020. 7. 7.

49) 김대인, 앞의 논문(각주 17번), 204면; 최승필, 앞의 논문, 99면; 정의석, 앞의 학위논문, 209면 등 참조.

50) 공법상 계약에 대한 사법규정의 유추적용에 관한 보다 상세한 선행연구로는, 김대인, "공법관계에 대한 사법규정의 유추적용 - 공법상 계약을 중심으로 -", 법조 제72권 제5호, 2023. 10. 28.을 참조할 것.

본법안에서의 일부무효 법리에 관한 규정은 멀리는 독일「연방행정절차법」 제59조제3항을, 가까이는 민법 제137조에 따른 사법상 법리에서 크게 벗어나지 않고 있다. 그런데 공법상 계약에 관하여 적용될 수 있는 일부무효의 법리를 반드시 사법상의 법리에서만 천착하여 구하여야 하는지 의문이다. 즉 법률행위의 가분성과 계약에 참여하는 당사자의 가정적 의사 등에 초점을 두는 사법상의 일부무효 법리에 더하여, 만약 공법상 계약을 전부무효로 하는 것이 오히려 공익 또는 제3자의 이익을 현저히 해칠 우려가 있는 경우 이에 대한 예외로서 공법상 계약의 일부무효를 인정할 필요는 없는지 여부를 심도 깊게 검토해 보아야 한다. 그리고 이와 동일한 맥락에서, 판례가 민법 제137조를 적용하면서 "당해 효력규정 및 그 효력규정을 둔 법의 입법 취지를 고려하여 볼 때 나머지 부분을 무효로 한다면 당해 효력규정 및 그 법의 취지에 명백히 반하는 결과가 초래되는 경우에는 나머지 부분까지 무효가 된다고 할 수는 없다"고 판시[51]해 오고 있는 법리를 공법상 계약에 있어서 보다 명확하게 「행정기본법」에 규정하는 방안도 아울러 살펴보는 것이 필요하다. 앞서 확인한 것처럼 현행 「행정기본법」은 행정청으로 하여금 공법상 계약의 상대방을 선정하고 계약 내용을 정할 때 공법상 계약의 공공성과 제3자의 이해관계를 고려하여야 한다고 규정하고 있을 뿐, 계약의 변경이나 무효 등에 있어서는 이러한 형량에 관한 근거를 명시하고 있지는 않다. 공법상 계약에 특유한 일부무효 법리의 법적 근거를 마련할 수 있는 토대는 마련되어 있는 상황이며, 기존의 틀을 벗어나는 보다 적극적인 규율 내용의 도입을 위한 입법적 검토가 수반되어야 할 것이다.

대상판결은 비록 민사소송이기는 하나, 공법상 계약에 적용될 수

51) 대법원 2004. 6. 11. 선고 2003다1601 판결, 대법원 2010. 7. 22. 선고 2010다23425 판결 등.

있는 독자적인 일부무효 법리의 도출 필요성과 도입 방향에 관한 단서를 제기하고 있다는 점에서 주목할 필요가 있다. 즉 본 사건의 원심에서 비록 토지보상법에 따른 처분에 관한 실체가 존재하지 않음에도 이에 대하여 일부무효의 법리를 적용한 것은 분명 납득하기 어려운 판단이었으나, 이와 별개로 대상판결에서 문제된 이 사건 매매계약의 경우처럼 일련의 공행정 활동의 수행 과정과 밀접한 연관성을 가지고 진행되었고, 이미 기부채납이 완료되어 매매계약이 무효가 되더라도 그에 따른 반환의무의 이행이 불능 상태가 된 상황이며, 해당 공익사업의 수행에 따른 공공상 이익을 고려할 때, 이후에 지방의회의 사후 추인 의결이 있었음에도 불구하고 지방자치법령의 취지가 사전 의결에 있음을 강조하며 지방의회 의결을 거치지 않은 중요재산의 처분라고 하여 이를 단순히 전부무효로 판정하는 것이 과연 공익에 부합하는 결정인지 여부에 관한 의문을 충분히 제기할 수 있다고 판단된다. 민법 제137조에 따른 법률행위의 일부무효 법리에 의존할 수밖에 없는 현행 법제도 하에서는 본 사건에서의 대법원 판례의 결론이 최선일 수밖에 없다. 다만 공법상 계약에 관한 법리를 더욱더 구체적으로 형성·발전시켜 나가기 위한 앞으로의 과정에 있어서 대상판결이 제시해주고 있는 시사점을 보다 면밀하게 분석해 보아야 할 것이다.

Ⅳ. 맺는 말

대법원 2024. 7. 11. 선고 2024다211762 판결은 비록 민사사건이기는 하나 '공법상 계약'의 의미와 '공법상 계약'에 해당하는지 판단하는 방법을 구체적으로 밝힌 최근의 대법원 2023. 6. 29. 선고 2021다250025 판결의 법리를 다시 한 번 확인하였다는 점에서 일단 의의를 가진다. 하지만 본 사건의 경우 원심과 대법원 모두 이 사건 매매계약이

사법상 계약에 해당한다는 전제에서 한 번도 벗어나지 않았다는 것에 새삼 주목할 필요가 있다. 그럼에도 불구하고 본 판결이 따르고 있는 대법원 2023. 6. 29. 선고 2021다250025 판결에서 제시하고 있는 '공법상 계약'의 의미와 '공법상 계약'에 해당하는지 판단하는 방법에 관한 법리를 이 사건 매매계약에 적용해 볼 경우 오히려 공법상 계약에 해당한다고 보는 것이 더욱 타당해 보인다. 앞서 살펴본 것처럼 이 사건 매매계약의 경우 단지 일반재산의 매각이라는 측면에만 단편적으로 집중하여 판단할 경우 기존의 학설과 판례에 따라 사법상 계약으로 당연히 보아야 하겠지만, 반대로 이 사건 매매계약이 도시관리계획 입안·변경 결정, 기부채납을 조건으로 승인된 주택건설사업에 관한 사업계획, 이 사건 도시계획시설사업의 실시계획 인가·고시, 이 사건 각 토지를 포함하여 이 사건 의료시설 부지를 기부채납 하기로 하는 협약 체결과 그 이행 등이라는 일련의 공행정 활동의 수행 과정 내에 놓여 있다는 점, 이 사건 매매계약 체결에 계약 당사자의 이익만이 아니라 공공의 이익이 고려된 것은 물론이거니와 그 계약 체결의 효과가 공공의 이익에도 당연히 미치고 있다는 점 등을 종합적으로 감안하면 공법상 계약으로 보는 것이 더욱 논리적으로 타당한 결론이라고 하겠다. 따라서 이 사건 매매계약을 공법상 계약으로 본다면, 대법원 2023. 6. 29. 선고 2021다250025 판결에서 제시하고 있는 것처럼 "원고가 고의 또는 중대한 과실 없이 행정소송으로 제기하여야 할 사건을 민사소송으로 잘못 제기한 경우, 수소법원으로서는 만약 그 행정소송에 대한 관할도 동시에 가지고 있다면 이를 행정소송으로 심리·판단하여야 하고, 그 행정소송에 대한 관할을 가지고 있지 아니하다면 관할법원에 이송"하여야 한다는 결정이 뒤따라와야 할 것이다.

그런데 여기서 제기될 수 있는 의문은, 만약 이 사건 매매계약을 공법상 계약으로 판단하여 동 사건을 당사자소송을 통하여 다시 다툴

경우 과연 대법원 2024. 7. 11. 선고 2024다211762 판결과 다른 결론이 도출되었을 것인가의 여부에 있다. 즉 이 사건 매매계약을 공법상 계약으로 다시 파악한다고 하더라도 공법상 계약에 관한 일부무효의 법리나 무효행위의 추인 등에 관한 행정법상 명시적인 근거가 존재하지 않으므로 불가피하게 다시 민법 제137조에 따른 '법률행위의 일부무효' 등의 법리를 이 사건에 적용하였을 것이며, 따라서 지방의회의 의결을 거치지 않은 지방자치단체의 중요 재산 처분행위에 해당하는 이 사건 매매계약의 위법성은 전부무효라는 결론에 (사법상 계약으로 볼 때와 비교하면) 보다 더 용이하게 도달하였을 것으로 판단된다. 하지만 앞서 지적한 것처럼 사업시행자와 지방자치단체 모두 개발사업이 거의 완료된 단계에서 양자 모두 해당 매매계약이 전부무효가 되는 상황을 당연히 원하지 않았고, 이러한 전부무효라는 결과가 규범적으로 타당하고 또한 (판례가 무효인 부관에 기초한 사법상 법률행위의 효력을 독립설에 입각하여 판단하고 있는 맥락에 비추어 볼 때) 비록 전체 공익사업의 전체 효력을 부인하게 되는 것은 아니라고 할지라도, 전부무효라는 결론으로 인하여 이 사건 토지에 대한 분쟁을 원점에서부터 다시 시작해야 하며 그에 따라 또다시 제기되는 별도의 소송 과정 진행에 따른 불필요한 비용의 발생이 과연 공익에 부합하는 것인지에 대해서 좀 더 깊이 생각해 볼 필요가 있다. 만약 공법상 계약에 적용될 수 있는 고유한 법리, 즉 공법상 계약에 관한 법률행위의 일부무효 법리나 무효행위의 추인 등과 같은 독자적인 법리가 구축되어 있었다면 이 사건의 결론은 공법상 소송 형식을 통하여 또 다른 합리적인 지점을 향해 나아갈 수도 있었을 것이다. 주지하다시피 행정법은 원래 법률행위의 효력 유무 그 자체 보다는 공익적 목적의 달성을 위하여 필요한 제재를 부과하는 단속규정적인 성격에 보다 주안점을 두는 법영역이라는 점을 상기해 볼 필요가 있다. 이에 더하여 행정의 법률적합성 원칙의 지배하에서 공익적 목표 달성을 추구하는 행정작용의 일종이면서도 당사자 간의 의사 합치를 기본으로 하는 계약이

라는 행위가 함께 공존하고 있는 “공법상 계약”이라는 공법행위의 특수성을 가미한다면 우리는 기존에는 생각해보지 못했던 또 다른 행정법의 가능성을 찾아낼 수 있을지도 모른다. 비록 민사사건이기는 하나 대법원 2024. 7. 11. 선고 2024다211762 판결은 행정법학의 중요한 과제 중 하나인 공법상 계약 제도의 발전 방향을 의도치 않게 제시하고 있다는 점에서 주목해야 할 판례라고 할 것이다.

참고문헌

김대인, "「행정기본법」상 공법상 계약에 대한 고찰", 법조 제71권 제6호, 2022. 12. 28.

김대인, "공법상 계약의 법리에 대한 고찰 – 행정행위와의 구별을 중심으로 –", 유럽헌법연구 제23호, 2017. 4.

김대인, "공법관계에 대한 사법규정의 유추적용 – 공법상 계약을 중심으로 –", 법조 제72권 제5호, 2023. 10. 28.

김동희·최계영, 『행정법Ⅰ』, 박영사, 제27판, 2023.

김중권, 『김중권의 행정법』, 법문사, 제6판, 2025.

류지태·박종수, 『행정법신론』, 박영사, 제18판, 2023.

송덕수, 『신민법강의』, 박영사, 제17판, 2024.

양창수·김재형, 『민법 Ⅰ: 계약법』, 박영사, 제4판, 2024.

이일세, 『행정법총론』, 법문사, 제3판, 2024.

정의석, "독일 공법상 계약에 관한 연구", 서울대학교 대학원 법학박사 학위논문, 2024. 8.

정의석, "공법상 계약의 판단기준과 해석방법 – 대법원 2023. 6. 29. 선고 2021다250025 판결에 대한 평석을 겸하여 –", 법조 제74권 제1호, 2025. 2. 28

지원림, 『민법강의』, 홍문사, 제21판, 2024.

최승필, "공법상계약의 활용을 위한 법적 기반의 검토", 외법논집 제47권 제2호, 2023.

대한민국 법원 사법정보공개포털 https://portal.scourt.go.kr/(최종접속: '25. 4. 16.)

법제처 국가법령정보센터 http://www.law.go.kr/(최종접속: '25. 4. 16.)

국문초록

대상 판결은 주거단지 및 종합의료시설 등을 조성하는 사업의 시행사가 해당 사업의 인가청인 지방자치단체를 상대로 하여 해당 사업과 관련된 부지의 매매계약에 따른 매매대금 중 일부에 대하여 부당이득반환을 구하는 민사소송이다. 부당이득금 반환을 구하는 민사소송으로 시작된 본 사건에서 공법상 계약과 관련된 법리가 언급된 것은 이례적인 일로서, 특히 본 판결은 소송의 대상이 된 매매계약이 주거단지 및 종합의료시설 등을 조성하기 위한 공익사업과 밀접하게 결부되어 있어서 공법상 계약의 개념 범주에 관한 문제를 내포하고 있으며, 이와 더불어 공법상 계약에 특유한 일부무효 법리의 적용 가능성 문제를 살펴볼 기회를 제공하고 있다는 점에서 행정법적으로 매우 흥미로운 사건이라고 평가할 수 있다. 우선 이 사건 매매계약이 공법상 계약에 해당하는지 여부와 관련하여, 원심과 대법원 모두 이 사건 매매계약이 사법상 계약에 해당한다는 전제에서 한 번도 벗어나지 않았다. 하지만 최근 공법상 계약의 개념을 판단할 수 있는 종합적인 기준을 최초로 제시한 판결인 대법원 2023. 6. 29. 선고 2021다250025 판결에 의하면, 이 사건 매매계약이 학설과 판례 모두 사법상 계약으로 보아왔던 기존의 일반재산 매각을 위한 계약과는 분명 다른 차별점을 가진다는 점을 확인할 수 있었다. 무엇보다도 이 사건 매매계약이 일련의 공행정 활동의 수행 과정 내에 놓여 있다는 점, 이 사건 매매계약 체결에 계약 당사자의 이익만이 아니라 공공의 이익이 고려된 것이라는 점 등을 종합적으로 감안하면 공법상 계약으로 보는 것이 더욱 타당하다는 것을 논증하였다. 그러나 한편으로 이 사건 매매계약을 공법상 계약으로 판단하여 동 사건을 당사자소송을 통하여 다시 다툴 경우 과연 대상 판결과 다른 결론이 도출되었을 것인가의 여부에 대해서는 여전히 의문이 제기될 수밖에 없다. 이 사건 매매계약을 공법상 계약으로 파악한다고 하더라도 공법상 계약에 관한 일부무효의 법리나 무효행위의 추인 등에 관한 행정법상 명시적인 근거가 존재하지 않으므로 불가피하게 다시 민법 제137조에

따른 ‘법률행위의 일부무효’ 등의 법리를 이 사건에 적용하였을 것이며, 따라서 지방의회의 의결을 거치지 않은 지방자치단체의 중요 재산 처분행위에 해당하는 이 사건 매매계약의 위법성은 전부무효라는 결론에 보다 더 용이하게 도달하였을 것이다. 이러한 차원에서 공법상 계약에 적용될 수 있는 고유한 법리, 즉 공법상 계약에 관한 법률행위의 일부무효 법리나 무효행위의 추인 등과 같은 독자적인 법리 구축의 필요성을 제기하였다. 행정의 법률적합성 원칙의 지배하에서 공익적 목표 달성을 추구하는 행정작용의 일종이면서도 당사자 간의 의사 합치를 기본으로 하는 계약이라는 행위가 함께 공존하고 있는 “공법상 계약”이라는 공법행위의 특수성을 고려한 고유한 법리의 입법적 근거를 확보하고 지속적으로 발전시켜 나가는 것이 타당하다. 비록 민사사건이기는 하나 대상 판결은 행정법학의 중요한 과제 중 하나인 공법상 계약 제도의 발전 방향을 제시하고 있다는 점에서 주목해야 할 판례라고 할 것이다.

주제어: 공법상 계약, 일부무효의 법리, 당사자소송, 지방자치법, 공유재산 및 물품 관리법

Abstract

An Analysis of Legal Issues Surrounding Public Contracts and the Doctrine of Partial Invalidity : Focus on the Supreme Court 2024Da211762 Decision, July 11, 2024.

Park, Jong Joon*

This case concerns a civil lawsuit in which a project developer sought restitution of unjust enrichment from a local government—the competent authority that approved the development project involving the construction of a residential complex and a general medical facility—based on part of the purchase price paid for project-related land. While the case originated as a civil suit for restitution, it is notable from an administrative law perspective because the Supreme Court engaged with legal doctrines related to public contracts, an unusual move in this context. The case centers on whether the land sale agreement at issue—closely connected to a public interest project—may be classified as a public contract under administrative law and whether doctrines such as the Doctrine of Partial Invalidity may be applied to such contracts. Although both the lower court and the Supreme Court presumed that the sale agreement was a private law contract, a close reading of Supreme Court Decision 2023Da250025 (rendered June 29, 2023)—which provided a comprehensive standard for identifying public contracts—suggests that this agreement should be treated differently from typical contracts for the

* Professor, Law School of Kangwon National University

disposal of public property. The agreement was concluded as part of a series of administrative actions and was influenced by considerations of public interest beyond the parties' private interests. These characteristics indicate that the agreement aligns more closely with the nature of a public contract. However, even if the contract were reclassified as a public contract and reviewed under an administrative litigation framework, it remains uncertain whether the legal outcome would differ. Since Korean administrative law lacks specific statutory grounds for applying doctrines like the Doctrine of Partial Invalidity or the ratification of void administrative acts in the context of public contracts, courts would likely still rely on analogous provisions from the Civil Act, such as Article 137. This would again lead to the conclusion that the contract—executed without the approval of the local council despite involving the disposal of major public assets—was entirely void. This case highlights the need to establish independent legal doctrines applicable to public contracts, including a tailored version of the Doctrine of Partial Invalidity and rules regarding the ratification of void acts. Given the unique nature of public contracts—where administrative legality coexists with contractual consensus—developing such doctrines and their legislative foundations is crucial. Although this case was adjudicated as a civil matter, it presents significant implications for the development of public contract law in Korea.

KeyWords: Public Contracts, Doctrine of Partial Invalidity, Party Litigation, Local Autonomy Act, Public Property and Commodity Management Act

투고일 2025. 6. 10.
심사일 2025. 6. 24.
게재확정일 2025. 6. 29.

공법상 계약으로서의 기부채납 관련 사실오인으로 인한 사용허가거부처분의 재량하자*

정의석**

대법원 2025. 2. 27. 선고 2024두47890 판결

Ⅰ. 서론

기부채납(寄附採納)은 행정재산의 사용허가 과정에서 행정청과 민간 사업자 간의 관계를 설정하는 중요한 법적 도구로서 활용되고 있다. 국유재산법에 의하면, 행정재산은 원칙적으로 처분이 제한되고 공적 목적을 위해 유지·관리되어야 한다(제27조). 다만 그 용도나 목적에 장애가 되지 않는 범위 내에서 행정재산의 효율적 활용을 위해 예외적으로

* 이 논문은 서울대학교 법학전문대학원 학문후속세대양성센터의 연구지원을 받아 작성한 것이다. 이 논문의 심사 과정에서 소중한 의견을 주신 심사위원들께 깊은 감사를 드린다.

** 서울대학교 법학연구소 객원연구원, 법학박사, 변호사

사용허가가 허용되는데(제30조 제1항), 이 과정에서 기부채납이라는 제도가 활용된다(제13조). 즉, 민간 사업자는 자신의 비용으로 국가나 지방자치단체에 필요한 시설을 건설하거나 설치한 후 이를 국가나 지방자치단체에 기부한다. 그리고 양측의 합의를 통해 사용허가를 받아 정해진 기간 동안 해당 시설 및 그 부지를 사용할 수 있는 권리를 취득하게 된다(이른바 BTO[1] 방식). 이러한 방식은 민간 사업자의 입장에서는 안정적인 사용허가를 통해 투자비용을 회수할 수 있고, 행정청의 입장에서는 재정적 부담 없이 공공시설을 확보할 수 있어 상호 이익이 되는 구조이다. 이에 문화시설, 체육시설 등 공공시설 구축에 있어 민간 자본과 전문성을 활용하는 방식으로 광범위하게 이용되고 있다.[2]

그러나 이러한 기부채납의 법적 성격이 공법상 계약인지 사법상 계약인지에 대해서는 논란이 존재해 왔다. 이는 단순한 이론적 문제가 아니라 분쟁 발생 시 관할 법원의 결정, 계약의 해석방법과 적용 법리 등과 밀접한 연관이 있어 실무적으로 중요한 의미가 있다.[3] 또한 선행

---

1) BTO(Build-Transfer-Operate)는 민간이 시설을 건설(Build)한 후 소유권을 정부나 지방자치단체에 이전(Transfer)하고, 일정 기간 동안 민간이 해당 시설을 운영(Operate)하는 민간투자방식이다. 기부채납 후 사용허가 방식은 이러한 BTO의 대표적 사례에 해당한다. 이에 관하여는 황창용, "도로 지하도상가에 대한 법적 규율 - 기부채납 및 무상 사용·수익허가 방식을 중심으로 -", 원광법학 제36권 제4호, 2020, 87면.

2) e-나라지표에 따르면 2023년 기준 민간투자사업의 총 규모는 약 9조 원에 달하며, 이 중 BTO 방식이 약 8조 원으로 절대 다수를 차지하고, 나머지 1조 원은 BTL(Build-Transfer-Lease) 방식이 차지하고 있다. 한편 투자액 기준으로는 BTO 방식이 중심을 이루고 있으나, BTL 방식 역시 기부채납을 전제로 하며, 사업 건수 기준으로는 오히려 더 많은 비중을 차지하고 있다는 점에서, BTL 방식에서의 기부채납과 사용허가에 관한 법적 쟁점에 대해서도 향후 보다 심층적인 연구를 진행하고자 한다(https://www.index.go.kr/unity/potal/main/EachDtlPageDetail.do?idx_cd=2738, 최종 방문일: 2025. 5. 22.).

3) 공·사법상 계약의 구별에 관하여는 그동안 활발한 논의가 전개되어 왔다. 김대인, "지방계약과 공법소송", 공법연구 제41집 제1호, 2012, 1-26면; 박정훈, "공법과 사법의 구별 - 행정조달계약의 법적 성격", 『행정법의 체계와 방법론』, 박영사, 2005, 221-229면; 정호경/선지원, "공공조달계약의 법적 성격과 통제에 관한 연구 - 공

기부채납의 내용이 후속 사용허가 여부에 어떠한 구속력을 가지는지, 특히 행정청이 기부채납에서 합의한 바와는 다르게 사용허가를 거부할 수 있는지 등이 중요한 법적 쟁점으로 남아 있었다.[4] 그런데 이 논문에서 다루고자 하는 대법원 2025. 2. 27. 선고 2024두47890 판결(이하 '대상판결'이라 한다)에서 이러한 쟁점들에 대해 중요한 판단기준을 제시하고 있다.

이에 이 논문에서는 대상판결을 중심으로 다음의 세 가지 쟁점을 분석하고자 한다. 첫째, 행정재산 사용허가 제도에서 기부채납의 의의와 법적 성격에 관한 일반론을 검토한다(Ⅲ). 둘째, 기부채납 관련 사실

법상 계약 이론을 중심으로 −", 법제연구 제46호, 2014, 181~208면; 이상덕, "지방계약과 판례법− 사법상 계약, 공법상 계약, 처분의 구별을 중심으로 −", 홍익법학 제19권 제4호, 2018, 1−45면 등.

4) 선행 기부채납과 후속 사용허가의 법적 관계에 대한 기존 하급심 판단은 일관적이지 않았다. 사용허가 거부의 재량권을 넓게 인정한 하급심 판결로는 서울고등법원 2017. 9. 15. 선고 2016누81422 판결(심리불속행기각 확정, "국유재산 등의 관리청이 하는 행정재산의 사용·수익에 대한 허가는 순전히 사경제주체로서 행하는 사법상의 행위가 아니라 관리청이 공권력을 가진 우월적 지위에서 행하는 행정처분으로서 특정인에게 행정재산을 사용할 수 있는 권리를 설정하여 주는 강학상 특허에 해당하므로 국유재산 등의 관리청은 행정재산의 사용허가에 관하여 광범위한 재량을 가진다고 할 것이다. … 기부채납받은 행정재산에 대해 기속적으로 수의의 방법으로 수허가자를 선정하는 관행이 존재한다는 증거도 없고, 가사 그러한 관행이 존재한다고 하더라도 피고의 재량이 수축되어 피고에게 기부채납자를 수허가자로 선정할 의무가 있다고 볼 수도 없다."). 반면 선행 기부채납의 구속력을 인정한 하급심 판결로는 대전고등법원 2024. 1. 16. 선고 2023누11151 판결(상고불제기 확정, "위 법리에 따라 이 사건에서 보건대, 앞서 '국유재산법령의 해석'에서 본 바와 같이 기부채납자는 국유재산법령에 따라 수의의 방법으로 사용허가를 받을 수 있을 뿐만 아니라 사용허가기간 갱신의 횟수에 제한을 받지 않으므로, 피고로서는 원고로부터 기부채납을 이유로 '수의계약을 통한 사용허가 요청'을 받은 후, 마땅히 '이 사건 증축 부분이 기부채납되었는지 여부'를 확인하고, 기부채납이 되었다면 이를 사용허가갱신의 허부에 관한 재량행사의 고려대상에 의당 포함시켰어야 한다. 그럼에도 피고는 앞서 본 바와 같이 "원고가 지출한 건축물 비용으로 피고의 자산으로 편입하였다는 주장은 사실과 다르다."면서 이 사건 증축부분이 기부채납된 사실을 부인하고 기부채납 사실을 고려하지 않은 채 이 사건 거부처분을 하였다. 따라서 이 사건 거부처분은 재량권을 불행사·해태 내지 재량권을 일탈·남용한 처분에 해당한다.").

오인이 사용허가거부처분의 재량하자를 구성하는 법리를 고찰한다(Ⅳ). 셋째, 앞서의 논의를 바탕으로 대상판결에서 문제된 정산금 잔존 여부에 관한 사실오인 문제를 분석하고, 보충적으로 신뢰보호원칙의 적용가능성에 대해서도 검토한다(Ⅴ). 이를 통해 기부채납의 법적 성격 및 기부채납과 연관된 후속 처분의 재량하자에 관한 법리를 체계화하고 유사 사안에 대한 명확한 판단기준을 제시하고자 한다.

Ⅱ. 사안의 개요[5)]

1. 사실관계

가. 공군 A비행단(이하 '비행단'이라 한다)은 비행단 내 체력단력장(이하 '체력단력장'이라 한다)에 전자유도카트시스템(이하 '이 사건 시설'이라 한다)을 설치하기 위하여, 입찰방식으로 선정된 민간 업체로부터 이를 기부채납 받은 뒤 일정기간 무상으로 사용하도록 허가해주는 방법으로 사업을 진행하기로 하였다. 원고 주식회사(이하 '원고'라 한다)는 2009. 8. 13. 비행단이 실시한 경쟁 입찰에서 낙찰을 받았고(입찰금액: 1,008,000,000원), 원고와 비행단은 2009. 8. 17. 이 사건 시설 기부채납 및 사용허가에 관하여 아래와 같이 합의하였다(이하 '이 사건 최초 합의'라 한다).

> [2009. 8. 17. 이 사건 최초 합의서]
>
> 제2조(관련근거) 이 합의서는 다음의 근거에 의하여 체결한다.
> 1. 국유재산법, 동법 시행령 및 동법 시행규칙

5) 이하는 필자가 판결의 내용 중 이 논문과 관련 있는 부분을 발췌하여 가공 및 수정한 것이다.

2. 국가를 당사자로 하는 계약에 관한 법률, 동법 시행령 및 동법 시행규칙
(생략)
제5조(합의내용)
① 비행단은 원고에게 다음 각 호의 재산에 대하여 그 사용을 허가한다.
1. 이 사건 토지
2. 원고로부터 기부채납받은 이 사건 시설
② 원고는 비행단에게 이 사건 시설을 기부한다.
제7조(사용허가)
① 원고는 비행단으로부터 사용허가를 받아 그 기간 동안 이 사건 시설과 이 사건 토지를 사용할 수 있다.
② 사용허가기간은 공사완료일(09. 11. 30.)로부터 다음 각 호의 시점 중 먼저 도래한 시점까지로 한다.
1. 제5조 제1항 각 호의 재산에 대하여 국유재산법 시행령 제26조에 따라 산정한 사용료를 계속하여 누적한 결과, 그 총액이 제5조 제2항에 의해 기부채납 재산의 감정평가 가액에 도달하는 시점
2. 원고가 비행단으로부터 지불받는 원금상환액(관리운영비 제외)을 계속하여 누적한 결과, 그 총액이 입찰금액에 금융비용(연리 6.22%, 신용카드 평균 수수료율 3.46%)을 포함한 액수에 달하게 되는 시점
제12조(수익금 회수)
① 원고는 비행단으로부터 사용허가기간 동안 이 사건 시설의 이용객들이 지불한 사용료로 시설 투자비(1,008,000,000원)를 매일 회수한다.
(생략)
제14조(사용허가의 취소와 철회)
비행단은 다음 각 호 1에 해당하는 경우에는 언제든지 부지 및 시설물에 대한 사용허가를 취소 또는 철회할 수 있으며, 원고는 정당한 사유가 없는 한 비행단의 결정에 따른다.
(생략)
6. 사용허가기간 중 원고의 이 사건 시설 사용으로 인한 수익이 기부채납 재산의 가액에 달한 경우

나. 비행단은 2011. 7. 5. 원고에게 이 사건 시설에 대한 감정평가를 요청하였고, 2011. 10. 이에 대한 감정평가가 이루어졌다. 원고는 이후 비행단에게 이 사건 시설을 기부채납하고, 비행단에게 이 사건 시설이 설치된 체력단련장 내 토지(이하 '이 사건 토지'라 한다)에 대한 무상사용허가신청서를 제출하였다. 비행단은 2011. 11. 24. 공군참모총장에게 원고가 제출한 위 신청서와 사용료 면제기간 산정서를 첨부하여 허가를 상신하였는데, 위 산정서에 의하면 이 사건 시설의 가액은 1,127,000,000원으로, 위 금액을 기준으로 산정된 사용료 면제 총 기간은 2010. 6. 1.부터 2027. 5. 9.까지로 기재되어 있었다. 비행단장은 2011. 11. 30. 원고가 이 사건 시설을 설치하고 기부채납하자 이 사건 시설 및 그 부지에 대해 무상사용허가를 하였다(기간: 2010. 6. 1.~2015. 5. 31. 이하 '이 사건 1차 허가'라 한다). 이에 따라 작성된 이 사건 1차 허가서의 주요 내용은 아래와 같다.

[2011. 11. 30. 이 사건 1차 허가서]

제2조(사용기간)

사용료 면제기간은 국유재산법 시행령 제29조 및 제32조에 따라 2010. 6. 1.부터 2027. 5. 9.까지로 하며, 1차 무상 사용허가 기간은 2010. 6. 1.부터 2015. 5. 31.까지로 한다. 다만 비행단과 원고 간에 체결된 이 사건 최초 합의서 제7조 제1항에 따라 무상사용기간은 변동될 수 있다.

제3조(사용료)

사용료는 무상으로 한다. 다만, 사용료 면제기간 만료 후에는 국유재산법 시행령 제29조 및 제31조에 따라 사용료(부가세 포함)를 매년 결정한다.

다. 원고와 비행단은 2012. 5. 21. 이 사건 시설의 가액을 1,127,000,000원으로 수정하였고(이하 '이 사건 수정 합의'라 하고, 이 사건 최초 합의와 통틀어 '이 사건 합의'라 한다), 그 내용은 아래와 같다. 다만 이 사건 수정 합의에 관여한 체력단련장 관리사장 B는 비행단 내 복지심

의위원회의 의결을 거치지 않고 이 사건 수정 합의서에 비행단장의 직인을 날인하였다는 이유로 공문서위조 등으로 기소되어 유죄판결을 받았다.

[2012. 5. 21. 이 사건 수정 합의서]

제2조(사용허가)

① 사용허가기간은 공사완료일(09. 11. 30.)로부터 다음 각 호의 시점 중 먼저 도래한 시점까지로 한다.

(생략)

2. 원고가 비행단으로부터 지불받는 원금상환액(관리운영비 제외)를 계속하여 누적한 결과, 그 총액이 입찰금액에 추가공사금액(119,000,000원)을 포함 총 공사금액(1,127,000,000원)에 금융비용(연리 6.22%, 신용카드 평균 수수료율 3.46%)을 포함한 액수에 달하게 되는 시점

제3조(수익금 회수)

① 원고는 비행단으로부터 사용허가기간 동안 본 시설물의 이용객들이 지불한 사용료로 시설 투자비(1,127,000,000원)를 매일 회수한다.

(생략)

라. 이 사건 1차 허가기간이 만료되자, 이 사건 시설 및 부지에 대한 사용허가권을 보유한 피고 강원시설단장(이하 '피고'라 한다)은 2016. 3. 23. 원고의 신청에 따라 2차 사용허가를 하였다(기간: 2015. 6. 1.~2027. 5. 9. 이하 '이 사건 2차 허가'라 하고, 이 사건 1차 허가와 통틀어 '이 사건 허가'라 한다). 그 외의 이 사건 1차 허가서 제2조, 제3조의 내용은 이 사건 2차 허가서에서도 동일하다.

마. 비행단장은 이 사건 수정합의서로 정한 가액(1,127,000,000원)을 기준으로 이 사건 시설의 사용에 따른 원고의 수익금을 정산하여 오다가, 2013. 3.경 무렵부터 이 사건 최초 합의서로 정한 가액(1,008,000,000원)을 기준으로 원고의 수익금을 정산하여 통보하였다. 그리고 비행단

장은 2017. 8. 30. 원고에게 원고의 수익금이 이 사건 최초 합의에 따른 가액을 넘어 더 이상 정산금이 남지 않았다고 통보하였다. 피고는 2018. 2. 8. 원고에게 이 사건 시설 및 토지에 대한 무상사용허가기간이 2017. 3. 1.자로 만료되었다고 통보하였고, 2018. 2. 28.부터 원고가 이를 사용하지 못하도록 하였다.

바. 원고는 2020. 8. 4. 피고에게 이 사건 수정 합의에 따라 이 사건 시설의 사용료로 정산되어야 할 금액 550,926,569원이 남아 있으므로 원고의 수익금이 위 금액에 이를 때까지인 약 3년 동안 이 사건 시설 및 토지의 무상사용허가를 신청하였다(이하 '이 사건 허가신청'이라 한다). 그러나 피고는 2020. 10. 20. 원고에게 기부채납된 재산에 대한 정산이 이 사건 최초 합의에 따라 2018. 2.경 만료되었다는 이유로 이 사건 허가신청을 거부하였다(이하 '이 사건 처분'이라 한다). 이에 원고는 이 사건 처분의 취소를 구하는 이 사건 소를 제기하였다.

2. 소송의 경과

가. 1심 판결[6]: 청구 인용

1심 법원은 다음과 같은 이유로 원고의 청구를 인용하였다.

피고는 원고가 이 사건 시설에 대한 투자비 등을 회수할 수 있도록 이 사건 허가의 종기인 2027. 5. 9. 또는 이 사건 시설의 기부채납 가액 등에 대한 정산이 완료되는 시점 중 이른 시점까지 이 사건 시설 및 토지의 무상사용을 허가하여야 한다. 피고가 이 사건 허가 기간이 만료되었다고 통보한 2018. 2. 8.이 위 2027. 5. 9. 이내임은 역수상 명백하므로, 위 통보 당시 이 사건 시설의 기부채납 등에 대한 정산이 완료되지 않았다면, 정산이 완료될 시점까지의 이 사건 허가신청을 거부한 이 사

6) 춘천지방법원 2022. 11. 15. 선고 2021구합30035 판결.

건 처분은 위법하다(1심 법원은 이 사건 시설 가액을 1,127,000,000원으로 하여 정산금을 산정하여야 한다고 판단하였고, 따라서 1,008,000,000원을 가액으로 하여 정산이 완료되었다는 이유로 이루어진 이 사건 처분은 위법하다고 결론 내렸다).

나. 원심 판결[7]: 항소 인용(청구 기각)

피고는 1심 판결에 대하여 항소하였고, 원심은 다음과 같은 이유로 피고의 항소를 인용하여 원고의 청구를 기각하였다.

국유재산법에 대한 행정재산의 사용허가는 그 처분 여부 및 내용의 결정에 관하여 원칙적으로 행정청의 광범위한 재량이 허용되고, 이와 같은 재량처분에 있어서는 그 재량권 행사의 기초가 되는 사실인정에 오류가 있거나 그에 대한 법령적용에 잘못이 없는 한 그 처분이 위법하다고 할 수 없다. 앞서 든 증거들 및 변론 전체의 취지에 따라 인정되는 아래 사정들에 비추어 보면, 원고 제출의 증거들만으로는 이 사건 처분이 그 재량권을 남용하거나 일탈하여 위법한 처분이라고 보기 부족하고, 달리 이를 인정할 증거가 없다.

이 사건 2차 허가서, 이 사건 최초 합의서 제7조 제2항 및 이 사건 수정 합의서 제2조 제1항을 종합하면, 이 사건 허가서에 의한 무상사용 허가기간은 ① 2027. 5. 9.(사용료 총액이 기부채납 재산의 감정평가 가액에 도달하는 시점) 또는 ② 이 사건 시설의 사용료를 바탕으로 원고의 기부채납 재산 가액의 정산이 완료되는 시점 중 빠른 시점까지이고, 원고와 피고 사이에 다툼이 있는 ② 시점이 도래하였는지 여부는 구체적인 정산과정을 거쳐 특정될 수 있다. 그런데 이 사건 허가신청에 의하면, 원고는 2018. 2. 28. 기준으로 정산되지 않은 잔액이 421,531,930원이고, 여기에 2010년 당시 지체상금 담보 보관예치금(이자포함) 129,394,639원

7) 서울고등법원 (춘천) 2024. 6. 26. 선고 2022누1383 판결.

을 더한 합계 미정산 잔액이 550,926,569원이라고 주장하며, 위 금액이 기부채납 재산의 잔존가액이므로 원고의 수익금이 위 잔존기부채납재산가액에 이를 때까지인 약 3년의 기간 동안 무상사용허가를 하여야 한다는 취지이다. 그러나 이 사건 수정 합의서[아래에서 보는 바와 같이 그 효력에 대하여 다툼이 있다]에 따라 '1,127,000,000원 및 이에 대한 금융비용'을 정산대상 가액으로 보아야 한다는 전제에서 보더라도, 원고 제출의 증거들만으로는 2018. 2. 28. 당시 미정산금액이 원고 주장의 550,926,569원에 이른다고 인정하기 부족하고, 달리 이를 인정할 증거가 없다(원고가 정산되어야 한다고 주장하는 부품대금, 수리부품비용은 월 관리운영비 외에 정산 수익금에서 추가로 공제되어야 할 성질의 것이라고 인정하기 부족하고, 원고 주장과 같이 추가로 공제되어야 할 노무비가 존재한다고 인정하기 부족하며, 이 사건 시설의 기부채납 가액에 적용되는 이율이 원고 주장의 9.68%에 해당한다고 보기도 어렵다). 따라서 설령 이 사건 수정 합의서가 유효하여 피고가 가액을 1,008,000,000원이 아닌 1,127,000,000원으로 보아 정산한 결과가 잘못되었다고 보더라도, 원고의 주장대로 계산한 무상사용 기간(3년)을 인정할 근거가 부족한 이상 원고에게 이 사건 시설에 대한 무상사용을 허가하지 않은 것이 그 재량을 일탈, 남용한 처분이라고 보기는 어렵다.

뿐만 아니라, 이 사건 수정 합의서는 체력단련장 관리사장으로 근무하던 B가 비행단 내 복지심의위원회의 의결을 거치지 아니한 채 비행단장의 직인을 날인하여 체결한 것이고, 그로 인하여 B가 공문서위조 등으로 유죄판결을 받기도 하였다. 이에 따라 이 사건 수정 합의서의 효력에 관한 법적 분쟁이 발생할 여지가 있는바(원고는 이 사건 수정 합의서가 표현대리 법리에 따라 유효하게 성립하였다고 주장하고 있다), 이 사건 수정 합의서의 효력에 관한 법률적 판단이 내려지지 않은 상태에서 행정청인 피고가 원고에게 다시 원고가 주장하는 기간만큼의 무상사용을 허가하여야 한다고 보기는 어렵다. 설령 원고가 이 사건 수정 합의서 작

성 당시 'B가 비행단장의 직인을 날인할 권한이 없다는 점'을 정당한 이유 없이 알지 못하였다 하더라도, 향후 피고의 정산채무나 손해배상채무 등의 별도의 법률관계가 발생할 수 있음은 별론으로 하고, 피고에게 원고에 대한 새로운 무상사용을 허가하여야 할 어떠한 의무가 발생한다거나 무상사용을 허가하지 않은 것이 피고의 재량권을 일탈·남용한 것이라고 평가할 수도 없다.

다. 대상판결[8]: 파기 환송

원고는 원심 판결에 대하여 상고하였다. 대법원은 아래와 같은 이유로 원심이 피고가 이 사건 처분에서 제시한 처분사유에 사실오인의 위법이 있는지를 심리하지 않은 잘못이 있다고 판단하여, 원고의 상고를 인용하고 원심 판결을 파기 환송하였다.

1) 행정청이 행정재산에 대한 사용허가를 할 것인지는 재량행위로서, 재량행위에 대한 법원의 사법심사는 그 행위가 사실오인, 비례·평등의 원칙 위배, 해당 행위의 목적 위반이나 부정한 동기 등에 근거하여 이루어짐으로써 재량권의 일탈·남용이 있는지 여부만을 심사하게 되는 것이나, 법원의 심사결과 행정청의 재량행위가 사실오인 등에 근거한 것이라고 인정되는 경우에는 이는 재량권을 일탈·남용한 것으로서 위법하여 그 취소를 면치 못한다 할 것이다(대법원 2001. 7. 27. 선고 99두8589 판결 등 참조).

한편, 공법상 계약 체결에 따른 권리를 취득한 상대방이 그러한 권리의 실질적 보장을 위한 방법의 하나로 공법상 계약의 상대방 측인 행정청을 상대로 수익적 행정행위를 신청하였고 그러한 신청이 공법상 계약에 따른 권리·의무의 이행방식에 위배되는 것이 아니라면, 수익적 행정행위 형식으로 공법상 계약의 권리를 실현시키기 어려운 사정변경이

---

8) 대법원 2025. 2. 27. 선고 2024두47890 판결.

생겼거나 중대한 공익상의 필요가 발생한 경우와 같이 특별한 사정이 없는 이상, 행정청으로서는 수익적 행정행위에 관한 재량권을 공법상 계약에 반하지 않는 범위에서 행사하여야 한다.

2) 그렇다면, 피고가 이 사건 처분을 할 때 행사할 수 있는 재량의 내용과 범위도 원고에게 이 사건 시설 및 토지를 무상으로 사용허가하기 어려운 사정변경이 생겼거나 중대한 공익상의 필요가 발생한 것이 아닌 이상 공군 비행단장을 법적으로 구속하는 원고와의 합의 내용에 따라 정해진다고 할 것이다. 피고 스스로도 이를 전제로 이 사건 합의에서 정한 원고의 정산금이 더 이상 남아 있지 않았다는 점을 이 사건 처분의 처분사유로 삼았고, 그 외에 피고가 이 사건 처분에 이르게 된 재량권 행사 과정에서 다른 요소들을 고려하였다고 볼 만한 사정도 없다. 따라서 이 사건 처분에서 원고의 정산금이 남아있는 것으로 판단된다면, 이 사건 처분은 사실오인에 근거한 것으로 재량권 일탈·남용의 위법이 있다고 보아야 하므로, 원심으로서는 원고의 정산금이 남아 있는지를 심리하였어야 했다. 그럼에도 원심은 이 사건 처분에 관하여 피고에게 광범위한 재량권이 있다는 이유만으로 피고가 이 사건 처분에서 제시한 처분사유에 사실오인의 위법이 있는지를 심리하지 않은 채 만연히 이 사건 처분에 재량권 일탈·남용의 위법이 없다고 판단하였고, 이와 같은 원심의 판단에는 재량행위의 처분사유 존부에 관하여 필요한 심리를 다하지 아니한 잘못이 있다.

Ⅲ. 행정재산 사용허가 제도에서의 기부채납의 의의와 법적 성격

1. 행정재산 사용허가 제도에서 기부채납의 의의

가. 기부채납의 개념 및 법적 근거

국유재산법에 의하면, 기부채납이란 개인이나 민간단체 등 국가 이외의 자가 자신의 재산에 대한 소유권을 무상으로 국가 등에 기부하고, 국가 등은 이를 채납(받아들임)하여 이를 취득하는 것을 의미한다(제2조 제2호). 기부채납은 민간의 기부 의사표시와 국가 등의 승낙으로 성립하는 일종의 계약으로,[9] 이 계약이 적법하게 성립하면 기부자는 해당 재산에 대한 소유권을 국가 등에 이전하게 된다.[10]

그러나 이러한 기부채납이 예외 없이 허용되는 것은 아니다. 국유재산법은 민간이 국가 등에 기부하려는 재산이 국가가 관리하기 곤란하거나 필요하지 아니한 것인 경우 또는 기부에 조건이 붙은 경우에는 기부를 받지 않도록 제한 규정을 두고 있다(제13조 제2항). 다만 후자의 경우에는 다시 예외를 두어 기부 재산이 행정재산이고, 기부자가 이를 무상으로 사용허가하여 줄 것을 그 조건으로 하려는 경우에는 기부를 허용하고 있다(제13조 제2항 제1호). 이에 따라 본 사안과 같이 기부채납 재산을 기부자에게 무상으로 사용허가할 것을 내용으로 하는 기부채납 약

---

9) 대법원 1996. 11. 8. 선고 96다20581 판결 등.

10) 한편 기부채납제도는 국유재산법, 공유재산 및 물품관리법뿐만 아니라 국토계획법, 도시정비법 등 다양한 법률을 근거로 활용되고 있으며, 본 사안에서와 같은 BTO 방식은 민간투자법상의 민간투자사업과도 외형상 유사한 측면이 있다. 그러나 민간투자법상 실시협약이 모든 사용수익관계를 하나의 협약에 통합하여 정하는 반면, 국유재산법상 기부채납의 경우 계약의 성격이 강한 기부채납과 처분의 성격이 강한 행정재산 사용허가가 결합된 구조라는 차이점이 있다. 이처럼 근거법률과 사업구조에 따른 기부채납의 법적 성격과 적용법리의 차이에 대해서는 향후 보다 심층적인 연구를 진행하고자 한다.

정이 사회적으로 광범위하게 활용되고 있다.[11] 기부할 시설은 통상 국유지에 설치되는데, 국유재산법상 국가 이외의 자는 원칙적으로 국유지에 시설을 축조할 수 없으나 이와 같이 기부를 조건으로 하는 경우에는 축조가 허용된다(제18조 제1항 제1호).

나. 행정재산 사용허가 제도와의 관계

행정재산이란 국가 등이 행정 목적을 위해 보유한 국유재산의 일종으로, 공원·도로 등 공적 용도(공용, 공공용 등)로 쓰이는 재산이다(국유재산법 제6조). 행정재산은 원칙적으로 양도·교환·매각 등의 방식으로 처분할 수 없고(제27조), 그 본래의 용도나 목적에 장애가 되지 아니하는 범위에서만 사용허가의 대상이 될 수 있다(제30조 제1항). 이러한 사용허가는 특정인에게 정해진 기간 동안 행정재산을 사용할 수 있도록 하는 행정처분에 해당한다는 것이 학설[12]과 판례[13]의 일반적인 입장이다.

국유재산법상 관리청이 행정재산을 사용허가한 때에는 사용자로부터 매년 사용료를 징수해야 하고(제32조 제1항), 그 요율과 산출방법은 같은 법 시행령에 명시되어 있다(제29조). 또한 사용허가기간도 원칙적으로 최대 5년으로 정해져 있다(국유재산법 제35조 제1항). 그러나 이러한 사용허가가 기부채납과 결부된 경우에는 법령상 사용료 및 기간에서 우대조치가 규정되어 있다. 관리청은 기부채납 재산에 대한 사용허가 시에는 사용료 총액이 기부채납 재산의 가액이 될 때까지 사용료를 면제

---

11) 특히 도시정비사업에서 기부채납의 활용 과정 및 절차에 관하여 상세히는 최종권, "정비사업에서 기부채납제도의 기능과 법적 규율", 중앙법학 제25집 제4호, 2023, 308-326면.

12) 강호칠, 『국유재산법: 이론과 실무』, 박영사, 2023, 276면; 박균성, 『행정법론(하)』, 제21판, 박영사, 2023, 464면 등.

13) 대법원 2006. 3. 9. 선고 2004다31074 판결 등("국유재산 등의 관리청이 하는 행정재산의 사용·수익에 대한 허가는 순전히 사경제주체로서 행하는 사법상의 행위가 아니라 관리청이 공권력을 가진 우월적 지위에서 행하는 행정처분으로서 특정인에게 행정재산을 사용할 수 있는 권리를 설정하여 주는 강학상 특허에 해당").

할 수 있다(국유재산법 제34조 제1항 제1호, 같은 법 시행령 제32조 제1항). 또한 사용허가기간도 사용료 총액이 기부채납 재산의 가액에 이르는 기간 이내로 연장될 수 있다(국유재산법 제35조 제1항). 이와 같이 기부채납은 행정재산 사용허가 제도와 결합되어 사용허가 제도의 엄격성을 완화하고 양측의 이해관계를 조율하는 법적 장치로 작용한다. 특히 일정 기간 동안 국유지 및 시설을 안정적으로 사용하기를 원하는 민간의 이해관계와 별도의 재정 조달 없이 행정재산을 확보하고자 하는 국가 등의 이해관계가 맞물리는 지점에서, 기부채납과 사용허가 제도는 서로 밀접한 연관 하에 활용되고 있다.

2. 기부채납의 법적 성격에 관한 기존의 논의

가. 학설상 견해 대립

기부채납의 법적 성격에 관하여는 크게 사법상 계약설, 공법상 계약설 및 개별판단설이 대립하고 있다. 사법상 계약설은 기부채납을 민법상 증여계약으로 파악하는 견해이다. 다만 기부채납을 순수한 증여계약으로 이해하는 견해는 현재에는 찾아보기 어렵고, 행정행위의 부관으로 부과되는 기부채납은 부담부 증여로, 행정청의 반대급부(사용허가 등)가 있는 기부채납은 도급계약으로 이해하는 견해가 있는 것으로 파악된다.[14)]

공법상 계약설은 기부채납이 행정청과 사인 간에 체결되어 공법적 효과와 공익적 목적을 달성하기 위한 공법상 계약이라고 해석하는 견해이다. 이 견해는 기부채납 시 행정청으로부터 그 대가로서 수익적 행정행위인 사용허가의 발급이 수반된다는 점, 사용허가의 근거 법령인 국유재산법 등이 공법적 성격을 가진 규율이라는 점을 근거로 한다.[15)]

14) 안신재, "기부채납에 관한 민사법적 고찰", 법학논총 제26집, 2011, 6－9면.
15) 정해영, "기부채납 부담계약에 대한 쟁송방법", 아주법학 제6권 제1호, 2012,

마지막으로 개별판단설은 기부채납이 행정청의 반대급부를 전제로 하는지 여부에 따라 계약의 법적 성격을 달리 판단한다. 민간이 기부채납에 따라 별도의 사용허가 없이 기부재산을 무상으로 사용하는 경우에는 사법상 부담부 증여계약에 해당하지만, 행정청이 기부채납에 따라 민간에게 반대급부로서 도로점용허가, 사용허가 등을 설정해 주어야 하는 경우에는 공법상 계약에 해당한다고 본다.16)

결국 본 사안과 같이 행정재산의 사용허가가 기부채납의 반대급부로 약정된 경우에는 개별판단설에 의하더라도 공법상 계약으로 판단되므로, 실질적으로는 공법상 계약설과 사법상 계약설이 대립하고 있는 것으로 이해할 수 있다.

나. 대법원 판례와 하급심 판결의 동향

종래의 대법원 판결들은 행정청의 반대급부를 조건으로 한 기부채납이라 하더라도 이를 기본적으로 민법이 적용되는 '증여계약'(제554조)이라고 판시하여 왔고, 이러한 전제 하에 사법(私法)의 적용법리를 그대로 적용해 왔다. 예컨대 대법원은 2022. 4. 27. 선고 2019다272053 판결에서 "기부채납이란 지방자치단체 외의 자가 부동산 등의 소유권을 무상으로 지방자치단체에 이전하여 지방자치단체가 이를 취득하는 것으로서, 기부자가 재산을 지방자치단체의 공유재산으로 증여하는 의사표시를 하고 지방자치단체가 이를 승낙하는 채납의 의사표시를 함으로써 성립하는 증여계약에 해당한다."라고 전제한 후, "기부자가 상인인 경우 지방자치단체와 그 기부자 사이에 체결된 기부채납 약정은 다른 사정이 없는 한 상인이 영업을 위하여 한 보조적 상행위에 해당하므로, 그러한 기부채납 약정에 근거한 채권에는 5년의 상사 소멸시효기간이 적용된다."라고 판시하였다.17) 또한 대법원 1999. 2. 5. 선고 98다24136 판결

456－457면.

16) 유지태, "기부채납에 대한 현행 판례검토", 토지공법연구 제11집, 2001, 59－61면.

에서는 기부채납의 성립 방식에 관하여 "기부채납은 기부자가 그의 소유재산을 지방자치단체의 공유재산으로 증여하는 의사표시를 하고 지방자치단체는 이를 승낙하는 채납의 의사표시를 함으로써 성립하는 증여계약"이라고 하면서, 지방재정법 시행령 제82조가 규정하는 기부서와 권리확보서류는 "증여계약의 내용과 성립을 확실하게 하기 위하여 요구되는 것일 뿐이지 그 교부가 증여계약의 성립요건이라고는 볼 수 없다."라고 판시하여 기부채납에 사법상 낙성계약 원칙을 그대로 적용하였다.[18]

다수의 하급심 판결에서도 최근까지 이러한 기조가 유지되었다.[19] 기부채납이 '사법상 증여계약'이라고 하여 그 법적 성격을 명시적으로 확정한 판결도 적지 않다.[20] 이처럼 실무에서는 기부채납이 공법관계가

---

17) 대법원 2022. 4. 27. 선고 2019다272053 판결에서 다퉈진 사안은 아파트 건설사업 시행자가 실시계획인가 조건으로 도로와 공원을 기부채납하기로 하였으나, 이후 기부채납 면적이 당초 승인된 면적보다 증가하게 되자 그 초과분에 대한 보상을 청구한 사건이었다. 즉, 대법원은 시행자가 실시계획인가라는 수익적 행정행위를 받기 위한 조건으로 행정청과 기부채납을 합의하였음에도, 기부채납을 증여계약으로 판시하여 상법상 소멸시효 규정(제64조)을 적용하였다.

18) 대법원 1999. 2. 5. 선고 98다24136 판결에서 다퉈진 사안은 서울특별시(원고)가 대한주택공사(피고)에게 하수처리장 건설예정지의 미취득토지 매수비용 상당액의 지급을 구한 사건이었다. 이 사안에서는 피고가 시행하던 택지개발사업 중 주민 반대로 월계하수처리장 신설이 어려워지자, 원고가 중랑하수처리장을 증설하여 하수를 통합처리하는 반대급부를 제공하고, 피고는 그 대가로 증설공사비를 부담하고 건설예정지를 원고에게 기부채납하기로 약정한 것이 문제되었다. 대법원은 이러한 반대급부가 결합된 기부채납 약정을 법적으로는 증여계약으로 보고, 지방재정법시행령에서 규정한 기부서와 권리확보서류의 교부는 증여계약의 성립요건이 아니라고 판단하였으며, 사법상 낙성계약 원칙에 따라 당사자 간 의사의 합치만으로 계약이 성립한다고 보았다.

19) 대전고등법원 2024. 6. 19. 선고 2023나13600 판결(심리불속행기각 확정); 서울고등법원 2017. 11. 22. 선고 2017나2022153 판결(심리불속행기각확정).

20) 서울고등법원 2024. 7. 24. 선고 2022나2047699 판결[상고심(대법원 2025. 1. 23. 선고 2024다277885 판결)에서 파기 환송되었으나, 상고심에서 기부채납의 법적 성격이 문제되지는 않았다]; 광주고등법원 (전주) 2022. 5. 26. 선고 2021나11324 판결(심리불속행기각 확정); 광주고등법원 (전주) 2015. 11. 19. 선고 2015나100896 판

아닌 사법관계로 파악되어 민사법원의 관할 하에서 사법(私法)에 의하여 규율되어 왔다.

3. 대상판결에서의 행정재산의 사용허가가 반대급부로 약정된 기부채납의 공법상 계약성 인정

가. 대상판결의 판시와 분석

반면 대상판결은 행정재산의 사용허가를 반대급부로 하는 기부채납의 법적 성격을 공법상 계약이라고 명시적으로 '표현'하지는 않았지만 그와 같이 '해석'하기에 충분한 근거를 제공하고 있는 것으로 판단된다. 대상판결의 사실관계를 간략히 요약하면, 원고가 비행단에 이 사건 시설을 기부함에 따라 피고가 원고에게 이 사건 시설 및 토지에 대해 무상사용허가할 의무가 있었음에도 이를 거부한 사안이다. 대상판결은 이러한 사실관계를 "공법상 계약 체결에 따른 권리를 취득한 상대방이 그러한 권리의 실질적 보장을 위한 방법의 하나로 공법상 계약의 상대방 측인 행정청을 상대로 수익적 행정행위를 신청"한 것으로 법리적으로 구성하였으므로, 본 사안에서의 기부채납을 공법상 계약으로 해석하였다고 볼 수 있다. 나아가 대상판결은 "피고가 이 사건 처분을 할 때 행사할 수 있는 재량의 내용과 범위도 비행단장을 법적으로 구속하는 원고와의 합의 내용에 따라 정해진다."라고 판시하여, 이러한 형태의 기부채납이 행정청의 재량권을 직접적으로 구속하는 효력을 가진다는 점도 인정하고 있다.

이러한 해석이 타당한지 여부를 검토하기 위해 먼저 공·사법상 계약의 구별기준을 면밀히 살펴볼 필요가 있다. 전통적으로 대법원은 계약의 내용과 적용법규를 중심으로 그 법적 성격을 판단해 왔다. 즉, 해

결(심리불속행기각 확정) 등.

당 계약이 공법적 권리 · 의무의 발생 · 변경 · 소멸을 내용으로 하고 공법에 의해 규율되는 경우에는 공법상 계약으로 보고, 그렇지 않은 경우에는 사법상 계약으로 해석하였다. 이러한 기준에 따라 공공조달계약은 “사경제의 주체로서 상대방과 대등한 위치에서 체결하는 사법상의 계약으로서 그 본질적인 내용은 사인 간의 계약과 다를 바가 없”다는 이유로,[21] 토지보상법상 협의취득계약은 “토지보상법에 의한 협의취득 또는 보상합의는 공공기관이 사경제주체로서 행하는 사법상 매매 내지 사법상 계약의 실질을 가지는 것”이라는 이유로[22] 사법상 계약으로 판단하였다. 그러나 공법상 계약은 공익의 실현을 위한 계약이므로, 이와 같은 계약 목적의 공익성도 계약의 법적 성격을 판단함에 있어 중요한 잣대로 삼아야 한다는 비판이 적지 않았고,[23] 대법원 판례도 이러한 비판을 수용하여 계약의 ‘내용 및 적용법규’뿐만 아니라 ‘목적’도 함께 고려하는 방향으로 지속적으로 발전해 왔다.

그리고 최근 선고된 대법원 2023. 6. 29. 선고 2021다250025 판결은 공·사법상 계약의 구별에 관한 종합적 판단기준을 정립하였다는 점에서 중요한 의미를 가진다. 위 판결은 “어떠한 계약이 공법상 계약에 해당하는지는 계약이 공행정 활동의 수행 과정에서 체결된 것인지, 계약이 관계 법령에서 규정하고 있는 공법상 의무 등의 이행을 위해 체결된 것인지, 계약 체결에 계약 당사자의 이익만이 아니라 공공의 이익 또한 고려된 것인지 또는 계약 체결의 효과가 공공의 이익에도 미치는지, 관계 법령에서의 규정 내지 그 해석 등을 통해 공공의 이익을 이유로 한 계약의 변경이 가능한지, 계약이 당사자들에게 부여한 권리와 의

21) 대법원 2001. 12. 11. 선고 2001다33604 판결; 대법원 2015. 1. 15. 선고 2013다215133 판결 등.

22) 대법원 2022. 7. 14. 선고 2017다242232 판결.

23) 김대인, “국가연구개발협약과 공 · 사법구별”, 서울법학 제26권 제2호, 2018, 231－236면; 김용욱, “위법한 조달계약의 효력과 강행규정”, 경희법학 제55권 제4호, 2020, 128－131면.

무 및 그 밖의 계약 내용 등을 종합적으로 고려하여 판단하여야 한다." 라고 판시하고 있다. 계약의 요소들은 개별적으로 분리되는 것이 아니라 유기적으로 작용하면서 계약의 전체적인 성격을 드러내므로, 이러한 종합적 판단기준은 계약의 실질을 다면적이고 입체적으로 파악할 수 있게 한다는 점에서 의미가 깊다고 할 수 있다.[24)]

이러한 종합적 판단기준에 의하면, 행정재산 사용허가의 반대급부로 하는 기부채납을 공법상 계약이라고 해석한 대상판결의 판단은 다음과 같은 점에서 타당하다.

첫째, 본 사안의 기부채납이 행정재산의 확충 및 운영이라는 공행정 작용의 수행 과정에서 체결되었다는 점이다. 비행단은 체력단련장에 이 사건 시설을 설치하기 위한 목적으로 기부채납 계약을 체결하였는데, 이는 단순히 물품을 거래하기 위한 것이 아니라 군 내부의 체육시설 개선 및 효율적 사용이라는 행정 목적을 달성하기 위한 것이었다. 비행단이 입찰 방식으로 사업자를 선정하고 체계적인 절차를 거쳐 사업을 진행하였던 점도 중요하다. 기부채납이 공정하고 투명한 행정절차를 통해 공행정 작용의 일환으로 이루어졌음을 방증하기 때문이다. 사업 진행 과정에서 국유재산법, 국가를 당사자로 하는 계약에 관한 법률(이하 '국가계약법'이라 한다)과 같은 공법적 성격의 규범들이 적용되었다는 점 역시(이 사건 최초 합의서 제2조) 본 사안의 기부채납이 단순한 사법상 거래가 아닌 공법적 규율 체계 내에서 이루어진 공행정 작용임을 명확히 보여 주고 있다.

둘째, 본 사안의 기부채납이 국유재산법에서 규정하고 있는 공법상 의무의 이행을 위해 이루어진 것이라는 점이다. 앞서 살펴본 바와 같이 국유재산법은 기부에 조건이 붙은 경우에는 기부채납이 허용되지 않는다고 명시하면서도 다만 예외적으로 '행정재산으로 기부하는 재산에 대

---

24) 대법원 2023. 6. 29. 선고 2021다250025 판결의 의의와 후속 과제에 관하여 상세히는 정의석, 공법상 계약의 판단기준과 해석방법, 345-347면.

하여 그 기부자에게 무상으로 사용허가하여 줄 것을 조건으로 한 경우' 에는 기부채납을 허용하고 있다(제13조 제2항 제1호). 본 사안의 기부채납은 이러한 법규정에 근거하여 이루어진 것으로(이 사건 최초 합의서 제2조 제1호), 비행단이 원고로부터 체력단련장에 설치될 이 사건 시설을 기부받는 대가로 원고에게 이를 일정 기간 동안 무상으로 사용허가할 것을 내용으로 하는 계약이다. 이에 따라 이 계약은 단순한 사법상 증여와는 다른 규율을 받게 되는데, 국유재산법상 기부채납에 따른 사용허가 시 사용료 면제 규정(제34조 제1항 제1호), 사용료 총액이 기부재산의 가액에 이르는 기간까지 사용허가기간을 연장할 수 있도록 하는 규정이 대표적이다. 이 사건 허가서상 사용료 조항(제3조)과 이 사건 합의서상 수익금 회수 조항(이 사건 최초 합의서 제12조, 이 사건 수정 합의서 제3조)은 여기에 근거한 것이다. 이와 같이 국유재산법이 행정재산 사용허가를 반대급부로 하는 기부채납과 관련한 별도의 규율 체계를 마련한 근본적인 취지는 국가 등이 별도의 재정적인 부담 없이 필요한 공공시설을 확보하고 효율적으로 관리할 수 있도록 하기 위함이다. 따라서 본 사안의 기부채납은 국유재산법이 예정한 공적 임무(행정재산의 확보·운용)를 이행하기 위한 공법상의 법률관계로서 사법상 거래행위와는 근본적으로 차이가 있다고 볼 수 있다.

셋째, 본 사안의 기부채납에 있어 공공의 이익이 중점적으로 고려되었고, 그 법적 효과 역시 공공의 이익에 직접적으로 영향을 미친다는 점이다. 기부채납의 경위에 있어 무상사용허가를 받으려는 원고의 이익도 일부 포함되어 있지만, 주된 취지는 비행단이라는 군 시설에 필요한 시설을 설치하여 이를 효율적으로 운영하려는 공익적 측면에 있다. 애초에 국유재산법은 이러한 공적 목적에 부합하지 않거나 활용 가치가 없는 재산은 기부를 할 수 없도록 규정하고 있기도 하다(국유재산법 제13조 제2항). 나아가 여기에 적용되는 국유재산법과 국가계약법의 입법목적이 국유재산의 적정한 보호(국유재산법 제1조)와 계약의 투명성과 공정

성(국가계약법 제5조의2)과 같은 공적 가치의 달성인 점도 염두에 둘 필요가 있다. 또한 공공의 이익에 대한 영향 측면에서도, 기부채납의 이행과 동시에 이 사건 시설은 행정재산으로 귀속되어 비행단의 재산을 증가시킬 뿐만 아니라 원고의 사용허가기간이 만료되면 전적으로 공적 용도로 활용되게 된다. 이러한 점들을 고려하면, 본 사안의 기부채납은 그 체결 목적, 적용 법규, 법적 효과 등 다방면에서 공익성이 강하게 나타나므로, 단순한 행정의 재산 취득 행위가 아니라 공공의 이익을 달성하기 위한 공법상의 법률관계라고 보는 것이 타당하다.

넷째, 기부채납 당사자들의 권리·의무가 공법적 성격을 가지고 있다는 점이다. 원고는 기부채납을 통해 비행단에 이 사건 시설을 설치 후 기부할 의무를 부담하고, 비행단은 원고에게 그 반대급부로 일정 기간 동안 무상사용허가를 발급해 줄 의무를 부담한다. 이러한 원고의 의무는 국유재산법상 기부채납이라는 공법적 규율체계에서 이행되는 것일 뿐만 아니라, 군 시설로 활용될 이 사건 시설을 설치하기 위한 것이므로 공법적 의무에 해당한다. 비행단의 의무도 단순한 사법상 급부의무가 아니라 국유재산법에 근거하여 행정처분(사용허가)의 방식으로 이행된다는 점, 즉 그 절차, 요건 및 효과가 모두 공법에 의해 규율되는 행정청의 공권력 행사로서의 성격을 갖는다는 점에서 본질적으로 공법적 의무라고 볼 수 있다. 게다가 원고가 사용허가를 통해 취득하는 사용권도 일반 민사상 임차권과는 그 법적 성격이 질적으로 다르다. 앞서 살펴본 바와 같이 국유재산법에 의해 사용료(제32조, 제34조) 및 사용기간(제35조)이 공법적으로 규율되기 때문이다. 이처럼 기부채납 당사자들의 권리 · 의무가 공법에 의해 규율된다는 점 역시 사용허가를 반대급부로 하는 기부채납의 공법성을 뒷받침한다.

나. 독일 법제의 관련 논의와 시사점

독일에는 우리나라와 동일한 형태의 기부채납 방식은 존재하지 않

는 것으로 파악된다.[25] 다만 독일의 도시계획법 및 건축법과 관련하여 이와 기능적으로 유사한 계약 유형들이 활용되고 있고, 이들은 모두 공법상 계약으로 해석되고 있다. 이러한 독일의 사례를 살펴봄으로써 행정재산 사용허가를 반대급부로 하는 기부채납의 법적 성격을 이해하는데 도움을 얻고자 한다.

먼저 기반시설계약(Erschließungvertrag, 연방도시계획법전 제11조 제1항 제2문 제1호)이다.[26] 기반시설계약이란 지방자치단체가 도시계획에 의한 기반시설설치의무를 민간에 위임하는 내용의 계약이다.[27] 이에 따라 민간은 도시계획구역에 기반시설을 설치한 뒤 이를 지방자치단체에게 양도한다.[28] 이와 같이 기반시설계약은 지방자치단체의 공법적 의무(기반시설설치의무)를 이행하기 위한 것이자 궁극적으로는 도시계획이라는 공공의 목표를 실현하기 위한 것이므로 공법상 계약에 해당한다는 것이 일반적인 견해이다.[29]

다음으로 후속조치비용계약(Folgekostenvertrag, 연방도시계획법전 제

---

25) 배병호/양은영, "국내외 기부채납제도의 비교법적 검토", 토지공법연구 제76집, 한국토지공법학회, 2016, 301면. 독일의 국유재산 취득 및 처분은 예산법 체계에 따라 엄격히 규율되고 행정의 재산행위가 개별 행정계획 및 예산 승인에 종속되는 구조적 특징이 있다. 이에 대한 보다 심층적인 비교법적 검토는 향후 후속 연구를 통해 보완해 나가고자 한다.

26) 이하의 내용에 관하여 상세히는 김성수, "도시개발을 위한 민관협력 - 독일건축법전상의 개발계약 등을 중심으로 -", 헌법판례연구 제4권, 2002, 202－204면; 정의석, "독일 공법상 계약에 관한 연구", 서울대학교 법학박사학위논문, 2024, 50－52면.

27) Reidt, in: Battis/Krautzberger/Löhr (Hrsg.), Baugesetzbuch Kommentar, 15, Aufl, 2022, § 11 Rn. 19.

28) 민간이 기반시설계약을 체결하는 주된 동기는 기반시설 설치로 인해 해당 지역의 토지 가치가 상승하여 얻게 되는 경제적 이익과 기반시설 부담금지급의무의 면제에 있다. 따라서 도시계획구역 내의 토지소유자가 주로 이 계약의 계약상대방이 된다. 이에 관하여 상세히는 Schlette, Die Verwaltung als Vertragspartner, 2000, S. 278 f.

29) Birk, Städtebauliche Verträge, 6. Aufl. 2022, Rn. 10; Siegel, in: Stelkens/Bonk/Sachs (Hrsg.), Verwaltungsverfahrensgesetz Kommentar, 10, Aufl., 2023, § 54 Rn. 132 등.

11조 제1항 제2문 제2호)이다.[30] 지방자치단체가 도시계획구역을 확정하면 그 구역 내에 기반시설을 확충하여야 하므로 많은 비용이 소요된다. 이러한 비용을 후속조치비용이라고 하고, 이를 도시계획구역 내의 건축주 등에게 부담하도록 하는 계약을 후속조치비용계약이라고 한다.[31] 민간의 계약 체결 동기는 지방자치단체로 하여금 도시관리계획(Bebauungsplan)을 수립하도록 하여 지가 상승 등을 꾀하기 위한 것이다.[32] 이러한 후속조치비용계약 역시 기반시설설치비용의 부담이라는 공법적 의무의 이행을 위한 것이고, 민간이 지방자치단체의 비용을 대신 부담하여 도시관리계획의 수립이라는 공적 목표를 추구한다는 점에서 공법상 계약에 해당한다는 것이 일반적인 견해이다.[33]

마지막으로 살펴볼 계약은 주차장면제계약(Stellplatzdispensvertrag)이다.[34] 독일의 각 주 건축법에는 건물의 신축이나 용도 변경 시 주차

30) 이하의 내용에 관하여 상세히는 김성수, 앞의 논문, 210-212; 김현준, "계약을 통한 도시계획의 법리 - 독일 건설법전의 도시계획계약을 중심으로 -", 토지공법연구 제34집, 2006, 15-17면; 정의석, 독일 공법상 계약에 관한 연구, 52-54면.

31) Reidt, in: Battis/Krautzberger/Löhr (Hrsg.), a.a.O., § 11 Rn. 54. 기반시설계약이 민간 사업자가 직접 기반시설을 설치한 뒤 이를 지방자치단체에게 이전하는 것을 내용으로 하는 반면, 후속조치비용계약은 지방자치단체가 기반시설을 설치하되 그 과정에서 발생하는 비용을 민간에게 분담시키는 것이라는 차이점이 있다. 즉, 두 계약은 기반시설의 설치 주체와 비용부담방식에서 비교된다고 할 수 있다. 이에 관하여 상세히는 Schlette, a.a.O., 2000, S. 286 f.

32) 다만 지방자치단체는 도시관리계획의 수립을 계약으로 정할 수는 없으므로(연방도시계획법전 제1조 제3항) 이는 계약의 기초 내지 전제가 되어 실질적인 영향력을 행사하게 된다. 이와 같이 민간이 이행하여야 할 급부는 계약에 명시된 반면 행정청의 반대급부는 계약에 명시되어 있지는 않지만 계약의 중요한 기초가 되어 쌍방 간 불가분의 관계가 형성되는 공법상 계약 유형을 독일에서는 불완전 교환계약(hinkende Austauschvertrag)이라고 지칭한다. 이에 관하여 상세히는 Stelkens, Hinkende Verwaltungsverträge. Wirkungen und Rechtsnatur, DÖV 2009, 850 (850 ff.).

33) Birk, Städtebauliche Verträge, 6. Aufl. 2022, Rn. 10; Rozek, in: Schoch/Schneider (Hrsg.), Verwaltungsverfahrensgesetz Kommentar, 4, Aufl, 2024, § 54 Rn. 90 등.

34) 이하의 내용에 관하여 상세히는 김성수, 앞의 논문, 218-219면; 정의석, 독일 공법상 계약에 관한 연구, 59-60면.

장설치의무를 규정하고 있는 조항이 있다.[35] 그러나 건축 부지의 부족, 비좁은 도심 환경 등으로 인하여 건축주가 주차장을 설치할 수 없는 경우가 발생할 수 있다. 이 경우 건축주가 행정청에 인근 지역의 대체주차장 설치를 금전적 급부를 제공하면 주차장설치의무를 면제하는 계약이 각 주 건축법에 근거하여 활용되고 있다[예: 라인란트팔츠(Rheinland-Pfalz) 주 건축법 제47조 제4항 제1문[36]]. 이 계약 역시 건축주의 공법적 의무(주차장설치의무)와 지방자치단체의 공법적 권한 행사(주차장설치의무의 면제)를 주된 내용으로 하고 대체주차장 설치를 통한 건축질서 확립이라는 공적 목적을 추구하므로 공법상 계약으로 해석된다는 것이 일반적인 견해[37]이다.

이상과 같이 독일의 도시계획 및 건축법 영역에서는 우리나라의 기부채납과 기능적으로 유사한 기반시설계약, 후속조치비용계약, 주차장면제계약이 실무에서 활용되고 있다. 이러한 계약들은 계약의 근거가 공법적 규율에 있고 계약의 내용이 공법상의 권리·의무와 밀접한 관련이 있으며, 계약의 목적도 도시계획이나 건축질서 확립이라는 공익 실현에 있다는 점에서 일관되게 공법상 계약으로 해석되고 있다. 비록 양국의 제도가 형식적으로 완전히 동일하지는 않지만, 행정이 민간자본을 활용하여 공적 시설을 확충하고 그 대가로 일정한 공법상의 특혜 또는 의무 면제를 부여한다는 구조적 측면에서는 상당히 유사하다. 따라서 이들 계약을 공법상 계약으로 해석하는 독일의 관점은 우리나라에 상당한 의미가 있다고 볼 수 있다.

---

35) Beck/Mampel, Die Verjährung von Forderungen der öffentlichen Hand aus Stellplatzablöseverträgen, LKV 2007, 391 (391).

36) 독일 라인란트팔트 주 건축법 제47조 ④ 필요한 주차장 또는 차고의 설치가 불가능하거나 큰 어려움이 따르는 경우, 또는 제88조 제3항에 따른 조례에 의해 설치가 금지되거나 제한된 경우, 건축주는 지방자치단체의 동의를 얻어 제1항 내지 제3항에 의한 의무(주차장설치의무)를 지방자치단체에 대한 비용의 지급으로 이행할 수 있다.

37) BVerwGE 122, 1; Siegel, in: Stelkens/Bonk/Sachs (Hrsg.), a.a.O., § 54 Rn. 132

4. 소결

이상의 검토에 의하면, 행정재산의 사용허가를 반대급부로 하는 기부채납은 단순한 사법상 계약이 아닌 공법상 계약으로 규율하여야 한다. 대상판결은 이러한 유형의 기부채납이 공법상 계약에 해당한다고 명시적으로 판시하지는 않았으나 “공법상 계약 체결에 따른 권리를 취득한 상대방이 그러한 권리의 실질적 보장을 위한 방법의 하나로 공법상 계약의 상대방 측인 행정청을 상대로 수익적 행정행위를 신청”한 것으로 법리적으로 구성하여 공법상 계약성을 실질적으로 인정한 것으로 볼 수 있고, 최근 대법원이 발전시켜 온 종합적 판단기준과 독일의 유사 제도에 관한 논의에 비추어 보더라도 이러한 결론이 타당한 것으로 평가된다.

Ⅳ. 기부채납 관련 사실오인과 사용허가거부처분의 재량하자

1. 문제의 소재

대상판결에서 가장 문제되었던 부분은 선행 기부채납과 관련하여 정산금이 남아있는지 여부에 대한 사실오인이 있었는지에 관한 것이었다. 원심은 행정재산 사용허가의 법적 성격이 강학상 특허에 해당한다는 점을 강조하며 피고에게 사용허가기간 설정에 대한 광범위한 재량이 부여된다는 전제 하에서, 설령 피고의 정산 결과가 잘못되었다고 하더라도 원고 주장에 의한 무상사용 기간(3년)을 인정할 근거가 부족하다는 이유로 이 사건 처분이 위법하지 않다고 판단하였다. 반면 대법원은 앞서 살펴본 바와 같이 기부채납의 공법상 계약성을 인정하면서 행정청은

특별한 사정이 없는 이상 재량권을 행사함에 있어 선행 공법상 계약을 위배하면 안 된다고 판단하였다. 그리고 피고가 이 사건 처분사유로 정산금이 남아있지 않다는 점만을 들었으므로 만약 정산금이 실제로 남아 있다면 이 사건 처분은 사실오인에 근거한 것이어서 재량하자가 있다고 판단하였다. 이러한 대법원의 판단은 재량행위에 있어 어떠한 경우에 사실오인이 인정되는지, 특히 선행 기부채납에 관한 사실오인이 후속 사용허가거부처분에 어떠한 영향을 미치는지에 관하여 중요한 법리적 쟁점을 제기한다.

2. 재량행위에서 사실오인의 의미와 판단기준

가. 재량행위에서 사실오인의 의미

사실오인이란 행정청이 처분을 내리는 과정에서 처분의 전제가 되는 사실관계를 잘못 판단하거나 다르게 인식함으로써 발생하는 오류를 의미한다.[38] 이러한 사실오인은 행정행위의 내용상 하자로서 절차·형식상의 하자와 구별되고, 법리오해 등과 함께 행정행위의 실체적 위법사유가 된다. 한편 사실오인은 기속행위와 재량행위 모두에서 문제될 수 있는데, 기속행위에 있어서 사실오인은 곧 법률요건상의 흠결로 이어지므로 법원의 전면적인 사법심사 대상이 되어 위법하게 되는 반면, 재량행위의 경우에는 재량행위의 요건에 대한 판단에 오류가 있는 경우에는 기속행위와 같이 규율되지만, 재량판단에서 고려한 사유에 관하여 사실을 오인한 경우에는 재량권 남용의 하자를 구성하게 된다.[39] 본 사안에서 문제된 사실오인은 후자에 해당한다고 볼 수 있다. 피고가 재량행위에 해당하는 이 사건 처분을 함에 있어 선행 기부채납에 따른 정산금

---

38) 대법원 1992. 4. 28. 선고 91누6863 판결 등.

39) 최계영, “[후론] 행정소송에서의 재량통제”, 『주석 행정소송법 제2권』, 제1판, 한국사법행정학회, 368−369면.

잔존 여부라는 중요한 사실관계를 적절히 고려했는지, 이에 대한 사실오인이 있지는 않았는지 여부가 쟁점이 되었기 때문이다.[40]

나. 재량행위에서 사실오인의 판단기준 : 대법원 판례를 중심으로

재량행위에 대한 사법심사방식은 오랫동안 대법원 판례를 통해 구체화되어 왔다. 대법원 판례에 의하면 "기속행위의 경우 그 법규에 대한 원칙적인 기속성으로 인하여 법원이 사실인정과 관련 법규의 해석·적용을 통하여 일정한 결론을 도출한 후 그 결론에 비추어 행정청이 한 판단의 적법 여부를 독자의 입장에서 판정하는 방식에 의하게 되나, 재량행위의 경우 행정청의 재량에 기한 공익판단의 여지를 감안하여 법원은 독자의 결론을 도출함이 없이 당해 행위에 재량권의 일탈·남용이 있는지 여부만을 심사하게 되고, 이러한 재량권의 일탈·남용 여부에 대한 심사는 사실오인, 비례·평등의 원칙 위배, 당해 행위의 목적 위반이나 동기의 부정 유무 등을 그 판단 대상으로 한다."고 하여[41] 기속행위와 재량행위의 사법심사방식이 구별되어 있다. 본 사안에서는 재량행위에서의 사실오인 여부가 문제되었으므로, 이하에서는 대법원의 주요 판례들을 체계적으로 검토하여 그 구체적인 판단기준을 살펴보고자 한다.

먼저 대법원 2001. 7. 27. 선고 99두8589 판결(이하 '99두8589 판결'이라 한다)에서는 관광지조성사업 시행허가의 위법성이 문제되었다. 이

---

40) 독일에서는 이를 재량고려사유의 하자(Ermessensdefizit)라고 지칭한다(용어의 번역에 관하여는 곽신재, "주관소송과 객관소송 체계의 특성에 관한 연구 : 원고적격, 본안심사 범위, 재량심사 강도에 관한 비교법적 검토를 중심으로", 서울대학교 법학박사학위논문, 2024, 190면 참조). 재량고려사유의 하자는 행정청이 형량 과정에서 이해관계인들의 물적, 인적 및 기타 중요한 사정들을 고려하지 않는 경우에 인정된다. 이에 관하여 상세히는 Ehlers/Schneider, in: Schoch/Schneider (Hrsg.), Verwaltungsgerichtsordnung Kommentar, 45, Aufl., 2024. § 40 Rn. 107.

41) 대법원 2001. 2. 9. 선고 98두17593 판결 등.

사건에서 피고(상주시장)은 참가인(조합)이 특정 공법을 이용하여 오수처리시설을 설치하는 조건으로 위 허가를 발급하였다. 원고들은 위 허가구역 인근에 거주하는 주민들로서 위 허가가 식수오염을 초래하여 원고들의 환경상 생활이익을 침해한다는 이유로 그 취소를 구하였다. 이 사건에서 대법원은 피고가 참가인에게 위 허가 조건으로 부가한 공법이 이 사건 관광지에서 배출되는 다량의 오수처리에 적합하다고 보기 어려운 점, 실무에서는 이러한 공법의 불완전성이 지적되어 사용이 지양되고 있었고 여러 부작용이 발생할 수 있는 점(오수처리시설의 막힘현상, 토양부식, 하천오염 등) 등을 지적하며 행정청이 위 공법에 의한 오수처리시설로 관광지의 오수를 정화 처리할 수 있다고 하여 위 허가를 한 것은 합리적인 사실인정을 결한 것으로 재량권의 일탈·남용이 있다고 판단하였다. 이상과 같이 99두8589 판결에서는 관광지조성사업 시행허가 여부에 있어 재량판단의 결정적인 고려 사유였던 오수처리시설과 그 공법의 적합성에 대한 사실오인이 발생하였다. 이러한 사실오인은 단순한 형식적·절차적 오류가 아닌, 위 허가의 기초가 된 중요한 사실에 대한 오인이었다. 따라서 대법원은 이러한 사실오인에 기초한 처분이 재량권 일탈·남용으로 위법하다고 판단한 것으로 평가할 수 있다.

재량행위에서 사실오인 여부는 특히 공정거래법상 과징금부과처분과 관련하여 주로 문제되어 왔다. 대법원 2002. 5. 28. 선고 2000두6121 판결(이하 '2000두6121 판결'이라 한다)에서는 부당한 공동행위와 관련하여 위반행위기간과 관련 상품의 범위에 대한 사실오인이 문제되었다. 이 사건에서 피고(공정거래위원회)는 화장지 업체들(원고 포함)이 시장가격에 대해 부당한 공동행위를 하였다고 판단하여 과징금을 부과하였는데, 대법원은 "원고의 행위 중 부당한 공동행위로 인정되는 부분은 원심 판시 2차 인상 및 3차 인상 부분에 한하고 관련 상품도 엠보싱 두루마리 화장지에 한정됨에도 피고는 과징금을 산정함에 있어 연평균매출액의 한도 내에서 위반행위기간 동안의 위반행위와 관련된 상품의 매출액을 기

준으로 산정하면서 위반행위기간이 아닌 원심 판시 1차 인하 및 1차 인상의 기간을 포함시킴과 아울러 관련 상품으로 엠보싱 두루마리 화장지 이외에 화장지제품 전체의 매출액을 기준으로 삼았으므로, 사정이 이러하다면 이 사건 과징금납부명령은 벌써 과징금부과 재량행사의 기초가 되는 사실인정에 오류가 있어 재량권 일탈·남용의 위법이 있다,"라고 판시하였다. 이와 같이 2000두6121 판결은 과징금 산정에 있어 위반행위기간과 관련 상품의 범위가 과징금 부과라는 재량행위의 기초가 되는 사실에 해당하고, 그에 대한 사실오인이 재량하자를 구성한다는 점을 분명히 하였다.

대법원 2003. 5. 27. 선고 2002두4648 판결(이하 '2020두4648 판결'이라 한다)에서도 공정거래법상 부당한 공동행위 여부와 관련한 사실오인이 문제되었다. 이 사건에서 피고(공정거래위원회)는 원고들(철강회사)의 가격인상이 부당한 공동행위에 해당한다고 판단하여 과징금을 부과하였다. 그러나 대법원은 "위반행위기간과 관련하여 과징금부과세부기준 등에 관한 고시에 따라 법 제19조 제5항의 경우에는 실행개시일을 위반행위의 시기로 보도록 하고 있는바, 법 제19조 제5항에 의하면 '가격을 결정·유지 또는 변경하는 행위'가 '경쟁을 실질적으로 제한하는 행위'에 해당할 때 비로소 부당한 공동행위의 합의가 추정되므로, 여기에서 말하는 실행개시일은 위와 같은 두 가지 간접사실이 모두 갖추어졌을 때를 의미한다."라고 전제한 후, 원고들이 "철근가격을 인상한 2000. 2. 1.에 과연 그들의 가격인상행위가 '경쟁을 실질적으로 제한하는 행위'에 해당하는지에 관하여는 의문이 드는 데도 원심은 위 가격인상행위가 '경쟁을 실질적으로 제한하는 행위'에 해당하는지 여부를 판단하는 전제가 되는 그들의 시장점유율, 그들이 생산·판매하는 국내 철근공급시장의 특성과 현황 등을 살펴보지 아니한 채 곧바로 그들이 철근가격을 인상한 2000. 2. 1.을 위반행위의 시기인 실행개시일로 단정하고 말았으니, 거기에는 필경 필요한 심리를 하지 아니함으로써 사실을 오인하였

거나 과징금 산정의 기준이 되는 위반행위의 시기에 관한 법리를 오해하여 판결 결과에 영향을 끼친 위법이 있다."라고 판시하여, 행정청이 과징금 부과에 있어 실행개시일이라는 기초 전제사실을 충분히 심리하고 정확히 파악하여야 함을 강조하였다.

대법원 2016. 2. 19. 선고 2015두36256 판결(이하 '2015두36256 판결'이라 한다)에서는 공정거래법상 과징금부과처분의 감경사유를 고려하지 않은 사실오인이 문제되었다. 이 사건에서 피고(공정거래위원회)는 원고가 주장한 과징금 감경사유(다액의 당기순손실로 인한 현실적 부담능력의 부족)를 인정하지 않았으나, 대법원은 공정거래법 제22조, 제55조의3이 위반사업자의 현실적 부담능력을 임의적 감경사유로 규정한 취지를 고려하여, "원고가 당기순이익이 2011 사업연도 약 4,125억 원에서 2012 사업연도 약 1,191억 원으로 크게 감소하였으며 2013 사업연도에 약 9,260억 원의 당기순손실을 입었으므로, 120억 3,900만 원에 이르는 이 사건 과징금은 원고의 현실적 부담능력을 반영하지 못해 과중하다고 볼 여지가 충분하다."라고 본 원심의 판단을 지지하였다. 이에 따라 대법원은 과징금부과처분이 공정거래법이 규정하고 있는 원고의 현실적 부담능력이라는 전제 사실을 오인함으로써 재량권을 일탈·남용하였다고 판단하였다.

대법원 2019. 9. 26. 선고 2016두49044 판결(이하 '2016두49044 판결'이라 한다)에서는 고위 임원의 부당한 공동행위 관여 정도에 관한 사실오인이 문제되었다. 이 사건에서 피고(공정거래위원회)는 원고의 고위 임원이 부당한 공동행위에 가담했다는 이유로 과징금의 10%를 가중하였다. 그러나 대법원은 "고위 임원의 위반행위에 대한 직접 관여행위에 해당한다고 본 소외 1의 행위는 단순히 위반행위에 관하여 보고를 받고도 이를 제지하지 않는 등 간접적으로 관여한 것에 불과할 뿐, 위반행위를 주도·계획하거나 이와 유사한 정도로 위반행위에 직접 관여하였다고 보기 어렵다."라고 판단하면서, "피고가 원고의 고위 임원 직접 관여

행위가 있다고 보아 원고에 대하여 1차 조정과징금의 10%를 가중하고 그에 따라 이 사건 과징금납부명령을 한 것은 과징금 부과의 기초가 되는 사실을 오인하여 재량권을 일탈·남용한 경우에 해당한다."라고 판시하였다.

공정거래법상 과징금부과처분 이외에 사실오인에 의한 재량하자가 인정된 최근 사례로는 공유수면 점용·사용허가기간연장신청거부처분에 관한 대법원 2016. 5. 27. 선고 2013두9045 판결(이하 '2013두9045 판결'이라 한다)이 있다. 이 사건에서 피고(고창군수)는 원고(한국수력원자력 주식회사)가 공유수면 위 허가의 부관에 따라 '피해권리자(부관부 어업권자)의 동의서 제출의무'와 '용역계약서 제출의무'를 이행하여야 함에도 이를 불이행하였다는 이유로 원고의 기간연장신청을 거부하였다. 그러나 대법원은 전자에 대해서는 "이 사건 부관부 어업권자는 이 사건 변경허가 부관에 따른 해양수산부의 질의회신 결과에 의해 확정된 피해권리자로 보기 어려우므로, 원고는 이 사건 재연장신청을 함에 있어서 이 사건 부관부 어업권자의 동의서를 제출할 의무가 없다."라고 판시하여 관련 의무가 존재하지 않는다고 판시하였다. 그리고 후자에 대해서는 "원고가 피고에게 전남대학교 산학협력단 수산과학연구소와 체결한 용역계약서를 제출한 것은 이 사건 변경허가 부관에서 정한 용역계약서 제출로 보아야 한다."라고 판시하여 부관상 의무를 이행하였다고 판시하였다. 이에 따라 "원고가 용역계약서 제출의무를 이행하지 아니하였음을 이유로 원고의 이 사건 재연장신청을 거부한 피고의 이 사건 처분은 그 판단의 기초되는 사실을 오인한 잘못으로 재량권을 일탈 · 남용한 위법이 있다."라고 결론 내렸다. 이와 같이 2013두9045 판결은 행정청이 위 거부처분의 기초가 되었던 동의서 및 용역계약서 제출의무에 관한 사실관계를 오인하였음을 지적하였고, 이러한 사실오인에 기초한 재량판단이 재량하자를 구성한다고 판단하였다.

앞서 검토한 대법원 판례들을 종합적으로 분석해 보면, 재량행위에

서 사실오인이 인정되기 위한 대략의 판단기준을 다음과 같이 정리해볼 수 있다.

첫째, 기본적으로 특정 사실에 대한 '오인'이 객관적으로 존재해야 한다는 점이다. 예컨대 2013두9045판결에서 행정청이 원고의 동의서 제출의무의 존부, 용역계약서 제출의무의 이행 여부를 잘못 파악한 것과 같이 행정청의 인식과 객관적인 사실관계 사이에 불일치가 발생해야 한다.

둘째, 오인된 사실이 재량판단의 '기초'가 되는 사실로서, 이를 올바르게 파악했더라면 원래와는 다른 내용의 처분을 했을 것으로 인정되어야 한다는 점이다.[42] 앞서 2000두6121 판결에서 문제된 부당한 공동행위에서의 위반행위기관과 관련 상품의 범위, 2015두36256 판결에서의 과징금 감경사유, 2016두49044 판결에서의 고위 임원의 부당한 공동

42) 반대로 문제된 사실이 재량판단에 영향을 미치지 않는 경우에는, 그에 대한 오인은 재량하자를 구성하는 사실오인이 아니라고 볼 수 있을 것이다. 이러한 예로는 먼저 대법원 2010. 12. 9. 선고 2010두15674 판결이 있다. 이 판결에서 대법원은 "구 증권거래법 제206조의11에 따라 과징금을 부과함에 있어 여러 개의 처분사유에 기하여 하나의 과징금 부과처분을 하였으나 그 처분사유들 중 일부에 위법이 있다고 하더라도 위법한 부분이 그 과징금 부과처분에 영향을 미치지 아니하였다면 그 부과처분을 위법하다고 볼 것은 아니다."라고 판시하였다. 이는 해당 사안에서 피고(증권선물위원회)가 과징금 부과처분의 처분사유 중 하나로 삼은 '자산양수도 신고서 제출의무 위반'이 인정되지 않더라도, 이것이 과징금 액수 산정에 영향을 미치지 않았기 때문에 그에 대한 오인이 처분의 결과를 바꾸지 않아 재량하자로 인정되지 않는다는 취지이다. 또한 대법원 2020. 5. 14. 선고 2019두63515 판결에서는 폐기물처리업자인 원고에 대해 피고(정선군수)가 ① 폐수처리오니로 생산한 부숙토를 판매하여 재활용 기준을 위반한 행위, ② 적법한 변경허가 없이 공정오니를 처리한 행위, ③ 폐기물처리 위·수탁에 관한 계약서를 부실하게 작성한 행위를 이유로 3개월의 영업정지처분을 하였는데, 원심은 처분사유 ①이 인정되지 않는다는 이유로 처분 전체를 취소하였다. 그러나 대법원은 "여러 처분사유에 관하여 하나의 제재처분을 하였을 때 그중 일부가 인정되지 않는다고 하더라도 나머지 처분사유들만으로도 처분의 정당성이 인정되는 경우에는 그 처분을 위법하다고 보아 취소하여서는 아니 된다."라고 판시하였다. 이는 일부 처분사유에 대한 오인이 있더라도, 그 사실을 올바르게 파악했더라도 나머지 처분사유들만으로 동일한 처분이 정당화될 수 있다면 재량하자로 인정되지 않는다는 것을 의미한다.

행위 관여 정도 등은 모두 재량판단의 기초가 된 사실로서 그에 관한 오인이 최종 처분의 내용을 좌우하였다.

셋째, 사실 인식에서의 오인이 행정청의 불충분한 조사·확인 등과 같은 '귀책사유'에 기인한 것이어야 한다는 점이다.[43] 99두8589 판결에서는 관광지조성사업 시행허가처분이 오수처리시설의 적합성 여부를 제대로 조사하지 않고 이루어진 점이 지적되었고, 2002두4648 판결에서도 부당한 공동행위 여부를 판단함에 있어 전제가 되는 철강회사들의 시장점유율, 철근공급시장의 특성과 현황 등에 대한 적절한 조사나 확인 없이 실행개시일을 단정한 점이 재량하자로 지적되었다.

3. 기부채납 관련 사실오인의 특수성

43) 이는 행정청에게 사실관계에 대한 합리적인 조사·확인 의무가 있음을 전제로 한다. 다만 이러한 의무의 위반 여부는 각 영역의 특성에 따라 다르게 판단될 수 있다. 특히 행정청의 전문적 판단이 요구되는 영역에서는 행정청의 판단에 더 넓은 재량이 인정되고, 따라서 귀책사유의 인정 기준도 다르게 적용될 수 있을 것이다. 예컨대 대법원 2018. 6. 15. 선고 2016두57564 판결에서는 국립대학 총장 임용후보자 선정 사안에 관하여 "행정청의 전문적인 정성적 평가 결과는 그 판단의 기초가 된 사실인정에 중대한 오류가 있거나 그 판단이 사회통념상 현저하게 타당성을 잃어 객관적으로 불합리하다는 등의 특별한 사정이 없는 한 법원이 그 당부를 심사하기에는 적절하지 않으므로 가급적 존중되어야 한다."라고 판시하였다. 즉, 대학이 1순위로 추천한 후보자 대신 2순위 후보자를 총장으로 임용제청한 교육부장관의 판단은 "후보자의 경력, 인격, 능력, 대학운영계획 등 여러 요소를 종합적으로 고려하여 총장 임용의 적격성을 정성적으로 평가하는 것"으로서, 단순한 사실관계 오인이 아닌 '중대한 오류'나 '현저한 타당성 상실'과 같은 특별한 사정이 증명된 경우에만 귀책사유로 인정될 수 있다고 본 것이다. 같은 취지로 대법원 2018. 10. 12. 선고 2016두33117 판결에서도 의료기관 개설허가 취소처분에 관하여 "보건의료정책에 관한 전문적 판단이 필요한 영역에서는 행정청의 의견이 존중되어야 하며, 법원의 심사는 행정청의 판단의 기초가 된 사실인정에 중대한 오류가 있는지, 판단이 현저하게 합리성을 상실하였는지 여부를 중심으로 이루어져야 한다."라고 판시하였다.

행정재산의 사용허가를 반대급부로 하는 기부채납에 관한 사실오인의 특수성을 보다 명확히 이해하기 위해서는 다른 사실오인 사례와의 비교를 통해 그 차이점을 분석할 필요가 있다. 일반적인 사실오인은 처분의 기초로서 '조사·확인의 대상이 되는 사실관계'에 대한 행정청의 인식상의 오류를 의미한다. 예컨대 앞서 검토한 2000두6121 판결에서는 부당한 공동행위의 위반행위기간과 관련 상품의 범위에 관한 사실관계의 오인이, 2002두4648 판결에서는 부당한 공동행위를 판단하는데 필요한 원고들의 시장점유율과 국내 철근공급시장의 특성과 현황이 문제되었다. 이러한 사례들은 모두 행정청이 처분의 전제로서 이미 주어진 외적인 사실관계를 조사·확인하지 않았거나 또는 이를 잘못 인식한 경우에 해당한다.

반면 본 사안에서 문제된 기부채납에 관한 사실오인은 행정청이 직접 당사자로서 체결한 '계약상 법률관계'에 대한 인식상의 오류이다. 대상판결은 피고가 이 사건 시설의 사용허가 여부의 기초가 되는, 선행 기부채납에 따른 정산금 잔존 여부를 오인하였다고 판단하였다. 이는 행정청이 외부에서 조사하고 확인해야 하는 정보를 오인한 것이 아니라, 행정청 자신이 계약당사자로서 직접 참여하여 스스로 책임지고 인지해야 할 계약상 권리·의무관계를 오인한 것이라는 측면에서 다른 일반적인 사실오인과는 질적으로 차이가 있다.

이러한 차이점은 앞서 살펴본 재량행위에서의 사실오인 판단기준의 구체적인 적용에 있어 다음과 같은 중요한 의미를 갖는다.

첫째, 오인된 사실이 재량판단의 핵심적 기초가 된다는 점이다. 일반적인 사실오인의 경우에는 그 사실이 처분의 근거가 되는 여러 재량고려사유 중 하나일 수 있으나,[44] 행정재산의 사용허가를 반대급부로

44) 이 경우 주 42)에서 검토한 바와 같이 최종 처분에 영향을 미치지 않는 재량고려사

하는 기부채납에 있어서는 행정청이 직접 당사자가 되어 그 계약 내용을 형성하였으므로 그 스스로 재량권 행사의 범위와 방향을 제한한다는 차이가 있다. 특히 이를 공법상 계약으로 이해할 경우, 해당 계약은 단순한 의사합치에 그치지 않고 행정청의 공권력 행사가 결합된 법률행위로 기능하므로, 그 내용은 사법상의 단순한 기대이익이 아니라 법적 구속력을 가지는 공법적 권리로 구조화된다. 당사자 간의 권리·의무는 공법적 질서 내에서 확정되며, 계약의 내용은 단순한 정책적 기대나 정치적 합의가 아니라 법적 구속력을 갖는 규범으로 작용하게 된다. 이에 따라 행정청은 계약상 설정된 상대방의 공법상 권리를 임의로 무시하거나, 이를 기초로 한 후속 행정행위를 자의적으로 변경·거부할 수 없고, 재량행위의 형식으로 계약 내용을 사실상 부정하거나 회피하는 것은 권한 남용 또는 신뢰보호 원칙 위반으로 평가될 수 있다. 즉, 공법상 계약은 행정청의 후속 행정행위에 대해 자기구속 효과를 발생시키며, 이로 인해 해당 처분은 계약에 기초한 권리구조에 적합하게 행사되어야 하는 통제의 대상이 된다. 따라서 계약 체결 당시 행정청이 수익적 행정행위의 발급을 일정한 조건 아래 이행하겠다고 약속한 이상, 이후 행정청의 판단은 계약의 존재와 그 내용에 구속을 받게 되며, 그 판단이 잘못된 사실에 기초할 경우 재량행위로 가장된 계약 위반 내지 공법상 권리 침해로 이어질 수 있으므로, 사실오인은 곧 재량판단의 정당성을 결정적으로 훼손하는 요소가 된다. 이러한 점을 고려하여 대상판결에서도 "수익적 행정행위 형식으로 공법상 계약의 권리를 실현시키기 어려운 사정변경이 생겼거나 중대한 공익상의 필요가 발생한 경우와 같이 특별한 사정이 없는 이상, 행정청으로서는 수익적 행정행위에 관한 재량권을 공법상 계약에 반하지 않는 범위에서 행사하여야 한다."라고 판시한 것

유에 대한 오인은 재량하자를 구성하지 않게 될 것이다.

이다.

둘째, 행정청의 귀책사유가 상대적으로 명확하다는 점이다. 행정청의 조사·확인 대상이 되는 외적인 사실관계의 경우, 행정청이 이를 명확히 파악하는 데에는 정보접근성과 인식가능성 등의 측면에서 현실적인 제약이 존재할 가능성이 높다.[45] 반면 행정청이 직접 당사자로 관여한 기부채납의 내용에 대해서는 그 스스로가 가장 밀접한 위치에서 정확한 정보에 접근할 수 있으므로, 그에 대한 사실오인은 행정청의 귀책사유가 더욱 명백하다고 볼 수 있는 것이다. 대상판결에서도 "피고 스스로도 이를 전제로 이 사건 합의에서 정한 원고의 정산금이 더 이상 남아있지 않았다는 점을 이 사건 처분의 처분사유로 삼았고, 그 외에 피고가 이 사건 처분에 이르게 된 재량권 행사 과정에서 다른 요소들을 고려하였다고 볼 만한 사정도 없다. 따라서 이 사건 처분에서 원고의 정산금이 남아있는 것으로 판단된다면, 이 사건 처분은 사실오인에 근거한 것으로 재량권 일탈·남용의 위법이 있다고 보아야 한다."라고 판시하였다. 이는 행정청이 선행 기부채납에서의 정산금 잔존 여부를 유일한 처분사유로 삼았음에도 이를 오인하였다면, 행정청의 귀책사유가 분명하고 재량하자가 성립한다는 점을 명확히 한 것이다.

이와 같이 행정재산의 사용허가를 반대급부로 하여 공법상 계약의 성격을 갖는 기부채납에 관한 사실오인은 다른 사실오인 사례와 비교할 때, 행정청이 스스로 형성한 '계약상 법률관계'의 내용에 관한 오인이라는 점, 그리고 그 계약에 따라 발생한 행정청의 공법적 의무가 후속 처분의 재량 내용과 범위를 구체적으로 제한한다는 점, 행정청의 사실오인에 대한 귀책사유가 명백하다는 점에서 재량하자를 구성할 가능성이 높다고 평가할 수 있다. 대상판결은 이를 명확히 인식하여 공법상 계약

45) 이에 대해서는 행정청의 제한적 조사 권한 등이 원인으로 지적될 수 있을 것이다. 이에 관하여 상세히는 김영조, "행정조사기본법의 문제점과 개선방안", 공법학연구 제8권 제3호, 2007, 107－116면.

으로서의 기부채납에 관한 사실오인이 후속 처분의 재량하자를 구성하는 법리를 확립하였다는 점에서 그 의미가 매우 깊다고 할 수 있다.

4. 소결

이상의 논의를 종합하면, 행정재산 사용허가와 결부된 기부채납에 관한 사실오인은 행정청이 직접 참여한 공법상 계약관계에 관한 것이라는 점, 따라서 행정청이 가장 직접적인 위치에서 정확한 정보를 획득할 수 있으므로 오인 시 귀책사유가 명백하다고 볼 수 있는 점에서 재량하자를 구성할 가능성이 매우 높다고 할 수 있다. 대상판결에서도 "수익적 행정행위 형식으로 공법상 계약의 권리를 실현시키기 어려운 사정변경이 생겼거나 중대한 공익상의 필요가 발생한 경우와 같이 특별한 사정이 없는 이상, 행정청으로서는 수익적 행정행위에 관한 재량권을 공법상 계약에 반하지 않는 범위에서 행사하여야 한다."라고 판시하여, 행정청의 재량권 행사가 공법상 계약으로서의 선행 기부채납에 의해 구속됨을 명확히 하였다.

Ⅴ. 대상판결 사안의 쟁점에 관한 검토

앞서 행정재산 사용허가와 결부된 기부채납의 법적 성격(Ⅲ)과 선행 기부채납 관련 사실오인이 어떻게 후속 사용허가거부처분의 재량하자로 이어지는지(Ⅳ)에 대한 일반론을 상세히 검토하였다. 이하에서는 이러한 논의를 바탕으로 대상판결에서 문제된 정산금 잔존 여부에 관한 사실오인 문제를 구체적으로 분석하고, 나아가 신뢰보호원칙의 측면에서도 대상판결의 의미를 검토해보고자 한다.

1. 대상판결에서의 사실오인 판단에 관한 검토

가. 사실오인의 핵심 쟁점: 정산금 잔존 여부

대상판결에서 사실오인 여부가 문제된 핵심적인 쟁점은 원고와 비행단 사이에 체결된 기부채납에서의 정산금 잔존 여부였다. 이는 다시 두 가지 쟁점으로 나누어 볼 수 있다.

첫째, 이 사건 수정 합의(2012. 5. 21.)의 법적 구속력 여부이다. 원고는 이 사건 수정 합의가 유효하게 성립하였다는 전제에서 이 사건 시설 가액을 1,127,000,000원으로 하여 정산금을 산정하고 사용허가기간을 정해야 한다고 주장하는 반면, 피고는 이 사건 수정 합의가 체력단력장 관리사장 B가 무단으로 체결한 것이므로 무효라고 주장하고 있고, B는 공문서위조 등으로 유죄판결을 받은 것으로 파악된다. 다만 원고는 권한을 넘은 표현대리(민법 제126조)의 성립을 주장하고 있고, 실제로 2013. 3.경까지는 이 사건 수정 합의에 따라 정산이 진행되어 왔음을 알 수 있다.

둘째, 이 사건 최초 합의(2009. 8. 17.)를 기준으로 하더라도 정산금이 잔존하는지 여부이다. 원고는 피고가 이 사건 허가의 만료를 통보한 2017. 3. 1. 기준으로 사용료로 정산되어야 할 정산금(550,926,569원)이 남아있다고 주장하고 있는 반면, 피고는 이 사건 최초 합의에 의한 가액 1,008,000,000원을 기준으로 할 때 2017. 3. 1. 당시 정산금이 모두 소멸되었다고 판단하였다.

이와 같이 정산금 잔존 여부는 대상판결 사안에서 이 사건 처분의 적법성을 결정짓는 핵심적인 쟁점이다. 피고도 "기부채납된 재산에 대한 정산이 이 사건 최초 합의에 따라 2018. 2.경 만료되었다."라는 점을 이 사건 처분의 유일한 처분사유로 들고 있고, 대상판결도 이 점을 명확히 인식하여 "피고 스스로도 이를 전제로 이 사건 합의에서 정한 원

고의 정산금이 더 이상 남아 있지 않았다는 점을 이 사건 처분의 처분 사유로 삼았고, 그 외에 피고가 이 사건 처분에 이르게 된 재량권 행사 과정에서 다른 요소들을 고려하였다고 볼 만한 사정도 없다. 따라서 이 사건 처분에서 원고의 정산금이 남아있는 것으로 판단된다면, 이 사건 처분은 사실오인에 근거한 것으로 재량권 일탈·남용의 위법이 있다고 보아야 한다."라고 판시하고 있다. 따라서 정산금 잔존 여부에 관한 피고의 판단에 사실오인이 있었는지를 면밀히 살펴볼 필요가 있다.

나. 재량오인에서의 사실오인 판단기준 적용

정산금 잔존 여부에 관한 사실오인이 있었는지를 판단하기 위해서는 앞서 IV. 2.에서 제시한 재량행위에서의 사실오인 판단기준을 본 사안의 구체적인 사실관계에 적용해볼 필요가 있다.

첫째, 정산금 잔존 여부에 관한 오인이 객관적으로 존재하는지 여부이다. 이 점에 있어서는 위 가.에서 지적한 바와 같이 두 가지 쟁점을 나누어 볼 필요가 있다.

먼저 이 사건 수정 합의의 법적 구속력 여부이다. 대상판결에 의하면, 비행단은 원고가 2011. 11.경 이 사건 시설을 기부채납하면서 무상사용허가신청서를 제출하자 2011. 24. 공군참모총장에 원고의 허가신청을 상신하면서 사용료 면제기간 산정서를 첨부하였는데, 위 산정서에 기재된 이 사건 시설 가액은 1,127,000,000원이었다. 이에 따라 작성된 이 사건 1차 허가서 제2조는 사용료 면제기간의 종기를 2027. 5. 9.까지로 계산하였고 이 사건 2차 허가서에서는 같은 날짜를 사용기간의 종기로 명시하였다. 그리고 비행단은 위 가액을 기준으로 이 사건 시설의 사용에 따른 원고의 수익금을 정산하여 오다가, 2013. 3.경 무렵부터 비로소 이 사건 최초 합의상의 가액(1,008,000,000원)을 기준으로 원고의 수익금을 정산하기 시작하였다. 이러한 일련의 사실관계에 비추어 볼 때, 체력단련장 관리사장 B가 비행단 내 복지심의위원회의 의결을 거치지

않고 이 사건 수정 합의서에 비행단장의 직인을 날인하였다는 이유만으로 이 사건 수정 합의의 효력을 부인할 수 있을지는 의문이다. 이 사건 수정합의서의 작성일은 2012. 5. 21.인데 비행단이 그 이전에 이미 이 사건 시설의 가액을 1,127,000,000원으로 정하였고 이를 공군참모총장에게 공식적으로 보고했으며 이러한 기준에 따라 상당 기간 동안 실제로 정산이 이루어졌기 때문이다. 이 사건 1차 및 2차 허가서에 명시된 사용료 면제기간과 사용기간의 종기(2027. 5. 9.) 역시 이 사건 수정 합의에 의한 가액을 기준으로 산정된 것이다. 이러한 정황들은 복지심의위원회의 의결이 결여되었다는 형식적 하자와 무관하게 비행단이 실질적으로는 이 사건 수정 합의의 내용을 인지하고 승인했음을 보여주고 있다. 더욱이 원고가 주장하는 민법상 표현대리 법리에 따라 이 사건 수정합의가 유효하게 성립되었을 가능성을 배제할 수 없음에도[46] 피고가 이 점에 대한 충분한 확인·검토 없이 이 사건 최초 합의만을 기준으로 정산을 진행하였던 점을 고려하더라도, 피고의 판단에는 정산금 잔존 여부에 관한 사실오인이 있었을 가능성이 매우 높다고 판단된다. 대상 판결 역시 이러한 문제점을 인식하여 "원심은 이 사건 처분에 관하여

46) 실제로 1심은 표현대리 성립을 인정하였다("이 사건 수정 합의서 작성 당시 체력단련장 관리사장으로 근무하고 있던 B는 비행단 내 복지심의위원회의 의결을 거치지 아니하고 이 사건 수정 합의서에 비행단장의 직인을 날인하였고, 이에 대하여 공문서위조 등으로 기소되어 유죄판결을 받았다. 그러나 한편, 앞서 본 바와 같이 B는 비행단장으로부터 체력단련장의 관리권한을 위임받았고, 이 사건 최초 합의서, 이 사건 수정 합의서 모두에 비행단장의 직인을 날인하였으며, 원고의 직원으로 위 각 합의서의 작성 및 날인에 관여하였던 증인 C는 합의서 날인과 관련하여 비행단 내 복지심의위원회의 의결을 거쳐야 하는지 여부는 비행단 내부 절차로서 원고는 이를 전혀 알 수 없었다고 증언하였다. 위와 같은 사정들을 종합하여 보면, 원고는 B가 비행단장으로부터 위임받은 권한의 범위 내에서 이 사건 수정 합의서를 날인한 것으로 믿었던 것으로 보이고, 이에 관한 정당한 이유가 있었던 것으로 보인다. 따라서 이 사건 수정 합의서는 권한을 넘은 표현대리에 관한 민법 제126조에 따라 그 효력을 인정할 수 있으므로, 이 사건 수정 합의서로 정한 기부채납 가액인 1,127,000,000원을 정산의 대상 금액으로 보아야 한다.").

피고에게 광범위한 재량권이 있다는 이유만으로 피고가 이 사건 처분에서 제시한 처분사유에 사실오인의 위법이 있는지를 심리하지 않은 채 만연히 이 사건 처분에 재량권 일탈·남용의 위법이 없다고 판단하였다."라고 지적하며, 정산금 잔존 여부에 관한 실질적 심사의 필요성을 강조하고 있다.

다음으로 설령 이 사건 최초 합의를 기준으로 하더라도 정산금이 잔존하는지 여부이다. 이에 대해 원심은 피고가 이 사건 허가 만료를 통보한 2017. 3. 1. 기준 정산금이 원고 주장대로 550,926,569원에 이른다고 볼 증거가 부족하고, 따라서 원고가 이 사건 허가신청에서 요구한 무상사용기간(3년)을 인정하기 어렵다는 이유로 이 사건 처분에 재량하자가 없다고 판단하였다. 반면 대상판결은 "이 사건 처분에서 원고의 정산금이 남아있는 것으로 판단된다면, 이 사건 처분은 사실오인에 근거한 것으로 재량권 일탈·남용의 위법이 있다고 보아야 한다."라고 판시하고 있다. 이는 애초에 피고가 이 사건 처분을 내리게 된 경위가 '정산금이 남아있지 않다는 점'에 근거하고 있기 때문에, 만약 사용허가기간 산정에 영향을 줄 수 있을 정도의 의미 있는 정산금이 잔존하였다면 이 사건 처분에 사실오인이 있어 위법하다는 의미로 해석된다. 이러한 관점에서 볼 때, 원고가 주장하는 550,926,569원의 정산금은 이 사건 합의서에 규정된 정산 방식에 의하면 상당한 사용기간에 해당하는 금액으로 판단된다(이 사건 시설의 월간 사용료를 약 1,500만 원으로 가정하면, 원고가 주장하는 약 3년의 사용기간에 해당하는 금액이다). 이는 피고가 이 사건 허가기간이 만료되었다고 통보한 2017. 3. 1. 이후에도 원고가 이 사건 시설 및 토지를 상당 기간 사용할 수 있었음을 의미한다. 1심은 이러한 사실관계를 토대로 원고가 주장한 항목별 미정산금액(부품대금, 수리부품비용, 미지급 노무비, 금융비용)에 대해 구체적인 검토를 거쳐 정산금이 잔존한다고 인정하며 원고의 청구를 인용하였던 반면, 원심은 이러한 점에 대한 실질적 심사 없이 피고에게 이 사건 처분에 대한 광범위한 재

량권이 있다는 이유만을 들어 이 사건 처분의 위법성을 부정함으로써 이 사건 처분에 사실오인에 기한 재량하자가 있을 가능성을 간과하였다고 볼 수 있다.

둘째, 정산금 잔존 여부가 이 사건 처분의 적법성을 좌우하는 핵심적인 기초사실이라는 점은 자명하다. 대상판결에서도 "피고 스스로도 이를 전제로 이 사건 합의에서 정한 원고의 정산금이 더 이상 남아 있지 않았다는 점을 이 사건 처분의 처분사유로 삼았고, 그 외에 피고가 이 사건 처분에 이르게 된 재량권 행사 과정에서 다른 요소들을 고려하였다고 볼 만한 사정도 없다."라고 판시하여, 정산금 잔존 여부가 이 사건 처분에 있어 유일한 재량고려사유였음을 분명히 밝히고 있다.

셋째, 행정청의 귀책사유 측면에서, 피고는 행정재산인 이 사건 시설 및 토지의 사용허가권을 보유하게 된 관리청으로서 정산금 잔존 여부에 관한 사실관계를 정확히 파악할 의무가 있었다. 특히 앞서 본 바와 같이 비행단이 이 사건 수정 합의 이전에는 이 사건 시설의 가액을 1,127,000,000원으로 산정하여 이를 상부에 공식 보고하였고 상당 기간 이를 기준으로 정산을 진행하였음에도, 정작 이 사건 처분 시에는 피고가 이러한 중요한 선행 경과를 충분히 고려하지 않았다는 점에서 귀책사유를 인정할 수 있을 것으로 판단된다.

이상과 같이 재량행위에서의 사실오인 판단기준에 따라 본 사안을 살펴보았을 때, 이 사건 처분은 정산금 잔존 여부라는 결정적인 사실에 관한 오인에 기초한 것으로서 재량권 일탈·남용의 위법이 있다고 판단된다. 따라서 대상판결이 이 점을 지적하여 원심을 파기하고 실질적인 심리를 요구한 것은 타당하다고 볼 수 있다.

2. 신뢰보호원칙 관점에서의 대상판결 검토

가. 문제의 소재

대상판결은 이 사건 처분의 위법성을 검토함에 있어 선행 기부채납 관련 정산금 잔존 여부에 대한 사실오인만을 재량하자의 근거로 삼았다. 그러나 본 사안에 있어서는 사실오인 외에도 신뢰보호원칙의 적용을 고려해 볼만한 여러 요소들이 존재한다. 선행 기부채납에 근거하여 원고가 형성한 기대, 이 사건 합의에 배치되는 피고의 정산 방식 변경 등은 신뢰보호원칙의 관점에서 검토해볼 만한 사항들이다. 이에 이하에서는 본 사안에 신뢰보호원칙을 적용할 경우 어떠한 판단이 도출될 수 있을지를 구체적으로 살펴보고자 한다.

나. 신뢰보호원칙의 적용가능성 검토

신뢰보호원칙이 행정작용에 적용되기 위해서는 ① 행정청의 공적 견해표명으로서 선행행위가 존재할 것, ② 선행조치의 정당성 또는 존속성에 대한 상대방의 신뢰에 보호가치가 있을 것, ③ 상대방이 행정청의 선행행위를 신뢰하여 일정한 후속행위를 했을 것, ④ 행정청이 선행행위에 반하는 처분을 하여 상대방의 이익을 침해하였을 것, ⑤ 신뢰보호의 필요성이 공익보다 클 것이라는 요건이 충족되어야 한다.[47] 이하에서는 본 사안에서 이러한 요건들이 충족되는지를 검토해보고자 한다.

첫째, 본 사안에서의 행정청의 선행행위는 다음과 같이 정리해볼 수 있다. ① 2009. 8. 17.자 이 사건 최초 합의, ② 2011. 11. 30.자 이 사건 1차 허가(사용허가기간: 2010. 6. 1.~2015. 5. 31.), ③ 2012. 5. 21.자 이 사건 수정 합의, ④ 2016. 3. 23.자 이 사건 2차 허가(사용허가기간:

47) 김동희/최계영, 『행정법 Ⅰ』, 제27판, 박영사, 2023, 60-62면.

2015. 6. 1.~2027. 5. 9.), ⑤ 그 외에도 비행단이 2013. 3.경까지 이 사건 수정 합의서상 가액에 의하여 정산해온 행위가 있다. 이러한 행위들은 모두 행정청인 비행단과 피고가 공법상 계약, 행정처분 등의 방식으로 공적 견해를 표명한 것으로 선행행위에 해당한다고 볼 수 있다.

둘째, 원고는 이러한 일련의 선행행위들에 근거하여 2027. 5. 9.까지 또는 정산금이 모두 소멸될 때까지 이 사건 시설 및 토지를 사용할 수 있을 것이라는 신뢰를 형성하였다. 물론 이 사건 수정 합의의 경우에는 체력단련장 관리사장 B가 비행단 내부 의결 없이 비행단장 직인을 날인하여 공문서위조 등으로 유죄판결을 받았다는 점에서 그 효력이 문제될 여지가 있을 수 있다. 그러나 앞서 Ⅴ. 1. 나.에서 검토한 바와 같이, 비행단은 이 사건 수정 합의 이전에도 이미 이 사건 시설의 가액을 1,127,000,000원으로 산정하여 공군참모총장에게 보고하였던 점, 이 사건 1차 및 2차 허가서에 명시된 사용료 면제기간 및 사용기간(종기: 2027. 5. 9.)도 위 가액을 기준으로 산정되었고, 비행단은 실제로 2013. 3.경까지 위 가액을 기준으로 정산을 진행하였던 점 등을 고려하면 원고의 신뢰에는 충분한 보호가치가 있다고 볼 수 있다.

셋째, 원고는 이 사건 시설 설치를 위한 초기투자비용으로 1,127,000,000원(이 사건 최초 합의 기준으로는 1,008,000,000원)을, 나아가 이 사건 시설을 관리·운영하기 위한 부품대금, 수리부품비용, 노무비 등의 유지비용을 지출하였다(후속행위). 이 사건 최초 합의 제12조 및 이 사건 수정 합의 제3조에서는 “원고는 비행단으로부터 사용허가기간 동안 이 사건 시설의 이용객들이 지불한 사용료로 시설 투자비를 매일 회수한다.”라고 명시하고 있다. 또한 이 사건 최초 합의 제7조 제2항 및 이 사건 수정 합의 제2조 제1항은 사용허가기간이 정산금이 모두 소멸할 때까지 지속될 것임을 명확히 규정하고 있다. 이러한 점들에 비추어 볼 때, 원고의 위와 같은 투자 및 지출(후속행위)은 단순한 사업상 위험 감수라기보다는, 행정청과의 공적 합의에 기초하여 일정 기간 이 사건

시설 및 부지의 무상사용을 통해 투자비를 회수할 수 있으리라는 정당한 신뢰 아래 이루어진 행위로 평가될 수 있다.

넷째, 이 사건 처분은 위와 같은 일련의 선행행위들에 반하는 것으로서 원고의 이익을 직접적으로 침해한 것이다. 피고는 2018. 2. 8. 원고에게 이 사건 시설 및 토지의 무상사용허가기간이 2017. 3. 1. 만료되었다고 통보하였고 2018. 2. 8. 원고가 이를 더 이상 사용하지 못하도록 하였다. 이는 이 사건 2차 합의서에 명시된 사용허가기간의 종기(2027. 5. 9.)와 현격한 차이가 있고, 원고는 550,926,569원의 정산금이 남아 있어 적어도 3년 이상의 추가 사용기간을 보장해야 한다고 주장하고 있다. 대상판결도 원심이 이러한 정산금 잔존 여부에 대해 충분히 심리하지 않은 위법성을 지적하며 이에 대한 실질적인 심리를 요구하여 이 사건을 파기 환송하였다.

다섯째, 앞서 살펴본 원고의 신뢰에 대한 보호필요성은 피고의 공익상 이유보다 크다고 판단된다. 대상판결은 "피고 스스로도 이를 전제로 이 사건 합의에서 정한 원고의 정산금이 더 이상 남아 있지 않았다는 점을 이 사건 처분의 처분사유로 삼았고, 그 외에 피고가 이 사건 처분에 이르게 된 재량권 행사 과정에서 다른 요소들을 고려하였다고 볼 만한 사정도 없다."라고 판시하고 있다. 즉, 피고는 이 사건 처분의 처분사유로 정산금 부존재 이외의 다른 공익상 이유를 제시하지 않았고, 이는 달리 말하면 정산금이 잔존한다고 판단될 경우에는 원고의 사용허가신청을 거부할 다른 공익상 이유가 없다는 것을 의미한다. 따라서 상당한 액수의 정산금이 잔존한다는 점을 전제로 할 때, 원고의 신뢰보호라는 사익이 공익보다 우월하다고 평가할 수 있을 것이다. 더욱이 본 사안과 같이 기부채납이 행정재산의 사용허가를 반대급부로 하는 경우, 행정청이 이러한 계약상 의무를 준수하지 않는다면 향후 유사한 방식의 기부채납 유치가 어려워질 수 있고, 이는 결국 국유재산의 효율적인 관리·처분을 목적으로 하는 국유재산법의 입법목적 달성에

부정적인 영향을 미칠 수 있다. 따라서 본 사안과 같은 경우 원고의 신뢰를 보호하는 것이 장기적인 관점에서도 공익에 부합한다고 볼 수 있을 것이다.

이상의 검토를 종합해보면, 이 사건 처분은 신뢰보호원칙에 위배되어 재량권의 일탈·남용에 해당할 가능성이 매우 높다고 판단된다. 대상판결이 이 점을 별도로 검토하지 않은 이유는 원고가 이를 명시적으로 주장하지 않았거나, 또는 사실오인이라는 명확한 사유에 근거하여 이 사건 처분의 위법성을 논증할 수 있었기 때문인 것으로 보인다. 그럼에도 대상판결이 "행정청으로서는 수익적 행정행위에 관한 재량권을 공법상 계약에 반하지 않는 범위에서 행사하여야 한다."라고 판시한 것은 선행 기부채납에 따른 신뢰보호의 중요성을 간접적으로 인정한 것으로 해석할 수 있다.

Ⅵ. 결론

결론적으로, 대상판결은 기존의 사법(私法)적 접근 방식에서 벗어나 행정재산 사용허가를 반대급부로 하는 기부채납을 공법상 계약으로 해석하였다는 점에서 중요한 의미가 있다. 이는 대법원 2023. 6. 29. 선고 2021다250025 판결에 의한 종합적 판단기준을 적용하였을 때에도 적절한 결론을 내린 것으로 평가할 수 있다. 또한 "수익적 행정행위 형식으로 공법상 계약의 권리를 실현시키기 어려운 사정변경이 생겼거나 중대한 공익상의 필요가 발생한 경우와 같이 특별한 사정이 없는 이상, 행정청으로서는 수익적 행정행위에 관한 재량권을 공법상 계약에 반하지 않는 범위에서 행사하여야 한다."라고 판시함으로써 선행 공법상 계약이 후속 처분에 있어 행정청의 재량권을 구속하고 이를 위반하였을 시에는 사실오인에 해당하여 재량하자를 구성한다는 점을 명확히 하였

다는 측면에서도 의의가 깊다. 대상판결을 바탕으로 향후에도 공법상 계약의 유형과 판단기준, 행정재량과의 상호 관계 등에 관하여 더욱 체계적이고 심층적인 논의가 진행되기를 기대한다.

참고문헌

강호칠, 『국유재산법: 이론과 실무』, 박영사, 2023.

김동희·최계영, 『행정법 Ⅰ』, 제27판, 박영사, 2023.

박균성, 『행정법론(하)』, 제21판, 박영사, 2023.

박정훈, 『행정법의 체계와 방법론』, 박영사, 2005.

안철상 외, 『주석 행정소송법 제2권』, 제1판, 한국사법행정학회, 2023.

곽신재, "주관소송과 객관소송 체계의 특성에 관한 연구 : 원고적격, 본안심사 범위, 재량심사 강도에 관한 비교법적 검토를 중심으로", 서울대학교 법학박사학위논문, 2024.

김대인, "국가연구개발협약과 공·사법구별", 서울법학 제26권 제2호, 2018.

김대인, "지방계약과 공법소송", 공법연구 제41집 제1호, 2012.

김성수, "도시개발을 위한 민관협력 - 독일건축법전상의 개발계약 등을 중심으로 -", 헌법판례연구 제4권, 2002, 202-204.

김용욱, "위법한 조달계약의 효력과 강행규정", 경희법학 제55권 제4호, 2020.

김영조, "행정조사기본법의 문제점과 개선방안", 공법학연구 제8권 제3호, 2007.

김현준, "계약을 통한 도시계획의 법리 - 독일 건설법전의 도시계획계약을 중심으로 -", 토지공법연구 제34집, 2006.

박정훈, "공법과 사법의 구별 - 행정조달계약의 법적 성격", 『행정법의 체계와 방법론』, 박영사, 2005.

배병호·양은영, "국내외 기부채납제도의 비교법적 검토", 토지공법연구 제76집, 한국토지공법학회, 2016.

안신재, "기부채납에 관한 민사법적 고찰", 법학논총 제26집, 2011.

유지태, "기부채납에 대한 현행 판례검토", 토지공법연구 제11집, 2001.

이상덕, “지방계약과 판례법- 사법상 계약, 공법상 계약, 처분의 구별을 중심으로 -”, 홍익법학 제19권 제4호, 2018.

정의석, “독일 공법상 계약에 관한 연구”, 서울대학교 법학박사학위논문, 2024.

정의석, “공법상 계약의 판단기준과 해석방법”, 법조 제74권 제1호, 2025.

정해영, “기부채납 부담계약에 대한 쟁송방법”, 아주법학 제6권 제1호, 2012.

정호경/선지원, “공공조달계약의 법적 성격과 통제에 관한 연구 - 공법상 계약 이론을 중심으로 -”, 법제연구 제46호, 2014.

최계영, “[후론] 행정소송에서의 재량통제”, 『주석 행정소송법 제2권』, 제1판, 한국사법행정학회, 2023.

최종권, “정비사업에서 기부채납제도의 기능과 법적 규율”, 중앙법학 제25집 제4호, 2023.

황창용, “도로 지하도상가에 대한 법적 규율 - 기부채납 및 무상 사용·수익허가 방식을 중심으로 -”, 원광법학 제36권 제4호, 2020.

Battis/Krautzberger/Löhr (Hrsg.), Baugesetzbuch Kommentar, 15, Aufl, 2022.

Birk, Städtebauliche Verträge, 6. Aufl. 2022.

Schlette, Die Verwaltung als Vertragspartner, 2000.

Schoch/Schneider (Hrsg.), Verwaltungsgerichtsordnung Kommentar, 44, Aufl., 2023.

Schoch/Schneider (Hrsg.), Verwaltungsgerichtsordnung Kommentar, 45, Aufl., 2024.

Schoch/Schneider (Hrsg.), Verwaltungsverfahrensgesetz Kommentar, 4, Aufl, 2024.

Stelkens/Bonk/Sachs (Hrsg.), Verwaltungsverfahrensgesetz Kommentar, 10, Aufl., 2023.

Beck/Mampel, Die Verjährung von Forderungen der öffentlichen Hand aus Stellplatzablöseverträgen, LKV 2007, 391.

Stelkens, Hinkende Verwaltungsverträge. Wirkungen und Rechtsnatur, DÖV 2009, 850.

국문초록

이 논문에서는 대법원 2025. 2. 27. 선고 2024두47890 판결을 중심으로 행정재산의 사용허가를 반대급부로 하는 기부채납의 법적 성격과 이에 관한 사실오인이 후속 사용허가거부처분에 미치는 영향에 대해 검토하였다. 대상판결에서는 원고(민간 사업자)가 공군 비행단에 전자유도카트시스템을 기부하고 일정 기간 무상사용허가를 받기로 하였으나 정산금 잔존 여부에 관한 분쟁이 발생하여 피고(행정청)가 이를 거부한 사안이 문제되었다.

먼저 대상판결은 기존의 사법(私法)적 접근 방식에서 벗어나 이러한 형태의 기부채납을 공법상 계약으로 해석하였다는 점에서 중요한 의미를 갖는다. 종래 대법원 및 하급심 판결들은 기부채납을 기본적으로 사법상 증여계약으로 파악하여 왔으나, 대상판결은 "공법상 계약 체결에 따른 권리를 취득한 상대방이 그러한 권리의 실질적 보장을 위한 방법의 하나로 공법상 계약의 상대방 측인 행정청을 상대로 수익적 행정행위를 신청"한 것으로 해석하여 공법상 계약성을 인정하였다. 이는 최근 대법원이 공법상 계약의 판단에 있어 계약의 내용, 적용법규, 목적 등을 종합적으로 고려하는 기준(대법원 2023. 6. 29. 선고 2021다250025 판결)을 발전시켜 온 것과도 맥락을 같이 하는 것으로 평가할 수 있다.

또한 대상판결은 "수익적 행정행위 형식으로 공법상 계약의 권리를 실현시키기 어려운 사정변경이 생겼거나 중대한 공익상의 필요가 발생한 경우와 같이 특별한 사정이 없는 이상, 행정청으로서는 수익적 행정행위에 관한 재량권을 공법상 계약에 반하지 않는 범위에서 행사하여야 한다."라고 판시하여, 선행 공법상 계약이 후속 처분에 있어 행정청의 재량권을 구속한다는 점을 명확히 하였다는 점에서도 의의가 깊다. 이는 곧 행정재산의 사용허가를 반대급부로 하는 기부채납에 관한 사실오인이 후속 사용허가거부처분의 재량하자를 구성할 수 있음을 의미하는 것이다.

앞서의 논의를 바탕으로 대상판결에서의 쟁점들을 구체적으로 검토하였

다. 대상판결의 핵심 쟁점은 원고와 비행단 사이의 기부채납에 따라 정산금이 남아있는지 여부였다. 사실관계를 분석한 결과, 비행단이 이 사건 수정 합의 이전에도 이미 이 사건 시설 가액을 1,127,000,000원으로 정하여 공군참모총장에게 공식 보고하였고, 이러한 기준에 따라 상당 기간 정산이 이루어졌으며, 이 사건 1차 및 2차 허가서에 명시된 사용료 면제기간과 사용기간의 종기도 이를 기준으로 산정되었음을 알 수 있었다. 여기에 대상판결에서 지적한 바와 같이, 정산금 잔존 여부가 이 사건 처분의 유일한 처분사유였으므로 원고가 주장한 상당 액수의 정산금이 남아있는지에 대한 면밀한 검토가 필요했음에도 이를 충분히 고려하지 않았다는 점을 고려하면, 이 사건 처분에는 사실오인이 있었을 가능성이 매우 높다는 점을 파악할 수 있었다. 한편 대상판결에서는 검토되지 않았지만 신뢰보호원칙의 측면에서도 대상판결의 사실관계를 분석한 결과, 원고가 행정청의 일련의 선행행위를 신뢰하여 이 사건 시설 설치를 위한 투자비용 및 유지비용을 지출하였고, 이러한 원고의 신뢰에 보호가치가 있으며, 이 사건 처분사유로서 정산금 부존재 이외의 별다른 공익상 이유가 제시되지 않았으므로 원고의 신뢰에 대한 보호필요성이 피고의 공익상 이유보다 크다고 볼 수 있다는 점에서 이 사건 처분의 위법성이 인정될 수 있다고 평가하였다.

주제어: 기부채납, 공법상 계약, 사실오인, 행정재산 사용허가, 재량하자, 신뢰보호원칙

Abstract

Discretionary Defect in Subsequent Administrative Disposition Denying Permission for Use due to Factual Misunderstanding of Precedent Donation-and-Return Agreement as a Public Law Contract*

- Supreme Court Decision 2025. 2. 27. Judgment 2024Du47890 -

Chung Eui Seok**

This paper examines the legal nature of donation-and-return agreements requiring permission for use of administrative property as consideration and the impact of factual misunderstandings related to these agreements on subsequent administrative dispositions denying permission, focusing on the Supreme Court Decision 2025. 2. 27. Judgment 2024Du47890. The case involved a dispute where the plaintiff (a private business) donated an electronic-guided cart system to an Air Force unit with an agreement to receive permission for free use for a certain period, but the defendant (administrative agency) denied permission due to disagreement over whether settlement funds remained.

First, this judgment is significant as it interpreted such donation-and-return agreements as public law contracts, departing

---

* This article was funded by the Center for Future Scholars at Seoul National University School of Law.

** Visiting Research Fellow, Seoul National University Law Research Institute, Ph.D. in Law, Attorney at Law

from the traditional private law approach. While previous Supreme Court and lower court decisions had generally considered donation–and–return agreements as private law gift contracts, this judgment recognized their public law contract nature by interpreting the case as one where “a party who acquired rights under a public law contract requests a beneficial administrative disposition from the administrative agency as a counterparty to the public law contract as a means of effectively securing those rights.” This interpretation aligns with the Supreme Court's recent development of comprehensive criteria for determining public law contracts (Supreme Court Decision 2023. 6. 29. Judgment 2021Da250025), considering content, applicable laws, and purpose.

Furthermore, the judgment significantly clarified that precedent public law contracts constrain administrative discretion in subsequent dispositions by stating that “unless there are special circumstances such as changed conditions making it difficult to realize the rights under the public law contract through a beneficial administrative disposition, or a significant public interest necessity, the administrative agency must exercise its discretion regarding the beneficial administrative disposition within the bounds of the public law contract.” This means that factual misunderstandings regarding donation–and–return agreements requiring permission for use as consideration can constitute discretionary defects in subsequent administrative dispositions denying permission.

Based on the foregoing discussion, the specific issues in the judgment were examined in detail. The key issue was whether settlement funds remained from the donation–and–return agreement between the plaintiff and the Air Force unit. Analysis of the facts revealed that even before the modified agreement in this case, the Air Force unit had officially reported the value of the facility at 1,127,000,000 won to the Air Force Chief of Staff, settlements were carried out according to this

standard for a considerable period, and the end dates of the fee exemption period and usage period specified in the first and second permission documents were calculated based on this. As pointed out in the judgment, considering that the only reason for the disposition was whether settlement funds remained, and despite the need for careful examination of the plaintiff's claim that substantial settlement funds remained, this was not sufficiently considered—suggesting a high likelihood of factual misunderstanding in this disposition. Additionally, although not examined in the judgment, analysis of the case from the perspective of the principle of protection of legitimate expectations revealed that the plaintiff invested in the installation and maintenance of the facility in reliance on the administrative agency's series of precedent acts, that this reliance deserved protection, and that since no public interest reasons other than the non－existence of settlement funds were presented as grounds for the disposition, the need to protect the plaintiff's legitimate expectations outweighed the defendant's public interest reasons—supporting the finding that the disposition was unlawful.

Keywords: Donation－and－Return Agreement, Public Law Contract, Factual Misunderstanding, Administrative Property Use Permission, Discretionary Defect, Protection of Legitimate Expectations

투고일 2025. 5. 22.

심사일 2025. 6. 20.

게재확정일 2025. 6. 30.

行政訴訟의 審理

기본적 사실관계의 동일성 법리에 관한 고찰 (정우석)

기본적 사실관계의 동일성 법리에 관한 고찰

정우석*

대법원 2023. 11. 30. 선고 2021두38465 판결

Ⅰ. 대상판결의 요지

1. 기초사실

원고는 시외버스, 공항버스 등을 운행하는 여객자동차 운송사업을 영위하는 회사로서 1997. 6. 9. 피고보조참가인(경기도지사)으로부터 10대의 버스로 1개 노선(성남－김포공항 노선)을 운행하는 시외버스(공항버스) 운송사업 한정면허를 받았다. 원고는 의정부, 전곡, 성남 등 8개 노선(이하 '이 사건 노선')의 공항버스 운행에 관하여 한정면허 갱신을 신청하였고, 피고보조참가인은 2012. 3. 14. 유효기간을 2018. 6. 8.까지로 정하여 이 사건 노선에 대한 한정면허(이하 '이 사건 면허')를 갱신하였다.

원고는 이 사건 노선에서 공항버스를 이용하는 어린이에 대하여 일반 요금의 25% 상당액으로 요금할인을 해주고 있었다. 원고는 2012.

* 인천지방법원 판사.

5. 이전부터 경기도 버스운송사업조합으로부터 원고가 운행하는 시외버스와 공항버스의 학생, 청소년 할인 실적에 대한 자료를 제공받아, 시외버스와 공항버스에 관하여 어린이 50%, 청소년 30%의 할인율을 일괄 적용하여 위 할인율에 해당하는 금원 상당의 보조금을 신청하였다. 그에 따라 원고가 2012. 5.부터 2016. 12.까지 이 사건 노선에 관하여 피고(광주시장)로부터 지급받은 청소년 할인 보조금(이하 '이 사건 보조금')은 1,045,412,000원에 이른다.

피고는 원고가 위와 같이 이 사건 보조금을 지급받은 사실을 확인하고, 2017. 9. 27. 원고에게 위반사항을 '시외버스 청소년 할인 결손보전금 부당 신청'으로, 관계 법령을 "여객자동차운수사업법(이하 '여객자동차법') 제51조 제3항, 지방재정법 제32조의8 제1항, 제82조 제1항, 제83조 제1항, 제84조, 경기도 여객자동차 운수사업 관리 조례(이하 '이 사건 조례') 제18조 제2, 3항"으로 각 기재하여 이 사건 보조금을 환수한다(이하 '이 사건 환수처분')는 것과 그 환수한 날로부터 3년간 원고를 도 보조금 지원대상(시선개선비, 인센티브)에서 제외한다(이하 '이 사건 제외처분')는 내용의 '여객자동차운수사업법 위반(시외버스 청소년 할인 결손보전금 부당 신청) 보조금 환수처분 통보'를 하였다.

2. 소송의 경과

원고는 이 사건 환수처분 및 이 사건 제외처분의 취소를 구하는 소송을 제기하면서, 이 사건 제외처분과 관련하여 피고가 이 사건 조례 제18조 제4항(이하 '이 사건 조례 조항')에 근거하여 처분을 하였으나, 여객자동차법은 부정 수급한 보조금의 환수 이외에 별도로 향후 지원을 제한하는 근거 규정을 두고 있지 않은데도, 여객자동차법에서 위임된 사항을 규정하고 있는 이 사건 조례 조항은 여객자동차법 등의 위임범위를 벗어나 3년간 도 보조금 지원대상에서 제외한다고 규정하고 있어

무효이므로 이 사건 제외처분은 법령의 근거 없이 이루어진 것으로서 위법하다고 주장하였다.

한편 피고는 이 사건 제외처분 당시에는 처분의 근거로 이 사건 조례 조항을 적시하였으나, 소송 진행 중에 답변서 및 준비서면을 제출하면서 지방재정법 제32조의 제7항을 이 사건 제외처분의 근거로 주장하였고, 이에 원고는 이 사건 제외처분은 원고의 행위에 비하여 지나치게 무거운 제재로서 비례의 원칙에 반하여 재량권을 일탈·남용한 것으로서 위법하다는 주장을 추가하였다. 관련 법령의 주요 내용은 다음과 같다.

지방재정법

제32조의8(법령 위반 등에 따른 교부결정의 취소 등)

① 지방자치단체의 장은 지방보조사업자가 다음 각 호의 어느 하나에 해당하는 경우에는 지방보조금 교부결정의 전부 또는 일부를 취소할 수 있다.

3. 거짓 신청이나 그 밖의 부정한 방법으로 지방보조금을 교부받은 경우

② 지방자치단체의 장은 지방보조금의 교부결정을 취소한 경우 그 취소된 부분의 지방보조사업에 대하여 이미 지방보조금이 교부되었을 때에는 기한을 정하여 그 취소된 부분에 해당하는 지방보조금과 이로 인하여 발생한 이자의 반환을 명하여야 한다.

⑦ 지방자치단체의 장은 제1항제1호부터 제3호까지의 어느 하나에 해당하여 지방보조금 교부결정이 취소된 자에 대해서는 5년의 범위에서 지방보조금 교부를 제한할 수 있다.

경기도 여객자동차운수사업 관리 조례

제18조(재정지원 관리 및 환수)

③ 도지사는 보조금을 지원받은 여객자동차운수사업자가 다음 각 호의 어느 하나에 해당하는 경우에는 보조금 지원을 중단·축소하거나 이미 지원된 보조금의 전부나 일부를 회수하여야 한다.

1. 거짓이나 부정한 방법으로 보조금을 지원받은 경우

④ 제2항 제3항의 오기로 보인다.

에 따라 재정지원금을 환수 조치당한 여객자동차운수사업자에 대해서는 환수한 날로부터 3년간 도 보조금 지원 대상(시설개선비, 인센티브)에서 제외한다.

3. 법원의 판단

가. 수원지방법원 2017구합71438

1심 법원은, 청소년 요금 할인에 따른 결손 보조금 지원 대상이 아님에도 원고가 보조금을 신청하였다는 동일한 사실관계에 대하여 근거 법령만을 추가·변경한 것은 새로운 처분사유를 추가하거나 변경하는 것이라고 볼 수 없고, 피고가 지방재정법 제32조의8 제7항에 근거하여 한 이 사건 제외처분은 적법하다고 판시하면서 이 사건 제외처분이 지방재정법 제32조의 제7항에 근거한다고 보는 이상 무효인 이 사건 조례 조항에 근거한 이 사건 제외처분이 위법하다는 원고의 주장은 판단하지 않는다고 판시하였다. 나아가 1심 법원은, 원고가 수년 간에 걸쳐 약 10억 원에 이르는 큰 금액을 부정 수급하였고, 피고가 소멸시효의 완성 등으로 일부 보조금을 환수하지 못하게 된 점, 원고가 이 사건 보조금의 지급을 신청할 당시 청소년 운임 할인에 따른 결손 보조금의 지급대상이 아님을 알고 있었던 것으로 보이는 점, 지방재정법 제32조의 제7항에서 정한 지방보조금 교부 제한 기간은 최대 5년임에도 피고가 3년간 원고를 보조금 지원대상에서 제외한 점 등에 비추어 보면, 이 사건 제외처분이 비례의 원칙에 반하여 재량권을 일탈·남용한 것이라고 볼 수는 없다고 판시하면서 원고의 청구를 기각하였다.

나. 서울고등법원 2018누53971

원고는 항소심에서 처분사유의 추가·변경은 기본적 사실관계가 동일하다고 인정되는 한도 내에서 인정되는 것인바, 피고가 이 사건 제외처분 당시 기속행위로 규정된 이 사건 조례 조항을 근거 법령으로 밝혔음에도 제1심 재판 과정에서 재량행위로 규정된 지방재정법 제32조의8 제7항을 이 사건 제외처분의 근거 법률로 추가한 것은 이 사건 제외처분의 성질을 기속행위에서 재량행위로 변경시키는 의미를 가지고 제외

기간에도 차이가 있다는 점에서 기본적 사실관계가 동일하다고 볼 수 없으므로 허용되지 않는 처분사유의 추가·변경에 해당한다는 주장을 추가하였다. 항소심 법원은, 이 사건 조례 조항 및 지방재정법 제32조의8 제7항 모두 청소년 요금 할인에 따른 보조금을 부정 수급한 여객자동차운수사업자에 대한 제재를 목적으로 일정 기간 보조금 지원을 제외하는 것을 그 내용으로 삼고 있는바, 이는 동일한 사실관계에 관한 것이어서 피고가 처분의 근거 법령으로 지방재정법 제32조의8 제7항을 추가한 것은 새로운 처분사유를 추가하거나 변경하는 것이라고 볼 수 없고, 그 추가는 적법하다고 판단하면서 원고의 항소를 기각하였다.

다. 대법원 2019두38465

대법원은 다음과 같은 이유에서 원심판결을 파기환송하였다.

○ 행정처분의 취소를 구하는 항고소송에서는 처분청은 당초 처분의 근거로 삼은 사유와 기본적 사실관계가 동일성이 있다고 인정되는 한도 내에서만 다른 사유를 추가 또는 변경할 수 있고, 이러한 기본적 사실관계의 동일성 유무는 처분사유를 법률적으로 평가하기 이전의 구체적 사실에 착안하여 그 기초가 되는 사회적 관계가 기본적인 점에서 동일한지 여부에 따라 결정된다(대법원 2006. 10. 1. 선고 2005두10446 판결 등 참조).

○ 이 사건 조례 제18조 제4항은 재정지원금을 환수 조치당한 여객자동차운수사업자에 대해서는 환수한 날로부터 3년간 도 보조금 지원 대상(시설개선비, 인센티브)에서 제외한다고 규정하고 있는 반면, 구 지방재정법 제32조의8 제7항은 지방보조금 교부결정이 취소된 자에 대해서는 5년의 범위에서 지방보조금 교부를 제한할 수 있다고 규정하고 있는바, 도 보조금 지원 대상에 관한 제외처분을 그 재량성의 유무 및 범위와 관련하여, 이 사건 조례 제18조 제4항은 기속행위로, 구 지방재정법 제32조의8 제7항은 재량행위로 달리 규정하고 있다.

○ 근거 법령의 추가를 통하여 제재처분인 이 사건 제외처분의 성질이 기속행위에서 재량행위로 변경되는 것으로 볼 수 있고, 그로 인하여 위법사유와 당사자들의 공격방어방법 내용, 법원의 사법심사방식 등이 달라지며, 특히 기속행위에서 재량행위로의 근거 법령의 추가에 따라 종래의 법 위반 사실뿐만 아니라 처분의 적정성을 확보하기 위한 양정사실까지 새로 고려되어야 한다. 따라서 당초 처분사유와 소송 과정에서 피고가 추가한 처분사유는 상호 그 기초가 되는 사회적 사실관계의 동일성이 인정되지 않는다.

○ 기본적 사실관계의 동일성이 인정되지 않는 별개의 사실을 들어 처분사유로 주장하는 것이 허용되지 않는다고 해석하는 이유는 행정처분의 상대방의 방어권을 보장함으로써 실질적 법치주의를 구현하고 행정처분의 상대방에 대한 신뢰를 보호하고자 함에 그 취지가 있다(대법원 2003. 12. 11. 선고 2001두8827 판결, 대법원 2021. 7. 29. 선고 2021두34756 판결 등 참조).

○ 피고의 근거 법령 추가로 인하여 원고로서는 당초 위반행위의 존재 또는 근거 법령의 위헌·위법 여부만 다투면 되었던 것이 처분 당시 예상하지 못하였고 사전에 반론을 제기할 기회조차 갖지 못하였던 피고의 재량권 행사 여부 및 재량판단에 대하여 소송상 공방을 하여야 하는 문제가 발생한다. 더욱이 피고가 이 사건 소송에 이르러 이 사건 제외처분의 근거 법령을 당초의 기속행위에 관한 규정에서 재량행위에 관한 규정으로 변경하거나 재량행위에 관한 규정을 추가하였다는 사정은 피고 스스로 이 사건 제외처분으로 달성하려는 공익과 그로써 원고가 입게 되는 불이익의 내용과 정도 등을 전혀 비교형량하지 않았다는 것을 의미하고, 이러한 재량권 불행사는 그 자체로 재량권 일탈·남용에 해당하여 해당 처분을 취소하여야 할 위법사유가 된다(대법원 2019. 7. 11. 선고 2017두38874 판결 등 참조). 따라서 피고가 제1심의 소송 도중 이 사건 제외처분의 근거 법령으로 제시한 기속행위에 관한 규정인 이 사

건 조례 제18조 제4항 외에 재량행위에 관한 규정인 구 지방재정법 제32조의8 제7항을 추가하는 것은 원고의 방어권을 침해하는 것으로 볼 수 있으므로, 이 점에서도 처분사유의 추가·변경이 허용된다고 보기 어렵다.

라. 서울고등법원 2023누68519

위와 같은 대법원 판결의 취지에 따라 파기환송심 법원은 피고가 처분사유로 추가한 지방재정법 제32조의8 제7항은 이 사건 제외처분의 근거 법령으로 삼을 수 없고, 무효인 이 사건 조례 조항에 근거한 이 사건 보조금 지원 제외처분은 위법하다고 판시하면서 이를 취소하였다.

Ⅰ. 기본적 사실관계의 동일성 법리

1. 들어가며

처분사유의 추가·변경은 행정청이 처분 당시에 제시하지 않았던 처분사유를 사후적으로 제시하는 것을 의미한다.[1] 주로 행정청이 기존의 처분사유만으로는 처분의 적법성을 인정받기 어렵다고 판단하고 행정소송 도중에 새로운 처분사유를 주장하는 경우에 발생한다. 이러한 측면에서 처분사유의 추가·변경은 기본적으로는 처분의 적법성과 관련된 실체법의 문제이기도 하지만 소송물, 법원의 심판 범위 등과 관련된 소송법의 문제이기도 하다. 나아가 방어권 보장과 분쟁의 일회적 해결이라는 행정소송의 서로 다른 이념들 사이의 적절한 균형점을 찾는 문제와도 관련되어 있다.

---

1) 김동희·최계영, 「행정법 I」, 27판, 2023, 456면.

대법원은 지난 40년 동안 이른바 '기본적 사실관계의 동일성' 법리에 따라 처분사유의 추가·변경 문제를 판단하여 왔다. 이러한 기본적 사실관계의 동일성 법리는 형사소송에서 공소장변경의 한계로 기능하고 법원의 심판범위를 확정하는 기본적 사실관계의 동일성 법리에 영향을 받은 것으로 보인다. 행정소송보다 더 국민의 생명, 신체, 재산에 대한 침익적 효과를 일으킬 수 있는 형사소송에서 발전된 법리인 만큼, 행정소송에서도 별다른 비판 없이 수용된 것으로 보이고, 실제로 이를 적용하였을 때 구체적 타당성 있는 결론이 도출된 점에 비추어 보면, 기본적 사실관계의 동일성 법리를 능가하는 다른 법리를 고안하는 것도 현실적으로 어려웠을 것으로 보인다.

그러나 오늘날 행정처분의 내용이 복잡·다기화 되고, 행정분쟁이 양적으로 질적으로 팽창하고 있는 상황에서 '기본적 사실관계의 동일성'이라는 한 가지 법리만으로 모든 사건에서 타당한 결론을 이끌어내기 매우 어려워진 것으로 보인다. 지난 40년간 대법원 판례들이 누적되면서 일부 사안에서 기본적 사실관계의 동일성 법리가 상호 모순·충돌하는 듯한 외관이 형성되었다. 이러한 상황에서 기본적 사실관계의 동일성 법리를 전반적으로 음미해보면서 처분사유의 추가·변경 문제를 재고찰해보고자 한다.

2. 기본적 사실관계의 동일성 법리의 발전 양상

가. 1단계: 석명권 행사의 문제로 접근

행정소송에서 처분사유의 추가·변경 문제는 1950년대부터 논의되었던 것으로 보이는데, 초기에는 법원의 석명권 행사의 문제로 접근하였던 것으로 보인다.

대법원 1957. 10. 4. 선고 4290행상55 판결은 처분사유의 추가·변경과 관련된 최초의 대법원 판결로 소개되고 있다.[2] 피고(경상북도 관재

국장)가 원고와 귀속재산에 대하여 임대차계약을 체결하였으나, 귀속재산처리법상 연고권자(피고보조참가인)의 존재를 이유로 임대차계약을 취소한 사안에서 대법원은 귀속재산을 사실상 점유하고 있는 것만으로는 연고권자에 해당하지 않으므로 피고가 위와 같은 사유로 원고와의 임대차계약을 취소한 것은 위법하지만, 직권심사 결과 원고가 귀속재산을 부정전대한 임차결격자임이 확인되는바, 부정전대 사실이 인정될 경우 피고가 임대차계약을 취소한 처분은 결과적으로 적법하게 되므로, 원심으로서는 석명권을 행사하여 이러한 사실을 밝히고 증거유무를 조사하여 판단하여야 한다고 판시하면서 원심판결을 파기환송하였다.

한편 대법원 1973. 10. 23 선고 73누7 판결에서 대법원은 피고(서울동대문구청장)가 원고가 유기장법 시행령 제4조 제1항에 따라 영업장소를 변경함에 있어 변경허가를 받지 않았다는 이유로 영업허가를 취소한 것에 대하여 위와 같은 사유만으로 유기장법 제4조, 제6조에 따른 영업허가 취소사유에 해당하지 않음이 명백하고 취소처분 사유가 명백한 이상 법원이 석명권을 행사할 필요는 없다고 판시하였다. 기본적 사실관계의 동일성 법리가 적용된 초기 대법원 판결들 중 하나인 대법원 1987. 7. 21. 선고 85누694 판결이 위 판결을 인용하고 있는 점에 비추어 보면 대법원은 기본적 사실관계의 동일성 법리의 연원을 법원의 석명권 행사 문제에서 찾았던 것으로 보인다.

나. 2단계: 기본적 사실관계의 동일성 법리의 등장

기본적 사실관계의 동일성 법리가 최초로 명시된 대법원 판결은 대법원 1983. 10. 25. 선고 83누396 판결이다. 환경업소 허가관계업무 등을 담당한 원고는 학교환경 위생정화위원회의 금지 해제여부 심의를 받은 후 허가하여야 함에도 당구장과 국민학교 경계선까지의 거리가

2) 김문수, 「행정소송에 있어서 처분이유의 추가와 변경」, 특별소송실무연구회, 『특별법연구』, 제3권(1989), 317면.

185미터인 것을 임의로 230미터가 된다고 도면에 표시한 후 위 정화위원의 심의를 면제하고 당구장 허가처분을 하였다는 이유로 감봉처분을 받았다.

그런데 원심의 심리결과 원고가 당구장허가사무를 취급할 당시 위 학교보건법 개정사실을 몰랐기 때문에 심의문제는 고려하지 않고 상사의 결재를 받아 당구장 허가처분을 하였고, 그 후 다른 직원이 위생사무 감사에 대비하여 마치 허가당시 학교보건법 개정내용을 알고 허가한 것처럼 가장하고자 허가신청서류 이면에 지번도를 추가로 첨부하고 그 도면상에 위 학교와 당구장과의 직선거리를 표시한 후 310미터라고 기입하자, 이러한 사실을 알고 상사의 결재를 받음이 없이 도면상의 직선거리 표시 옆에 지근거리 표시를 하고 230미터라고 기입한 사실이 인정되었다.

원심은 당구장 허가처분 당시에는 개정학교보건법에 따른 개정시행령이 공포되기 전이었으므로 당구장은 정화구역내의 금지대상이 아니었으므로 당구장 허가처분은 적법하게 처리된 것으로서 이 자체는 징계대상이 되지 않으나, 이미 결재받아 처리된 서류에 서류나 도면을 다시 추가하려면 정부공문서 규정 제26조 제1항에 의하여 다시 결재권자의 결재를 받아야 함에도 불구하고 원고가 정당한 결재조치없이 허가서류에 첨부된 지적도 위에 지근거리를 표시하고 230미터라고 기재한 행위는 법규를 준수하여 성실히 그 직무를 수행하여야 할 성실의무에 위배하였다 할 것이어서 징계대상이 되므로 피고(부산직할시 서구청장)의 감봉처분이 적법하다고 타당하다고 판단하였다.

그러나 대법원은 공무원에 대한 징계처분은 법정된 징계사유에 근거를 두어야 하고 징계처분을 행할 때에는 그 공무원에게 징계처분의 사유를 기재한 설명서를 교부함으로써 처분의 이유를 명시하도록 법률이 요구하고 있으므로 징계처분 취소소송에 있어서 처분청은 당초의 징계처분사유와 기본적 사실관계의 동일성이 인정되는 한도 내에서만 징

계처분사유를 추가하거나 변경할 수 있고 기본적 사실관계의 동일성이 전혀 없는 별개사실을 징계처분사유로서 주장함은 허용되지 않으며, 법원으로서도 당초의 징계처분사유와 기본적 사실관계의 동일성이 없는 사실을 징계처분사유로 인정할 수 없다고 판시하면서 당구장이 정화구역외인 것처럼 허위표시를 함으로써 정화위원회의 심의를 면제하여 허가처분을 하였다는 당초의 징계처분사유와 정부문서 규정에 위반하여 이미 결재된 서류의 도면에 상사의 결재를 받음이 없이 거리표시를 기입하였다는 비위사실은 기본적 사실관계가 동일하다고 볼 수 없다는 이유로 원심판결을 파기하였다.

종래 대법원은 징계사유의 변경을 폭넓게 인정하였던 것으로 보이고,[3] 징계절차에서 이유제시의무 규정을 훈시규정으로 해석하였던 것으로 보이나,[4] 위 판결을 기점으로 징계처분의 사유로 명시된 것과 기본적 사실관계의 동일성이 인정되는 사유에 한하여만 법원이 판단하여야 한다는 입장으로 전환하게 된 것으로 보인다. 대법원이 형사소송에서 1967년부터 인정되어 온[5] 기본적 사실관계의 동일성 법리를 행정소송에 갑자기 도입한 이유가 무엇인지는 분명하지는 않으나, 아마도 제재처분으로서 징계절차와 형사절차의 유사성을 고려한 것으로 추측된다.

한편 대법원 1987. 7. 21. 선고 85누694 판결을 통해 위와 같은 기본적 사실관계의 동일성 법리가 징계절차뿐만 아니라 행정처분 일반에 적용된다는 점이 확인되었다. 원고의 광업권설정출원에 대하여 피고(광업등록사무소장)는 광구가 도시계획지구 또는 국토이용관리법에 의한 산림보전지구, 경지지구, 자연환경보전지구여서 광물을 채굴하는 것이 공익을 해한다는 이유로 광업법 제29조에 따라 불허가하였는데, 원심은

---

3) 대법원 1969. 7. 29. 선고 68누21 판결.
4) 대법원 1970. 1. 27. 선고 68누10 판결.
5) 대법원 1967. 3. 7. 선고 66도1749 판결.

광업법 규정에 따라 동일 광상에 소외인 등의 명의로 고령토 광업권이 설정되어 있는 경우에는 원고 명의로 중복된 광업권을 설정할 수 없고, 원고가 광업권설정출원 당시 불석을 채굴하고 있는 자로서 우선권이 인정되는 경우에도 해당하지 않는다는 이유로 불허가 처분이 적법하다고 판시하였다.

그러나 대법원은 실질적 법치주의와 행정처분의 상대방인 국민에 대한 신뢰보호라는 견지에서 처분청은 당초의 처분사유와 기본적 사실관계에 있어서 동일성이 인정되는 한도 내에서만 새로운 처분사유를 추가하거나 변경할 수 있고 기본적 사실관계와 동일성이 전혀 없는 별개의 사실을 들어 처분사유로서 주장함은 허용되지 아니하며 법원으로서도 당초 처분사유와 기본적 사실관계의 동일성이 없는 사실은 처분사유로 인정할 수 없다고 판시하면서 원고가 광업권출원당시 불석을 채굴하고 있지 않았고, 소외인 등에 의하여 광업권설정등록이 필하져여 있어 원고에 대하여 새로운 광업권을 설정할 수 없다는 사유는 피고가 변론에서 이를 새로운 불허가 사유로서 주장한 바도 없을 뿐만 아니라, 당초의 처분사유와 그 기본적 사실관계가 동일하다고 볼 수 없다고 판시하였다.

위 대법원 판결은 처분사유의 추가·변경 문제를 실질적 법치주의와 행정처분의 상대방인 국민에 대한 신뢰보호 문제와 결부시키고, 그 기준으로 기본적 사실관계의 동일성 법리를 선언한 판결로 평가받고 있다.[6] 특히 1996. 12. 31. 행정절차법이 제정되기 전까지는 행정청의 처분이유 제시의무가 법정화되어 있지 않았음에도 행정청이 처분 당시 제시한 처분이유에 구속되도록 한 점에서 획기적인 판결로 평가하는 견해도 있다.[7]

---

6) 변동걸, 「취소소송에 있어서 처분사유의 추가 및 변경」, 법원도서관, 『대법원판례해설』 제8호(1987), 5면.

7) 김문수, 전게, 341면.

다. 3단계: 기본적 사실관계의 동일성 법리의 확장 – 근거 법령의 추가·변경

대법원 1987. 12. 8. 선고 87누632 판결을 통해 기본적 사실관계의 동일성 법리는 한 단계 확장되었다. 피고(대전시장)가 자동차면허가 취소되었음을 이유로 원고에 대하여 개인택시 운송사업면허취소처분을 하면서 당초에는 자동차운수사업법 제31조 제1항 제3호를 적용하였다가 소제기에 즈음에 구체적 사실을 변경하지 아니하는 범위 내에서 적용법조를 동법 제31조, 동법시행규칙 제15조로 변경하여 통고한 사안에서 원심은 피고의 위와 같은 조치가 단순한 법령적용의 오류를 정정한 것일 뿐 그에 의하여 취소사유를 달리하는 것은 아니라고 판시하면서 피고가 처분후에 추가로 통고한 근거 법령인 31조 제1항 제1호 또는 제4호에 따라 처분의 적법여부를 판단하였다.

대법원은 행정처분이 적법한지 여부는 특별한 사정이 없는 한 처분당시의 사유를 기준으로 판단하면 되는 것이고 처분청이 처분당시에 적시한 구체적 사실을 변경하지 아니하는 범위 내에서 단지 그 처분의 근거 법령만을 추가·변경하는 것은 새로운 처분사유의 추가라고 볼 수 없으므로 이와 같은 경우에는 처분청이 처분당시에 적시한 구체적 사실에 대하여 처분 후에 추가·변경한 법령을 적용하여 그 처분의 적법여부를 판단하여도 무방하다고 하면서 위와 같은 원심의 판단이 타당하다고 판시하였다.

한편 대법원 1999. 3. 9. 선고 98두18565 판결에서는 기본적 사실관계의 동일성 여부를 판단하는 기준을 제시하였다. 피고(서울특별시 관악구청장)가 지방재정법 제63조에 의하여 준용되는 국가를당사자로하는계약에관한법률 제27조 제1항에 따라 원고의 입찰참가자격을 제한하면서 처분사유로 단지 정당한 이유 없이 계약을 이행하지 않은 사실, 그에 대한 법령상의 근거로 동법 시행령 제76조 제1항 제6호를 명시하였

다가 소송에 이르러 같은 조항 제10호 소정의 '계약의 이행과 관련하여 관계 공무원에게 뇌물을 준 것'을 처분사유로 내세운 사안에서 피고가 당초 처분의 근거로 삼은 위 구체적 사실과, 위 사실은 그 기초가 되는 사회적 사실관계의 기본적인 점에서 다르다는 이유로 피고가 이를 처분사유로 주장할 수 없다고 판시하였는데, 대법원은 기본적 사실관계의 동일성 유무는 처분사유를 법률적으로 평가하기 이전의 구체적인 사실에 착안하여 그 기초가 되는 사회적 사실관계가 기본적인 점에서 동일한지 여부에 따라 결정된다고 하면서 원심의 판단이 타당하다고 판시하였다.

주목할 만한 점은 형사소송에서는 기본적 사실관계가 동일한지 여부는 규범적 요소를 전적으로 배제한 채 순수하게 사회적, 전법률적인 관점에서만 파악할 수는 없고, 자연적, 사회적 사실관계나 피고인의 행위가 동일한 것인가 외에 규범적 요소도 기본적 사실관계 동일성의 실질적 내용의 일부를 이루는 것이라고 보는 것이 상당하다는 법리[8]가 선언되었음에도 행정소송에서는 처분사유를 법률적으로 평가하기 이전의 구체적인 사실에 착안하여 그 기초가 되는 사회적 사실관계가 기본적인 점에서 동일한지 여부에 따라 결정된다는 이와 정반대의 입장을 취하였다는 점이다.[9]

라. 4단계: 기본적 사실관계의 동일성 법리의 변질·혼동

대법원이 형사소송에서의 기본적 사실관계의 동일성 법리와는 정반대의 입장을 취하게 된 정확한 경위는 알 수 없으나, 적어도 위 판결들에 의해 확립된 법리에 의하면 처분사유를 법률적으로 평가하기 이전의 구체적인 사실에 착안하여 그 기초가 되는 사회적 사실관계가 기본

8) 1994. 3. 22. 선고 93도2080 전원합의체 판결.

9) 이상덕, 「항고소송에서 처분사유 추가·변경 제한 법리의 재정립」, 사법발전재단, 『사법』 제60호(2022), 583면.

적인 점에서 동일하다면 적용법조만을 변경하거나 근거 법령 내지 법률적 평가만을 달리 하는 것은 허용된다는 결론에 이르게 된다.

그런데 일부 판결에서 확인되는 대법원의 입장은 위와 같은 법리와 상충하는 것으로 보이는데, 대표적인 예는 바로 대법원 2003. 12. 11. 선고 2001두8827 판결이다. 원고가 '사면실시건의서 및 사면심의에 관한 국무회의 안건자료'의 공개를 청구하자, 피고(법무부장관)가 공공기관의정보공개에관한법률 제7조 제1항 제6호(당해 정보에 포함되어 있는 이름 등에 의하여 특정인을 식별할 수 있는 개인에 관한 정보), 제4호(진행중인 재판에 관련된 정보와 범죄의 예방, 수사, 공소의 제기 및 유지, 형의 집행, 교정, 보안처분에 관한 사항으로서 공개될 경우 그 직무의 수행을 현저히 곤란하게 하거나 형사피고인의 공정한 재판을 받을 권리를 침해한다고 인정할 만한 상당한 이유가 있는 정보)의 정보라는 이유로 공개를 거부하였고, 이후 피고가 변론과정에서 해당 정보가 동법 제7조 제1항 제5호(의사결정과정 또는 내부검토과정에 있는 사항으로서 공개될 경우 업무의 공정한 수행에 현저한 지장을 초래한다고 인정할 만한 상당한 이유가 있는 정보)의 비공개처분사유를 추가하였는데, 원심은 피고가 당초 거부 이유로 동법 제7조 제1항 제4호 및 제6호를 적시한 취지가 해당 정보가 동법 제7조 제1항에서 규정하고 있는 비공개대상정보에 해당함을 전제로 그 예시로 제4호, 제6호만을 기재한 것으로 볼 수도 있고, 제5호의 사유가 처분 당시에 이미 존재한 사실에 기초한 것이며, 제4호의 사유와 내용과 큰 차이가 없는 점 등에 비추어 보면, 피고가 처분사유로 추가한 제5호의 사유는 당초의 처분사유인 제4호 및 제6호의 사유와 기본적 사실관계가 동일하다고 보아도 무방하다는 이유로 이 사건 처분사유의 추가를 허용한 다음 원고의 청구를 기각하였다.

대법원은 동법이 비공개대상정보로 규정하고 있는 각호는 비공개사유의 요건이 되는 사실을 달리하고 있을 뿐 아니라 제4호, 제5호 모두 직무수행이나 업무의 공정한 수행에 지장을 초래하거나 현저히 곤란

하게 한다고 인정할 만한 상당한 이유가 있는 정보를 그 대상으로 규정하고 있으나 지장이 초래되거나 현저히 곤란하게 하는 구체적인 직무나 업무의 내용이 전혀 다르고, 제4호, 제5호, 제6호가 그 각 정보를 비공개대상정보로 한 근거와 입법취지가 다른 점 등을 합목적적으로 고려하여 보면, 피고가 처분사유로 추가한 제5호의 사유와 당초의 처분사유인 제4호 및 제6호의 사유는 기본적 사실관계가 동일하다고 할 수 없고, 제5호의 사유가 당초의 처분 당시에 이미 존재한 사실에 기초한 것이라 하여 달리 볼 것은 아니라고 판시하였다.

그러나 처분청이 당초 문제삼은 처분상대방의 행위(정당한 이유 없이 계약을 이행하지 않은 것)와 질적으로 다른 처분상대방의 또 다른 행위(계약의 이행과 관련하여 관계 공무원에게 뇌물을 준 것)를 문제삼은 대법원 1999. 3. 9. 선고 98두18565 판결의 사안과 달리 이 사건에서는 공개청구된 정보인 '사면실시건의서 및 사면심의에 관한 국무회의 안건자료'는 동일한 상황에서 처분청이 동법 제7조 제1항 각호 중 어느 호를 적용하여 비공개결정을 하였는지, 그리고 이러한 비공개결정이 적법·타당한지 여부만 문제된다고 할 것이다. 처분청이 처분사유로 비공개사유에 관한 동법 제7조 제1항 각호의 규정을 추가·변경한다고 하여 공개청구된 정보의 내용이나 처분상대방이 위와 같은 정보의 공개를 청구하였다는 사실관계 자체가 달라지는 것은 아니다. 비공개사유에 관한 각호 규정을 추가·변경하는 것은 적어도, 종래 기본적 사실관계의 동일성 법리에 의하면 단순히 근거 법령만을 추가·변경하는 것에 불과한 경우에 해당한다고 할 수 있다. '법이 비공개사유로 규정한 근거와 취지'를 고려하는 것이 타당한지 여부는 별론으로 하더라도, '법이 비공개사유로 규정한 근거와 취지'는 사실관계의 문제가 아닌 규범적 평가의 영역인 바, 법 이전에 선재하는 사실관계를 법상의 근거와 취지를 고려하여 동일하지 않다고 평가하는 것은 다소 모순된 면이 있다. 이러한 관점에서 위 판결을 통해 기본적 사실관계의 동일성 법리에 대하여 사실상 판례

변경이 이루어진 것으로 보는 견해도 있다.[10)]

이러한 대법원의 변경된 입장은 대법원 2011. 5. 26. 선고 2010두28106 판결을 통해서도 어느 정도 확인할 수 있다. 피고(서울특별시 종로구청장)가 도로법의 적용을 받는 도로임을 전제로 원고와 선정자들에게 도로법 제94조에 의한 변상금 부과처분을 하였다가 소송이 제기된 후 해당 도로가 도로법의 적용을 받는 도로에 해당하지 않을 경우에 대비하여 해당 도로 중 소유자가 국가인 부분은 구 국유재산법(2009. 1. 30. 법률 제9401호로 전부 개정되기 전의 것, 이하 같다) 제51조와 그 시행령으로, 서울특별시 종로구인 부분은 구 공유재산 및 물품관리법(2010. 2. 4. 법률 제10006호로 개정되기 전의 것, 이하 같다) 제81조와 그 시행령 등으로 처분의 근거 법령을 변경하였는데, 원심은 구 국유재산법령과 구 공유재산 및 물품관리법령에 따른 변상금 부과처분이 적법하다고 판시하였다.

대법원은 처분청이 처분 당시에 적시한 구체적 사실을 변경하지 아니하는 범위 내에서 단지 그 처분의 근거 법령만을 추가·변경하는 것은 새로운 처분사유의 추가라고 볼 수 있으나 처분의 근거 법령을 변경하는 것이 종전 처분과 동일성을 인정할 수 없는 별개의 처분을 하는 것과 다름없는 경우에는 허용될 수 없다고 하면서 도로법과 구 국유재산법령 및 구 공유재산 및 물품관리법령의 해당 규정은 별개의 법령에 규정되어 그 입법 취지가 다르고, 해당 규정내용을 비교하여 보면 변상금의 징수목적, 그 산정의 기준금액, 징수의 재량 유무, 징수절차 등이 서로 다르므로 근거 법령을 변경하는 것은 종전의 도로법 제94조에 변상금 부과처분과 동일성을 인정할 수 없는 별개의 처분을 하는 것과 다름이 없어 허용될 수 없다고 판시하였다.

그러나 위 경우 역시 해당 도로의 현황이나 원고 및 선정자들이 해

---

10) 이상덕, 전게, 600면. 하명호, 전게, 26면.

당 도로를 점유한 사실관계에는 변동이 없고 단지 해당 도로가 도로법상 도로인지, 도로법상 도로가 아닌지(국유재산법 또는 공유재산 및 물품관리법에 따른 행정재산 중 공공용재산인지)에 관한 법적 평가 내지 처분의 근거 법령만 달라진 경우에 해당한다고 할 것이다. 근거 법령이 변경됨에 따라 변상금 산정기준과 재량권 행사 여부가 달라진다는 사정과 처분상대방의 방어권 보장 차원에서 종전 처분과 동일성을 인정할 수 없는 별개의 처분에 해당하는 경우에는 처분사유의 추가·변경을 허용하지 않는 것이 타당한지 여부는 별론으로 하더라도[11], 사실관계와는 무관한 징수목적, 산정의 기준금액, 징수의 재량 유무, 징수절차 등에서의 차이를 이유로 처분의 동일성이 인정되지 않는다는 이유로 처분사유의 추가·변경을 허용하지 않는 것은 논리적으로 일관되지 못한 면이 있다.

3. 기본적 사실관계의 동일성 법리의 비판적 고찰

가. 기본적 사실관계의 동일성 법리의 문제

이상과 같은 대법원 판례의 변천사에 비추어 보면, 현시점에서 기본적 사실관계의 동일성 법리는 기본적 사실관계의 동일성 유무는 '처분사유를 법률적으로 평가하기 이전의 구체적인 사실에 착안하여 그 기초가 되는 사회적 사실관계가 기본적인 점에서 동일한지 여부에 따라 결정된다'는 법리(이하 편의상 '① 법리')를 원칙으로 하면서 '근거 법령을 변경하는 것이 종전 처분과 동일성을 인정할 수 없는 별개의 처분을 하는 것과 다름없는 경우에는 허용될 수 없다'는 법리(이하 편의상 '② 법리')를 가미하여 어느 정도 수정이 가해진 것으로 보이기는 한다. 그러나 대법원이 명시적으로 판례 변경을 선언하지 않은 상황에서 ① 법리,

11) 이상덕, 전게, 607면. 성재열, 「처분사유 추가·변경의 판단기준 – 대법원 2021. 7. 29. 선고 2021두34756 판결, 대법원 2022. 12. 29. 선고 2022도9845 판결 –」, 법조협회, 『법조』 제72권 제1호(2023), 636면.

② 법리를 적용함에 있어 일관되지 않은 판시가 나오고 있는 것으로 보인다.

대법원 2021. 7. 29. 선고 2021두34756 판결을 보면, 피고(하남시장)는 원고들이 가설한 컨테이너가 건축법성 건축물에 해당함에도 동법 제11조에 따른 건축허가를 받지 아니하고 이를 건축하였다는 이유로 원상복구를 명하면서 행정대집행을 통하여 컨테이너를 철거할 것임을 계고하였다. 원고는 계고처분 취소소송을 제기하였고 피고는 가설건축물의 축조신고에 관한 동법 제20조 제3항 위반을 처분사유로 추가하였는데, 원심은 이는 처분의 근거 법령만을 추가하는 것으로서 새로운 처분사유의 추가라고 볼 수 없어 허용된다고 판시하였다.

대법원은 건축법상 건축물·가설건축물의 구별, 건축허가와 축조신고의 절차·요건 등에서의 차이를 고려하여 보면, 당초의 처분사유와 원심에서 피고가 추가한 처분사유는 그 위반행위의 내용이 다르고, 그에 따라 위법 상태를 해소하기 위하여 거쳐야 하는 절차, 건축기준 및 허용가능성이 달라지므로 결국 그 기초인 사회적 사실관계가 동일하다고 볼 수 없다고 판시하였다.

전술한 ② 법리에 대한 비판에서 살펴본 바와 같이 근거 법령의 변경에도 불구하고 원고가 허가 또는 신고절차를 준수하지 않고 컨테이너 구조물을 설치하였다는 사실관계 자체에는 변함이 없고, 단지 컨테이너 구조물의 성질(건축법상 건축물인지, 가설건축물인지)에 관한 법적 평가만 달라질 뿐이라고 할 것이다.[12)]

설령 ② 법리에 의하더라도 근거 법령의 변경으로 종전 처분과 동일성을 인정할 수 없는 별개의 처분을 하는 결과가 발생한 것으로 볼 수 있는지 의문이다. 전술한 대법원 2011. 5. 26. 선고 2010두28106 판

12) 김영원, 「근거 법령의 변경으로 인해 처분의 성질이 기속행위에서 재량행위로 바뀌는 경우 처분사유의 추가·변경이 허용되는지 여부」, 법원도서관, 『대법원판례해설』 제137호(2024), 688면.

결의 사안에서는 근거 법령이 도로법에서 국유재산법 또는 공유재산 관리법으로 변경됨에 따라 변상금 산정기준과 재량권 행사 여부가 달라지는 사정이 존재하였지만[13], 이 사건의 경우에는 동일한 건축법 내에서 건축물에 관한 조항에서 가설건축물에 관한 조항으로 변경되는 것에 불과하고, 계고처분의 근거 법령 역시 건축법 제79조로 동일하다.

반면 대법원 2019. 10. 31. 선고 2017두74320 판결에서는 이와 다른 입장을 취하였다. 피고(동대문구청장)가 '토지가 건축법상 도로에 해당하여 건축을 허용할 수 없다'는 사유로 건축신고수리 거부처분을 하자 원고가 취소소송을 제기하였고, 제1심 법원은 위 토지가 건축법상 도로에 해당하지 않는다는 이유로 원고의 청구를 인용하였는데, 피고가 항소하면서 '위 토지는 인근 주민들의 통행에 제공된 사실상의 도로인바, 원고가 위 토지에 주택을 건축하여 인근 주민들의 통행을 막는 것은 사회공동체와 인근 주민들의 이익에 반하므로 원고의 주택 건축은 허용되어서는 안 되고, 거부처분은 공익에 부합하는 적법한 처분'이라는 주장을 추가하였으나, 항소심 법원은 추가된 처분사유에 관하여는 판단하지 않았다.

대법원은 당초 처분사유와 피고가 추가로 주장한 처분사유는 도로의 법적 성질에 관한 평가를 다소 달리하는 것일 뿐, 토지의 이용현황이 '도로'이므로 거기에 주택을 신축하는 것은 허용될 수 없다는 것이므로, 기본적 사실관계의 동일성이 인정된다고 판시하였다.

그러나 문제된 도로의 성질(건축법상 도로인지, 사실상 도로인지)에 관한 법적 평가만 달리하는 것이라면 대법원 2021. 7. 29. 선고 2021두34576 판결과 결론이 달라져야 하는 이유가 분명하지 않다. 더군다나 처분청이 추가·변경한 처분사유는 '공익상의 필요성'이고 도로가 사실

13) 성재열, 「처분사유 추가·변경의 판단기준 — 대법원 2021. 7. 29. 선고 2021두34756 판결, 대법원 2022. 12. 29. 선고 2022도9845 판결 —」, 법조협회, 『법조』 제72권 제1호(2023), 637면.

상의 도로인 점은 이를 뒷받침하는 간접사실에 불과한 것으로도 볼 수 있는데, 이러한 견해에 의하면 문제된 도로가 건축법상 도로인지, 사실상 도로인지에 관한 판단도 엄밀히 말해 동위의 평가요소라고 보기 어려운 면도 있다.[14]

이처럼 ① 법리와 ② 법리가 맞물리면서 한편으로는 '구체적 사실관계가 동일한 이상' (근거 법령만 변경하는 것은) 처분사유의 추가·변경이 허용된다고 하면서, 다른 한편으로는 (사실관계는 동일함에도) 근거 법령의 변경으로 '동일성을 인정할 수 없는' 별개의 처분을 하는 것과 다름없는 경우에는 처분사유의 추가·변경이 허용되지 않는다고 하는, '동일하지만 동일하지 않다'고 하는 모순·충돌이 발생하였다. 더군다나 근거 법령의 변경으로 '동일성을 인정할 수 없는' 별개의 처분을 하는 것과 다름없는 경우에 해당하는지 여부를 판단함에 있어 일관되지 않은 듯한 판시들이 등장하였다.

개별 사건에서 구체적 타당성 있는 결론이 도출되었는지 여부는 별론으로 하더라도, 처분사유의 추가·변경을 허용할지 여부를 법관으로 하여금 '규범적 요소를 배제한 기본적 사실관계의 동일성'을 기준으로 판단하도록 하면서 이와 동시에 근거 법령의 변경으로 '동일성을 인정할 수 없는 별개의 처분으로 하는 것과 다름없는지'에 관한 판단까지 하도록 하는 것은 하급심에 적지 않은 부담을 준다고 생각한다. 처분사유의 추가·변경과 관련하여 유독 대법원 파기환송 판결이 많다고 느껴지는 것도 이러한 연유 때문인 것으로 보인다.

나. 처분사유의 본질에 관한 고찰

처분사유는 행정청이 처분을 하면서 제시하는 근거 정도로 설명되고 있으나 명확하게 정의된 바는 없다. 기본적 사실관계의 동일성 법리

---

14) 이용우, 「추가·변경된 처분사유로서 기속사유와 재량사유의 구분」, 한국행정판례연구회, 『행정판례연구』 제25권 제2호(2020), 232면.

에 의하면 당초 처분의 근거로 삼은 사유와 기본적 사실관계가 동일하다고 인정되지 않는 별개의 사실을 들어 처분사유로 주장하는 것은 허용되지 않으므로,[15] 처분사유는 기본적으로 사실관계의 문제가 된다.

그러나 처분사유를 과연 사실관계의 문제로만 국한할 수 있을지 의문이다. 문리적으로 해석했을 때 처분사유는 말 그대로 처분의 근거가 되는 사유인데, 처분의 근거는 법률을 떼어 놓고 생각할 수 없기 때문이다.[16]

민사소송이나 형사소송[17]에서 법원은 당사자들이 주장하는 사실관계의 존부를 확정하고, 법률을 적용한다. 그러나 항고소송에서 법원의 역할은 처분에 대한 사법심사 즉, 처분청의 사실 인정 또는 법률 적용이 타당한지를 판단하는 것이라는 점에서 민사소송이나 형사소송에서의 역할과 본질적으로 차이가 있다고 생각한다. 이러한 점에서 법원으로서는 처분청이 어떠한 법령을 적용하였는지 살펴보는 것이 중요하다고 할 것이다.[18]

이는 행정절차법상 이유제시의무와 관련하여 생각해보면 더욱 분명해지는데, 행정절차법 제23조 제1항은 행정청이 처분을 할 때 당사자에게 그 근거와 이유를 제시하여야 한다고 규정하고 있다. 대법원은 행정절차법이 시행되기 이전부터 허가의 취소처분에는 그 근거가 되는 법령과 처분을 받은 자가 어떠한 위반사실에 대하여 당해처분이 있었는지를 알 수 있을 정도의 법령에 해당하는 사실의 적시를 요한다는 입장을 취하였다.[19]

---

15) 대법원 2001. 3. 23. 선고 99두6392 판결.

16) 하명호, 「처분사유의 추가·변경에 관한 판례의 평가와 보완점」, 고려대학교 법학연구원, 『고려법학』 제58호(2010), 29면.

17) 형사소송도 검사의 기소라는 처분에 대해서 판단하는 것이라고 생각할 수 있으나, 기소 자체로 처분 일반에 인정되는 공정력 등이 인정되지 않고, 형사소송은 행정청인 검사에 의해 제기되는 것이라는 점에서 항고소송과 행정소송은 본질적으로 차이가 있다고 생각한다.

18) 이윤정, 「취소송의 소송물에 관한 연구」, 법학전문박사 학위논문(2023), 107면.

물론 처분사유의 추가·변경은 처분의 실체적 적법성에 관한 문제인 반면, 처분이유의 미제시는 처분의 절차적 적법성에 관한 문제라는 점에서 양자는 구별된다고 할 것이다.[20] 그러나 처분사유의 추가·변경에 대한 제한의 출발점이 된 대법원 1983. 10. 25. 선고 83누396 판결도 징계처분의 이유를 명시하도록 법률이 요구하고 있는 점을 근거 중 하나로 제시하고 있는 점을 고려할 때 처분 당시 처분의 근거로 제시된 법령이 변경된 경우에는 처분사유가 변경된 것으로 보는 것이 타당하다고 생각한다.

요컨대 처분사유를 사실관계의 문제로 국한할 이유는 없다고 생각한다. 처분사유는 사실관계뿐만 아니라 처분청이 제시한 근거 법령까지 포함하는 개념이라고 보는 것이 체계정합적인 해석이라고 생각한다. 따라서 사실관계의 변경은 없고 근거 법령만 달라지는 경우에도 일단은 처분사유의 추가·변경으로 취급하는 것이 타당하다고 생각한다.

다만 처분사유의 추가·변경이 있다고 하여 이를 무조건적으로 허용하거나 혹은 배척하여야 하는 것은 아니고, 처분사유의 추가·변경에 해당하는지 여부와 처분사유의 추가·변경을 허용할지는 별개의 문제로서 다뤄져야 한다고 생각한다.

다. 새로운 접근 방식의 검토

대법원은 행정소송에서 처분사유의 추가·변경을 제한하는 근거로 실질적 법치주의와 행정처분의 상대방인 국민에 대한 신뢰보호를 제시하였다. 만일 처분사유의 추가·변경을 무제한적으로 허용한다면, 처분

19) 대법원 1984. 7. 10. 선고 82누551 판결.

20) 대법원도 처분의 근거 및 이유를 구체적 조항 및 내용까지 명시하지 않았더라도 처분이 위법한 것은 아니라고 판시하기도 하였고(대법원 2002. 5. 17. 200두8912 판결), 처분이유의 미제시만을 이유로 처분을 취소하는 경우가 많지는 않은 것으로 보인다. 이상덕, 「항고소송에서 분쟁의 1회적 해결요청과 상소의 이익」, 사법발전재단, 『사법』 제51호(2020), 590면.

청으로서는 추상적이고 정확하지 않은 처분사유에 근거하여 일단 처분을 한 다음, 처분상대방이 이를 다투는 소송을 제기하면서 주장하는 내용을 검토한 후 처분상대방이 예상하지 못한 새로운 처분사유를 소송 중에 추가·변경할 가능성이 높다. 설령 법원이 추가·변경한 처분사유가 위법·부당한 것으로 판단하여 결과적으로 처분이 취소된다 하더라도 처분을 통해 이미 침해된 국민의 권리·이익이 완전하게 회복된다고 하기 어렵다고 할 것이라고 할 것이다. 따라서 처분단계에서부터 구체적인 사유에 근거하여 신중하고 정확한 처분을 하도록 하는 것이 법치주의 원리에 부합하는 것은 이루 말할 필요가 없다고 할 것이다.

그러나 처분사유의 추가·변경을 무조건적으로 제한하는 것이 반드시 능사라고 할 수도 없다. 분쟁의 일회적 해결이나 소송경제 등을 고려할 때 처분사유의 추가·변경을 허용하여 일거에 법원의 판단을 받도록 하는 것이 바람직할 수 있다.[21] 법원이 처분사유의 추가·변경을 허용하지 않고 당초 제시한 처분사유가 위법하다고 판단하여 처분을 취소하더라도, 처분청이 추가·변경을 주장하였으나 받아들여지지 않은 처분사유에 따라 동일한 처분을 하는 경우에는 처분상대방으로서는 항고소송을 다시 제기하여 처분의 위법을 처음부터 다시 다퉈야 하는바, 이는 국민의 권리·이익 보호에 역행할 우려가 있다. 특히 처분청이 동일한 처분을 할 가능성이 높은 경우라면 더더욱 그러하다.

따라서 처분사유의 추가·변경에 해당하는지의 문제와 해당하는 경우 이를 허용할지의 문제는 별개의 관점으로 접근하는 것이 타당하다고 생각한다. 후자는 실질적 법치주의와 국민에 대한 신뢰보호, 일회적 해결과 소송경제, 나아가 기판력의 범위와 관련되어 있는 문제라고 생각하고 사법정책적 고려가 필요하다고 본다.

현재의 기본적 사실관계의 동일성 법리를 대신하여 모든 사안에

21) 정하중, 「이유제시하자의 치유와 처분사유의 추가·변경 — 독일법과의 비교연구」, 대한변호사협회, 『인권과 정의』 제364호(2006), 152면.

통용될 수 있는 정답을 고안하기는 어렵다고 생각한다. 다만 새로운 접근방식으로 다음과 같은 몇 가지를 고려해 볼 수 있다.

먼저 처분청이 추가·변경을 주장한 처분사유에 근거하여 동일한 처분을 할 가능성이 높은 경우에는 처분사유의 추가·변경을 허용하는 것을 고려해 볼 수 있다. 거부처분이 바로 대표적인 예인데, 처분청이 당초 거부처분사유로 제시한 것과 다른 새로운 거부처분사유를 소송 중에 주장한 경우, 처분사유의 추가·변경이 허용되지 않아 당초 거부처분사유에 따른 처분이 위법한 것으로 취소되더라도 처분청이 기판력이 미치지 않는 새로운 거부처분사유를 근거로 동일한 거부처분을 할 가능성이 높다고 할 것이다. 이러한 경우에는 처분사유의 추가·변경을 허용하여 법원이 이에 대하여 일거에 판단하도록 하더라도 방어권 보장에 역행하지 않고, 오히려 처분상대방으로 하여금 동일한 쟁송절차를 반복하지 않도록 한다는 점에서 실질적 법치주의와 국민이 신뢰보호에 부합할 수 있다고 할 수 있다고 생각한다.[22] 그러나 침익적 처분의 경우에는 소송 중에 제시한 새로운 처분사유를 근거로 동일한 침익적 처분을 할 가능성이 높다 하더라도 섣불리 처분사유의 추가·변경을 허용하는 것은 사실상 소송 중에 새로운 침익적 처분을 허용하는 것이 될 수 있다는 점에서 허용하여서는 안 된다고 생각한다.

다음으로 처분상대방이 처분사유의 추가·변경에 동의하여 이를 다투는 경우에는 처분사유의 추가·변경을 허용하는 것을 고려해 볼 수 있다. 만일 추가·변경을 주장하는 처분사유에 대하여 처분상대방이 동의 여부를 밝히지 않는 경우에는 처분상대방으로 하여금 동의 여부를 밝히도록 석명권을 행사하는 것이 바람직하다고 할 것이다.[23]

---

22) 박정훈, 「처분사유의 추가·변경과 행정행위의 전환」, 한국행정판례연구회, 『행정판례연구』, 제7권(2001), 244면. 이상덕, 「항고소송에서 처분사유 추가·변경 제한 법리의 재정립」, 사법발전재단, 『사법』, 제60호(2022), 609면.

23) 이상덕, 전게, 617면.

마지막으로 처분사유의 추가·변경을 허용하는 것이 처분상대방에게 유리한 경우에는 처분사유의 추가·변경을 허용하는 것을 고려해 볼 수 있다. 처분청이 소송 중에 처분의 성격을 재량행위로 변경시키는 처분사유를 추가·변경하면서 처분이 적법하다고 주장하고 있다면 처분당시에는 재량권을 행사하지 않았음을 자인한 것이라고 볼 수 있을 것이다. 이러한 경우에는 처분사유의 추가·변경을 허용하고 재량권의 불행사를 이유로 추가·변경된 사유에 근거한 처분을 위법하다고 판단할 수 있을 것이다.[24] 물론 이러한 경우에도 처분청이 형식적인 재량심사만을 거친 후 실질적으로 동일한 내용의 처분을 할 가능성을 배제할 수 없다. 결국 이 문제는 판결의 실효성 확보와 맞닿아 있는 문제라고 생각한다.

Ⅲ. 대상판결의 검토

1. 기본적 사실관계의 동일성 법리 관련 판시

대상판결에서 대법원은 처분의 취소를 구하는 항고소송에서는 처분청은 당초 처분의 근거로 삼은 사유와 기본적 사실관계가 동일성이 있다고 인정되는 한도 내에서만 다른 사유를 추가 또는 변경할 수 있고, 이러한 기본적 사실관계의 동일성 유무는 처분사유를 법률적으로 평가하기 이전의 구체적 사실에 착안하여 그 기초가 되는 사회적 관계가 기본적인 점에서 동일한지 여부에 따라 결정된다는 ① 법리를 언급한 다음, 근거 법령의 추가를 통하여 제재처분인 이 사건 제외처분의 성질이 기속행위에서 재량행위로 변경되는 것으로 볼 수 있고, 그로 인

24) 이용우, 「추가·변경된 처분사유로서 기속사유와 재량사유의 구분」, 한국행정판례연구회, 『행정판례연구』 제25권 제2호(2020), 243면..

하여 당초 처분사유와 소송 과정에서 추가한 처분사유는 그 기초가 되는 사회적 사실관계의 동일성이 인정되지 않는다고 판시함으로써 사실상 ② 법리도 언급하였다.

① 법리와 ② 법리의 문제점은 전술한 바와 같다. 처분사유가 된 사실관계는 제1심 법원이 판시한 바와 같이 원고가 보조금 지원 대상이 아님에도 이를 신청한 것이라고 할 것이다. '지방보조금 교부결정이 취소된 자'라는 요건사실과 '재정지원금을 환수 조치당한 여객자동차운수사업자'라는 요건사실은 일부 표현상의 차이는 있으나 항소심 법원이 판시한 바와 같이 동일한 내용이라고 할 수 있고, 근거 법령이 변경되더라도 사실관계에는 변동이 없다고 할 것이다.

사실관계의 동일성 유무는 처분사유를 법률적으로 평가하기 이전의 구체적 사실에 착안하여 그 기초가 되는 사회적 관계가 기본적인 점에서 동일한지 여부에 따라 결정된다고 하면서 기속행위에서 재량행위로의 근거 법령 추가에 따라 종래의 법 위반 사실뿐만 아니라 처분의 적정성을 확보하기 위한 양정사실까지 새로 고려되어야 한다는 이유로 추가한 처분사유는 상호 그 기초가 되는 사회적 사실관계의 동일성이 인정되지 않는다는 판시는 그 취지는 이해되지만, 그 자체로 모순·충돌이 존재한다.

사실관계에는 변동이 없고 근거 법령만 변동된 경우에는 처분사유의 추가·변경에 해당하지 않는다는 ① 법리에 대하여 전반적인 재검토가 필요하다고 생각한다. 사실관계에는 변동이 없고 근거 법령만 변동된 경우에도 일단은 처분사유의 추가·변경으로 보고, 다만 이를 허용할지 여부를 별개의 문제로 검토하는 접근방법을 고민해 볼 필요가 있다고 생각한다.

2. 기속행위에서 재량행위로의 변경 관련 판시

대상판결에서 대법원은 재정지원금을 환수 조치당한 여객자동차운수사업자에 대해서는 환수한 날로부터 3년간 도 보조금 지원 대상(시설개선비, 인센티브)에서 제외한다고 규정하는 이 사건 조례 제18조 제4항은 기속행위로, 지방보조금 교부결정이 취소된 자에 대해서는 5년의 범위에서 지방보조금 교부를 제한할 수 있다고 규정하고 있는 재량행위로 판단하면서 이 사건 제외처분의 성질이 기속행위에서 재량행위로 변경됨에 따라 종래의 법 위반 사실뿐만 아니라 처분의 적정성을 확보하기 위한 양정사실까지 새로 고려되어야 한다고 판시하였다.

직접적으로 언급하지는 않았지만, 대상판결에서 대법원은 근거 법령을 변경하는 것이 종전 처분과 동일성을 인정할 수 없는 별개의 처분을 하는 것과 다름없는 경우에는 처분사유의 추가·변경이 허용되지 않는다는 ② 법리에 따라 근거 법령이 변경됨에 따라 처분의 법적성격이 기속행위에서 재량행위로 변경되었다는 이유로 처분사유의 추가·변경을 허용하지 않은 것으로 보인다.

그런데 기속행위와 재량행위의 구분은 당해 행위의 근거가 된 법규의 체재·형식과 그 문언, 당해 행위가 속하는 행정 분야의 주된 목적과 특성, 당해 행위 자체의 개별적 성질과 유형 등을 모두 고려하여 판단하여야 하는바,[25] 이 사건 조례 조항에 따른 처분을 기속행위라고 단정할 수 있는지 생각해 볼 필요가 있다.[26] 보조금 지급은 수익적 처분이고 보조금 환수처분은 보조금 지급과 관련된 처분이라는 점에서 처분청이 여전히 재량권을 갖는 것으로 볼 여지도 있다고 할 것이다. 판시

25) 대법원 2001. 2. 9. 선고 98두17593 판결.

26) 이은상, 「처분 근거 법령 추가·변경의 허용범위 – 기속규정에서 재량규정으로 추가·변경된 사안을 중심으로」, 아주대학교 법학연구소, 『아주법학』 제14권 제2호(2020), 19면

상으로는 재정지원금을 환수 조치당한 여객자동차운수사업자에 대해서는 환수한 날로부터 3년간 도 보조금 지원 대상(시설개선비, 인센티브)에서 '제외한다'고 규정하고 있는 문언만을 근거로 이에 따른 처분을 기속행위로 판단한 것으로 보이는데, 이 사건 조례 조항의 법적 성격에 관하여 세부적인 검토가 이뤄지지 않은 점은 아쉽다고 생각된다.

한편 이 사건 조례 조항에 따른 처분을 기속행위라 하더라도, 이 사건 제외처분의 근거 법령이 기속행위 규정에서 재량행위 규정으로 변경되었다는 이유로 종전 처분과 동일성을 인정할 수 없는 별개의 처분이 이뤄진 것으로 볼 수 있는지 의문이다.

물론 기속행위와 재량행위는 분명 법적 성격을 달리하고, 양자의 사법심사 기준 역시 다르다고 할 것이다. 그러나 이 사건 조례 조항과 지방재정법 제32조의 제7항은 요건사실에서 사실상 차이가 없다. 즉, 결손 보조금 지원 대상이 아님에도 원고가 이를 신청하여 취소 내지 환수 조치를 당한 자라는 요건사실은 이 사건 처분이 기속행위인지 재량행위인지에 따라 달라질 것이 없다고 할 것이다.[27] 요건사실이 동일한 이상 요건사실에 해당하는지 여부를 판단함에 있어 기속행위와 재량행위가 본질적으로 차이가 있을 수는 없다고 할 것이며 차이가 나는 부분은 효과 측면이라고 생각한다. 물론 재량행위의 경우 행정청이 재량권을 행사함에 있어 고려하여야 하는 요소들이 존재하지만, 이는 요건사실에 해당한 이후의 효과의 문제라고 할 수 있다.

더욱이 대법원 2005. 3. 10. 선고 2002두9285 판결에서 대법원은 처분의 근거 법령의 변경으로 처분의 성격이 기속행위에서 재량행위로 변경된 경우에도 처분사유의 추가·변경이 적법한 것으로 판시한 바 있다.

피고(서울특별시장)는 원고의 택시지입제 경영이 구 여객자동차운수

---

27) 이은상, 전게, 17면.

사업법(2000. 12. 30. 법률 제6335호로 개정되기 전의 것) 제76조 제1항 단서 중 제8호의 규정에 의한 명의이용금지를 위반한 때에 해당한다는 자동차운송사업면허취소처분을 하였고, 원고가 취소소송을 제기하여 소송 중에 동조 제1항 단서 제8호의 규정에 대하여 위헌심판제청신청을 하여 그 신청을 받아들인 법원의 위헌심판제청에 대하여 헌법재판소가 위 규정(제36조에서 준용하는 경우 제외)이 과잉금지의 원칙에 위반되어 위헌이라는 결정{99헌가11 · 12(병합)}을 하였고, 그 후 피고가 소송 중에 처분의 근거 법령을 같은 법 제76조 제1항 본문 및 제8호로 변경한 사안에서 대법원은 위와 같은 법률조항의 변경이 적법하다고 한 다음 명의이용금지 위반을 이유로 한 제재적 행정처분이 재량행위에 해당함을 전제로 처분청에 재량권의 범위를 일탈하거나 남용한 위법이 없다고 판시하였다.

그런데 동조 제1항은 건설교통부장관 또는 시·도지사로 하여금 여객자동차운수사업자가 동조 각호에 해당하는 경우 면허·등록·허가 또는 인가를 취소하거나, 6월 이내의 기간을 정하여 사업의 전부 또는 일부의 정지를 명하거나, 노선폐지·감차등을 수반하는 사업계획의 변경을 명할 수 있도록 하였고 다만 단서로 제4호·제6호 및 제8호의 경우에는 면허 또는 등록을 취소하여야 한다고 규정하였는데, 제8호에 대하여 위헌 결정이 내려짐에 따라 피고가 제76조 제1항 본문을 적용한 것이다. 대법원이 제시한 법리에 의하면 처분의 근거 법령이 변경됨에 따라 처분의 성격이 기속행위에서 재량행위로 변경된 것이라고 할 수 있는데, 대법원은 이러한 처분사유의 변경이 적법하다고 보고, 변경된 처분사유에 따른 재량행위의 적법성까지 판단하였다.

이처럼 처분의 근거 법령의 변경에 따라 처분의 성격이 기속행위에서 재량행위로 변경된 경우에 대한 대법원의 입장도 일관되지 않은 면이 있다. 사실관계에는 변동이 없고 근거 법령만 변동된 경우에도 처분사유의 추가·변경으로 인정할지 여부와는 별개로 근거 법령의 변경

에 따라 처분의 법적 성격이 달라진다는 이유로 처분사유의 추가·변경을 허용하지 않는 ② 법리도 재고가 필요하다고 생각한다.

3. 재량권의 불행사 관련 판시

대상판결에서 대법원은 기본적 사실관계의 동일성 법리와는 별개로 근거 법령의 변경으로 인하여 처분상대방으로서는 인하여 원고로서는 당초 위반행위의 존재 또는 근거 법령의 위헌·위법 여부만 다투면 되었던 것이 처분 당시 예상하지 못하였고 사전에 반론을 제기할 기회조차 갖지 못하였던 피고의 재량권 행사 여부 및 재량판단에 대하여 소송상 공방을 하여야 하는 문제가 발생하고, 특히 피고가 이 사건 제외처분으로 달성하려는 공익과 그로써 원고가 입게 되는 불이익의 내용과 정도 등을 전혀 비교형량하지 않았으므로 이러한 점에서도 처분사유의 추가·변경이 허용되지 않는다고 판시하였다.

대상판결에서 대법원이 직접 인용하고 있는 법리, 즉, 처분의 근거 법령이 행정청에 처분의 요건과 효과 판단에 일정한 재량을 부여하였는데도, 행정청이 자신에게 재량권이 없다고 오인한 나머지 처분으로 달성하려는 공익과 그로써 처분상대방이 입게 되는 불이익의 내용과 정도를 전혀 비교형량 하지 않은 채 처분을 하였다면, 이는 재량권 불행사로서 그 자체로 재량권 일탈·남용으로 해당 처분을 취소하여야 할 위법사유가 된다는 법리[28]에 의하면 추가·변경된 사유에 따른 처분은 재량권 불행사로서 그 자체로 재량권 일탈·남용에 해당하여 위법하다고 할 것이다.[29]

따라서 처분사유의 추가·변경을 허용한 다음 새로운 처분사유에

28) 대법원 2019. 7. 11. 선고 2017두38874 판결
29) 이용우, 「추가·변경된 처분사유로서 기속사유와 재량사유의 구분」, 한국행정판례연구회, 『행정판례연구』 제25권 제2호(2020), 239면.

따라 요구되는 재량권을 행사하지 않았음을 이유로 처분을 취소하는 것이 타당할 수 있을 것이다. 이와 같이 판단하지 않고 기존 처분사유에 따른 처분의 적법 여부만을 판단하여 처분을 취소한다면 처분청으로서는 추가·변경을 주장하였으나 받아들이지 않은 처분사유에 따라 또 다시 동일한 처분을 할 가능성이 높을 것인바 처분상대방으로서는 항고소송을 다시 제기하여 처분의 위법을 처음부터 다시 다퉈야 하는 문제가 있다.

그럼에도 불구하고 대법원은 처분사유의 추가·변경이 위법하다는 판단에만 나아가고, 추가·변경을 주장하는 처분사유에 따른 처분이 재량권 불행사로서 재량권 일탈·남용에 해당하여 위법하다고 하거나 최소한 원심으로 하여금 재량권 불행사로서 재량권 일탈·남용에 해당하는지 여부를 검토하도록 판단하는 데까지는 나아가지 않았다.

그 근거로 처분상대방의 신뢰 보호를 제시하고 있으나 납득하기 어려운 면이 있다. 대법원으로서는 법원이 직접 재량권 불행사를 이유로 처분을 취소하기보다는 처분청으로 하여금 재량권을 행사하도록 유도한 것으로 보이기는 하나, 처분상대방의 권리·이익 보호에는 역행할 우려가 있다고 할 것이다.

4. 대법원 2024. 11. 28. 선고 2023두61349 판결의 검토

대상판결 이후에 선고된 대법원 2024. 11. 28. 선고 2023두61349 판결에서 대법원은 사실상 판례 변경으로도 볼 수 있는 입장을 취하였다.

피고(인천광역시 계양구청장)가 원고의 건축물용도변경허가 및 건축허가 신청에 대하여 ① 원고는 건설폐기물 수집·운반업체인데 사업계획서에 의하면 건축물에서 건설폐기물을 분리·선별·파쇄하는 중간처리업을 하겠다는 것이어서 원고의 업무영역이 아니고, ② 인천광역시에

이미 16개의 건설폐기물 중간처리업체가 존재하여 인천광역시에서 발생하는 건설폐기물을 처리하는 것이 충분히 가능하고 더 이상의 건설폐기물 중간처리업체가 필요하지 않다는 이유로 이를 거부하는 처분을 하였다가 소송 중에 건축행정청은 건축법상 허가 여부를 판단할 때 건축법령뿐만 아니라 다른 법령에 근거하여서도 재량권을 행사하여 거부할 수 있음을 전제로, ① 인천 계양구 인근에는 다수의 건설폐기물 중간처리업체가 존재하므로 원고가 수집한 건설폐기물을 중간처리업체로 바로 운반하면 되지 원고의 주장과 같은 건설폐기물 임시보관장소를 설치할 필요성이 인정되지 않고, ② 임시보관장소는 환경오염 부하량을 증가시킬 수 있으므로 건설폐기물법에 근거하여 임시보관장소 승인을 거부할 수 있으므로 건축물을 건설폐기물 임시보관장소로 사용하려는 목적의 건축물용도변경허가 및 건축허가 신청을 거부하는 것은 적법한 재량권의 행사라고 주장하였다.

원심은 피고가 추가로 주장한 처분사유는 처분의 근거 법령을 변경하는 것에 불과하거나 당초 처분사유와 기본적 사실관계가 동일한 사유를 관점만 달리하여 제시하는 것에 불과하므로 허용되는 처분사유의 추가·변경에 해당한다고 판단한 다음, 사건 거부처분에 재량권을 일탈·남용한 위법이 없다고 판단하였다.

그러나 대법원은 행정처분의 적법성과 효력을 다투는 항고소송에서는 처분청이 당초 처분의 근거로 삼은 사유와 기본적 사실관계의 동일성이 인정되지 않는 별개의 사유를 주장하는 것은 원칙적으로 허용되지 않고, 기본적 사실관계의 동일성 유무는 처분사유를 법률적으로 평가하기 이전의 구체적인 사실에 착안하여 그 기초가 되는 사회적 사실관계가 기본적인 점에서 동일한지 여부에 따라 판단하는 것이 원칙이며, 행정청이 처분 당시에 제시한 구체적 사실을 변경하지 않는 범위 내에서 단지 처분의 근거법령만을 추가·변경하거나 당초의 처분사유를 구체적으로 표시하는 것에 불과한 경우에는 새로운 처분사유를 추가하

거나 변경하는 것이라고 볼 수 없으나 사회적 사실관계의 기본적 동일성이 인정되는 경우라고 하더라도 그에 대한 규범적 평가와 처분의 근거 법령의 변경으로, 예를 들어 기속행위가 재량행위로 변경되는 경우와 같이 당초 처분의 내용을 변경할 필요성이 제기되는 경우에는 해당 처분을 취소한 후 처분청으로 하여금 다시 처분절차를 거쳐 새로운 처분을 하도록 하여야 할 것이지 당초 처분의 내용을 그대로 유지한 채 근거 법령만 추가·변경하는 것은 허용될 수 없다고 보아야 한다고 판시하였다. 이 부분은 ① 법리, ② 법리를 총망라하여 설시한 것이라고 할 수 있다.

이어 대법원은 처분청이 기본적 사실관계의 동일성이 인정되지 않는 별개의 사실을 들어 처분사유로 주장하는 것이 허용되지 않는다고 해석하는 이유는 행정처분의 상대방의 방어권을 보장함으로써 실질적 법치주의를 구현하고 행정처분의 상대방에 대한 신뢰를 보호하고자 함에 그 취지가 있음을 고려하면, 처분청이 거부처분에 대한 항고소송에서 기존의 처분사유와 기본적 사실관계가 동일하지 않은 사유를 처분사유로 추가·변경한 것에 대하여 처분상대방이 추가·변경된 처분사유의 실체적 당부에 관하여 해당 소송과정에서 심리·판단하는 것에 명시적으로 동의하는 경우에는 법원으로서는 그 처분사유가 기존의 처분사유와 기본적 사실관계가 동일한지와 무관하게 예외적으로 이를 허용할 수 있으며, 법원이 처분상대방의 명시적 동의에 따라 처분사유의 추가·변경을 허용할 경우, 추가·변경된 거부처분사유가 당초 거부처분사유와 기본적 사실관계의 동일성이 인정되지 않더라도 처분사유 추가·변경 제한 법리에 따라 처분청의 주장을 형식적으로 배척할 것이 아니라 추가·변경된 거부처분사유의 실체적 당부에 관하여 심리·판단하여야 하고, 그 결과 추가·변경된 거부처분사유도 실체적으로 위법하여 처분을 취소하는 판결이 선고·확정되는 경우 추가·변경된 거부처분사유에 관한 법원의 판단에 대해서까지 취소판결의 기속력이 미친다고 보아야 하

며, 이와 달리 처분상대방의 명시적인 동의가 없다면, 법원으로서는 처분사유 추가·변경 제한 법리의 원칙으로 돌아가 처분청의 거부처분사유 추가·변경을 허용하여서 안 된다고 판시하였다.

나아가 대법원은 처분청이 거부처분에 대한 항고소송에서 당초 거부처분사유와 기본적 사실관계의 동일성이 인정되지 않는 다른 거부처분사유를 주장한 것에 대하여 처분상대방이 아무런 의견을 밝히지 않고 있다면 법원은 적절하게 석명권을 행사하여 처분상대방에게 처분사유 추가·변경 제한 법리의 원칙이 그대로 적용될 것을 주장하는지, 아니면 추가·변경된 거부처분사유의 실체적 당부에 관한 법원의 판단을 구하는지에 관하여 의견을 진술할 수 있도록 기회를 주어야 한다고 판시하면서 처분사유의 추가·변경을 인정한 원심판결을 파기하였다.

이처럼 처분사유의 추가·변경을 무조건적으로 배척하지 않고, 법원으로 하여금 석명권 행사를 하도록 한 것은 의미가 있다고 생각한다. 이 사건의 경우 당초 거부처분사유에 따른 처분이 위법한 것으로 취소되더라도 처분청이 기판력이 미치지 않는 새로운 거부처분사유를 근거로 동일한 거부처분을 할 가능성이 있으므로 처분상대방이 법원의 석명권 행사에 응하여 처분사유의 추가·변경에 동의한다면 법원이 추가·변경된 처분사유에 대하여 판단할 수 있다고 보아야 하지 않을까 생각한다. 사실상 판례 변경이 이뤄진 것으로도 볼 여지도 있으나, 기본적 사실관계의 동일성 법리와 관련된 부분 자체에는 변경된 점이 없다.

Ⅳ. 결어

요컨대 기본적 사실관계의 동일성 법리는 석명권 행사라는 이름으로 이루어지는 제한없는 처분사유의 추가·변경을 억제하기 위한 법리로 출발하였던 것으로 보인다. 이후 사실관계의 변경이 없는 경우에도

처분사유의 추가·변경이라는 이유로 법원의 판단대상에서 제외하는 것이 타당하지 않다는 관념에 따라 근거 법령의 변경은 허용하는 포문을 열었다가, 다시 근거 법령의 변경으로 별개의 처분을 하는 것과 다름없는 경우에는 근거 법령의 변경도 허용하지 않는 입장으로 선회한 것으로 보인다.

기본적 사실관계의 동일성 법리가 처분사유의 추가·변경이 문제된 개별 사건들에서 구체적 타당성 있는 결론을 도출해온 것으로 보이기는 한다. 그러나 근거 법령만 변경된 경우에 대한 일관되지 않은 취급은 하급심에 적지 않은 부담을 준다고 생각한다.

처분사유의 추가·변경을 사실관계의 변경만으로 국한하지 않고, 근거 법령의 변경까지 이에 포함되는 것으로 하되, 처분사유의 추가·변경을 허용할지 여부는 별개의 관점에서 접근하는 것이 타당하다고 생각한다. 이러한 관점에서 대법원 2024. 11. 28. 선고 2023두61349 판결에서 대법원이 제시한 입장은 의미가 있다고 할 것이나 명시적으로 판례변경을 선언한 것은 아니라는 점에서 추후 면밀한 검토가 필요하다고 생각한다.

참고문헌

1. 단행본

김동희·최계영, 『행정법 I』, 제27판, 2023.

2. 학위논문

이윤정, 「취소소송의 소송물에 관한 연구」, 법학전문박사 학위논문(2023).

3. 논문

경건, 「정보공개소송에서의 처분사유의 추가·변경」, 서울시립대학교 서울시립대학교 법학연구소, 『서울법학』 제24권 제2호(2016).

김문수, 「행정소송에 있어서 처분이유의 추가와 변경」, 특별소송실무연구회, 『특별법연구』 제3권(1989).

김영원, 「근거 법령의 변경으로 인해 처분의 성질이 기속행위에서 재량행위로 바뀌는 경우 처분사유의 추가·변경이 허용되는지 여부」, 법원도서관, 『대법원판례해설』 제137호(2024).

김태우, 「취소소송에서 처분사유의 추가 변경」, 특별소송실무연구회, 『특별법연구』 제5권(1997).

박만호, 「항고소송의 소송물과 심판의 범위」, 법원도서관, 『사법논집』 제8집(1977).

박정훈, 「처분사유의 추가·변경과 행정행위의 전환」, 한국행정판례연구회, 『행정판례연구』 제7권(2001).

박해식, 「비공개대상정보가의 처분사유의 추가·변경」, 『대법원판례해설』, 법원도서관, 제47호(2003).

배병호, 「취소소송에서의 기본적 사실관계 동일성」, 성균관대학교 법학연구원, 『성균관법학』 제27권 제1호(2015).

변동걸, 「취소소송에 있어서 처분사유의 추가 및 변경」, 법원도서관, 『대법원판례해설』 제8호(1987).

성재열, 「처분사유 추가·변경의 판단기준 – 대법원 2021. 7. 29. 선고 2021두34756 판결, 대법원 2022. 12. 29. 선고 2022도9845 판결 –」, 법조협회, 『법조』 제72권 제1호(2023).

오문기, 「정보공개거부처분과 관련된 처분사유의 추가·변경」, 재판과 판례, 대구판례연구회, 『재판과 판례』 제16편(2008).

이상덕, 「귀화거부처분의 처분사유인 '품행 미단정'과 처분사유의 추가·변경 제한 법리의 관계」, 법원도서관, 『대법원판례해설』 제117호(2019).

이상덕, 「항고소송에서 분쟁의 1회적 해결요청과 상소의 이익」, 사법발전재단, 『사법』 제51호(2020).

이상덕, 「항고소송에서 처분사유 추가·변경 제한 법리의 재정립」, 사법발전재단, 『사법』 제60호(2022).

이용우, 「추가·변경된 처분사유로서 기속사유와 재량사유의 구분」, 한국행정판례연구회, 『행정판례연구』 제25권 제2호(2020).

이윤정, 「처분사유의 추가·변경으로서 근거 법령의 추가·변경」, 행정법이론실무학회, 『행정법연구』 제76호(2025).

이은상, 「처분 근거 법령 추가·변경의 허용범위 – 기속규정에서 재량규정으로 추가·변경된 사안을 중심으로」, 아주대학교 법학연구소, 『아주법학』 제14권 제2호(2020).

정남철, 「정보공개 거부결정과 처분사유의 추가·변경」, 한국행정판례연구회, 『행정판례연구』 제18권 제1호(2013).

정하중, 「이유제시하자의 치유와 처분사유의 추가·변경 – 독일법과의 비교연구」, 대한변호사협회, 『인권과 정의』 제364호(2006).

하명호, 「처분사유의 추가·변경에 관한 판례의 평가와 보완점」, 고려대학교 법학연구원, 『고려법학』 제58호(2010).

국문초록

처분사유의 추가·변경은 행정청이 처분 당시에 제시하지 않았던 처분사유를 사후적으로 제시하는 것을 의미한다. 주로 행정청이 기존의 처분사유만으로는 처분의 적법성을 인정받기 어렵다고 판단하고 행정소송 도중에 새로운 처분사유를 주장하는 경우에 발생한다. 이러한 측면에서 처분사유의 추가·변경은 기본적으로는 처분의 적법성과 관련된 실체법의 문제이기도 하지만 소송물, 법원의 심판 범위 등과 관련된 소송법의 문제이기도 하다. 나아가 방어권 보장과 분쟁의 일회적 해결이라는 행정소송의 서로 다른 이념들 사이의 적절한 균형점을 찾는 문제와도 관련되어 있다.

대법원은 지난 40년 동안 이른바 '기본적 사실관계의 동일성' 법리에 따라 처분사유의 추가·변경 문제를 판단하여 왔다. 이러한 기본적 사실관계의 동일성 법리는 형사소송에서 공소장변경의 한계로 기능하고 법원의 심판범위를 확정하는 기본적 사실관계의 동일성 법리에 영향을 받은 것으로 보인다. 행정소송보다 더 국민의 생명, 신체, 재산에 대한 침익적 효과를 일으킬 수 있는 형사소송에서 발전된 법리인 만큼, 행정소송에서도 별다른 비판 없이 수용된 것으로 보이고, 실제로 이를 적용하였을 때 구체적 타당성 있는 결론이 도출된 점에 비추어 보면, 기본적 사실관계의 동일성 법리를 능가하는 다른 법리를 고안하는 것도 현실적으로 어려웠을 것으로 보인다.

그러나 오늘날 행정처분의 내용이 복잡·다기화 되고, 행정분쟁이 양적으로 질적으로 팽창하고 있는 상황에서 '기본적 사실관계의 동일성'이라는 한 가지 법리만으로 모든 사건에서 타당한 결론을 이끌어내기 매우 어려워진 것으로 보인다. 지난 40년간 대법원 판례들이 누적되면서 일부 사안에서 기본적 사실관계의 동일성 법리가 상호 모순·충돌하는 듯한 외관이 형성되었다. 이러한 상황에서 기본적 사실관계의 동일성 법리를 전반적으로 음미해보면서 처분사유의 추가·변경 문제를 재고찰해 볼 필요가 있다.

기본적 사실관계의 동일성 법리가 처분사유의 추가·변경이 문제된 개별

사건들에서 구체적 타당성 있는 결론을 도출해온 것으로 보이기는 한다. 그러나 근거 법령만 변경된 경우에 대한 일관되지 않은 취급은 하급심에 적지 않은 부담을 준다고 생각한다. 처분사유의 추가·변경을 사실관계의 변경만으로 국한하지 않고, 근거 법령의 변경까지 이에 포함되는 것으로 하되, 처분사유의 추가·변경을 허용할지 여부는 별개의 관점에서 접근하는 것이 타당하다고 생각한다. 이러한 관점에서 대법원 2024. 11. 28. 선고 2023두61349 판결에서 대법원이 제시한 입장은 의미가 있다고 할 것이나 명시적으로 판례 변경을 선언한 것은 아니라는 점에서 추후 면밀한 검토가 필요하다고 생각한다.

주제어: 행정소송, 처분사유, 처분사유의 추가·변경, 기본적 사실관계, 기본적 사실관계의 동일성

Abstract

A Study on the Doctrine of Identity of Fundamental Facts

Jung, Woosuk*

The change of the grounds for an administrative disposition refers to a situation where the administrative agency, after rendering a disposition, later presents a ground that was not originally indicated at the time of the disposition. This mainly occurs when the agency determines that the original ground alone may not be sufficient to justify the legality of the disposition, and therefore asserts a new ground during administrative litigation. In this respect, the issue of changing the grounds for disposition is fundamentally a matter of substantive law related to the legality of the disposition, but it is also an issue of procedural law involving matters such as the subject matter of the litigation and the scope of judicial review. Furthermore, it is also related to the need to strike an appropriate balance between the competing ideals of administrative litigation—namely, the protection of the right to defense and the one-time resolution of dispute.

For the past 40 years, the Korean Supreme Court has addressed the issue of changing the grounds for disposition based on the so-called "identity of fundamental facts" doctrine. This doctrine appears to have been influenced by criminal procedure principles that limit changes to indictments and define the scope of judicial review. Given that this

* Judge, Incheon District Court.

doctrine originated in the more stringent context of criminal litigation—which can have more severe impacts on a citizen's life, body, and property—it seems to have been adopted into administrative litigation without much criticism. In fact, it has often led to substantively reasonable conclusions in individual cases, and from that perspective, it would have been difficult to devise an alternative legal doctrine superior to the identity of fundamental facts.

However, today, the content of administrative dispositions has become increasingly complex and multifaceted, and administrative disputes have grown both in quantity and in complexity. As such, relying on a single doctrine—the identity of fundamental facts—to derive appropriate conclusions in all cases has become increasingly difficult. Over the past 40 years, as the Korean Supreme Court precedents have accumulated, some cases give the appearance of mutual inconsistency or contradiction within this doctrine. Given this situation, there is a need to carefully reassess the identity of fundamental facts doctrine in its entirety and reconsider the issue of changing the grounds for administrative disposition

Although the identity of fundamental facts doctrine has generally led to substantively reasonable conclusions in individual cases where the issue of changing the grounds for administrative disposition was raised, the inconsistency found in cases where only the legal basis of the administrative disposition changed has placed a significant burden on the lower courts. The scope of changing grounds for disposition may not be limited solely to changes in facts but should also include changes in the legal basis. However, whether such change should be permitted must be assessed from a separate perspective. From this standpoint, the position presented by the Korean Supreme Court in its 28 November 2024 Judgement (Case No. 2023Du61349) is meaningful. Nevertheless, since the Court did not explicitly declare a change in precedent, further careful

examination is needed in the future.

Keywords: Administrative Action, Grounds for Administrative Disposition, Change of Grounds for Administrative disposition, Fundamental Facts, Identity of Fundamental Facts

투고일 2025. 6. 12.
심사일 2025. 6. 24.
게재확정일 2025. 6. 29.

損害塡補

행정행위의 철회와 손실보상 – 광업권의 사실상 박탈로 인한 손실보상을 위한 광업권의 취소처분 – (송시강)

행정행위의 철회와 손실보상
– 광업권의 사실상 박탈로 인한 손실보상을 위한 광업권의 취소처분 –

송시강*

대상판결: 대법원 2023. 6. 29. 선고 2022두59592 판결

[사실관계]

원고는 이 사건 광업권의 광업권자로서 이 사건 광산에서 노천채굴 방식으로 고령토를 채굴해 왔다. 소외 국가철도공단은 '동해남부선 울산~포항 복선전철화사업'(이하 '이 사건 사업'이라 한다)을 시행하였고, 이에 따라 이 사건 터널이 이 사건 광산의 직하부 85.21m에서 95m까지의 지점을 관통하고 있다. 이 사건 사업에 따라 건설된 이 사건 터널로 인하여 이 사건 광산에 대한 발파 작업에 의한 채굴이 실질적으로 금지되는데도 발파 없는 노천채굴이 가능하다는 이유에서 소외 국가철도공단은 이 사건 광업권에 대한 손실보상을 거부하고, 「공익사업을 위한 토지 등의 취득 및 보상에 관한 법률」(이하 '토지보상법'이라 한다)에

* 홍익대학교 법과대학 교수

따른 수용재결신청을 하지 않았다. 이에 원고는 – 소외 국가철도공단을 상대로 수용재결신청에 대한 거부의 취소를 구하는 소송을 제기하는 것이 아니라 – 산업통상자원부장관이 「광업법」(이하 '광업법'이라 한다) 제34조 제2항[1])에 따라 이 사건 광업권을 철회하고 그에 따라 손실을 보상할 의무가 있는데도 그 의무를 이행하지 않은 불법행위를 이유로 소외 국가철도공단과 대한민국을 상대로 손해배상을 청구하는 소송을 제기하였으나 그러한 손실보상의무가 인정되지 않는다는 이유에서 그 청구를 기각하는 판결[2])이 선고되고, 이어서 항소[3])와 상고[4])가 모두 기

---

1) 제34조(공익상 이유에 따른 취소처분 등) ①산업통상자원부장관은 광업이 공익을 해친다고 인정할 때에는 광업권의 취소 또는 광구의 감소처분을 하여야 한다.
② **산업통상자원부장관은 국가중요건설사업지 또는 그 인접 지역의 광업권이나 광물의 채굴이 국가중요건설사업에 지장을 준다고 인정할 때에는 광업권의 취소 또는 그 지역에 있는 광구의 감소처분을 할 수 있다.**
③ **국가는** 제1항과 **제2항에 따른 광업권의 취소처분 또는 광구의 감소처분으로 발생한 손실을 해당 광업권자**(취소처분에 따른 광업권의 광구 부분 또는 감소처분에 따른 광구 부분에 조광권이 설정되어 있는 경우에는 그 조광권자를 포함한다)**에게 보상하여야 한다.**
④ 제3항에 따라 보상할 손실의 범위는 제1항과 제2항에 따른 광업권의 취소처분 또는 광구의 감소처분에 따라 통상 발생하는 손실로 한다. 이 경우 통상 발생하는 손실은 다음 각 호의 사항 등을 고려하여 산정한다.
1. 산업통상자원부령으로 정하는 자가 광업권의 취소처분 또는 광구의 감소처분 당시를 기준으로 평가한 광산·광구·시설의 가치
2. 광업권의 취소처분 또는 광구의 감소처분 시까지 해당 광산개발에 투자된 비용
3. 광업권의 취소처분 또는 광구의 감소처분 당시의 탐사, 개발 및 채굴상황
⑤ 산업통상자원부장관은 제1항과 제2항에 따른 광업권의 취소처분 또는 광구의 감소처분에 따라 이익을 받은 자가 있을 경우에는 그 자에게 그 이익을 받은 한도에서 제3항에 따른 보상 금액의 전부나 일부를 부담하게 할 수 있다.
⑥ 제2항에 따른 처분에 관하여는 「행정소송법」 제23조제2항을 적용하지 아니한다.
⑦ 제2항에 따른 국가중요건설사업지 또는 그 인접지역, 제4항에 따른 통상 발생하는 손실의 구체적인 산정기준 및 절차에 관한 사항은 대통령령으로 정한다.

2) 대전지방법원 2017. 6. 14. 선고 2014가합109017 판결.

3) 대전고등법원 2018. 10. 18. 선고 2017나12842 판결.

4) 대법원 2019. 3. 14. 선고 2018다287720 판결.

각되어 그대로 확정되었다. 이후 원고는 피고(산업통상자원부 광업등록사무소장)에 이 사건 광업권의 철회를 신청하였다가 거부되자 그 취소를 구하는 이 사건 소를 제기하였다.

[사건의 경과]

일심법원[5]은 원고의 신청은 조리상 신청권이 있는 자에 의한 신청인데도 피고가 원고에게 신청권이 없는 것을 전제로 반려한 것이 위법하다고 설시하면서 이 사건 거부처분을 취소하였다. 원심법원[6]은 이 사건 사업으로 인하여 발파 작업에 의한 채굴이 실질적으로 금지되는 점은 광업권을 철회하는 요건이 되는 “광물의 채굴이 국가중요건설사업에 지장을 준다고 인정할 때”(광업법 제34조 제2항)에 해당하므로 이 사건 거부처분에 재량권을 일탈하거나 남용한 위법이 있다고 설시하면서 피고의 항소를 기각하였다. 대법원은 피고가 광업법 제34조 제2항에 따라 이 사건 광업권을 철회하기 위해서는 이 사건 사업으로 인하여 광업권이 사실상 소멸하는 결과가 초래되었다는 특별한 사정이 인정되어야 하나, 이 사건 사업으로 이 사건 광산에 대한 발파 작업에 의한 채굴이 실질적으로 금지되더라도 발파 없는 노천채굴은 여전히 가능한 점에서 “광물의 채굴이 국가중요건설사업에 지장을 준다고 인정할 때”에 해당하지 않는다고 설시하면서 원심판결을 파기하고 환송하였다.

[대상판결]

대상판결이 원심판결을 파기하면서 제시한 이유의 핵심은 다음과 같다.

5) 대전고등법원 2022. 9. 15. 선고 2021누13702 판결.
6) 대전지방법원 2021. 11. 18. 선고 2020구합104100 판결.
7) 제44조(채굴의 제한) ① 광업권자는 다음 각 호의 어느 하나의 장소에서는 관할 관

광업권의 취소 또는 광구의 감소 여부에 관한 처분에 재량권의 일탈·남용이 있는지를 심사할 때에는 '국가중요건설사업에 지장'을 주는지 여부가 주요 고려사항이 되고, '광업권 행사 또는 광물의 채굴'은 그러한 주요 고려사항의 원인으로 고려될 뿐이어서, 광업권 등의 행사가 제한·침해되었다는 사정만으로 광업법 제34조 제2항에 따른 피고의 처분이 재량권을 일탈·남용한 것으로 평가할 수는 없다.
광업법 제44조 제1항[7]에 따라 이 사건 터널을 기준으로 지표 지하 50m 이내의 지역에서 채굴이 제한되는데, 이는 이 사건 광업권에 당연히 따르는 최소한의 제한으로 부득이한 것으로서 광업권자가 당연히 수인하여야 하는 것이다. 또한 경주시장의 개발행위(변경)허가에 부가된 조건에 따라 이 사건 터널에 대한 피해를 방지하기 위하여 발파 등 행위가 일부 제한되는데, 이 역시 공공복리를 위하여 부득이한 것으로 인정될 경우, 광업권자가 당연히 수인하여야 하는 것이다. 따라서 이 사건 사업으로 인하여 원고들이 광업법 제44조 제1항 및 경주시장의 개발행위허가에 따른 제한을 받게 되었다고 하더라도, 그로 인하여 사실상 이 사건 광업권의 전부 또는 일부가 소멸하는 결과가 초래되었다는 등의 특별한 사정이 없는 이상, 위와 같은 제한은 이 사건 광업권에 내재되어 있는 한계가 현실화된 것에 불과하므로 이 사건 광업권이 이 사건 사업에 지장을 주는지 여부를 판단할 때 고려할 사항이라고 할 수 없다.
이 사건 광산에서 광물을 채굴할 때 발파 작업 방식을 사용하면 효율성과 수익성이 높아질 가능성이 있다고 보이기는 한다. 그러나 이 사건 광산은 굴삭기만을 이용한 노천채굴 방식으로 채굴이 진행되어 왔을 뿐만 아니라, 향후 발파 작업을 실시하지 않으면 채굴이 물리적으로 또는 경제적으로 불가능하다고 볼만한 사정은 보이지 않는다.
결국 피고가 이 사건 광업권에 기한 광물 채굴이 국가중요건설사업인 이 사건 사업에 지장을 준다고 볼 수 없다는 이유로 이 사건 처분을 한 것은 재량권 범위 내에 있다. 그럼에도 원심은 원고들의 채굴권 행사가 이 사건 사업 시행 이후 광범위하게 제한되므로 국가중요건설사업인 이 사건 사업에 지장을 준다고 봄이 타당하다는 이유로 이 사건 처분이 위법하다고 판단하였는바, 이러한 원심판결에는 재량권 심사에 관한 법리를 오해하여 필요한 심리를 다하지 아니함으로써 판결에 영향을 미친 잘못이 있다.

청의 허가나 소유자 또는 이해관계인의 승낙이 없으면 광물을 채굴할 수 없다.
1. 철도·궤도(軌道)·도로·수도·운하·항만·하천·호(湖)·소지(沼地)·관개(灌漑)시설·배수시설·묘우(廟宇)·교회·사찰의 경내지(境內地)·고적지(古蹟地)·건축물, 그 밖의 영조물의 지표 지하 50미터 이내의 장소
2. 묘지의 지표 지하 30미터 이내의 장소
② 관할 관청, 소유자 또는 이해관계인은 정당한 이유 없이 허가 또는 승낙을 거

[판결평석]

I. 사안의 쟁점

이 사건 터널로 인하여 발파 작업에 의한 채굴이 실질적으로 금지된다는 점에 대해서는 다툼이 없는 것으로 보인다. 광업권은 광구를 대상으로 하는데, 광업법에 따르면 광구는 수평의 면적으로 정해질 뿐이고 수직으로는 사실상 무한이다.[8] 이 사건 터널에도 불구하고 여전히 발파 없는 노천채굴이 가능하다고는 하나, 발파 작업이 불가하다면 그 범위 내에서 광업권의 체적(volume) 중 일부가 소멸한다는 점[9]을 부정할 수 없다. 그러나 이러한 권리의 소멸이 권리의 강제적 이전으로 발생하는 결과가 아닌 점에서, 수용에 해당하는 박탈이 아니라 '사실상 박탈'에 해당한다.[10] 따라서 이 사건 사업으로 인하여 이 사건 광업권 일부가 사실상 박탈에 이른다는 점은 이론의 여지가 없다.

여기서 쟁점이 되는 것은 이 사건 광업권 일부에 대한 사실상 박탈에 대해서 손실보상이 필요한지, 손실보상이 필요하다고 할 때 어떻게

부할 수 없다.

8) 제13조(광구의 단위구역) ①광구의 경계는 직선으로 정하고 지표경계선의 직하(直下)를 한계로 한다.
② 광구는 경도선과 위도선으로 둘러싸인 사각형의 구역(이하 "단위구역"이라 한다)으로 하며, 그 각 모서리 점의 위치는 경도 1분, 위도 1분의 차(差)가 있는 것으로 한다.
③ 산업통상자원부장관은 단위구역의 광업지적(鑛業地籍), 변(邊)의 길이 및 면적을 고시한다.

9) 발파 작업에 의한 채굴이 실질적으로 금지되는 결과 소멸하는 광업권의 체적을 다시 이 사건 터널에 해당하는 부분과 그 나머지 부분으로 구분하는 것이 논리적으로 가능하지만, 양자는 광업권의 소멸이라는 결과적인 측면에서는 차이가 없으므로 이하에서는 따로 구별하지 않기로 한다.

10) 수용은 권리의 박탈이고, 권리의 박탈은 권리의 강제적 이전이며, 그 결과 권리의 상실을 초래한다. 이와 달리, 어떠한 권리의 제한이 권리의 이전을 가져오지 않는데도 마치 권리가 이전되어 상실된 것처럼 권리의 공동(空洞)을 초래하는 것을 의미하는 개념이 바로 사실상 박탈이다.

소송으로 실현할 수 있는지, 광업권을 철회하는 경우 손실보상을 하도록 규정하는 법률로부터 손실보상을 위한 광업권의 철회에 대한 청구권[11]을 도출할 수 있는지이다.

Ⅱ. 판례의 이해

대상판결의 설시는 원심판결과 비교하면 그 의미가 더욱 분명하게 드러난다. 논증에 가장 핵심이 되는 4가지 쟁점, 즉 (1) 개발행위허가의 조건을 통한 발파 작업에 의한 채굴의 금지를 고려해야 하는지, (2) 발파 작업에 의한 채굴의 금지가 광업권의 철회사유가 되는지, (3) 발파 없는 노천채굴이 가능하다는 점을 고려해야 하는지, (4) 재량권을 일탈·남용한 위법이 있는지에 관한 원심판결의 설시와 대상판결의 설시를 대비하면 아래 표와 같다.

판결의 비교

	원심판결	대상판결
(1) 개발행위허가의 조건을 통한 발파 작업에 의한 채굴의 금지를 고려해야 하는지에 관하여	광업법 제34조 제2항에 따라 광업이 국가건설사업에 지장을 주는지 여부를 판단하기 위해서는 국가건설사업을 전후하여 채굴권에 어떠한 제한이 발생하였는지 여부를 비교하여야 한다. 이에 관한 판단을 할 때에는 이 사건 사업 이후의 개발행위허가에 부가된	이 사건 사업으로 인하여 원고들이 광업법 제44조 제1항 및 경주시장의 개발행위허가에 따른 제한을 받게 되었다고 하더라도, 그로 인하여 사실상 이 사건 광업권의 전부 또는 일부가 소멸하는 결과가 초래되었다는 등의 특별한 사정이 없는 이상, 위와 같은 제한은

11) 철회에 대한 청구권이 성립하기 위해서는 먼저 소송이 적법해야 하므로 철회에 대한 신청권이 인정되어야 하고, 나아가 본안에서 행정청의 철회 의무가 인정되어야 하는 바, 이를 위해서는 재량이 영으로 수축되어야 한다. 이처럼 소송요건이 충족될 뿐만 아니라 본안에서 승소할 수 있는 상태를 실체법적인 권리 개념으로 표상한 것이 바로 청구권이다. 단, 재량이 영으로 수축되지 않는 경우 철회에 대한 무하자재량행사청구권이 성립하는 데 그친다.

	원심판결	대상판결
	조건으로 광업권에 가해지는 제한이 포함되어야 한다. 행정청은 광업이 국가건설사업에 지장을 주는 부분을 개발행위허가에 조건을 부가하여 제거할 수 있으므로, 만일 이를 포함하지 않는다면 광업이 국가건설사업에 지장을 주는 경우를 좀처럼 상정할 수 없게 될 것이다.	이 사건 광업권에 내재되어 있는 한계가 현실화된 것에 불과하므로 이 사건 광업권이 이 사건 사업에 지장을 주는지 여부를 판단할 때 고려할 사항이라고 할 수 없다.
(2) 발파 작업에 의한 채굴의 금지가 광업권의 철회 사유가 되는지에 관하여	이 사건 사업 이전에는 허용되었던 채굴행위가 이 사건 사업으로 인하여 허용되지 않게 되었다면 이 사건 광업권에 기한 채굴행위가 국가건설사업에 지장을 주기 때문이라고 추론할 수 있다. 채굴인가가 이루어진 때로부터 이 사건 사업 시행 당시까지 개발행위허가에는 구체적인 발파 규모에 관한 조건은 부가되어 있지 아니하였던 것으로 보인다. 반면 이 사건 사업 시행 이후로는 이 사건 광산과 광맥을 가로지르는 국가건설사업지의 존재인 이 사건 터널의 존재로 인하여 그로부터 약 136m에 해당하는 범위 내에서는 지발당 장약량 7.5kg 이상의 규모로 발파 방식의 채굴행위를 할 수 없게 되었고, 이로 인하여 원고들은 위와 같은 발파 방식으로는 이 사건 광산에 매장된 광맥의 대부분을 이용할 수 없게 되었다. 만약 이 사건 터널이 존재하지 아니하였다면, 원고들로서는 이 사건 광산 중 이 사건 터널 부근에서 지발당 장약량 7.5kg의 규모로 발파 방식의 채굴행위를 하는 것이 충분히 가능하였으리라고 판단된다.	광업권은 광물자원의 국민경제적 중요성 때문에 균형 있는 개발과 이용을 위해 국가로부터 특허가 부여되고, 수행과정에서 소음·분진·진동을 발생시키는 등 인접지역에 물리적인 영향 내지 위해를 미친다는 특성이 있으므로, 내용상 일정한 한계를 가질 수밖에 없다. 경주시장의 개발행위허가에 부가된 조건에 따라 이 사건 터널에 대한 피해를 방지하기 위하여 발파 등 행위가 일부 제한되는데, 이 역시 공공복리를 위하여 부득이한 것으로 인정될 경우, 광업권자가 당연히 수인하여야 하는 것이다.
(3) 발파 없는 노천채굴이 가능하다는 점을 고려해야 하는지에 관하여	이 사건 사업 이후에도 발파 방식 외의 채굴행위가 가능하고 그로 인한 수익이 발생하고 있다거나, 이 사건 사업 이전부터 발파 방식의 채굴이 이루어진 사실이 없다는 점은 광업법 제34조 제3항 각호에서 규정하는 바와	이 사건 광산에서 광물을 채굴할 때 발파 작업 방식을 사용하면 효율성과 수익성이 높아질 가능성이 있다고 보이기는 한다. 그러나 이 사건 광산은 굴삭기만을 이용한 노천채굴 방식으로 채굴이 진행되어 왔을 뿐만 아니라, 향후

	원심판결	대상판결
	같이 구체적인 손실보상금의 액수를 산정할 때에 고려하는 요소에 불과하고, 국가건설사업에 지장을 주는지 여부를 판단하는 기준이 될 수 없다.	발파 작업을 실시하지 않으면 채굴이 물리적으로 또는 경제적으로 불가능하다고 볼만한 사정은 보이지 않는다. 따라서 이 사건 광산에서 광물을 채굴할 때 발파 작업이 필수적으로 요구됨을 전제로 하여 이 사건 광업권에 기한 광물의 채굴이 이 사건 터널의 안전을 위협하는 등으로 이 사건 사업에 지장을 줄 것이라고 단정하기는 어렵다. 이 사건 광산에서의 채굴과 관련하여 원고들이 주장하는 발파 작업 방식 외에 이 사건 사업에 지장을 줄 수 있는 다른 요인이 특별히 확인되지는 않는다.
(4) 재량권을 일탈·남용한 위법이 있는지에 관하여	이 사건 처분은 그 처분사유가 인정되지 아니하므로 재량권을 일탈·남용한 위법이 있어 취소되어야 한다.	피고가 이 사건 광업권에 기한 광물 채굴이 국가중요건설사업인 이 사건 사업에 지장을 준다고 볼 수 없다는 이유로 이 사건 처분을 한 것은 재량권 범위 내에 있다고 볼 수 있다.

Ⅲ. 법리의 검토

1. 재산권의 사실상 박탈과 입법자의 조정의무

소외 국가철도공단은 이 사건 터널을 위한 구분지상권의 수용(더 정확하게는 수용이 아니라 사용이다. 다만, 사용가치의 박탈에 해당하는 '사용'은 교환가치의 박탈에 해당하는 '수용'의 일부에 해당하는 점에서, 편의상 수용이라는 용어로 통일하고자 한다)을 위해서 토지수용위원회에 재결을 신청하면서도 해당 구분지상권과 양립할 수 없는 체적을 가지는 이 사건 광업권에 대해서는 수용재결을 신청하지 않았다. 이에 대한 정상적인 불복절차[12]는 소외 국가철도공단에 수용재결신청을 청구하고 그 거부에 대해

서 항고소송을 제기하는 한편으로, 이후 수용재결에서 토지보상법 제30조 제3항[13]에 따른 가산금을 포함하여 보상금을 산정하는 것이 된다. 그러나 원고는 이러한 방도를 택하지 않고 그 대신에 이 사건 광업권을 철회하고 손실을 보상할 의무가 있는데도 그 의무를 이행하지 않은 불법행위를 이유로 손해배상을 청구하였다가[14] 패소하여 그 판결이 확정

---

12) 토지보상법상 손실보상청구권을 행사하는 방법에는 크게 3가지가 있다. ① 수용재결신청에서 제외되는 경우 그 신청에 대한 청구의 거부를 항고소송으로 다툰다(대법원 2019. 8. 29. 선고 2018두57865 판결). ② 잔여지 수용 청구(토지보상법 제74조)와 같은 실체법상 형성권의 행사에도 불구하고 이를 받아들이지 않는 수용재결에 대해서는 보상금증액청구소송으로 다툰다(대법원 2015. 4. 9. 선고 2014두46669 판결). ③ 주거이전비(토지보상법 시행규칙 제54조)와 같이 법령상 요건을 충족하면 당연히 발생하는 손실보상청구권의 경우 당사자소송을 제기한다. 다만, 주거이전비에 관하여 수용재결이 있다면 주거이전비를 제외하는 수용재결에 대해서는 취소소송을 제기하고, 주거이전비의 금액을 다투는 경우 보상금증액청구소송을 제기한다(대법원 2008. 5. 29. 선고 2007다8129 판결).

13) 제30조(재결 신청의 청구) ① 사업인정고시가 된 후 협의가 성립되지 아니하였을 때에는 토지소유자와 관계인은 대통령령으로 정하는 바에 따라 서면으로 사업시행자에게 재결을 신청할 것을 청구할 수 있다.
② 사업시행자는 제1항에 따른 청구를 받았을 때에는 그 청구를 받은 날부터 60일 이내에 대통령령으로 정하는 바에 따라 관할 토지수용위원회에 재결을 신청하여야 한다. 이 경우 수수료에 관하여는 제28조제2항을 준용한다.
③ 사업시행자가 제2항에 따른 기간을 넘겨서 재결을 신청하였을 때에는 그 지연된 기간에 대하여 「소송촉진 등에 관한 특례법」 제3조에 따른 법정이율을 적용하여 산정한 금액을 관할 토지수용위원회에서 재결한 보상금에 가산(加算)하여 지급하여야 한다.

14) 이는 사업시행자가 손실보상의무를 이행하지 아니한 채 사업을 시행한 결과 발생하는 손해에 대해서 불법행위책임을 인정하는 판례에 착안한 것으로 보인다. 대법원 2004. 5. 14. 선고 2003다32162 판결: 권리를 가진 자에 대하여 손실보상을 할 의무가 있는 사업시행자가 손실보상의무를 이행하지 아니한 채 공유수면매립공사를 시행하였다 하더라도 그로 인한 불법행위는 그 사업착수만으로 바로 성립하지 않고, 그 사업으로 인하여 실질적이고 현실적인 침해가 발생하였을 때에 비로소 성립한다고 할 것이고(대법원 2001. 9. 25. 선고 2000다16893 판결 참조), 구체적으로 그 불법행위 성립일은 공유수면매립권자가 공유수면매립공사에 착수한 때가 아니라 그 공사진척에 따라 그 어업권자들로 하여금 어장을 상실하게 하는 손해가 발생하게 한 때라고 할 것이다(대법원 1999. 9. 17. 선고 98다52858 판결 참조).

되었다. 그런 다음에 이 사건 광업권에 대한 철회를 신청하였다가 그 거부에 대해서 취소를 구하는 - 결코 흔하다고 볼 수 없는 방식으로 - 이 사건 소를 제기하기에 이른 것인데, 이 사건 광업권에 대한 철회를 신청한 이유도 철회에 따른 손실보상을 이유로 하는 것이다. 이러한 원고의 소송전략에 결정적인 계기가 된 것은 손실보상의 법률유보에 해당하는 광업법 제34조 제3항(광업권의 취소처분 또는 광구의 감소처분으로 발생한 손실을 해당 광업권자에게 보상하여야 한다)으로 추측된다.

원고의 독특한 소송전략은 일심판결과 원심판결에서 그대로 받아들여졌을 뿐 아니라 원고 승소라는 결과까지 가져왔고, 원심판결을 파기하는 대상판결은 원고 패소라는 점에서 결과는 다르나 원고 주장의 기반이 되는 논리 자체를 부정하지는 않았다. 대상판결은 이 사건 광업권 일부의 사실상 박탈이 재산권 행사의 사회적 구속(헌법 제23조 제2항)의 범위 내에 있다고 보는 점에서 원심판결과 입장을 달리한다. 여기서 특히 중요하게 고려된 점은 ① 광업권의 행사를 위해서는 개발행위허가를 추가로 받아야 하는데, 개발행위허가가 발급되는 조건으로 이 사건 터널에 불리한 영향을 미치지 않도록 발파 작업에 의한 채굴을 일정한 범위에서 금지하는 것은 결코 재산권의 과도한 제한이 아니라는 것이다. ② 이 사건 사업 이전에 발파 작업에 의한 채굴을 한 적이 있다는 사실이 인정되지 않고, 앞으로도 발파 없는 노천채굴로 광업권을 행사하는 데 아무런 지장이 없다는 점이 아울러 고려되었다. 따라서 재산권의 내용 및 한계 규정(헌법 제23조 제1항 제2문)에 해당하는 광업법 제34조 제2항에 따른 광업권의 철회 및 같은 조 제3항에 따른 손실보상이 적용될 여지가 없다는 것이다.

이상과 같이, 광업권의 철회를 규정하는 광업법 제34조 제2항과 그에 따른 손실보상을 규정하는 같은 조 제3항이 재산권의 내용 및 한계 규정(헌법 제23조 제1항 제2문)이라는 점이 논리적으로 당연한 전제가 되고 있기에, 대상판결에서 핵심이 되는 것은 **입법자의 조정의무가 아니**

라 그에 따른 행정청의 조정의무이다. 그러나 손실보상을 목적으로 하는 광업권에 대한 철회 신청이라는 어쩌면 우회적이라고 볼 수도 있는 권리구제를 과연 인정할 수 있는지에 관한 검토가 추가되어야 한다. 광업법 제34조 제2항에서 정하는 광업권의 철회 및 같은 조 제3항에 따른 손실보상은 어디까지나 '국가중요건설사업'을 위한 것인데, 손실보상을 위해서 광업권에 대한 철회를 신청하는 것은 어디까지나 '광업권'을 위한 것인 점에서 그러하다. 이에 관해서는 후술하기로 하고, 여기서는 광업권의 사실상 박탈에 대한 입법자의 조정의무와 그에 따른 행정청의 조정의무에 초점을 맞추고자 한다.

토지보상법에서 정하는 광업권에 대한 손실보상은 다음과 같은 유형으로 구분할 수 있다. ① 사업시행자가 광업권을 취득하기 위한 수용에 의한 손실보상이다(토지보상법 제76조). ② 사업시행자가 토지를 수용하는 결과 그 토지를 광구로 하는 광업권의 소멸에 따른 손실보상이다(토지보상법 제76조).[15] ③ 사업시행자가 토지보상법 제79조 제1항 단서에 따라서 공익사업의 시행으로 인하여 수용하는 토지 외의 토지를 매수하는 경우 해당 토지를 광구로 하는 광업권의 소멸에 따른 손실보상

15) 이와 관련하여, 대법원 2018. 12. 27. 선고 2014두11601 판결은 갑 주식회사가 한탄강 일대 토지에 수력발전용 댐을 건설하고 한탄강 하천수에 대한 사용허가를 받아 하천수를 이용하여 소수력발전사업을 영위하였는데, 한탄강 홍수조절지댐 건설사업 등의 시행자인 한국수자원공사가 댐 건설에 필요한 위 토지 등을 수용하면서 지장물과 영업손실에 대하여는 보상을 하고 갑 회사의 하천수 사용권에 대하여는 별도로 보상금을 지급하지 않자 갑 회사가 재결을 거쳐 하천수 사용권에 대한 별도의 보상금을 산정하여 지급해 달라는 취지로 보상금증액 소송을 제기한 사안에서, 토지보상법 및 그 시행령, 시행규칙에 '물의 사용에 관한 권리'의 평가에 관한 규정이 없고, 하천법 제50조에 의한 하천수 사용권과 면허어업의 성질상 유사성, 면허어업의 손실액 산정 방법과 환원율 등에 비추어 볼 때, 갑 회사의 하천수 사용권에 대한 '물의 사용에 관한 권리'로서의 정당한 보상금액은 토지보상법 시행규칙 제44조(어업권의 평가 등) 제1항이 준용하는 수산업법 시행령 제69조 [별표 4](어업보상에 대한 손실액의 산출방법·산출기준 등) 중 어업권이 취소되거나 어업면허의 유효기간 연장이 허가되지 않은 경우의 손실보상액 산정 방법과 기준을 유추적용하여 산정하는 것이 타당하다고 설시하였다.

이다(토지보상법 제79조 제7항). ④ 공익사업이 시행되는 지역 밖에 있는 토지를 광구로 하는 광업권이 공익사업의 시행으로 인하여 본래의 기능을 다할 수 없게 되는 경우의 손실보상이다(토지보상법 제79조 제2항의 유추적용). 이 중에서 엄격한 의미에서 박탈, 즉 권리의 강제적 이전을 목적으로 하는 것은 ①뿐이고 나머지는 수용의 기회에 특별한 희생이 발생하지 않도록 조정하기 위한 것이다. 특히 ①, ②와 달리, ③과 ④는 공익사업이 시행되는 지역 밖의 광업권의 소멸에 대한 것이라는 점에서 '간접손실'이라고도 한다. 이처럼 수용의 기회에 이루어지는 손실보상이 수용에 대한 것(이른바 수용적 보상)만 아니라 조정을 위한 것(이른바 조정적 보상)도 포함한다는 점에 대한 이해가 중요하다.[16] 더 나아가, 손실보상이 토지보상법을 넘어서는 법질서 전반의 핵심적인 제도라는 점에 대한 이해도 중요하다. 토지보상법은 수용의 기회에 이루어지는 손실보상에 초점이 맞추어져 있으므로 수용적 보상(Enteignungsentschädigung)을 중심으로 체계가 구성되어 있지만, 일반적으로 보면 어떠한 희생이 특별한 희생에 해당하는 결과 공적 부담 앞의 평등 원칙에 위반되는 결과가 발생하지 않도록 하기 위한 조정적 보상(Ausgleichsentschädigung)이 더 중요한 역할을 한다.[17] 이 사건에서 문제가 되는 광업법 제34조 제2

16) 더 나아가 연대적 목적에 의한 것(이른바 연대적 보상)도 있다. 이주대책이 대표적으로 이에 해당한다. 따라서 토지보상법은 수용의 기회에 요청되는 수용적 보상, 조정적 보상, 연대적 보상에 관하여 규정하는 것이다. 이처럼 손실보상을 수용적 보상, 조정적 보상, 연대적 보상의 3유형으로 구분하는 것은 토지보상법을 넘어 손실보상에 관한 법제 전반을 개관하고 분석하는 데 유용한 도구가 된다는 생각이다.

17) 수용적 보상과 대비가 되는 조정적 보상은 독일의 문헌에서 널리 쓰이는 표현이다. 이에 관해서 송시강, "독일법상 환지의 제도와 그 대장 및 등기(I)", **행정법연구 제74호**, 행정법이론실무학회, 2024, 229쪽 이하. 나아가 연대적 보상 개념도 추가로 고려될 필요가 있다. 예를 들어, 토지보상법상 이주대책이 이에 해당한다. 이러한 연대적 보상의 개념에서 핵심이 되는 것은 국가유공자에 대한 보훈제도이다. 이와 관련하여, 독일에서는 사회적 보상(Soziale Entschädigung)이라는 개념이 사용된다. 사회법전 제1권 총칙편 제5조는 "사회적 보상법의 원리에 따라 특별한 희생에 대한 보상이나 그 밖의 이유에서 그 결과에 대한 책임이 국가에 귀속하는 건강의 침해를

항에 따른 광업권의 철회 및 같은 조 제3항에 따른 손실보상이 대표적으로 이에 해당한다. 이러한 조정적 보상은 정부의 규제로 인한 재산권 제한이 과도한 결과, 다시 말해, 특별한 희생이 되지 않도록 하기 위한 목적이 대부분이지만, 더 나아가 비재산적 법익에 대한 침해의 경우에 활용되기도 한다.

손실보상의 유형화[18)]

		재산적 법익의 침해		비재산적 법익의 침해	
유형	강도	금전적 보상	현물적 보상	금전적 보상	현물적 보상
수용적 보상	강한 보상	수용을 통해 기존의 권리가 원형대로 이전되는바, 권리자에 대한 현금보상이 원칙이다. 다만, 채권보상이 허용되는 경우가 있다.	수용을 통해 기존의 권리가 원형대로 이전되는바, 권리자가 공익사업의 시행으로 조성한 토지를 취득하는 현물보상은 예외적으로 가능하다.[19)]	피징용자에 대한 보상[20)]	
조정적 보상	강한 보상	재산권의 제한으로 재산권의 전부나 일부가 사실상 박탈되는 경우 권리자에 대한 현금	환지와 환권을 통해 기존의 권리가 변형되어 이전되는바, 권리자는 기존의 권리에 대한	예방접종에 따른 피해의 보상[25)]	

당한 자는 건강 및 능력의 유지, 개선 및 회복에 필요한 조치와 적절한 경제적 급여에 대한 권리를 가진다. 피해자의 유족도 사회적 보상의 적절한 급부에 대해서 권리가 있다."라고 규정한다. 독일법상 사회적 보상의 개념은 건강에 대한 침해를 필수적 요소로 하는 점에서, 본고에서 사용하는 연대적 보상의 개념은 이보다 범위가 넓다. Muckel/Ogorek/Rixen, **Sozialrecht**, 5.Auflage, C.H.Beck, 2019, 502쪽 이하. 독일의 사회적 보상 제도의 소개에 관해서는 전광석/박지순/김복기, **사회보장법**, 제6판, 신조사, 2020, 189쪽 이하; 하명호/박정연/황지애, **사회보장행정법**, 박영사, 2025, 16쪽 그리고 24쪽.

18) 송시강, "제9편 공물법", 김철용(편), **특별행정법**, 박영사, 2022, 1444쪽의 표를 수정한 것이다. 수정사항의 핵심은 환지와 환권을 수용과 본질적으로 다르게 취급한 점에 있다. 참고로, 해당 표의 원전(原典)은 송시강, "민간투자와 리스크 그리고 손실보상 - 표준실시협약상 위험분담에 관한 공법적 해명", **홍익법학 제22권 제2호**, 홍익대학교 법학연구소, 2021, 292쪽의 표이다. 여기서 '강한 보상'은 입법자의 재량이 작아지고 '약한 보상'은 입법자의 재량이 커진다는 의미이다. 헌법 제23조가 적용되는 범위(음영으로 처리된 부분)는 수용적 보상과 조정적 보상에 한정된다. 연대적 보상과 비재산적 법익의 침해는 이에 포함되지 않는다. 다만, 유추적용이 가능하다. 그밖에 표의 이해에 유용한 설명은 송시강, 앞의 글(민간투자와 리스크 그리고 손실보상), 290쪽 이하에 서술되어 있으므로 중복하지 않고 생략한다.

		재산적 법익의 침해		비재산적 법익의 침해	
유형	강도	금전적 보상	현물적 보상	금전적 보상	현물적 보상
		에 의한 완전한 보상이 필요하다.[21] 매수청구권의 행사는 실질적으로 현금보상에 해당한다.[22] 환지와 환권에서 제외되거나 부족한 경우 지급되는 청산금은 재산권의 제한으로 인한 재산권의 사실상 박탈에 대한 손실보상이다.[23]	현물보상으로서 변형된 권리를 취득하는 것이 원칙이다.[24] 다만, 환지와 환권에서 제외되거나 부족한 경우 예외적으로 현금보상에 해당하는 청산금이 지급된다.		
	약한 보상	재산권의 제한으로 인한 특별한 희생에 대해서는 그것이 재산권의 사실상 박탈에 이르지 않는다면 손해의 경감에 적절한 방법이면 충분하고 반드시 현금보상일 필요도 없고 완전보상일 필요도 없다. 예를 들어, 영업손실에 대한 보상[26]	대표적으로, 이주대책(연대적 보상에 해당하는 이주대책과 별개),[27] 지역개발계획,[28] 주민편익시설,[29] 주민지원기금.[30] 이 경우에 지급되는 현금은 손해를 직접적으로 보전하기 위한 것이 아닌 점에서 현물에 해당한다.	감염병환자에 대한 생활지원[31]	
연대적 보상	강한 보상	국가유공자에 대한 보훈급여금[32]	헌법은 국가유공자에게 우선적인 근로의 기회를 보장하고 있다. 이에 취업지원,[33] 교육지원[34] 등을 시행한다.	민주유공자에 대한 보상금[35]	국가유공자에 대한 의료지원[36]
	약한 보상	재난지원금,[37] 생활지원금[38]	이주대책(조정적 보상 에 해당하는 이주대책과 별개),[39] 교육지원,[40] 금융지원[41]	의사상자에 대한 보상금[42]	의사상자에 대한 의료지원[43]

19) 토지보상법 제63조(현금보상 등)
20) 구 「징발에 관한 특별조치령」 제14조는 "징발목적물 또는 피징용자에 대하여는 따로 대통령이 정하는 바에 의하여 원상회복 또는 보상을 한다."고 규정한다.
21) 토지보상법 제73조(잔여지의 손실과 공사비 보상)
22) 토지보상법 제74조(잔여지 등의 매수 및 수용 청구)
23) 「도시개발법」 제41조(청산금)
24) 「도시개발법」 제42조(환지처분의 효과)
25) 「감염병의 예방 및 관리에 관한 법률」 제71조(예방접종 등에 따른 피해의 국가보상)
26) 토지보상법 제77조(영업의 손실 등에 대한 보상)
27) 「폐기물처리시설 설치촉진 및 주변지역지원 등에 관한 법률」 제18조(이주대책)
28) 「폐기물처리시설 설치촉진 및 주변지역지원 등에 관한 법률」 제19조(지역개발계획에의 반영)

이러한 조정적 보상은 사실상 박탈에 이르는 재산권의 침해에 대비해서 입법이 이루어지는 경우가 많지만, 그 정도에 이르지 않는 재산권의 제한에 대해서도 입법자는 조정적 보상을 규정할 수 있다. 재산권의 내용 및 한계 규정(헌법 제23조 제1항 제2문)에 관해서는 입법자의 광범위한 재량이 인정되는 점에서 그러하다. 이러한 입법재량은 조정적 보상의 여부만이 아니라 그 방법에 대해서도 미친다. 따라서 조정적 보상에서는 공적 부담 앞의 평등 원칙을 위반하지 않는다면 반드시 현금으로 완전하게 보상할 것이 요청되지 않는다. 그러나 사실상 박탈에 이르는 재산권의 침해에 대한 조정적 보상의 여부와 그 방법에 관해서 입법재량은 영으로 수축이 되는바, 이에 반드시 보상이 필요하고 그 방법 또한 수용적 보상과 마찬가지로 현금에 의한 완전한 보상일 것이 요청된다. 여기서 종래 학설은 사실상 박탈에 이르는 재산권의 침해에 대해 손실보상의 법률상 근거가 없더라도 소송을 통해서 손실보상청구권을 행사할 수 있는지를 두고 논의를 전개해 왔다.[44] 어차피 입법재량이 인

---

29) 「폐기물처리시설 설치촉진 및 주변지역지원 등에 관한 법률」 제20조(주민편익시설의 설치)
30) 「폐기물처리시설 설치촉진 및 주변지역지원 등에 관한 법률」 제21조(주민지원기금의 조성)
31) 「감염병의 예방 및 관리에 관한 법률」 제70조의4(감염병환자등에 대한 생활지원)
32) 「국가유공자 등 예우 및 지원에 관한 법률」 제11조(보훈급여금의 종류)
33) 「국가유공자 등 예우 및 지원에 관한 법률」 제31조(채용시험의 가점 등)
34) 「국가유공자 등 예우 및 지원에 관한 법률」 제23조(취학시킬 의무)
35) 「민주화운동 관련자 명예회복 및 보상 등에 관한 법률」 제7조(보상금)
36) 「국가유공자 등 예우 및 지원에 관한 법률」 제42조(진료)
37) 「재난 및 안전관리 기본법」 제66조(재난지역에대한 국고보조 등의 지원)
38) 「4·16세월호참사 피해구제 및 지원 등을 위한 특별법」 제23조(생활지원금 등)
39) 토지보상법 제78조(이주대책의 수립 등)
40) 「4·16세월호참사 피해구제 및 지원 등을 위한 특별법」 제28조(교육비 지원과 특별전형 등)
41) 「4·16세월호참사 피해구제 및 지원 등을 위한 특별법」 제30조(피해자의 금융거래 관련 협조 요청)
42) 「의사상자 등 예우 및 지원에 관한 법률」 제8조(보상금)
43) 「의사상자 등 예우 및 지원에 관한 법률」 제11조(의료급여)

정되지 않는 경우라면[45] 법원이 곧바로 손실보상의무의 이행을 판결로 명하는 데 문제가 없다고 보는 관점(미국의 규제적 수용에 관한 법리, 직접효력설)이 있고, 이에 대해서 재산권의 사실상 박탈에 해당하는데도 손실보상의 법률상 근거가 없다면 이른바 결부조항(Junktimklausel)에 위반된다는 관점(위헌무효설)이 있다. 그 중간에, 이른바 결부조항에 위반되는 공권력의 행사이므로 국가배상청구권을 행사하여야 할 것이나 국가배상책임의 인정에 필요한 공무원의 고의 또는 과실이 없어서 권리구제의 공백이 생기는 결과를 피하고자 적법한 공권력의 행사에 대해서 손실보상을 한다면 위법한 공권력의 행사에 대해서는 당연히 손실보상을 해야 한다는 물론해석(勿論解釋)을 통해서 또는 공적 부담 앞의 평등 원칙에 근거하여 곧바로 소송을 통해 손실보상을 청구할 수 있다는 관점(독일의 수용유사침해에 관한 법리, 간접효력설)이 있다. 이 사건에서 문제가 되는 광업권에 관하여 입법자가 조정의무를 이행한 결과가 바로 광업법 제34조이다. 공익을 이유로 하는 광업권의 철회라는 규제에 따른 광업

44) 이에 관하여 주의할 것은 손실보상의 법률상 근거 없이 손실보상청구권을 행사할 수 있는지에 관한 논의는 어디까지나 소송절차를 전제하는 것이지 행정절차를 염두에 둔 것이 아니라는 점이다. 일반적인 법률유보의 원칙에 따라 행정청은 법률에 위반되지 않는다면 손실보상을 할 수 있고 손실보상에 관한 법률상 근거가 필요하지 않다. 이전 코로나 사태 당시 모든 국민을 상대로 하는 지원금은 법률에 근거가 없는데도 바로 지급하면서도 소상공인에 대한 지원금은 법률이 따로 제정될 때까지 지급할 수 없다는 일각의 주장이 있었으나 비논리적이다. 우리와 달리 대부분의 선진국에서는 별도의 법률상 근거 없이 자영업자와 중소기업에 대한 지원금을 즉시 지급하였다. 이에 관하여, 송시강, 앞의 글(민간투자와 리스크 그리고 손실보상), 300쪽 이하.

45) 사실상 박탈에 이르지 않더라도 손실보상의 여부와 그 방법에 관하여 입법재량이 없는 재산권의 침해라는 것이 논리적으로 가능하고, 오히려 사실상 박탈은 손실보상에 관한 입법재량이 없는 재산권 침해의 대표적인 사례에 불과하다는 점에 대한 인식이 중요하다. 이 점에서 보면 사실상 박탈 그 자체보다 손실보상에 관한 입법재량이 없다는 점이 더 중요하다. 손실보상의 여부나 그 방법에 관하여 다양한 선택지가 있는 경우라면 '법률상 분쟁'이라는 사법의 본성적 한계에 비추어 보았을 때 곧바로 법관이 판결하는 것 자체가 불가하다. 따라서 이에 관한 모든 논의는 법관이 곧바로 판결할 수 있을 정도로 사건이 성숙할 것을 전제로 한다고 보아야 한다.

손실보상의 체계 비교

	독일	프랑스	미국	우리
사실상 박탈	수용유사침해[46)]	공적 부담 앞의 평등에 의한 무하자 책임[47)]	규제적 수용[48)]	손실보상 관련 법령의 유추적용[49)]
공공시설 임미시온	수용적 침해[50)]	위험에 의한 무하자 책임[51)]	규제적 수용[52)]	국가배상법 제5조[53)]
경찰권 행사	바이에른주 경찰임무법 제10조,[54)] 제87조[55)]	위험에 의한 무하자 책임	규제적 수용	경찰관직무집행법 제11조의2[56)]
직권취소·철회	연방행정절차법 제48조·제49조[57)]	공적 부담 앞의 평등에 의한 무하자 책임	규제적 수용	손실보상을 위한 행정행위의 철회 신청

권의 사실상 박탈(광업권을 강제로 이전하기 위한 것이 아니므로 박탈이 아니라 사실상 박탈이다)에 대한 손실보상을 규정하는 것이다.

문제는 광업권의 사실상 박탈에 해당하는 다양한 양태 중에 광업권의 철회만이 손실보상의 원인으로 명시되어 있다는 점이다. 입법자에 의한 조정의무의 이행이 포괄적이지 않아서 여전히 공백이 있는 것이다. 광업권이 사실상 박탈되는 결과가 발생한다고 곧바로 손실보상이 인정되는 것이 아니라 행정청에 의한 광업권의 철회가 있어야 비로소 손실보상이 인정되는 점에서, 이제 행정청에 의한 조정의무의 이행이 중요해진다. 이 문제는 좀 더 일반화해서 행정행위의 철회와 그에 따른 손실보상에 관한 법리라는 관점에서 조명해 볼 필요가 있다.

---

46) Enteignungsgleicher Eingriff. Wolff/Bachof/Stober/Kluth, **Verwaltungsrecht II**, 8.Auflage, C.H.Beck, 2023, 139쪽 이하.

47) la responsabilité sans faute pour rupture de l'égalité devant les charges publiques. René Chapus, **Droit administratif général, Tome 1**, 15e édition, Montchrestien, 2001, 1363쪽 이하.

48) regulatory taking. Julian Conrad Juergensmeyer/Thomas E. Roberts, **Land Use Planning and Development Regulation Law**, West Group, 2003, 468쪽 이하.

49) 대법원 2014. 5. 29. 선고 2013두12478 판결: 구 수산업법(2007. 1. 3. 법률 제8226호로 개정되기 전의 것, 이하 같다) 제81조의 규정에 의한 손실보상청구권이나 손실보상 관련 법령의 유추적용에 의한 손실보상청구권은 사업시행자를 상대로 한 민사소송의 방법에 의하여 행사하여야 한다(대법원 2001. 6. 29. 선고 99다56468 판결 참조). 그렇지만 구 공익사업을 위한 토지 등의 취득 및 보상에 관한 법률(2008. 2.

29. 법률 제8852호로 개정되기 전의 것, 이하 '구 공익사업법'이라 한다)의 관련 규정에 의하여 취득하는 어업피해에 관한 손실보상청구권은 민사소송의 방법으로 행사할 수는 없고, 구 공익사업법 제34조, 제50조 등에 규정된 재결절차를 거친 다음 그 재결에 대하여 불복이 있는 때에 비로소 구 공익사업법 제83조 내지 제85조에 따라 권리구제를 받아야 하며, 이러한 재결절차를 거치지 않은 채 곧바로 사업시행자를 상대로 손실보상을 청구하는 것은 허용되지 않는다고 봄이 타당하다.

50) Enteignender Eingriff. Wolff/Bachof/Stober/Kluth, 앞의 책, 121쪽 이하.

51) la responsabilité sans faute pour risque. René Chapus, 앞의 책, 1136쪽 이하.

52) 불법행위책임과 경합이 가능하다. 공항의 항공소음으로 인한 규제적 수용의 인정은 상대적으로 쉬운 데 반하여, 도로의 차량소음으로 인한 규제적 수용의 인정은 상대적으로 어렵다. Donald S. Black, "The Highway Cases: Noise as a Taking or Damaging of Property in California", **Santa Clara Law Review Volume 20**, 1980, 425쪽 이하.

53) 이른바 기능상 하자에 관한 대법원 2005. 1. 27. 선고 2003다49566 판결: 국가배상법 제5조 제1항에 정하여진 '영조물의 설치 또는 관리의 하자'라 함은 공공의 목적에 공여된 영조물이 그 용도에 따라 갖추어야 할 안전성을 갖추지 못한 상태에 있음을 말하고, 안전성을 갖추지 못한 상태, 즉 타인에게 위해를 끼칠 위험성이 있는 상태라 함은 당해 영조물을 구성하는 물적 시설 그 자체에 있는 물리적·외형적 흠결이나 불비로 인하여 그 이용자에게 위해를 끼칠 위험성이 있는 경우뿐만 아니라, 그 영조물이 공공의 목적에 이용됨에 있어 그 이용상태 및 정도가 일정한 한도를 초과하여 제3자에게 사회통념상 수인할 것이 기대되는 한도를 넘는 피해를 입히는 경우까지 포함된다고 보아야 한다.

54) 제10조(비책임자에 대한 조치)

(1) 경찰은 다음 각호의 1에 해당하는 경우 제7조 또는 8조에 따른 책임자 이외의 자에 대해서 조치를 할 수 있다.

1. 현재의 중대한 위험을 방지하기 위한 경우
2. 제7조 또는 제8조에 따른 책임자에 대한 조치가 가능하지 않거나 적시에 가능하지 않거나 성공을 기대할 수 없는 경우
3. 경찰이 위험을 스스로 또는 수탁자를 통해서 방지할 수 없거나 적시에 방지할 수 없는 경우
4. 그에게 위해를 가함이 없이 그리고 상위의 의무를 위반함이 없이 요구할 수 있는 경우

(2) 제1항에 따른 조치는 다른 방법으로 위험을 방지할 수 없는 동안에만 유지될 수 있다.

(3) 제7조 제4항이 준용된다.

55) 제87조(손실보상청구권) (1) 제10조에 따른 조치로 인하여 손해가 발생한 때 그 손해가 경찰의 조치로 인해 발생하고 피해자가 타인으로부터 변상을 받을 수 없는 범

위 내에서 피해자에게 손실보상을 하여야 한다.
(2) 제7조 또는 제8조에 따른 책임이 없고 제10조에 따른 조치의 대상이 아닌 자가 경찰의 조치로 사망 또는 상해를 입거나 기타 예상하지 못한 손해를 입은 경우에도 마찬가지로 적용된다. 그 조치가 법원 명령에 근거한 경우에도 손실보상을 지급해야 한다.
(3) 사망의 경우 민법전 제844조 제2항을 준용하여 부양에 대한 권리자에게 손실보상을 지급하여야 한다.
(4) 제1 내지 3항에 따른 손실보상청구권은 그 조치가 피해자의 신체 또는 재산의 보호에도 직접 제공되었다면 성립하지 않는다.
(5) 경찰 조치의 발동에서 비롯하는 손실보상의무가 개별법에서 규율되더라도 이 규정은 적용된다.
(6) 손실보상의 의무를 지우는 조치를 한 경찰의 주체가 손실을 보상할 의무가 있다.
(7) 제1 내지 3항에 따른 손실보상은 재산적 손해에 대해서 제공되는 것이고, 이 경우 손실보상의 의무를 지우는 조치로부터 권리자가 얻는 이익을 고려하여야 한다. 자유박탈의 경우 형사보상에 관한 법률 제7조 제3항에 따라 비재산적 손해에 대해서도 제공된다. 권리자의 책임이 함께 작용하는 경우 고려되어야 한다. 손실보상은 금전으로 지급된다.

56) 제11조의2(손실보상) ① 국가는 경찰관의 적법한 직무집행으로 인하여 다음 각 호의 어느 하나에 해당하는 손실을 입은 자에 대하여 정당한 보상을 하여야 한다.
1. 손실발생의 원인에 대하여 책임이 없는 자가 생명·신체 또는 재산상의 손실을 입은 경우(손실발생의 원인에 대하여 책임이 없는 자가 경찰관의 직무집행에 자발적으로 협조하거나 물건을 제공하여 생명·신체 또는 재산상의 손실을 입은 경우를 포함한다)
2. 손실발생의 원인에 대하여 책임이 있는 자가 자신의 책임에 상응하는 정도를 초과하는 생명·신체 또는 재산상의 손실을 입은 경우

② 제1항에 따른 보상을 청구할 수 있는 권리는 손실이 있음을 안 날부터 3년, 손실이 발생한 날부터 5년간 행사하지 아니하면 시효의 완성으로 소멸한다.
③ 제1항에 따른 손실보상신청 사건을 심의하기 위하여 손실보상심의위원회를 둔다.
④ 경찰청장, 해양경찰청장, 시·도경찰청장 또는 지방해양경찰청장은 제3항의 손실보상심의위원회의 심의·의결에 따라 보상금을 지급하고, 거짓 또는 부정한 방법으로 보상금을 받은 사람에 대하여는 해당 보상금을 환수하여야 한다.
⑤ 보상금이 지급된 경우 손실보상심의위원회는 대통령령으로 정하는 바에 따라 국가경찰위원회 또는 해양경찰위원회에 심사자료와 결과를 보고하여야 한다. 이 경우 국가경찰위원회 또는 해양경찰위원회는 손실보상의 적법성 및 적정성 확인을 위하여 필요한 자료의 제출을 요구할 수 있다.
⑥ 경찰청장, 해양경찰청장, 시·도경찰청장 또는 지방해양경찰청장은 제4항에

2. 행정행위의 철회와 손실보상

행정행위의 철회는 법률에 규정이 없더라도 가능하다는 것이 판례의 입장이다.[58] 따라서 일반법에 행정행위의 철회에 관한 규정을 둔다고 할 때, 그 요건을 명확하게 하여 권한의 남용을 통제하는 것에 의미를 찾을 수도 있겠지만, 그 기회에 손실보상에 관한 규정을 함께 두어서 손실보상의 법률유보 문제를 해결한다는 의미를 또한 찾을 수 있을 것이다. 철회의 요건을 아무리 명확하게 규정하려고 한들 일반법에서 달성할 수 있는 명확성의 수준은 한계가 있을 수밖에 없으므로, 손실보상청구권을 행사하는 소송의 가능성을 일반적으로 부여함으로써 철회가 신중하게 이루어지도록 만드는 것이 권한의 남용을 통제하는 데 더 실효적인 방안이 될 수 있다. 그러나 우리 「행정기본법」은 이 방안을 채택하지 않았는바, 그 결과 행정행위의 철회로 인한 손실보상청구권의 행사는 일차적으로 개별법에 달린 것이 되고, 이차적으로 학설과 판례에 의한 법리의 발전에 맡겨져 있다.

따라 보상금을 반환하여야 할 사람이 대통령령으로 정한 기한까지 그 금액을 납부하지 아니한 때에는 국세강제징수의 예에 따라 징수할 수 있다.

⑦ 제1항에 따른 손실보상의 기준, 보상금액, 지급 절차 및 방법, 제3항에 따른 손실보상심의위원회의 구성 및 운영, 제4항 및 제6항에 따른 환수절차, 그 밖에 손실보상에 관하여 필요한 사항은 대통령령으로 정한다.

57) 수용유사침해, 수용적 침해로 인한 손실보상청구권과 경합이 가능하다.

58) 대법원 1995. 6. 9. 선고 95누1194 판결: 행정행위를 한 처분청은 비록 그 처분 당시에 별다른 하자가 없었고, 또 그 처분 후에 이를 취소할 별도의 법적 근거가 없다 하더라도 원래의 처분을 존속시킬 필요가 없게 된 사정변경이 생겼거나 또는 중대한 공익상의 필요가 발생한 경우에는 그 효력을 상실케 하는 별개의 행정행위로 이를 취소할 수 있다.

행정행위의 철회에 관한 규정의 비교

행정기본법	광업법	독일연방행정절차법
제19조(적법한 처분의 철회) ① 행정청은 적법한 처분이 다음 각 호의 어느 하나에 해당하는 경우에는 그 처분의 전부 또는 일부를 장래를 향하여 철회할 수 있다. 1. 법률에서 정한 철회 사유에 해당하게 된 경우 2. 법령등의 변경이나 사정변경으로 처분을 더 이상 존속시킬 필요가 없게 된 경우 3. 중대한 공익을 위하여 필요한 경우 ② 행정청은 제1항에 따라 처분을 철회하려는 경우에는 철회로 인하여 당사자가 입게 될 불이익을 철회로 달성되는 공익과 비교·형량하여야 한다.	제34조(공익상 이유에 따른 취소처분 등) ①산업통상자원부장관은 광업이 공익을 해친다고 인정할 때에는 광업권의 취소 또는 광구의 감소처분을 하여야 한다. ②산업통상자원부장관은 국가중요건설사업지 또는 그 인접 지역의 광업권이나 광물의 채굴이 국가중요건설사업에 지장을 준다고 인정할 때에는 광업권의 취소 또는 그 지역에 있는 광구의 감소처분을 할 수 있다.	제49조(적법한 행정행위의 철회) (1) 수익적이지 않은 적법한 행정행위는 사후에 불가쟁력이 발생한 경우라고 하더라도 장래를 향하여 그 전부나 일부를 철회할 수 있으나, 똑같은 내용으로 행정행위를 새로 할 수밖에 없는 경우나 다른 이유에서 철회가 불가한 경우에는 그러하지 아니하다. (2) 수익적인 적법한 행정행위는 사후에 불가쟁력이 발생한 경우라고 하더라도 다음 각 호의 1에 해당하는 경우에 한하여 장래를 향하여 그 전부나 일부를 철회할 수 있다. 이 경우 제48조 제4항[59]을 준용한다. 1. 철회가 법령에 규정되어 있거나 행정행위에 유보되어 있는 경우 2. 수익자가 행정행위의 부담을 이행하지 않거나 그 정해진 기간 내 이행하지 않은 경우 3. 행정청이 행정행위의 발급을 거부할 수 있었을 사유가 사후에 발생하고, 만약 철회하지 않는다면 공익에 위해가 발생하는 경우 4. 행정청이 행정행위의 발급을 거부할 수 있었을 내용으로 법령의 규정이 변경되고, 수익자가 그 수익을 전혀 소비하지 않거나 행정행위에 기한 급부를 전혀 수령하지 않았고, 만약 철회하지 않는다면 공익에 위해가 발생하는 경우 5. 공공복리의 심각한 손상을 방지하거나 제거하기 위한 경우 (3) 일정한 목적을 달성하기 위하여 일회적이거나 계속적인 금전의 급부 또는 분할적인 현물의 급부를 제공하거나 그 전제가 되는 적법한 행정행위는 사후에 불가쟁력이 발생한 경우라고 하더라도 다음 각 호의 1에 해당하는 경우 소급해서라도 그 전부 또는 일부를 철회할 수 있다. 이 경우 제48조 제4항을 준용한다. 1. 급부가 소비되지 않은 경우, 공급을 받은 즉시부터 또는 이제 더는 행정행위에서 정해진 목적을 위해 소비되지 않는 경우 2. 수익자가 행정행위의 부담을 이행하지 않거나 그 정해진 기간 내 이행하지 않은 경우 (4) 행정청이 그 시점을 달리 정하지 않는 한, 철회되는 행정행위는 철회의 효력이 발생

행정기본법	광업법	독일연방행정절차법
		함으로써 효력을 상실한다. (5) 행정행위의 불가쟁력이 발생한 이후의 철회는 제3조에 따른 관할 행정청이 결정하는 바, 이는 철회되는 행정행위가 다른 행정청에 의하여 발급된 경우에도 마찬가지이다.
	③국가는 제1항과 제2항에 따른 광업권의 취소처분 또는 광구의 감소처분으로 발생한 손실을 해당 광업권자(취소처분에 따른 광업권의 광구 부분 또는 감소처분에 따른 광구 부분에 조광권이 설정되어 있는 경우에는 그 조광권자를 포함한다)에게 보상하여야 한다. ④ 제3항에 따라 보상할 손실의 범위는 제1항과 제2항에 따른 광업권의 취소처분 또는 광구의 감소처분에 따라 통상 발생하는 손실로 한다. 이 경우 통상 발생하는 손실은 다음 각 호의 사항 등을 고려하여 산정한다. 1. 산업통상자원부령으로 정하는 자가 광업권의 취소처분 또는 광구의 감소처분 당시를 기준으로 평가한 광산 · 광구 · 시설의 가치 2. 광업권의 취소처분 또는 광구의 감소처분 시까지 해당 광산개발에 투자된 비용 3. 광업권의 취소처분 또는 광구의 감소처분 당시의 탐사, 개발 및 채굴상황 ⑤산업통상자원부장관은 제1항과 제2항에 따른 광업권의 취소처분 또는 광구의 감소처분에 따라 이익을 받은 자가 있을 경우에는 그 자에게 그 이익을 받은 한도에서 제3항에 따른 보상 금액의 전부나 일부를 부담하게 할 수 있다. ⑥제2항에 따른 처분에 관하여는 「행정소송법」 제23조제2항[60]을 적용하지 아니한다. ⑦제2항에 따른 국가중요건설사업지 또는 그 인접지역, 제4항에 따른 통상 발생하는 손실의 구체적인 산정기준 및 절차에 관한 사항은 대통령령으로 정한다.	(6) 위 제2항 제3 내지 5호에 따라 수익적 행정행위가 철회되는 경우 행정청은 피해자의 신청에 따라 그가 행정행위의 존속을 정당하게 신뢰함으로써 입은 재산상 손실을 보상하여야 한다. 제48조 제3항 제3 내지 5문[61]을 준용한다. 그 보상에 관한 다툼은 통상법원이 관할한다.

59) 제48조(위법한 행정행위의 취소) (4) 행정청은 위법한 행정행위의 취소를 정당화하는 사실을 알게 되는 경우 그때로부터 1년 이내에 취소할 수 있다. 위 제2항 제3문 제1호에 해당하는 때(기망, 강박, 뇌물에 의한 행정행위)에는 그러하지 아니하다.

60) 제23조(집행정지) ②취소소송이 제기된 경우에 처분등이나 그 집행 또는 절차의 속

행정행위의 철회로 인한 손실보상은 행정행위의 존속에 대한 정당한 신뢰로 입은 손실을 조정하기 위한 것이다.[62] 수용적 보상은 아니지만 재산권의 사실상 박탈에 해당하는 점에서 수용적 보상에 준하여 현금에 의한 완전한 보상이 요청된다. 이 점에서 보면, 광업법 제34조 제7항의 위임을 받은 같은 법 시행령 제30조가 토지보상법 제76조 제2항의 위임을 받은 같은 법 시행규칙 제43조 제1항에서 지시되고 있는 것(Verweisung)[63]은 결코 우연이 아니다.

여기서 광업권이 철회되는 경우 광업법 제34조의 규정이 없더라도 그와 마찬가지로 손실보상청구권을 행사할 수 있는지에 관한 법리적인 검토는 다음과 같다. (1) 재산권의 내용 및 한계 규정(헌법 제23조 제1항 제2문)과 재산권의 수용 및 그 손실보상에 관한 규정(헌법 제23조 제3항)을 전혀 별개로 취급하는 이른바 분리이론(Trennungstheorie)은 일차적 권리구제의 우선성을 논리적으로 전제하는 결부조항의 법리에 친화적인바, 양자가 결합하는 경우 입법자에 의한 조정의무의 이행이 없는 상태에서 곧바로 소송으로 손실보상을 청구할 수 없다(독일 연방헌법재판소와 우리 헌법재판소의 판례).[64] 다만, 결부조항의 법리가 이른바 분리이론

행으로 인하여 생길 회복하기 어려운 손해를 예방하기 위하여 긴급한 필요가 있다고 인정할 때에는 본안이 계속되고 있는 법원은 당사자의 신청 또는 직권에 의하여 처분등의 효력이나 그 집행 또는 절차의 속행의 전부 또는 일부의 정지(이하 "執行停止"라 한다)를 결정할 수 있다. 다만, 처분의 효력정지는 처분등의 집행 또는 절차의 속행을 정지함으로써 목적을 달성할 수 있는 경우에는 허용되지 아니한다.

61) 제48조(위법한 행정행위의 취소) (3) 재산상 손실은 피해자가 행정행위의 존속에서 얻는 이익의 금액을 초과해서 변상될 수 없다. 조정이 되어야 하는 재산상 손실은 행정청이 결정한다. 청구권은 1년 이내 행사할 수 있고, 그 기간은 행정청이 이를 피해자에게 제시한 때부터 개시한다.

62) Ferdinand O. Kopp/Ulrich Ramsauer, **Verwaltungsverfahrensgesetz Kommentar**, 9.Auflage, Verlag C.H.Beck, 2005, 934쪽 이하 그리고 986쪽 이하.

63) 제43조(광업권의 평가) ① 광업권에 대한 손실의 평가는 「광업법 시행령」 제30조에 따른다.

64) 결과적으로는 위헌무효설이지만 종래의 위헌무효설은 이른바 경계이론을 논리적인 바탕으로 삼는 점에서 차이가 있다. 우리 대법원은 이른바 분리이론을 천명하는 헌

의 논리적인 필연이 아니라고 본다면, 손실보상에 관한 법률의 규정이 없더라도 곧바로 소송으로 손실보상을 청구할 수 있다는 결론에 이를 수 있다.[65] (2) 재산권의 내용 및 한계 규정(헌법 제23조 제2문)과 재산권의 수용 및 그 손실보상에 관한 규정(헌법 제23조 제3항)을 연결하는 이른바 경계이론(Schwellentheorie)은 일차적 권리구제의 우선성을 굳이 요구하지 않지만 이를 요구한다고 해서 논리적으로 모순이라고 할 수도 없는바, 이에 따르면 손실보상에 관한 법률의 규정이 없더라도 곧바로 소송으로 손실보상을 청구할 수 있다는 결론에 이를 수도 있고(미국의 규제적 수용에 관한 법리, 직접효력설), 여전히 법률의 규정이 없다면 곧바로 소송으로 손실보상을 청구할 수 없다는 결론에 이를 수도 있다(위헌무효설).[66] 그리고 독일에서는 수용유사침해(Enteignungsgleicher Eingriff)에 관한 법리가 연방헌법재판소의 자갈채취결정(Nassauskiesungsbeschluss)을 통해서 이른바 광의의 수용(Enteignung im weiteren Sinn) 개념이 포기되는 결과 물론해석이 그 기초를 상실하여 원칙적으로 폐기될 수밖에 없지만, 우리 헌법 제23조 제3항은 독일과 달리 '재산권의 제한'을 포함하

법재판소의 결정이 있기 전부터 법률에 근거가 없는 손실보상을 인정하지 않는 대신에 법률해석을 통해 유추적용이 가능하다면 손실보상을 확대해 왔는바, 이러한 태도는 이른바 경계이론을 전제하는 위헌무효설이라고 평가하는 것이 타당하다는 생각이다.

65) 송시강, 앞의 글(독일법상 환지의 제도와 그 대장 및 등기), 230쪽 이하: 위헌무효설은 분리이론에, 간접효력설은 경계이론에 가깝지만, 직접효력설은 결부조항의 헌법적 요청을 부정하는 점에서 독일법의 학설과 출발점을 달리한다. 직접효력설이 당연히 경계이론을 전제하는 것처럼 생각하거나 직접효력설이 분리이론과 결합하는 것이 불가하다고 생각하는 것은 오해이다. 분리이론은 무엇보다 형식적 의미의 수용개념이 주는 명확성을 통해 법적인 안정성을 제고하는 점에서 큰 장점이 있으나, 그 전제에 해당하는 결부조항의 헌법적 요청까지 우리가 그대로 수용할 이유는 없는바, 이에 직접효력설을 견지하면서 분리이론에 따른 형식적 의미의 수용 개념을 받아들이는 방안이 바람직하다.

66) 대표적으로, 정하중/김광수, **행정법개론**, 제19판, 법문사, 2025, 590쪽 이하는 이른바 경계이론을 전제로 하는 위헌무효설의 입장에서 분리이론을 채택한 헌법재판소 1998. 12. 24. 89헌마214, 90헌바16, 97헌바78 병합 결정을 비판한다.

는 점에서 그 논리의 바탕이 되는 물론해석이 가능하므로 계속해서 살아남을 수 있는 상황이다(간접효력설).[67]

3. 손실보상을 위한 행정행위의 철회 신청

이상의 논의는 손실보상의 법률유보에 해당하는 광업법 제34조로 인하여 이제 더는 문제가 되지 않을 것처럼 생각할 수 있으나, 이 사건 원고가 그랬던 것처럼 손실보상을 목적으로 행정행위의 철회를 신청하는 경우 다시 음미할 가치가 있다. 앞서 설명한 것처럼 광업법 제34조 제2항은 국가중요건설사업을 보호하기 위해서 광업권을 철회할 수 있도록 규정하고 같은 조 제3항은 그에 따른 손실보상에 관하여 규정하고 있으나, 이 사건에서 원고는 국가중요건설사업으로 인하여 광업권이 사실상 박탈된 상태에서 오로지 손실보상을 받기 위하여 광업권의 철회를 신청하고 있는바, 이에 따라 피고가 광업권을 철회하는 것은 광업권에 대한 수용을 토지수용위원회에 신청하는 것과 실질적으로 유사하고, 이와 달리 피고가 원고의 신청을 거부하면 광업권의 수용 신청에 대한 원고의 청구를 거부하는 것과 실질적으로 유사하다. 이는 엄밀하게 보면,

---

67) 직접효력설, 위헌무효설, 간접효력설에 관하여 김남진 · 김연태, **행정법** I, 제27판, 법문사, 2023. 730쪽 이하; 김남철, **행정법강론**, 제11판, 박영사, 2025, 672쪽 이하; 김동희 · 최계영, **행정법 I**. 제27판, 박영사, 2023, 591쪽 이하; 김민호, **행정법**, 제4개정판, 박영사, 2025, 423쪽 이하; 김병기, **쟁점행정법특강**, 제2판, 박영사, 2025, 704쪽 이하; 김유환, **현대행정법**, 제10판, 박영사, 2025. 747쪽 이하; 김중권, **김중권의 국민중심 행정법**, 제6판, 법문사, 2025, 981쪽 이하; 김철용, **행정법**, 전면개정 제13판, 고시계사, 2024, 851쪽 이하; 류지태 · 박종수, **행정법신론**, 제18판, 박영사, 2021, 565쪽 이하; 박균성, **행정법론(상)**, 제24판, 박영사, 2025, 1037쪽 이하; 박윤흔 · 정형근, **최신행정법강의(상)**, 개정30판, 박영사, 2009, 647쪽 이하; 이광윤 · 김철우, 일반행정법, 제3판, 법문사, 2024, 722쪽 이하; 이일세, **행정법총론**, 제3판, 법문사, 2024, 653쪽 이하; 정남철, **한국행정법론**, 제4판, 법문사, 2024, 439쪽 이하; 하명호, **행정법**, 제7판, 박영사, 2025, 528쪽 이하; 홍정선, **행정법원론(상)**, 제32판, 박영사, 2024, 933쪽 이하.

광업법 제34조의 적용이 아니라 그 유추적용[68]에 해당하는 것이다.

이처럼 사업시행자의 신청에 따라 수용이 일어나고 이에 대해서 소유자가 손실보상을 청구하는 것과 달리 소유자가 사실상 박탈로 인한 손실보상을 위해서 수용을 청구하는 것을 두고 미국법에서는 역수용(inverse condemnation)이라는 개념을 사용한다. 토지보상법 제74조에 따른 잔여지 매수 및 수용 청구[69]가 대표적으로 이에 해당하는데, 미국에서는 규제적 수용(Regulatory Taking)에 관한 법리 또한 이러한 역수용의 일종으로 이해한다.[70] 규제로 인하여 재산권이 사실상 박탈이 되는 결과가 발생하는 경우 소유자는 법률에 따로 규정이 없더라도 곧바로 법

---

68) 법률적용은 법률해석을 전제로 하는데, 유추적용은 존재하지 않는 법률을 상정하는 점에서 법률해석의 범주를 넘는 목적론적 법률형성에 해당한다. 이에 관해서는 박정훈, "행정법과 법해석 - 법률유보 내지 의회유보와 법형성의 한계", **행정법연구 제43호**, 행정법이론실무학회, 2015, 24면 이하. 구체적으로 보면, 광업권을 철회하면 손실보상을 한다는 명제로부터 손실보상을 위해 광업권을 철회한다는 명제가 당연히 도출되는 것은 아니다. 이를 도식으로 표현하면, 'p → q'와 'q → p'는 역(converse)의 관계로서, 전자가 참이라고 해서 후자가 참이라는 보장은 없다. 이 점에서, 광업권을 철회하는 경우 손실보상을 해야 한다는 규정으로부터 손실보상을 위해서 광업권을 철회해야 한다는 결론을 추론함은 법률해석의 범주를 넘어서는 유추적용이 된다.

69) 제74조(잔여지 등의 매수 및 수용 청구) ① 동일한 소유자에게 속하는 일단의 토지의 일부가 협의에 의하여 매수되거나 수용됨으로 인하여 잔여지를 종래의 목적에 사용하는 것이 현저히 곤란할 때에는 해당 토지소유자는 사업시행자에게 잔여지를 매수하여 줄 것을 청구할 수 있으며, 사업인정 이후에는 관할 토지수용위원회에 수용을 청구할 수 있다. 이 경우 수용의 청구는 매수에 관한 협의가 성립되지 아니한 경우에만 할 수 있으며, 사업완료일까지 하여야 한다.

② 제1항에 따라 매수 또는 수용의 청구가 있는 잔여지 및 잔여지에 있는 물건에 관하여 권리를 가진 자는 사업시행자나 관할 토지수용위원회에 그 권리의 존속을 청구할 수 있다.

③ 제1항에 따른 토지의 취득에 관하여는 제73조제3항을 준용한다.

④ 잔여지 및 잔여지에 있는 물건에 대한 구체적인 보상액 산정 및 평가방법 등에 대하여는 제70조, 제75조, 제76조, 제77조, 제78조제4항, 같은 조 제6항 및 제7항을 준용한다.

70) Julian Conrad Juergensmeyer/Thomas E. Roberts, 앞의 책, 470쪽.

원에 손실보상을 청구할 수 있는바, 소유자가 주장하는 대로 재산권의 사실상 박탈이 인정되는 경우 행정청은 소유자에게 그 교환가치를 보상하고 해당 재산권을 이전받는 방안과 향후 규제를 변경하는 한편으로 그동안 소유자가 입은 사용가치의 손실을 보상하는 방안 중 하나를 선택할 수 있다.[71] 이러한 역수용의 법리는 아직 우리 판례에 의해서 받아들여지고 있지 않지만, 앞서 설명한 토지보상법 제74조에 따른 잔여지 매수 및 수용 청구와 같이 역수용을 행정절차로 도입하는 법제는 상당수 발견된다. 예를 들어, 「국토의 계획 및 이용에 관한 법률」 제47조에 따른 '도시·군계획시설 부지의 매수 청구'나 「개발제한구역의 지정 및 관리에 관한 특별조치법」 제17조 및 제18조 등에 따른 '토지매수의 청구'가 그러하다. 이 사건에서처럼 원고가 사실상 박탈된 광업권의 손실보상을 위해서 광업권의 철회를 신청하고, 그에 대해서 법원이 광업권의 사실상 박탈 여부에 따라 행정청이 광업권을 철회할 의무를 인정하거나 부인한다면, 이 또한 역수용에 해당하는 것이다. 이러한 역수용을 일심판결과 원심판결은 명시적으로 인정한 것이고, 대상판결은 비록 원고 패소라는 결론에 이르긴 했으나 역수용이라는 논리 자체를 부정하지는 않았다. 결국 광업법 제34조를 행정절차에 의한 역수용으로 인정한 것이다.

이러한 맥락에서 대상판결을 2가지 측면에서 비판적으로 분석하면 다음과 같다. 첫째, 광업법 제34조의 유추적용을 통해서 역수용을 인정하는 근거가 제시될 필요가 있다. 대상판결이 아무런 설시를 하지 않는 점에서 그 바탕이 되는 논리를 추론하기 쉽지 않으나, 평소 재산권의 내용 및 한계 규정(헌법 제23조 제1항 제2문)과 재산권의 수용 및 그 손실보상에 관한 규정(헌법 제23조 제3항)의 관계에 관하여 이른바 경계이론을 전제로 하는 위헌무효설의 입장에서 법률의 유추적용을 통해 손실보

71) John E. Nowak/Ronald D. Rotunda, **Constitutional Law**, Seventh Edition, West Group, 2004, 546쪽 이하.

상청구권의 범위를 확대하기 위해 계속해서 노력하는 기존의 흐름에 상당히 부합하는 측면이 있다는 생각이다. 그 논리적인 출발점은 다르더라도 결과적으로만 보면 직접효력설에 해당하는 미국의 규제적 수용에 관한 법리에 상당히 친화적이라는 생각이다. 다른 기술적인 논리를 떠나 근본적으로 중요한 것은 공적 부담 앞의 평등 원칙인바, 손실보상의 법률유보 원칙에 완전하게 부합하는 것은 아니라고 해도 법률의 해석을 통해서 극복할 수 있다면 언제든지 적극적인 권리구제에 나서겠다는 것이다. 이러한 태도는 전적으로 찬동할 만한 것이나, 구체적인 판결의 설시로 구현될 필요가 있는 것이다. 둘째, 이러한 역수용이라는 관점에서 보면, 광업권의 사실상 박탈이 인정되는 결과 그로 인한 손실보상을 위해서 피고가 광업권을 철회할 의무가 인정된다고 보아야 한다. 대상판결은 개발행위허가가 있어야만 비로소 채굴이 가능해진다는 점, 발파에 의하지 않는 노천채굴이 여전히 가능하다는 점을 들어서, 발파 작업에 의한 채굴이 실질적으로 금지되더라도 재산권의 사회적 구속의 범위를 넘지 않는 불이익에 불과하다고 판단하였으나, 재산권의 사실상 박탈은 다른 재산권의 제한과 달리 그 자체로 공적 부담 앞의 평등 원칙에 위반되는 결과라고 보는 것이 타당하다는 생각이다.

4. 기타 쟁점

(1) 조리상 신청권에 관하여

피고가 광업권을 철회할 의무가 있는지를 심사하기 위해서는 그 철회에 대한 신청권이 인정되어야 하는바, 일심판결과 원심판결은 그 조리상 신청권을 명시적으로 인정하고 있고, 이는 대상판결에서도 당연히 전제되고 있다. 최근에 신청권의 범위를 확대하기 위해서 계속해서 노력하는 판례의 추세는 적극적으로 지지를 받아야 마땅하나, 더 근본적으로 이제는 기존의 신청권 법리를 폐기하는 방안을 진지하게 고민할

필요가 있다는 생각이다. 어떠한 절차에서 신청에 대해서 응답을 요구할 권리라는 의미의 신청권 개념 그 자체는 논리적으로 전혀 문제가 없다. 판례의 결정적 문제는 행정절차상 신청권(처분의 신청에 대해서 응답을 받을 권리)과 소송절차상 신청권(판결의 신청에 대해서 응답을 받을 권리)이 논리적으로 전혀 별개인데도 전자를 후자의 필요조건으로 본다는 데 있다. 우리와 달리 독일법에서 신청권 개념은 행정절차와 소송절차에서 모두 중요하게 사용되고 있으나 양자의 개념이 혼동되거나 혼용되는 일은 없다. 의무이행소송이 거부처분 취소소송을 대신하기에 우리의 신청권 법리에 상응하는 것이 독일법에서 발견되지 않는 것이 아니라 우리의 신청권 법리가 논리적으로 오류인 것이 명백하기에 그에 상응하는 것이 독일법에서 발견되지 않는 것이다.[72]

(2) 반려를 취소하는 판결과 그 기속력에 관하여

일심판결은 피고가 이 사건 신청이 신청권이 있는 신청인데도 신청권이 없는 신청인 것으로 오해한 결과 이를 반려한 것은 그 자체로 위법하다고 설시한다. 일본법에서는 우리가 말하는 반려를 '각하'라고 하는데, 이 용어를 활용하면 행정절차에서 신청을 인용하거나 기각하는 처분을 하여야 하는데도 각하하는 처분은 그 자체로 행정절차법을 위반한 것이 되고, 소송절차에 이르러 신청을 기각하는 처분의 사유를 제시하는 것은 기본적 사실관계의 동일성이 인정되지 않으므로 허용되지 않는다는 것이다. 이와 달리 원심판결은 피고가 각하하는 처분의 사유만이 아니라 기각하는 처분의 사유도 제시하였다고 보아 더는 문제가 되지 않았지만, 행정절차를 통한 사전적 권리구제의 강화라는 측면에서 보면 앞으로 일심판결의 설시를 계속해서 발전시키는 노력이 필요하다는 생각이다.

72) 다만 이에 관한 더 자세한 논증은 추후 별도의 연구에서 하기로 한다.

IV. 요약과 결론

대상판결은 광업권의 사실상 박탈로 인한 손실보상을 위한 광업권의 철회 신청에 대해서 손실보상의 필요성을 부인함으로써 결과적으로 원고를 패소시키는 결론에 이르렀으나, 광업법 제34조에 정하는 광업권의 철회 및 그에 따른 손실보상의 법리를 원래의 의미(광업권의 철회로 인하여 광업권이 사실상 박탈되고 그에 따른 손실보상의 의무 발생)가 아닌 그보다 확대된 의미(광업권의 사실상 박탈로 인한 손실보상을 위해서 광업권의 철회 의무 발생)로 발전시킨 것이라는 점에서 큰 의의가 있다. 이러한 논리가 앞으로 계속해서 확대된다면 이른바 규제적 수용에 관한 법리가 미국에서 하는 것과 유사한 역할을 할 수 있는바, 이를 통해 손실보상의 법률유보라는 권리구제의 장애를 상당히 회피할 수 있을 것으로 기대된다. 다만, 법리가 지금보다 섬세하게 전개될 필요가 있다.

참고문헌

김남진 · 김연태, **행정법 I**, 제27판, 법문사, 2023.
김남철, **행정법강론**, 제11판, 박영사, 2025.
김동희 · 최계영, **행정법 I**. 제27판, 박영사, 2023.
김중권, **김중권의 국민중심 행정법**, 제6판, 법문사, 2025.
김민호, **행정법**, 제4개정판, 박영사, 2025.
김병기, **쟁점행정법특강**, 제2판, 박영사, 2025.
김유환, **현대행정법**, 제10판, 박영사, 2025.
김철용, **행정법**, 전면개정 제13판, 고시계사, 2024.
류지태 · 박종수, **행정법신론**, 제18판, 박영사, 2021.
박균성, **행정법론(상)**, 제24판, 박영사, 2025.
박윤흔 · 정형근, **최신행정법강의(상)**, 개정30판, 박영사, 2009.
이광윤 · 김철우, **일반행정법**, 제3판, 법문사, 2024.
이일세, **행정법총론**. 제3판, 법문사, 2024.
송시강, "제9편 공물법", 김철용(편), **특별행정법**, 박영사, 2022.
전광석 · 박지순 · 김복기, **사회보장법**, 제6판, 신조사, 2020.
정남철, **한국행정법론**, 제4판, 법문사, 2024.
정하중 · 김광수, **행정법개론**, 제19판, 법문사, 2025.
하명호, **행정법**, 제7판, 박영사, 2025.
하명호 · 박정연 · 황지애, **사회보장행정법**, 박영사, 2025.
홍정선, **행정법원론(상)**, 제32판, 박영사, 2024.

Erichsen/Ehlers(Hrsg.), **Allgemeines Verwaltungsrecht**, 12.Auflage, De Gruyter Recht, 2002.
Fritz Ossenbühl, **Staatshaftungsrecht**, 5.Auflage, Verlag C.H.Beck, 1998.

Julian Conrad Juergensmeyer/Thomas E. Roberts, **Land Use Planning and Development Regulation Law**, West Group, 2003.

John E. Nowak/Ronald D. Rotunda, **Constitutional Law**, Seventh Edition, West Group, 2004.

Muckel/Ogorek/Rixen, **Sozialrecht**, 5.Auflage, C.H.Beck, 2019.

Ferdinand O. Kopp/Ulrich Ramsauer, **Verwaltungsverfahrensgesetz Kommentar**, 9.Auflage, Verlag C.H.Beck, 2005.

René Chapus, **Droit administratif général, Tome 1**, 15e édition, Montchrestien, 2001.

Stelkens/Bonk/Sachs, **Verwaltungsverfahrensgesetz Kommentar**, 6. Auflage, Verlag C.H.Beck, 2001.

v. Mangoldt/Klein/Starck, **GG Kommentar**, Band 1, 5.Auflage, Verlag Franz Vahlen, 2005.

Wolff/Bachof/Stober/Kluth, **Verwaltungsrecht II**, 8.Auflage, C.H.Beck, 2023.

송시강, “민간투자와 리스크 그리고 손실보상 - 표준실시협약상 위험분담에 관한 공법적 해명”, **홍익법학 제22권 제2호**, 홍익대학교 법학연구소, 2021.

송시강, “독일법상 환지의 제도와 그 대장 및 등기(I)”, **행정법연구 제74호**, 행정법이론실무학회, 2024.

Donald S. Black, “The Highway Cases: Noise as a Taking or Damaging of Property in California”, **Santa Clara Law Review Volume 20**, 1980.

국문초록

대상판결은 광업권의 사실상 박탈로 인한 손실보상을 위한 광업권의 철회 신청에 대해서 손실보상의 필요성을 부인함으로써 결과적으로 원고를 패소시키는 결론에 이르렀으나, 광업법 제34조에 정하는 광업권의 철회 및 그에 따른 손실보상의 법리를 원래의 의미(광업권의 철회로 인하여 광업권이 사실상 박탈되고 그에 따른 손실보상의 의무 발생)가 아닌 그보다 확대된 의미(광업권의 사실상 박탈로 인한 손실보상을 위해서 광업권의 철회 의무 발생)로 발전시킨 것이라는 점에서 큰 의의가 있다. 이러한 논리가 앞으로 계속해서 확대된다면 이른바 규제적 수용에 관한 법리가 미국에서 하는 것과 유사한 역할을 할 수 있는바, 이를 통해 손실보상의 법률유보라는 권리구제의 장애를 상당히 회피할 수 있을 것으로 기대된다. 다만, 법리가 지금보다 섬세하게 전개될 필요가 있다.

주제어: 행정행위의 철회, 손실보상, 재산권의 사실상 박탈, 수용유사침해, 규제적 수용

Abstract

Withdrawal of Administrative Act and Just Compensation
– Revocation of mining rights to compensate for de facto deprivation of mining rights –

Sikang, Song*

Although the judgment in question denied the necessity of compensation for losses caused by the de facto deprivation of mining rights and ultimately ruled against the plaintiffs, it is significant in that it developed the doctrine of withdrawal of mining rights and compensation for losses under Article 34 of the Mining Law to a broader meaning (the withdrawal of mining rights causes the de facto deprivation of mining rights and the obligation to compensate for losses) rather than the original meaning (the de facto deprivation of mining rights causes the obligation to compensate for losses and the obligation of the withdrawal of mining rights). If this logic continues to be expanded in the future, it is expected that the so-called regulatory taking doctrine could play a role similar to that of the United States, thereby circumventing the obstacles to redress in the form of statutory reservations to compensation for losses. However, the jurisprudence will need to be developed in a more nuanced manner.

* Professor, College of Law at Hongik University.

Keywords: withdrawal of administrative act, just compensation, de facto deprivation of property right, infringement equivalent to expropriation, regulatory taking

투고일 2025. 6. 10.

심사일 2025. 6. 24.

게재확정일 2025. 6. 29.

行政組織法

대통령 권한대행의 범위와 한계 (정남철)

대통령 권한대행의 범위와 한계

정남철*

대상판결: 헌법재판소 2025. 3. 24. 선고 2024헌나9 결정

Ⅰ. 사실관계

(1) 국회는 2024년 12월 14일 제419회 국회(임시회) 제4차 본회의에서 대통령 윤석열(이하 '대통령'이라 한다)에 대한 탄핵소추를 의결하였고, 이에 피청구인(국무총리)은 같은 날부터 대통령의 권한을 대행하였다.

(2) 박성준 등 170명의 국회의원은 2024년 12월 26일 피청구인이 대통령의 법률안 거부권 남용 행위를 조장·방치하고, 대통령 권한대행으로서 국회에서 선출한 헌법재판관 3인을 임명하지 않는 등 헌법과 법률을 위배하였다는 이유로 '국무총리(한덕수) 탄핵소추안'을 발의하였다.

(3) 국회는 2024년 12월 27일 제420회 국회(임시회) 제2차 본회의

* 숙명여자대학교 법과대학 교수

에서 피청구인에 대한 탄핵소추안을 총투표수 192표 중 찬성 192표로 가결하였고, 소추위원은 2024년 12월 27일 헌법재판소법 제49조 제2항에 따라 소추의결서 정본을 헌법재판소에 제출하여 이 사건 탄핵심판을 청구하였다.

Ⅱ. 판결요지

1. 적법요건에 대한 판단

헌법 제65조 제2항 단서가 대통령에 대한 탄핵소추에 국회재적의원 3분의 2 이상의 찬성이라는 가중 의결정족수를 요구한 취지는 대통령이 국가원수인 동시에 행정부 수반으로서(헌법 제66조 제1항 및 제4항) 대통령이 갖는 민주적 정당성의 비중, 헌법상 지위 및 권한의 중요성 등을 고려하여 탄핵소추가 신중하게 행사되도록 하기 위함이다. 국무총리는 헌법 제86조에 따라 그 임명에 국회의 동의를 얻어 대통령이 임명하기는 하지만, 이는 국민으로부터 직접 선출된 대통령의 민주적 정당성과 비교하여 상당히 축소된 간접적인 민주적 정당성만을 보유하고 있어, 대통령 권한대행자로서 국무총리는 대통령과는 확연히 구분되는 지위에 있다.

헌법 제71조가 규정하는 대통령 권한대행은 헌법과 법령상으로 대행자에게 예정된 기능과 과업의 수행을 의미하는 것이지, 이로써 '권한대행' 또는 '권한대행자'라는 공직이나 지위가 새로이 창설되는 것이라 볼 수 없다. 여기에 해당 공직의 박탈을 통하여 헌법을 수호하고자 하는 탄핵심판 제도의 취지를 종합하면, 대통령의 권한을 대행하는 국무총리에 대한 탄핵소추에는 본래의 신분상 지위에 따라 헌법 제65조 제2항 본문에 의한 의결정족수를 적용함이 타당하다. 이 사건 탄핵소추는

국무총리에 대한 탄핵소추 의결정족수인 국회재적의원 과반수의 찬성으로 의결되었으므로, 이에 근거한 이 사건 탄핵심판청구는 적법하다.

2. 본안에 대한 판단

가. 재판관 문형배, 재판관 이미선, 재판관 김형두, 재판관 정정미의 기각의견

이 사건 탄핵소추 사유 중 특별검사 임명 법률안에 대한 재의요구권 행사 관련, 비상계엄 선포 및 내란행위 관련, 공동 국정운영 관련, 특별검사 후보자 추천 의뢰와 관련하여 피청구인이 헌법과 법률을 위반하였다고 볼 수 없다. 또한 헌법재판관 임명 부작위는 헌법 제66조, 제111조 및 국가공무원법 제56조 등을 위반한 것이나, 그 헌법 및 법률 위반이 임명권자인 대통령을 통하여 간접적으로 부여된 국민의 신임을 배반한 경우에 해당한다고 단정할 수 없어 파면을 정당화하는 사유가 존재한다고 볼 수 없다.

나. 재판관 김복형의 기각의견

특별검사 임명 법률안에 대한 재의요구권 행사, 비상계엄 선포 및 내란행위, 공동 국정운영, 특별검사 후보자 추천 의뢰와 관련하여 피청구인의 헌법 또는 법률 위반을 인정할 수 없다는 재판관 문형배, 재판관 이미선, 재판관 김형두, 재판관 정정미의 기각의견에 동의하면서, 헌법재판관 임명 부작위와 관련하여서도 아래와 같은 이유로 피청구인의 헌법 또는 법률 위반을 인정할 수 없다.

헌법재판관 임명권 행사에 있어 대통령의 작위의무가 있더라도, 국회 선출 재판관을 선출 후 '즉시' 임명해야 할 의무가 있다고 보기는 어렵다. 대통령의 헌법재판관 임명권한의 행사 기한은, 국회 선출 재판관이 헌법과 헌법재판소법이 정하는 자격요건을 구비하였는지 여부나 선

출과정에서 헌법 및 국회법 등 법률을 위반한 하자가 있는지 여부 등을 신중하게 확인하고 검토할 시간 등을 고려한 '상당한 기간 내'라고 해석하는 것이 타당하다.

피청구인의 구체적 작위의무는 피청구인이 국회로부터 재판관 선출 통지를 받은 이후 비로소 발생하는데, 피청구인은 국회의 재판관 선출 통지 후 피청구인에 대한 탄핵소추안이 가결될 때까지 국회가 선출하는 3인을 재판관으로 임명하지 않겠다는 거부의사를 밝힌 적은 없는 점 등을 고려하면, 피청구인이 국회 선출 3인을 재판관으로 임명하지 않겠다는 거부의사를 미리 종국적으로 표시한 것으로 볼 수 없다. 따라서 피청구인의 헌법재판관 임명 부작위가 헌법 제66조, 제111조 및 국가공무원법 제56조 등을 위반하였다고 볼 수 없다.

다. 재판관 정계선의 인용의견

특별검사 임명 법률안에 대한 재의요구권 행사, 비상계엄 선포 및 내란행위, 공동 국정운영과 관련하여 피청구인의 헌법 또는 법률 위반을 인정할 수 없지만, 헌법재판관 임명 부작위와 관련하여 피청구인의 헌법 또는 법률 위반이 인정된다는 재판관 문형배, 재판관 이미선, 재판관 김형두, 재판관 정정미의 기각의견에 동의한다. 하지만, 특별검사 후보자 추천 의뢰와 관련하여서도 피청구인의 헌법 또는 법률 위반이 인정되고, 피청구인의 헌법재판관 임명 부작위 및 특별검사 후보자 추천 의뢰와 관련된 헌법 또는 법률 위반의 정도가 피청구인의 파면을 정당화할 수 있을 정도로 중대하다고 생각한다.

다음으로 피청구인을 파면할 것인지 여부에 관하여 보면, 피청구인은 대통령의 권한을 대행하는 국무총리로서 대통령의 직무정지라는 상황에서 불필요한 논란을 최소화하고 국가적 혼란을 신속하게 수습하여야 할 의무가 있음에도 불구하고, 오히려 위와 같은 헌법과 법률 위반행위로 인하여 논란을 증폭시키고 혼란을 가중시켰으며 헌법재판소가

담당하는 정상적인 역할과 기능마저 제대로 작동할 수 없게 만드는 헌법적 위기상황을 초래하는 등 그 위반의 정도가 파면을 정당화할 수 있을 정도로 중대하다. 그렇다면 피청구인을 파면하여 임명권자인 대통령을 통하여 간접적으로 부여받은 국민의 신임을 박탈함으로써 얻는 헌법수호의 이익이 피청구인의 파면에 따르는 국가적 손실을 압도할 정도로 크다고 할 것이므로, 피청구인을 파면하여야 한다.

3. 재판관 정형식, 재판관 조한창의 각하의견

대통령 권한대행은 대통령의 궐위·사고라는 비상상황에서 직무의 공백 및 국가적 기능장애상태 방지를 위하여 대통령의 권한을 대신하여 '대통령의 직무'를 수행하는 자이므로, 권한대행자의 지위는 '대통령에 준하는 지위'에 있다고 보아야 한다. 따라서 대통령 권한대행자에 대한 탄핵소추의 요건은 대통령의 경우와 동일하게 보는 것이 타당하다.

대통령 권한대행 중인 국무총리에 대한 국회의 탄핵소추에는 헌법 제65조 제2항 단서에 따른 국회재적의원 3분의 2 이상의 찬성이 요구되므로 이 사건 탄핵심판 청구는 헌법이 정한 탄핵소추 의결정족수를 충족하지 못하여 부적법하다.

Ⅲ. 평 석

1. 쟁점의 소재

대상판결은 한국헌정사 최초로 대통령 권한대행자인 '국무총리'에 대한 탄핵심판을 소추한 사건을 대상으로 하고 있다. 2024년 12월 3일 대통령 윤석열은 위헌적인 비상계엄 선포를 하였고, 국회는 2024년 12

월 4일 국회(정기회) 제15차 본회의를 열어 국회의원 재적 300명 중 출석 190명, 찬성 190명으로 비상계엄 해제요구 결의안을 전격적으로 가결하였다. 2024년 12월 12일 190명의 국회의원은 위 비상계엄과 관련하여 대통령이 그 직무집행에 있어서 헌법과 법률을 위배하였다는 것을 이유로 대통령에 대한 탄핵소추안을 발의하였다. 이후 국회의원 170명은 2024년 12월 14일 국회(임시회) 제4차 본회의에서 대통령 윤석열에 대한 탄핵소추를 의결하였고, 대통령의 권한행사가 정지되었다.[1] 이에 헌법 제71조에 따라 국무총리(한덕수)가 대통령의 권한을 대행하게 되었다. 2024년 12월 26일 국무총리는 담화문에서 여야 합의안을 제출할 때까지 헌법재판관의 임명을 유보한다고 밝혔다. 이에 야당은 위헌·위법인 대통령의 계엄선포 행위의 묵인·방조, 대통령과 그 배우자의 범죄 의혹에 대한 특별검사 임명 법률안에 대한 재의요구권 행사, 특별검사 후보자 추천 불의뢰, 헌법재판관 임명 부작위 등을 이유로 대통령 권한대행자인 국무총리에 대한 탄핵소추를 주장하였다. 2024년 12월 27일 국회는 제420회 국회(임시회) 제2차 본회의에서 총투표수 192표 중 찬성 192표로 대통령 권한대행을 맡은 국무총리에 대한 탄핵소추를 가결하였다.

2025년 3월 24일 세간(世間)의 주목을 받았던 대통령 권한대행자인 국무총리에 대한 탄핵은 기각되었다. 그러나 대상판결에는 행정조직법상 권한대행의 법적 의미, 대통령 권한대행자의 법적 지위, 대통령 권한

1) 2025년 4월 4일 헌법재판소는 대통령 윤석열에 대한 파면결정을 내렸다(헌법재판소 2025. 4. 4. 선고 2024헌나8 결정). 헌법재판소는 ① 계엄선포의 실체적·절차적 요건을 위반하였고, ② 국회에 군경을 투입하여 국군의 정치적 중립성을 침해하고 헌법에 따른 국군통수의무를 위반하였으며, ③ 위헌적인 포고령을 발령하였다고 판단하였다. 또한 ④ 병력을 동원하여 중앙선거관리위원회에 대한 불법적인 압수·수색을 하였고, ⑤ 체포를 목적으로 대법원장 및 전 대법관 등을 포함한 법조인에 대한 위치확인을 한 것은 사법권의 독립을 침해하였다고 판단하였다. 헌법재판소는 이러한 점을 근거로 피청구인의 위헌·위법행위가 국민의 신임을 배반한 것으로 헌법수호의 관점에서 용납할 수 없는 중대한 법 위반행위에 해당한다고 결정하였다.

대행의 범위와 한계 등과 관련하여 중요한 법적 쟁점이 다수 포함되어 있다. 특히 대통령 권한대행 중인 국무총리에 대한 국회의 탄핵소추에 적용되는 '의결정족수'가 논란이었다. 그러나 헌법재판소는 대상판결에서 헌법 제65조 제2항 본문에 따라 피청구인의 본래 신분상 지위인 국무총리에 대한 탄핵소추 의결정족수를 적용하여야 한다고 판단하였다. 다만, 재판관 2인(재판관 정형식, 재판관 조한창)의 각하의견은 대통령 권한대행 중인 국무총리에 대한 국회의 탄핵소추에는 국회재적의원 3분의 2 이상의 찬성이 요구된다고 보고, 이를 충족하지 못한 탄핵심판 청구가 부적법하다고 판단하였다.

한편, 재판관 4인(재판관 문형배, 재판관 이미선, 재판관 김형두, 재판관 정정미)의 기각의견은 대통령 권한대행자의 법률안 거부권 행사에 대해서는 그 위헌 또는 위법을 부인하였다. 즉 이 사건 탄핵소추 중 특별검사 임명 법률안(2023년 12월 28일 가결된 '대통령 배우자 김건희의 도이치모터스 주가조작 의혹 진상규명을 위한 특별검사 임명 등에 관한 법률안', 2024년 9월 19일 가결된 '윤석열 대통령 배우자 김건희의 주가조작 사건 등의 진상규명을 위한 특별검사 임명 등에 관한 법률안', 2024년 11월 14일 가결된 '윤석열 대통령 배우자 김건희의 주가조작 사건 등의 진상규명을 위한 특별검사 임명 등에 관한 법률안')에 대한 재의요구권 행사 관련, 비상계엄 선포 및 내란행위 관련, 특별검사 후보자 추천의뢰와 관련하여 피청구인이 헌법과 법률을 위반하였다고 볼 수 없다고 판단하였다. 다만, 위 기각의견은 헌법재판관 임명의 부작위가 헌법 제66조(대통령의 헌법수호책무), 제111조(헌법재판관 임명) 및 국가공무원법 제56조(성실의무) 등을 위반하였지만, 피청구인의 헌법 및 법률 위반이 임명권자인 대통령을 통하여 간접적으로 부여된 국민의 신임을 배반하지 아니하였으므로 파면을 정당화하는 사유가 존재한다고 볼 수 없다고 판단하였다.

이에 대해 재판관 1인의 기각의견(재판관 김복형)은 헌법재판관 임명 부작위도 헌법과 법률을 위반하였다고 보기 어렵다고 판단하고 있

다. 즉 피청구인이 3인을 헌법재판관으로 임명하지 않겠다는 거부 의사를 미리 종국적으로 표시한 것으로 볼 수 없고, 또 국회에서 3인의 헌법재판관 선출안이 가결된 후 상당한 기간이 경과하였다고 보기 어렵다는 점을 논거로 들고 있다. 이와 달리 재판관 1인의 인용의견(재판관 정계선)은 이 사건 탄핵소추 사유 중 특별검사 후보자 추천의뢰 및 헌법재판관 임명 부작위와 관련하여 피청구인이 헌법과 법률 위반하였고, 그 위반의 정도가 피청구인의 파면을 정당화할 수 있을 정도로 중대하다고 판단하고 있다.

재판관 4인(재판관 문형배, 재판관 이미선, 재판관 김형두, 재판관 정정미)의 기각의견은 위헌적인 헌법재판관 임명 부작위에 대해 국민의 신임위배 여부를 근거로 피청구인의 파면을 부정하고 있지만, 이러한 기각의견의 논증은 설득력이 약하다. 그러나 국무총리의 탄핵소추 의결로 인해 대통령 권한대행을 수행하는 국무위원(부총리 겸 기획재정부장관)에 대한 탄핵소추가 발의된 상황을 감안하면, 헌법재판소가 국회에 탄핵소추의 빈발(頻發)로 인한 국정 공백의 우려와 국회의 신중한 탄핵소추 발의를 요구하고 있는 것으로 볼 수 있다. 탄핵소추는 고위공직자에 대한 정치적 파면절차이며, 이는 엄밀한 의미에서 행정조직 내부의 징계절차와는 구별된다. 고위직 공무원에 대한 탄핵제도는 행정권에 대한 의회의 강력한 견제수단이지만, 근래에 야당의 빈번한 탄핵소추로 행정부의 국정 공백이 발생하고 있다. 다만, 헌법이나 정부조직법 등에는 이러한 국정운영의 중단을 방지하고 국가기능이 정상적으로 작동할 수 있는 제도적 장치를 마련하고 있다. 대표적으로 행정조직법상 '권한대행'이나 '직무대행' 등의 제도가 그러하다. 그러나 권한대행의 법적 성격, 권한대행자의 지위와 직무범위 등이 계속해서 논란의 대상이 되고 있다. 대상판결에서 보는 바와 같이 대통령에 대한 탄핵소추로 인해 대통령 권한대행이 국회에서 추천한 헌법재판소 재판관의 미임명이 헌법과 법률을 위반하였는지가 뜨거운 쟁점이 되었다.

그 밖에 국회에서 대통령 권한대행을 맡은 국무총리에 대한 탄핵소추가 가결되어, 법률(정부조직법)이 정한 국무위원의 순서에 따라 국무위원 중 부총리 겸 기획재정부장관이 대통령의 권한을 대행하는 초유의 사건이 발생하였다. 그러나 부총리 겸 기획재정부장관이 대통령 권한대행을 맡을 경우, 국무총리의 직무대행도 함께 수행하는지, 또 기존의 국무위원 중 부총리 겸 기획재정부장관 업무를 모두 맡는 것이 옳은지에 대해서는 그동안 충분한 논의가 없었다. 관행적으로 이러한 권한을 모두 행사하고 있지만, 이는 헌법의 규정이나 행정조직법의 관점에서도 문제가 있다. 이하에서는 행정조직법상 권한대행의 법적 의미, 대통령 권한대행의 범위와 한계, 대통령 권한대행자의 헌법재판관 임명, 국무총리 직무대행 등의 순서로 검토하기로 한다.

2. 행정조직법상 권한대행의 법적 의미

강학상으로는 행정청의 권한과 관련하여 '대리'나 '위임' 등이 주로 문제이지만, 실정법에는 "권한대행", "직무대행" 등의 용어가 사용되고 있다. 대통령 권한대행 제도에 관하여 헌법 분야에서 다수의 논문이 있지만, 행정조직법상 권한대행이나 직무대행 제도 등에 관한 연구는 거의 없다. 한국헌정사에서 대통령 권한대행 제도는 수차례 변천을 거듭하였다.[2] 현행 헌법에는 '대통령'의 권한대행만을 규정하고 있다. 즉 대통령이 궐위(사망, 파면 등)나 사고로 인하여 직무를 수행할 수 없을 때 국무총리가 그 권한을 대행한다(헌법 제71조).[3] 그러나 헌법 제71조는

---

2) 상세는 정종섭, "대통령 권한의 대행제도에 관한 연구", 서울대 법학 제41권 제1호(2000), 258면 이하 참조. 제헌헌법 제52조는 대통령 권한대행자로 부통령과 국무총리만을 규정하고 있다. 즉 대통령의 사고로 인하여 직무를 수행할 수 없는 경우에는 부통령이 대통령의 권한대행을 하고, 대통령과 부통령이 모두 사고로 인하여 직무를 수행할 수 없을 때에는 국무총리가 그 권한을 대행하도록 규정하고 있다(유진오, 헌법기초회고록, 일조각, 1980, 254면).

국무총리 다음으로 “법률이 정한 국무위원의 순서”로 대통령 권한대행을 맡는다고 규정하고 있을 뿐, 국무총리가 어떤 사유로 직무를 수행할 수 없을 때 법률이 정한 국무위원이 대통령의 권한을 대행하는지를 상세히 규정하고 있지 않다. 대통령뿐만 아니라 대통령 권한대행을 맡은 국무총리에 대해 탄핵소추가 의결된 경우에는 헌법이 정한 바와 같이 법률이 정한 국무위원의 순서에 따라 대통령 권한대행을 맡아야 한다. 이에 따라 제1차적으로 부총리를 겸직하는 기획재정부장관이 대통령 권한대행을 맡고 있다. 부총리 제도는 헌법에 없는 직위라는 점에서 문제가 있지만, 정부조직법 제19조에 부총리의 법적 근거를 두고 있다. 다만, 같은 조 제1항은 “국무총리가 특별히 위임하는 사무를 수행하기 위하여 부총리 2명을 둔다”라고 규정하고 있다. 현재는 기획재정부장관과 교육부장관이 각각 겸임하고 있다(정부조직법 제19조 제3항). 부총리는 국무총리가 특별히 위임하는 사무를 수행하는 행정기관으로 규정하고 있지만, 단순히 국무총리의 보조기관이나 보좌기관으로 보기는 어렵다. 부총리도 모두 행정각부의 장관을 겸직하고 있으므로 직무상으로는 위임하는 사무를 처리할 수 있지만, 엄연히 독립된 행정기관으로 이해해야 한다.

한편, 국무총리의 직무대행에 대해서는 정부조직법 제22조에서 규정하고 있다. 여기서는 ‘권한대행’이 아니라 “직무대행”이라는 용어를 사용하고 있다. ‘권한’과 ‘직무’는 엄밀한 의미에서 구별되지만, 권한대행과 직무대행은 대체로 유사한 개념으로 이해된다.[4] 정부조직법 제22

3) 사고(事故) 여부를 누가 결정할 것인지도 어려운 문제다. 제한헌법 당시에도 이러한 문제가 논의되었다. 유진오 박사는 여기서 말하는 ‘사고’의 정도와 직무수행의 불능에 관한 해석은 일체의 정치상식과 조리에 의해 결정해야 한다고 보고 있다(이에 대해서는 유진오, 신고 헌법해의, 1953, 182면 참조). 대통령의 정신장애 등으로 이를 결정하기 어려울 경우도 있어, 이를 법으로 정해야 한다고 보는 견해도 있다(권영성, 헌법학원론, 법문사, 개정판, 2006, 956-957면). 권한대행의 판단기관에 관한 문제에 대해서도 학계의 다양한 논의가 있다(이에 대해서는 김명식, “대통령 권한대행제도와 헌법개정”, 미국헌법연구 제29권 제1호, 2018, 51면 이하 참조).

조에는 “국무총리가 사고로 직무를 수행할 수 없는 경우에는 기획재정부장관이 겸임하는 부총리, 교육부장관이 겸임하는 부총리의 순으로” 직무를 대행한다고 규정하고 있다. 또한 국무총리와 부총리가 모두 사고로 직무를 수행할 수 없는 경우에 대통령의 지명이 있으면 그 지명을 받은 국무위원이, 대통령의 지명이 없으면 제26조 제1항에 규정된 순서에 따른 국무위원이 그 직무를 대행한다. 국무총리의 직무대행은 ‘사고’의 경우만을 규정하고 있으며, 국무총리의 ‘궐위’에 대해서는 아무런 규정을 두고 있지 않다. 국무총리의 궐위가 있는 경우에도 이를 적용하는 것이 직무수행의 공백을 막는 합리적 해석이라고 여겨진다. 따라서 이러한 경우에도 정부조직법 제22조의 규정에 따라 국무총리 직무대행을 맡도록 하는 것이 옳다. 그러나 대통령은 국정공백을 최소화하기 위해 적임자를 물색해서 국무총리를 신속히 지명하고 국회의 동의절차를 거치는 것이 합리적이다.

그밖에 정부조직법 제7조 제2항은 ‘행정기관의 장’의 직무대행을 규정하고 있다. 즉 행정기관의 장이 사고로 직무를 수행할 수 없는 경우 각 행정기관의 차관(정부조직법 제29조 제2항 · 제34조 제3항 및 제38조 제2항에 따라 과학기술정보통신부 · 행정안전부 및 산업통상자원부에 두는 본부장을 포함한다) 또는 차장(국무조정실 차장을 포함한다)이 그 직무를 대행한다. 다만, 차관 또는 차장이 2명 이상인 경우에는 대통령령으로 정하는 순서에 따라 그 직무를 대행한다고 규정하고 있다.

여기서 대통령의 ‘권한대행’이나 국무총리나 행정기관의 장 등의 ‘직무대행’이 법적으로 무엇을 의미하는지를 살펴볼 필요가 있다. 권한대행이나 직무대행의 범위와 한계를 명확히 정해야 하므로 그 법적 의미를 검토하는 것은 중요하다. 본래 ‘직무대행’이라는 용어는 강학상 권

---

4) 권한대행과 직무대행을 구분하는 견해로는 이종수, “직무대행의 起源, 대행자의 지위 및 권한 범위에 관한 小考: 대통령직을 중심으로”, 일감법학 제48호, 2021, 755－756면.

한의 '대리'를 의미하는 것이 보통이다.[5] 실정법상 '대행'이라는 용어는 다양하게 사용되고 있다. 또한 대행해야 할 자의 궐위나 사고에 따라 그 의미도 달라질 수 있다. 예컨대 대통령의 사망이나 탄핵심판 결정으로 인한 파면 등으로 대통령의 궐위가 발생하는 경우 헌법에서 예정하고 있는 대통령의 권한대행은 '법정대리'에 해당한다. 헌법 제71조에는 '협의의 법정대리'만을 규정하고 있다. 대통령은 자신에게 사고가 있는 경우에는 그 권한대행자를 지명할 수 없으며, 이 경우에는 국무총리가 제1차적인 대통령 권한대행자가 된다. 또한 국무총리에게 사고나 궐위가 있는 경우에는 법률이 정한 국무위원의 순서로 대통령 권한대행자가 정해진다.

한편, 국무총리 직무대행의 경우 대통령이 그 직무대행자를 직접 지명할 수 있다. 즉 국무총리와 부총리가 모두 사고로 직무를 수행할 수 없을 때 대통령이 국무위원 중에서 국무총리 직무대행자를 지명할 수 있다. 이러한 경우는 '지정대리'라고 볼 수 있다. 한편, 지정대리의 일종으로 피대리관청의 구성원이 사망이나 면직 등으로 '궐위'된 경우에 임시로 그 대리자를 두는 경우가 있는데, 이를 '서리(署理)'라고 부르기도 한다.[6] 관행적으로 국무총리가 궐위된 상태에서 국회의 동의를 받지 않은 국무총리후보자를 "국무총리서리(國務總理署理)"라고 부르고 있다. 서리를 지정대리의 일종으로 이해하면서, 국무총리서리 제도의 합헌설을 주장하는 견해도 있다.[7] 그러나 이는 헌법에 규정된 정당한 절차(국회 동의)를 거치지 않았을 뿐만 아니라 민주적 정당성이 결여되어 있다는 점에서 위헌 소지가 있다. 따라서 국무총리서리가 헌법이나 법률에 보장된 국무총리의 직무를 수행하여서는 아니된다. 예컨대 국무총리서

---

5) 김남진, 행정법 II, 제7판, 법문사, 2002, 18면.

6) 김도창, 일반행정법론(하), 제4전정판, 청운사, 1992, 74-75면; 이상규, 신행정법론(상), 신판, 법문사, 1996, 69-70면.

7) 박균성, 행정법론(하), 제21판, 박영사, 2023, 23면.

리가 국무회의 심의에 참석하여 표결에 참여하거나 총리령을 제정하여서는 아니된다.

3. 대통령 권한대행자의 지위와 직무개시

(1) 대통령 권한대행자의 법적 지위

대통령에 대한 탄핵소추로 인해 대통령 권한대행자의 법적 지위가 문제다. 이는 대통령 권한대행자의 권한범위와 밀접한 관련이 있다. 특히 대통령 권한대행이 법률안 거부권을 행사할 수 있는지, 또 헌법재판관 임명을 하지 않는 것이 헌법에 위반되는지가 탄핵심판 결정의 중요한 쟁점이었다. 이러한 법률안에 대한 재의요구권을 행사한 대통령 권한대행자에 대해 탄핵소추를 할 수 있는지, 이러한 헌법재판관 임명 부작위가 국회의 입법권을 침해하는지가 문제였다. 이와 관련하여 헌법재판소는, 피청구인(대통령 권한대행 부총리 겸 기획재정부장관)이 대통령 권한대행으로서 청구인(국회의장)이 2024년 12월 26일 헌법재판소 재판관으로 선출한 마은혁을 헌법재판소 재판관으로 임명하지 아니한 부작위가 청구인의 헌법재판소 구성권을 침해하였다고 결정하였다.[8] 헌법이 청구인에게 부여한, 헌법재판소 재판관 선출을 통한 헌법재판소 구성권을 침해하였다고 판단하였다. 이 문제는 헌법재판관 미임명의 위헌 문제에서 다시 검토하기로 한다.

헌법재판소는 대상판결의 적법요건 판단에서 대통령 권한대행의 법적 의미를 언급하고 있다. 즉 "헌법 제71조가 규정하는 대통령 권한대행은 헌법과 법령상으로 대행자에게 예정된 기능과 과업의 수행을 의미하는 것이지, 권한대행이나 권한대행자라는 공직이나 지위가 창설되는 것이 아니다"라고 보고 있다. 헌법재판소는 대통령 권한대행자가 국

8) 헌법재판소 2025. 2. 27. 선고 2025헌라1 결정.

무총리의 지위에서 대통령의 권한을 대행하는 것이며, 대통령의 지위나 신분을 가지는 것이 아니라는 점을 명확히 언급하고 있다. 대상판결도 '대통령'의 지위가 아닌 '국무총리(한덕수)'에 대한 탄핵심판이다. 이 문제는 대통령의 권한을 대행하는 국무총리에 대한 탄핵소추의 의결정족수와 긴밀한 관계가 있다. 이와 관련하여 헌법재판소는 본래의 신분상 지위에 따라 탄핵소추 의결정족수를 적용하였다. 즉 헌법 제65조 제2항 본문에 의한 국회재적의원 과반수의 찬성으로 의결하는 것이 타당하다고 판단한 것이다. 이에 대해 재판관 2인(재판관 정형식, 재판관 조한창)의 각하의견은 권한대행자의 지위를 '대통령에 준하는 지위'에 해당한다고 보아 대통령의 경우와 동일한 탄핵소추의 요건(국회 재적의원 3분의 2 이상의 찬성)이 적용된다고 보고 있다. 이러한 주장이 대통령 권한대행자 중에서 그 임명에 국회의 동의를 받은 국무총리에 국한되는 것을 말하는지, 아니면 법령이 정한 순서에 따라 대통령 권한대행자가 된 국무위원에게도 모두 적용된다는 의미인지는 명확하지 않다. 후자의 해석에 의할 경우 모든 국무위원에 대하여 대통령에 대한 탄핵소추의 요건을 적용해야 한다. 그러나 이러한 해석은 불합리하다.

이상의 논의에 비추어 법정의견은 대통령 권한대행자의 지위를 본래의 신분(국무총리)에서 대통령의 권한을 행사한다고 보고 있지만, 각하의견은 "대통령에 준하는 지위"로 이해하고 있다. 행정조직법상 권한대행의 의미를 '대리'로 이해하는 경우, 대통령 권한대행자에 대해 '대통령에 준하는 지위'를 인정하는 것은 옳지 않다. 대통령 권한대행은 대통령의 권한을 승계하는 것이 아니다. 이는 대통령이 궐위된 경우에도 같다. 헌법 제71조에 따른 대통령 권한대행은 '법정대리'에 해당하며, 대통령의 권한이 권한대행자에게 이전되지 아니한다. 대통령이 궐위된 경우에도 그 법적 효과는 국가에 귀속하며, 대통령 권한대행자는 대통령의 명의로 대통령의 권한을 대신 행사할 뿐이다.

(2) 대통령 권한대행 제도의 해외사례 - 미국과 독일의 사례

대통령제를 채택하고 있는 미국에서는 대통령이 면직, 사망, 사임 또는 권한과 직무를 수행할 수 없는 경우에 부통령이 대통령의 권한을 행사한다(미연방헌법 제2조 제1절 제6항 참조). 대통령이나 부통령 모두에게 면직, 사망, 사임 또는 직무수행 불능이 있는 경우 의회는 법률로 정하여 어떤 공무원이 대통령으로 직무를 수행할 것인지를 밝혀야 한다. 해당 공무원은 대통령의 직무수행 불능상태가 종료되거나 대통령이 선출될 때까지 대통령의 직무를 수행한다. 이와 관련하여 미국에서는 1792년 대통령승계법(Presidential Succession Act)을 제정하였다. 여기서 대통령과 부통령이 모두 직무수행이 어려울 경우에 상원임시의장(President pro tempore of the Senate), 하원의장의 순서로 대통령 권한을 승계하도록 규정하였다. 그러나 1947년 대통령승계법에서는 하원의장을 우선하도록 개정하였다. 이에 대통령과 부통령이 직무를 수행할 수 없을 경우에는 하원의장, 상원임시의장, 국무장관(Secretary of State), 재무장관 등의 순서로 대통령의 권한을 승계하도록 하였다.[9)]

한편, 의원내각제를 채택하고 있는 독일에서도 연방대통령은 존재하는데, 연방대통령은 헌법상 외교에 관한 권한을 가지며 국제법적으로 연방을 대표한다(독일 기본법 제59조). 연방대통령은 연방의회 의원과 동수의 주(란트) 의회 대표로 구성된 연방전체회의(Bundesversammlung)에서 선출된다(동법 제54조). 독일기본법 제57조에도 연방대통령의 권한대행(Stellvertretung)을 규정하고 있다. 대통령이 직무수행의 '지장(Verhinderung)'이 있거나 임기를 마치지 못하는 경우에는 연방참사원의 의장이 그 직무를 대행한다고 규정하고 있다. 연방대통령의 권한대행을 할 수 있는 사유는 구체적으로 규정하고 있지 않아 해석에 맡겨져 있는

---

9) 정종섭, 헌법연구 3, 박영사, 2001, 242면 참조.

데, 특히 '지장'의 개념이 열려 있어 너무 추상적이라는 비판도 있다.[10] 여기서 말하는 '직무수행의 '지장(支障)'이란 질병, 자유권 상실 등을 말하며, 해외 체류가 여기에 속하는지는 다툼이 있다.[11] 임기를 마치지 못하는 경우에는 독일 기본법 제61조의 탄핵소추에 의한 '직무정지 가명령'이 속한다. 연방대통령이 독일 기본법이나 다른 법률을 고의로 위반한 책임이 있는 경우, 연방헌법재판소는 연방대통령을 파면할 수 있다. 여기에는 성문뿐만 아니라 불문의 연방법 위반도 포함되지만, 법률하위규범(법규명령, 조례 등)은 포함되지 않는다.[12] 독일에서는 연방의회(2/3)나 연방참사원(2/3)의 탄핵소추에 의해 연방대통령의 직무가 곧바로 정지되지 아니하고, 본안판단 전에 연방헌법재판소가 '가명령'을 내려 그 직무를 정지하고 있다. 독일의 대통령탄핵(Präsidentenanklage) 절차는 일반 형사절차가 아니라 헌법적 성격을 가진다고 보고 있다. 이는 대통령에 대한 형사처벌이 아니라 헌법수호를 위한 것으로 이해되고 있다.[13] 독일 대통령의 권한은 상징적이고 외교권에 제한되므로 그 권한대행의 문제는 심각하지 않다.

(3) 대통령 권한대행의 직무개시 - 특히 탄핵소추시 직무정지의 시점

헌법이나 정부조직법 등에는 대통령의 권한대행이 언제 시작되는지에 대해 명확한 규정을 두고 있지 않다. 대통령의 사망이나 사고 등으로 인한 경우에는 그 사망 시점이나 사고로 인하여 직무를 수행할 수 없다는 것이 객관적으로 확인된 시점, 또는 대통령이 사임 의사를 명백히 밝힌 시점을 기준으로 헌법 제71조가 정한 순서에 따라 대통령 권한

10) Nettesheim, in: Isensee/Kirchhoff(Hg.), Handbuch des Staatsrechts, Bd. III, §58 Rn. 61.
11) Pieroth, in: Jarass/Pieroth, GG, 10. Aufl., Art. 57 Rn. 1.
12) Nettesheim, in: Isensee/Kirchhoff(Hg.), a.a.O., §58 Rn. 69.
13) Pieroth, in: Jarass/Pieroth, a.a.O., Art. 61 Rn. 1.

대행의 직무가 시작된다. 사임의 의사를 밝히면서 그 시기를 명확히 정할 수도 있다.

한편, 대통령에 대한 탄핵소추가 있는 경우 대통령의 직무가 언제부터 정지되는지가 불명확하다. 국회 본회의에서 탄핵소추가 의결된 시점으로 보아야 하는지, 아니면 헌법재판소에 탄핵소추의결서의 정본이나 사본을 제출한 시점으로 보아야 하는지도 명확하지 않다. 헌법재판소법 제50조에는 "탄핵소추의 의결을 받은 사람은 헌법재판소의 심판이 있을 때까지 그 권한 행사가 정지된다"라고 규정하고 있다. 그러나 헌법재판소법은 권한행사의 정지 기한을 정하고 있지만, 그 직무나 권한이 정지되는 시점을 정확히 규정하고 있다고 보기 어렵다. 또한 국회법 제134조 제2항은 "소추의결서가 송달되었을 때에는 소추된 사람의 권한 행사는 정지되며, 임명권자는 소추된 사람의 사직원을 접수하거나 소추된 사람을 해임할 수 없다"라고 규정하고 있다. 즉 소추의결서의 '송달시'를 기준으로 대통령의 권한행사가 정지된다. 그러나 누구에게 송달된 때를 기준으로 하는지가 명확하지 않고, 송달을 거부할 경우에는 그 직무정지 시점을 확정하기가 쉽지 않다. 다만, 국회법 제134조 제1항에는 등본을 송달한 대상으로 헌법재판소, 소추된 사람과 그 소속 기관의 장으로 규정하고 있다. 그 대상 모두에게 송달된 시점을 기준으로 대통령의 직무가 정지된다는 것인지도 분명하지 않다. 법제사법위원장인 소추위원이 그 등본을 헌법재판소와 피소추자, 그리고 그 소속 기관의 장에게 송달되어야 권한 행사가 정지된다고 보아야 한다고 해석하는 것은 불합리한 점이 없지 않다. 송달 과정의 사고로 인해 직무정지의 시점이 유동적이고 불명확하게 결정되는 것은 바람직하지 않다. 국정운영과 직무수행의 공백을 최소화하는 방안이 필요하다. 생각건대 국회에서 탄핵소추가 의결된 시점부터 대통령의 권한행사가 정지된다고 보는 것이 바람직하다. 국내학설 중에도 피소추자의 권리보호를 위한 도달주의보다 국정 혼란을 예방하고 공백을 최소화하기 위해 국회의 의

결시를 기준으로 직무행사의 정지가 발생한다는 견해가 있다.[14] 이러한 견해도 대체로 유사한 입장으로 여겨진다. 다만, 국회법 제133조는 "본회의의 탄핵소추 의결은 소추대상자의 성명·직위 및 탄핵소추의 사유를 표시한 문서(소추의결서)로 하여야 한다"라고 규정하고 있다. 그런 점에서 형식적으로는 이 문서가 작성된 시점부터 대통령의 직무정지 효력이 발생한다고 보는 것이 더욱더 타당하다. 앞으로 이와 관련된 국회법과 헌법재판소법의 개정이 필요하다.

4. 대통령 권한대행의 직무범위와 한계

(1) 학설의 현황

대통령 권한대행자의 직무범위를 어디까지 허용할 것인지가 문제다. 대통령 권한대행자의 직무가 현상유지적인 성격의 소극적인 권한행사에 제한되는지, 아니면 개별 상황에 따라 대통령의 권한을 적극적으로 행사할 수 있다고 보는 것이 옳은지가 현안이다. 현상유지설에 이견(異見)이 없지 않다.[15] 전권행사설을 주장하면서, 헌법적 근거없이 권한대행의 권한범위를 제한하는 것은 위헌문제를 야기할 수 있다는 견해도 있다.[16] 그러나 대통령 권한대행의 직무범위는 대체로 현상유지적이고 소극적인 작용에 국한된다고 보는 것이 지배적 견해다.[17] 즉 대통령 권한대행자인 국무총리나 국무위원은 국민으로부터 민주적 정당성을 직접 부여받지 못하였고, 권한대행 제도가 그 본질상 과도기적이라는 점 등을 이유로 대통령 권한대행자의 직무범위는 현상유지적 작용에 제한되어야 한다고 보는 견해도 그러하다.[18] 또 다른 견해도 법적으로 모든

---

14) 허창환, "대통령 권한대행에 관한 연구", 공법연구 제53집 제3호, 2025, 328면.
15) 심현우, "대통령 권한대행의 법적 지위와 직무범위에 관한 고찰: 헌법학계의 '현상유지설'에 대한 비판을 중심으로", 법과사회 제78호, 2025, 43면 이하.
16) 박승호, "대통령 권한대행에 관한 몇 가지 쟁점", 아주법학 제10권 제4호, 2017, 141면.
17) 김철수, 헌법학개론, 제17전정신판, 박영사, 2005, 1206-1207면.

권한을 행사할 수 있지만, 실제로는 최단기간 내에 최소한의 직무에 국한된다고 보고 있다.[19] 이와 달리 궐위와 사고를 구분해서 권한대행의 범위를 달리 해석하는 견해도 있다. 즉 궐위의 경우에는 대통령의 권한 전반에 걸쳐 직무를 대행할 수 있지만, 사고의 경우에는 잠정적인 현상 유지에 국한되고 기본정책의 전환이나 인사이동 등을 대행할 수는 없다고 본다.[20]

이하에서는 대통령 권한대행의 직무범위와 관련하여 몇 가지 쟁점을 검토하기로 하다. 이와 관련하여 인사권의 행사, 국가긴급권의 행사, 법률안 거부권의 행사 등의 허용 여부를 개별적으로 살펴보기로 한다.

(2) 인사권의 행사

헌법에 보장된 대통령의 권한은 광범위하다. 현행 헌법상 대통령은 국가원수로서 국군통수권자의 지위, 행정부 수반으로서 정부조직권자의 지위, 그리고 국무회의 의장으로서의 지위 등을 가진다(헌법 제66조, 제74조, 제78조, 제88조). 대통령은 행정부의 수반으로서 정부조직권자의 지위를 가지는데, 대통령 권한대행이 대통령의 고유한 인사권을 어느 범위까지 행사할 수 있는지도 논란이다. 예컨대 행정각부의 장관이 비리혐의나 개인사정 등으로 갑자기 사임한 경우 대통령 권한대행이 해당 장관을 다시 임명할 수 있는지가 문제될 수 있다.

대통령이 사망하거나 탄핵심판 인용결정으로 파면될 경우 등에 대통령 권한대행자가 각부 장관이나 독립위원회 위원장의 인사권을 적극적으로 행사하거나 국방·외교 정책의 기본방향을 전환하는 것을 추진하

18) 한수웅, 헌법학, 제7판, 헌법학, 2017, 1226면. 이 견해는 대통령 권한대행자인 국무총리나 국무위원이 국민으로부터 민주적 정당성을 부여받지 못하였고, 권한대행제도가 그 성질상 과도기적이라는 점 등을 이유로 대통령 권한대행자의 직무범위는 소극적인 현상유지적인 권한에 제한되어야 한다고 보고 있다.

19) 정종섭, 앞의 논문, 273－274면.

20) 권영성, 앞의 책, 956－957면.

는 것은 권한유월의 문제가 발생할 수 있다. 비록 대통령이 궐위되었지만, 민주적 정당성이 약하고 임시적인 권한을 행사하는 권한대행자가 대통령의 권한을 적극적으로 행사하는 것은 바람직하지 않다. 대통령의 권한대행은 '법정대리'이므로 피대리관청인 대통령의 권한을 전부 대리할 수 있다. 그러나 그 권한행사의 정도는 제한적이어야 한다. 따라서 중요한 헌법기관의 장에 관한 인사권을 자의적으로 행사하는 것은 허용되기 어렵다.

대통령 권한대행은 대통령이 사고가 종료되고 복귀하거나, 또 궐위나 사망 등으로 후임자 선출을 위해 실시되는 대통령 선거로 차기 대통령이 임명될 때까지 최소한의 인사권을 행사하는 것이 보통이다. 전술한 바와 같이 행정각부나 행정기관의 장 등이 사고로 직무를 수행할 수 없는 경우에는 권한대행 제도가 운용되고 있으므로 후임 대통령이 이를 임명하도록 하는 것이 바람직하다. 그러나 자신보다 높은 직위에 있는 자나 법률이 정한 국무위원의 선순위자를 임명하는 것은 허용되지 아니한다. 만약 탄핵심판에서 대통령 권한대행을 맡은 국무총리가 인용결정을 받을 경우, 헌법 제71조에 따라 대통령 권한대행을 맡은 국무위원인 부총리 겸 기획재정부장관이 국무총리를 임의로 임명하는 것이 그러하다. 이 경우 국회의 동의를 얻어야 하지만, 대통령 권한대행을 맡은 국무위원이 국회의 동의를 얻는 경우에도 국무총리를 임명하는 것은 허용되어서는 아니 된다. 위에서 언급한 바와 같이 선거를 통해 새로 선출된 대통령이 국무총리를 새로 임명하는 것이 타당하다.

(3) 국가긴급권의 행사

대통령이 사고뿐만 아니라 궐위된 경우에도 대통령 권한대행자는 헌법이 예정한 직무와 과제를 수행해야 하지만, 국민이 부여한 위임의 범위를 넘어 과도한 권한 행사를 하여서는 아니 된다. 예컨대 대통령은 국가의 독립과 영토보전의 책무를 진다. 그러나 국가의 영토보전을 명

분으로 선전포고하고 다른 국가와의 전쟁을 일으키거나 중대한 외교적 마찰을 초래하는 대외정책을 결정하는 것은 허용되지 아니한다. 또한 국가의 중대한 재정적 부담과 경제적 위기를 발생시키는 행위를 하여서는 아니 된다. 다만, 국가적 재난상황이나 비상상황에서도 대통령 권한대행의 직무를 현상유지적 업무에 제한할 것인지가 문제다.

국내 학설 중에도 원칙적으로는 현상유지적인 직무수행에 국한된다고 보면서, 예외적으로 헌법위반의 상태나 중요한 기본권 침해, 국가위기상황 등에는 궐위나 사고를 막론하고 적극적인 직무수행이 가능하다고 보는 견해가 유력하다.[21] 그러나 이 견해도 국민투표부의나 헌법개정제안권 등에 대한 권한대행은 허용되지 않는다고 보고 있다. 국가의 내우·외환이나 중대한 재정·경제상의 위기, 국가의 안위에 관계되는 중대한 교전상태 등에 대통령 권한대행이 헌법 제76조에 따라 긴급재정·경제명령, 긴급명령을 내릴 수 있는지가 중요한 쟁점이 될 것이다. 국가적 위난에 직면하여 이를 극복하기 위해 불가피하게 이러한 권한을 사용할 수도 있지만, 이를 남용할 우려를 배제하기 어렵다. 이러한 국가긴급권을 불가피하게 사용할 경우에는 국회와의 협력이 중요하다. 이러한 권한행사에 대해서는 사전에 국회와 협의하는 절차를 거치는 것이 바람직하다. 또한 사후에 이를 지체없이 국회에 보고하고 그 승인을 얻어야 하는 것은 물론이다. 만약 이러한 권한을 남용하면 국회는 대통령 권한대행자에 대해 다시 탄핵소추를 하거나, 그 위법이 드러나면 형사상 책임을 물을 수도 있다.

(4) 법률안 거부권의 행사

대통령 권한대행이 법률안거부권을 적극적으로 행사할 수 있는지도 문제다. 전술한 바와 같이, 국회는 한덕수 국무총리에 대한 탄핵소추

21) 정재황, 헌법학, 제2판, 법문사, 2022, 1491－1492면.

사유에 특별검사 임명 법률안에 대한 재의요구권을 포함하였으나, 헌법재판소는 재판관 1인의 인용의견을 제외하고 그 위헌 또는 위법을 인정하지 않았다. 법률안 재의요구권은 입법권을 견제하는 대통령의 권한이며, 이에 대해 국회는 재적의원과반수의 출석과 출석의원 3분의 2 이상의 재의결로 법률안을 확정할 수 있다. 정당한 사유 없이 법률안 거부권을 남용하는 것은 마찬가지로 권한남용의 문제가 발생할 수 있다. 그러나 대통령 권한대행이 적법한 국무회의 절차를 거쳐 정당한 법률안 거부권을 행사한 경우 이를 이유로 곧바로 헌법을 위반하였다고 단정하기는 쉽지 않다.

(5) 권한대행의 법효과와 권한대행자의 책임

대통령 권한대행을 맡은 국무총리의 행위는 대통령의 명의로 하는 것이며, 대통령의 권한범위 내에서 행한 권한대행의 법효과는 피대리관청이 소속한 행정주체(국가)에 귀속된다.[22] 탄핵소추로 인한 권한정지와 같은 '사고'의 경우에 대통령 권한대행자의 행위는 대통령의 명의로 한 것이지만, 그 행위로 인한 책임에 대해서는 대통령 권한대행자가 부담한다. 탄핵심판의 인용 결정으로 인한 궐석의 경우도 물론이다. 예컨대 대통령 권한대행자가 위헌 또는 위법한 직무행위를 수행할 경우에는 그 권한대행자가 책임을 진다. 대통령이 궐위된 경우에 대통령 권한대행자는 대통령의 지휘나 감독을 받을 수 없다. 대통령이 사고로 인한 경우에도 피대리관청인 대통령의 지위·감독을 받지 못하는 경우가 발생할 수 있다. 탄핵소추로 인해 대통령의 직무가 정지된 경우가 그러하다. 대통령의 궐위로 인하여 권한대행자가 그 권한을 유월하거나 남용할 경우 위헌 또는 위법의 문제가 발생할 수 있을 뿐만 아니라 형사상 직권남용으로 소추될 수도 있다. 위헌적인 직무행위로 인한 책임에 대

22) 이상규, 앞의 책, 70면.

해서는 권한대행자가 이를 부담하여야 한다.

5. 대통령 권한대행의 헌법재판관 임명

(1) 헌법재판관 임명권의 법적 성질

대통령 권한대행의 직무범위와 관련하여, 대통령 권한대행자가 헌법재판관을 임명하지 않는 것이 헌법에 위반되는지가 논란이 되었다. 이 문제는 중요한 쟁점의 하나이므로 이하에서 별도로 논하도록 한다. 대통령은 헌법재판관의 임명권을 가진다. 이러한 권한은 본래 재량행위에 속한다. 특히 재판관 중 국회에서 선출하는 자 3인과 대법원장이 지명하는 자 3인 외에 대통령이 직접 임명하는 헌법재판관은 대통령의 고유한 권한이다. 그러나 대통령 권한대행자가 대통령의 고유한 권한인 3인의 재판관을 직접 임명하는 것에 대해서는 소극적으로 해석하는 것이 바람직하다.

학설은 대체로 국회가 선출하거나 대법원장이 지명한 헌법재판관 후보자를 대통령이 임명하는 것은 일종의 '형식적' 임명권으로 이해하고 있다.[23] 또한 유력설은 대통령이 고유한 권한으로 헌법재판관을 직접 선발하여 임명하는 것을 행정부의 수반이 아니라 국가원수의 입장에서 임명하는 것이라고 보고 있다.[24] 대통령에 비해 상대적으로 민주적 정당성이 취약하고 대통령의 권한을 한시적으로 행사하는 대통령 권한대행자의 직무범위는 제한적이어야 한다. 따라서 대통령 권한대행자는, 대통령이 직접 임명하는 3인의 헌법재판관에 대해, 대통령을 대신하여 그 헌법재판관을 직접 선발하고 임명하여서는 아니된다. 탄핵심판결정

23) 권영성, 앞의 책, 978면; 허 영, 한국헌법론, 전정14판, 박영사, 2018, 1037면. 다만, 이 견해는 대통령이 직접 임명하는 헌법재판관 3인에 대한 것을 '실질적 임명권'이라고 이해하고 있다. 그러나 실질적 임명권이라는 표현이 독자적이고 자의적인 임명권 행사를 허용하는 것으로 오해되어서는 아니된다.

24) 김철수, 앞의 책, 1210면.

으로 대통령이 파면되고, 국정운영에 함께 참여한 국무총리가 그 권한대행을 맡는 상황에서, 대통령 권한대행자가 대통령이 직접 임명하는 헌법재판관을 독자적으로 임명하는 것은 중대한 헌법문제가 발생할 수 있다. 이는 이후에 행정부를 견제하기 위한 탄핵심판이나 권한쟁의심판 등에서 헌법재판소의 결정에 적지 않은 영향을 미칠 수 있다.

대통령 권한대행자가 대통령 몫인 헌법재판소 재판관을 자의적으로 임명하는 것은 헌법재판소의 독립을 현저히 침해할 수 있다. 또한 이러한 임명권을 행사하는 것은 헌법의 근간인 법치국가원리와 민주주의원리, 권력분립원리 등을 위반하는 것이다. 무엇보다 주권자인 국민은 선거에 의해 선출되지 아니한 대통령 권한대행자에게 헌법에서 규정하고 있는 대통령의 고유한 권한을 위임하고 있지 않다(헌법 제1조 제2항, 헌법 제67조 참조). 또한 헌법에도 이러한 권한을 대통령 권한대행자에게 명시적으로 부여하고 있지 않다. 헌법재판소는 국가권력을 통제할 수 있는 헌법기관이자 헌법을 수호하는 최후의 보루(堡壘)이다. 대통령 권한대행자가 자의적인 인사권을 행사하여 헌법재판소의 독립을 훼손하는 것은 중대한 헌법위반이다.

한편, 국회가 선출하거나 대법원장이 지명하는 후보자를 헌법재판관으로 임명하는 경우에 인사권 행사의 재량이 축소되고 이를 거부할 권한은 제한적으로 해석되어야 한다. 이 경우 권력분립원리에 비추어 그 임명권의 결정재량은 감축되어 사실상 기속행위로 전환된다. 대통령이 이러한 후보자의 임명을 거부할 재량이 있는지도 중요한 문제다. 헌법 제111조 제2항 및 헌법재판소 제5조에서 정한 재판관의 자격요건을 충족하지 아니하는 경우, 자유민주적 기본질서와 법치주의를 근간으로 하는 헌법질서를 부정하거나 그밖에 법률에서 정하는 중요한 결격사유가 있는 경우 등에는 그 임명을 유보할 수 있다. 그러나 권력분립원리에 비추어 대통령이 이를 거부하는 것은 적절하지 않다. 이 경우에는 국회나 대법원장과 협의하여 적절한 후보자를 새로 선출하거나 지명하

는 절차를 다시 밟을 수도 있다. 무엇보다 국회나 대법원장이 헌법재판관 후보자를 추천하거나 지명할 때 이러한 결격사유가 있는지를 면밀히 검증해야 한다.

(2) 헌법재판소의 기능 장애와 헌법재판관의 임기 연장

헌법재판관의 퇴직이나 사직 등으로 인해 6인의 헌법재판관만 남는 경우, 헌법재판소의 기능이 제대로 작동하지 못하는 문제가 발생할 수 있다. 헌법재판관 7인 이상의 출석으로 개최되는 재판관회의를 개최할 수 없고 7인 이상의 헌법재판관의 출석으로 하는 심리를 위한 심판정족수를 충족하기 어려운 사정이 있다. 이러한 경우에 헌법재판소의 기능에 중대한 장애가 발생할 수 있다(헌법재판소법 제16조 및 제23조). 독일에서는 헌법재판의 공백을 방지하기 위해 연방헌법재판소 재판관의 임기가 종료하더라도 그 후임자의 임명까지 계속해서 직무를 수행하도록 규정하고 있다(독일 연방헌법재판소법 제4조 제4항). 예컨대 임기의 종료나 정년 도달, 면직 등으로 인해 재판관의 공석이 발생하지 않도록 제도적 장치를 마련하고 있다.

현재 헌법재판소는 전임 헌법재판소장의 퇴임으로 권한대행 체제로 운영되고 있다. 이에 관한 규정은 종전에 헌법재판소법 제12조 제4항과 '헌법재판소장의 권한대행에 관한 규칙'에서 규율하고 있었다. 그러나 2025년 1월 31일 개정에 의해 헌법재판소법 제12조의2를 신설하고 있다. 즉 헌법재판소장이 일시적인 사고로 인하여 직무를 수행할 수 없을 때에는 헌법재판소 재판관 중 임명일자 순으로 그 권한을 대행하고, 그 임명일자가 같은 때에는 연장자 순으로 대행한다(동조 제1항). 다만, 헌법재판소장이 궐위되거나 1개월 이상 직무를 수행할 수 없을 때에는 재판관 중 재판관회의에서 선출된 사람이 그 권한대행을 맡는다(동조 제2항).

이 사건과 관련하여 당시에 대통령 탄핵심판이라는 중요한 결정을

앞두고 헌법재판소장 권한대행을 맡고 있는 재판관을 포함하여 2인의 재판관이 퇴임을 앞두고 있었다. 또한 논란이 되었던 마은혁 헌법재판관 후보자의 임명은 당시에 오랫동안 표류(漂流) 중이었다. 그러나 이러한 헌법재판관의 임명이 계속 보류되었을 경우 헌법재판소의 기능이 제대로 작동하지 않을 수 있고, 일종의 '헌법장애(憲法障碍)' 상태에 직면할 수 있다. 헌법장애(Verfassungsstörung)는 대체로 헌법기관 그 자체의 사유로 헌법에 규정된 기능을 제대로 수행할 수 없는 상태를 의미한다.[25] 그 구체적 사례로는 1932년 바이마르공화국 말기에 의회가 다수파를 형성할 수 없어 국가와 헌법의 존립 자체가 중대하게 침해되는 상태를 들고 있다.[26] 그러나 이러한 헌법장애는 대체로 정상적인 헌법수호의 수단으로는 회복되기 어려운 국가비상사태 또는 긴급사태와 구별된다.[27] 여야의 극한적 대립과 국회와 행정부와의 반목으로 법률안 거부권의 행사와 탄핵소추의 빈발로 국정이 제대로 운영되지 못하는 상황이 발생할 수 있다. 또한 헌법재판관 임명의 지체로 인해 헌법재판소의 기능이 정지되고, 행정부도 현직 대통령에 대한 탄핵소추로 국무총리가 그 권한대행을 맡는 상황이 지속될 수밖에 없다.

헌법재판소의 기능 장애를 해결하는 방안을 마련할 필요가 있다. 이와 관련하여 퇴임하는 헌법재판관이 후임자가 선출될 때까지 일정한 기간에 그 업무를 계속해서 수행할 수 있도록 하는 것이 합리적인 방안이다. 다만, 헌법에 규정된 헌법재판관의 임기 규정을 위반하지 않도록 주의해야 한다. 헌법 제112조는 헌법재판관의 임기를 6년으로 하고 있고, 법률이 정하는 바에 따라 연임할 수는 있다고 규정하고 있다. 이러한 헌법상의 임기 규정에 위반되지 않도록 하기 위해서는 구체적인 시

25) J. Heckel, Diktatur, Notverordnungsrecht, Staatsnotstand: mit besonderer Rücksicht auf das Budgetrecht, AöR 61(1932), S. 310; K. Hesse, Grundzüge des Verfassungsrechts der Bundesrepublik Deutschland, § 23 Rn. 721 f.

26) 콘라드 헷세 저/계희열 역, 통일독일헌법원론, 제20판, 박영사, 2001, 429면 이하.

27) 허 영, 헌법이론과 헌법(상), 박영사, 1988, 131면 이하 참조.

기를 특정하기보다 후임 재판관이 임명될 때까지 '한시적'으로 그 업무를 수행한다는 식으로 규정하는 것이 바람직하다.

(3) 헌법재판소의 구성과 헌법재판관의 임명절차

대통령 권한대행의 헌법재판관 임명과 관련하여, 헌법재판소의 구성과 헌법재판관의 임명절차도 문제다. 헌법재판소는 전술한 바와 같이 '법관'의 자격을 가진 9인의 재판관으로 구성되며, 국회에서 선출하는 3인의 재판관과 대법원장이 지명하는 3인의 재판관을 포함한 9인의 재판관은 대통령에 의해 임명된다. 대통령은 3인의 재판관을 직접 임명할 수 있다. 그러나 이러한 구성방식은 집권당에게 유리한 헌법재판관을 선발할 수 있는데, 정부가 교체될 때마다 헌법재판의 중립성과 독립성을 훼손할 수도 있다. 헌법재판관의 구성과 관련하여, 대법원장이 3명을 지명하도록 하는 것은 권력분립의 원리에 비추어 적절하지 않다.[28] 헌법상 헌법재판소와 대법원은 대등한 위치에 있고, 헌법재판소의 결정은 사법부에 대해서도 기속력을 가진다. 대법원장이 경력 법관 중에서 헌법재판관을 임명하는 관행은 헌법재판소와 대법원의 관계를 고려할 때 개선되어야 한다. 이러한 권한은 대법원장의 독자적 권한이며, 헌법재판소 구성에도 큰 영향을 미친다. 따라서 대법원장이 헌법재판소 재판관의 구성에 직접 개입하는 것은 재고될 필요가 있다. 앞으로 국회(위원회)의 본회의 의결을 거쳐 추천하는 자를 대통령이 최종적으로 임명하도록 하는 방안을 마련할 필요가 있다. 헌법재판관을 직업법관으로 구성하는 것은 재고되어야 한다.[29] 또한 필요한 경우 국회에 '헌법재판관추천특별위원회'를 설치하는 방안도 마련해야 한다.

28) 정남철, 헌법재판과 행정소송, 법문사, 2022, 616면.
29) 헌법재판소 구성과 관련하여 대법원장의 헌법재판관 지명제도, 헌법재판관의 법관자격 요구 등에 대해 비판적인 견해로는 최대권, 헌법학강의, 증보판, 박영사, 2001, 419－421면 참조.

참고로 독일에서는 연방헌법재판소 재판관을 대통령이 임명하는 것이 아니라 연방의회와 연방참사원이 선출해서 임명한다. 즉 연방동등(föderativen Parität)의 원칙에 따라 연방헌법재판소의 구성원을 연방하원인 연방의회(Bundestag)와 연방상원인 연방참사원(Bundesrat)에서 각각 2분의 1씩 선출한다(독일 기본법 제94조 제1항).[30] 독일의 연방헌법재판소는 2개의 재판부로 구성되어 있어, 이를 흔히 '쌍둥이 재판부'라고 부른다. 각 재판부는 8인의 재판관으로 구성된다. 연방헌법재판소의 소장과 부소장은 각각 다른 재판부에 소속된다(동법 제9조 제1항). 연방의회와 연방참사원은 소장과 부소장을 교대로 선출한다. 첫 선출의 경우에 연방헌법재판소장은 연방의회에서 선출되고 부소장은 연방참사원에서 선출된다(동조 제2항).

연방의회는 간선으로 연방헌법재판소 재판관을 선출한다. 연방의회는 연방의회 12명의 의원으로 구성된 '재판관선출위원회'를 비례선거의 원칙에 따라 설치하여 재판관을 선출한다. 위 위원회의 선출제안에 대해 적어도 8인의 위원이 동의하여야 한다. 집권당이 단독으로 재판관을 선출하는 것을 제한하기 위해 연방의회의 다수결로 합의한 연방의회 총수의 3분의 2 이상의 동의를 요구하고 있다(독일 연방헌법재판소법 제6조 제1항 제2문).[31] 관례적으로 집권여당은 연방헌법재판소 재판관 중 1인을 군소정당의 연정파트너에게 양보하고 있다.[32] 연방참사원에서도 3분의 2이상의 동의를 얻어 연방헌법재판관을 선발한다. 그러나 연방참사원에는 연방헌법재판관을 선출하는 특별한 절차가 마련되어 있다. 즉 연방참사원에서 전임 연방헌법재판관의 임기종료나 정년도달 등으로 인해 그 퇴임 후 2월 내에 그 후임자를 선출하지 못하면, 재판관선출위원회의 최연장자가 곧바로 연방헌법재판소에 연방헌법재판관 선출을

30) Schlaich/Korioth, Das Bundesverfassungsgericht, 9. Aufl., S. 29.

31) 이는 재판관의 독립성을 확보하기 위한 조치이다(Schlaich/Korioth, a.a.O.).

32) 유타 림바흐 저/정남철 옮김, 독일연방헌법재판소, 고려대학교출판부, 2007, 48면.

위한 제안을 요청할 수 있다(독일 연방헌법재판소법 제7a조 제1항). 이 경우 연방헌법재판소 전체회의(Plenum)는 단순다수결로 후보자를 선발하여 연방참사원에 추천한다(동조 제2항). 여기서 가중다수결이 아닌 단순다수결을 규정한 것은 정치적 소수파가 영향을 미칠 가능성을 방지하기 위한 것이라고 한다.[33] 1인의 재판관을 선발할 경우 연방헌법재판소는 3명의 후보자를 추천하고, 수인(數人)을 선발할 경우 그 2배의 후보자를 추천한다(동조 제2항). 연방참사원은 연방헌법재판소가 추천한 후보자 중에서 연방헌법재판관을 선출한다(동조 제3항). 그러나 연방헌법재판소가 추천하지 아니한 자를 선출하는 것도 무방하다(동조 제4항). 그리고 연방헌법재판소가 추천한 후보자 중에서 후임재판관을 3개월 이내에 선출하지 아니하면, 다른 선출기관에 의해서도 재판관을 선출할 수 있다(동조 제5항).

(4) 헌법재판관 임명 부작위의 위헌성

대통령 탄핵심판절차가 진행되는 와중에 헌법재판소 재판관을 임명하지 않는 것이 위헌인지가 계속해서 논란이다. 국회에서 정한 선출절차에 따라 헌법재판관 후보자가 선출된 경우에도 대통령 권한대행이 헌법재판관을 임명하지 않는 것이 헌법에 위반되는지가 문제였다. 대상판결의 기각의견은 헌법재판관을 임명할 헌법상 작위의무가 있다는 점을 인정하고 있지만, 대통령 권한대행자인 국무총리에 대해 파면 결정을 정당화할 사유가 없다고 판단하였다. 그러나 국무총리에 대한 탄핵소추가 의결된 후, 새로이 대통령 권한대행을 맡았던 국무위원인 최상목 부총리 겸 기획재정부장관은 국회에서 선출한 정계선 후보자와 조한창 후보자를 임명하였으나, 국회에서 같이 선출된 마은혁 후보자를 임명하지 않았다. 이와 관련하여 국회의장은 대통령 권한대행자가 청구인

33) Lechner/Zuck, BVerfGG, 7. Aufl., § 7a Rn. 2.

의 재판관 선출권 및 헌법재판소 구성권을 침해한다고 주장하면서 권한쟁의심판을 청구하였다. 헌법재판소는 전술한 바와 같이 마은혁 재판관 후보자의 임명을 둘러싸고, 그 임명을 하지 않은 대통령 권한대행자의 부작위가 청구인(국회의장)의 권한을 침해하였다고 결정하였다(헌재 2025. 2. 27. 2025헌라1).

헌법 제111조 제3항은 재판관 중 3인을 국회에서 선출하는 자를 대통령이 임명하도록 규정하고 있다. 국회에서 선출하는 헌법재판소 재판관의 임명동의안을 심사하기 위해 '인사청문특별위원회'를 두고 있다(국회법 제46조의3 제1항 제2호). 위 헌법재판소의 결정에 의하면, 2024년 12월 23일 재판관 후보자 마은혁과 정계선에 대하여, 2024년 12월 24일 재판관 후보자 조한창에 대하여 각 인사청문특별위원회를 실시하였고, 2024년 12월 24일 위 선출안들에 대한 심사경과보고서를 채택하여 국회의장에게 보고하였다. 또한 국회의장은 2024년 12월 26일 제420회 국회 본회의에서 이 사건 선출안들을 상정하여 가결하였고, 이를 대통령(인사혁신처장)과 헌법재판소장을 수신자로 하여 재판관 선출을 통지하였다. 그러나 2024년 12월 27일 국무총리에 대한 탄핵소추 의결로 인해 대통령 권한대행을 맡은 부총리 겸 기획재정부장관은 2025년 1월 1일 자로 정계선 후보자와 조한창 후보자를 재판관으로 임명하면서, 마은혁 후보자를 재판관으로 임명하지 않았다.

헌법재판관을 임명하지 않은 부작위의 위헌은 국무총리(한덕수) 탄핵사건의 일부 기각의견(4인)과 인용의견(1인)에서도 확인된다. 비록 이러한 헌법재판소의 결정에도 이를 강제할 방법은 헌법뿐만 아니라 현행 법령에 전혀 규정되어 있지 않다. 다만, 그 위헌 판단에 대해 형사책임이나 정치적 책임을 묻는 것은 별론이다. 권한쟁의심판에서 헌법재판소가 대통령 권한대행자의 헌법재판관 임명 부작위가 위헌(권한침해)이라고 결정한 것은 모든 국가기관과 지방자치단체를 기속하며, 그 부작위에 대한 심판청구를 인용하는 결정을 할 때에는 피청구인은 그 결정 취

지에 따른 처분을 하여야 한다(헌법재판소법 제67조 및 제66조 참조). 헌법재판소는 위 국회와 대통령 간의 권한쟁의심판에서 헌법재판관 임명이 대통령의 권한인 동시에 헌법상 의무라고 판단하고 있다. 특히 피청구인인 대통령 권한대행이 헌법재판관 3인을 임명해야 할 헌법상 구체적 작위의무를 부담한다고 지적하고 있다. 대통령 권한대행은 헌법재판관을 임명해야 할 헌법상 작위의무를 위반하여 청구인의 재판관 선출을 통한 헌법재판소 구성권을 침해하였다. 대통령 권한대행자인 피청구인에 대한 탄핵소추가 기각된 후에도 여전히 헌법재판관을 임명하지 않은 국무총리의 부작위는 중대한 위법사유에 해당한다.

6. 국무총리 직무대행의 문제점

헌법에는 대통령 권한대행에 관한 규정만 있을 뿐, 국무총리 직무대행에 관하여는 아무런 규정이 없다. 헌법에는 국무총리의 권한에 관한 규정이 적지 않다. 정부조직법 제22조에는 국무총리 직무대행에 관한 규정을 두고 있다. 국무총리가 대통령 권한대행을 맡을 경우 국무총리는 대통령을 겸하는 것이 관례이다. 통상적으로 법률안의 공포나 문서 등에 “대통령 권한대행 국무총리 ○○○”라고 표현하고 있다. 그러나 헌법 제81조는 대통령이 국무총리의 직을 겸직할 수 없다고 규정하고 있다. 즉 역으로 권한대행을 맡은 국무총리도 대통령을 겸직하는 것이 아니라 대통령의 권한을 대행할 뿐이다. 이러한 대행은 법정대리에 해당하므로 국무총리는 헌법과 법률이 정하는 바에 따라 대통령의 권한을 전부 대리하는 것이다. 그러나 대통령의 권한대행은 위에서 언급한 바와 같이 현상유지적 작용에 제한되어야 하며, 국정의 중요한 정책기조를 변경하거나 인사권을 자의적으로 남용하여서는 아니된다.

국가적으로 위난(危難)한 상황에서 대통령 권한대행을 맡은 국무총리가 대통령에 이어 탄핵소추가 되고, 또다시 법령이 정하는 순서에 따

라 국무위원 중 부총리 겸 기획재정부장관이 대통령 권한대행을 맡은 헌정사 초유의 사건이 발생하였다. 이에 따라 부총리 겸 기획재정부장관은 대통령 권한대행자이자 국무총리의 직무도 함께 수행하고 있다. 그러나 이는 위에서 언급한 헌법 제83조에 위반된다. 헌법이나 정부조직법이 이러한 상황을 전혀 예측하지 못하여, 입법적 공백이 발생한 것이다. 이 경우 대통령 권한대행을 맡았던 최상목 장관은 부총리 겸 기획재정부장관이 아니라 헌법 제71조에 따라 '국무위원'의 자격으로 대통령 권한대행을 맡은 것이다. 따라서 법률의 공포나 문서 등에 "대통령 권한대행 국무위원 ○○○"이라고 표기해야 한다.

공문서 발령에는 "국무총리 직무대행 ○○○"을 병기하고 있다. 헌법 제81조는 대통령의 권한이 집중되어 무소불위(無所不爲)의 권력을 행사하는 것을 방지하기 위한 규정이다. 이는 행정내부의 통제와 관련이 있다. 이 경우 국무총리의 사고로 인한 권한대행을 대통령 권한대행을 맡은 국무위원이 아닌 또 다른 국무위원이 맡도록 하는 것이 필요하다. 정부조직법에도 국무총리와 부총리가 모두 사고로 직무를 수행할 수 없을 경우, 대통령의 지명이 있으면 그 지명을 받은 국무위원이 국무총리의 직무를 대행할 수 있도록 하고 있다. 지금처럼 대통령이 탄핵소추되어 국무총리 직무대행자를 지명할 수 없는 경우에는 정부조직법 제26조 제1항에 규정된 순서에 따른 국무위원이 국무총리의 직무를 대행하도록 규정하고 있다.

그러나 해당 부총리 겸 기획재정부장관인 국무위원이 대통령 권한대행을 맡을 경우 차순위자인 국무위원(부총리 겸 교육부장관)이 국무총리의 직무를 대행하도록 하는 것이 합리적이다.[34] 직무대행과 관련하여

34) 同旨見解: 정종섭, 앞의 책, 227면. 다만, 이 견해는 대통령 권한대행을 맡은 재정경제부장관(현 기획재정부장관)이 국무총리가 궐위되거나 직무로의 복귀가 용이하지 아니할 경우 국무총리를 임명할 수 있다고 본다. 그러나 이는 전술한 바와 같이 대통령 권한대행자로서 그 권한을 유월하는 것이다.

말하는 사고는 “전보, 퇴직, 해임 또는 임기 만료 등으로 후임자가 임명될 때까지 해당 직위가 공석인 경우”, “휴가, 출장 또는 결원 보충이 없는 휴직 등으로 인해 일시적으로 직무를 수행할 수 없는 경우”를 말한다(직무대리규정 제2조 제4호). 부총리 겸 기획재정부장관이 대통령 권한대행을 맡는 것은 비록 ‘사고’에 해당하는 것은 아니지만, 사실상 해당 직무를 효율적으로 수행하기가 어려운 상황이다. 이는 국무총리가 아닌 국무위원이 국가적 비상상황에서 대통령의 권한대행을 맡는 것이므로 이에 준하여 판단할 필요가 있다. 그밖에 최상목 장관이 대통령 권한을 맡았을 경우에도 부총리 겸 기획재정부 장관의 업무를 겸직하는 것은 바람직하지 않다. 너무 막중한 권력이 1인에게 집중되는 것은 지양되어야 한다. 이 경우에 기획재정부장관의 업무도 대통령령에 따라 기획재정부 제1차관, 제2차관의 순서로 대행하도록 해야 한다(기획재정부와 그 소속기관 직제 제5조).

Ⅳ. 맺음말

대상판결은 대통령 권한대행자인 국무총리 탄핵소추에 관한 한국 헌정사 최초의 사건이다. 대상판결은 행정조직법상 권한대행의 법적 함의에 관해 많은 시사점을 던져 주고 있다. 즉 대통령 권한대행자의 법적 지위나 신분, 대통령 권한대행의 범위와 한계, 헌법재판소 재판관 미임명의 위헌성 등에 관한 중요한 쟁점을 포함하고 있다. 헌법재판소는 대상판결의 적법요건 판단에서 대통령 권한대행자인 국무총리의 지위가 대통령에 비해 상당히 제한된 민주적 정당성만을 보유하고 있을 뿐만 아니라 권한대행자는 대통령과 구분되는 지위에 있다는 점을 분명히 밝히고 있다. 이는 탄핵소추 의결정족수를 판단하는 중요한 쟁점이다. 그밖에 대상판결에서는 헌법재판관 미임명의 위헌성이 논란이 되었다.

이는 대통령 권한대행자의 권한 범위와 관련된 것이다. 법률안 거부권과 법률안 재의요구가 대통령 권한대행자의 권한 범위에 속하는지도 어려운 문제다. 대상판결에서 재판관 4인(재판관 문형배, 재판관 이미선, 재판관 김형두, 재판관 정정미)의 기각의견과 재판관 1인(재판관 김복형)의 기각의견은 특별검사 임명 법률안에 대한 재의요구권 행사에 대해서는 위헌 또는 위법을 부인하고 있다.

입법적인 관점에서 대통령 권한대행의 권한 범위에 대해서는 여전히 모호한 점이 적지 않다. 헌법 제71조는 대통령 권한대행의 발생요건과 그 권한대행의 순서만을 규정할 뿐, 그 구체적인 권한의 범위와 한계에 대해서는 명확히 규정하고 있지 않다. 특히 대통령뿐만 아니라 대통령 권한대행자인 국무총리에 대한 탄핵소추가 가결되었고, 부총리 겸 기획재정부장관이 대통령 권한대행을 맡는 헌정사 초유의 사건도 발생하였다. 대상판결 후 대통령에 대한 탄핵심판 인용결정이 있었고, 제21대 대통령 선거를 앞두고 대통령 권한대행을 맡고 있던 국무총리가 사임하고 대통령 선거에 출마하는 일도 발생하였다. 다시 제1순위 권한대행자였던 부총리 및 기획재정부장관은 국회에서 탄핵소추가 발의되자 곧바로 사임하였고, 이에 부총리 겸 교육부장관이 대통령 권한대행을 맡는 상황이 발생하였다.

대통령의 위헌적인 비상계엄 선포로 인해 촉발된 국가적 위기를 극복하기 위해서는 국무총리나 국무위원이 아닌 중립적인 기관인 '국회의장'이 대통령 권한대행을 한시적으로 맡는 것을 고려할 필요가 있다. 국무총리는 국회의 동의를 얻어 임명되지만, 국민이 직접 선출하지 않는 기관일 뿐만 아니라 대통령이 임명한다는 점에서 민주적 정당성이 약하고 중립적인 국정운영을 기대하기 어려운 일이 발생할 수도 있다. 미국의 경우에는 부통령이 있지만, 대통령과 부통령이 직무를 수행할 수 없을 때, 하원의장과 상원임시의장이 대통령의 권한을 승계하도록 규정하고 있다. 대통령의 권한과 위상은 다르지만, 의원내각제 국가인

독일에서도 연방참사원의 의장이 연방대통령의 권한대행을 맡도록 하고 있다. 우리나라의 헌법에서도 이와 유사한 선례가 있다. 1960년 헌법 제52조에서는 대통령이 궐위되거나 사고로 인하여 직무를 수행할 수 없을 때 참의원의장, 민의원의장, 국무총리의 순위로 그 권한을 대행하도록 규정하고 있었다. 대통령과 국정운영을 같이 한 국무총리와 부총리에 대한 연이은 탄핵소추로 인해 국정운영의 공백이 발생할 우려도 있다는 점에서 현재의 대통령 권한대행자 제도는 개선되어야 한다. 앞으로 대통령이 탄핵소추나 내란죄나 외환죄로 형사상 소추를 받을 경우 대통령 권한대행자를 누구로 정하는 것이 적절한지에 대해서도 재고가 필요하다.

대통령 권한대행자의 권한범위나 절차 등에 관한 헌법 규정도 보완되어야 한다. 또한 정부조직법에 대통령 권한대행자의 지위나 권한범위 등에 관한 상세한 규정을 마련하여야 한다. 이전에 제안되었던 '대통령의 권한대행에 관한 법률'을 보완해서 정비하는 방안도 가능하다. 대통령 권한대행자는 원칙적으로 현상유지적인 직무만을 수행하는 것이 바람직하다. 국가긴급권을 행사하는 것은 원칙적으로 허용될 수 없다. 그러나 내우·외환이나 천재·지변 등 비상상황이나 재난이 발생할 경우에 재정·경제상의 위기에 긴급재정·경제명령을 발하거나 국가의 안위에 관계되는 중대한 교전상태에서 긴급명령을 발할 수 있을지가 문제다. 상황에 따라서는 현상유지적 대응을 하는 것이 오히려 국가적 위기를 초래할 수도 있다. 이런 경우에는 탄력적인 운영이 필요할 수도 있다. 이러한 국가긴급권의 행사는 국회에 보고하여 승인을 얻어야 하지만, 이러한 권한 행사에 대해서는 상세한 규정을 두는 것이 바람직할 것이다. 이러한 권한 행사와 관련하여 사전에 국회와의 협력이 중요하다. 그러나 지금처럼 대통령의 측근이나 배우자 등의 비리와 관련된 특별검사의 임용과 관련된 법률안을 계속해서 거부하는 것은 문제가 있다. 특히 헌법재판소의 위헌결정이 있었음에도 국회에서 추천한 헌법재판관 후

보자의 임명을 고의적으로 거부하는 것은 국회의 권한을 침해할 뿐만 아니라 헌법재판소 결정의 기속력을 위반한 것으로 위헌 또는 위법한 행위가 된다.

현직 대통령과 그 권한대행자인 국무총리에 대한 탄핵소추가 연이어 발생한 상황에서 헌법재판관의 임명 거부로 인한 헌법재판소의 기능 장애가 발생한 점도 간과해서는 아니 된다. 물론 대통령 권한대행을 맡은 국무위원인 부총리 겸 기획재정부장관이 2인의 헌법재판관을 임명함으로써 그 위기를 면하였으나, 동일한 절차를 거친 헌법재판관 1인은 정당한 사유 없이 그 임명이 보류되었다. 이와 관련하여 향후 헌법재판소의 조직과 구성에 관한 규정을 개선할 필요가 있다. 특히 헌법재판관 구성의 다양성과 민주적 정당성에 기반한 임명절차가 확보되어야 한다. 헌법재판소의 기능 장애가 발생하지 않도록 헌법재판관 임기 연장에 관한 규정을 마련해야 한다. 이에 관해서는 헌법에서 직접 규정하는 방안이 바람직하지만, 헌법에 보장된 임기 규정의 취지에 위반되지 않는 범위에서 헌법재판소법을 개정하여 “후임 재판관이 임명될 때까지 한시적으로” 헌법재판관의 임무를 수행하는 규정을 마련할 필요가 있다. 헌법재판관 임명에 관한 국회의 소극적인 태도와 방기로 인해 헌법재판관의 공석이 발생하고 헌법재판소의 기능 장애가 발생하는 것은 염려스러운 일이다. 헌정사 최초로 대통령과 대통령 권한대행인 국무총리에 대한 탄핵심판이 동시에 진행되는 상황에서 중대한 헌법장애 상태가 발생할 수 있었다는 사실을 실감하였다. 이러한 문제가 재발되지 않도록 헌법재판관의 임명절차를 개선하여야 한다.

참고문헌

[국내문헌]

단행본

권영성, 헌법학원론, 개정판, 법문사, 2005.
김남진, 행정법 I, 제7판, 법문사, 2002.
김도창, 일반행정법론(상), 제4전정판, 청운사, 1992.
김철수, 헌법학개론, 제17전정신판, 박영사, 2005.
박균성, 행정법론(상), 제22판, 박영사, 2023.
유진오, 헌법기초회고록, 일조각, 1980.
______, 신고 헌법해의, 일조각, 1953.
유타 림바흐 저/정남철 옮김, 독일연방헌법재판소, 고려대학교출판부, 2017.
이상규, 신행정법론(상), 신판, 법문사, 1997.
정남철, 헌법재판과 행정소송, 법문사, 2022.
정재황, 헌법학, 제2판, 박영사, 2022.
정종섭, 헌법연구 3, 박영사, 2001.
최대권, 헌법학강의, 증보판, 박영사, 2001.
콘라드 헷세 저/계희열 역, 통일독일헌법원론, 제20판, 박영사, 2001.
한수웅, 헌법학, 제7판, 법문사, 2017.
허 영, 헌법이론과 헌법(상), 박영사, 1988.
______, 한국헌법론, 전정14판, 박영사, 2018.

논문

김명식, “대통령 권한대행제도와 헌법개정”, 미국헌법연구 제29권 제1호, 2018, 39–66면.

박승호, “대통령 권한대행에 관한 몇 가지 쟁점”, 아주법학 제10권 제4호, 2017, 121-153면.

이종수, “직무대행의 起源, 대행자의 지위 및 권한 범위에 관한 小考: 대통령직을 중심으로”, 일감법학 제48호, 2021, 742-768면.

심현우, “대통령 권한대행의 법적 지위와 직무범위에 관한 고찰: 헌법학계의 ‘현상유지설’에 대한 비판을 중심으로”, 법과사회 제78호, 2025, 43-105면.

정종섭, “대통령 권한의 대행제도에 관한 연구”, 서울대 법학 제41권 제1호, 2000, 259-292면.

허창환, “대통령 권한대행에 관한 연구”, 공법연구 제53집 제3호, 2025, 319-341면.

[독일문헌]

Heckel, Johannes, Diktatur, Notverordnungsrecht, Staatsnotstand: mit besonderer Rücksicht auf das Budgetrecht, AöR 61(1932), S. 275 ff.

Hesse, K., Grundzüge des Verfassungsrechts der Bundesrepublik Deutschland, 20. Aufl., Heidelberg 1995.

Isensee/Kirchhoff, Handbuch des Staatsrechts, Bd. III, Heidelberg 2005.

Jarass/Pieroth, GG, Kommentar, 10. Aufl., München 2009.

Lechner/Zuck, BVerfGG, 7. Aufl., München 2015.

Schlaich/Korioth, Das Bundesverfassungsgericht: Stellung, Verfahren, Entscheidungen, 9. Aufl., München 2012.

국문초록

대상판결은 한국헌정사에서 최초로 대통령 권한대행자인 국무총리에 대한 탄핵심판 사건이다. 행정조직법상 '권한대행'의 의미를 되새겨볼 수 있는 좋은 사례다. 대상판결은 대통령 권한대행자의 법적 지위, 대통령 권한대행의 범위와 한계, 그리고 헌법재판소 재판관 임명 부작위의 위헌성 등과 관련하여 중요한 쟁점을 포함하고 있다. 헌법 제71조에 규정된 대통령 권한대행은 행정조직법상 '법정대리'에 해당한다. 대통령 권한대행자의 지위는 민주적 정당성이 약하므로 대통령에 준하는 지위를 인정할 수 없다. 그런 점에서 대상판결에서 대통령 권한대행이 국무총리의 지위에서 행사된다는 점을 명확히 밝힌 것은 적절하다. 그러나 대통령에 대한 탄핵소추가 있는 경우 대통령 권한대행자를 국무총리로 하는 것이 적정한지에 대해서는 새로운 논의가 필요하다. 대통령의 위헌적인 비상계엄 선포로 인해 촉발된 국가적 위기를 극복하기 위해서는 중립적인 기관으로서 '국회의장'이 대통령 권한대행을 한시적으로 맡는 것도 고려할 필요가 있다. 대통령 권한대행의 권한행사가 개시되는 시점도 모호하다. 대통령에 대한 탄핵소추가 의결된 시점부터 대통령의 권한행사가 정지된다고 보는 것이 타당하며, 이에 대해서는 국회법과 헌법재판소법을 개정하여야 한다. 대통령 권한대행의 직무범위가 논란이 되고 있다. 대통령 권한대행은 원칙적으로 현상유지적 직무수행에 제한된다고 보아야 한다. 예외적으로 중대한 안보위기이나 경제적·재정적 위기에서 불가피하게 대통령의 권한을 행사해야 할 경우에는 국회와의 협력이 필요하다. 그러나 이러한 권한을 남용할 우려를 배제하기 어렵기 때문에 법적 근거를 마련하는 방안을 검토할 필요가 있다. 대상판결에서 헌법재판관 임명 부작위의 위헌성이 문제되고 있다. 대통령 권한대행은 대통령이 임명하는 헌법재판관 3인에 대한 임명권을 행사하여서는 아니된다. 이러한 권한은 대통령의 고유한 권한이다. 그러나 대법원장이 지명하거나 국회가 선출한 헌법재판관 후보자의 경우 명백한 결격사유가 없으면, 대통령 권한대행은 그 후보자를 임명하여야

한다. 따라서 헌법재판소의 위헌 결정에도 불구하고 헌법재판관 후보자를 임명하지 않는 것은 중대한 위헌 또는 위법 사유에 해당한다. 헌법재판관의 퇴임으로 인한 헌법재판소의 기능 장애는 중요한 헌법문제다. 이러한 문제를 해결하기 위해서는 독일의 입법례와 같이 퇴임하는 헌법재판관이 후임자가 선출될 때까지 한시적으로 직무를 수행하도록 하도록 법률을 개정해야 한다.

주제어: 대통령 권한대행, 국무총리 직무대행, 헌법재판관 임명 부작위, 탄핵심판, 사고

Abstract

Scope and Limits of the Acting President's Powers
- Constitutional Court Decision 2024 Hun-Na 9, delivered on March 24, 2025 -

Namchul Chung*

The subject judgment represents the first impeachment trial of the Prime Minister, who is also the Acting President, in the Korean constitutional history. It serves as a valuable case study for examining the concept of 'acting authority' as defined under the Administrative Organization Law. The subject judgment addresses significant issues about the legal status of the Acting President, the scope and limits of the Acting President's authority, and the unconstitutionality of the inaction on the appointment of Constitutional Court Justices. The acting president, as delineated in Article 71 of the Constitution of the Republic of Korea, corresponds to 'legal representation' under the Administrative Organization Law. However, it is important to note that the status of the Acting President lacks democratic legitimacy and therefore cannot be considered equivalent to that of the President. In this regard, it is imperative that the subject judgment explicitly states that the acting president is exercising the role of the Prime Minister. However, a new discussion is needed on whether it is appropriate to have the Acting President be the Prime Minister in the event of an impeachment situation against the President. To overcome the national crisis triggered by the

* Sookmyung Women' University, Professor of Law

unconstitutional declaration of martial law by the President, it is necessary to consider the temporary assumption of the powers of the President by the Speaker of the National Assembly, as a neutral body. The timing of the start of the exercise of the powers of the Acting President is also unclear. It is reasonable to assume that the exercise of presidential powers is suspended from the moment the impeachment of the President is adopted, and the Korean National Assembly Act and the Korean Constitutional Court Act should be amended accordingly. The scope of the Acting President's duties is controversial. In principle, the acting president should be limited to the performing duties that maintain the status quo. In exceptional cases, such as a major security crisis or an economic or financial crisis, when the president's powers must necessarily be exercised, cooperation with the National Assembly is necessary. However, it is difficult to rule out the possibility of this power being abused, so it is necessary to review measures to establish a legal basis. The unconstitutionality of the inaction to appoint a Justice of the Constitutional Court in the subject judgment is questionable. The Acting President should not exercise the power to appoint the three Justices of the Constitutional Court appointed by the President. This power belongs to the President. However, in the case of a candidate Justices to the Constitutional Court nominated by the Chief Justice of the Supreme Court or elected by the National Assembly, the Acting President should appoint the candidate, unless there is a clear reason for disqualification. Therefore, inaction to appoint a candidate for a Constitutional Court despite decision of the Constitutional Court is a serious illegal act. The dysfunction of the Constitutional Court due to the retirement of a Constitutional Court Justice is an important constitutional issue. In order to solve this problem, the law should be revised to allow a retiring Constitutional Court Justice to temporarily perform his/her duties until a successor is elected, as in the case in Germany.

KeyWords: Acting President, Acting Prime Minister, Inaction on Appointment of Constitutional Court Justices, Impeachment Trial, Vacancy, Accident

투고일 2025. 5. 2.
심사일 2025. 6. 24.
게재확정일 2025. 6. 29.

造成行政法

복지포인트의 근로소득 포함 여부 (하명호)

복지포인트의 근로소득 포함 여부*

하명호**

대상판결: 대법원 2024. 12. 24. 선고 2024두34122 판결

Ⅰ. 대상판결과 그 쟁점

1. 사실관계

(1) 원고는 소속 임직원들이 자신들에게 배정된 포인트 한도 내에서 사전에 설계된 다양한 복리후생 항목 중 개인이 원하는 복지항목 및 수혜 수준을 선택하여 누릴 수 있도록 하는 선택적 복지제도를 실시하

* 이 연구는 고려대학교 연구비에 의하여 수행되었다(Supported by a Korea University Grant).

** 고려대학교 법학전문대학원 교수.

면서, 임직원들 각자에게 매년 또는 반기마다 복지포인트를 배정하였다.

(2) 원고가 배정한 복지포인트는 제휴관계에 있는 온라인 복지몰에서 상품을 구입하는 방식 또는 신용카드 회사와 가맹계약을 맺은 오프라인 매장에서 제휴 신용카드로 대금을 결제한 후 그 사용액에 대하여 포인트 차감을 신청함으로써 해당 금액을 환급받는 방식으로 사용된다.

(3) 원고는 위와 같이 사용된 복지포인트가 소득세법 제20조 제1항 제1호의 근로소득에 해당하는 것을 전제로 소속 임직원에 대한 근로소득세를 원천징수하고 각 관할 세무서장에게 신고·납부하였다.

(4) 그런데, 대법원은 복지포인트가 근로의 대상으로 지급된 것이 아니어서 근로기준법상의 임금에 해당하지 않는다는 판결을 선고하였다(대법원 2019. 8. 22. 선고 2016다48785 전원합의체 판결).

(5) 원고는 위 전원합의체 판결을 원용하면서 이 사건 복지포인트가 소득세법상의 근로소득에 해당하지 않을 뿐만 아니라 공무원의 맞춤형 복지제도로 인하여 제공되는 복지점수와 합리적 이유 없이 차별하여 과세하고 있다고 주장하면서 피고(세무서장)들에게 납부한 원천징수세액의 일부 환급을 구하는 경정청구를 하였으나, 피고는 이를 거부하였다(이 사건 처분).

2. 원심판결(광주고등법원 2024. 1. 25. 선고 2023누10852 판결)의 요지

원심은, 근로기준법상 임금과 구 소득세법상 근로소득이 서로 구별되는 개념이라고 하면서도, 원고 소속 임직원들이 선택적 복지제도의 시행으로 원고로부터 배정받아 사용한 복지포인트에 대하여, 선택적 복지제도의 도입 경위, 근로복지기본법 제3조 제1항이 근로복지의 개념에서 근로조건을 제외하고 있는 점, 이 사건 복지포인트의 배정을 금원의 '지급'으로 평가할 수 없는 점, 금전과 비교할 때 이 사건 복지포인트는

사용·수익·처분이 상당히 제한되는 점 등을 이유로, 이 사건 복지포인트가 구 소득세법 제20조 제1항의 근로소득에 해당하지 않는다고 판단하였다.

3. 대상판결(대법원 2024. 12. 24. 선고 2024두34122 판결)의 요지

[1] 구 소득세법 제20조 제1항의 근로소득은 지급형태나 명칭을 불문하고 성질상 근로의 제공과 대가관계에 있는 일체의 경제적 이익을 포함할 뿐만 아니라, 직접적인 근로의 대가 외에도 근로를 전제로 그와 밀접히 관련되어 근로조건의 내용을 이루고 있는 급여도 포함한다.

[2] 원고 소속 임직원들이 선택적 복지제도의 시행으로 배정받아 사용한 복지포인트가 구 소득세법 제20조 제1항의 근로소득에 해당하는지 문제 된 사안에서, 위 복지포인트는 원고가 소속 임직원들에게 정기적으로 배정하여 사용하도록 한 것으로서, 직접적인 근로의 대가는 아니더라도 적어도 위 임직원들이 원고에게 제공한 근로와 일정한 상관관계 내지 경제적 합리성에 기한 대가관계가 인정되는 급여에는 해당하는 점, 위 복지포인트는 건강관리, 자기계발 등으로 사용 용도가 제한되어 있고, 일정 기간 내 사용하지 않는 경우 이월되지 않고 소멸하며, 양도가 불가능하기는 하나, 그렇더라도 정해진 사용기간과 용도 내에서는 위 복지포인트를 사용하여 필요한 재화나 용역을 자유롭게 구매할 수 있으므로, 임직원들이 위 복지포인트를 사용함으로써 상당한 경제적 이익을 얻는다고 볼 수 있는 점, 선택적 복지제도의 법적 근거가 되는 근로복지기본법 제3조 제1항은 근로복지의 개념에서 '임금·근로시간 등 기본적인 근로조건'을 제외하고 있으나, 이는 근로기준법의 규율 대상인 임금·근로시간 등 '기본적인 근로조건'을 근로복지기본법의 규율 대상에서 제외한다는 취지이지, 기본적인 근로조건이 아닌 후생 등 기타

의 근로조건까지 모두 근로복지의 개념에서 제외한다는 취지가 아니므로, 근로복지기본법 제3조 제1항을 근거로 근로복지와 근로조건을 양립불가능한 개념으로 볼 수는 없는 점을 종합하면, 위 복지포인트는 구 소득세법 제20조 제1항의 근로소득에 해당한다는 이유로, 이와 달리 본 원심판단에 소득세법상 근로소득의 범위에 관한 법리오해의 잘못이 있다.

4. 쟁점

이 사건의 쟁점은 근로복지기본법 제81조에 따라 기업에서 운영하는 선택적 복지제도의 일환으로 지급되는 복지포인트가 소득세법 제20조 제1항 제1호에서 규정하고 있는 근로소득의 일종으로서 "근로를 제공함으로써 받는 봉급·급료·보수·세비·임금·상여·수당과 이와 유사한 성질의 급여"에 해당하여 과세할 수 있는 대상인지 여부에 있다.[1)]

그동안 복지포인트에 소득세를 부과하는 것은 과세실무상 별다른 쟁점이 되지 않았었다. 그런데, 노동법 영역에서 사용자가 선택적 복지제도를 시행하면서 단체협약, 취업규칙 등을 근거로 근로자들에게 계속적·정기적으로 배정한 복지포인트가 근로기준법에서 정한 임금 및 통상임금에 해당하는지 여부에 대하여, 대법원은 복지포인트가 근로의 대상으로 지급된 것이 아니어서 근로기준법상의 임금에 해당하지 않는다는 판결을 선고하였는데(대법원 2019. 8. 22. 선고 2016다48785 전원합의체 판결), 그러한 논의가 소득세법상의 쟁점으로 전이되었다. 아울러 이 사건 복지포인트와 유사하게 운영되고 있는 공무원의 맞춤형 복지제도에 따라 지급되는 복지점수에는 과세하고 있지 않는 과세실무를 지적하면서, 과세평등의 원칙 위반문제도 제기되었다.

---

1) 복지포인트의 내용과 지급방법은 선택적 복지제도를 운영하는 사업장마다 조금씩 차이가 있기는 하지만, 본질에서 다른 점이 없다.

그리하여, 복지포인트의 근로소득 해당 여부를 둘러싸고 하급심 판결들이 엇갈렸고,[2] 대상판결은 이 문제에 대한 최종적인 유권해석을 남겼다는 데에 의미가 있다. 대상판결을 이해하기 위해서는 이 문제를 야기시킨 근로기준법에서의 임금의 개념 및 범위와 그에 대한 대법원 전원합의체 판결의 의미를 먼저 살펴볼 필요가 있다. 다음으로 근로자의 복지포인트에 대한 과세와 공무원의 복지점수에 대한 비과세가 과세평등의 원칙에 어긋나는 것인지를 검토하고, 그 결과 복지포인트에 과세를 하는 것이 위법한 것인지를 살펴보기로 한다.

Ⅱ. 복지포인트의 근로소득 해당 여부

1. 선택적 복지제도와 과세와의 관계

(1) 근로복지의 의의와 기업복지의 변천

근로복지는 넓은 의미로는 "근로자와 그 가족들의 물질적·정신적 행복 또는 만족을 위하여 근로조건이나 생활조건을 개선하는 제반 시책이나 활동"이라고 정의할 수 있고, 좁은 의미로는 "임금 및 근로시간 등과 같은 기본적인 근로조건 외에 부가적 근로조건의 개선을 통하여 근로자와 그 가족의 생활안정 및 향상을 목적으로 실시되는 제반 정책 및 활동"을 말한다.[3] 이러한 근로복지는 실시주체에 따라 공공근로복지, 기업근로복지 및 자주근로복지로 구분되는데, 기업근로복지는 근로자와

---

2) 대상판결의 원심판결인 광주고등법원 2024. 1. 25. 선고 2023누10852 판결과 같이 복지포인트가 소득세법상의 근로소득에 해당하지 않는다는 판결로는 대전고등법원 2023. 10. 26. 선고 2022누13617 판결 등이 있고, 긍정하는 판결로는 서울고등법원 2024. 2. 2. 선고 2023누36536 판결 등이 있다.

3) 문무기, "근로법지법제의 현황과 과제－기업복지를 중심으로－", 「카톨릭법학」, 창간호, 2002, 23면.

근로관계를 맺고 있는 기업이 주체가 되어 임금·근로시간 외에 종업원의 복지증진을 위하여 추가적으로 제공되는 각종 편익으로서, 개별 기업 또는 여러 기업이 공동으로 시행하는 제반 복지활동을 말한다. 기업근로복지는 공공근로복지의 공백을 보완하는 역할을 수행하지만, 그 본질은 근로자의 당해 기업에 대한 충성 내지 몰입을 기대하는 대가로서 노무관리수단이고,[4] 임금보완적 성격도 아울러 가지고 있다.[5]

자본주의 사회에서 복지는 노동문제의 해결을 위하여 시작된 것이어서, 자본주의의 발전과정과 밀접한 관련이 있는데, 각 나라의 사정에 따라 국가복지와 노동조합의 직접운영 방식의 복지, 단체교섭에 의한 부가급여로 전개되었다. 잘 알려진 것처럼 유럽의 경우에는 사회보장제도를 중심으로 한 국가복지로 발전한 반면, 미국의 경우에는 사용자 주도의 단체교섭에 의한 부가급여로 대체되었다.[6] 그리하여, 미국의 경우에는 국가 중심의 공적 복지제도의 비중이 상대적으로 낮고, 근로자의 고용을 매개로 하는 민간복지의 비중이 크다는 특징이 있다. 예컨대, 유럽에서는 사회보험적 성격을 지니는 의료보험과 퇴직연금이 미국에서는 기업복지에 상당 부분 의존하고 있다.

우리나라에서는 국민건강보험, 고용보험, 산업재해보상보험, 국민연금 등의 사회보험을 중심으로 한 공공근로복지 외에도 사용자와 근로자의 단체협약이나 취업규칙 등을 근거로 기숙사나 식사의 제공, 자녀학비의 보조, 보험금의 지급, 편의시설의 건립 등 근로자의 복리후생에 관한 사항을 부가급여로 지급하는 방식의 기업복지를 시행하고 있었다. 그런데, 1997년의 외환위기는 기업복지를 강화하는 변혁을 초래하였다.[7] 기존의 기업복지는 근로자의 니즈에 부합하지 않는 공급자 중심의

---

4) 위의 글, 26면.
5) 위의 글, 35면.
6) 남찬섭, “근로복지의 개념, 등장배경과 성격, 그리고 변화”, 「사회복지연구」, 제23호, 2004, 87면.
7) 박길태, “한국 기업복지의 변천사에 관한 연구”, 「경영사학」, 제74호, 2015, 105면.

복지여서 비용을 낭비할 뿐만 아니라 근로자의 욕구와 괴리가 있어서 생산성의 향상으로 이어지지 않는다는 점, 국가복지와 중첩되는 기업복지를 축소하여야 한다는 점 등과 맞물려서 사회경제적 환경의 변화에 맞게 기업의 생산성을 높이는 수요자 중심의 복지제도로의 변화가 절실하였다. 이러한 배경하에서 기존에 임금이나 급여형태로 근로자에게 일률적으로 제공되던 복리후생비가 선택적 복지제도로 전환된 것이다.

(2) 선택적 복지제도의 의의

선택적 복지제도는 미국에서 발달된 제도를 우리 기업실무와 법제에서 받아들인 것으로서, “근로자가 여러 가지 복지항목 중에서 자신의 선호와 필요에 따라 자율적으로 선택하여 복지혜택을 받는 제도”라고 정의된다(근로복지기본법 제81조 제1항).

우리나라에서는 1997년 한국IBM이 선택적 복지제도를 도입한 것이 그 유래이다.[8] 선택적 복지제도를 도입하게 된 배경은 근로자의 근로의욕 고취 내지는 생산성 향상을 꾀하기 위하거나 근로자들의 수요충족을 위하여 수요자 관점에서 복리를 선택할 수 있도록 하기 위한 것이고, 주로 기본포인트를 부여하는 것에다가 추가포인트를 근속, 연령, 직급, 성과, 부양가족 등에 따라 차이를 두어 부여하는 방식을 택하고 있다.

한편, 이 제도는 근로복지기본법이 제정되어 제3장 제3절에서 규율함으로써 비로소 법정화되었다. 원래 위 법은 근로자복지기본법으로 2001. 8. 14. 제정되어 시행되다가, 2010. 12. 9. ‘근로와 관련된 복지’ 전반을 포괄하고 사내근로복지제도를 별도로 규정한 「사내근로복지기금법」을 통합한 다음 근로복지에 관한 기본법으로서의 성격을 명확히 하기 위하여 법률의 제명을 근로복지기본법으로 변경하면서 전부개정

---

8) 위의 글, 110면.

된 것이다.

과거의 전통적인 복리후생제도가 평균적인 표준형 근로자를 상정하여 그러한 근로자가 필요할 것이라고 판단되는 제도를 설계하고, 근로자 개인이 그러한 제도가 규정하고 있는 상황이 발생하면 혜택을 제공받는 방식이었다면, 선택적 복지제도는 근로자 개인의 선택에 기초하여 복리후생제도의 내용이나 수혜 수준을 달리한다는 점에서 의의가 있다.

(3) 근로복지와 근로조건의 관계

근로복지기본법은 "근로복지정책의 수립 및 복지사업의 수행에 필요한 사항을 규정함으로써 근로자의 삶의 질을 향상시키고 국민경제의 균형 있는 발전에 이바지함"을 그 목적으로 하고 있다(제1조). 위 법은 근로복지정책의 기본원칙으로 "근로자의 경제·사회활동의 참여기회 확대, 근로의욕의 증진 및 삶의 질 향상을 목적으로 하여야 한다."라고 하면서(제3조 제1항), 그 조항 괄호에서 "임금·근로시간 등 기본적인 근로조건은 제외한다."라고 규정하고 있다. 근로조건은 "사용자와 근로자 사이의 근로계약관계에서 임금·근로시간·후생·해고 등 근로자의 대우에 관하여 정한 조건"을 말하고,[9] 여기에는 임금·근로시간과 같은 기본적인 근로조건뿐만 아니라 그 밖의 근로자의 대우에 관한 일체의 사항을 포함한다. 위와 같은 규정 내용으로 보건대, 선택적 복지제도는 그것이 도입되기 전에 근로조건을 정한 기업복지와는 차원이 다른 새로운 제도이므로, 세법적으로 다른 취급을 하여야 한다고 주장할 수 있다.

그런데, 근로복지기본법은 국가가 근로복지정책의 수립 및 복지사업의 수행에 필요한 사항을 정하는 것을 규율하는 것을 목적으로, 선택적 복지제도에 관하여 사업주가 재량으로 이를 실시할 수 있다는 것과 그 경우 사업주의 의무와 책무를 규정하고 있을 뿐이고, 사용자와 근로

9) 대법원 1996. 2. 23. 선고 94누9177 판결.

자에 관한 법률관계에 대한 아무런 규율을 하고 있지 않다. 따라서, 위 법 제3조 제1항이 임금·근로시간 등 '기본적인' 근로조건에 대해서는 적용범위에서 제외하고 있으므로, 그 사항은 근로기준법이나 최저임금법과 같은 기본적인 근로조건을 규율하는 법률에 맡겨져 있는 것이고, 그 밖의 부가적 근로조건에 관한 구체적인 실현방법에 대해서는 단체협약이나 취업규칙과 같은 근로자와 사용자의 계약관계에서 정해지는 것이다.

선택적 복지제도가 기업복지의 틀을 바꾼 새로운 제도로서 평가될 수는 있지만, 그것은 어디까지나 근로복지와 같은 사회보장 차원에서의 제도적 의미일 뿐이고, 소득세법상으로는 근로자가 근로계약과 관련하여 사용자로부터 얻은 경제적 이득의 과세 여부만 의미가 있을 뿐이다. 따라서, 위 제도가 도입됨으로써 거기에서 파생되는 복지포인트가 다른 법률영역에서 어떻게 평가되고 해석되는지는 그 법률영역의 독자적인 법리에 따라 해석되어야 한다. 만일 복지포인트의 지급을 사회보장적 차원에서의 근로복지에 해당할 뿐이고 부가적 근로조건을 정하는 것과 무관하다고 해석한다면, 선별적 복지제도를 실시하고 싶어도 재정이나 경제적 문제로 임금이나 급여의 형식과 같은 기존의 방식으로 복리후생비를 지급하는 중소기업의 근로자는 선별적 복지제도를 채택한 대기업의 근로자에 비하여 차별적인 불리한 위치에 놓이게 된다.

복지포인트가 임금에 해당하는지 여부에 관한 대법원 전원합의체 판결의 다수의견도 근로복지기본법상의 정책방향이 일정정도 영향을 미치기는 하였지만, 근로기준법의 해석을 통해 임금성 여부를 논증하였다는 점에 주목하여야 한다. 결국 근로복지기본법은 선별적 복지제도에 관한 정책적 방향만 제시한 것일 뿐이므로, 그 제도로 말미암아 제공되는 복지포인트가 경제적 이득으로 환원되어 과세대상이 되는지 여부는 소득세법의 독자적 법리와 해석에 달린 것이라고 할 수 있다.

2. 근로기준법상 임금과 대법원 전원합의체 판결의 의미

(1) 복지포인트의 임금성 여부

1) 임금의 정의

근로기준법상 임금은 "사용자가 근로의 대가로 근로자에게 임금, 봉급, 그 밖에 어떠한 명칭으로든지 지급하는 일체의 금품"을 말하는데(제2조 제1항 제5호), 임금에 해당하는지 여부에 관한 판단은 그 금품이 '근로의 대가'인지 여부에 달려있다. 그 의미에 관하여 노동법학계에서는 전통적으로 노동대가설, 노동력 대가설, 임금 이분설 등이 주장되었다. 판례는 일반적으로 "근로자가 자신의 노동력을 사용자의 지휘·처분하에 두고 제공한 근로에 대한 대가"로서 근로자에게 계속적·정기적으로 지급되고, 단체협약, 취업규칙, 근로계약, 노동관행 등에 의하여 사용자에게 지급의무가 있으면 '임금'에 해당한다고 판시하고 있었다.[10]

판례가 임금성을 판단할 때, "근로의 대가" 이외에 계속성·정기성 등의 추가적 판단표지를 요구하는 것인지에 관하여, 계속성·정기성은 "근로의 대가"의 구체적 의미를 파악하기 위한 것일 뿐이고, 구체적 사안에 따라 그 요건이 갖추어지지 않으면 임금성을 부인하는 것으로 해석되어왔다.[11]

2) 대법원 전원합의체 판결의 내용

대법원 2019. 8. 22. 선고 2016다48785 전원합의체 판결에서는 사용자가 선택적 복지제도를 시행하면서 단체협약, 취업규칙 등에 근거하여 근로자들에게 계속적·정기적으로 배정한 복지포인트가 근로의 대상으로 지급된 것이 아니어서 근로기준법상의 임금에 해당하지 않는다고 판시하였다.

---

10) 대법원 1995. 5. 12. 선고 94다55934 판결 등 다수.

11) 최정은, "복지포인트의 임금성 및 통상임금성 인정 여부", 「사법」, 제51호, 2020, 674면.

그 요지를 요약하면, 다음과 같다. 사용자가 근로자에게 지급하는 금품이 임금에 해당하려면 먼저 그 금품이 근로의 대상으로 지급되는 것이어야 하므로, 비록 금품이 계속적·정기적으로 지급된 것이라 하더라도 그것이 근로의 대상으로 지급된 것으로 볼 수 없다면, 임금에 해당한다고 할 수 없다. 여기에서 어떤 금품이 근로의 대상으로 지급된 것이냐를 판단할 때 금품지급의무의 발생이 근로제공과 직접적으로 관련되거나 그것과 밀접하게 관련된 것으로 볼 수 있어야 한다. 그런데, 사용자가 선택적 복지제도를 시행하면서 직원 전용 온라인 쇼핑사이트에서 물품을 구매하는 방식 등으로 사용할 수 있는 복지포인트를 단체협약, 취업규칙 등에 근거하여 근로자들에게 계속적·정기적으로 배정한 경우라고 하더라도, 이러한 복지포인트는 근로기준법에서 말하는 임금에 해당하지 않고, 그 결과 통상임금에도 해당하지 않는다는 것이다.[12)]

(2) 소득세법의 해석에 미치는 영향

근로기준법은 “헌법에 따라 근로조건의 기준을 정함으로써 근로자의 기본적 생활을 보장, 향상시키며 균형 있는 국민경제의 발전을 꾀하는 것”을 입법목적으로 한다(제1조). 즉, 근로기준법의 기본원칙은 근로자의 기본적인 생활보장에 있는 것이다. 그중에서도 임금은 근로기준법이 보호하는 대상 중 가장 필수적이고 중요한 보호대상이 된다. 만일 복지포인트가 근로자가 사용자로부터 받은 경제적 이득이 임금이 아니라 부가급여에 해당한다면, 이는 일반 채권에 불과하여 우선변제특권이 없고 퇴직 후 14일 내 청산대상이 아니며 이를 지급하지 않더라도 형사

12) 위 판결을 지지하는 견해로는 한광수/ 김희성, “복지포인트의 임금해당성”, 「노동법논총」, 제48집, 2020; 최홍기, “복지포인트의 통상임금성 판단에 관한 소고”, 「법학논문집」, 제48권 제3호, 2017 참조. 비판적 평석으로는 박종희, “복지포인트의 임금성”, 「노동법포럼」, 제18호, 2019; 이충언, “복지포인트의 법적 성질 및 임금성”, 「노동판례비평」, 제24호, 2019 참조.

처벌의 대상이 되지 않는 등 근로기준법상의 보호를 받지 못한다. 반대로 임금에 해당한다면, 평균임금의 산정근거가 되어 퇴직금이나 산업재해보상법상의 보험급여의 산정자료가 되고 나아가 통상임금에 해당하면 이를 기초로 한 연장, 야간, 휴일근로수당 등 가산 수당의 산정자료가 된다.

따라서, 복지포인트가 근로기준법상의 임금에 해당하는지 여부는 그것이 근로자의 기본적인 생활보장수단 중 가장 필수적이고 중요한 보호대상으로서 근로기준법상 각종 특권의 대상이 되고, 이를 지급하지 않을 경우 사용자를 처벌할 수 있는 경제적 이득인지의 관점에서 파악되어야 하며, 대법원 전원합의체 판결도 그 의미에서 해석되어야 한다.

결국 복지포인트가 근로기준법상 임금에 해당하는지 여부는 근로기준법의 입법목적을 고려한 해석이 필요한 것이고, 소득세법상 근로소득에 해당하는지 여부는 소득세법상의 입법목적과 법리에 의하여 해석되어야 한다는 것이다.[13)]

3. 근로소득의 개념과 범위

(1) 해석의 기본원칙

침익적 행정영역의 한 분야인 조세법 영역에서는 조세법률주의의 파생원칙으로 엄격해석의 원칙이 강조되고 있다. 조세법은 대표적인 침익적 규범이므로 과세요건이 명확하게 규정될 것이 요구되나, 모든 규정이 그와 같이 만들어지는 것은 아니므로 해석의 방법론이 문제가 된다. 이 경우 문언에 따라 엄격하게 해석하여야 하고 법의 흠결을 유추로 메우거나 행정편의적인 확장해석을 하는 것은 허용되지 않는다는 원

---

13) 김경하, "복지포인트 관련 세제 개선방안 연구", 「조세법연구」, 제29권 제1호, 2023, 136면; 길용원, "복지포인트의 근로소득세 과세에 대한 최근 판결의 검토", 「조세논총」, 제9권 제2호, 2024. 6, 73면.

칙이 확립되어 있는데 이것이 바로 '엄격해석의 원칙'이다.[14] 판례도 조세법령의 해석에 관하여 이 원칙을 엄격하게 적용하고 있다.[15] 만일 이를 벗어난 범위에서 그 의미를 창출하는 것은 허용되지 않는 유추가 되고, 법률유보의 원칙에 위반하게 된다.

한편, 이 사건의 쟁점은 복지포인트가 소득세법상 과세대상인 근로소득에 해당하는지 여부이다. 따라서, 근로복지라는 사회보장법상의 원리나 근로기준법상 보호대상인 임금의 해당성 등과 관련이 없는 것은 아니지만, 기본적으로 소득세법의 입법목적과 조세법의 고유한 법리에 의하여 독자적으로 해석되어야 한다는 점에 대해서는 이미 앞에서 살펴보았다.

(2) 근로소득의 개념

소득세법 제20조 제1항 제1호에 의하면, "근로를 제공함으로써 받는 봉급·급료·보수·세비·임금·상여·수당과 이와 유사한 성질의 급여"는 근로소득의 일종으로서 과세의 대상이 된다. 그런데, 이 사건 복지포인트는 '이와 유사한 성질의 급여'와 관련이 있는 것이므로, 결국 이 사건의 쟁점은 복지포인트가 "근로를 제공함으로써 받는 임금 등과 유사한 성질의 급여"에 해당하는지 여부로 귀결된다.

소득세법은 "개인의 소득에 대하여 소득의 성격과 납세자의 부담능력 등에 따라 적정하게 과세함으로써 조세부담의 형평을 도모하고 재정수입의 원활한 조달에 이바지함"을 입법목적으로 하고 있다(제1

---

14) 행정법에서 해석방법론에 관한 자세한 사항은 하명호, 행정법 제7판, 박영사, 2025, 51면-55면 참조.

15) 예를 들면, 대법원 2006. 5. 25. 선고 2005다19163 판결에서는 "조세법률주의의 원칙에서 파생되는 엄격해석의 원칙은 과세요건에 해당하는 경우에는 물론이고 비과세 및 조세감면요건에 해당하는 경우에도 적용되는 것으로서, 납세자에게 유리하다고 하여 비과세요건이나 조세감면요건을 합리적 이유 없이 확장해석하거나 유추해석하는 것은 조세법의 기본이념인 조세공평주의에 반하는 결과를 초래하게 되므로 허용되어서는 아니 된다."라고 판시하였다.

조). 따라서, 소득의 개념은 소득세법의 입법목적에 맞게 해석을 하여야 할 것이므로, 불특정 다수의 납세의무자들 사이에 어떻게 공평하게 조세를 부담시킬 것인지를 해결하기 위하여 각 개인의 담세력을 측정하기 위한 도구적 관점에서 순자산의 증가가 과세소득을 정하는 지도이념이 된다.[16]

물론 소득세법이 소득을 종합소득, 퇴직소득, 양도소득으로 나누고, 종합소득을 다시 이자소득, 배당소득, 사업소득, 근로소득, 연금소득, 기타소득 등으로 다시 나누어, 과세단위로 소득을 구분하고 각각의 산정방식이 다른 것은 사실이다. 그렇지만, 소득세법 제20조 제1항 제1호에서 보는 것처럼 봉급·급료·보수·세비·임금·상여·수당을 열거하면서도 그와 유사한 성질의 소득을 예시적 입법을 통해 포괄하고 있으므로, 그 범주 내에서는 자산의 순증가를 과세의 대상으로 보고 있다.[17] 그리하여, 근로계약관계에 있지 않아서 근로자가 받은 경제적 이득도 근로소득의 범주에 포함되기도 한다.[18]

한편, 앞에서 본 것처럼 소득세법이 원칙적으로 자산의 순증가를 소득으로 파악하고 유형적 포괄주의를 채택하였다고 하더라도, 과세단위를 나누어서 열거된 항목에 해당하지 않으면 과세하지 않고 과세단위별로 다른 세율 등을 적용하여 산정방식을 달리하는 분류과세제도를 채택하고 있다. 따라서, 이 사건에서 쟁점이 되고 있는 근로소득을 한정하여 살펴보면, 다른 과세대상이 되는 소득과의 구분의 관점에서 개념을 정의할 필요가 생긴다. 특히 근로소득은 같은 종합소득 내에서의 사업소득과 구분하여야 한다. 따라서, 근로소득은 그러한 관점에서 비독립성이 중요한 개념적 징표가 되는데, 그 의미를 파악하기 위해서는 자신

16) 이창희, 세법강의 제22판, 박영사, 2024, 334면 참조.
17) 위의 책, 432면 참조.
18) 이에 따라 대법원은 회사의 대표이사가 횡령한 돈도 근로소득으로 보기도 한다(대법원 1999. 9. 17. 선고 97누9666 판결).

의 계산과 위험 아래에 있지 않다는 점, 자기가 수행할 사회적 활동의 내용과 모습을 스스로 결정할 수 있는 지위에 있지 않다는 점 등을 고려하여야 한다. 또한, 근로소득은 증여세의 과세대상과도 구분되어야 하므로, 근로를 제공하고 받는 급여여야 한다.[19]

판례는 소득세법상의 근로소득을 "지급형태나 명칭을 불문하고 성질상 근로의 제공과 대가관계에 있는 일체의 경제적 이익을 포함할 뿐만 아니라, 직접적인 근로의 대가 외에도 근로를 전제로 그와 밀접히 관련되어 근로조건의 내용을 이루고 있는 급여도 포함한다."라고 판시하고 있다.[20] 여기에서 말하는 '근로를 전제로 그와 밀접히 관련'되어 있다는 것을 사업소득과 증여세의 과세대상을 구분하는 관점에서 파악한다면, 그 급여가 근로와 일정한 상관관계에 있으면 족하고, 엄밀한 비례관계를 요구하지 않는다는 것을 의미하므로, 근로계약 또는 이와 유사한 관계에서 비독립적인 근로의 제공과 관련하여 다른 사람으로부터 지급받는 보수, 물품 및 이에 준하는 급여의 일체라고 해석할 수 있다.[21] 따라서, 근로소득은 근로자가 사용자로부터 근로제공과 비례관계에 있는 임금보다는 넓은 개념이 되고, 근로의 제공을 전제로 받는 각종 수당, 복리후생비 등 사용자로부터 부수적으로 받는 부가급여를 포함한다.[22] 그리하여, 소득세법 시행령 제38조 제1항에서는 종업원이 받는 공로금, 각종 복지후생수당, 주택을 제공받는 이익, 휴가비 등 이 사건 복지포인트에 해당하는 각종 복지후생비를 근로소득의 범위에 포함시키고 있다.

---

19) 김완석/ 정지선, 소득세법론 개정증보판, 삼일인포마인, 2022, 217면 참조.

20) 대법원 2017. 9. 12. 선고 2014두7992 판결.

21) 김두형, "근로자 복지포인트에 대한 소득세 과세 문제", 「조세논총」, 제8권 제4호, 2003. 12, 51면.

22) Fringe Benefits는 근로자가 본래의 급여 외에 추가로 받는 각종 경제적 이익을 뜻하는데, 이를 부가급여, 변형급여, 추가급여, 현물급여 등으로 번역하기도 하지만, 여기에서는 부가급여라는 용어를 사용하기로 한다(위의 글, 47면).

(3) 비과세대상과 관계

소득을 그 성질이나 국가정책적 필요에 따라 과세에서 제외시키는 경우가 있다. 이와 같은 비과세소득은 저축 또는 일정한 투자의 장려, 이중과세의 회피, 담세력이 없는 명목상의 소득에 대한 과세제외, 근로자의 복지증진과 농어민의 부업 장려, 서민 또는 농민의 자산형성지원과 거주이전의 자유 보장 등과 같은 공익적 목적을 달성하기 위하여 설정된 세제상의 우대조치를 말한다.

앞에서 본 부가급여 중에는 소득세법 제12조 제3호에 따라 비과세소득으로 분류하는 것이 많이 있다. 이를 가지고 이 사건 복지포인트가 소득세법상 근로소득에 해당하지 않는다는 해석의 논거로 삼는 견해가 있을 수 있다. 그러나, 소득세법 제12조 제3호 각 목에 해당하는 소득은 근로소득이지만 과세하지 않는다고 규정된 것이라고 해석되는 점에 비추어 보면, 오히려 소득세법은 이 사건 복지포인트나 부가급여를 근로소득으로 보고 있다는 점의 근거가 된다.

우리나라가 입법적으로 참조한 미국의 선택적 복지제도에 관한 세제를 보더라도, 그러한 점을 알 수 있다. 즉, 미국 세법(Internal Revenue Code; IRC) 제61조 (a)에서는 임금·급여, 상여금, 수수료, 봉사료 그밖에 부가급여를 포함한 다양한 형태의 보수를 과세소득에 포함시키고 있다. 다만 IRC 제101조 또는 제140조에서 복리후생비용을 비과세항목으로 정하고 있다. 한편, 선택적 복지제도와 관련하여 세제상 혜택을 주는 카페테리아 플랜에 관한 사항은 IRC 제125조에 규정되어 있는데, 근로자가 그에 해당하는 현금을 선택한 경우에는 소득금액에 포함시키지만 적격비과세 부가급여를 선택한 경우에는 소득금액에 포함시키지 않는다고 한다.[23] 이는 기본적으로 선택적 복지제도와 관련한 경제적 이익

23) 위의 글, 56면. 아울러 미국의 선택적 복지제도에 관한 자세한 사항은 조연훈/ 염성수/ 노준화, "선택적 복리후생제도 도입과 과세문제", 「회계논집」, 제4호, 2003, 220

을 근로소득으로 파악한다는 것을 의미하고, 다만 선택적 복지제도를 장려하기 위하여 비과세혜택을 주는 것으로 이해된다.

4. 복지포인트 지급방법과 과세 여부

(1) 복지포인트의 운용방식

복지포인트를 둘러싼 사용자와 근로자 사이의 법률관계는 단체협약이나 취업규칙 등에서 정해지는데, 통상 근로자가 제한된 사용 용도와 사용 방법에 따라 물품 등을 구매할 경우 일정한 한도 내에서 사용자가 근로자의 지출을 보전해 주는 것을 내용으로 한다. 근로자는 복지카드를 이용하지 않고 직원 전용 온라인 쇼핑사이트에서 복지포인트로 물품 등을 구매할 수도 있고, 사용 용도와 기간에 맞게 복지카드를 사용한 후 사용자의 승인하에 복지포인트의 차감이 이루어짐으로써 사용자로부터 그에 상당하는 돈을 지급받거나 복지카드 발행 회사 등으로부터 그 복지포인트 상당액을 차감받는 등의 절차가 이루어진다.

(2) 복지포인트 배정의 의미

소득세법 제20조 제1항 제1호에서는 근로의 제공으로 받는 급여는 경제적 이익이기만 하면 근로소득의 일종으로서 과세의 대상이 된다고 규정하고 있으므로, 명목이 무엇이든 그 지급방법이 현금의 지급이든 아니든 문제가 되지 않는다. 앞에서 본 복지포인트의 사용과 정산 절차를 통해 알 수 있듯이, 사용자가 매년 배정하는 복지포인트는 온라인 전자결제수단이라는 성격을 가진다.

다만 위와 같은 복지포인트의 운용방식이 근로기준법상 임금에 해당하는지 여부를 판단할 때에는 일정 정도 영향을 미친다. 즉, 복지포인

면－223면 참조.

트의 배정 그 자체로 임금의 지급이 완료되었다고 본다면, 역설적으로 근로자가 사용자에게 가지는 금전채권을 임금채권으로 볼 수 없게 되어, 근로기준법이 예정한 근로자를 보호하기 위한 각종 조치가 배제된다. 왜냐하면, 사용자가 단체협약이나 취업규칙 등에서 정한 시기에 일정한 복지포인트를 배정하기만 하면, 이후 근로자가 사용한 복지포인트 상당액만큼 사용자가 직접 근로자에게 돈으로 지급하지 않더라도 임금 미지급의 형사처벌 규정이 적용되지 않게 되고, 사용자의 파산 등으로 지불 능력을 잃더라도 임금채권의 최우선변제권이 인정되지 않으며, 임금채권에 관한 시효 규정도 적용되지 않는다. 그러나, 이러한 점은 복지포인트가 임금에 해당하는지 여부를 판단할 때에만 유효한 논거가 되고 복지포인트의 배정이 근로소득으로서 과세의 대상이 되는지 여부를 판단하는데에는 별다른 영향을 미치지 않는다.

한편, 복지포인트는 사용자의 배정으로부터 근로자의 사용, 그 이후의 정산과정을 거쳐야 비로소 실현되므로, 복지포인트의 배정행위를 급여의 지급시기로 보지 말고 근로자의 복지포인트 사용분을 과세하자는 견해도 성립할 수 있다.[24] 이 사건에서도 근로자가 실제로 사용한 복지포인트의 상당액을 근로소득으로 보고 소득세를 납부한 것으로 보인다. 그러나, 복지포인트의 배정만으로 사용자는 향후 정산금을 지급할 의무를 부담하고 근로자는 그 권리를 획득하므로, 그 자체로 경제적 이득이 될 수 있다.[25] 설령 그렇지 않고 복지포인트의 배정시점에 원천징수를 한다고 하더라도 위법하다고 볼 수는 없다. 왜냐하면, 위와 같은 사고방식의 합리성 여부는 별론으로 하더라도, 이는 소비의 관점에서 과세하자는 것과 다르지 않아 소득세의 본질에 맞지 않으므로 우리나라의 소득세법 체계로서는 받아들일 수 없기 때문이다. 또한, 복지포인트는 현금은 아니지만 현금이나 마찬가지의 전자결제수단으로서 현금등

24) 길용원, 앞의 글, 78면.
25) 이충언, 앞의 글, 203면.

가물에 해당한다고 볼 수 있다는 점도 고려하여야 하기 때문이다.

(3) 복지포인트의 특성과 과세 여부

먼저, 복지포인트가 매년 상반기와 하반기에 두 번 일괄적으로 배정된다는 점을 들어, 근로자의 근로제공과 무관하게 이루어지는 경제적 이익으로서 근로소득에 해당하지 않는다고 주장할 수 있다. 그러나, 통상적으로 복지포인트는 연 단위로 지급되나,[26] 신규채용자, 휴직, 면직 및 해임, 해외파견 등의 경우에는 월할 계산되어 배정되거나 정산된다는 점에 주목하여야 한다. 이는 오히려 근로를 전제로 그와 밀접히 관련되어 있는 급여로서의 성질을 보여주는 것이다.

다음으로, 선택적 복지제도의 취지와 도입 경위의 특수성으로 인하여 복지포인트는 여행, 건강관리, 문화생활, 자기계발 등으로 사용 용도가 제한되어 있고, 통상적으로 1년 내 사용하지 않으면 이월되지 않고 소멸하게 되며, 양도 가능성도 없다는 등의 특성을 다수 가지고 있다. 이러한 특성을 강조하면서 복지포인트의 배정이 근로소득에 해당하지 않는다고 주장할 수 있다. 그러나, 현금과 다른 형식으로 지급되는 경제적 이익도 근로소득에 해당한다고 보아야 한다는 점을 상기할 필요가 있다.[27] 사용용도나 양도가능성 등이 제한되어 있다고 하더라도 급여적 성격이 부정되는 것도 아니고, 1년 내 사용하지 못하여 소멸하는 경우는 복지포인트의 처분권을 포기하는 것으로 해석될 수 있다.

5. 소결

이상의 논의를 정리하면, 복지포인트가 소득세법상 과세대상인 근

26) 임금도 선불로 지급할 수 있다(박종희, 앞의 글, 244면).
27) 김경하, 앞의 글, 132면. 한편, 임금도 현물 형태로 지급할 수 있다(박종희, 앞의 글, 243면).

로소득에 해당하는지 여부를 판단할 때, 근로복지라는 사회보장법상의 원리나 임금의 해당성 등과 관련된 근로기준법상 법리가 아니라 소득세법의 입법목적과 조세법의 고유한 법리에 의하여 독자적으로 해석되어야 한다. 따라서, 이 문제는 "개인의 소득에 대하여 소득의 성격과 납세자의 부담능력 등에 따라 적정하게 과세함으로써 조세부담의 형평을 도모하고 재정수입의 원활한 조달에 이바지"한다는 소득세법의 입법목적 하에서 해석되어야 한다.

그렇다면, 소득세법상의 근로소득은 사업소득과 증여세의 과세대상을 구분하는 관점에서 파악되어야 하므로, 근로와 일정한 상관관계에 있으면 족한 것이고, 엄밀한 비례관계를 요구하지 않으므로, 근로계약 또는 이와 유사한 관계에서 비독립적인 근로의 제공과 관련하여 다른 사람으로부터 지급받는 보수, 물품 및 이에 준하는 급여의 일체라고 해석할 수 있다. 따라서, 근로자가 사용자로부터 근로제공과 비례관계에 있는 임금보다는 넓은 개념이 되고, 근로의 제공을 전제로 받는 각종 수당, 복리후생비 등을 포함한 사용자로부터 부수적으로 받는 부가급여를 포함한다. 또한, 복지포인트의 배정은 그 자체로 부가급여가 지급된 것으로서 근로를 전제로 그와 밀접히 관련되어 있는 급여로서의 성질을 가진 것으로 평가되어야 한다.

Ⅲ. 조세평등의 원칙 위반 여부

1. 조세평등의 원칙의 의의와 심사방법

(1) 의의

헌법 제11조 제1항에서는 "모든 국민은 법 앞에 평등하다. 누구든지 성별·종교 또는 사회적 신분에 의하여 정치적·경제적·사회적·문화

적 생활의 모든 영역에 있어서 차별을 받지 아니한다."라고 평등권 내지 평등의 원칙을 규정하고 있다. 평등의 원칙은 '본질적으로 같은 것은 같게, 본질적으로 다른 것은 다르게 취급할 것'을 요청하는 것라고 할 수 있는데, 이는 모든 차별을 금지하는 것이 아니라 불합리한 차별을 금지하는 것으로 이해되고 있다.

이러한 평등의 원칙의 조세법적 표현이 조세평등의 원칙이라고 할 수 있다. 이에 따라 국가는 조세입법을 할 때 조세의 부담이 공평하게 국민들 사이에 배분되도록 법을 제정하여야 할 뿐만 아니라, 조세법의 해석·적용에 대해서도 모든 국민을 평등하게 취급하여야 할 의무를 진다.[28] 따라서, 조세의 부과와 징수를 납세자의 담세능력에 상응하여 공정하고 평등하게 하여야 하고, 합리적인 이유 없이 특정의 납세의무자를 불리하게 차별하거나 우대하는 것을 허용하지 않는다. 조세평등주의가 요구하는 이러한 담세능력에 따른 과세의 원칙은 한편으로 동일한 소득은 원칙적으로 동일하게 과세될 것을 요청하고(수평적 조세정의), 다른 한편으로 소득이 다른 사람들 사이의 공평한 조세부담의 배분을 요구한다(수직적 조세정의).[29]

(2) 심사방법

담세능력에 따른 과세의 원칙이라 하더라도 예외 없이 절대적으로 관철되어야 하는 것은 아니고, 합리적 이유가 있는 경우라면 납세자간의 차별취급도 예외적으로 허용된다. 통상 평등권 위반 여부의 심사는 ① '본질적으로 동일한 것을 다르게, 다른 것을 동일하게 취급하고 있는지'라는 본질적인 차별대우가 있는지의 확인과 ② 이러한 차별대우가 헌법적으로 정당화되는지의 판단이다.

28) 헌재 1989. 7. 21. 선고 89헌마38 결정 등 다수.
29) 헌재 1999. 11. 25. 선고 98헌마55 결정.

1) 본질적인 차별대우의 확인

'본질적인 차별대우를 하고 있는지'는 비교되는 집단 간의 본질적인 동일성이 존재하는지 여부를 먼저 밝혀야 한다. 비교의 대상을 이루는 두 개의 사실관계 사이에 서로 상이한 취급을 정당화할 수 있을 정도의 차이가 없음에도 불구하고 두 사실관계를 서로 다르게 취급한다면, 입법자는 이로써 평등권을 침해하게 되는 것이다.

여기에서 무엇을 기준으로 하여 비교되는 두 집단을 본질적으로 동일한 것으로 판단하여야 하는지가 중요하다. 비교기준의 의미·내용이 부정확하고 빈약할수록 같은 것으로 간주하여야 할 사실관계의 범위가 넓어지고, 반대로 비교기준의 내용이 정확하고 엄밀할수록 같은 것으로 보아야 할 비교대상의 범위가 축소되기 때문에, 비교기준의 선정에 따라 비교대상의 범위가 달라지게 된다.

비교기준의 선정은 일반적으로 심판대상인 당해 법규정의 의미와 목적을 통하여 이루어진다. 국가에 의한 차별의 배후에는 일반적으로 차별을 통하여 달성하려는 일정한 목표가 있고, 이러한 차별목적은 대부분의 경우 법률 그 자체, 즉 법률의 의미와 목적으로부터 얻을 수 있다.

2) 헌법적 정당화 여부

다음으로, 헌법 제11조에서 규정한 평등원칙은 일체의 차별적 대우를 부정하는 절대적 평등이 아니라 입법과 법의 적용에 있어서 합리적 근거 없는 차별을 하여서는 안 된다는 상대적 평등을 뜻한다. 따라서 합리적 근거 있는 차별 내지 불평등은 평등원칙에 반하는 것이 아니다.

심사기준으로서 자의금지의 원칙은 입법자에게 본질적으로 같은 것을 자의적으로 다르게, 본질적으로 다른 것을 자의적으로 같게 취급하는 것을 금하고 있다. 여기서의 '자의성'은 '합리적인 이유의 결여'이므로, 이 기준에 의하면 자의성의 심사에서 단지 '차별의 합리적인 이유

가 존재하는지'만 판단한다. 다만 성별·종교 또는 사회적 신분과 같이 헌법 스스로가 평등권을 직접 구체화하고 있거나 차별이 자유권에 영향을 미침으로써 평등권의 내용이 자유권을 통하여 구체화될 수 있는 경우에는 비례의 원칙에 따른 심사도 가능하다.[30)]

2. 공무원의 지위과 급여체계

(1) 공무원의 지위의 특수성

공무원은 국민 전체의 봉사자로서(헌법 제7조), 공공성, 공정성, 성실성, 중립성 등으로 인하여 근로자와는 다른 무거운 책임과 높은 윤리성을 요구받기 때문에, 법령상의 각종 의무를 부담하는 대신에 신분보장과 정치적 중립성을 보장받는다. 이에 따라 사법상 근로관계에 있는 근로자의 지위와는 다른 특수성이 있다.

먼저, 공무원관계는 사법상 근로계약으로 형성되는 관계가 아니라 임명처분, 선거, 법률에 의한 강제설정 등으로 발생하는 공법상 신분관계이다. 따라서, 공무원의 보수청구권은 공법상의 권리로서의 성질을 가지므로, 그에 대한 분쟁은 행정쟁송의 방법으로 해결되어야 한다.

다음으로, 공무원은 공무직 근로자와 달리 집회·결사의 자유, 노동3권 등 기본권이 제한되고 국민 전체에 대한 봉사자로서 무거운 의무와 책임을 부담하는 대신, 이러한 신분적 특성에 상응하여 보수체계가 결정되고, 직업공무원으로서의 안정적 지위도 부여된다.

(2) 공무원의 보수체계

공무원의 보수는 봉급과 수당으로 나누어진다. 봉급이란 직무의 곤란성 및 책임의 정도에 따라 직책별로 지급되는 기본급여 또는 직무의

30) 헌재 1999. 12. 23. 선고 98헌마363 결정 참조.

곤란성 및 책임의 정도와 재직기간 등에 따라 계급별·호봉별로 지급되는 기본급여를 말한다. 수당은 공무원에게 지급되는 봉급 이외에 직무여건 및 생활여건에 따라 지급되는 부가급여를 말한다.

공무원의 보수는 근무조건 법정주의에 따라 국가공무원법이나 지방공무원법에서 규정하고 있고, 국회가 심의·확정하는 예산에 따라 결정된다. 국가공무원법 제46조 제5항에서는 "이 법이나 그 밖의 법률에 따른 보수에 관한 규정에 따르지 아니하고는 어떠한 금전이나 유가물도 공무원의 보수로 지급할 수 없다."라고 규정하고, 제47조 제1항에서는 "공무원의 보수에 관한 다음 각 호의 사항은 대통령령으로 정한다."라고 규정하고 있다. 그리고, 그 구체적인 항목에 관해서는 그로부터 위임받은 「공무원 보수규정」과 「공무원수당 등에 관한 규정」에서 정하고 있고, 예산의 범위에서 해당 조항에 정해진 방식으로 산출하여 지급하도록 규정하고 있다. 반면에, 사법상 근로관계에서는 주로 취업규칙이나 단체협약에 따라 결정된다는 차이가 있다.

대법원은 공무원의 보수 등에 관하여 '근무조건 법정주의'를 채택한 이유에 관하여, "공무원이 헌법 제7조에 정한 직업공무원제도에 기하여 국민 전체에 대한 봉사자로서의 특수한 지위를 가지므로 국민 전체의 의사를 대표하는 국회에서 그 근무조건을 결정하도록 함이 타당할 뿐 아니라, 공무원의 보수 등은 국가예산에서 지급되는 것이므로 헌법 제54조에 따라 예산안 심의·확정 권한을 가진 국회로 하여금 예산상의 고려가 함께 반영된 법률로써 공무원의 근무조건을 정하도록 할 필요가 있기 때문"이라고 밝히고 있다.[31)]

이상에서 본 것처럼 공무원관계에서 지급되는 공무원의 보수와 사법상 근로관계에서 지급되는 근로자의 급여는 성격이 다르기 때문에, 대법원은 공무원의 보수청구권이 사법상의 근로자들의 그것과 공무원

---

31) 대법원 2016. 8. 25. 선고 2013두14610 판결.

지위의 특수성, 근무조건의 결정방식, 공무원 보수의 성격 등의 관점에서 차이가 있으므로, 국가기관인 지방국토관리청장과 기간의 정함이 없는 근로계약을 체결하고 도로의 유지·보수 업무 또는 과적차량을 단속하는 업무를 수행하는 근로자(국도관리원)가 유사한 업무를 수행하는 국토교통부 소속 운전직 및 과적단속직 공무원들과 다르게 가족수당과 성과상여금 등을 지급받지 못하더라도 근로기준법 제6조를 위반하는 차별적 처우에 해당하지 않는다고 판시한 바 있다.[32]

(3) 맞춤복지제도의 의의와 운영방식

이 사건에서 근로자의 선택적 복지제도와 비교대상이 된다고 주장되는 공무원의 맞춤형 복지제도는 2005년 공무원의 복리후생을 위하여 도입된 제도로서, 「공무원 후생복지에 관한 규정」에 근거를 두고 있다.[33] 대통령령인 위 규정은 "공무원 후생복지제도에 관한 기본적인 사항을 정함으로써 공무원의 다양한 복지수요를 효과적으로 충족시키고, 공무원이 건강하고 활기차게 근무할 수 있는 여건을 조성하여 정부의 생산성을 높이는 것"을 입법목적으로 하고(제1조), 맞춤형 복지제도를 "사전에 설계되어 제공되는 복지혜택 중에서 공무원이 본인의 선호와 필요에 따라 개별적으로 부여된 복지점수를 사용하여 자신에게 적합한 복지혜택을 선택하는 제도"라고 정의하고 있다(제2조 제1호).

맞춤형 복지제도에 의한 '복지혜택'은 기본항목과 자율항목으로 구성되는데(제6조 제1항), 기본항목 중 필수기본항목은 공무원조직의 안정

32) 대법원 2023. 9. 21. 선고 2016다255941 전원합의체 판결. 이와 반대되는 견해로는 강현호, "공공기관의 무기계약직에 대한 공법적 검토－도로보수원 및 과적단속원과 관련하여－", 「성균관법학」, 제24권 제2호, 2012. 6, 108면; 양승엽, "무기계약직 근로자의 사회적 신분과 차별적 처우", 「노동법논총」, 제59집, 2023, 388면.

33) 위 규정에 따른 후생복지제도는 행정부 소속 국가공무원에 대하여 적용되고 있지만, 사법부나 입법부 및 지방공무원의 경우에도 유사하게 운용되고 있으므로, 이하에서는 위 규정을 중심으로 논의를 전개한다.

성을 위하여 전체공무원이 의무적으로 선택하여야 하는 복지혜택으로서 생명보험·상해보장보험 등으로 구성된다(제7조 제2항). 자율항목은 운영기관의 장이 소속공무원의 복지수요를 고려하여 정하는 복지혜택으로서 건강관리·자기계발·여가활용·가정친화 등에 관한 항목으로 구성된다(제8조).

3. 이 사건의 경우

(1) 본질적 차별대우의 존재 여부

공무원법관계를 전제로 한 맞춤형 복지제도에서 파생한 복지점수에 대해서는 비과세를 하는 반면, 사법상 근로관계를 전제로 한 선택적 복지제도에서 파생한 복지포인트는 근로소득으로 보고 소득세를 부과하는 행위가 헌법 제11조의 평등의 원칙 내지 조세평등의 원칙에 어긋나는 것인지를 검토하기 위해서는 그 전제로서 '본질적인 차별대우'가 있었는지를 확인하는 작업이 필요하다.

앞에서 살펴본 것처럼 공무원은 헌법이 정한 직업공무원 제도에 따라 국가 또는 지방자치단체와 공법상 신분관계를 형성하고 각종 법률상 의무를 부담하고, 공무원의 근무조건은 법령의 규율에 따라 정해지고 단체협약을 통해 근로조건 개선을 도모할 수 있는 대상이 아니라는 근로자의 지위와는 다른 특수성이 있다.

한편, 공무원의 보수는 일반의 표준생계비, 물가 수준, 그 밖의 사정을 고려하여 정해지고(국가공무원법 제46조 제2항), 민간 부문의 임금 수준과 적절한 균형을 유지하도록 노력하여야 하며, 공무원들 사이의 균형을 도모하여야 한다(제3항). 따라서, 공무원의 보수는 기본적으로 근로의 대가로서의 성질을 가진다고 할 수 있지만, 아울러 안정적인 직업공무원 제도의 유지를 위하여 공무원 조직의 특수성을 반영하거나 공무원의 생활 보장 등 정책적 목적을 함께 가지고 있다는 점에 대하여,

이론이 거의 없고 판례도 이에 입각하고 있다.[34)]

이러한 공무원의 지위와 보수체계의 특수성은 이 사건의 쟁점을 판단하는데, 기본적인 전제로서 고려되어야 한다. 참고로 대법원은 소득세법상 근로소득으로 과세의 대상이 되는 공무원의 보수마저도 근로자의 급여와는 다른 특수성이 있어서, 공무직 근로자가 공무원의 가족수당과 성과상여금 등을 지급받지 못하더라도 근로기준법 제6조를 위반하는 차별적 처우에 해당하지 않는다는 입장에 있다는 점은 앞에서 이미 살펴보았다.

공무원의 맞춤형 복지제도에 따른 복지점수로 돌아와 살피건대, 위 복지점수는 소득세법상 근로소득으로 과세의 대상이 되는 공무원의 보수에 대하여 규율하는 국가공무원법 제47조 제1항과 그로부터 위임받은 「공무원 보수규정」과 「공무원수당 등에 관한 규정」에 따라 지급되는 것이 아니라 「공무원 후생복지에 관한 규정」에 근거를 두고 있다.

위 규정은 “공무원 후생복지제도에 관한 기본적인 사항을 정함으로써 공무원의 다양한 복지수요를 효과적으로 충족시키는 것”을 입법목적으로 하고, 맞춤형 복지제도에 관한 복지점수나 항목을 ‘복지혜택’이라고 표현하고 있다. 아울러 운영기관의 장은 휴직 중인 공무원, 국외에 파견 중인 공무원, 재외공관에 근무 중인 공무원 등에 대해서도 맞춤형 복지제도를 적용하거나 제한하여 적용할 수 있고(제3조 제2항), 실제로도 기관별로 지급범위의 차이가 있지만 행방불명 및 해외 동반 휴직의 경우에도 지급되고 있다고 알려져 있는데,[35)] 이러한 점으로부터 복지점수

---

34) 대법원 2023. 9. 21. 선고 2016다255941 전원합의체 판결. 다만 위 판결에서 사회적 차별에 해당하지 않는다는 설시는 공무원의 지위와 사이에 차별대우의 존재 여부를 판단할 때에 국한된 것이고, 공무원이 아닌 일반 근로자를 비교대상으로 차별을 주장하는 경우에까지 적용되는 것이 아니며, 무기계약직의 사회적 지위를 일반적으로 부정한 것은 아니라고 한다(최윤정, “공무원을 비교대상자로 하여 무기계약직 근로자에 대한 차별이 성립하는지 여부”, 「대법원 판례해설」, 제137호, 2024, 611면).

35) 서울고등법원 2024. 2. 2. 선고 2023누36536 판결.

가 근로의 제공과 무관하게 지급되는 것이라는 점을 알 수 있다.

이상의 논의를 정리하면, 소득세법상 근로소득에 해당하는지 여부라는 관점에서 공무원의 복지점수와 근로자의 복지포인트는 비교대상이 아니어서 차별적 대우가 존재하지 않는다는 결론에 도달하고, 그 이유는 다음와 같다. 우선 이 사건의 쟁점을 전체적인 구조하에서 조망하기 위해서는 공무원의 지위와 보수체계의 특수성이 고려되어야 한다. 그러한 전제에 서면, 공무원이 지급받는 경제적 이득 중에서 소득세법상 근로소득에 해당하는 것은 공무원의 보수체계에서 지급받는 보수와 수당이고, 그것이 소득세법상 근로소득에 해당하는 근로자의 급여와 비교대상이라는 점을 알 수 있다. 공무원의 복지점수는 근로자의 복지포인트와 다른 차원의 근거와 법리로 제공되는 것이고, 공무원의 보수체계에서 지급되는 경제적 이득이 아니라 공무원의 보수체계 밖에 있는 「공무원 후생복지에 관한 규정」에 근거를 두고 근로의 제공과 아무런 관계없이 지급되는 공무원에 대한 사회보장적 차원의 '복지혜택'이어서, 소득세법상 근로소득에 해당하지 않기 때문이다.

오히려 「공무원 후생복지에 관한 규정」에 근거를 둔 맞춤형 복지제도에 따른 복지혜택은 근로복지기본법 제3장 제2절에 규정된 사내근로복지기금제도에 따른 복지혜택과 유사하다. 근로복지기본법에 의하면, 사내근로복지기금제도는 사업주로 하여금 사업 이익의 일부를 재원으로 사내근로복지기금을 설치하여 효율적으로 관리·운용하게 함으로써 근로자의 생활안정과 복지증진에 이바지하게 함을 목적으로 한다(제50조). 위 기금은 주택구입자금 등의 보조, 우리사주 구입의 지원 등 근로자 재산형성을 위한 지원이나 장학금·재난구호금의 지급, 그 밖에 근로자의 생활원조 및 모성보호 및 일과 가정생활의 양립을 위하여 필요한 비용 지원, 근로자를 위한 기숙사·사내구판장·보육시설·근로자를 위한 휴양 콘도미니엄·근로자의 여가·체육 및 문화 활동을 위한 복지회관·사택·공동근로복지기금법인이 근로자의 주거안정을 위하여 근로

자에게 무상 또는 저가로 제공하는 주택 등의 설치 및 운영, 근로자의 체육·문화활동, 근로자의 날 행사의 지원 등을 하고 있다(제62조 제1항).

양자는 공무원의 보수체계나 근로자의 급여체계와 관계없이 사회보장적 차원에서 복리후생을 위하여 지급된다는 점, 근로의 제공과 관계없다는 점 등에서 유사한 성격을 가지고 있다. 그에 따라 과세관청도 공무원의 복지점수와 마찬가지로 사내복지기금에서 근로자에게 경제적 이득을 제공하더라도 근로소득으로 보지 않거나 증여세를 부과하지 않고 있다.

(2) 합리적 차별이유의 존재 여부

만일 견해를 달리하여 공무원의 복지점수와 근로자의 복지포인트의 근로소득의 해당성을 판단할 때 비교대상이라고 본다면, 공무원법관계를 전제로 한 맞춤형 복지제도에서 파생한 복지점수에 대하여 과세를 하지 않고, 사법상 근로관계를 전제로 한 선택적 복지제도에서 파생한 복지포인트에 과세를 하는 것에 합리적 이유가 있는지를 살펴보아야 한다. 그런데, 근로자의 지위는 근로계약을 매개로 한 개인의 선택에 따른 것이므로 공무원의 지위와의 관계에서 이를 사회적 신분이라고 보기 어렵고,[36] 더구나 이 사건 근로소득의 해당성을 판단할 때 사법상 근로관계를 맺은 근로자의 지위 그 자체에 따른 차별적 조치가 쟁점이 아니므로, 헌법 제11조에서 말하는 사회적 신분에 따른 차별에 해당한다고 볼 수 없다. 따라서, 자의금지의 원칙을 심사기준으로 한 합리성 심사가 적절하다.

공무원의 복지점수 중 기본복지점수는 직급 등과 관계없이 일률적으로 지급되고 필수기본항목은 공무원조직의 안정성을 위하여 전체공무원이 의무적으로 선택하여야 하는 복지혜택으로서 생명보험·상해보장보험 등으로 구성된다는 점에서 근로자의 복지포인트와 다른 점이 있다.

36) 대법원 2023. 9. 21. 선고 2016다255941 판결 참조.

또한, 공무원의 복지점수를 근로소득으로 보기 위해서는 그것이 공무원의 보수와 수당에 해당한다는 점이 전제가 되어야 하는데 그렇게 해석할 수 없다는 점은 앞에서 이미 살펴보았다. 만일 견해를 달리하여 그렇게 해석한다고 하더라도, 공무원의 근무조건 법정주의에 따라 공무원의 복지점수는 입법자의 정책적 고려하에서 예산의 범위에서 정해지게 되는데, 이에 대하여 과세한다면 그 만큼 공무원의 복지정책적 효과가 감소된다.

위와 같은 점들과 앞에서 본 공무원의 복지점수가 근로자의 복지포인트와 비교대상이 될 수 없다는 사정들을 종합하면, 과세관청이 공무원법관계를 전제로 한 맞춤형 복지제도에서 파생한 복지점수에 대하여 과세를 하지 않고, 사법상 근로관계를 전제로 한 선택적 복지제도에서 파생한 복지포인트에 과세를 하는 것에 합리적 정당성이 있다고 생각된다.

(3) 이 사건에 조세평등의 원칙을 적용할 수 있는지 여부

위에서 살펴본 것처럼 과세관청이 공무원법관계를 전제로 한 맞춤형 복지제도에서 파생한 복지점수에 대하여 과세를 하지 않고, 사법상 근로관계를 전제로 한 선택적 복지제도에서 파생한 복지포인트에 과세를 하는 것이 평등의 원칙에 어긋나지 않는다는 것은 분명하다.

그러나, 이를 달리 해석하여 평등의 원칙에 위반된다고 가정하더라도 그것이 이 사건 과세처분이 위법하다는 것으로 직결되지는 않는다. 이 사건은 조세입법 영역에서 입법형성이나 재량권을 가지는 영역에서 그 행사가 평등의 원칙 위반 여부가 문제 되는 것이 아니라 기속행위인 과세관청의 과세처분이 형평성에 어긋나서 위법한지 여부가 쟁점이기 때문이다.

과세관청의 위와 같은 조치가 조세평등의 원칙에 어긋나서 위법하다고 평가되기 위해서는 비교대상이 위법하지 않다는 점이 전제가 되어

야 한다. 그런데, 비교대상이라고 주장되는 공무원의 복지점수에 대한 비과세조치가 위법한 것임을 가정하고 근로자의 복지포인트에도 같은 비과세조치를 요구한다면, 이는 '불법에 있어서 평등대우'를 요구하는 것이어서 법치국가에서 용납될 수 없는 주장이고, 공무원의 복지점수에 과세조치를 행하는 것으로 해결될 문제에 불과하다.

다음으로 공무원의 비과세조치가 적법한 것으로 가정하고 근로자의 복지포인트에 대해서도 그와 같은 조치를 요구하는 것이라면, 이는 평등의 원칙의 문제가 아니다. 이러한 주장은 근로자의 복지포인트가 소득세법상의 근로소득에 해당하지 않는다는 주장과 동어반복에 불과하기 때문이다.

Ⅳ. 결론

이 사건의 쟁점인 복지포인트가 소득세법상 과세대상인 근로소득에 해당하는지 여부에 대한 판단은 근로복지라는 사회보장법상의 원리나 임금의 해당성 등과 관련된 근로기준법상의 법리가 아니라 소득세법의 입법목적과 조세법의 고유한 법리에 의하여 해석되어야 한다. 그런데, 소득세법상의 근로소득을 사업소득과 증여세의 과세대상을 구분하는 의미에서 파악한다면, 근로와 일정한 상관관계에 있으면 족하고 임금과 같이 엄밀한 비례관계를 요구하지 않으므로, 근로계약 또는 이와 유사한 관계에서 비독립적인 근로의 제공과 관련하여 다른 사람으로부터 지급받는 보수, 물품 및 이에 준하는 급여의 일체라고 해석할 수 있다. 따라서, 복지포인트의 배정 그 자체가 부가급여의 지급이라고 평가하여야 한다.

한편, 과세관청이 공무원법관계를 전제로 한 맞춤형 복지제도에서 파생한 복지점수에 대하여 과세를 하지 않고, 사법상 근로관계를 전제

로 한 선택적 복지제도에서 파생한 복지포인트에 과세를 하는 것은 서로 비교대상이 될 수 없기 때문에 본질적인 차별대우가 확인되지 않고, 그렇지 않다고 하더라도 그 차별적 조치는 합리적 이유가 있으므로, 조세평등의 원칙에 어긋나지 않는다. 뿐만 아니라 근본적으로 위와 같은 주장이 조세평등의 원칙을 적용할 사항인지도 의문이다.

그런데, 복지포인트의 근로소득 해당 여부를 둘러싸고 하급심 판결들이 엇갈렸고, 대상판결은 위와 같은 관점에서 이 문제에 대한 바람직한 유권해석을 남겼다고 평가할 수 있다.

위와 같은 결론에 덧붙여서 이 사건의 결과가 우리나라 사회보험제도에 미치는 영향에 대하여 참고로 간략하게 서술하고자 한다. 우리나라의 사회보장제도는 근로자의 급여에 매우 큰 영향을 받고 있다. 특히 사회보험의 근간을 이루는 국민건강보험, 고용보험, 국민연금 등은 모두 소득과 연동되어 있으므로, 근로소득은 위와 같은 사회보험들의 재정에 막대한 영향을 미친다. 따라서, 근로자의 복지포인트를 소득세법상의 근로소득으로 보지 않는다면, 위와 같은 사회보험들의 보험료 산정이 달라질 수 있다는 것이다.

참고문헌

단행본

김완석·정지선, 소득세법론 개정증보판, 삼일인포마인, 2022.
이창희, 세법강의 제22판, 박영사, 2024.
하명호, 행정법 제7판, 박영사, 2025.

논문

강현호, "공공기관의 무기계약직에 대한 공법적 검토－도로보수원 및 과적단속원과 관련하여－", 성균관법학 제24권 제2호, 2012. 6.
길용원, "복지포인트의 근로소득세 과세에 대한 최근 판결의 검토", 조세논총 제9권 제2호, 2024. 6.
김경하, "복지포인트 관련 세제 개선방안 연구", 조세법연구 제29권 제1호, 2023.
김두형, "근로자 복지포인트에 대한 소득세 과세 문제", 조세논총 제8권 제4호, 2003. 12.
남찬섭, "근로복지의 개념, 등장배경과 성격, 그리고 변화", 사회복지연구 제23호, 2004.
문무기, "근로복지법제의 현황과 과제－기업복지를 중심으로－", 카톨릭법학 창간호, 2002.
박길태, "한국 기업복지의 변천사에 관한 연구", 경영사학 제74호, 2015.
박종희, "복지포인트의 임금성", 노동법포럼 제18호, 2019.
양승엽, "무기계약직 근로자의 사회적 신분과 차별적 처우", 노동법논총 제59집, 2023.
이충언, "복지포인트의 법적 성질 및 임금성", 노동판례비평 제24호, 2019.
조연훈·염성수·노준화, "선택적 복리후생제도 도입과 과세문제", 회계논

집 제4호, 2003.

최윤정, "공무원을 비교대상자로 하여 무기계약직 근로자에 대한 차별이 성립하는지 여부", 대법원 판례해설 제137호, 2024.

최정은, "복지포인트의 임금성 및 통상임금성 인정 여부", 사법 제51호, 2020.

최홍기, "복지포인트의 통상임금성 판단에 관한 소고", 법학논문집 제48권 제3호, 2017.

한광수/ 김희성, "복지포인트의 임금해당성", 노동법논총 제48집, 2020.

국문초록

복지포인트가 소득세법상 과세대상인 근로소득에 해당하는지 여부에 대한 판단은 근로복지라는 사회보장법상의 원리나 임금의 해당성 등과 관련된 근로기준법상의 법리가 아니라 소득세법의 입법목적과 조세법의 고유한 법리에 의하여 해석되어야 한다. 그런데, 소득세법상의 근로소득을 사업소득과 증여세의 과세대상을 구분하는 관점에서 파악한다면, 근로와 일정한 상관관계에 있으면 족하고, 임금과 같이 엄밀한 비례관계를 요구하지 않으므로, 근로계약 또는 이와 유사한 관계에서 비독립적인 근로의 제공과 관련하여 다른 사람으로부터 지급받는 보수, 물품 및 이에 준하는 급여의 일체라고 해석할 수 있다. 따라서, 복지포인트의 배정행위 그 자체로 부가급여가 지급된 것으로 평가하여야 한다.

한편, 과세관청이 공무원법관계를 전제로 한 맞춤형 복지제도에서 파생한 복지점수에 대하여 과세를 하지 않고, 사법상 근로관계를 전제로 한 선택적 복지제도에서 파생한 복지포인트에 과세를 하는 것은 서로 비교대상이 될 수 없기 때문에 본질적인 차별대우가 확인되지 않고, 그렇지 않다고 하더라도 그 차별적 조치는 합리적 이유가 있으므로, 조세평등의 원칙에 어긋나지 않는다. 뿐만 아니라 근본적으로 위와 같은 주장이 조세평등의 원칙을 적용할 사항인지도 의문이다.

그런데, 복지포인트의 근로소득 해당 여부를 둘러싸고 하급심 판결들이 엇갈렸지만, 대상판결은 이 문제에 대한 바람직한 유권해석을 남겼다고 평가할 수 있다.

주제어: 복지포인트, 근로소득, 임금, 선택적 복지제도, 조세평등의 원칙

Abstract

Inclusion of Welfare Points in Earned Income : A Legal Analysis

Ha, Myeong Ho*

The determination of whether welfare points constitute earned income under the Income Tax Act should be interpreted based on the legislative intent of the tax law and its inherent principles, rather than the principles of labor law concerning the nature of wages or the social security principles of labor welfare.

In this regard, earned income under the Income Tax Act should be distinguished from business income and taxable gifts. It is sufficient for there to be a certain correlation with labor, without requiring a strict proportional relationship as in the case of wages. Therefore, earned income can be interpreted as any form of compensation, goods, or equivalent benefits received from another party in connection with the provision of dependent labor under an employment contract or a similar relationship. Consequently, the allocation of welfare points itself should be regarded as the provision of additional compensation.

On the other hand, the tax authorities' decision not to tax welfare points granted under the customized welfare system for public officials, while taxing welfare points granted under the flexible benefit plan based on private employment relationships, does not constitute an essential discriminatory treatment, as the two are not directly comparable. Even if

* Korea University

a disparity exists, the differential treatment is justified by rational reasons, and thus, it does not violate the principle of tax egalitarianism. Moreover, it is questionable whether such claims even fall within the scope of applying the tax egalitarianism principle.

Given the conflicting lower court rulings on whether welfare points constitute earned income, this ruling provides a desirable authoritative interpretation of the issue.

Keywords: welfare points, earned income, wages, flexible benefit plan, tax egalitarianism

투고일 2025. 5. 1.
심사일 2025. 6. 21.
게재확정일 2025. 6. 30.

土地行政法

토지분할의 공법적 규율과 확정판결 (김범준)

토지분할의 공법적 규율과 확정판결

김범준*

대상판결: 대법원 2024. 3. 12. 선고 2023두50349 판결

Ⅰ. 대상판결의 개요

1. 사실관계

(1) 원고는 서울 용산구(주소 1 생략) 대 112㎡(이하 '이 사건 원고 토지'라고 한다)의 소유자이고, 이 사건 원고 토지 지상에는 벽돌조 슬래브

* 법무법인(유) 광장 변호사

지붕 2층 근린생활시설 및 다가구용 단독주택(이하 '이 사건 원고 건물'이라고 한다)이 있다. 이 사건 원고 토지의 정남방향 경계(이하 '이 사건 경계'라고 한다)에 접하여 소외 A 소유의 서울 용산구(주소 2 생략) 대 62㎡(이하 '이 사건 토지'라고 한다)가 있고, 그 지상에는 높이 8.4m의 연와조 평슬래브지붕 3층 다가구주택(이하 '이 사건 건물'이라고 한다)이 있다. 이 사건 경계에는 원고 소유 담장이 설치되어 있는데, 위 담장이 이 사건 토지 중 2㎡(이하 '이 사건 쟁점 부분'이라고 한다)를 침범한 채로, 원고가 위 부분을 점유·사용하고 있다.

(2) A는 원고를 상대로 이 사건 쟁점 부분의 인도 및 담장의 철거를 구하는 소[1]를 제기하였는데, 원고는 위 소송의 항소심에서 A를 상대로 이 사건 쟁점 부분에 대하여 점유취득시효 완성을 원인으로 한 소유권이전등기절차를 이행하라는 반소를 제기하였다. 항소심 법원은 A의 본소 청구를 모두 기각하고 원고의 반소 청구를 모두 인용하는 판결을 선고하였고,[2] 위 판결은 그대로 확정되었다(이하 위 항소심 판결을 '이 사건 확정판결'이라고 한다).

(3) 원고는 이 사건 토지 중 이 사건 쟁점부분을 분할하여 이 사건 원고 토지에 합병하기 위해, 2020. 11. 11. 한국국토정보공사에 이 사건 토지의 분할측량을 의뢰하였다. 한국국토정보공사 용산마포지사장은 이 사건 토지의 분할측량을 마친 후 2020. 12. 1. 피고 서울특별시 용산구청장(이하 '피고'라고 한다)에게 「공간정보의 구축 및 관리 등에 관한 법률」(이하 '공간정보관리법'이라고 한다) 제25조 제1항 및 「지적측량 시행규칙」 제28조 제2항 소정의 지적측량성과 검사를 신청하였는데(이하 '이 사건 검사신청'이라고 한다), 피고는 "① 이 사건 건물이 위반건축물로 지정된 이후 사용승인이 이루어지지 않았다(이하 '이 사건 제1 처분사유'라고 한다). ② 이 사건 토지에서 이 사건 쟁점 부분을 분할하는 경우 건축법 제61

1) 서울서부지방법원 2018가단15768호.

2) 서울서부지방법원 2020. 7. 3. 선고 2019나40007, 2020나40928 판결.

조에 의한 일조 등의 확보를 위한 이격거리를 충족하지 못하게 되어, 건축법 제57조에 따라 분할이 부적정하다(이하 '이 사건 제2처분사유'라고 한다)."는 이유로 2020. 12. 4. 지적측량성과 검사 요청을 반려하는 처분을 하였다(이하 '이 사건 검사신청 반려처분'이라고 한다).

(4) 원고는 2021. 2. 24. 피고에게 점유취득시효 완성을 근거로 이 사건 토지를 이 사건 쟁점 부분과 나머지 부분을 분할하여 달라는 신청(이하 '이 사건 분할신청'이라고 한다)을 하였다. 피고는 이 사건 검사신청 반려처분과 동일한 사유를 들어, 2021. 2. 24. 이 사건 분할신청을 반려하는 처분을 하였다(이하 '이 사건 분할신청 반려처분'이라고 하고, 이 사건 검사신청 반려처분과 통칭하여 '이 사건 처분'이라고 한다).

2. 소송경과

(1) 원고는 피고를 상대로 "이 사건 쟁점 부분의 분할로 인하여 건축법 제57조 제2항 및 제61조 소정의 제한사유가 존재하는 것으로 보더라도, 이 사건 확정판결에 의한 토지분할에 대하여는 건축법령상의 제한사유를 이유로 이 사건 검사신청이나 이 사건 분할신청을 반려할 수 없다."라고 주장하면서,[3] 이 사건 처분의 취소를 구하는 내용의 이 사건 소를 제기하였다.

(2) 제1심은 법원의 확정판결이 있더라도 건축법 제57조 제2항 및 제61조를 위반하여 토지를 분할할 수 없음을 근거로, 원고의 청구를 모두 기각하였다.

(3) 원심은 "구 건축법 제49조의 규정은 대지 평수에 대한 그 위의 건물크기의 비율 등에 관한 제한규정일 뿐 그 대지 자체의 적법한 원인에 의한 분할과 소유권이전까지 제한하는 취지는 아닐 뿐 아니라, (중

3) ① '이 사건 제1 처분사유의 위법성'이나, ② (이 사건 제2 처분사유와 관련하여) '건축법 제57조 제2항 및 제61조 소정의 제한사유의 존부'등 부수적 쟁점은 생략하였다.

략) 법원의 확정판결에 의한 토지분할의 경우에는 대상토지가 위와 같은 관계 법령상의 기준에 미달된다 할지라도 시장·군수의 별도의 허가를 받을 필요 없이 그 분할이 가능하다."라고 판시한 대법원 1996. 11. 12. 선고 96누7519 판결의 법리가 이 사건에 그대로 적용될 수 있음을 전제로, 피고가 건축법 제57조 제2항 및 제61조 위반을 들어 이 사건 처분을 할 수 없다고 보아 제1심 판결을 취소하고 원고의 청구를 모두 인용하였는데, 그 구체적 근거는 다음과 같다.

① 대법원 96누7519 판결은 '건축'에 관한 법령과 '지적'에 관한 법령은 그 적용의 국면이 서로 다른 별개의 영역에 관한 법령임을 선언한 것이다.

② 대법원 96누7519 판결은, 확정판결에 의한 토지분할에 관한 예외규정인 구 도시계획법 시행령[4] 제5조 제3항 단서가 삭제되었음에도 불구하고, 1995년 개정 지적법 시행령[5] 제17조 제1항[6]·1995년 개정 지적법 시행규칙[7] 제20조 제1항 다목[8]에 근거하여 '건축법상 제한 규정에 위반되거나 미달하는 토지분할 신청이라도 확정판결에 의한 경우에는 그 예외를 허용할 수 있다'고 해석하는 중대한 법적 결단을 한 것이다.

③ 대법원 96누7519 판결 선고 이후 건축법령의 주요 내용에 실질

4) 1992. 7. 1. 대통령령 제13684호로 개정되기 전의 것.
5) 1995. 4. 6. 대통령령 제14568호로 개정된 것.
6) 제17조(분할신청) ① 법 제17조의 규정에 의하여 토지의 분할을 신청하고자 하는 토지소유자는 분할사유를 기재한 신청서에 내무부령이 정하는 서류를 첨부하여 소관청에 제출하여야 한다. 이 경우 법 제17조제2항의 규정에 의하여 1필지의 일부가 지목이 다르게 되어 분할신청을 하는 때에는 제19조의 규정에 의한 지목변경신청서를 함께 제출하여야 한다.
7) 1995. 4. 26. 내무부령 제646호로 개정된 것.
8) 제20조(분할신청) ①영 제17조제1항에서 "내무부령이 정하는 서류"라 함은 다음 각 호의 서류를 말한다.
   2. 다음 각목의 1에 해당하는 서류
   다. 법원의 확정판결에 의하여 분할하는 경우에는 확정판결정본이나 그 사본과 확정증명원

적인 변화가 없고, 1995년 개정 지적법 시행규칙 제20조 제1항 다목이 삭제되었으나 개정이유에 비추어 '법원의 확정판결에 따른 토지분할'을 금지하기 위한 것으로 볼 수 없으므로, 위 판결의 법리는 여전히 유효하다.

④ 개정 「지적측량 시행규칙」[9] 제28조 제2항 제3호에 "건축법 등 관계 법령에 따른 분할제한 저촉 여부 등을 판단하여"라는 문구가 추가되었으나, '대지 자체의 적법한 원인에 의한 분할 신청'은 위 조항의 '건축법 등 관계 법령의 분할제한 규정에 저촉되는 경우'가 아니라고 해석해야 한다.

⑤ 개발행위허가권자는 신청인이 토지분할 허가신청을 하면서 확정판결을 제출하더라도 「국토의 계획 및 이용에 관한 법률」(이하 '국토계획법'이라고 한다)에서 정한 개발행위 허가 기준 등을 고려하여 거부처분을 할 수 있다는 취지로 판시한 대법원 2013. 7. 12. 선고 2012두28582 판결, 대법원 2013. 7. 11. 선고 2013두1621 판결 등은, 국토계획법상 개발행위허가의 대상이 아니어서 공간정보관리법 제79조 제1항에 따른 토지분할 신청을 하였을 뿐인 이 사건에 원용할 수 없다.

(4) 대법원은 원심이 '확정판결에 기초한 토지분할신청 또는 지적측량성과도 검사신청에 있어서 지적소관청의 심사 대상 및 그 범위에 관한 법리'를 오해하였음을 이유로 원심판결을 파기하고, 사건을 원심법원에 환송하였다.

3. 판결요지

(1) 토지분할이 개발행위허가의 대상이 되는 경우, 신청인이 토지분할을 위한 개발행위 허가신청을 하면서 확정판결을 제출하더라도, 개

9) 2014. 1. 17. 국토교통부령 제64호로 일부개정된 것.

발행위허가권자는 국토계획법에서 정한 개발행위 허가 기준 등을 고려하여 반려처분을 할 수 있고, 이러한 반려처분은 확정판결의 효력에 반하는 것이 아니다. 여기에 토지분할이 허가사항으로 규정되어 있는 경우와 비교하여 절대적으로 금지되어 있는 경우에는 더 엄격한 규제가 이루어져야 한다는 점을 더하여 보면, 지적소관청은 확정판결에 기초한 토지분할신청 또는 지적측량성과도 검사신청이라고 하더라도 건축법령상의 분할제한 규정에 저촉될 경우 이를 반려할 수 있다고 보아야 한다.

(2) 건축법 제57조를 제정한 입법자의 의사는 위 규정으로 단순히 대지면적과 그 지상 건물 크기의 비율만을 제한하려는 것이 아니라 대지 자체의 분할을 제한하려는 취지라고 해석함이 타당하다.

(3) 당사자 상호 간의 합의에 기한 법률행위에 따라 토지분할을 신청하더라도 공법상 규제사유에 해당하면 반려되는바, 당사자 사이의 법률행위 확정에 관여하는 법원의 확정판결이 있다고 하더라도, 이를 달리 볼 이유가 없다.

(4) 사법상 권리관계에 있어서도 건축법령상 대지의 분할제한은 해당 청구권의 실현에 대한 이행불능사유로 이해되고 있고, 사법상 권리관계에 관한 소송에서는 건축법령상 대지의 분할제한이라는 공법상 규제에 관한 고려가 적절히 반영되지 않을 수도 있다. 그럼에도 불구하고 지적소관청이 확정판결에 기초한 토지분할신청 또는 지적측량성과도 검사신청을 원칙적으로 반려할 수 없다고 볼 경우, 지적소관청은 건축법령상 대지의 분할제한에 관한 규제를 자백간주 등을 이용한 확정판결 또는 이와 같은 효력을 가지는 문서들을 통하여 탈법적으로 회피하려고 하는 경우를 통제할 수 없게 된다.

Ⅱ. 문제의 소재

이 사건의 표면적 쟁점은, 토지소유자가 소유권에 관한 확정판결에 따른 사법상 권리의 실현을 위해 건축법령에서 정한 대지의 분할제한 규정에 위반되더라도 토지를 분할할 수 있는지 여부이다.10) 제1심과 대상판결은 이와 같은 토지분할 신청 및 그에 선행하는 지적측량성과 검사 요청을 반려한 피고의 처분이 적법하다고 판단하였다. 그러나 원심은 '법원의 확정판결에 의한 토지분할의 경우에는 구 건축법 제49조의 규정에 미달된다고 할지라도 그 분할이 가능하다'고 판시한 대법원 1996. 11. 12. 선고 96누7519 판결의 법리가 이 사건에 그대로 적용된다는 전제하에 제1심 및 대상판결과 다른 결론을 취하였다. 일응 동일한 쟁점에 대하여 두 대법원 판결(대상판결 및 원심이 인용한 판결)이 서로 다른 결론을 취하고 있어, 양자를 정합적으로 이해하기가 어렵다.

이 사건은 민사상 확정판결과 공법상 규제 간의 우열관계라는 총론적 문제로 요약되기 쉽다. 그러나 여기에만 전적으로 집중하면, 원고가 건축법 규정을 간과한 채 확정판결만을 기초로 토지분할을 신청하고, 지적소관청이 공법상 제한을 들어 이를 반려하고, 그 당부에 대한 원심과 대법원의 평가가 엇갈리기까지 한 일련의 경위를 제대로 이해하기가 어렵다. 공간정보관리법상 토지분할은 토지소유자의 재산권 행사 수단이라는 점에서 사법상 권리관계와 밀접한 관련이 있지만, 이와 동시에 대법원은 오래전부터 지적소관청의 토지분할신청 거부행위가 항고소송의 대상이 되는 처분에 해당함을 인정하였다.11) 토지분할은 토지

10) 이는 원고의 A에 대한 소유권이전등기청구권의 존재를 인정한 이 사건 확정판결 자체는 적법하다는 전제하에, 이후 행정청이 공법상 제한을 이유로 소유권이전등기청구권의 실현 내지 집행을 저지할 수 있는가의 문제이다. 그러나 선행 단계에서 공법상 제한이나 집행 문제를 고려하지 않고 원고의 청구를 인용한 민사법원의 판결 역시 논란의 여지가 없는 것은 아니다. 본 연구에서는 이 사건 확정판결의 당부는 분석대상에서 제외하고, 대상판결에 집중하여 논의를 전개한다.

소유자의 소유권뿐만 아니라 토지의 이용관계 자체에 영향을 미친다는 점에서 공법적으로도 관심 대상이 된다.

그러나 공간정보관리법은 공법적 관점에서 토지분할의 요건을 스스로 규정하는 대신에, 국토계획법이나 건축법과 연결되는 방식으로 복잡한 규율체계를 형성하고 있다. 결국 이 사건 분쟁의 해결방법을 찾는 것은, 지적제도의 민사적·공법적 기능과 토지분할의 공법적 규율체계를 이해하는 문제로 연결된다.

이하에서는 우선 횡단적 접근으로서 현행법상 토지분할의 공법적 규율체계를 점검하고, 이를 토대로 '건축법령상 대지의 분할규정에 저촉될 경우 지적소관청은 확정판결에 기한 토지분할신청 또는 지적측량성과도 검사신청일지라도 이를 반려하여야 한다'라고 판시한 대상판결의 결론이 정당한지 검토한다(Ⅲ.). 이후 종단적 접근으로서 토지분할 규율체계가 발전하여 온 과정을 전체적으로 조망하고, 원심이 인용한 대법원 96누7519 판결과의 차이점 등을 중심으로 대상판결의 의의 및 한계를 검토한다(Ⅳ.).

Ⅲ. 토지분할의 공법적 규율체계

1. 도시계획과 건축단위

(1) 도시계획의 의의와 구성요소

토지분할은 도시계획 법제를 통해 공법적으로 규율된다. '도시계획'이라는 용어는 행정계획의 일종으로 이해되면서[12] 널리 사용되고 있

11) 대법원 1992. 12. 8. 선고 92누7542 판결.

12) 대법원 2020. 6. 25. 선고 2019두57404 판결, 대법원 2007. 4. 12. 선고 2005두1893 판결 등.

음에도 불구하고, 과거 도시계획법은 물론이고 현행 국토계획법 또한 '도시계획'을 법적으로 명확히 정의하고 있지 않다. 그러나 도시계획의 공법적 기능을 추출하여 이를 토대로 도시계획의 개념을 강학상 정의할 수 있는데, 이에 따르면 도시계획은 "도시 내 토지의 합리적 사용을 위해 규율대상지역의 ① 법적 성격을 확정(용도지역을 지정)하고, 대상지역 내 ② 도시계획시설, ③ 건축단위와 ④ 건축단위별 건축허용성 그리고 ⑤ 건축허가요건을 정하는 행정계획"을 의미한다.[13]

신도시를 건설하기 위해서는 ① 대상지역의 용도(예컨대, 주거·상업·공업·녹지)를 결정하고, ② 도로 등의 필수적인 기반시설의 설치를 계획하며, ③ 도로 등으로 구획된 가구 및 획지에 건축물을 건축하기 위한 단위를 설정하고, ④ 이러한 단위 각각에 대하여 건축물을 지어도 좋을 것인지를 결정한 다음, ⑤ 건축물의 용도 및 형태를 제한한다. 이 과정을 전반적으로 규율하는 행정계획이 도시계획이다.

(2) 건축단위와 토지의 분할

토지의 '단위'가 무엇인지 물으면, 거래의 기준으로 흔히 사용되는 '필지'라는 답변을 떠올리기 쉽다. 그러나 거시적으로 도시를 계획하는 주체로서는 필지를 토지의 단위로 삼는 것이 적절하지 않을 수 있다. 예컨대 신도시를 개발할 때는 가장 먼저 도로를 계획하여 대상지역을 정방형에 가깝게 구획하고, 도시의 기능 발휘를 위해 필요한 각종 시설을 체계적으로 배치하여야 한다. 이 경우 도로를 통해 구획된 각각의 칸이 토지의 단위가 된다. 그런데 필지는 토지의 소유권을 표상하는 단위로서, 토지소유자의 의사에 따라 제각기 불규칙한 규모와 형태를 취한다. 이를 그대로 전제하여 도시를 계획하면 도로나 건축물과 같은 도시의 구성요소를 체계적이고 효율적으로 배치할 수 없다. 따라서 도시

13) 김종보, "도시계획의 핵심기능과 지적제도의 충돌-건축단위와 건축허용성을 중심으로", 『행정법연구』 제16호, 2006. 10., 58면.

를 계획하는 과정에서 주도적으로 토지의 단위를 설정할 필요가 있는데, 이는 도시계획의 기본요소로서의 '건축단위' 개념과 연결되어 있다.

건축단위는 필지와 마찬가지로 토지단위의 일종으로서, "하나의 건축허가가 발급될 수 있는 토지의 기준단위"를 의미한다.[14] 즉, 도시계획은 규율대상지역에서 건축물을 건축할 수 있는 공간적 단위를 설정하는 기능을 수행해야 한다. 이는 건폐율, 용적률, 접도요건 등의 공법적 규제장치(건축허가요건)가 작동하기 위한 기초가 된다. 예컨대 건폐율과 용적률을 계산하기 위해서는 건축물의 기초가 되는 '대지면적'이 결정되어야 하고(국토계획법 제55조, 제56조), 접도요건의 충족 여부를 판단하기 위해서는 건축물이 건축되는 대지의 경계가 어디까지인가가 결정되어야 한다(건축법 제44조).

하나의 토지를 분할하면 건축단위의 수는 증가하고, 개별 건축단위의 크기는 감소한다. 두 가지 변화는 모두 그 자체로 건축단위를 통한 기존의 도시계획적 판단을 사후적으로 변경하는 것일 뿐만 아니라, 제대로 기능을 발휘하기 어려운 소규모 건축물이 다수 건축될 수 있다는 점에서 토지의 합리적 이용에 영향을 초래할 수 있다.[15] 따라서 토지의 분할을 공법적으로 규율할 필요가 크다.

현행법상 토지분할은 대표적으로 ① 국토계획법상 개발행위허가, ② 건축법상 대지분할, 그리고 ③ 공간정보관리법상 필지의 분할이 서로 결합하여 규율체계를 형성하고 있다.

2. 도시계획법제상 토지분할 규율

도시내 토지의 합리적 이용·개발과 보전을 위한 계획의 수립 및 집

14) 김종보, 『건설법의 이해』, 제7판, 북포레, 2023, 209면.
15) 대법원 2013. 7. 12. 선고 2012두28582 판결.

행에 필요한 사항은 국토계획법이 정하고 있다(제1조 참조). 따라서 도시계획의 구성요소인 건축단위와 밀접한 관련을 갖는 토지분할 또한 국토계획법에 따라 규율되는 것이 이론적으로 타당하다.16) 그러나 건축물이 관련된 영역에서는 건축법이 국토계획법과 결합하여 도시계획의 구성요소를 규율하고, 토지분할 역시 마찬가지이다. 따라서 도시계획법제상 토지분할의 규율체계를 파악하기 위해서는 국토계획법과 건축법의 관련 조항을 함께 검토해야 한다.

(1) 국토계획법상 규율

1962. 1. 20. 제정된 도시계획법은 대상지역의 토지를 용도지역으로 구분하여 건축물의 용도 및 형태를 중심으로 건축허가요건을 달리 규정하는 '용도지역제 도시계획'을 유일한 도시계획으로 도입하였다.17) 그러나 용도지역제 도시계획은 도시를 주체적으로 구획하지 못하고, 공간정보관리법(구 지적법)상 필지의 존재를 그대로 받아들이면서 여러 필지를 묶어 특정 용도지역으로 지정할 수 있을 뿐이었으므로, 건축단위 설정의 측면에서는 불완전한 것이었다. 용도지역제 도시계획이 필지의 형상을 수정(즉, 분할 또는 합병)할 수 있도록 보완하는 것은, 1971. 1. 19. 법률 제2291호로 전부개정된 구 도시계획법에 새로이 도입된 행위허가(현행 국토계획법상 개발행위허가)라는 행정처분이었다.18)

개발행위허가는 당해 토지에 건축물을 지어도 좋다는 법적 판단을 하고, 이를 전제로 토지를 대지로 조성하기 위한 물리적 공사를 허용하는 내용의 허가이다.19) 개발행위허가 대상에는 '토지 분할'뿐만 아니라

---

16) 배기철, "토지의 분할과 합병에 관한 공법적 규율", 『행정법연구』 제70호, 2023. 3., 258－264면 참조.

17) 김종보, "도시계획변경거부의 처분성", 『행정법연구』 제11호, 2004. 5., 249면.

18) 김종보, 『건설법의 이해』, 제7판, 북포레, 2023, 216면; 김종보, "도시계획의 핵심기능과 지적제도의 충돌－건축단위와 건축허용성을 중심으로", 『행정법연구』 제16호, 2006. 10., 69－70면.

'건축물의 건축 또는 공작물의 설치', '토지의 형질 변경', '토석의 채취' 등이 포함된다(국토계획법 제56조 제1항).

이처럼 국토계획법상 개발행위허가는 도시계획의 기본요소 중 '건축허용성'(즉, 건축물을 건축할 수 있는 공법적 지위)[20]을 부여하는 장치로 이해되지만, 허가대상에 '토지 분할'을 포함함으로써 건축단위의 변경과정에도 부분적으로 관여한다. 토지소유자가 토지분할에 관한 개발행위허가를 신청하면, 허가권자는 당해 토지분할이 도시·군관리계획이나 토지이용계획의 내용에 부합하는지 여부 등을 심사할 수 있고,[21] 이에 관하여 폭넓은 재량을 행사할 수 있다.[22] 이는 토지분할로 인하여 건축단위의 수와 크기가 변경됨에 따라 토지의 이용현황에 영향이 초래되는 것을 용인하여도 되는지를 심사하는 것이다.

국토계획법 제56조 제1항 제4호는 '토지 분할'을 개발행위허가의 대상으로 명시하고 있지만, '건축물이 있는 대지의 분할'은 규율대상에서 제외하고 있다. 구체적으로 '녹지지역·관리지역·농림지역 및 자연환경보전지역' 안에서 이루어지는 토지의 분할만이 개발행위허가의 규율대상이 되는데,[23] 이를 반대해석하면 건축행위가 더욱 빈번히 발생하는 주거지역, 상업지역, 공업지역 등에서 발생하는 토지분할은 규율대상에서 제외된다. 국토계획법상 개발행위허가는 '토지'의 이용상황을 규율하는 데 주된 목적이 있고, 건축물이 본격적으로 문제되는 사안에서는 건축법에 의존하는 모습을 보인다. 이에 대상판결의 사안과 같이 이미 건축물이 존재하는 지역에서의 토지분할에 대하여는 국토계획법상

---

19) 김종보, 『건설법의 이해』, 제7판, 북포레, 2023, 234면.

20) 건축허용성의 강학상 개념과 최근 이를 받아들인 것으로 평가되는 대법원 판례에 대한 소개는 김종보·박건우, "국토계획법상 토지형질변경허가와 건축허용성－대법원 2020. 7. 23. 선고 2019두31839 판결－", 『행정법연구』 제64호, 2021. 3., 45－73면 참조.

21) 국토계획법 제58조 제1항 각호 참조.

22) 대법원 2019. 7. 4. 선고 2018두49079 판결.

23) 국토계획법 시행령 제51조 제1항 제5호 가목.

개발행위허가가 직접적인 규범력을 발휘하기 어렵고, 후술하는 바와 같이 건축법상 규제 및 공간정보관리법상 토지분할 절차가 이를 대체하게 된다.

(2) 건축법상 규율

건축물이 있는 대지는 용도지역에 따라 일정 규모 이하로 분할할 수 없는데, 예컨대 주거지역은 60제곱미터에 미치지 못하는 면적으로 분할할 수 없다.[24] 이는 건축물이 기능을 발휘하기 위해 필요한 최소한의 규모(건축단위)를 유지하려는 것이다.

과거 건축법은 '대지면적의 최소한도'라는 표제하에 현행 건축법과 유사하게 용도지역별 대지의 최소면적을 정하였을 뿐,[25] 토지분할과의 관계가 선명하지 않았다. 이후 1999. 2. 8.자 건축법 개정을 통해 위 조항의 표제가 '대지의 분할제한'으로 변경되었고, 이로써 토지분할에 따른 건축단위의 변동을 규율하는 건축허가요건으로서의 성격이 더욱 분명해졌다.

건축물이 있는 대지는 접도요건(제44조), 건폐율(제55조), 용적률(제56조), 대지 안의 공지(제58조), 가로구역별 높이 제한(제60조), 일조권의 확보를 위한 높이제한(제61조)에 미치지 못하게 분할할 수 없다(건축법 제57조 제2항). 이는 강학상 건축허가요건으로서, 건축단위별로 건축물 출현으로 발생할 수 있는 위험을 방지하거나, 건축물의 용도와 형태를 규제한다.[26]

---

24) 건축법 제57조 제1항 및 동법 시행령 제80조.

25) 구 건축법(1999. 2. 8. 법률 제5895호로 일부개정되기 전의 것) 제49조 제1항 참조.

26) 김종보, 『건설법의 이해』, 제7판, 북포레, 2023, 257면. 도시계획의 규율대상으로서의 건축허가요건은 ① 용도지역 내 건축물 용도를 통일함으로써 용도가 서로 맞지 않는 건축물의 사용관계가 충돌하는 것을 방지하기 위한 용도제한, ② 건축단위별 건축물의 높이나 크기 등을 적절한 수준으로 제한하는 형태제한으로 구별된다. 건폐율, 용적률 및 높이제한 등이 대표적인 형태제한이다.

(3) 건축법상 토지분할 규제의 도시계획적 성격

앞서 본 바와 같이 국토계획법은 건축물이 있는 대지의 분할을 스스로 규율하지 않고, 시행령 제51조 제1항 제5호 나목을 통해 '건축법 제57조 제1항에 따른 분할제한면적 미만으로의 토지의 분할'을 개발행위허가대상으로 명시함으로써 건축법에 부분적으로 의존하고 있을 뿐이다. 더욱이 국토계획법은 건축법 제57조 제2항 소정의 요건을 충족하지 못하는 토지분할에 대하여는 명시적인 규정을 두고 있지 않으므로, 결국 건축법상 토지분할에 대한 규제(특히, 건축법 제57조 제2항)는 국토계획법과 무관하고 별개의 목적을 갖는 규율체계인 것은 아닌지 의문이 제기될 수 있다.

그러나 건축법 제57조 제2항에서 정하는 요건은 그 실질이 국토계획법에서 정하는 허가요건에 가깝다는 점에 주목해야 한다. 즉, 전형적인 건축법상 건축허가요건은 건축경찰법적 관점에서 건축물 자체의 위험을 방지하는 것을 목적으로 한다. 그러나 건축법상 건축허가요건 중 용도지역별 분할면적기준이나 일조권의 확보를 위한 높이제한, 건폐율, 용적률 등의 규제는 건축물뿐만 아니라 '대지'와 밀접하게 연관되어 있는 규제로서, 건축물의 위험방지보다는 토지의 합리적 이용을 도모하기 위한 요건에 가깝다.[27][28] 이와 같은 점을 고려하면, 건축법상 토지분할 규율은 국토계획법상 토지분할 규율체계에 포함되어 국토계획법상 개발행위허가대상이 아닌 지역(주거지역, 상업지역, 공업지역 등)에 대한 규율의 공백을 채우고 있는 것으로 이해해야 한다.

예컨대 대상판결에서는 이 사건 쟁점부분을 분할하는 경우 건축법

---

27) 김종보, 『건설법의 이해』, 제7판, 북포레, 2023, 78면, 102면.

28) 1960년대 건축법 및 도시계획법을 제정하는 과정에서 건축허가요건을 목적에 따라 체계적으로 분류하지 않은 연유로, 하나의 법 안에 서로 다른 성격을 갖는 규제가 혼재되어 있는 것이다.

제61조 소정의 일조기준 규정을 위반하게 되는 문제가 발생하였다. 건축법 제61조는 건축물이 '인접 대지경계선'과 일정 수준의 이격거리를 두도록 함으로써 일조침해를 방지하고 건축물의 생활상 효용을 고양시킨다. 그런데 원고의 토지분할 신청이 승인되면 건축단위의 형상이 변경되고 그에 따라 이격거리의 산정 기준선이 되는 '인접 대지경계선' 또한 변경되어, 기존 건축물이 장차 일조권을 침해받을 수 있다.[29] 이처럼 건축법 제57조 제2항에서 정하는 요건은, 제1항 소정의 대지면적의 최소한도 규제와 마찬가지로 건축물의 기능 발휘를 위한 도시계획적 요건을 충족하는 토지분할만을 승인하려는 것이다.

3. 공간정보관리법상 토지분할 규율

(1) 지적과 필지의 뜻

지적과 필지는 공간정보관리법상 토지분할 규율체계의 핵심적 구성요소이다. 먼저 지적(地籍)의 뜻을 풀이하면 토지(地)에 관한 사항을 기록하여 놓은 문서나 장부(籍)이다. 우리나라에서 지적제도는 일제강점기에 실시된 토지조사사업을 통해 도입되었는데, 이는 토지소유권에 관한 분쟁을 해결하기 위해 기존 토지소유자의 소유권이 미치는 토지의 범위 및 이용현황 등을 확인하기 위한 것이었다.[30] 이와 같은 배경하에, 지적학계에서는 '토지에 관한 재산적 이익'을 공부에 등록 및 운용하는 것으로 지적을 개념정의하려는 논의가 이루어지고 있다.[31] 우리나라의 실정법상으로는, 공간정보관리법에서 지적공부에 토지의 표시(소재·지번(地番)·지목(地目)·면적·경계 또는 좌표)를 등록하는 방식으로 지적제

29) 이와 같은 위험은 이 사건 쟁점부분의 소유권을 취득한 원고가 소유권 행사의 일환으로 그 지상에 건축행위를 하는 경우 비로소 현실화된다.
30) 배기철, 『도시계획법과 지적』, 경인문화사, 2022, 26－27면.
31) 지종덕, 『지적의 이해(7판)』, 기문당, 2015, 15면.

도를 운영하고 있다(제2조 제20호).

한편, 필지(筆地)는 이와 같이 토지에 관한 정보를 등록하는 단위로 기능한다. 공간정보관리법은 원칙적으로 "지번부여지역의 토지로서 소유자와 용도가 같고 지반이 연속된 토지"를 하나의 '필지(筆地)'로 구획하여 토지의 등록단위로 삼고 있다.[32)33)] 필지별로 경계점들을 직선으로 연결하면 토지의 '경계'가 되는데, 이를 지적공부에 등록함으로써 토지소유권이 표상된다. 그리고 토지를 분할하면 위와 같이 지적공부에 등록된 필지의 크기 및 경계 등이 변경된다.

이처럼 지적제도는 토지소유권과 거래과정을 규율하기 위해 도입되었다는 점에서 민사적 관점이 강하게 반영되어 있다. 지적학계에서 지적이 공법적 기능을 수행한다는 논의도 이루어지고 있지만, 대부분은 국가의 토지행정이나 과세의 기초로서의 기능에 주목하고 있을 뿐이다.[34)] 도시계획의 관점에서 지적의 공법적 기능에 관하여는 행정법학계에서 시론적으로 분석되고 있다.[35)]

(2) 공간정보관리법상 토지분할의 요건과 절차

공간정보관리법은 제3장 제3절 이하에서 토지의 이동에 관한 사항을 규정하고 있다. "토지의 이동(異動)"이란 토지의 표시를 새로 정하거나 변경 또는 말소하는 것을 의미하는데(공간정보관리법 제2조 제28호), 여기에는 토지의 분할과 합병이 포함된다. 공간정보관리법은 필지를 토지의 단위로 삼고 있으므로, 토지분할은 필지를 분할하는 방식으로 실현

---

32) 공간정보관리법 제2조 제21호, 동법 시행령 제5조 제1항.

33) '필지'의 어원과 뜻에 관한 연구로 이현준, "筆地의 本質 研究", 한국지적학회지 제24권 제1호, 2008. 6., 121-135면 참조.

34) 성춘자, 『현대지적학』, 박영사, 2022, 13-16면; 지종덕, 『지적의 이해(7판)』, 기문당, 2015, 357면.

35) 배기철, "토지의 분할과 합병에 관한 공법적 규율", 『행정법연구』 제70호, 2023. 3., 231-268면.

된다.[36)]

토지소유자는 '소유권이전, 매매 등을 위하여 필요한 경우' 또는 '토지이용상 불합리한 지상 경계를 시정하기 위한 경우'에 지적소관청에 토지분할을 신청할 수 있다.[37)] 이러한 요건은 건축단위나 건축허용성과 같은 도시계획의 구성요소보다는 민사적 소유권의 행사 또는 변경과 밀접한 관련을 갖는다. 그런데 당해 토지의 분할이 국토계획법상 개발행위허가 대상인 경우에는, 공간정보관리법상 토지분할 신청에 앞서 국토계획법상 개발행위허가가 선행되어야 한다.[38)] 이 경우 공간정보관리법은 국토계획법상 개발행위허가와 연계하여 토지분할 과정을 공법적으로 규율하게 된다.

토지소유자가 토지분할을 신청하기에 앞서 갖추어야 하는 숨겨진 요건이 있는데, 이는 공간정보관리법 제23조 제1항 라목 소정의 지적측량이다. 토지를 분할하면 지적공부에 등록된 토지의 면적, 경계 또는 좌표를 수정해야 하고, 이는 공신력 있는 기관에 의해 수행되어야 하기 때문에[39)] 관련 절차를 법제화한 것이다. 토지소유자가 지적측량수행자(한국국토정보공사 등)에게 지적측량을 의뢰하면(공간정보관리법 제24조 제1항), 지적측량수행자는 지적측량을 수행한 후 지적소관청에 측량성과에 대한 검사를 받는다(제25조). 지적소관청은 측량성과의 정확성을 검사한 후 지적측량수행자에게 지적측량성과도를 발급한다.[40)] 실무상 토지소유자는 지적측량수행자로부터 지적측량성과도를 전달받아 이를 첨부하여 지적소관청에 토지분할을 신청한다.[41)]

그런데 지적소관청은 측량성과를 검사하는 과정에서 "건축법 등

36) 공간정보관리법 제2조 제31호는 토지의 분할을 '지적공부에 등록된 1필지를 2필지 이상으로 나누어 등록하는 것'으로 정의하고 있다.
37) 공간정보관리법 제79조 제1항, 동법 시행령 제65조 제1항.
38) 공간정보관리법 시행령 제65조 제1항 단서.
39) 지종덕, 『지적의 이해(7판)』, 기문당, 2015, 341면.
40) 「지적측량 시행규칙」 제28조 제2항 제3호.
41) 서울행정법원 2017. 9. 15. 선고 2017구합57561 판결 참조.

관계 법령에 따른 분할제한 저촉 여부 등을 판단"할 수 있다.[42] 다시 말해 지적소관청은 건축법 제57조 제1항에 따른 건축단위의 규모, 그리고 동조 제2항에 따른 건축허가요건(건축물의 규모 및 형태) 등을 심사하고, 위반 시 지적측량수행자의 측량성과검사를 반려할 수 있다.

요컨대 토지소유자는 토지분할을 신청하기 전에 지적측량수행자에게 지적측량을 의뢰하고, 지적소관청은 지적측량수행자의 지적측량성과를 검사하는 과정에서 건축법 등 관계 법령에 따른 분할제한 저촉 여부 등을 심사한 다음 지적측량성과도를 발급한다. 토지소유자는 필요한 경우 국토계획법상 개발행위허가를 받은 다음, 지적측량성과도를 첨부하여 토지분할을 신청한다. 이 과정에서 지적측량과 지적측량성과도의 발급은 사실상 토지분할 여부를 결정하는 허가처분적 기능을 수행하게 된다.

4. 규율체계의 불완전성

(1) 도시계획법제의 한계

도시계획을 규율하는 법체계를 고려할 때, 토지의 합리적 이용을 도모하기 위한 차원에서 토지분할이 도시계획의 구성요소에 미칠 영향을 주도적으로 심사하는 주체는, 국토계획법이어야 한다. 그러나 국토계획법은 도시계획적 규제가 작동하기 위한 전제로서의 건축단위가 어떻게 설정 및 수정되는지에 관하여는 침묵하고 있다.[43] 이에 민사적 거래의 기초단위를 정하기 위해 고안된, 공간정보관리법상 '필지'라는 단

---

42) 「지적측량 시행규칙」 제28조 제2항 제3호.

43) 신도시를 형성하는 과정에서는 도시계획시설인 도로 설치를 계획한 다음 지구단위계획을 수립하는 등의 장치를 통해 대상지역을 구획하고, 이것이 건축단위로 기능한다. 그러나 도시계획의 개입 없이 사실상 형성되어 있는 기성시가지에서는 국토계획법이 건축단위 설정에 개입할 여지가 적다. 김종보, 『건설법의 이해』, 제7판, 북포레, 2023, 215-216면.

위가 공법적인 건축단위로서의 기능까지 겸유하는 식으로 제도가 불완전하게 운용되고 있다.

건축법 또한 건축허가요건의 적용 단위로서의 '대지'를 정의함에 있어 원칙적으로 '공간정보관리법에 따라 각 필지로 나눈 토지'로 하되, 일정한 경우에 둘 이상의 필지를 하나의 대지로 하거나 하나 이상의 필지의 일부를 하나의 대지로 할 수 있는 것으로 정하고 있는데(건축법 제2조 제1항 제1호), 이로써 적극적으로 건축단위를 설정하는 대신 도시계획적 규율과 무관하게 설정되는 토지단위에 의존하는 모습을 보인다. 필지의 일부를 수정할 수 있을 뿐, 필지와 무관하게 적극적으로 토지를 구획할 수는 없는 것이다.

(2) 공간정보관리법의 한계

지적법제상 토지분할 절차는 민사적 필요에 따라 구축된 것이고, 토지분할을 공법적으로 규율한다는 인식은 미약하였다. 현행 공간정보관리법은 토지분할 신청의 사유나 첨부하여야 하는 서류 등을 규정하고 있을 뿐, 토지소유자의 토지분할 신청이 건축단위를 교란할 수 있는지를 심사할 근거를 전혀 갖추고 있지 않다. 다만 녹지지역·관리지역·농림지역 및 자연환경보전지역 안에서 이루어지는 토지의 분할에 한정하여, 국토계획법상 개발행위허가를 받도록 함으로써 국토계획법에 따른 공법적 규제장치에 부분적으로 의존하고 있다. 그러나 건축물이 있는 대지의 분할은 국토계획법상 개발행위허가대상에서 제외되므로, 위와 같은 규제장치가 작동할 여지가 없다.

그런데 공법적 관점에서 토지분할을 주도적으로 규율해야 할 국토계획법마저도 건축단위를 스스로 설정하지 못함에 따라, 공간정보관리법상 필지는 공법상 규제 단위로서의 사실상 규범력을 발휘하게 되었다. 이후 토지분할을 공법적으로 규율할 필요성에 주목하여 지적소관청의 심사권한을 강화하고자 관련 법령이 개정되기도 하였다. 지적측량

시행규칙이 2014. 1. 17. 국토교통부령 제64호로 일부개정되어 2014. 1. 18. 시행되면서, 건축법 등 관계 법령에 따른 분할제한 저촉 여부를 판단하여 지적측량성과도를 발급할 수 있게 된 것이다(제28조 제2항 제3호).

그러나 이러한 법 개정은 도시계획법제와 지적제도의 체계를 고려하지 않은 채로 지적측량검사절차에 과도한 역할을 부여한 것이다. 즉, 지적측량수행자가 지적측량성과도를 작성하거나 지적소관청이 이를 수리하는 것은 분할 후 토지의 면적, 경계 또는 좌표를 수정 및 확인하는 기술적인 절차로서 사실행위에 불과한 것이고, 법원 또한 지적측량성과 검사가 실체상의 권리관계에 변동을 가져오지 않는 것으로 보아 그 처분성을 부인하고 있다.[44] 또한 지적측량은 토지소유자의 신청에 따라 수행되지만, 지적소관청에 지적측량성과의 검사를 요청하는 것은 지적측량수행자이고, 지적소관청이 이를 수리하거나 불수리하는 상대방도 지적측량수행자이므로, 이 과정에서 당해 토지분할을 신청한 토지소유자는 배제된다. 따라서 이러한 절차가 토지소유자의 토지분할 신청 및 이에 대한 심사절차를 대체하여 토지분할 과정을 공법적으로 심사하는 것은 적절하지 않다.[45]

5. 토지분할 요건의 체계정합적 해석

대상판결에서는 원고의 민사상 소유권 행사와 토지분할에 대한 공법상 제한이 충돌하고 있다. 원고는 소외 A와의 민사소송절차에 의해 이 사건 쟁점부분의 소유권이전등기청구권을 취득한 다음 이 사건 분할 신청을 하였다. 원고 입장에서 이 사건 분할 신청은 이 사건 확정판결에 따른 집행절차로서 소유권을 실현하기 위해 필수적이므로 당연히 수

---

44) 대법원 1997. 3. 28. 선고 96누19000 판결.

45) 김종보, 『건설법의 이해』, 제7판, 북포레, 2023, 223면; 배기철, “토지의 분할과 합병에 관한 공법적 규율”, 『행정법연구』 제70호, 2023. 3., 249－250면.

리되어야 하는 것일 뿐, 토지분할이 인접한 토지나 건물과의 관계에 영향을 미칠 수 있어 공법적 규제대상이 된다는 인식은 미약하다.

이는 인접한 토지간 경계에 대한 분쟁을 처리하는 민사법원 또한 마찬가지이다. 원고가 소유권이전등기청구소송에서 인용 판결을 받아 토지분할을 신청함으로써 토지경계가 변동된다면 그것이 도시계획적으로도 허용될 것인지의 문제는, 소유권이전등기청구권 존부에 집중된 원·피고의 주장과 변론주의 원칙에 가려져 쟁점화되지 않는 것이 대부분이다. 심지어 이 사건 확정판결에서는 소외 A가 원고 소유 건물이 건축법상 이격거리 제한을 위반한 것이라는 주장을 명시적으로 하였음에도 불구하고, 그러한 주장이 민사적 소유권이전등기청구권 존부와 직접적인 관련이 없음을 이유로 모두 배척되었다.[46)]

그러나 토지분할에 대한 공법적 규율은 사법상 권리관계와는 별개로 일의적으로 적용되어야 하는 것이고, 이는 확정판결에 의해 민사상 소유권을 취득한 경우에도 달리 볼 수 없다. 원고의 이 사건 분할신청을 허용할 경우 이 사건 건물은 건축법 제61조에 의한 일조 등의 확보를 위한 이격거리를 충족하지 못하게 되고, 이는 토지의 합리적 이용을 도모하기 위한 건축허가요건을 위반하는 것으로서 허용될 수 없다. 따라서 확정판결에도 불구하고 이 사건 검사신청 및 이 사건 분할신청은 토지분할을 위한 요건을 갖추지 못하였다고 해석하는 것이 토지분할 규율체계에 부합한다.

이에 대하여는 판결에 의해 확정된 원고의 실체적 권리를 완전히

---

46) 서울서부지방법원 2020. 7. 3. 선고 2019나40007, 2020나40928 판결 中 "원고는, 피고 측이 건물을 신축하면서 건축법 시행령 등에서 정한 이격거리를 무시하고 원고 건물의 담장에 밀착하여 원고 소유의 위 'ㄴ' 부분 2m² 토지 위에 피고 측 건물의 대문을 설치하였으므로 피고 측의 점유는 타인의 부동산을 무단으로 점유한 이른바 악의의 무단점유에 해당하여 점유취득시효가 완성되지 않았다고 주장하나, 법령에서 정한 이격거리를 무시하고 건축하였다고 하여 자주점유의 추정이 깨어지는 무단점유라고 할 수 없는 것이고, 망인이 당시 원고 소유 토지임을 잘 알면서도 그 위에 대문을 설치하였음을 인정할 아무런 증거가 없으므로 위 주장 역시 이유 없다."

보장할 수 없게 되고, 그 귀결로 확정판결의 실효성 또한 도모할 수 없게 된다는 반론이 제기될 수 있다.[47] 그러나 이 사건 확정판결은 지적소관청의 관여 없이 원고의 소유권이전등기청구권 존부만을 심사한 것이고, 그러한 소유권의 실현이 공법상 제한을 위반하여 허용될 수 없다는 사실은 고려하지 못한 것이다. 그리고 확정판결에 기한 소유권 행사가 좌절됨에 따라 침해되는 원고의 사익은, 원고가 A의 소유권이전등기의무가 이행불능이 되었음을 이유로 손해배상을 청구하는 등,[48] 민사적 권리구제방안을 통해 전보될 가능성이 열려있다.

따라서 대상판결의 결론에 찬성하고, 원심의 결론과 논거는 토지분할 규율체계에 부합하지 않는 면이 있다. 구체적으로, 원심은 대법원 1996. 11. 12. 선고 96누7519 판결의 법리에 따라, 건축법 제57조 및 제61조는 '건축'에 관한 법령으로서 '지적'에 관한 법령(즉, 공간정보관리법)과 적용의 국면이 다르다는 전제에 서 있다. 그러나 위 건축법 조항은 '대지'의 존재를 전제로 하는 것으로서 그 실질이 토지의 합리적 이용을 도모하기 위한 국토계획법상 규제로서의 성격을 갖는다. 따라서 이와 같은 규제가 단지 건축법에 규정되어 있다는 이유만으로 그 충족 여부가 지적소관청의 심사대상에서 벗어난다고 볼 수 없고, 지적측량 시행규칙 제28조 제2항의 문언 및 취지를 고려할 때에도 지적소관청이 위 건축법 규정을 위반한 지적측량검사신청 등을 반려할 수 있다고 해석해야 한다. 이와 다른 전제에 선 원심의 판단[49]은 건축법상 건축허가요건

47) 조용호, "도시계획구역 안에서 확정판결에 의한 토지분할에 행정청의 토지분할 허가가 필요한지 여부",' 『대법원판례해설』 제27호, 1997, 497-498면.

48) 대법원 2017. 8. 29. 선고 2016다212524 판결 참조.

49) 원심은 지적측량 시행규칙 제28조 제2항에서 지적소관청이 건축법 등 관계법령에 따른 분할제한 저촉 여부 등을 판단할 수 있다고 되어 있지만, 이는 건축법 제57조의 입법 취지를 고려하여 합목적적으로 저촉 여부를 판단하라는 의미로 보아야 한다고 판시하였다. 그리고 건축법 제57조는 '지적'에 관한 공간정보관리법과 적용의 국면이 다르므로, 이 사건 검사신청과 이 사건 분할신청이 위 건축법 조항의 입법 취지에 반하지 않는다고 판단하였다.

과 및 국토계획법상 개발행위허가 요건이 토지분할 규율의 측면에서 본질적으로 성격을 달리하는 것으로 오해한 것이지만, 이는 근본적으로 토지분할 규율체계의 불완전성으로 인하여 발생한 것이다.

그런데 대상판결에서도 이와 유사한 문제가 발견된다. 대상판결은 토지분할이 개발행위허가의 대상이 되는 경우 토지소유자가 확정판결에 따른 토지분할 신청을 하더라도 개발행위허가권자가 국토계획법상 개발행위허가 기준 등을 고려하여 이를 반려할 수 있다고 판시한 선행판결[50)]을 인용한 다음, “토지분할이 허가사항으로 규정되어 있는 경우와 비교하여 절대적으로 금지되어 있는 경우에는 더 엄격한 규제가 이루어져야 한다는 점”에 착안하여 지적소관청이 건축법령상의 분할제한규정에 저촉되는 지적측량검사신청 및 토지분할신청을 반려할 수 있다고 판단하였다. 대상판결에 대한 대법원판례해설에 따르면, 국토계획법상 개발행위허가와 같은 행정청의 허가사항이 토지분할의 요건이 되는 경우에 관하여는 확정판결이 있더라도 토지분할을 거부할 수 있다는 취지의 선행판결이 존재하나, 건축법 제44조, 제55조, 제56조, 제58조, 제60조 및 제61조와 같이 정량적 기준에 반하는 토지분할을 절대적으로 금지하는 규제가 문제되는 경우에는 대법원이 명시적으로 법리를 선언한 바가 없어 이에 대하여 심층적으로 논의가 이루어진 것으로 보인다.[51)] 그러나 앞서 본 바와 같이 건축법상 건축허가요건 및 국토계획법상 개발행위허가요건은 상호보완적으로 토지의 합리적 이용을 도모하기 위한 규제장치이다. 따라서 국토계획법상 개발행위허가가 이른바 ‘허가사항’이고, 건축법상 건축허가요건이 이른바 ‘금지사항’이라는 점만으로 양자가 본질적으로 다르다고 할 수 없고, 이와 같은 기준으로 도

---

50) 대법원 2013. 7. 11. 선고 2013두1621 판결, 대법원 2013. 7. 12. 선고 2012두28582 판결.

51) 성하경, “확정판결에 기초한 토지분할신청이 건축법령상 분할제한규정에 저촉될 경우, 지적소관청의 반려처분 가부”, 『대법원판례해설』 제139호, 2024, 893－899면.

시계획 규율체계를 분류하는 것은 바람직하지 않다.

이에 대상판결 중 "여기에 토지분할이 허가사항으로 규정되어 있는 경우와 비교하여 절대적으로 금지되어 있는 경우에는 더 엄격한 규제가 이루어져야 한다는 점을 더하여 보면"이라는 판시는, "여기에 건축법령상의 분할규정 또한 「국토의 계획 및 이용에 관한 법률」에서 정한 개발행위 허가 기준과 마찬가지로 토지의 합리적인 이용을 위해 일정한 경우에 토지의 분할을 제한하려는 데에 취지가 있음을 더하여 보면"으로 수정함으로써 토지분할 규율체계에 더욱 부합할 수 있다.

Ⅳ. 토지분할 규율체계의 발전과정과 확정판결

1. 서론 - 판례의 병존과 기준의 모호성

대상판결이 인용하고 있는 대법원 2013. 7. 11. 선고 2013두1621 판결 및 대법원 2013. 7. 12. 선고 2012두28582 판결의 취지에 따르면, 확정판결에 기초하여 공간정보관리법상 토지분할 신청을 하더라도 국토계획법에서 정한 공법상 제한을 근거로 이를 반려할 수 있고, 건축법상 분할제한 규정이 문제되는 대상판결 또한 위 각 판결의 연장선상에 있는 것으로 이해된다.

반면에 원심이 인용한 대법원 1996. 11. 12. 선고 96누7519 판결이나 이와 같은 취지의 판결들[52](이하 '1990년대 판결'이라고 한다) 또한 명시적으로 폐기된 바 없어 여전히 유효한 판결에 해당하는데, 이에 따르

52) 대법원 1992. 12. 8. 선고 92누7542 판결, 대법원 1996. 11. 15. 선고 96누5919 판결, 대법원 1994. 6. 14. 선고 92누15949 판결 등. 단, 대법원 1996. 11. 12. 선고 96누7519 판결은 확정판결에 관한 예외규정이 없음에도 불구하고 해석상 확정판결에 의한 토지분할신청이 승인되어야 한다는 취지로 판시한 것이지만, 위 3개 판결은 확정판결에 관한 예외규정이 적용되었던 사안에 관한 것이다.

면 확정판결에 의한 토지분할신청은 공법상 제한을 이유로 반려할 수 없어, 일견 앞서 본 판결들과 상충되는 것으로 보인다.

원심이 대법원 1996. 11. 12. 선고 96누7519 판결을 기초로 원고의 항소를 인용한 근거를 상세히 논증하였음에도 불구하고, 대상판결은 건축법 제57조의 의미 및 적용범위 등을 판시하였을 뿐 1990년대 판결의 타당성이나 변경 여부 등은 명시적으로 언급하지 않았다. 대법원 2013. 7. 11. 선고 2013두1621 판결 또한 "원고가 상고이유에서 들고 있는 대법원판결[53]은 이 사건과 사안이 다르므로 이 사건에 원용하기에 적절하지 아니하다."라고 판시하면서, 당해 사안과 1990년대 판결의 사안이 서로 어떻게 다르다는 것인지는 구체적으로 밝히지 않았다.

확정판결에 기초한 토지분할을 규율하는 법 조항은 실무적으로 발생하는 문제를 해결하기 위해 여러 차례 개정되어 왔고, 대법원은 그때마다 당해 사안에 적용되는 법령의 해석론을 제시하였다. 그 과정에서 일응 동일한 쟁점에 대하여 결론을 달리하는 대법원 판결들이 병존하게 되었고, 이에 확정판결에 기초한 토지분할 신청 시 공법상 제한이 어디까지 적용되는가에 관하여 실무상 혼란이 초래되고 있다.

따라서 확정판결에 의한 토지분할신청에 관한 법령 개정 경과를 비롯하여 토지분할 규율체계의 발전과정을 전반적으로 검토한 다음, 이를 기초로 각 판례 법리를 정합적으로 이해하기 위한 방안을 모색할 필요가 있다.

---

53) 사건기록에 의하면 대법원 1996. 11. 15. 선고 96누5919 판결을 의미한다. 성하경, "확정판결에 기초한 토지분할신청이 건축법령상 분할제한규정에 저촉될 경우, 지적소관청의 반려처분 가부", 『대법원판례해설』 제139호, 2024, 897면.

2. 토지분할 규제의 개정 연혁

(1) 1992. 7. 1. 이전: 건축단위 규율 필요성에 대한 인식 부재

1960년대 건축법과 도시계획법이 제정될 무렵, 지적제도는 토지소유자간의 사법상 권리관계만을 규율하는 기능을 수행하였고, 따라서 토지소유권의 변동내역을 반영하기 위한 토지분할은 당연히 허용되어야 하는 것으로 받아들여졌다.

구 도시계획법[54]은 도시계획구역 내 '대통령령이 정하는 면적이하로의 토지의 분할'을 행위허가 대상으로 규정하고 있었고(제4조 제1항 제3호), 구 도시계획법 시행령[55]은 건축법에서 정하는 면적을 그대로 차용하여 토지분할의 최소면적을 정하고 있었다(제5조 제3항). 구 건축법[56] 제49조 제1항 및 동법 시행령[57] 제80조는 대지면적의 최소한도 규정을 두고 있었는데, 당시의 건축법령은 현행 건축법 제57조 제1항과 같이 자체적으로 대지의 분할규정 제한을 두고 있었던 것은 아니다. 따라서 구 건축법령 소정의 대지면적 최소한도 규정은 건축허가요건을 정한 것으로 보아야 하고, 여기에 건축단위의 크기를 규율하려는 의도까지 내재되어 있었다고 보기는 어렵다.[58]

즉, 당시의 도시계획법은 구 건축법에 건축허가요건으로서 마련되어 있던 대지의 최소면적 규정을 그대로 받아들여 일정 규모 이하로의 토지분할을 행위허가 대상으로 규정한 것인데, 여기에 토지분할로 인한 건축단위의 교란을 규율한다는 인식은 미약했다. 이에 따라 구 도시계획법 시행령 제5조 제3항 단서는 확정판결에 기초한 토지분할의 경우

---

54) 1971. 1. 19. 법률 제2291호로 전부개정된 것.
55) 1992. 7. 1. 대통령령 제13684호로 일부개정되기 전의 것.
56) 1991. 5. 31. 법률 제4381호로 전부개정된 것.
57) 1992. 5. 30. 대통령령 제13655호로 전부개정된 것.
58) 배기철, "토지의 분할과 합병에 관한 공법적 규율", 『행정법연구』 제70호, 2023. 3., 253면.

대지 최소면적 기준의 제한을 적용받지 않도록 정하고 있었다.

일정 규모 이하로의 토지분할은 행위허가의 대상일 뿐 현행법령과 같이 전면적으로 금지되는 것이 아니어서, 확정판결의 존재는 행위허가 시 하나의 고려요소로 참작하는 방식의 입법도 가능하였을 것이다. 그러나 당시의 도시계획법은 확정판결에 기초한 토지분할을 무조건 수리해주어야 하는 대상으로 인식하고, 그 절차를 간소화하기 위한 입법론을 취한 것이다. 이를 고려하면 확정판결이 없는 토지분할에 대한 행정청의 심사강도 또한 강하지 않았을 것으로 추정된다. 실제로 법원은 지적소관청이 토지소유자의 분할신청 내용을 실질적으로 심사할 수 없다는 태도를 취하였다.[59]

(2) 1992. 7. 1.–1995. 4. 5.: 확정판결에 관한 예외규정 삭제

건축단위를 규율하기 위한 제도의 공백에 터잡아 건축법상 대지의 최소면적 기준을 우회할 목적으로 의제자백 등을 통해 확정판결을 받아 토지분할을 신청하는 사례가 증가하였다. 이에 대한 비판이 이어지자 건설교통부는 1992. 7. 1. 구 도시계획법 시행령을 개정하여 제5조 제3항 단서("다만, 도시계획사업의 시행이나 확정판결에 의한 것은 그러하지 아니하다.")를 삭제하였다.

따라서 확정판결에 기초한 토지분할 신청 시 구 도시계획법 및 구 건축법에 따른 제반 규정에 미달되더라도 행정청이 이를 승인할 수 있는지(또는, 승인해야만 하는지)는 해석에 맡겨지게 되었다. 이와 관련하여, 구 도시계획법 및 구 건축법에 따른 토지분할의 최소면적 규제가 현행 법령에 따른 개발행위허가 및 대지의 분할제한 규제와 성격을 달리하는 것인지가 문제된다.

먼저 양자의 성격이 동일하다는 견해는, 구법 체계에 의하면 행정

59) 대법원 1993. 3. 23. 선고 91누8968 판결.

청이 일정 규모 이하로의 토지분할을 행위허가 대상으로 정하여 토지의 이용관계에 미치는 영향을 심사하는데, 이는 현행 국토계획법상 개발행위허가를 통한 규율방식과 동일하다는 것이다. 이에 따르면 대상판결의 법리는 구법을 해석함에 있어서도 참고가 될 수 있고, 1992. 7. 1.자로 확정판결에 관한 예외규정이 삭제된 이상 구법 체계에 의하더라도 구 건축법상 대지의 최소면적 기준을 충족하여야 비로소 토지분할이 허용된다고 할 것이다.

반면에 양자의 성격을 다르게 이해해야 한다는 견해는, 구 건축법령에 따른 대지면적의 최소한도 규정을 건축단위의 크기를 규율하는 조항으로 해석하기 어렵고, 당시의 실무 관행에 비추어 보더라도 이를 민사상 소유권 행사를 규율하는 규정으로 해석해야 한다는 것이다. 실제로 관련 법령의 개정에도 불구하고 과거와 같이 확정판결에 따른 토지분할을 승인해달라는 민원이 제기되었고, 내무부는 시·도에 이전과 같이 제도를 운용하도록 안내하였다고 한다.[60] 이와 같은 견지에서 1990년대 판결은 확정판결에 관한 예외규정이 삭제되었음에도 불구하고 여전히 확정판결에 의한 토지분할은 공법상 제한에 위반되더라도 이를 승인해주어야 한다는 입장을 취하였는데, 이는 후술하는 바와 같이 확정판결에 관한 예외규정이 재신설되었다는 사정 또한 아울러 고려한 것이었다.[61] 또한 대법원 1996. 11. 12. 선고 96누7519 판결에 관한 대법원 판례해설에 따르면, 지적제도는 사법상 권리관계를 규율하기 위한 것으

60) 조용호, “도시계획구역 안에서 확정판결에 의한 토지분할에 행정청의 토지분할 허가가 필요한지 여부”, 『대법원판례해설』 제27호, 1997, 495면.

61) 대법원 1996. 11. 12. 선고 96누7519 판결 中 “확정판결에 의한 토지분할에 관한 예외규정인 개정 전의 도시계획법시행령 제5조 제3항 단서가 위 개정으로 삭제되었다고 하더라도, 적어도 개정된 지적법시행령 및 그 시행규칙의 시행 이후에는 비록 원고의 위 분할신청 내용이 건축법령 및 건축조례와 도시계획법령이 정하는 대지면적 최소한도, 건폐율, 대지 안의 공지, 분할토지의 너비 등에 관한 기준에 미달된다고 하더라도 위 개정된 지적법시행령 및 그 시행규칙의 관계 규정의 취지에 따라 그 분할을 해 주어야 할 것이다.”

로서 도시계획법이나 건축법상 규제와는 단절된 것이라는 전제하에, 확정판결에 따른 소유권 행사가 제한되는 것이 바람직하지 않다는 고려가 있었던 것으로 보인다.[62)]

그러나 구 도시계획법은 토지분할과 나란히 '토지의 형질의 변경 또는 죽목의 재식이나 토석의 채취', '건축물 기타 공작물의 신축·개축 또는 증축이나 이동이 용이하지 아니한 물건의 설치 또는 퇴적'을 행위허가 대상으로 정하고 있었고(제4조 제1항), 이는 토지의 합리적 이용을 도모하기 위한 행정청의 도시계획적 권능이다. 특히 현행법령과 같이 '건축물이 있는 대지의 분할'을 행위허가 대상에서 제외한 것도 아니었다. 따라서 비록 당시의 도시계획법제가 건축단위의 개념 및 규율의 필요성을 충분히 인식하지 못하였다고 하더라도, 토지분할을 분명히 공법적으로 규율대상으로 인식하고 있었다. 그럼에도 불구하고 민사상 소유권의 존재를 확인하는 판결만으로 이러한 규제를 우회할 수 있다고 판단한 1990년대 판결은, 토지분할에 대한 공법적 규율의 필요성 및 관련 법체계에 대한 인식이 부족한 것이었다.[63)]

(3) 1995. 4. 6.-2011. 11. 9.: 확정판결에 관한 예외규정 재신설

1992. 7. 1.자 도시계획법 개정에도 불구하고 실무적으로는 여전히 확정판결에 기초한 토지분할을 조건없이 허용하는 모순이 지속되자, 실무관행을 반영하여 구 지적법 시행령이 1995. 4. 6. 대통령령 제14568호로 일부개정되었고, 제26조 제2항에서 "분할에 따른 경계는 지상건물을 걸리게 하거나 관통하게 설정할 수 없다. <u>다만, 법원의 확정판결이 있는 경우와 제22조제2항의 규정에 의하여 분할하는 경우에는 그러하</u>

62) 조용호, "도시계획구역 안에서 확정판결에 의한 토지분할에 행정청의 토지분할 허가가 필요한지 여부", 『대법원판례해설』 제27호, 1997, 496-498면.

63) 배기철, "토지의 분할과 합병에 관한 공법적 규율", 『행정법연구』 제70호, 2023. 3., 254면.

지 아니하다."라는 단서 조항이 신설되었다. 지적법 시행규칙 또한 1995. 4. 26. 내무부령 제646호로 개정되면서, 토지분할 신청의 첨부서류에 '법원의 확정판결에 의하여 분할하는 경우에는 확정판결정본이나 그 사본과 확정증명원'을 추가하였다(제20조 제1항 제2호 다목).

토지분할에 대한 공법적 규율의 필요성을 엄격히 관철하지 못하고 3년도 경과하기 전에 법을 다시 개정한 것은 그 자체로 비판받아야 한다. 그러나 이를 논외로 하더라도, 구 지적법 시행령 제26조 제2항에 따르면 확정판결을 통해 우회할 수 있는 것은 '토지분할에 따른 경계가 지상건물을 걸리게 하거나 관통하게 설정할 수 없다'는 규제일 뿐, 대지면적 최소한도 규정을 비롯한 구 도시계획법 및 구 건축법 소정의 공법적 규제까지도 전부 우회할 수 있는지에 관하여는 여전히 해석의 여지가 있었다.

한편, 구 도시계획법이 2000. 1. 28. 법률 제6243호로 전부개정되면서 개발행위허가 제도가 도입되었고(제46조), 현행 국토계획법과 유사하게 건축물이 없는 토지의 분할을 개발행위허가 대상으로 정하였다.[64] 이는 2003년 제정 국토계획법에서도 동일하게 유지되었는데, '도시계획구역 안'의 토지만이 개발행위허가대상에 포함되었다는 점(구 도시계획법 제46조 제1항)에서 현행법과 차이가 있지만, 토지분할의 규율방식이 본질적으로 다른 것은 아니었다.

구 건축법 또한 1999. 2. 8. 법률 제5895호로 일부개정되어, 대지면적의 최소한도만을 정하고 있었던 제49조가 명시적으로 '대지의 분할제한'에 관한 규정으로 변경되었다.[65] 이로써 건축법은 토지분할 신청

---

64) 구 도시계획법 시행령(2000. 7. 1. 대통령령 제16891호로 전부개정된 것) 제45조 제5호.

65) 구 건축법(1999. 2. 8. 법률 제5895호로 일부개정되기 전의 것)은 제49조 제1항에서 '대지면적의 최소한도'라는 표제하에 "건축물의 대지면적은 대통령령이 정하는 범위안에서 시·군·구의 조례로 정하는 규모이상이어야 한다."라고 규정하고 있었다. 1999. 2. 8.자 일부개정을 통해 위 조항이 '대지의 분할제한'이라는 표제하에 "건축

에 대하여 도시계획법상 행위허가 또는 개발행위허가와 연계하여 건축단위를 규율하기 위한 근거를 마련하였다. 그러나 확정판결에 기초한 토지분할 신청과 관련하여서는, 1990년대 판결의 해석론에 따라 이와 같은 장치가 제대로 작동하지 못하였음은 앞서 본 바와 같다.

(4) 2011. 11. 10.–현재: 확정판결에 관한 첨부서류 규정 삭제, 공법적 규율의 확대

2009. 6. 9. 구 지적법이 폐지되고, 같은 날 법률 제9774호로 「측량·수로조사 및 지적에 관한 법률」(이하 '측량수로지적법'이라고 한다)이 제정되었다. 그 무렵 국토계획법상 개발행위허가를 받을 수 없는 맹지 등에 대하여 확정판결을 받아 분할한 후 차익을 실현하는 이른바 '기획부동산' 문제가 대두되었고,[66] 확정판결에 기초한 토지분할을 공법적으로 규율할 필요성이 논의되었다.

이에 측량수로지적법 시행규칙을 2011. 10. 10. 국토해양부령 제389호로 일부개정하여, 토지분할 신청의 첨부서류 중'법원의 확정판결에 의하여 분할하는 경우에는 확정판결서 정본 또는 사본'을 삭제하였다(제83조 제1항). 이는 토지분할 신청 의 절차적 요건을 일부 수정한 것일 뿐, 지적법령 자체적으로 또는 도시계획법령과의 연계를 통해 어떠한 공법적 규율을 확충하는 입법은 아니었다. 그러나 위와 같은 개정이 이루어진 배경을 살펴보면, 적어도 그와 같은 공법적 규율의 필요성에 대한 인식은 발전하였다고 보아도 좋다.

그 무렵 법원은 토지소유자가 공유물분할에 관한 확정판결에 기초

물이 있는 대지는 대통령령이 정하는 범위안에서 당해 지방자치단체의 조례가 정하는 면적에 미달되게 분할할 수 없다."라고 변경되었다.

66) 법제처, "서울특별시 – 건축물이 있는 대지를 분할하는 확정판결의 내용이 「건축법」 제57조제1항에 따른 분할제한 기준에 위반하는 경우, 「공간정보의 구축 및 관리 등에 관한 법률」에 따른 지적공부상 분필이 가능한지(「건축법」 제57조제1항 등 관련)", 2016. 11. 2.자 유권해석, 안건번호 16–0513.

하여 토지분할을 신청하였더라도 지적소관청이 국토계획법에서 정한 개발행위 허가 기준을 고려하여 이를 반려할 수 있다는 판결을 선고하였다.[67] 위 판결의 사안에서는 2011. 10. 10.자 개정 측량수로지적법 시행규칙이 적용되지 않았음에도 불구하고 토지분할 허가제도의 공법적 취지를 고려하여 지적소관청의 공법적 심사권을 널리 인정하였다는 점에서 큰 의미가 있다.[68]

이후 각급 법원은 국토계획법상 개발행위허가,[69] 지구단위계획 시행지침,[70] 건축법상 대지의 분할제한[71] 등 각종의 공법적 규제를 고려하여 확정판결에 기초한 토지분할 신청을 반려할 수 있는 것으로 판단하고 있다.

(5) 소결론

토지분할에 관하여는 국토계획법, 건축법, 공간정보관리법 등이 제각기 발전을 거듭하여 복잡한 법체계를 형성하게 되었다. 먼저 공법적으로는 국토계획법상 개발행위허가, 건축법상 대지의 분할제한에 관한

---

67) 대법원 2013. 7. 12. 선고 2012두28582 판결, 대법원 2013. 7. 11. 선고 2013두1621 판결, 대법원 2012. 12. 27. 선고 2011두14562 판결 등. 첫 번째 판결에 관하여는, 확정판결과 토지분할을 허가하는 행정청의 재량 판단은 그 국면을 전혀 달리하는 것이어서, 확정판결에도 불구하고 행정청이 당해 토지분할의 적법 여부를 심사할 수 있어야 한다는 이유로 판결의 결론에 찬성하는 취지의 평석이 있다. 김형한, "공유토지의 분할 재판과 공법상 제한에 대한 소고", 『재판과 판례』 제23집, 2014, 95－109면.

68) 배기철, "토지의 분할과 합병에 관한 공법적 규율", 『행정법연구』 제70호, 2023. 3., 255면.

69) 의정부지방법원 2021. 9. 2. 선고 2020구합15791 판결.

70) 부산고등법원 2022. 6. 22. 선고 2021누24254 판결.

71) 대상판결과 같은 쟁점이 문제된 사안에서 일부 사건의 특정 심급을 제외하고는 각급 법원은 대체로 원고의 청구를 기각하여 왔고, 대상판결 이전에 대법원 또한 이를 심리불속행기각으로 처리하였다. 이와 같은 선례의 동향에 대하여는 성하경, "확정판결에 기초한 토지분할신청이 건축법령상 분할제한규정에 저촉될 경우, 지적소관청의 반려처분 가부", 『대법원판례해설』 제139호, 2024, 903－906면 참조.

건축허가요건, 공간정보관리법상 지적측량 및 지적측량성과도 발급절차가 서로 결합하여 하나의 규율체계를 이루고 있다. 이를 전제로 토지소유자가 소유권 행사의 일환으로 공간정보관리법에 따라 필지의 분할을 신청하는데, 민사적 권리와 병행하여 공법적 요건을 충족하여야만 토지분할이 승인된다는 점이 규율체계의 핵심이다.

토지분할 규제의 발전과정과 관련하여, 지적법령은 토지에 관한 사법상 권리관계를 규율하기 위해 고안된 제도로서, 토지분할을 도시계획적으로 규율하기 위한 수단을 갖추지 못하였다. 이에 과거에는 확정판결만 갖추면 구 도시계획법 및 구 건축법 소정의 도시계획적 규제 또한 우회시켜 주는 방식으로 제도가 운영되어 왔다. 그 가운데 의제자백 등에 의한 도시계획적 규제 잠탈이나 기획부동산 등의 사회적 문제가 발생하였다. 이에 대한 반성적 고려로써 지속적인 법령 개정 및 판례의 발전이 이루어졌고, 이를 토대로 토지분할에 대한 공법적 규율을 확충하는 계기를 마련하였다.

그러나 실무상 요청에 따른 미봉책으로 잦은 법령 개정이 이루어졌고, 지적법령과 도시계획법령은 상호보완적으로 토지분할을 규율하고 있음에도 불구하고 서로를 의식하지 않은 채로 제각기 발전하였기 때문에, 토지분할을 공법적으로 규율하기 위한 정합성 있는 체계가 완성되었다고 평가하기는 어렵다. 향후 국토계획법에 건축단위를 스스로 설정하는 장치를 마련하는 한편, 토지분할 여부를 공법적으로 심사하는 공간정보관리법상 지적측량 및 지적측량성과도 발급절차에 관한 제도 역시 국토계획법으로 이전하여 법체계를 정비할 필요가 있다.[72)]

72) 배기철, “토지의 분할과 합병에 관한 공법적 규율”, 『행정법연구』 제70호, 2023. 3., 263－264면.

3. 판례 발전의 원천 – 제도인가, 인식인가?

확정판결에 기초한 토지분할 신청과 관련하여, 판례는 1990년대 판결부터 대상판결에 이르기까지 토지분할에 대한 공법적 규율을 강화하는 방향으로 발전하여 왔다. 이와 같이 판례의 발전을 견인한 것이 관련 법령을 비롯한 제도의 변화인지, 또는 제도에 대한 인식의 변화인지 문제된다. 이는 서로 다른 결론을 취하고 있는 1990년대 판결과 2010년대 이후 판결의 관계를 이해하는 출발점이 된다.

앞서 본 바와 같이, 구 건축법상 대지면적의 최소한도 규정이나 구 도시계획법상 행위허가 규정은, 현행 건축법상 대지의 분할제한 규정 및 국토계획법상 개발행위허가 규정과 마찬가지로, 모두 지적법제와의 상호작용을 통해 토지의 합리적 이용을 도모하는 것을 목표로 하고 있다. 관련 법제가 세부적으로 개정되면서 시기별로 토지분할의 절차 및 요건에 다소간의 차이가 있지만, 위와 같은 제도가 본질적으로 변화하였다고 보기는 어렵다.

다만 종래에는 토지분할이 지적법상 필지의 분할 형태로 이루어지면서 민사적 시각이 강하게 반영되었고, 그것이 공법적으로도 문제가 될 수 있다는 인식은 미약하였다. 점차 도시계획의 기능 및 도시계획적 규제를 우회하는 토지분할의 문제점에 대한 인식이 강화되었고, 이는 법령 개정 및 판례의 발전으로 연결되었다. 이 점에 비추어 볼 때, 1990년대 판결과 2010년대 이후의 판결은 적용법조가 상이한 별개의 사안에 관한 것이기는 하나, 이들이 서로 다른 결론에 도달한 것은 적용법조의 내용이 본질적으로 개정되었기 때문이라기보다는, 토지분할에 대한 사회관념과 법의식이 발전하였기 때문이라고 보아야 한다.

따라서 오늘날의 시각에서는, 1990년대 판결이 지적에 관한 법령과 건축에 관한 법령이 상호 무관한 것이고 구 건축법상 대지면적의 최

소한도 규제 또한 대지 자체의 분할과 무관하다고 판시하여 온 것은 더 이상 유효하다고 보기 어렵다.[73] 그리고 토지분할의 공법상 제한에 관한 적용법조에 따라 위 쟁점의 결론이 달라진다고 보기도 어렵다.

대상판결은 결론에 있어서는 타당하지만, 토지분할에 관한 지적법제와 도시계획법제의 상호작용 원리를 논증의 전제로 삼지 않았다. 원심이 인용한 대법원 1996. 11. 12. 선고 96누7519 판결을 비롯한 1990년대 판결 또한 적용 법조가 다른 별개의 사건으로만 인식되어,[74] 대상판결에서 원심의 논리전개에 대한 구체적인 판단을 찾아보기도 어렵다. 그 결과 국민은 토지분할을 신청함에 있어 건축법이나 국토계획법 등에 따른 공법적 규제를 어느 범위까지 적용받는 것인지를 이해하기 어렵다.

토지분할에 관한 공법적 측면의 관심도가 높아지고 관련 법리 또한 발전함에 따라, 향후 관련 제도가 정비될 것으로 기대된다. 그런데 이와 동시에 새로운 유형의 실무상 요청에 따라 토지분할을 규율하는 법령이 더욱 복잡다단하게 개정될 가능성도 배제할 수 없다. 이때 대법원은 토지분할에 대한 공법적 규율체계에 부합하는 방향으로 당해 법령을 해석하고, 그간 변화된 법의식을 반영하여 통일적인 해석론을 제시해야 한다. 그 경우 비로소 국민은 토지분할을 규율하는 변화무쌍한 제도하에서 자신의 공법적 의무를 정확히 이해할 수 있다.

---

73) 배기철, “토지의 분할과 합병에 관한 공법적 규율”, 『행정법연구』 제70호, 2023. 3., 254면.

74) 성하경, “확정판결에 기초한 토지분할신청이 건축법령상 분할제한규정에 저촉될 경우, 지적소관청의 반려처분 가부”, 『대법원판례해설』 제139호, 2024, 897면.

Ⅴ. 결론

1. 토지분할 규율체계의 발전 및 과제

도입 초기의 지적제도는 토지소유권을 획정하는 것 이외에 토지를 도시계획적으로 규율해야 한다는 인식이 미약했고, 이러한 역할을 담당해야 할 도시계획법 또한 건축단위를 스스로 통제하지 못하고 민사적 기능에 치중한 지적법상 '필지' 개념에 강하게 의존하였다. 나아가 확정판결을 통해 토지소유권이 변동되면 그에 따른 토지의 분할 또한 당연히 수반되는 것이라는 편향된 인식이 오랜 기간 동안 유지되었다.

이는 의제자백 등에 의한 도시계획적 규제 잠탈이나 기획부동산의 성행 등 각종 사회문제를 유발하였고, 토지분할을 공법적으로 규율할 필요성이 강조되었다. 이에 비록 체계적이라고 할 수는 없지만 공간정보관리법, 국토계획법 및 건축법 등이 개정을 거듭하여 필요한 규제를 확충하였고, 판례 법리 또한 이에 부합하는 방향으로 발전하였다.

그러나 국토계획법이 건축단위를 스스로 정의하고 설정하지 못하고 있는 점, 건축물이 있는 대지의 분할에 대하여 건축법에 의존하고 있는 점 등은 앞으로 해결되어야 할 과제이다. 공간정보관리법 또한 지적소관청이 정작 토지분할신청 절차에서는 별다른 실질적 심사권을 행사하지 못하는 가운데, 지적측량성과의 검사 및 지적측량성과도 발급절차에서 건축법상 제한 위반 여부를 심사하도록 정하고 있다는 점에서 개선이 필요하고, 이러한 권한은 종국적으로 국토계획법으로 이전되어야 한다.

2. 대상판결의 타당성

대상판결은 건축법 제57조 소정의 대지의 분할 제한 규정이 '건축

단위 규율'이라는 측면에서 국토계획법상 개발행위허가제도와 유사한 목적을 갖는다는 사실을 언급하지 않고 있다. 대신에 대상판결은 건축법 제57조가 행정청의 재량판단의 여지조차 없이 토지분할을 금지한다는 점에서 국토계획법상 개발행위허가보다도 강력한 규범력을 갖는다는 점에 착안하여, 이 사건에서 건축법상 대지분할 제한 규정에 위반되는 이 사건 검사신청 및 이 사건 분할신청이 허용될 수 없다는 결론으로 나아갔다.

비록 건축법, 국토계획법, 공간정보관리법 등이 각자 개정을 거듭하여 오면서 토지분할을 정합적으로 규율하지 못하고 있지만, 대상판결의 결론은 토지분할에 대한 공법적 규율체계의 점진적 발전과정에 부합하는 것으로서 타당한 것이다. 추후 관련 법령의 제도적 개선과 함께 기존 판례들의 적용범위나 한계를 명확히 이해할 수 있는 발전된 법리가 확립되기를 기대한다.

참고문헌

[단행본]

김종보, 『건설법의 이해』, 제7판, 북포레, 2023.
배기철, 『도시계획법과 지적』, 경인문화사, 2022.
성춘자, 『현대지적학』, 박영사, 2022.
지종덕, 『지적의 이해(7판)』, 기문당, 2015.

[연구논문]

김종보, "도시계획변경거부의 처분성", 『행정법연구』 제11호, 2004. 5., 243－272면.
김종보, "도시계획의 핵심기능과 지적제도의 충돌－건축단위와 건축허용성을 중심으로", 『행정법연구』 제16호, 2006. 10., 55－81면.
김종보·박건우, "국토계획법상 토지형질변경허가와 건축허용성－대법원 2020. 7. 23. 선고 2019두31839 판결－", 『행정법연구』 제64호, 2021. 3., 45－73면.
김형한, "공유토지의 분할 재판과 공법상 제한에 대한 소고", 『재판과 판례』 제23집, 2014, 95－109면.
배기철, "토지의 분할과 합병에 관한 공법적 규율", 『행정법연구』 제70호, 2023. 3., 231－268면.
성하경, "확정판결에 기초한 토지분할신청이 건축법령상 분할제한규정에 저촉될 경우, 지적소관청의 반려처분 가부", 『대법원판례해설』 제139호, 2024, 872－912면.
이현준, "筆地의 本質 研究", 『한국지적학회지』 제24권 제1호, 2008. 6., 121－135면.
조용호, "도시계획구역 안에서 확정판결에 의한 토지분할에 행정청의 토

지분할 허가가 필요한지 여부", 『대법원판례해설』 제27호, 1997, 490－499면.

국문초록

대상판결에서는 민사상 확정판결에 의한 토지분할 신청과 공법상 규제 간의 우열관계가 문제되었다. 토지분할은 토지소유자의 소유권뿐만 아니라 토지의 이용관계 자체에 영향을 미친다는 점에서 공법적으로도 관심 대상이 된다. 따라서 이 사건 분쟁의 해결방법을 도출하기 위해서는, 지적제도의 민사적·공법적 기능과 토지분할의 공법적 규율체계를 이해해야 한다.

토지분할은 도시계획의 구성요소 중 건축단위와 밀접한 관련이 있으므로, 토지의 합리적 이용을 도모하고자 하는 국토계획법에 따라 규율되는 것이 이론적으로 타당하다. 국토계획법은 개발행위허가를 통해 토지분할을 규율하고 있지만, 건축물이 있는 대지의 분할은 규율대상에서 제외한 채 건축법상 대지의 분할제한 규정(제57조)에 의존하고 있다. 그러나 건축법 제57조 제2항에서 정하는 요건은 그 실질이 국토계획법에서 정하는 허가요건에 가까운 것으로, 개발행위허가대상이 아닌 지역에 대한 규율의 공백을 채우고 있는 것으로 이해해야 한다.

한편, 도시계획법제는 건축단위를 스스로 설정 및 수정할 장치를 갖추지 못하고 있고, 이에 민사적 성격을 갖는 공간정보관리법상 '필지'라는 단위가 공법적인 건축단위로서의 기능까지 겸유하는 식으로 제도가 불완전하게 운용되고 있다. 하지만 토지분할에 대한 공법적 규율은 사법상 권리관계와는 별개로 일의적으로 적용되어야 하는 것이고, 이는 확정판결에 의해 민사상 소유권을 취득한 경우에도 달리 볼 수 없으므로, 이와 같은 취지로 판단한 대상판결의 결론은 타당하다. 다만 대상판결은 국토계획법상 개발행위허가가 이른바 '허가사항'이고, 건축법상 건축허가요건이 이른바 '금지사항'이라는 점에 착안하여 양자의 성격을 다르게 파악하였는데, 이는 토지분할에 대한 공법적 규율체계에 부합하지 않는 면이 있다.

토지분할 규율체계의 발전 과정을 살피건대, 종전에는 토지분할이 민사상 소유권을 실현하기 위한 장치로서 널리 승인되어야 한다는 인식이 지배적

이었으나, 의제자백 등에 의한 도시계획적 규제 잠탈이나 기획부동산 등의 사회적 문제가 발생하였고, 이에 대한 반성적 고려로써 지속적인 법령 개정 및 판례의 발전을 통해 토지분할에 대한 공법적 규율이 확충되었다. 그 결과 국토계획법상 개발행위허가, 건축법상 대지의 분할제한에 관한 건축허가요건, 공간정보관리법상 지적측량 및 지적측량성과도 발급절차가 서로 결합하여 하나의 공법적 규율체계가 형성되었고, 민사적 권리와 병행하여 이와 같은 공법적 요건을 충족하여야만 토지분할이 승인된다.

그러나 이 사건 쟁점에 관하여 1990년대 판결과 2010년대 이후 판결이 서로 다른 결론에 도달한 것은, 관련 법령을 비롯한 제도의 본질적 변화보다는 제도에 대한 인식의 변화가 있었기 때문이라고 보아야 한다. 따라서 오늘날의 시각에서는 대상판결과 결론을 달리하는 1990년대 판결은 유효하다고 보기 어렵다. 향후 대법원이 이 사건 쟁점에 관하여 토지분할에 대한 공법적 규율체계에 부합하는 방향으로 관련 법령을 해석하고, 그간 변화된 법의식을 반영하여 통일적인 해석론을 제시하기를 기대한다.

주제어: 토지분할, 건축단위, 지적, 확정판결, 개발행위허가

Abstract

The Public Law Regulation of Land Partition and Final Judgments
– Supreme Court Decision 2023Du50349 Decided March 12, 2024 –

Kim, Beumjun*

The subject judgment addresses the issue of precedence between a land partition application based on a civil final judgment and the applicable public law regulations. Although land partition involves the exercise of private ownership rights, it also directly affects patterns of land use, thereby making it a matter of public law interest as well. Therefore, resolving the subject dispute requires a comprehensive understanding of both the civil and public law functions of the cadastral system, as well as the regulatory framework governing land partition.

Among the constituent elements of urban planning, land partition is closely tied to the concept of a development unit and, as such, is theoretically best to be governed by the National Land Planning and Utilization Act (NLPUA), which seeks to promote the rational use of land. While the NLPUA regulates land partition through the mechanism of permission for development activities, it excludes partitioning lands with existing buildings from its scope, instead deferring it to the partition restrictions set out in Article 57 of the Building Act. Notably, the requirements under Article 57(2) of the Building Act are substantively

* Attorney at Law, LEE&KO

analogous to the permitting conditions under the NLPUA and should be understood as filling regulatory gaps in areas not subject to permission for development activities.

Meanwhile, the urban planning legal framework lacks autonomous mechanisms to define and adjust development units. As a result, the "parcel" unit defined under the Act on the Establishment and Management of Spatial Data—originally intended for civil law use—has come to function de facto as a public-law development unit. Nonetheless, public law regulations governing land partition must be applied consistently and independently of private legal relationships, and the subject judgment rightly held that such is true even where civil law ownership have been granted by a final judgment. That said, the Court's reasoning—which distinguishes between permissions for development activities under the NLPUA and building permission requirements under the Building Act based on the premise that the former is "permissions" while the latter is "prohibitions"—is arguably inconsistent with public law regulation on land partition.

Historically, land partition was broadly accepted as a mechanism for realizing civil ownership. However, abuses such as evasion of urban planning controls through deemed admissions and speculative real estate practices led to critical reassessment. In response, continued legislative reforms and judicial developments have significantly expanded public law oversight of land partition. As a result, the NLPUA's permission for development activities, the Building Act's building permission requirements on restrictions on land partition, and the Act on the Establishment and Management of Spatial Data's cadastral survey and certification procedures have become interlinked, forming a cohesive public law regulatory framework. Today, land partition is permitted only when these public law conditions are satisfied alongside civil ownership requirements.

The divergence with regard to this issue between court decisions from the 1990s and those rendered after the 2010s reflects not a fundamental shift in the legal framework but a transformation in institutional perception. From a contemporary standpoint, the earlier rulings that diverged from the logic of the subject judgment can no longer be regarded as valid. Going forward, it is anticipated that, with regard to this issue, the Supreme Court will continue to interpret the relevant statutes in a manner aligned with the current public law framework, while presenting a unified and coherent interpretive approach that reflects evolving legal consciousness.

Keywords: Land Partition, Development Unit, Cadastre, Final Judgment, Permission for Development Activity

투고일 2025. 6. 10.

심사일 2025. 6. 24.

게재확정일 2025. 6. 29.

外國判例 및 外國法制 研究

최근 독일 행정판례의 동향과 분석*

- 지속가능성 확보를 위한 대규모 인프라 건축 프로젝트의 신속한 실현 목적의 최근 독일 행정법원법 개정과 이에 대한 연방행정법원의 판단을 중심으로-

이재훈**

Ⅰ. 들어가며

행정법의 발전과 변화를 야기하는 요소는 다양하다. 법원의 판결을

* 이 연구는 2025학년도 한국외국어대학교 교원연구지원사업 지원에 의하여 이루어진 것임.
본고는 “최근 행정판례의 동향”이라는 대주제로 진행된 (사)한국행정판례연구회 및 사법정책연구원의 2024년 공동학술대회의 발표문을 연구논문의 형태로 대폭 가필·수정 및 보완한 것입니다.
** 한국외국어대학교 법학전문대학원 부교수/법학박사(Dr. jur.)

통해서 행정법이 변화하기도 하고, 행정에 대해서 규율하고 있는 개별 법령을 통해서도 변화하기도 한다. 물론 행정법과 관련된 각종 학문적 탐구의 결과를 통해서도 행정법이 변화하기도 한다. 그리고 이러한 요소들이 상호 분리되어 괴리되지 않고 상호 소통하면서 공진화하는 방향으로 영향력을 끼칠 때 행정법은 긍정적인 방향으로 변화 및 발전할 수 있다.

이러한 행정법의 변화 및 발전 양상은 비단 우리나라만의 현상은 아니며, 독일에서도 지속적으로 발현되고 있다. 물론, 최근 독일 행정법의 변화 양상에 있어서 유럽연합법의 영향이 크기 때문에, 최근 독일 행정법의 변화를 논의함에 있어 유럽연합법과 독일법의 관계라는 이슈를 검토하지 않고는 그 내용을 제대로 진단하기 어려운 경우가 많다. 하지만 유럽연합법의 회원국법 질서로의 침투가 매우 지배적 현상이라고 하여, 독일 행정법의 변화가 항상 유럽연합법의 영향 때문인 것은 아니다. 예나 지금이나 독일 내부 사정에 의한 법정책적 필요에 의해 이루어지는 행정법 영역의 변화가 상존하기 때문이다. 최근 특히 독일 내부적 사정으로 인해서 기존의 행정법 체계와는 다른 형태의 새로운 입법이 지속적으로 등장하고 있는 분야는 지속가능성 확보와 관련성이 큰 공익적 성격을 갖는 대규모 인프라 건축 프로젝트와 관련된 분야이다.

독일은 탈원전·탈석탄 정책[1] 및 이에 대응한 신재생 에너지 확장 정책을 지속적으로 진행하고 있다.[2] 그런데 이러한 와중에 우크라이나

1) 독일의 탈석탄 정책 실현을 위한 탈석탄법과 관련해서는 이재훈, 독일 탈석탄법의 의의 및 주요 내용, 기후 변화 이슈브리프 기후법령 BRIEF, 한국법제연구원, 2021을 참조할 것.

2) 최근의 독일 친환경 에너지 정책과 관련된 각종 배경과 개별법적 쟁점을 다루고 있는 선행 연구로는, 임현종/김남철, 친환경 에너지 전환정책 추진의 입법적 과제 - 독일 에너지전환정책 추진사례의 시사점을 중심으로, 환경법연구, 제46권 제1호, 한국환경법학회, 2024, 117면 이하.

－러시아 전쟁 발발 및 장기화로 인해 러시아로부터의 천연가스 수입에 애로가 발생하였고, 결과적으로 독일 전역에 충분한 에너지를 공급하는 것이 어려워지는 상황이 발생하였다.[3] 이러한 상황을 타개하기 위하여, 독일의 입법자는 지속가능성 확보 및 충분한 에너지 수급을 위해 필수적인 공익적 성격이 강한 대규모 인프라 건축 프로젝트가 신속하게 진행될 수 있어야 한다는 법정책적 판단을 하였고, 이에 기반하여 다양한 제도적 장치를 도입하였다.

이러한 맥락에서, 이와 같은 대규모 인프라 건축 관련 인허가 요건을 완화하거나, 인허가 절차가 신속히 진행될 수 있도록 하는 등 규제 완화적 성격을 갖는 사항이 최근 독일의 개별 행정법제에 자리 잡았다.[4] 그런데 이러한 실체법적·절차법적 개정을 통한 대규모 인프라 건축의 신속화 방식에서 한 걸음 더 나아가, 독일의 입법자는 행정소송 구조에 변화를 가하여 이러한 대규모 인프라 건축이 신속하게 진행될 수 있도록 하는 제도적 틀을 마련하였다. 행정소송의 진행 및 지체로 인해, 공익적 성격을 갖는 대규모 인프라 건축 프로젝트의 실질적 진행에 차질이 생기게 되면 각종 규제 완화를 통해 목적하고 있는 대규모 인프라 건축 프로젝트의 신속한 진행에 난항이 발생하기 때문이다. 이

3) 독일은 탈원전·탈석탄으로 인해 발생한 에너지 부족분 전부를 즉각적으로 신재생에너지로 충원하기에는 어려움이 있기 때문에 일정 부분 러시아로부터 저렴한 천연가스를 수입하여 에너지를 수급하는 방식을 활용하고 있었다. 하지만 우크라이나－러시아 전쟁으로 인한 EU 회원국과 러시아의 상호 경제 제재 등으로 인해 천연가스의 수급에 어려움이 발생하였다. 이에 더 나아가 러시아는 독일의 에너지 콘체른을 해체하는 전략을 통해 독일의 에너지 대란을 발생시키려 하였다. 이러한 상황에 대한 법정책적 대응으로서 사기업에 대한 신탁관리 제도 도입에 대해서는 이재훈, 우크라이나－러시아 전쟁으로 인한 에너지위기와 독일의 대응, － 연방행정청에 의한 사기업 신탁관리(Treuhandverwaltung) 제도를 중심으로, 유럽헌법연구, 제40호, 유럽헌법학회, 2022, 73면 이하를 참조할 것.

4) 지면의 한정 및 본 발제의 주제 한정을 고려하여 이와 관련된 사항을 더 이상 기술하지는 않도록 하며, 이와 관련된 독일의 법제도 변화 양상에 대해서는 향후 별도의 지면을 통해 소개할 예정이다.

러한 대규모 인프라 건축 관련 행정소송에 대한 고등행정법원 전속관할 및 연방행정법원 전속관할을 인정하는 형태의 심급 단축, 대규모 인프라 건축 관련 행정소송 사건 담당 재판부 운용의 효율화 등이 이러한 대표적인 예라고 할 수 있다.[5)]

또한 독일의 입법자는 이와 동일한 취지하에 대규모 인프라 건축 프로젝트와 관련된 행정행위를 대상으로 하는 취소소송과 관련된 정지효(aufschiebende Wirkung; Suspensiveffeckt)에 대한 특칙도 도입하였다. 대규모 인프라 건축 프로젝트와 관련된 행정행위에 대한 취소소송 제기로 인해 당해 행위에 대한 집행이 정지되게 되는 경우 당해 프로젝트의 신속한 진행이 어려워지기 때문이다. 이러한 특칙은 현행 행정법원법(Verwaltungsgerichtsordnung) 제80c조에 자리 잡고 있다.

이하에서는 최근 독일 연방행정법원의 판례 중 행정법원법 개정을 통해 새롭게 도입된 제80c조가 직접 적용된 최초의 판례를 검토하고,[6)] 그 후 행정법원법 제80c조의 주요 내용을 검토하여, 최근 독일의 사회적 요청이 행정소송에 어떠한 방식으로 반영되어 구현되고 있는지, 그리고 연방행정법원은 이를 어떻게 적용하고 있는지, 그 양상의 한 단면을 살펴보도록 한다.

---

5) 이러한 사항에 대해서는, 이재훈, 지속가능성 실현 목적 행정작용에 대한 신속한 행정소송절차 진행을 위한 독일 행정법원법 개정에 대한 연구, 토지공법연구, 제109집, 한국토지공법학회, 2025, 253면 이하를 참조할 것.

6) 행정법원법 제80c조가 신설된 이후 2025년 5월 기준으로 연방행정법원에서는 이러한 대규모 인프라 건축 프로젝트와 관련된 6건의 결정을 내렸다(BVerwG, 26.04.2023 – 4 VR 6.22; BVerwG, 22.02.2024 – 11 VR 4.24; BVerwG, 22.02.2024 – 11 VR 3.24; BVerwG, 30.05.2024 – 9 VR 1.24; BVerwG, 21.01.2025 – 11 VR 7.24; BVerwG, 19.02.2025 – 11 VR 18.24). 이하에서는 이러한 6건의 결정 중 행정법원법 제80c조가 최초로 적용된 사례인 BVerwG, 26.04.2023 – 4 VR 6.22의 주된 내용을 소개하고, 이를 통해 행정법원법 제80c조의 규율 사항과 이에 대한 연방행정법원의 법리적 접근 방식을 살펴보도록 한다. 그 후의 판례들 및 해당 판례들에서 다루어진 별도의 법리들은 추후 별도의 지면을 통하여 소개할 예정이다.

Ⅱ. 송전탑 건축 프로젝트 관련 계획확정결정에 대한 연방행정법원의 정지효 명령 결정[7] – 신설 행정법원법 제80c조 최초 적용 사례

1. 사실관계

뒤셀도르프(이하 피신청인라 함)는 2022년 9월 29일 결정을 통해 Wesel–Utfort 구간에 110 킬로볼트 및 380 킬로볼트 고압송전망 신설 및 Utfort–Pkt. Hüls–West 구간에 380 킬로볼트 고압송전망 신설과 관련된 계획을 확정하였다. 이러한 계획확정의 대상이 된 대규모 인프라 건축 프로젝트는 에너지공급망신설법(Energieleitungsausbaugesetz) 별표 14에 기재된 Niederrhein - Utfort - Osterath 구간 380킬로볼트 고압송전망 신설 프로젝트의 구간 중 다수의 구간을 포함하는 프로젝트로서, 각 구간 별로 송전탑 39개와 송전탑 30개를 설치하는 것을 그 내용으로 담고 있다.

본 결정의 내용에 따르면, 신청인의 토지와 주택 인근으로 송전탑들이 설치될 예정이며, 특히 신청인 주택 인근 약 50미터 이내의 거리에 80.5미터 규모의 제34번 송전탑이 설치될 예정이다.

해당 계획이 확정되기 전, 2019년 11월 6일부터 2019년 12월 5일까지 송전망 건축 프로젝트가 공고되었고, 2021년 8월 9일부터 2021년 9월 8일까지 변경된 내용을 담고 있는 건축 프로젝트가 인터넷을 통해 공고되었다. 해당 송전망 건축 프로젝트를 담당할 사업자(참가인)와 신청인은 2020년 3월부터 긴밀하게 소통을 진행해 왔다. 2022년 4월 5일에 진행된 공동 지역 실사 이후, 신청인은 피신청인에게 해당 건축 프로젝트의 변경이 필요하다는 점과 특히 제34번 송전탑 설치 장소 변경

---

7) BVerwG, Beschluss vom 26.04.2023 – 4 VR 6.22 – [ECLI:DE:BVerwG:2023:260423B4VR6.22.0].

이 필요하다고 주장하였다(2022년 4월 27일). 담당 사업자는 이러한 신청인의 주장과 관련하여 의견서를 통해 이를 수용하는 것을 거절하였고, 결국 피신청인도 신청인의 이와 같은 주장을 받아들이지 않았다.

2. 소송의 경과

행정법원법 제50조는 신속한 법적 분쟁 종결을 위하여 법정책적으로 연방행정법원의 전속관할을 허용하는 예외적 사항에 대해서 규율하고 있으며, 특히 동조 제1항은 각 호를 통해 보다 구체적으로 어떠한 사안이 연방행정법원의 전속관할에 해당하게 되는지를 규율하고 있다.[8] 그 중 제6호는 행정계획과 관련된 소송절차가 신속하게 진행되도록 하기 위하여 연방행정법원의 전속관할이 인정되는 대상들을 규율하고 있다.[9] 행정법원법 제50조 제1항 제6호는 일반철도법(Allgemeines Eisenbahngesetz), 연방수로법(Bundeswasserstraßengesetz), 에너지전송확충법(Einergieleitungsausbaugesetz), 연방고압송전망확충법(Bundebedarfsplangesetz), 에너지경제법(Energiewirtschaftsgesetz) 제43e조 제4항, 해상풍력에너지법(Windenergie-auf-See-Gesetz) 제76조 제1항, 자기부상열차계획법(Magnetschwebebahnplanungsgesetz)상의 계획확정절차 및 계획허가절차와 관련된 모든 분쟁 등에 대해서 연방행정법원이 시심이자 종심으로 결정을 내린다고 규정하고 있다.

본 사안은 에너지경제법과 관련된 계획확정결정에 대한 법원의 정지효 발령과 관련이 있으므로, 행정법원법 제50조 제6호에 따라 연방행정법원이 전속관할을 갖는다. 따라서 신청인은 피신청인의 계획확정결정에 대한 취소소송을 연방행정법원에 제기하였고, 또한 계쟁 행정행위의 집행을 정지시키기 위하여 법원의 정지효 명령을 신청하였다. 신청

8) BeckOK VwGO/Berstermann VwGO § 50 Rn. 1.
9) HK-VerwR/Unruh, § 50 VwGO Rn. 15.

인은 이러한 신청을 함에 있어 계획확정결정이 다양한 법 위반 사항을 담고 있다는 주장을 하면서,[10] 특히 제34번 송전탑 설치와 관련해서는 피신청인의 형량의 하자를 주장하였다.

3. 연방행정법원 결정의 주요 요지

신청인이 고압송전망 신설 계획확정결정에 대해 제기한 취소소송과 관련하여 송전탑 32번 및 송전탑 34번 구간에 대한 정지효를 명한다.

본안 판결 전까지 계획확정결정의 집행을 정지하여 잠정적으로 보호되는 신청인의 이익이 해당 건축 프로젝트의 즉시 집행을 통한 공익 및 해당 구간 공사와 관련된 건축 프로젝트 시행자의 사익보다 중요하다. 사실관계와 법적 사항에 대한 개괄적 심사를 고려하면, 계획확정결정은 위법한 것으로 보인다. 이는 피신청인이 형량의 하자에 기반하여 제34번 송전탑 위치 변경을 거부하였기 때문이다.

그리고 당해 취소소송과 관련하여 정지효를 명함에 있어 피신청인의 형량의 하자를 고려한다.

4. 연방행정법원의 주요 판단 내용

(1) 송전탑 위치 선정 관련 형량명령 법리 적용

우선 본 결정의 재판부는 에너지경제법 제43조 제3항에 계획확정을 할 때 계획확정의 대상이 되는 프로젝트와 관련된 공익과 사익이 형량과정에서 고려되어야 한다고 규정되어 있음을 설시하면서, 이와 같은 형량명령은 ① 형량 그 자체가 이루어져야 하고, ② 형량을 실행할 때

10) 신청인은 공간계획 및 환경보호와 관련된 법위반을 주장하였으나, 연방행정법원은 이와 같은 법위반 관련 쟁점에 대해서는 부정하였으므로, 이와 관련된 사항은 생략하기로 한다.

이와 관련하여 고려되어야 할 사항들이 포함되어야 하며, ③ 공익 및 사익과 관련된 의미가 왜곡되지 않고, 각각의 이익들을 객관적으로 형량하여 비례의 원칙에 어긋나지 않아야 한다는 점을 판시하였다.

한편, 본 결정의 재판부는 다양한 노선들 중 특정한 노선을 선택하는 것은 전문계획 관련 형량결정에 해당하며, 이처럼 다양한 노선들 중 특정 노선을 선택하는 과정에서, 다른 노선이 선택된 노선보다 모든 형량과 관련된 관점들을 고려하였을 때 명백히 더 적합한 경우 또는 행정청이 각종 이익의 조사 및 평가를 하는 과정에서 하자가 있는 경우에는 노선 선택과 관련된 계획형성의 자유의 유월이 발생한다고 판시하면서, 이와 같은 노선 선택과 관련된 계획법적 법리가 송전탑 위치 선정과 관련해서도 적용된다고 판시하였다. 본 사안의 재판부가 비록 송전탑 위치 선정과 각종 노선 선정과의 유사성에 대해서는 직접적으로 언급하고 있지는 않지만, 송전체계 프로젝트 전반에 있어서 송전탑의 위치와 이에 따른 송전망의 공간적 배치는 각종 노선 선정과 유사한 성격을 갖고 있기 때문에, 송전탑 위치 선정에 있어서도 계획재량 및 이와 관련된 형량명령의 법리가 적용된 것으로 판단된다.

본 사안의 재판부는 이러한 사항들을 종합적으로 고려하여 송전탑 위치 선정과 관련해서 행정계획과 관련된 형량명령의 법리가 적용된다는 점을 명확하게 설시하였다.

(2) 형량명령의 하자에 대한 판단

본 사안의 재판부는 이처럼 기본적인 계획확정과 관련된 법리 및 형량명령과 관련된 법리가 본 사안에서 적용된다는 점을 설시한 후, 형량명령과 관련된 다양한 하자 유형을 검토하였다.[11)]

---

11) 형량명령에 따른 각종 하자에 대한 대표적인 국내 선행연구로는, 김해룡, 법치국가의 원리로서의 형량명령, 외법논집, 제34권 제1호, 한국외국어대학교 법학연구소, 2010, 1면 이하; 김현준, 행정계획에 대한 사법심사, 공법학연구, 제16권 제3호, 한

1) 형량의 불개시의 하자에 대한 판단: 판단 보류

본 사안과 관련하여 재판부는 우선 형량의 불개시(Abwägungsausfall)가 있었는지에 대해서 판단하였는데, 다음과 같은 논거로 피신청인에게 형량의 불개시의 하자가 있는지 여부에 대해서는 판단을 보류하였다.

재판부는, 피신청인이 계획확정결정 과정에서 프로젝트 사업자의 의견서를 반영하여 신청인의 요청을 거부하고 있으므로, 행정청과 프로젝트 사업자 간의 거리 유지 및 공정성이라는 관점에서 부적절한(unglücklich) 면이 존재하기는 하지만, 계획확정과 관련하여 행정청이 형량을 실행하는 과정에서 프로젝트 사업자의 입장을 자신의 입장으로 수용하는 형태로 판단하는 것이 배제되는 것은 아니므로, 이러한 사정만으로 형량의 불개시를 인정하는 것은 어렵다고 판단하였다. 한편, 재판부가 비록 이러한 상황과 관련하여 형량의 불개시의 하자를 인정하지는 않았지만, 피신청인이 참가인(프로젝트 사업자)의 입장을 수용하다 보니 송전탑 위치의 변경을 고려하지 않았을 것이라는 의구심이 존재한다는 점은 부연하여 기술하고 있다.

2) 형량명령 관련 하자의 인정

재판부는 본 사안에서 행정청의 형량 불개시로 인한 하자 존재 여부에 대해서는 판단을 보류하였으나, 그 이외의 관점에서 형량의 하자를 인정하고 있다.

우선 본 사안의 재판부는 신청인의 입장에서 장소적 관련성이 있기 때문에 신청인의 이익은 형량에 있어서 필수적인 이익에 해당한다고 판단하면서, 특히 주거지 50미터 이내에 80미터 높이의 송전탑이 설치되는 것은 형량과 관련하여 중요한 요소라고 판단하였다.

국비교공법학회, 2015, 299면 이하; 강현호, 계획적 형성의 자유의 통제수단으로서 형량명령, 토지공법연구, 제66집, 한국토지공법학회, 2014, 204면 이하; 최승필, 행정계획에서의 형량 – 형량명령에 대한 논의를 중심으로 –, 토지공법연구, 제73집, 한국토지공법학회, 2016, 225면 이하.

한편, 본 사안의 재판부는 송전탑 간의 일정 간격 유지 필요성이라는 이익은 신청인의 이익을 능가하는 이익으로 보기는 힘들다고 판단하였다. 특히 참가인과 피신청인은 송전탑 사이의 간격이 균등하지 않아서 발생할 수 있는 경제적 손실 등과 같은 부작용들을 언급하고 있는데, 재판부는 이미 현실에 존재하는 다수의 송전탑들 사이의 간격이 항상 동일한 것은 아니라는 점을 고려하여, 신청인이 요청한 송전탑의 위치 변경 가능성은 고려되어야 할 필요가 있다고 판단하였다.

3) 당해 하자의 중대성 인정

본 사안은 에너지경제법과 관련된 사안이므로, 에너지경제법 제43조상의 규율에 따라 계획확정결정에 대해 노르트라인-베스트팔렌 행정절차법 제75조가 적용된다.[12] 노르트라인-베스트팔렌 행정절차법 제75조 제1a항 제1문에는, 형량의 하자가 명백하고 이러한 하자가 실제 형량의 결과에 영향을 미친 경우, 이러한 형량의 하자는 중대한 하자로 인정된다고 규정되어 있다.[13] 그리고 이러한 중대한 하자가 존재할 때, 이러한 하자에 대한 치유[14]가 이루어질 수 없는 경우 계획확정결정 또

---

12) 독일의 개별 주 행정절차법은 크게 두 가지 형태를 갖고 있다. 우선 연방행정절차법의 내용을 일괄적으로 적용하되, 각 주의 사정에 따른 예외 조항을 별도로 규율하는 형태가 존재한다. 이와 달리 각 주 자체에서 별도의 행정절차법을 두는 경우도 존재한다. 노르트라인-베스트팔렌 행정절차법은 후자에 해당한다(이재훈, 전자동화 행정행위 도입 후 독일 행정절차법제 논의의 전개 양상, 공법학연구, 제19권 제4호, 한국비교공법학회, 2018, 492면).

13) 하자의 명백성과 당해 하자가 실제 형량 결과에 영향을 미쳤을 것이라는 두 가지 요건이 모두 충족되었을 때, 형량의 하자의 중대성이 인정된다(HK-VerwR/ Wickel, § 75 VwVfG Rn. 44).

14) 이러한 계획확정결정 및 계획허가와 관련된 하자의 치유로 노르트라인-베스트팔렌 행정절차법 제75조 제1a항 제2문은 계획보충(Planergänzung) 또는 보충적 절차(ein ergänzendes Verfahren)를 언급하고 있다. 계획보충은 주로 소음방지를 위한 부관을 누락한 경우나 교통로 확보와 관련된 사항을 누락한 것과 같이 계획확정결정이나 계획허가의 본질적인 내용을 변경하지 않는 수준에서 그 내용을 보강하는 것을 의미한다. 한편, 보충적 절차는 계획확정절차를 전부 다시 진행하지 않도록 하기 위하여 절차상의 하자를 추후에 치유하는 방식이라고 할 수 있다. 이러한 계획확정결

는 계획허가의 폐지를 야기하게 된다(노르트라인-베스트팔렌 행정절차법 제75조 제1a항 제2문).[15]

이러한 법적 규율을 배경으로, 본 사안의 재판부는 본 사안에서의 형량의 하자가 중대한 하자에 해당한다고 판시하였다.[16]

우선 하자의 명백성과 관련하여 본 사안의 재판부는, 본 사안에서 객관적으로 확인할 수 있는 사실에 기반한 이익형량과 관련된 모든 요소, 즉 이익형량 관련 자료의 편집 및 준비가 이루어지지 않았고, 이익형량 과정에서 모든 중요한 사항의 인식 및 고려, 그리고 고려 사항의 가중치 평가와 관련된 실수가 있었다는 점 등을 고려하여 형량 과정에서의 오류가 명백하게 인정된다고 판단하였다.

그리고 하자가 실제로 형량의 결과에 영향을 미친 것인지와 관련하여, 재판부는, 개별 사안에서 형량 과정에 오류의 존부 여부와 무관하게 결과적으로는 행정청이 계획확정결정에서 동일한 결정을 내리게 되었을 것이라면, 형량 과정의 하자는 실제 형량의 결과에 영향을 미친 것은 아니라고 판단될 수 있지만, 본 사안에서는 형량의 과정에서 발생한 하자를 교정하였을 때, 교정 이전에 이루어진 계획확정결정과 동일한 결정이 도출될 것이라는 점을 확인할 수 없다고 판단하였다. 결국 본 사안의 재판부는 본 사안에서의 하자가 형량의 결과에 영향을 미친 것으로 판단하였다.

정 및 계획허가의 중대한 하자의 치유에 대해서는 HK-VerwR/Wickel, § 75 VwVfG Rn. 53, 57 참고.

15) 노르트라인-베스트팔렌 행정절차법 제75조 제1a항은 연방행정절차법 제75조 제1a항과 동일한 규율을 담고 있다. 해당 조항이 담고 있는 규율 내용은 독일 행정판례를 통해 개발된 법리가 입법자에 의해 수용 및 변용되어 법제화 되었다(Wissmann, Verwaltungsrecht, Mohr Siebeck, 2023, 181면).

16) 본 사안에서는 계획보충 내지 보충적 절차를 통한 계획확정결정의 하자의 치유와 관련된 쟁점은 존재하지 않는다.

(3) 집행정지 인정여부 판단 관련 형량의 하자의 비고려 여부 부정

최근 새롭게 도입된 행정법원법 제80c조 제2항에 따르면, 앞서 살펴본 바와 같이 계획확정결정과 관련된 형량의 하자가 존재함에도 불구하고, 재판부는 정지효 명령을 내릴 것인지 여부를 판단함에 있어 당해 하자를 고려하지 않을 수 있고, 더 나아가 실제로 당해 하자를 고려하지 않은 채 정지효를 명하지 않을 수 있다.[17] 하지만 본 사안의 재판부는 앞서 살펴본 형량의 하자를 고려하지 않을 수 있음에도 이를 고려하였고, 또한 더 나아가 정지효를 명하였다.

1) 법원의 예측적 기능 및 예측 대상 범주

이러한 판단과 관련하여, 재판부는 행정법원법 제80c조 제2항 제1문이 담고 있는 규범적 의미를 다음과 같이 파악하였다: 법원은 행정법원법 제80c조 제2항 제1문에 따라 취소소송의 대상인 행정행위의 하자가 예측가능한 시간 내에 제거될 수 있는 것이 명확한 경우에는 이를 고려하지 않을 수 있고, 행정법원법 제80c조 제2항 제2문 제2호에서 기술하고 있는 바와 같이 계획확정과 관련된 형량의 하자가 이러한 하자에 해당할 수 있다. 이와 같은 행정법원법 제80c조 제2항의 내용을 고려하면, 법원은 이와 같은 하자의 제거 내지 하자 없는 형량의 실시와 관련하여 예측적 기능을 수행해야 한다. 한편, 이와 같은 제도가 도입된 취지를 실질적으로 구현하기 위해, 법원은 – 비록 행정법원법 제80c조 제2항 법문에는 명시되어 있지 않지만 – 당해 행정청이 형량과 관련된 하자를 치유하고 난 후에도 결론적으로 이전의 결정과 동일한 결정을 내릴 것인지 여부에 대해서도 예측적으로 판단해야 한다. 하자 없는 형량의 실시 후에도 이전에 이루어진 형량 결과와 동일한 결과가 도출되

17) 이에 대한 사항은 이하 Ⅲ. 2.에서 보다 자세히 설명될 예정이다.

는 경우에야 비로소 입법자가 의도하고 있는 계획확정결정의 신속한 진행이 현실화될 수 있기 때문이다.[18)]

2) 본 사안에 대한 재판부의 평가
   - 형량 재실시 시 동일한 결정 도출 부정

이와 같이 행정법원법 제80c조 제2항에 대해 파악한 후, 재판부는 본 사안과 관련하여 하자 없는 형량이 진행된다고 하여도 이전과 동일한 결정이 내려질 것이라는 판단이 이루어지지 않는다고 하였다.

우선, 참가인(프로젝트 사업자)이 추산하고 있는 송전탑 위치 변경에 따른 비용 상승(한화 기준 약 1억 5,000만원에서 약 2억 8,000만원 정도)은 계획변경 시 실제로 참가인에게 부담이 될 수 있는 것이므로 새로운 형량 과정에서 고려될 수는 있겠지만, 이러한 비용 증가가 있다고 하여 피신청인이 제34번 송전탑 위치를 변경시키지 않을 것이라는 것, 즉 피신청인이 이전의 결정과 동일한 결정을 내리게 될 것이라는 점을 충분히 근거지우지는 못한다고 재판부는 판단하였다. 한편, 송전탑이 주택 인근에 건축되는 것이기 때문에, 송전탑이 높게 건축됨으로써 전자파 관련 임밋시온이 감축된다고 하지만, 이러한 사유만으로 주택 인근에 송전탑 설치가 정당화된 사례도 찾아보기 힘들다고 재판부는 판단하였다.

결국 본 사안의 재판부는 피신청인이 해당 사안과 관련하여 다시금 형량 절차를 진행하게 된다면 기존에 내린 계획확정결정과는 다른 내용을 담고 있는 계획확정결정이 내려졌을 것이라고 판단하였다.

---

18) 이에 대해 간략히 부연하자면, 하자가 있음에도 불구하고 이미 이루어진 결정의 내용대로 신속하게 대규모 인프라 건축 프로젝트가 집행될 수 있도록 하기 위한 취지에서 행정법원법 제80c조가 도입된 것이다. 따라서 만약 하자의 치유가 될 것으로 예측되어 계쟁 결정을 집행하던 도중, 하자 치유를 위한 형량의 재실시 과정에서 계쟁 결정과는 다른 내용의 결정이 도출되게 된다면, 이는 행정법원법 제80c조가 목적하고 있는 계쟁 결정 그 자체의 신속한 집행이 실현되는 것으로 볼 수 없다.

3) 형량의 하자 비고려 부정

본 사안의 재판부는 앞서 살펴본 행정법원법 제80c조 제2항에 대한 접근 방식과 함께 피신청인이 계획확정절차를 다시 진행하게 된다면 이전과는 다른 결론이 도출될 것이라는 점 등을 종합하여, 계쟁 계획확정결정이 담고 있는 형량의 하자를 고려하지 않은 채 정지효 발령 여부를 판단을 할 수 있음에도 불구하고, 이러한 형량의 하자를 고려하였고, 이를 근거로 신청인의 신청에 따른 정지효를 명하였다.

Ⅲ. 행정법원법상 취소쟁송의 정지효와 대규모 인프라 건축 프로젝트[19)]

지금까지 최근 개정을 통해 도입된 행정법원법 제80c조와 관련된 연방행정법원 결정의 주요 내용을 살펴보았다. 이하에서는 이러한 연방행정법원의 결정이 등장하게 된 배경인 행정법원법 제80c조의 내용을 살펴보되, 이에 앞서 당해 조항과 관련된 선이해 필요의 범위 내에서 독일 취소쟁송상 정지효에 대한 기본적 골격을 살펴보도록 한다. 그 후, 이에 기반하여 앞서 살펴본 연방행정법원 결정의 체계적 맥락을 살펴보도록 한다.

---

19) 본고는 독일 행정법원법상의 정지효 제도 그 자체에 대한 면밀한 소개를 목적으로 하고 있지 않을 뿐 아니라, 지면의 한계와 주제의 집중을 고려하여, 이하의 내용은 앞서 살펴본 연방행정법원 결정과의 관련성 하에 독일의 행정법원법 체계상 정지효에 대한 법리가 간략히 소개되어 있다는 점을 미리 밝혀두는 바이다. 특히 행정법원법 제80조 제4항에서 담고 있는 행정청에 의한 즉시집행에 대한 명령은 앞서 살펴본 사례와 관련이 없으므로 이하에서는 의도적으로 기술되지 않았다는 점을 밝혀둔다. 독일 행정소송에서의 가구제와 관련된 유의미한 선행연구로는, 이진형, 독일 행정소송에서의 가구제에 관한 연구, 행정법연구, 제66호, 행정법이론실무학회, 2021, 73면 이하. 독일의 정지효 전반과 관련된 개괄적 소개로는 안철상 편집대표/정재오, 주석 행정소송법 Ⅰ, 한국사법행정학회, 2023, 713면.

1. 독일 취소쟁송상 정지효의 체계

(1) 행정법원법상 취소쟁송에서의 정지효

행정법원법 제80조 제1항 제1문은 취소소송 및 취소를 목적으로 하는 이의신청(Widerspruch)[20]이 정지효를 갖는다는 것을 명시적으로 규율하고 있다.[21] 이처럼 행정법원법은 취소쟁송에 있어서 분쟁의 대상이 되는 행정행위에 대한 정지효가 존재하는 것이 원칙임을 명시하고 있다.[22]

이러한 정지효는, 행정청과 행정행위의 상대방 사이의 양극적 행정법관계하의 침익적인 행정행위에 대한 취소쟁송에서 발생하기도 하지만,[23] 다극적 행정법 관계하의 제3자효 행정행위와 관련한 취소쟁송에 있어서도 발생한다.[24] 제3자효 행정행위와 관련된 취소쟁송의 정지효는 행정법원법 제80조 제1항 제2문과 제80a조를 통해 규율되고 있다.

하지만 사전적 권리구제는 집행에 대한 이익과 집행정지에 대한 이익 사이에서의 절충적 기능을 담당하기 때문에, 행정법원법상 취소쟁송에 있어서의 정지효는 원칙에 해당할 뿐, 절대적인 것은 아니며, 실제로 행정법원법 제80조 제2항 각 호는 다양한 형태의 예외를 규율하고

20) 우리의 행정심판과는 체계적 지위와 기능에 차이가 존재하기 때문에 독일 취소소송의 전심절차로서 Widerspruch를 행정심판보다는 이의신청이라고 번역하는 것이 더 바람직하다는 입장으로는 이종영, 독일의 행정심판제도, 중앙법학, 제4집 제3호, 중앙법학회, 2002, 29면.

21) HK－VerwR/Botstedt, § 80 VwGO Rn. 19 ; Schenke, Verwaltungsprozessrecht, 18. Aufl., 2023, 314면. 비록 행정법원법 제80조 제1항 제1문에서 명확하게 취소이의신청(Anfechtungswiderspruch)이라고 기술하지 않고 단순히 이의신청이라는 법문을 사용하고 있지만, Schenke, Verwaltungsprozessrecht, 18. Aufl., 2023, 341면은 이를 명시적으로 취소이의신청이라고 기술하고 있다.

22) BeckOK VwGO/Gersdorf, 72. Ed. 1.1.2024, VwGO § 80 Rn. 16.

23) HK－VerwR/Botstedt, § 80 VwGO Rn. 19.

24) Schoch/Schneider/Schoch, 46. EL August 2024, VwGO § 80 Rn. 44 이하; 이진형, 독일 행정소송에서의 가구제에 관한 연구, 행정법연구, 제66호, 행정법이론실무학회, 2021, 80면.

있다.[25)]

(2) 행정법원법상 정지효의 예외 사유

행정법원법 제80조 제2항 제1호는 공적인 공과금과 비용의 요청을, 제2호는 경찰집행공무원의 집행정지될 수 없는 명령과 조치들을, 제3호는 다른 연방법률과 다른 주법률에서 정하고 있는 사안으로서 특히 투자 또는 일자리 창출과 관련된 행정행위에 대한 제3자의 취소쟁송을, 제3a호는 제3호에 해당하지 않는 사유로서 연방교통로 및 통신망과 관련된 프로젝트를 대상으로 하는 행정행위에 대한 제3자의 취소쟁송을, 제4호는 공익 또는 당사자의 중대한 이익으로 인해 행정행위의 발령청 내지 이의신청에 대해 결정을 내려야 하는 행정청이 즉시집행을 특별히 명령한 경우를 취소쟁송에서 정지효가 발생하지 않는 예외의 유형으로 규정하고 있다.[26)] 이들 중 행정법원법 제80조 제2항 제4호는 행정청의 결정에 의해서 정지효의 예외가 인정되는 것인 반면, 나머지 각 호의 사유는 입법자의 판단 및 이에 기반한 형식적 의미의 법률에 의해서 정지효의 예외가 인정되는 것이다.[27)]

이들 각 호의 규율 내용 중 특히 제80조 제2항 제3호는 연방 차원의 개별 법률과 주 차원의 개별 법률에서 정지효의 배제를 규율하고 있는 경우를 정지효가 발생하지 않는 사유로 명시하고 있다.[28)] 이러한 법률을 통한 정지효 배제는 형식적 의미의 법률을 통해 도입되어야만 하며, 그 내용이 명확하게 규율되어야 하는데, 이러한 개별 법률을 통한

25) Hufen, Verwaltungsprozessrecht, 13. Aufl., 2024, 524면.

26) 제1호부터 제3호에 대한 번역 용례는 볼프 뤼디거 쉔케/강현호 역, 행정소송법, 홍진기법률연구재단, 2018, 438면을 참고하였다.

27) Hufen, Verwaltungsprozessrecht, 13. Aufl., 2024, 524면; Gersdorf, Verwaltungsprozessrecht, 7. Aufl., 2024, 107면 참조.

28) 제80조 제2항 제3호에서 제시하고 있는 투자 또는 일자리 촉진과 관련된 영역은 개별 법률을 통한 정지효의 배제 허용과 관련된 예시 영역으로 기술된 것으로 파악되고 있다(이에 대해서는, Eyermann/Hoppe, VwGO, 16. Aufl., 2022, § 80 Rn. 37).

정지효 배제는 독일내 법정책적 목적에 의해 빈번하게 활용되고 있다.[29] 이러한 형식적 법률에 의한 정지효의 예외는, 앞서 살펴본 사안과도 관련이 있다. 에너지경제법 제43e조 제1항 제1문은 계획확정결정 또는 계획허가에 대한 취소소송은 정지효를 갖지 않는다고 규정하고 있는데, 이는 행정법원법 제80조 제2항 제3호에서 정하고 있는 정지효에 대한 개별법상 예외 규정에 해당한다.[30]

(3) 정지효 예외사유 관련 신청인의 정지효 신청과 법원의 정지효 명령[31]

이처럼 개별 법률을 통해 취소소송의 정지효에 대한 예외가 인정되는 사안과 관련하여, 법원은 행정행위의 상대방 내지 제3자효 행정행위의 제3자인 당사자의 신청에 따라 정지효를 명할 수 있다(행정법원법 제80조 제5항 및 제80a조 제3항). 그런데 법원이 개별 사안과 관련하여 어떠한 경우에 정지효를 명하게 되는 것인지 여부를 판단하기 위한 실질적 판단 방식에 대해 행정법원법에서는 구체적으로 기술하고 있지는 않다.[32] 하지만 이와 관련해서는 기존의 판례와 문헌들을 통해 축적된 내용을 바탕으로, 법원이 어떠한 경우 신청인의 신청에 따라 정지효를 명령하는지를 살펴볼 수 있다.

---

29) HK-VerwR/Botstedt, § 80 VwGO Rn. 57-66 참조.

30) 동 조항은 건축 프로젝트 사업자가 갖고 있는 계획의 안정성에 대한 신뢰를 고려하여 일단 계획확정결정 등에 대한 취소소송의 정지효를 배제하되, 행정법원법 제80조 제5항에 따른 법원의 명령에 의한 정지효 부여가 이루어질 수 있다는 것을 전제로 구성되었다(Theobald/Kühling/A. Lippert/Dix, 128. EL Dezember 2024, EnWG § 43e Rn. 9 참조).

31) 이하는 지면의 한계와 주제의 집중을 위해 본 사안과 관련한 사항에 국한되어 기술되었기에, 행정청의 즉시집행 결정에 대한 정지효 신청이나 정지효 신청의 적법성 등에 대한 논의는 생략되어 있다.

32) Eyermann/Hoppe, VwGO, 16. Aufl., 2022, § 80 Rn. 85; Detterbeck, Allgemeines Verwaltungsrecht, 2024, 719면; Schenke, Verwaltungsprozessrecht, 18. Aufl., 2023, 333면.

입법자가 개별 법률을 통해 취소소송의 정지효에 대한 예외를 규정하고 있는 사안과 관련하여, 독일의 다수적 견해와 법원의 실무를 종합하면, 집행 실시를 통해 실현되는 공익과 집행의 정지를 통해 실현되는 사익을 형량하여 후자가 더 크다고 판단되는 경우 법원의 정지효 명령이 정당화되며, 특히 사안을 개괄적으로 심사한 결과 본안 소송의 원고에 해당하는 신청인이 명확히 승소할 것인 경우, 즉 계쟁 행정행위가 위법하고 이것이 신청인의 권리를 침해하는 경우에 법원의 정지효 명령이 정당화된다.[33] 이를 조금 더 체계적 형태로 개관해 보면, 법원은 ① 계쟁 행정행위가 명백히 위법하고 신청인의 권리를 침해하는지 여부를 판단하고,[34] ② 위법성 및 권리 침해 여부가 불분명한 경우, 본안에서의 승소 가능성이 있는지 여부에 대한 판단을 진행하고, ③ 본안에서의 승소 가능 여부까지도 불분명한 경우에는 광범위한 이익형량을 통해 신청인의 이익이 집행의 이익보다 우월한지를 판단하여, 정지효를 명할 것인지 말 것인지에 대한 결정을 내리게 된다.[35]

---

33) Detterbeck, Allgemeines Verwaltungsrecht, 2024, 722면; Wissmann, Verwaltungsrecht, Mohr Siebeck, 2023, 472면 참조. 한편, 이와 관련하여 계쟁 행정행위가 위법하다는 표현 대신 계쟁 행정행위의 적법성에 대한 중대한 의구심의 존재하는 경우와 같은 형태로 이를 기술하고 있는 문헌도 존재한다(Gersdorf, Verwaltungsprozessrecht, 7. Aufl., 2024, 149면). 정지효 명령이 가구제 제도로서 계쟁 행정행위와 관련된 개괄적 심사에 기반하여 법원이 판단을 내리게 된다는 것을 고려한다면, 후자의 표현이 조금은 더 적절한 표현인 것으로 판단된다. 독일의 다수설과 판례의 방향성을 소개하고 있는 유의미한 국내 선행 연구로는, 이진형, 독일 행정소송에서의 가구제에 관한 연구, 행정법연구, 제66호, 행정법이론실무학회, 2021, 83－84면.

34) 계쟁 행정행위가 명백히 적법하거나, 위법하긴 하더라도 명백히 권리 침해의 소지가 없으면, 더 이상의 판단 없이 신청인의 집행정지에 대한 이익이 부정된다(Detterbeck, Allgemeines Verwaltungsrecht, 2024, 720면).

35) Eyermann/Hoppe, VwGO, 16. Aufl., 2022, Rn. 89 – 93.

2. 대규모 인프라 건축 프로젝트 관련 법원의 정지효 명령 여부 판단 방식

앞서 살펴본 바와 같이 독일 행정법원법 제80조 제5항의 체제 하에서, 법원은 정지효 명령을 내리는 과정에서 계쟁 대상인 행정행위의 위법성 및 권리침해 여부와 함께 신청인의 본안 승소가능성, 그리고 정지효를 통해 보호받게 되는 신청인의 사익과 계쟁 행정행위가 담고 있는 즉시집행을 정당화할 수 있는 공익을 종합적으로 판단하게 된다. 이를 통해, 행정법원법 제80조 제5항 및 제80a조 제3항에 따른 법원의 정지효 명령 부과 여부 판단 과정에서 독일의 법원은 취소소송의 계쟁대상이 하자를 갖고 있는지에 대해서 일정 부분 고려하게 된다는 것을 확인할 수 있다.

그런데, 최근 인프라 영역의 행정소송 신속화를 위한 법률[36](이하 인프라행정소송신속화법)을 통해 새롭게 도입된 행정법원법 제80c조 제2항 제1문은 정지효 명령과 관련된 법원의 판단 방식과 관련하여 기존의 방식과는 다른 형태의 판단 방식이 가능할 수 있도록 하는 규정을 담고 있다. 이하에서는 이와 관련된 사항에 대해서 살펴보도록 한다.

(1) 인프라행정소송신속화법을 통한 행정법원법 개정

인프라행정소송신속화법은 공익적 성격을 갖고 있는 대규모 인프라 프로젝트와 관련하여 제기된 행정소송을 신속하게 처리하고, 이러한 신속한 법정 분쟁 해결을 통해 공익적 성격을 갖고 있는 대규모 인프라 프로젝트가 신속하게 실행될 수 있도록 각종 법제도를 개정하는 것을 주된 목적으로 삼고 있다.[37]

---

36) Gesetz zur Beschleunigung von verwaltungsgerichtlichen Verfahren im Infrastrukturbereich, BGBl. 2023 I Nr. 71 vom 20.03.2023.

37) 인프라행정소송신속화법을 통한 행정소송 체계 개편 중 본고에서 다루어지고 있는

이러한 맥락에서, 인프라행정소송신속화법은 신속한 행정소송 진행을 실현하기 위한 다양한 방편 중 하나로, 기존의 행정법원법상의 정지효 체계에 변화를 주어, 공익적 성격을 갖고 있는 대규모 인프라 건축 프로젝트와 관련된 취소소송에 있어서 법원이 기존의 정지효 체제에서 계쟁 행정행위에 대한 정지효 명령 여부를 판단하는 방식과는 다른 방식으로 판단을 내릴 수 있는 가능성을 허용하고, 이를 통해 대규모 인프라의 건축이 신속하게 진행될 수 있도록 하는 특칙을 담고 있다. 이러한 인프라행정소송신속화법을 통해 도입된 특칙은 현행 행정법원법 제80c조에서 발견된다.[38]

(2) 정지효 신청 대상 행정행위의 하자 비고려 가능성 허용

행정법원법 제80c조 제2항 제1문은 계쟁 대상인 행정행위의 하자가 예측 가능한 시간 내(in absehbarer Zeit)에 제거될 것이 명백한 경우에는 법원은 이러한 하자를 고려하지 않을 수 있다고 규정하고 있다. 그리고 행정법원법 제80c조 제2항 제2문에서는 법원이 정지효 명령 발령 여부를 판단하는 과정에서 고려하지 않을 수 있는 계쟁 행정행위의 하자의 유형으로 ① 절차규정 또는 형식규정 위반, ② 계획확정 및 계획허가에 있어서 형량의 하자를 들고 있다.[39]

정지효와 관련된 것을 제외한 전반적 사항들에 대한 국내 선행연구로는 이재훈, 지속가능성 실현 목적 행정작용에 대한 신속한 행정소송절차 진행을 위한 독일 행정법원법 개정에 대한 연구, 토지공법연구, 제109집, 한국토지공법학회, 2025, 253면 이하.

38) 행정법원법 제80c조는 총 4항으로 구성되어 있다. 하지만 본고에서는 지면의 한계와 주제의 집중을 위해 본 사안과 관련된 제1항 및 제2항에 대해서만 소개되고 있다는 점을 밝혀둔다. 그 이외의 규율 내용 및 관련 사례 등에 대해서는 추후 별도의 지면으로 소개할 예정이다.

39) 한편 행정법원법 제80c조 제2항 제5문의 경우, 환경보호법 제4조 제1항에 따른 절차의 하자에 대해서는 원칙적으로 이러한 하자 비고려와 관련된 규정이 적용되지 않는다고 규정되어 있는데, 이는 EU법과의 관계를 고려한 것에 해당한다(Schoch, Grundfragen des verwaltungsgerichtlichen vorläufigen Rechtsschutzes gemäß §

다만 인프라행정소송신속화법의 입법이유를 살펴보면 독일의 입법자는 행정법원법 제80c조 제2항 제2문에서 기술하고 있는 하자의 유형은 예시(Regelbeispiel)이므로,[40] 행정법원법 제80c조 제2항 제2문 각 호에서 제시하고 있는 하자 이외의 하자 또한 법원에 의해서 고려되지 않을 수 있다는 입장을 취하고 있다.[41] 이를 고려한다면, 행정법원법 제80c조 제2항 제2문 각 호의 하자에 해당하지 않는 실체법 위반의 하자를 계쟁 행정행위가 갖고 있는 경우에도 이러한 하자가 예측가능한 시간내에 제거될 것이 명백한 경우에는 법원이 정지효 명령을 내릴지 여부를 판단함에 있어 해당 실체법적 하자를 고려하지 않을 수 있는 것으로 판단될 수 있다.[42]

(3) 하자의 비고려 여부에 대한 법원의 예측적 판단 – 예측가능한 시간 내 하자의 치유 가능성에 대한 판단

이처럼 행정법원법 제80c조 제2항에 따르면, 공익적 성격의 대규모 인프라 건축 프로젝트와 관련된 행정행위에 대한 취소소송에 있어,

80c VwGO, NVwZ 2024, 1530면).

40) BT–Drs. 20/5165, 15면.

41) BT–Drs. 20/5165, 16면.

42) BeckOK VwGO/Köhler, 73. Ed. 1.4.2025, VwGO § 80c Rn. 10. 이러한 상황과 관련하여 독일 문헌 중에는 - 가상적으로 – 풍력발전설비 운영 허가와 관련하여 연방임밋시온방지법(Bundes–Immissionsschutzgesetz)상 허용되는 프로펠러로 인한 자연채광 변화 최대치를 넘는 상황이 언급된다(이에 대해서는 Schoch/Schneider/Schoch, 46. EL August 2024, VwGO § 80c Rn. 35). 물론, 이 문헌의 가상적 사례에서 언급된 하자가 단순히 실체법 위반의 하자인 것인지, 아니면 형량 과정에서 고려해야만 하는 요소가 제대로 고려되지 않은 형량의 하자도 포함하고 있는 것인지에 대해서는 불분명한 면이 없지 않다. 하지만 형량의 하자는 행정법원법 제80c조 제2항 제2문 제2호에서 명시하고 있으므로, 이는 법원이 명시적으로 고려하지 않을 수 있는 반면, 이와는 별도로 존재하는 실체법적 하자를 정지효 명령과 관련된 판단에 있어 법원이 고려하지 않아도 되는 것인가라는 관점에서의 판단이 필요한 것이기 때문에, 해당 문헌의 가상적 사안은 입법자가 제시하고 있는 추상적 입법이유를 적확히 설명하고 있는 것으로 판단된다.

계쟁 행정행위가 위법성을 갖고 있다고 하더라도, 법원에서 이러한 위법성을 고려하지 않을 수 있다. 그리고 이에 기반하여 법원은 정지효를 명하지 않을 수 있다. 즉, 이러한 법원에 의한 하자가 예측 가능한 시간 내에 치유될 수 있다는 판단을 토대로, 결국 계쟁 행정행위의 하자가 아직 존재함에도 불구하고 대규모 건축 프로젝트에 대한 집행이 진행될 수 있다.

다만, 행정법원법 제80c조 제2항이 법원으로 하여금 계쟁 행정행위가 갖고 있는 하자를 무조건적으로 고려하지 않도록 규율하고 있는 것만은 아니다. 동조항은 오히려 정지효 명령과 관련된 법원의 판단 과정에서 법원이 이러한 하자를 고려하지 않음에 있어 계쟁 행정행위가 담고 있는 위법성이 예측가능한 시간 내에 치유될 것이 명백하다고 판단한 경우에 비로소 법원이 이를 고려하지 않을 수 있도록 하는 법문으로 구성되어 있으며, 입법자 또한 입법이유에서 이러한 점을 명시적으로 강조하고 있다.[43]

따라서 법원에 의한 하자의 비고려 가능성은 결국 해당 하자가 예측가능한 시간 내에 치유될 것이 명백한 경우인지 여부 및 이에 대한 법원의 예측적 판단에 달려있다고 볼 수 있다. 이와 관련하여 인프라행정소송신속화법의 입법이유서에는 이미 하자 치유를 위한 보충적 절차가 진행 중인 경우가 예측가능한 시간 내에 하자가 치유될 것이 명백한 경우의 예로 기술되어 있다.[44] 다만, '예측 가능한 시간 내'라는 법문 자체는 매우 추상적이기 때문에, 입법이유서에서 가설적 예로 들고 있는 하자 치유 절차의 개시의 경우, 실제 사건에서는 이러한 절차가 본안 판단이 이루어지기 전에 종료되지 않는 경우도 존재할 수 있다는 점 등을 고려하여 평균적인 본안 판단 기간 등을 종합적으로 고려하여 법원의 예측적 판단이 이루어져야 한다는 접근 방식도 존재한다.[45] 한편,

43) BT-Drs. 20/5165, 16면.
44) BT-Drs. 20/5165, 16면.

실제 하자 치유와 관련된 계획확정절차 등의 복잡성 등을 고려하면 예측 가능한 시간 내에 하자 치유가 이루어질 수 있는지 여부를 법원의 입장에서는 예측하기 어렵기 때문에 법원은 하자의 비고려에 대해서 소극적으로 접근할 필요가 있다는 지적도 존재한다.[46]

(4) 하자의 비고려 여부에 대한 법원의 판단 - 법원의 재량인가, 권한인가

한편, 행정법원법 제80c조 제2항 제1문에 따라 예측 가능한 시간 내에 하자가 치유될 것이 명확하다고 법원이 판단을 내린 경우, 당해 법원이 해당 하자를 고려할지 여부에 대한 재량을 갖는 것인지, 아니면 법원에게는 재량이 존재하지 않고 다만 하자를 고려하지 않아야 할 권한이 수여되어 있는 것인지 여부에 대한 견해 대립이 존재한다. 이러한 입장 차이는 제80c조 제2항 제1문상의 Kann－Vorschrift를 재량 수여 규정으로 볼 것인지, 아니면 권한 수여 규정으로 볼 것인지에 기반하고 있다.[47]

전자의 입장에 따르면 예측 가능한 시간 내에 하자가 치유될 것이 명확하다고 법원이 판단하였다고 하여 법원이 당해 하자를 반드시 고려하지 않아야만 하는 것은 아니라고 파악하게 된다.[48] 반면, 후자의 접근 방법에 따르면 예측 가능한 시간 내에 하자가 치유될 것이 명확하다고 법원이 판단하게 되면, 법원은 당해 하자를 고려하지 않는 권한을 행사해야 한다고 파악하게 되는데, 이는 입법자가 제80c조 제2항을 도

---

45) Kopp/Schenke/Schenke VwGO § 80c Rn. 4.
46) Schoch/Schneider/Schoch, 46. EL August 2024, VwGO § 80c Rn. 49.
47) Schoch/Schneider/Schoch, 46. EL August 2024, VwGO § 80c Rn. 50.
48) 행정법원법 제80c조 제2항 제1문을 재량규정으로 보는 입장으로는 Bier/Bick, Gesetz zur Beschleunigung von verwaltungsgerichtlichen Verfahren im Infrastrukturbereich, NVwZ 2023, 459면; Schoch/Schneider/Schneider, 6. EL November 2024, VwVfG § 45 Rn. 104b.

입하게 된 법정책적 방향성, 즉 신속한 대규모 건축 프로젝트 실현을 고려하는 입장으로 볼 수 있다.[49] 하지만 이처럼 행정법원법 제80c조 제2항 제1문을 권한 규정으로 보았을 때, 구체적 사안에 따라 즉시집행의 정지를 통한 신청인의 이익 보호와 즉시집행을 통한 공익의 실현을 조절하는 기능을 담당하는 가구제 제도의 본령을 제한하는 문제가 발생할 수 있다는 점을 고려한다면, 해당 규정은 재량 규정으로 파악하는 것이 타당할 것으로 판단된다.

(5) 하자 치유 기간의 설정 및 치유 기간 도과에 따른 법원의 정지효 명령 가능성

앞서 살펴본 바와 같이, 행정법원법 제80c조 제2항 제1문은 예측 가능한 시간 내에 하자가 제거될 것이 명백한 경우 법원은 이를 고려하지 않을 수 있다는 점을, 그리고 제2문은 이처럼 법원에 의해 고려되지 않을 수 있는 하자 유형의 예를 규율하고 있다. 이러한 규율에 이어 행정법원법 제80c조 제2항 제3문에서는 법원은 하자 치유 기간을 설정한다고 규정하고 있다.

이러한 치유기간 부여와 관련하여, 행정법원법 제80c조 제2항 제3문은 Soll-Vorschrift를 사용하고 있으므로, 하자 치유 기간 설정과 관련해서 법원에게 의도된 재량[50]이 부여되어 있는 것으로 판단된다.[51]

---

49) Kopp/Schenke/Schenke VwGO § 80c Rn. 6; Schoch/Schneider/Schoch, 46. EL August 2024, VwGO § 80c Rn. 51.

50) 독일의 의도된 재량에 대한 국내 선행 연구로는, 이은상, 독일법상 의도된 재량, 행정법연구, 제11호, 행정법이론실무학회, 2004, 291면 이하.

51) 이러한 의도된 재량의 형태로 조문이 구성된 것은 연방정부안에서는 찾아볼 수 없다. 연방정부안에서는 오히려 Kann-Vorschrift를 사용하여 법원의 재량 형태로 규정이 구성되어 있었다. 하지만 의회의 검토를 거친 후 해당 규정은 의도된 재량 규정으로 변화되었다. 다만, 의회의 검토 후 해당 규정을 왜 의도된 재량의 형태로 구성하였는지에 대해서는 의회 측의 입법이유서 그 자체에는 기술되어 있지 않으나, 이러한 법문의 변화는 전문가 의견수렴의 결과가 반영된 것으로 평가받고 있다(이에 대해서는 Schoch/Schneider/Schoch, 46. EL August 2024, VwGO § 80c Rn. 56;

즉, 동 조항에 따르면, 법원이 정지효 명령 발령 여부에 대한 판단을 함에 있어, 계쟁 행정행위의 하자가 존재함에도 불구하고 이러한 하자가 예측 가능한 시점 이내에 치유될 것으로 판단하여 당해 하자를 고려 대상으로 삼지 않고, 이에 따라 법원이 정지효 명령 발령 신청을 기각하는 경우, 이러한 기각 결정을 함에 있어 특별한 사정이 없는 한 하자의 치유 기간을 설정하여야 한다.[52] 이러한 하자의 치유 기간 설정에 대한 수범자는 당해 하자의 치유와 관련된 권한을 갖고 있는 행정청이며,[53] 법원은 당해 행정청에게 하자 치유 기간을 설정함에 있어 실제로 하자의 치유가 이루어질 수 있는 수준의 적정한 기간을 설정해 주어야만 한다.[54]

이처럼 법원이 정지효 명령 발령을 기각함에 있어 관할 행정청에게 적정 기간의 하자 치유 기간을 설정하도록 한 것은 독일 기본법 제19조 제4항에서 정하고 있는 효과적 권리구제를 확보하기 위한 것으로 평가받고 있다.[55] 이러한 평가는 행정법원법 제80c조 제2항 제4문과의 관계성 하에서 살펴보면 그 의미가 명확해진다.

행정법원법 제80c조 제2항 제4문은 하자가 제거되지 않은 채 법원에서 설정한 기간이 도과되는 경우에는 행정법원법 제80조 제7항이 준용된다고 규정하고 있다. 이에 따르면, 계쟁 행정행위의 하자가 있음에도 불구하고 법원이 이러한 하자가 예측 가능한 시간 내에 치유될 것으로 판단하여 이러한 하자를 고려하지 않은 채 정지효를 부과하지 않았고, 이와 동시에 하자 치유 기간을 행정청에게 설정하였는데, 그 후 실제로는 하자의 치유 없이 해당 기간이 도과한 경우, 행정법원법 제80조 제7항에 따라 관할 법원은 이전에 내렸던 결정을 언제든지 자신의 재량

Siegel, Die neue Bestimmung des § 80c VwGO, NVwZ 2023, 464면).

52) BeckOK VwGO/Köhler, 73. Ed. 1.4.2025, VwGO § 80c Rn. 11.

53) Schoch/Schneider/Schoch, 46. EL August 2024, VwGO § 80c Rn. 53.

54) Siegel, Die neue Bestimmung des § 80c VwGO, NVwZ 2023, 464면.

55) Schoch/Schneider/Schoch, 46. EL August 2024, VwGO § 80c Rn. 53.

에 따라 변경하거나 폐지할 수 있으며, 당사자는 법원의 결정에 대한 변경 내지 폐지를 신청할 수 있다.[56]

한편, 이처럼 하자의 치유 없이 설정된 기간이 도과된 상황과는 달리, 법원에서 설정한 하자 치유 기간 내에 관할 행정청에 의해 문제없이 하자가 제거되는 경우, 관련 사안은 종결되어 더 이상 사전적 권리구제와 관련된 문제는 발생하지 않게 된다.[57]

결국 앞서 살펴본 하자 치유 기간의 설정 및 설정 기간 도과로 인한 직권 또는 신청에 의한 정지효 명령의 가능성은 결국 하자를 고려하지 않은 채 대규모 인프라 건축 프로젝트 진행을 허용하는 것으로 인해 발생한 신청인의 권리구제 약화를 전보하기 위한 균형추로서 계쟁 행정행위의 하자 치유를 담보하기 위한 제도적 메커니즘이라고 판단될 수 있다.

(6) 적용 대상 프로젝트의 범주

지금까지 행정법원법 제80c조 제2항을 통해 행정법원법에 새롭게 도입된 정지효 명령에 대한 법원의 예외적 판단 방식에 대해서 살펴보았다. 이러한 판단 방식은 모든 취소소송에서 활용되는 것이라기보다는, 법정책적으로 공익적 성격이 강한 대규모 인프라 건축의 신속한 실행을 담보하기 위해 관련 취소소송에서 예외적으로 활용될 수 있도록 고안된 제도이다. 실제로 이러한 맥락에서 행정법원법 제80c조 제1항은 앞서 살펴본 예외적 판단 방식이 사용될 수 있는 구체적인 사안의 유형을 한정적으로 규율하고 있다.

행정법원법 제80c조 제1항 제1문은 행정법원법 제48조 제1항 제1문 제3호부터 제15호까지의 절차 및 제50조 제1항 제6호의 절차의 경우, 정지효의 명령과 관련하여 행정법원법 제80c조 제2항 등의 법적 규

56) BeckOK VwGO/Köhler, 71. Ed. 1.10.2024, VwGO § 80c Rn. 12.
57) Schoch/Schneider/Schoch, 46. EL August 2024, VwGO § 80c Rn. 55.

율이 보충적으로 적용된다(gelten...ergänzend...)[58]고 규정하고 있다. 여기서 의미하는 행정법원법 제48조 제1항 제1문 제3호부터 제15호의 사안과 행정법원법 제50조 제1항 제6호의 사안은 지속가능성 실현 및 충분한 에너지 수급 등을 위한 에너지·교통망 등의 대규모 인프라와 관련되어 있으며, 특히 이들 중 행정법원법 제50조 제1항 제6호에는 대규모 에너지 인프라와 관련된 에너지경제법상의 각종 계획확정절차 내지 계획허가절차가 규율되고 있다.[59] 한편, 행정법원법 제80c조 제1항 제2문은 이러한 사안들 중에서도 교통공항 내지 제한된 건축보호 영역에서의 교통착륙장, 그리고 갈탄채석장과 관련된 계획확정절차는 행정법원법 제80c조 제2항 이하의 내용이 적용되는 유형에서 제외된다고 규율하고 있다.

결국, 인프라 건축 프로젝트 전반에 있어 행정법원법 제80c조 제2항 이하의 규율이 적용되는 것은 아니고, 공익적 성격이 강한 대규모 인프라 건축과 관련된 행정행위에 대한 취소소송 중, 고등행정법원의 전속관할이 인정되는 사안 일부와 연방행정법원의 전속관할이 인정되는 사안과 관련하여, 당해 행정행위에 대한 법원의 정지효 명령이 문제되는 경우, 법원의 재량에 의해 계쟁 행정행위의 하자가 고려되지 않을 수 있는 가능성이 존재한다.

---

58) 법문은 행정법원법 제80c조 제2항 이하의 규율들이 보충적으로 적용된다고 기술하고 있지만, 이는 기존의 정지효 관련 규정과 관련하여 추가적으로 적용되거나 정지효와 관련된 규정을 부분적으로 수정하는 형태로 적용되는 것이라고 파악되고 있다(이에 대해서는 Schoch/Schneider/Schoch, 46. EL August 2024, VwGO § 80c Rn. 26).

59) 이들 각 호의 구체적인 내용에 대해서는 이재훈, 지속가능성 실현 목적 행정작용에 대한 신속한 행정소송절차 진행을 위한 독일 행정법원법 개정에 대한 연구, 토지공법연구, 제109집, 한국토지공법학회, 2025. 258면 이하를 참고할 것.

3. 본 사안을 통한 검토

본 사안은 행정법원법 제80c조가 신설된 후 연방행정법원이 해당 조문을 최초로 적용한 사례이다. 본 사안의 계쟁 행정행위는 행정법원법 제50조 제1항 제6호에서 정하고 있는 사안으로 연방행정법원의 전속관할 사항이다. 또한 본 사안은 행정법원법 제80조 제2항 제3호에서 정하고 있는 바와 같이 개별 법률에 의한 취소소송의 정지효 배제와 관계되는데, 이는 계쟁 행정행위와 관련하여 에너지경제법 제43e조 제1항 제1문이 취소소송이 제기되더라도 정지효가 인정되지 않도록 규율하고 있기 때문이다.[60] 따라서 당해 행정행위에 대해 취소소송이 제기되더라도 정지효가 발생하지 않으므로, 본 사안에서 신청인이 계쟁 계획확정결정에 대한 정지효를 명하여 줄 것을 연방행정법원에 신청한 것으로 파악할 수 있다.

한편, 본 사안은 행정법원법 제50조 제1항 제6호에 따른 연방행정법원의 전속관할 사안으로서, 행정법원법 제80c조 제1항이 정하고 있는 바에 따라 행정법원법 제80c조 제2항에서 정하고 있는 법리가 적용될 수 있다. 따라서 재판부가 명시적으로 설시하고 있는 바와 같이 본 사안의 계쟁 행정행위인 계획확정결정은 형량의 하자를 갖고 있으므로 담당 재판부가 이러한 형량의 하자가 예측 가능한 시일 내에 치유 가능한 것으로 판단하였다면, 이러한 하자의 존재를 계쟁 행정행위에 대한 정지효를 명할지 여부를 판단하는 과정에서 고려하지 않을 수 있었다.

하지만 본 사안의 재판부는 정지효를 명하는 과정에서 형량의 하자를 고려하는 방향으로 판단을 내렸고, 이러한 판단을 내리는 과정에서 행정법원법 제80c조 제2항에 대한 문리적 해석과 동시에 목적론적 해석을 활용하여, 해당 조항을 적용할 것인지 말 것인지를 판단하였다.

60) 연방행정법원의 결정문 원문에는 에너지경제법 제43a조 제1항 제1문이 원용되고 있으나, 이는 단순 오탈자인 것으로 추측된다.

즉, 단순히 예측 가능한 시간 내에 하자가 치유될 가능성이 존재하는가의 관점을 넘어, 동 조항이 도입된 궁극적 목적, 즉 계쟁 행정행위에 하자가 존재함에도 불구하고 당해 행정행위가 담고 있는 대규모 인프라 건축 프로젝트를 잠정적으로 실행할 수 있도록 하는 프로젝트 실행의 신속화가 실현될 수 있는가의 관점을 함께 파악하는 방식을 본 사안의 재판부는 고려하였다.[61)]

그리고 이러한 법리적 판단 하에, 본 사안의 재판부는 계쟁 행정행위가 담고 있는 형량의 하자를 치유하는 과정에서 계쟁 행정행위의 내용의 변경이 이루어질 수밖에 없는 상황이고, 그렇다면 이는 결국 관련 인프라 건축 프로젝트의 내용에 변경이 수반될 것이기 때문에, 굳이 형량의 하자를 고려하지 않는 방식을 통해 이러한 계쟁 행정행위에 대한 정지효를 부정하면서까지 잠정적으로 해당 인프라 건축 프로젝트를 진행할 필요는 없는 것으로 판단하였다.

이처럼, 본 사안에서 연방행정법원은 제80c조 제2항에 대한 목적론적 해석을 전제로, 계쟁 계획확정결정은 하자의 치유 과정을 통해 그 내용이 달라질 것이라는 판단하에, 정지효 명령을 함에 있어 당해 하자를 고려하는 형태의 판단을 실시하였다. 따라서 본 사안에서는 예측 가능한 시점에 하자가 치유될 수 있다고 법원인 판단을 한 경우, 법원이 이러한 하자를 고려할 수 있는 재량을 갖고 있는 것인지, 아니면 법원은 고려 여부에 대한 재량을 갖고 있지 않고 단순히 이러한 하자를 고려하지 않을 수 있는 권한만을 갖고 있는 것인지에 대한 판단은 이루어지지 않았다. 또한 본 사안에서 연방행정법원은 계쟁 계획확정결정에 대한 정지효를 명하는 결정을 내렸기 때문에, 행정법원법 제80c조 제2항 제3문 이하에서 규율되고 있는 하자 치유 기간 설정 및 하자 치유 기간 도과와 관련된 후속 문제와 관련된 이슈는 불거지지 않았다.

---

61) Korbmacher, Rechtsprechungsübersicht zum Umweltrecht, NVwZ 2024, 778면.

4. 소결

지금까지 살펴본 사항들을 종합하여 독일의 행정법원법상 취소쟁송과 관련된 정지효 및 이를 통한 잠정적 권리구제의 메커니즘을 개괄적으로 정리하여 보면, ① 원칙적 정지효 인정, ② 예외적 정지효 배제, ③ 정지효 배제 사안 관련, 신청인의 정지효 명령 신청 및 법원의 심사에 따른 정지효 명령 가능성 유보, ④ 공익적 성격의 대규모 건축 프로젝트와 관련하여, 법원의 정지효 명령 여부 판단에 있어서 계쟁 행정행위의 하자 비고려 여부에 대한 법원의 판단, ⑤ 법원에 의한 하자의 비고려 판단 및 이에 따른 집행 진행 관련, 피신청인에 대한 법원의 하자 치유 기간 설정, ⑥하자 치유 없이 법원에 의해 설정된 하자 치유 기간 도과시, 법원의 직권 또는 당사자의 신청에 근거한 법원의 정지효 명령 가능성 유보로 파악될 수 있다.

취소쟁송에 있어서의 정지효와 관련된 이와 같은 구조적 복잡성은 잠정적 권리구제를 둘러싼 사익의 보호의 요청과 공익 실현의 목적에 대한 독일 나름의 숙고의 결과와 이러한 결과와 관련하여 발생하고 있는 다양한 후속 문제들을 해결하기 위한 또 다른 숙고의 결과가 반영된 결과물인 것으로 판단된다. 즉 정지효 제도를 통해 우선적으로 개인의 권리보호에 방점을 부여하되, 법정책적·공익적 목적에 의해 정지효를 배제시킬 수 있는 가능성을 열어두고, 다만, 이러한 정지효 배제로 인해 발생할 수 있는 사익을 보호하기 위한 방편으로 법원의 심사에 의한 정지효 부과 가능성을 유보하는 형태로, 사익 보호와 공익실현 사이의 긴장관계가 설정된 것이 기존의 연방행정법원법상의 정지효 제도의 체계라고 판단할 수 있다(이상 ①, ②, ③의 영역). 그리고 이러한 기존의 체계를 배경으로 최근 행정법원법 개정에 의해 도입된 ④, ⑤, ⑥의 영역은 공익적 성격의 대규모 인프라 건축 프로젝트의 신속한 진행이라는 독일 내 법정책목표를 실현하기 위해 다시금 기존의 체계에 제도적 변용을

시도한 독일 나름의 고민의 결과물인 것으로 판단된다.

한편, 이와 같은 독일 행정법원법상 취소쟁송 관련 정지효 제도의 전반을 살펴보면, 당해 제도의 복잡성이 매우 높다는 인상을 받게 된다. 그리고 이러한 복잡한 구조를 갖게 된 근본적 원인이 취소쟁송의 정지효 원칙에 자리잡고 있는 것은 아닌가라는 진단을 내릴 수밖에 없게 된다. 하지만 취소쟁송의 정지효의 원칙으로 인해 궁극적으로 앞서 살펴본 바와 같은 복잡성이 초래되었다는 사실만으로 정지효의 원칙이 집행부정지의 원칙보다 열위에 서는 원칙으로 파악하는 것은 타당하지 않은 접근방법일 것으로 생각된다. 앞서도 살펴본 바와 같이 지속가능성 확보를 위한 장기적 관점의 에너지 전환 정책 실현 도상에서 발생한 우크라이나-러시아 전쟁과 이로 인해 방생한 에너지 수급의 위기, 그리고 이러한 상황을 기점으로 지속가능성 확보 및 충분한 에너지 수급을 위한 대규모 인프라의 신속한 확보의 필요성 증대라는 미증유의 사태로 인해 독일의 정지효 제도의 복잡성을 증대시키고 있는 ④, ⑤, ⑥ 영역이 등장하게 된 것이기 때문이다.

다른 한편, ④, ⑤, ⑥ 영역에서 이루어지는 법원의 판단과 관련하여 예측적 성격이 강하게 나타난다는 점은 논란의 여지를 제공하기에 충분한 것으로 판단된다.[62] 하지만 논란의 발생이 예측될 수 있음에도 불구하고 독일의 입법자가 행정법원법 제80c조 제2항을 도입하였다는 점은, 그만큼 공익실현의 관점에서 대규모 인프라 건축 프로젝트의 신속한 진행이 필요한 독일 나름의 법정책적 절박함이 행정법원법에 반영

62) 실제로, 독일 각급 행정법원장 연례회의에서 행정법원법 제80c조 개정안이 담고 있는 예측가능한 기간 내에 하자의 치유가능성 및 하자의 비고려 판단 시 하자의 치유기간 설정 등에 대한 판단 과정에서 법원의 부담이 가중된다는 우려가 표시된 바 있다. PRESSEMITTEILUNG: Gemeinsame Erklärung der Präsidentinnen und Präsidenten(61. Jahrestagung der Präsidentinnen und Präsidenten der Verwaltungsgerichtshöfe und Oberverwaltungsgerichte der Länder und des Bundesverwaltungsgerichts), 2면.

된 것이라고 판단될 수 있다. 다만, 이러한 우려와 관련하여, 본고에서는 직접 다루어지지는 않지만, 행정법원법 제80c조의 신설과 함께 개정된 행정법원법 제188b조는 행정법원 내에 계획재판부(Planungskammern, Planungssenate)를 설치하도록 규정하고 있다.[63] 입법자가 이처럼 전문재판부로서 계획재판부를 운영하도록 행정법원에 요청하고 있는 것은, 이러한 전문재판부를 통해 인프라와 관련된 소송이 전문적이고 신속하게 진행될 수 있도록 하는 것을 의도하고 있는 것으로 볼 수 있다.[64] 이를 제80c조와의 관련성하에서 고려한다면, 결국 행정법원이 공익적 성격의 대규모 인프라 건축 프로젝트와 관련된 취소소송에서 정지효 발령에 대한 예측적 판단 업무를 수행함에 있어 전문적 판단을 실현할 수 있는 계획재판부에 의해 이러한 예측적 판단이 이루어질 수 있도록 법원 내부 조직을 구성·운영할 것을 입법자가 요청하고 있는 것으로 평가할 수도 있을 것이다.

Ⅳ. 나가며

지금까지 최근 이루어진 독일 행정법원법 개정 사항 중 하나인 취소소송의 정지효와 관련된 특례로서 행정법원법 제80c조와 관련된 사항 및 이 조항이 적용된 최초의 연방행정법원의 판례를 살펴보았다. 이를 통해 독일의 행정소송 체계가 독일이 당면한 법정책 사항을 어떻게 반영하고 있으며, 또한 해당 규정이 독일 연방행정법원에 의해 어떻게

---

63) 이 또한 법원의 의도된 재량의 형태(Soll-Vorschrift)로 조문이 구성되어 있다. 따라서 행정법원들은 지나치게 법원의 규모가 작거나 관련 사안이 거의 없는 등 특별한 예외가 없는 한 계획재판부를 구성해서 운영하도록 하는 것이 행정법원법 제188b조에 담겨 있는 입법자의 의도라고 할 수 있다(이에 대해서는, BeckOK VwGO/Decker, 73. Ed. 1.4.2025, VwGO § 188b Rn. 4).

64) BeckOK VwGO/Decker, 73. Ed. 1.4.2025, VwGO § 188b Rn. 1.

운용되고 실질적으로 구현되는지를 살펴보았다. 이러한 과정에서 독일 연방행정법원은 입법자가 신설한 규정을 해석함에 있어 단순히 법문에만 구속되는 것이 아니라 입법자가 해당 규정을 도입함에 있어 고려하였던 궁극적 목적을 종합적으로 고려하여 해당 제도를 운용함으로써, 주어진 사안과 관련된 사익 보호를 충분히 실현하는 모습을 나타내고 있는 것을 확인할 수 있었다.

이러한 개인적 평가와는 별개로, 독일 행정법의 관점에서 보면 행정법원법 제80c조는 다양한 법적 도전 과제를 고등행정법원과 연방행정법원에게 던져주고 있다. 우선, 공익적 성격을 갖고 있는 대규모 인프라 건축 프로젝트와 관련된 행정행위의 정지효 명령과 관련하여, 고려하지 않아도 되는 하자의 범주는 어디까지인지, 그리고 어떠한 시점이 실제로 하자가 치유될 수 있는 예측 가능한 시점인지 등과 관련한 법리적 규명이 필요할 것으로 판단되며, 무엇보다 어떠한 경우에는 사익을 고려하여 하자의 비고려 가능성이 있음에도 불구하고 이를 고려할 것인지와 관련된 법리도 규명되어야 할 것으로 판단된다.

다른 한편, 앞서 살펴본 내용들을 종합하면, 국가 전체의 정책 목표 달성과 관련한 공익 실현 및 이와 관련된 사익간의 형량과 관련하여 일정 부분 입법자가 방향성을 설정하고는 있지만, 다른 한편으로는 개별 사안에 있어서 법리적·전문적 판단을 할 수 있는 사법부에게 구체적 타당성에 대한 판단과 함께 일정 부분 법정책적 판단까지도 요청하고 있는 구조가 독일의 건축법제에 도입된 것은 아닌가라는 조심스러운 추측을 하게 된다. 향후 실제로 이러한 형태의 작업 구조가 독일에서 어떻게 운영되어 발전하게 될 것인지는 조금은 시간을 두고 관찰할 필요가 있겠으나, 법정책적 관점과 기능적 권력분립이라는 측면에서 우리나라의 국회와 법원도 이와 같은 구조를 활용한 행정통제의 방식을 생각해 보는 것도 장기적 관점에서 무의미하지는 않을 것으로 판단된다.

참고문헌

강현호, 계획적 형성의 자유의 통제수단으로서 형량명령, 토지공법연구, 제66집, 한국토지공법학회, 2014.

김해룡, 법치국가의 원리로서의 형량명령, 외법논집, 제34권 제1호, 한국외국어대학교 법학연구소, 2010.

김현준, 행정계획에 대한 사법심사, 공법학연구, 제16권 제3호, 한국비교공법학회, 2015.

볼프 뤼디거 쉔케/강현호 역, 행정소송법, 홍진기법률연구재단, 2018.

안철상 편집대표, 주석 행정소송법 Ⅰ, 한국사법행정학회, 2023.

이은상, 독일법상 의도된 재량, 행정법연구, 제11호, 행정법이론실무학회, 2004.

이재훈, 전자동화 행정행위 도입 후 독일 행정절차법제 논의의 전개 양상, 공법학연구, 제19권 제4호, 한국비교공법학회, 2018.

이재훈, 독일 탈석탄법의 의의 및 주요 내용, 기후 변화 이슈브리프 기후법령 BRIEF, 한국법제연구원, 2021.

이재훈, 우크라이나-러시아 전쟁으로 인한 에너지위기와 독일의 대응, - 연방행정청에 의한 사기업 신탁관리(Treuhandverwaltung) 제도를 중심으로, 유럽헌법연구, 제40호, 유럽헌법학회, 2022.

이재훈, 지속가능성 실현 목적 행정작용에 대한 신속한 행정소송절차 진행을 위한 독일 행정법원법 개정에 대한 연구, 토지공법연구, 제109집, 한국토지공법학회, 2025.

이종영, 독일의 행정심판제도, 중앙법학, 제4집 제3호, 중앙법학회, 2002.

이진형, 독일 행정소송에서의 가구제에 관한 연구, 행정법연구, 제66호, 행정법이론실무학회, 2021.

최승필, 행정계획에서의 형량 - 형량명령에 대한 논의를 중심으로 -, 토지공법연구, 제73집, 한국토지공법학회, 2016.

BeckOK VwGO, 71. Ed. 1.10.2024.

Bier, Wolfgang/Bick, Ulrike, Gesetz zur Beschleunigung von verwaltungsgerichtlichen Verfahren im Infrastrukturbereich, NVwZ 2023.

Detterbeck, Steffen, Allgemeines Verwaltungsrecht, 22. Aufl., Beck, 2024.

Eyermann, Verwaltungsgerichtsordnung, 16. Aulf., Beck, 2022.

Fehling, Michael/Kastner, Berthold/Störmer(Hrsg.), Verwaltungsrecht Handkommentar, 5. Aufl., Nomos, 2021.

Gersdorf, Hubertus, Verwaltungsprozessrecht, 7. Aufl., C.F.Müller, 2024.

Kopp, Ferdinand O./Schenke, Wolf-Rüdiger, Ver waltungsgerichtsordnung, 30. Aufl., Beck, 2024.

Hufen, Friedhelm, Verwaltungsprozessrecht, 13. Aufl., Beck, 2024.

Korbmacher, Rechtsprechungsübersicht zum Umweltrecht, NVwZ 2024.

PRESSEMITTEILUNG: Gemeinsame Erklärung der Präsidentinnen und Präsidenten(61. Jahrestagung der Präsidentinnen und Präsidenten der Verwaltungsgerichtshöfe und Oberverwaltungsgerichte der Länder und des Bundesverwaltungsgerichts)

Schenke, Wolf-Rüdiger, Verwaltungsprozessrecht, 18. Aufl., C.F.Müller, 2023.

Schoch, Friedrich, Grundfragen des verwaltungsgerichtlichen vorläufigen Rechtsschutzes gemäß § 80c VwGO, NVwZ 2024.

Siegel, Thorsten, Die neue Bestimmung des § 80c VwGO, NVwZ 2023.

Theobald, Christian/Kühling, Jürgen(Hrsg.), Energierecht, Werkstand: 128. EL Dezember 2024.

Wissmann, Hinnerk, Verwaltungsrecht, Mohr Siebeck, 2023.

국문초록

독일은 탈원전·탈석탄 정책 및 이에 대응한 신재생 에너지 확장 정책을 지속적으로 진행하고 있던 중, 우크라이나-러시아 전쟁 발발 및 장기화로 러시아로부터의 천연가스 수입에 애로가 발생하였고, 결과적으로 독일 전역에 충분한 에너지를 공급하는 것이 어려워지게 되었다. 이러한 상황을 타개하기 위하여, 독일의 입법자는 지속가능성 확보 및 충분한 에너지 수급을 위해 필수적인 공익적 성격이 강한 대규모 인프라 건축 프로젝트가 신속하게 진행될 수 있어야 한다는 법정책적 판단을 하였고, 이러한 맥락에서 행정법원법 개정이 이루어졌다. 행정소송의 진행 및 지체로 인해, 공익적 성격을 갖는 대규모 인프라 건축 프로젝트의 실질적 진행에 차질이 생기게 되면 각종 규제 완화를 통해 목적하고 있는 대규모 인프라 건축 프로젝트의 신속한 진행에 난항이 발생하기 때문이다. 특히 대규모 인프라 건축 프로젝트와 관련된 행정행위에 대한 취소소송으로 인해 당해 행위에 대한 집행이 정지되면, 당해 프로젝트의 신속한 진행이 어려워지기 때문에, 독일 입법자는 대규모 인프라 건축 프로젝트와 관련된 행정행위에 관한 취소소송에 있어서의 정지효에 대한 특칙을 행정법원법 제80c조에 도입하였다. 본고에서는, 최근 독일 연방행정법원의 판례 중 행정법원법 개정을 통해 새롭게 도입된 제80c조가 직접 적용된 연방행정법원의 최초 판례가 검토된다. 그 후 행정법원법 제80c조의 주요 내용을 통해, 최근 독일의 사회적 요청이 행정소송에 어떠한 식으로 반영되어 있는지, 그리고 연방행정법원은 이를 어떻게 적용하고 있는지 그 양상의 한 단면이 다루어진다.

주제어: 행정소송, 정지효, 연방행정법원, 행정법원법, 지속가능성, 대규모 인프라 건축 프로젝트

Abstract

Effect of Paragraph 80c of the German Code of Administrative Court Procedure (VwGO) on the Court Order for Suspensive Effect and Related Current Case of the German Federal Administrative Court

Prof. Dr. Jae-Hoon Lee*

Germany had consistently implemented policies to phase out nuclear and coal power, alongside expanding renewable energy. However, the outbreak and prolonged nature of the war between Ukraine and Russia has made it difficult to import sufficient natural gas from Russia to supply the entire country with energy. To address this situation, German legislators determined that large-scale infrastructure construction projects of significant public interest, which are crucial for ensuring a sustainable and sufficient energy supply, must be carried out swiftly. In this context, amendments to the Administrative Court Act were enacted. This is because delays in administrative litigation could disrupt the progress of such projects, thereby hindering the swift implementation of regulatory relaxations aimed at achieving their objectives. In particular, if the execution of an administrative act relating to a large-scale infrastructure construction project is suspended due to a cancellation lawsuit against that act, it becomes difficult to make swift progress on the project. Therefore, the German legislature introduced a special provision on the suspensive effect of cancellation lawsuits regarding administrative acts

* associate professor at HUFS Law School

related to large－scale infrastructure construction projects in Section 80c of the German Code of Administrative Court Procedure. This paper examines the first case heard by the Federal Administrative Court in which Paragraph 80c, introduced through the amendment to the German Code of Administrative Court Procedure, was applied directly. The main provisions of Paragrapf 80c of the German Code of Administrative Court Procedure are then analysed to explore how recent social demands in Germany are reflected in administrative litigation, and how the Federal Administrative Court applies these provisions. This provides a glimpse into the current landscape.

KeyWords: administrative litigation, suspensive effect, German Federal Administrative Court, German Code of Administrative Court Procedure, sustainability, large－scale infrastructural projects

투고일 2025. 5. 30.

심사일 2025. 6. 21.

게재확정일 2025. 6. 29.

최근(2024) 프랑스 행정판례의 동향과 검토

朴祐慶*

Ⅰ. 서론

프랑스 최고행정재판소 국사원(le Conseil d'État)은 2020년부터 2024년까지 연평균 약 10,130여 건, 2024년을 기준으로 하면 총 9,763 건의 행정사건을 처리하였다.1) 국사원은 중요한 판결들을 판례집(le Recueil Lebon)에 수록하고, 중요한 쟁점을 담고 있는 판례들을 선별하여 "최근 판례"(Dernières décisions)라는 제목하에 웹에 게시한다.2) 2024년

---

* 사법정책연구원 연구위원, 법학박사

1) 자세한 통계는 아래 표와 같다. Conseil d'État, *Rapport public: Activité juridictionnelle et consultative des juridictions administratives en 2024*, La documentation Française, 2025, p. 39.

분류 \ 건수	처리건수 / 접수건수				
	2020	2021	2022	2023	2024
제1심행정재판소 (TA)	200,411 /210,514	233,254 /241,384	232,332 /241,187	243,089 /257,329	254,644 /278,964
행정항소재판소 (CAA)	30,706 /30,229	34,006 /34,012	31,981 /30,446	32,144 /31,586	31,025 /31,522
국사원 (CE)	9,671 /10,034	11,633 /11,313	9,833 /9,772	9,746 /9,574	9,763 /9,528

1월부터 12월까지 선고된 판결 가운데 국사원이 최근 판례로 게시한 판례는 총 21건[3])이다.

21건의 최근 판례 가운데 19건이 월권소송(le recours pour excès de pouvoir)에 해당하고(아래 [표 1] 참조), 2건[4])이 완전심판소송(le recours de pleine juridiction)에 해당한다. 프랑스 행정소송의 유형은 월권소송과 완전심판소송으로 구분할 수 있는데, 월권소송은 행정의 행위의 위법성을 이유로 그 취소를 구하는 소송으로서[5]) 우리나라의 취소소송에 상응하는 것으로 볼 수 있고,[6]) 완전심판소송은 우리나라의 당사자소송에 상응하는 것으로 볼 수 있다.[7])

월권소송은 "행위에 대한 소송"으로서,[8]) 객관소송의 성질을 띠며, 행정행위의 적법성을 지키는 그 공익적인 성격으로 인해 모든 '일방적 행정행위'(l'acte administratif unilatéral)를 대상으로 한다.[9]) 그에 따라 월

---

2) 국사원이 선정한 "최근 판례"는 국사원 웹사이트, 〈https://www.conseil－etat.fr/decisions－de－justice/dernieres－decisions〉 참조(2025. 5. 30. 최종확인).

3) 판결만을 포함하고 가처분결정(CE, 10 avril 2024, n° 492844; CE, 23 mai 2024, n° 494320; CE, 28 novembre 2024, n° 497323, 498345; CE, 29 novembre 2024, n° 499162)은 제외한 수치이다. 판결 중에서도 징계결정취소청구에 대한 판결(CE, 13 mai 2024, n° 466541)은 제외하였다. 또한 판례 ③, ④와 같이 하나의 테마로 묶인 동일한 날짜에 선고된 판결들의 경우, 균일한 통계를 위해 1건의 판결로 다루었다.

4) CE, 15 avril 2024, n° 469719; CE, 24 octobre 2024, n° 465144.

5) Camille BROYELLE, *Contentieux administratif*, LGDJ, 2023, n° 68 참조.

6) 국사원은 행정의 묵시적 거부결정도 월권소송의 대상으로 인정하고 있으므로, 월권소송은 우리나라 항고소송의 취소소송을 넘어 부작위위법확인소송까지도 포괄하는 소송유형이라고 할 수 있다. 조춘, "취소소송에 있어서 행정행위의 취소사유에 관한 연구: 프랑스 행정법상의 월권소송을 중심으로", 서울대학교 법학박사학위논문, 2001, 42－43면 참조.

7) 박정훈, 『행정소송의 구조와 기능』, 제4장 인류의 보편적 지혜로서의 행정소송, 박영사, 2006, 120·124면 참조.

8) Edouard LAFERRIÈRE, *Traité de la juridiction administrative et des recours contentieux*, 1896, p. 560 참조(조춘, "취소소송에 있어서 행정행위의 취소사유에 관한 연구: 프랑스 행정법상의 월권소송을 중심으로", 서울대학교 법학박사학위논문, 2001, 13면에서 재인용).

권소송에서 원고가 입증하여야 하는 '개인적이고 직접적인 이익'(l'intérêt personnel et direct)은 매우 넓게 인정되며,[10] 원고는 자신이 침해된 '권리'를 가지고 있다는 정도까지 입증할 필요가 없다.[11]

19건의 월권소송에는 이행명령이 청구된 사건들이 포함된다. 독일의 의무이행소송과는 달리 프랑스의 이행명령청구는 모든 종류의 소송에서 주된 청구에 부수하여 제기할 수 있는 청구로서 독립적으로 제기할 수 없다.[12] 해당 사건들에서 이행명령청구는 취소청구에 부수하여 제기되어, 이를 월권소송으로 분류하였다.

이 글은 국사원이 최근판례로 게시한 판례 가운데 월권소송에 해당하는 11건을 취소소송유형으로 나누고 각 유형에서 다룬 판례를 대상적격 및 원고적격의 측면(Ⅱ)에서 분석하고, 그에 이어 일부는 본안의 심사강도(Ⅲ) 측면에서도 분석한다. 월권소송에 해당하는 경우만을 검토하는 이유는, 완전심판소송의 비중이 상대적으로 낮기도 하지만 그 종류가 국가배상소송, 계약소송, 선거소송, 조세소송 등으로 다양하여[13] 하나의 틀로 분석하기가 쉽지 않기 때문이다. 소송요건에 해당하는 대상 및 원고적격의 측면은 '취소소송의 4유형'[14] 유형화 방법론에 따라 분류하였다. '취소소송의 4유형'이라는 분석틀을 여기에 적용한 이

---

9) 행정계약이나 행정계약의 이행을 위해 취하여진 조치 등은 월권소송의 대상이 되지 않고 완전심판소송의 대상이 된다. 그러나 계약절차상의 행정청의 결정들, 예컨대 시장의 계약체결행위, 시장으로 하여금 계약을 체결하는 권한을 부여하는 시의회의 의결, 낙찰자결정행위 등은 계약으로부터 분리될 수 있는 행위로 인정되어 월권소송의 대상이 된다. Charles DEBBASCH, Jean-Claude RICCI, *Contentieux administratif*, Dalloz, 2001, pp. 777-778 참조. 분리가능행위에 관한 상세로는, 강지은, 『프랑스 행정법상 분리가능행위』, 경인문화사, 2017 참조.

10) René CHAPUS, *Droit du contentieux administratif*, Montchrestien, 2008, p. 231.

11) Camille BROYELLE, *op. cit.*, n° 89 참조.

12) Mattias GUYOMAR, Bertrand SEILLER, *Contentieux administratif*, Dalloz, 2017, p. 285.

13) Jacques VIGUIER, *Le contentieux administratif*, Dalloz, 2005, pp. 78-84 참조.

14) 이 논문의 분석틀은 박정훈, 앞의 책, 제3장 취소소송의 4유형, 박영사, 2006, 63-99면의 유형화 방법론에 따른 것임을 밝힌다.

유는, 다수의 판례를 토픽별로 분류하여 소개하였을 때보다 그 판례들이 분석틀을 통과하였을 때 객관소송으로서의 월권소송의 특징, 즉 대상적격의 측면에서는 행정입법의 위법성도 다툴 수 있다는 점, 원고적격의 측면에서는 단체도 그 설립목적 등을 고려하여 원고적격이 인정될 수 있다는 점 등이 더욱 입체적으로 드러나기 때문이다. 대상적격과 원고적격의 문제 외에도, 취소소송의 4유형을 통하여 판례를 살펴보았을 때에는, 유형별 쟁점과 고려사항을 정확히 파악하고,[15] 제1유형의 취소소송에서 제2유형, 제3유형을 거쳐 제4유형으로 발전하고 있는 행정소송의 역사적 발전단계를 함께 고려하는[16] 시각도 얻을 수 있다는 실익이 있다.

---

15) 구체적으로, 제1유형 '침익적 행정행위에 대한 취소소송'의 경우, '제소기간 도과 후의 (무효주장을 통한) 권리구제 수단의 확보'와 '행정법관계 조기확정을 통한 행정효율성 확보'라는 요청이 대립하지만, 제3유형의 경우 '수익적 효과를 받고 있는 직접 상대방의 신뢰이익 내지 법적 안정성'이 고려되어야 한다. 제2유형의 경우에는, 행정청이 스스로 기존의 수익적 행정처분의 무효를 주장하는 경우, 무효단순위법의 구별 문제에서 상대방의 신뢰이익 내지 법적 안정성이 주요한 요소로 고려되어야 한다. 박정훈, 위의 책, 67면.

16) 박정훈, 위의 책, 69면.

[표 1] 2024.1. - 2024.12. 국사원 최근 판례 목록

연번	선고 일자	사건 번호*	사건내용	원고	피고(행정청)	결과	취소 소송 유형
①	2024-02-13	463162	시청각디지털통신규제청의 민영방송사 쎄뉴스(CNews)에 대한 시정명령 거부결정 취소청구 및 시청각디지털통신규제청에 대한 명령(쎄뉴스에 시정명령) 청구	국경 없는 기자회	시청각디지털통신규제청 (ARCOM)	원고승 (이행 명령)	4-a
②	2024-03-05	472859	철도망관리공사가 공표한 철도서비스 요금책정에 관한 문서 등 취소청구	7개의 광역자치단체 및 일드프랑스교통공사	철도망관리공사	원고승	1-b
③-1	2024-03-06	461193	유럽지침 2000/31/EC '조정된 분야' 해석 관련: 미성년자가 음란 콘텐츠가 포함된 사이트에 접근하지 못하도록 보호하는 조치를 시행하는 절차에 관한 2021년 10월 7일 제2021-1306호 데크레 취소청구	음란물콘텐츠 웹사이트 편집자	총리, 내무부장관	판단유보	1-b
③-2	2024-03-06	453763	유럽지침 2000/31/EC '조정된 분야' 해석 관련: 도로법전 제L.130-11조를 시행하는 2021년 4월 19일 제2021-468호 데크레 취소청구	내비게이션 및 운전지원 앱서비스 편집자	총리, 문화부장관	판단유보	1-b
④-1	2024-05-13	472155	해상구조활동단체 'SOS 메디떼라네 프랑스'에 대한 파리시의 보조금 지급 결정 취소청구	시세(市稅) 납부자	파리시	원고패	3-a
④-2	2024-05-13	474507	해상구조활동단체 'SOS 메디떼라네 프랑스'에 대한 에로도의 보조금 지급 결정 취소청구	도의원	에로도	원고패	3-a
④-3	2024-05-13	474652	해상구조활동단체 'SOS 메디떼라네 프랑스'에 대한 몽뻴리에시의 보조금 지급 결정 취소청구	시세(市稅) 납부자	몽뻴리에시	원고승	3-a
⑤	2024-09-27	487944	공립학교 학생들의 아바야(무슬림 여성이 착용하는 긴 옷) 착용을 금지한 교육부장관의 2023년 8월 31일 업무보고문서(la note de service) 취소청구	학생단체, 교육노동조합 및 무슬림인권옹호단체	교육부장관	원고패	1-a

연번	선고 일자	사건 번호[1]	사건내용	원고	피고(행정청)	결과	취소 소송 유형
⑥	2024-10-14	472123	공직자투명성고등청의 메일서한(이해관계인 명부에 등록하거나 프랑스 공무원과의 접촉 보고 요청), 이해관계인 지위 부여 통지서 및 이해관계인 명부에 관한 가이드라인 취소청구	비영리 싱크탱크기관 (Institut Montaigne)	공직자투명성고등청 (HATVP)	원고승	1-a
⑦	2024-10-18	496622	프랑스 하원의장 및 의장단 구성 결정 취소청구	국민연합당(RN) 대표(마린 르펜)	프랑스 하원의장	각하	1-a
⑧	2024-10-18	496362	하원의원이 된 총리가 서명한 "사이버 방어 운영 데이터" 자동처리에 관한 2024년 7월 19일 제2024-847호 데크레 취소청구	프랑스 녹색당 및 시민단체	총리, 내무부장관	원고패	1-b
⑨	2024-10-30	490587	2023년 12월 7일 유대교 축제 하누카 첫날에 엘리제궁에서 종교행사를 개최하는 것을 승인한 대통령의 결정 취소청구	자유사상가단체 (ADLPF), 인권연맹(LDH) 등	총리	각하	3-a
⑩	2024-11-06	490435	반부패운동시민단체 안티코르(Anticor)의 사소당사자(la partie civile) 자격 갱신신청에 대한 법무부장관의 승인결정 취소청구	전 안티코르 회원 및 현 안티코르 회원	법무부장관	원고승	3-a
⑪	2024-11-08	475669	가공되지 않은 신선한 과일과 채소를 전체 또는 일부가 플라스틱 재질로 만들어진 포장재 없이 판매할 의무에 관한 2023년 6월 20일 제2023-478호 데크레 취소청구	플라스틱 관련 두 직능조합 (le syndicat professionnel)	총리, 생태전환부장관, 경제부장관	원고승	1-b
⑫	2024-11-18	472912	자동처리 결과에 기반하여 발부된 주차위반과태료통지서 취소청구	개인	주차분쟁위원회	원고승	1-a
⑬	2024-11-22	497830	방송채널사용사업 갱신신청에 대한 시청각디지털통신규제청의 예비선정 후보자 명단 취소청구	세 방송사 (Le Média, C8 및 NRJ12)	시청각디지털통신규제청 (ARCOM)	원고패	1-a

연번	선고 일자	사건 번호*	사건내용	원고	피고(행정청)	결과	취소 소송 유형
⑭	2024-11-28	493513	중학교 수업의 교육조직에 관한 2015년 5월 19일 아레떼를 수정하는 2024년 3월 15일 아레떼 취소청구	다수의 교육노동조합, 학부모연합 및 다수의 개인	교육부장관	원고일부승	1-b
⑮	2024-12-18	473640	직원이 자발적으로 직위를 포기한 경우 사직 추정의 시행에 관한 2023년 4월 17일 제2023-275호 데크레 취소청구	다수의 노동조합	노동부장관	원고패	3-b
⑯	2024-12-20	474812	교육부 행정행위 및 교육관행에서 (여성이 맡은 직책 명칭 기재 시) 사용되는 여성화 규칙에 관한 2021년 5월 5일 훈령 폐지 요청에 대한 교육부장관의 묵시적 거부결정 취소청구	다수의 학부모 개인	교육부장관	원고패	1-b
⑰	2024-12-30	473506	경찰행정 목적으로 드론에 설치된 영상처리장치 사용에 관한 2023년 4월 19일 데크레 취소청구	디지털권리옹호단체 등	내무부장관	원고패	1-b
⑱	2024-12-30	489906	특정 그물을 장착한 8미터 이상 선박의 조업을 금지한 2023년 10월 24일 아레떼 일부 취소청구 및 국가에 대한 이행명령 청구	환경보호단체	생태전환부장관	원고일부승 (이행명령)	3-b
⑲	2024-12-31	490953	고래류의 상업적 이동·수입·수출 전면금지 신청 및 2018년 10월 8일 아레떼 개정 요청에 대한 생태전환부장관의 묵시적 거부결정 취소청구	동물보호단체	생태전환부장관	원고패	4-b

* 병합된 사건의 번호는 부기하지 않았다.

Ⅱ. 대상적격과 원고적격

우리나라 취소소송과는 달리, 프랑스 월권소송의 대상이 되는 일방적 행정행위에는 행정의 개별행위(l'acte individuel)뿐 아니라 법규제정행위(l'acte de réglementaire)도 포함된다.[17] 따라서 데크레,[18] 아레떼[19] 등 특정 행정입법[20]의 위법성도 월권소송으로 다투는 것이 가능하다.[21] 이에 취소소송의 각 유형에서 '개별결정'에 대한 취소소송을 a유형으로, '행정입법'에 대한 취소소송을 b유형으로 분류하여 논의한다. b유형을 구체적으로 언급하면, 침익적인 행정입법의 취소를 구한 경우 제1－b유형, 수익적인 행정입법을 구하였는데 거부되어 그 취소를 구한 경우 제2－b유형, 행정입법의 직접수범자에게는 수익적 효과가 발생하나 직접수범자가 아닌 제3자에게는 침익적 효과가 발생하여 그 제3자가 해당 행정입법의 취소를 구한 경우 제3－b유형, 누군가를 규제하는 입법을 구하였는데 그것이 거부되어 그 취소를 구한 경우 제4－b유형에 해당하는 것으로 보았다.

---

17) Yves GAUDEMET, *Droit administratif*, LGDJ, 2022, n° 328 참조.

18) 데크레(le décret)는 대통령 또는 수상이 발동하는 명령이다. 대통령 또는 수상이 발동하는 명령은 간혹 아레떼의 형식으로 제정되기도 한다. Agathe Van LANG, Geneviève GONDOUIN, Véronique INSERGUET－BRISSET, *Dictionnaire de droit administratif*, SIREY, 2011, pp. 137－138 참조; 한국법제연구원, 『프랑스 법령용어집』, 2008, 283－284면 참조.

19) 아레떼(l'arrêté)는 대부분 각부장관, 도지사, 시장 등의 집행기관이 제정한 명령 또는 규칙에 해당한다. Agathe Van LANG, Geneviève GONDOUIN, Véronique INSERGUET－BRISSET, *Ibid.*, pp. 36－37 참조; 한국법제연구원, 『프랑스 법령용어집』, 2008, 87면 참조.

20) 프랑스의 행정입법제도 관련 상세로는, 김동희, "프랑스의 행정입법제도에 관한 소고", 서울대학교 법학 제23권 제4호, 1982; 오승규, "프랑스 행정입법 통제에 관한 고찰", 유럽헌법연구 제18호, 2015 참조.

21) 이와 관련하여 상세로는, 김수정, "취소소송의 대상으로서의 행정입법: 프랑스에서의 논의를 중심으로", 행정법연구 제13호, 2005; 전훈, "항고소송의 대상에 관한 비교법적 검토: 프랑스 행정소송을 중심으로", 공법학연구 제13권 제2호, 2012 참조.

제2－b유형과 제4－b유형으로 판례를 분류해 볼 수 있는 이유는, 행정입법뿐 아니라 행정입법'부작위'도 월권소송의 대상으로 인정되기 때문이다. 즉, 원고의 행정입법 제정 또는 폐지 신청이 있은 지 2개월간 행정청이 침묵하였다면 그러한 행정입법부작위도 원고의 신청에 대한 거부로 간주되어 원고는 2개월 내에 월권소송을 통해 그 묵시적 거부결정에 대한 취소를 구할 수 있다.[22]

1. 제1유형: 침익적 행정행위에 대한 취소소송

이 유형은 행정이 개별·구체적으로 내린 작위·금지·수인하명 등의 침익적 행정행위에 대하여 상대방이 그 취소를 구하는 것이다.[23] 판례 ⑤, ⑥, ⑦, ⑫, ⑬은 침익적 개별결정을 대상으로 하는 제1－a유형에 속하며, 판례 ②, ③, ⑧, ⑪, ⑭, ⑯, ⑰은 침익적 행정입법을 대상으로 하는 제1－b유형에 속한다.

(A) 제1-a유형: 침익적 개별결정에 대한 취소소송

이 유형은 행정이 개별·구체적으로 내린 침익적 개별결정에 대하여 상대방이 그 취소를 구하는 것이다. 이 유형에는 판례 ⑤, ⑥, ⑦, ⑫, ⑬이 해당하는데, 판례 ⑤는 정교분리라는 프랑스 고유의 원칙이 반영된 사례인 점, 판례 ⑥은 부패방지에 관한 2016년 12월 9일 법률[24]에서 규정하는 이해관계인 명부에 싱크탱크를 등록할지 여부를 다루는 사안으로 역시 프랑스 제도의 맥락이 반영된 사례인 점, 판례 ⑦은 국

---

22) Code des relations entre le public et l'administration, L.231－4; Code de justice administrative, R.421－1; CE, 13 juillet 1962, *Kevers－Pascalis*; CE, 23 octobre 1959, n° 40922; CE Ass., 3 février 1989, *Cie Alitalia*, n° 74052 등 참조.

23) 박정훈, 앞의 책, 67면.

24) Loi n° 2016－1691 du 9 décembre 2016 relative à la transparence, à la lutte contre la corruption et à la modernisation de la vie économique.

회의장 및 의장단 구성결정에 대한 취소청구를 다룬 사건으로 정치적 행위(acte politique)는 행정행위(acte administratif)에 해당하지 않아 사법심사의 대상이 되지 않는다는 이유로 각하된 점, 판례 ⑬은 시청각디지털통신규제청이 방송채널사용사업 예비후보자 선정 결과를 발표한 보도자료가 월권소송의 대상이 되는지 여부가 쟁점인 비교적 단순한 사안인 점을 감안하여 이 글에서는 다루지 않고, 이하에서는 판례 ⑫를 중심으로 살펴본다.

(1) 판례 ⑫ : CE, 18 novembre 2024, n° 472912

(a) 사실관계 및 경과

이 사건은 원고가 파리시가 발부한 2건의 주차위반과태료통지서(l'avis de paiement du forfait de post-stationnement, 이하 '이 사건 통지서')에 대해 다툰 사건이다. 원고는 해당 통지서들이 잘못된 장소를 근거로 발급되었으며, 본인의 차량은 주차요금이 면제되는 '거주자 요금제 구역'에 있었음을 주장하며 주차분쟁위원회에 행정심판을 청구하였으나 기각되자 국사원에 그 기각재결(이하 '계쟁 재결')의 취소를 구하는 소를 제기하였다.

이 사건 요금통지서는 위치추적시스템에 의해 생성된 정보를 바탕으로 발부되었으며, 해당 정보는 사람의 실시간 관찰 없이 자동 처리된 것이었다. 이 사건 통지서에는 사진 증거조차 첨부되지 않았다. 원고의 차량은 당시 실제로 거주자 지역에 주차되어 있었고 요금도 납부하였음이 확인되었다.

국사원은 위치추적시스템 정보에 기반한 주차단속 결정은 자동처리 결과에만 의존할 수 없으며, 반드시 사진 등 물리적 증거로 확인되어야 한다고 판단하고, 계쟁 결정은 법 오류에 기초한 것으로 취소되어야 한다고 판시하였다.

(b) 대상적격

계쟁 결정은 원고에게 침익적 영향을 초래하는 행정의 일방적 행

위로서 월권소송의 대상이 된다.

(c) 원고적격

원고는 계쟁 결정에 대한 직접적이고 개인적인 이익을 갖는 직접 상대방으로서 계쟁 결정의 취소를 구할 원고적격이 있다.

(B) 제1-b유형: 침익적 행정입법에 대한 취소소송

앞서 언급한 바와 같이 프랑스의 월권소송은 행정의 개별결정뿐 아니라 행정입법도 그 대상으로 삼고 있다. 물론 행정입법은 그것이 원고의 법적 지위에 관계되는 경우에만 월권소송의 대상이 될 수 있다.[25)] 이 유형은 행정입법의 직접수범자가 해당 행정입법의 위법성을 주장하고 그 취소를 구하는 경우이다. 데크레와 아레떼에 대한 취소청구가 주를 이루는데, 이 유형의 소송들은 국사원에서 단심으로 심판한다.[26)] 판례 ②, ③, ⑧, ⑪, ⑭, ⑯, ⑰이 이 유형에 해당한다. 판례 ⑧은 프랑스 녹색당 등이 하원의원이 된 총리가 서명한 데크레의 취소를 구한 사안으로 데크레의 내용 자체에 관한 분쟁은 아니라는 점, 판례 ⑭는 중학교 국어·수학 과목의 수준별 학급 구성을 규정한 2024년 3월 15일 아레떼[27)]가 학생들을 동일한 중학교 교육과정으로 통합하는 것을 목표로 한 1975년 7월 11일 법률[28)]에 반하는지 여부를 판단한 사안으로 프랑스 교육제도의 맥락이 반영되어 있는 점, 판례 ⑯은 성을 구분하는 프랑스 언어의 특수성이 반영된 사안인 점을 감안하여 이 글에서 다루지 않기로 한다. 이하에서 판례 ②, ③, ⑰을 검토한다.

---

25) Charles DEBBASCH, Jean-Claude RICCI, *op. cit.*, p. 762.
26) Code de justice administrative, art. R.311-1 참조.
27) Arrêté du 15 mars 2024 modifiant l'arrêté du 19 mai 2015 relatif à l'organisation des enseignements dans les classes de collège.
28) Loi n°75-620 du 11 juillet 1975 relative à l'éducation (Loi Haby).

(1) 판례 ② : CE, 5 mars 2024, n° 472859

(a) 사실관계 및 경과

이 사건은 오베르뉴론알프(Auvergne-Rhône-Alpes), 부르고뉴프랑슈꽁떼(Bourgogne-Franche-Comté), 누벨아끼텐느(Nouvelle-Aquitaine), 옥씨따니(Occitanie), 그랑떼스뜨(Grand Est) 등 7개의 광역자치단체(région)와 일드프랑스교통공사(Île-de-France Mobilités)[29]가, 철도망관리공사(SNCF Réseau)[30]가 2022년 12월 9일에 공표한 2024년 철도서비스 요금책정에 관한 문서 등(le document de référence du réseau ferré national pour l'horaire de service 2024 et son annexe 5, 이하 '계쟁 문서'라 한다)의 요금규정이 불투명하고 차별적이며 절차적 요건을 위반하였다고 주장하며 그 취소를 구한 사건이다.

계쟁 문서는 유럽연합지침(Directive 2012/34/EU)[31]에 따라 철도 이용요금을 산정하기 위한 것인데, 원고들은 계쟁 문서가 비용구조나 시장상황에 대한 정보 없이 일방적으로 요율을 설정했다는 점, 그리고 이의신청 절차에서 제출된 이의가 전혀 반영되지 않았다는 점 등을 들어 절차적 위법성을 주장하였다.

국사원은 원고들이 주장하는 바와 같이 계쟁 문서의 절차적 하자가 중대하다고 보아, 계쟁 문서의 요금규정을 취소하였다. 다만, 이를 취소할 경우 이미 부과된 요금에 대한 법적 불안정성이 초래될 우려가 크므로, 취소판결의 발효시점을 2024년 10월 1일로 연기하였다.

---

29) 일드프랑스교통공사는 파리지역 대중교통망과 일드프랑스의 나머지 지역을 운영하는 여러 대중교통사업자를 감독하는 행정적 공공시설법인(établissement public administratif, EPA)이다.

30) 철도망관리공사는 프랑스 철도 인프라의 운영, 유지보수 및 개발을 위해 2015년 1월 1일에 설립된 상공업적 공공시설법인(établissement public industriel et commercial, EPIC)이다.

31) Directive 2012/34/EU of the European Parliament and of the Council of 21 November 2012 establishing a single European railway area.

(b) 대상적격

계쟁 문서는 철도망관리공사가 정한 일반적·규범적 행정문서로서 행정입법에 해당하며, 원고에게 침익적 영향을 초래하는 행정의 일방적 행위로서 월권소송의 대상이 된다.

(c) 원고적격

원고들은 계쟁 문서 요금규정의 적용을 직접 받는 주체로서 공공서비스 제공자의 지위에서 요금부담 및 계약수행과 관련하여 실질적 영향을 받으므로, 직접적인 이익을 갖는 당사자로서 그 취소를 구할 원고적격이 있다. 국사원은 원고들이 "여객운송서비스의 조직 당국으로서 국가철도망 전체에 대한 계쟁 문서의 요금규정의 취소를 구할 수 있는 지위를 부여하는 이익"을 가지고 있다는 점을 명시적으로 인정하였다.

(2) 판례 ③-1 : CE, 6 mars 2024, n° 461193

(a) 사실관계 및 경과

이 사건은 웹그룹체코공화국(Webgroup Czech Republic) 및 엔케이엘유한회사(NKL Associates sro)가 프랑스 정부가 제정한 「미성년자가 음란 콘텐츠가 포함된 사이트에 접근하지 못하도록 보호하는 조치를 시행하는 절차에 관한 2021년 10월 7일 제2021-1306호 데크레」[32](이하 '계쟁 데크레'라 한다)의 취소를 구한 사건이다. 계쟁 데크레는 「가정폭력 피해자 보호를 위한 2020년 7월 30일 제2020-936호 법률」[33] 제23조에 근거하여, 프랑스 형법전 제227-24조를 위반하여 미성년자가 음란 콘텐츠에 접근하도록 허용하는 공중 온라인 통신 서비스를 하는 자를 발견한 경우, 시청각디지털통신규제청(ARCOM)의 장이 해당 웹사이트 편

---

32) Décret n° 2021-1306 du 7 octobre 2021 relatif aux modalités de mise œuvre des mesures visant à protéger les mineurs contre l'accès à des sites diffusant un contenu pornographique.

33) Loi n° 2020-936 du 30 juillet 2020 visant à protéger les victimes de violences conjugales.

집자에게 15일 이내에 미성년자가 문제된 콘텐츠에 접근하지 못하도록 조치를 취할 것을 명령하는 시정명령을 부과하고 불이행 시 법원에 제소할 수 있는 절차를 도입하였다.

체코에서 설립된 음란물 웹사이트 업체의 편집자인 원고들은 계쟁 데크레가 유럽지침(Directive 2000/31/EC)[34]을 위반하였다고 주장하였다. 유럽재판소(CJEU)는 2023년 11월 9일 "구글 아일랜드"(Google Ireland) 사건(C-376/22)에 대한 판결에서 정보사회서비스(les services de la société de l'information)가 설립된 회원국의 법에 의해 규율되는 이른바 "원산지 국가" 원칙을 확립함으로써 다른 회원국이 디지털 서비스에 대한 접근 또는 그러한 서비스의 행사와 관련하여 지침의 "조정된 분야"(domaine coordonné)에 일반 규칙을 부과할 수 없다고 판시한 바 있다. 원고들은 해당 유럽지침과 유럽재판소 판결에 근거하여, 원고들의 업체는 프랑스가 아닌 체코에서 설립되었기 때문에 계쟁 데크레가 적용될 수 없으며, 계쟁 데크레는 유럽지침을 위반하였으므로 취소되어야 한다고 주장하였다.

국사원은 "유럽지침은 회원국의 법률 체계에 따라 법원 또는 행정당국이 서비스 제공자에게 침해를 종식시키거나 침해를 예방하도록 요구할 수 있는 가능성에 영향을 미치지 않으므로, 유럽지침 2000/31/EC가 '조정된 분야'에 해당하는 이유로 정보사회서비스 제공의 자유에 부정적인 영향을 미치는 것으로 볼 수 없다."라고 판시하면서도, ① 해당 유럽지침이 다른 회원국에서 설립된 서비스 제공자에게 형법의 일반규칙, 특히 미성년자 보호를 위해 도입된 규칙의 적용을 금지하는 것으로 보아야 하는지, 해당 유럽지침의 "조정된 분야"의 정확한 범위는 어디

34) Directive 2000/31/EC of the European Parliament and of the Council of 8 June 2000 on certain legal aspects of information society services, in particular electronic commerce, in the Internal Market ('Directive on electronic commerce').

까지인지, ③ 미성년자 보호를 목적으로 하는 규정의 적용을 허용하는 유럽법상 상위 일반원칙은 없는지와 같은 쟁점에 대해 유럽재판소에 선결문제 제청[35]을 하고 유럽재판소의 판결이 있을 때까지 사건에 대한 판단을 유보하였다.

(b) 대상적격

계쟁 데크레는 원고들에게 침익적 영향을 초래하는 행정입법으로서 월권소송의 대상이 된다.

(c) 원고적격

원고들은 계쟁 데크레에 대한 직접적이고 개인적인 이익을 갖는 직접상대방으로서 계쟁 데크레의 취소를 구할 원고적격이 있다.

(3) 판례 ⑰ : CE, 30 décembre 2024, n°s 473506, 473546, 473749, 473867 (병합)

(a) 사실관계 및 경과

이 사건은 인권연맹(Ligue des droits de l'homme, LDH), 헌법적 자유 수호 협회(Association de défense des libertés constitutionnelles, ADELICO), 및 디지털권리옹호단체인 '데이터 링'(Data Ring)과 '해결할 수 없는 망의 문제'(Quadrature du net)(이하 '원고들')가 각각 「경찰행정 목적으로 드론에 설치된 영상처리장치 사용에 관한 2023년 4월 19일 제2023-283호 데크레」[36](이하 '계쟁 데크레')의 취소를 구한 네 건의 청구가 병합된 사건이다. 원고들 중 '헌법적 자유 수호 협회'와 '해결할 수 없는 망의 문제'는 계쟁 데크레의 취소를 구하는 한편, 유럽기본권헌장(Charter of Fundamental Rights of the European Union) 및 유럽지침 2016/680[37]의 해

35) Treaty on the Functioning of the European Union, art. 267.

36) Décret n° 2023-283 du 19 avril 2023 relatif à la mise en œuvre de traitements d'images au moyen de dispositifs de captation installés sur des aéronefs pour des missions de police administrative.

37) Directive (EU) 2016/680 of the European Parliament and of the Council of 27

석에 관한 유럽재판소 선결문제 제청신청도 하였다.

계쟁 데크레는 경찰, 국가헌병대, 군, 세관 등 공공기관이 드론을 이용해 촬영한 영상을 분석·처리하는 행정행위를 규율한다. 국사원에 따르면 이러한 처리작업은 그 목적을 고려할 때 국내법 「정보처리, 파일 및 자유에 관한 1978년 1월 6일 제78-17호 법률」[38]로 전환된 유럽지침 2016/680의 규율 범위 내에 속한다. 「정보처리, 파일 및 자유에 관한 1978년 1월 6일 제78-17호 법률」 제88조에 따르면 "제6조 제I항에 언급된 정보처리는 절대적으로 필요한 경우에만 가능"하다.

「국내안전법전」[39] 제L.242-4조는 제L.242-5조에 규정된 처리작업은 "해당 임무수행을 위해 반드시 필요한 것이어야 하며, 각 작업의 상황에 맞게 조정되어야 한다. 그 처리작업은 영구적일 수 없다. (…) 공중 장치에는 소리 캡처기능이나 자동화된 얼굴인식 처리기능이 포함될 수 없다. 이러한 장치는 다른 개인정보 처리작업과 조정되거나 상호접속되거나 자동으로 연결될 수 없다."라고 규정한다. 헌법재판소는 2022년 1월 20일 결정[40]에서 「국내안전법전」의 해당 조항들이 "공중 장치에 설치되지 않은 다른 자동안면인식시스템을 사용하여 이미지를 분석하는 것을 허용하는 것으로 해석되어서는 안 된다."라는 해석유보부 합헌결정[41]을 한 바 있다.

April 2016 on the protection of natural persons with regard to the processing of personal data by competent authorities for the purposes of the prevention, investigation, detection or prosecution of criminal offences or the execution of criminal penalties, and on the free movement of such data, and repealing Council Framework Decision 2008/977/JHA.

38) Loi n° 78-17 du 6 janvier 1978 relative à l'informatique, aux fichiers et aux libertés.

39) Code de la sécurité intérieure.

40) Cons. const., décision n° 2021-834 DC du 20 janvier 2022, Loi relative à la responsabilité pénale et à la sécurité intérieure.

41) 해석유보부 합헌결정은 일종의 한정합헌결정으로서, 법률해석의 지침을 제시하거나, 법률해석의 공백을 메우거나, 법률을 축소해석하는 것이다. 프랑스 헌법재판소 결정

원고들은 계쟁 데크레가 헌법상 사생활권을 침해하고 유럽기본권 헌장, 유럽지침 2016/680 등을 위반한다고 주장하였다. 국사원은 계쟁 데크레를 포함하는 현행 관련 법체계, 즉 「형사책임 및 국내안전에 관한 2022년 1월 24일 제2022-52호 법률」[42]과 이를 보완한 헌법재판소의 2022년 1월 20일 결정이 관련 프랑스법인 「정보처리, 파일 및 자유에 관한 1978년 1월 6일 제78-17호 법률」과 유럽연합법인 유럽지침 2016/680이 규정하는 사생활과 개인정보 보호 요건을 준수하도록 보장한다고 판시하였다.

또한 원고들은 계쟁 데크레가 「형사책임 및 국내안전에 관한 2022년 1월 24일 제2022-52호 법률」에 규정된 주택 출입구 또는 내부 촬영금지에 예외를 인정할 수 있는 '상황'을 명시하지 않았다고 주장하였으나, 국사원은 촬영을 중단할 수 없는 상황은 "각 작업에 특정한 객관적인 상황만을 의미할 수 있으며, 예를 들어 비행하는 지역의 구성, 주택과 그 출입구 비행 속도 및 예측가능성 조건, 진행 중인 작업을 손상시키지 않고 해당 비행을 피하는 것이 불가능하여 촬영을 중단할 수 없는 상황"일 수 있다고 판시하고 원고들의 청구를 모두 배척하였다.

(b) 대상적격

계쟁 데크레는 경찰, 군 등의 공권력에 의한 영상처리의 기준과 한계를 정하는 행정입법으로서 월권소송의 대상이 된다.

(c) 원고적격

원고들은 사생활·표현의 자유·정보접근권 옹호를 주요 목적으로 활동하며, 계쟁 데크레의 적용 대상 및 규율영역과 직접적이고 구체적인 관련성을 가지므로 원고적격이 인정될 수 있다.

의 유형과 효력에 관한 상세로는 김혜진, "프랑스 헌법재판소 결정의 효력 —국사원과 파기원에 대한 효력을 중심으로—", 헌법논총 제22집, 2011, 320-321면 참조.

42) Loi n° 2022-52 du 24 janvier 2022 relative à la responsabilité pénale et à la sécurité intérieure. 동 법률은 「국내안전법전」 제L.242-4조 등을 개정하였다.

2. 제2유형: 수익적 행정행위의 거부조치에 대한 취소소송

이 유형은 수익적 행정행위의 발급을 신청하였으나 그것이 거부된 경우, 그 거부조치의 취소를 구함으로써 해당 수익적 처분의 발급을 요구하는 것이다.[43] 앞서 언급한 바와 같이 행정입법도 월권소송의 대상이 되므로, 이 유형에서는 수익적 개별결정의 거부조치뿐 아니라 수익적 행정입법의 거부조치에 대해서도 취소를 청구할 수 있다. 검토대상 판결들 중 이 유형에 해당하는 사례는 없었다.

3. 제3유형: 침익적 제3자효를 갖는 이중효과적 행정행위에 대한 취소소송

이 유형은 상대방에게는 수익적 효과를 발생하나 제3자에게는 침익적 효과가 발생하는 이중효과적 행정행위에 대해, 침익적 효과를 받는 제3자가 그 취소를 구하는 것이다.[44] 이 유형에서도 행정입법이 월권소송의 대상이 되는 것은 마찬가지이다. 따라서 침익적 제3자효를 갖는 이중효과적 개별결정에 대한 취소청구가 있었던 경우는 제3-a유형으로, 침익적 제3자효를 갖는 이중효과적 행정입법에 대한 취소청구가 있었던 경우는 제3-b유형으로 분류할 수 있다.

대상판결들 중에서 제3-a유형으로 판단되는 사례로는 판례 ④, ⑨, ⑩가 있었고, 제3-b유형으로 볼 수 있는 사례로는 판례 ⑮, ⑱이 있었다. 제3-a유형으로 판단되는 사례 가운데, 판례 ⑨는 원고들이 취소를 구하는 행정결정이 존재하지 않는다는 이유로 각하되었다는 점, 판례 ⑩은 그 사안이 프랑스의 '사소당사자'라는 독특한 제도와 관련된 점을 감안하여 검토하지 않고, 제3-b유형으로 볼 수 있는 사례 가운데

43) 박정훈, 앞의 책, 68면.

44) 박정훈, 앞의 책, 68면.

판례 ⑮는 노동법적 쟁점을 다루고 있는 점을 감안하여 이 글에서 다루지 않기로 한다. 이하에서 각각의 유형에 속하는 판례 ④와 ⑱를 검토한다.

(A) 제3-a유형: 침익적 제3자효를 갖는 이중효과적 개별결정에 대한 취소소송

(1) 판례 ④

이 사건은 지방자치단체 의회가 SOS 메디떼라네 프랑스(SOS Méditerranée France)[45]에 해상구조활동을 위한 보조금을 지급하기로 한 결정을, 시세(市稅) 납부자(판례 ④-1, 판례 ④-3) 또는 도의원(판례 ④-2)이 지방자치단체가 국제 정치적 갈등에 개입하였다는 이유로 취소해달라고 청구한 사건이다. 국사원은 파리시(Ville de Paris)(판례 ④-1)와 에로도(département de l'Hérault)(판례 ④-2)가 SOS 메디떼라네 프랑스에 수여한 보조금은 적법하다고 판단하였으나, 몽뻴리에시(Ville de Montpellier)(판례 ④-3)의 SOS 메디떼라네에 대한 보조금 지급은 그 용도를 해상구조활동에 명확히 한정하지 않고 단체의 "운영비"라는 모호한 용도로 지급되어 용도가 충분히 특정되지 않았음을 이유로 위법하다고 판단하였다. 세 사건의 사안이 유사하므로 이하에서는 판례 ④-1을 중심으로 살펴본다.

판례 ④-1 : CE, 13 mai 2024, n° 472155

(a) 사실관계 및 경과

이 사건은 파리시의회가 SOS 메디떼라네 프랑스에 해상구조 및 이주민보호 활동을 위한 100,000 유로의 보조금을 지급하기로 한 2019년 7월 11일 결정(이하 '계쟁 결정')을, 시세(市稅) 납부자인 원고가 지방자치단체가 국제 정치적 갈등에 개입하였다는 이유로 취소해달라고 청구한

45) 'SOS 메디떼라네 프랑스'는 해상 인명구조 활동을 하는 단체이다.

사건이다.

「지방자치단체법전」(Code général des collectivités territoriales) 제 L.1115－1조는 "프랑스의 국제적 약속에 따라 지방자치단체 및 지방자치단체연합체는 연간 또는 다년간의 국제협력, 개발원조 또는 인도주의적 조치를 시행하거나 지원할 수 있다. 이를 위해 지방자치단체 및 지방자치단체연합체는 필요한 경우 외국의 지방당국과 협약을 체결할 수 있다. 이러한 협약에는 예상되는 조치의 목적과 잠정적인 재정지원 금액이 명시되어야 한다."라고 규정하고 있다.

제1심법원은 원고의 청구를 각하하였고, 항소심법원은 제1심법원 판결을 취소하고 사건을 제1심법원으로 환송하였다. 사건을 환송받은 제1심법원은 원고의 청구를 기각하였고, 항소심법원은 제1심법원 판결을 취소하고 계쟁 결정도 취소하였다. 이에 SOS 메디떼라네와 파리시가 각각 국사원에 항소심판결의 취소를 구하였는데,[46] 국사원은 이를 병합하여 심리한 후 다음과 같이 SOS 메디떼라네 프랑스의 활동이 정치적이라기보다 국제 인도주의 활동에 해당하며, 보조금의 목적과 조건이 명확히 규정되어 있어 적법하다고 판시함으로써 항소심법원의 판결을 취소하고 원고의 청구를 기각하였다.

"12. (항소심법원은) 한편으로는 SOS 메디떼라네 프랑스가 수행한 해상구조 조치가 정치적 성격을 띠는 것으로 보아야 하는지 여부를 조사하지 않고 SOS 메디떼라네 프랑스의 지도자들이 공개 토론에서 취한

---

46) 이 사건에서 SOS 메디떼라네 프랑스는 '수익적 행정결정의 수혜자'로서 행정청인 파리시와 공동 피고의 지위를 가진다. Camille BROYELLE, *op. cit.*, n° 565 참조. 이 사건의 제1심(Tribunal administratif de Paris, 12 septembre 2022, n° 1919726), 항소심(Cour administrative d'appel de paris, 3 mars 2023, n° 22PA04811) 및 상고심 판결서를 확인해 보면, SOS 메디떼라네 프랑스는 행정결정의 수혜자로서 제1심부터 직접 당사자의 지위를 가지고 소송대리인을 통해 원고의 청구 기각을 주장하였으며, 항소심 이후에는 파리시와 함께 당사자 자격으로 상고한 것으로 나타난다. 제1심 재판소는 원고의 청구를 기각하면서 파리시와 SOS 메디떼라네에 각각 750유로의 소송비용을 지급할 것을 명하기도 하였다.

입장을 근거로 판단함으로써, 다른 한편으로는 파리시의회의 입장을 평가하기 위해 계쟁 결정의 목적과 결정된 지원 내용을 검토할 책임이 있음에도 불구하고 파리시의회 일부 선출직 의원들이 계쟁 결정 전 토론에서 발언한 SOS 메디떼라네 프랑스 지도자들의 비판적 입장에 대한 지지에 의존함으로써, 항소심법원은 '법 오류'(l'erreur de droit)를 범하였다. 따라서 다른 상고이유에 대해 판결할 필요 없이, SOS 메디떼라네 프랑스와 파리시는 항소심판결의 취소를 구할 이익이 있다."

"14. 첫째, 기록에 따르면, SOS 메디테라네 프랑스가 수행하는 해상구조작업은 프랑스 영토 밖에서 조난당한 사람들을 위해 수행되는 것이 분명하다. 따라서 이는 상기 5.에서 언급한 바와 같이, 그리고 원고가 주장하는 것과는 달리, 수행되거나 지원되는 활동이 현지 외국 당국을 위한 것이거나 확인된 현지 외국인에 관한 것일 것을 요구하지 않는「지방자치단체법전」 제L.1115－1조의 의미 내에서 인도주의적 성격의 국제 행동에 해당한다고 볼 수 있다. 따라서 파리시의회는 해당 규정에 근거하여 이 사건 보조금 지급을 적법하게 결정할 수 있으며, 계쟁 결정의 인용문이 「지방자치단체법전」 제L.1115－1－1조 및 제L.2512－11조를 잘못 인용하고 있다는 사정은 그 적법성과는 아무런 관련이 없다."

"17. 넷째, 이러한 상황에서 상기 16.에서 언급한 SOS 메디떼라네 프랑스가 취한 입장은 원칙적으로 파리시가 이 단체의 국제 인도주의 활동에 대한 보조금을 적법하게 지급하는 것을 막지 못하며, 보조금 지급결정은 이러한 활동에 대한 자금으로만 사용되도록 보장한다는 전제하에 이루어졌다."

(b) 대상적격

지방자치단체의 보조금 지급결정은 수익적 개별결정으로서 월권소송의 대상이 되는 행정결정으로 볼 수 있다.

(c) 원고적격

원고는 파리시의 납세자로서, 보조금이 국제정치에 대한 개입이고 위법하다고 주장하며 소를 제기할 이익을 인정받았다.

(B) 제3-b유형: 침익적 제3자효를 갖는 이중효과적 행정입법에 대한 취소소송

(1) 판례 ⑱ : CE, 30 décembre 2024, n° 489906, 489928, 489948 (병합)

(a) 사실관계 및 경과

이 사건은 프랑스자연환경(France Nature Environnement), 조류보호연맹(Ligue pour la protection des oiseaux), 씨셰퍼드 프랑스(Sea Shephard France) 등의 환경보호단체들이 각각 2023년 10월 24일 아레떼(이하 '계쟁 아레떼')[47]의 일부 조항 취소와 국가에 대한 이행명령을 구한 세 사건을 국사원이 병합하여 심리한 것이다.

2023년 3월 20일, 국사원은 정부에 대해 가스코뉴 만(Golfe de Gascogne) 해역 내 고래류(특히 돌고래·쇠돌고래)의 우발적 포획을 줄이기 위한 효과적인 조치를 6개월 내에 시행할 것을 명령하였다.[48] 그에 따라 정부는 계쟁 아레떼를 통해 특정 그물을 장착한 8미터 이상의 선박이 2024－2026년 사이 매년 겨울 4주 동안 가스코뉴 만에서 조업하는 것을 금지하는 조치를 도입하였다. 2023년 12월, 환경보호단체의 추가 요청에 따라 국사원의 가처분법관은 2024년으로 예정된 규제완화를 중단시켰고, 그 결과 많은 프랑스 어선들이 2024년 1월 22일부터 2월 20

47) Arrêté du 24 octobre 2023 établissant des mesures spatio－temporelles visant la réduction des captures accidentelles de petits cétacés dans le golfe de Gascogne pour les années 2024, 2025 et 2026.

48) 해당 판결에 관한 상세로는 박우경, "최근(2023) 프랑스 행정판례의 동향과 검토", 행정판례연구 제28－2집, 2024, 443－447 참조.

일까지 가스코뉴 만에서 조업을 사실상 중단하게 되었다. 해당 가처분결정 이후, 국사원은 이 사건에서 계쟁 아레떼의 적법성을 판단하였다.

계쟁 아레떼와 관련하여, ① 프랑스자연환경 등(이하 '원고 ①')은 제2조가 그 적용범위를 전체 길이가 8미터 이상인 선박으로 제한하고 선망어업 또는 원양어업을 포함하지 않는 부분의 취소를 구하고, 제3조에서 규정하는 시공간적 폐쇄 기간 1개월이 충분하지 않다는 이유로 그 취소를 구하였다. ② 조류보호연맹(이하 '원고 ②')은 원고 ①과 같은 내용의 청구취지로 계쟁 아레떼의 취소를 구하면서, 계쟁 아레떼 제2조가 덴마크 어망 사용을 포함하지 않는 부분에 대한 취소 또한 구하고, 이러한 배제가 소형 고래류의 폐사율을 줄이려는 목적과 양립할 수 없다고 주장하였다. 또한 원고 ②는 계쟁 아레떼 제4조 제1항이 우발적 어획을 줄이기 위한 기술적 장치 또는 능동적 원격전자관측시스템이라는 두 범주의 장비 중 한 장비만을 선박에 장착하는 조건으로 선박소유자에게 면제의 혜택을 부여하는 부분, 제5조 제2항이 선박소유자가 사고어획량을 줄이기 위한 기술적 장치 또는 결함이 있는 원격전자관측시스템의 수리 또는 교체가 즉각적으로 불가능하다는 증거를 제시하는 경우, 5일의 한도 내에서 어업활동 재개를 위해 관할 도의 영토해양국(Direction départementale des territoires et de la mer, DDTM)이 이를 면제할 수 있다고 규정한 부분, 제5조 제5항이 2026년 12월 31일 이전에 취득한 정보 가운데 필수적 분석 대상에 해양포유류 이외의 보호 대상 해양생물을 포함하지 않는 부분에 대한 취소를 구하였다. ③ 씨셰퍼드 프랑스 등(이하 '원고 ③')은 원고 ①과 같은 내용의 청구취지로 계쟁 아레떼의 취소를 구하면서, 계쟁 아레떼 제2조가 덴마크 어망 사용을 포함하지 않는 부분에 대한 취소도 구하였다.

정부에 대한 이행명령과 관련하여, 원고 ①은 결과의 과학적 이용을 허용함으로써 가스코뉴 만에서 소형 고래류 포획에 대한 모니터링 시스템을 강화하고, 특히 '발트해, 북대서양, 아일랜드 및 북해의 소형

고래류 보존에 관한 협정'(ASCOBANS)에 따라 소형 고래류의 사망률을 생물학적허용사망량(Potential Biological Removal, PBR)의 20% 미만 수준으로 낮추는 목표를 달성할 수 있다는 사전 과학적 평가가 확인되는 보완적인 시공간적 폐쇄기간을 설정할 것을 국가에 명할 것을 구하였다. 원고 ②는 소형 고래류의 우발적 포획을 줄이기 위해 취한 조치에 원양 및 덴마크 어선을 포함하고, 우발적 포획을 줄이기 위한 장치와 관찰 카메라를 선박에 장착하기 위하여 취하였거나 계획 중인 조치를 자발적 조치에 의존하지 않고 의무로 규정하며, 이러한 조치는 최소 5년의 추가 폐쇄기간을 수반하여야 하고, 사전 과학적 평가를 통해 북동대서양 해양환경보호협약(OSPAR)의 모니터링을 담당하는 위원회가 설정한 목표에 따라 소형 고래류의 사망률을 생물학적허용사망량의 20% 이하 수준으로 낮추는 것이 가능하다는 것이 확인되어야 하며, 특히 해상관측 시스템을 지속적으로 강화하여 매년 어획되는 소형 고래류의 수를 신뢰할 수 있는 수준으로 추정할 수 있도록 추가 조치를 시행하되 이를 우발적 어획을 줄이기 위한 선박장치 장착의무의 대안으로 간주하여서는 안 되며 필요한 보존조치를 정의하고 평가할 수 있는 충분히 정확한 정보를 확보할 것을 국가에 명할 것을 구하였다.

국사원은 2024년 겨울 우발적 포획으로 인한 소형 고래류의 사망률이 크게 감소한 점을 근거로 충분히 오랜 기간 동안 조업을 중단하는 조치가 필요하다는 것을 확인하면서도, 8미터 이상인 선박으로 제한하고 폐쇄기간을 4주로 하는 것이 적절하다고 판단함으로써 폐쇄기간을 연장하거나 8미터 미만의 선박으로 확대할 것을 명하지는 않았으나, 폐쇄기간 동안 금지되는 그물 목록에 "원양선망"을 추가할 것을 명하였다. 또한 당초 2024년으로 예정되었던 규제 완화조치가 지나치게 광범위하여 위법함을 확인하였다.

(b) 대상적격

계쟁 아레떼는 어획조절을 위한 구속력 있는 행정입법으로서 월권소송의 대상이 될 수 있다. 다만 국사원은 원고들의 청구 가운데 계쟁 아레떼 제2조가 덴마크 선망 및 원양어선, 일명 선망어선을 사용하는 선박을 그 범위에 포함하지 않는 부분에 대한 취소청구에 한하여 판단하였다.

(c) 원고적격

환경보호단체인 원고들은 그 정관상 목적에 따라 원고적격이 인정될 수 있다. 국가해양보호위원회는 원고 ② 조류보호연맹에 원고적격이 인정될 수 없다고 주장하였으나, 국사원은 “자연과 생물 다양성을 위해 행동하거나 행동을 촉진하는 것”을 목적으로 하는 원고 ②는 월권소송을 제기하여 계쟁 아레떼의 취소를 구할 이익이 인정된다고 판시함으로써 원고 ②의 원고적격을 명시적으로 인정하였다.

4. 제4유형: 수익적 제3자효를 갖는 이중효과적 행정행위의 거부조치에 대한 취소소송

이 유형은 상대방에게는 침익적 효과를 발생하지만 제3자에게는 수익적 효과를 주는 이중효과적 개별결정을 제3자가 신청하였는데 그에 대한 거부조치가 있었던 경우, 제3자가 그 거부조치의 취소를 구함으로써 해당 이중효과적 처분의 발급을 구하는 것이다.[49] 이 유형도 수익적 제3자효를 갖는 이중효과적 개별결정에 대한 취소청구가 있었던 경우(제4−a유형)와 수익적 제3자효를 갖는 이중효과적 행정입법에 대한 취소청구가 있었던 경우(제4−b유형)로 나누어 살펴볼 수 있다.

검토대상 판결 중 제4−a유형으로 보이는 사례로는 판례 ①이, 제

49) 박정훈, 앞의 책, 68면.

4-b유형으로 보이는 사례로는 판례 ⑲가 있었다. 판례 ⑲는 동물보호단체가 생태전환부장관에 대해 i) 고래류의 상업적 이동·수입·수출 전면금지와 ii) 2018년 10월 8일 아레떼 개정 요청을 하였으나 생태전환부장관의 묵시적 거부결정이 있었던 사례인데, i)을 보면 제2유형의 소송에 해당하는 것으로 보이지만 ii)를 보면 제4유형의 소송에 해당할 여지도 있다. 이 글에서는 제4유형이 나타나는 프랑스 월권소송의 특징을 강조하기 위해 해당 소송을 제4-b유형으로 분류하였다. 판례 ①과 판례 ⑲를 각각 살펴본다.

(A) 제4-a유형: 수익적 제3자효를 갖는 이중효과적 개별결정에 대한 취소소송

(1) 판례 ① : CE, 13 février 2024, n° 463162

(a) 사실관계 및 경과

이 사건은 국제 언론감시단체인 국경없는기자회(Reporters sans frontières, RSF)가 프랑스의 방송통신규제기관인 시청각디지털통신규제청(Autorité de régulation de la communication audiovisuelle et numérique, ARCOM)에 대해 정보서비스의 공적 의무(정보의 진실성, 독립성, 정치적 다양성 보장)을 이행하도록 「통신의 자유에 관한 1986년 9월 30일 제86-1067호 법률」[50] 제42조[51]에 근거하여 민영방송사 쎄뉴스(CNews)

---

50) Loi n° 86-1067 du 30 septembre 1986 relative à la liberté de communication (Loi Léotard).

51) 통신의 자유에 관한 1986년 9월 30일 제86-1067호 법률 제42조

① 시청각통신서비스의 게시자 및 배포자, 공중 온라인 통신 서비스에 대한 접근을 제공하는 활동을 하는 자 및 위성 네트워크 운영자는 관련 법령과 본 법률 제1조 및 제3-1조에 규정된 원칙에 의해 부과된 의무를 준수하도록 공식 통지를 받을 수 있다.

② 시청각통신서비스의 게시자 및 배포자, 위성 네트워크 사업자 및 이들이 사용하는 기술 서비스 제공자는 EU기능조약 제215조에 근거하여 채택된 시청각통신서비스 콘텐츠 방송금지에 관한 규정이 부과하는 의무를 준수하도록 시정명령을 받

에 대한 시정명령(la mise en demeure)[52)53)]을 요구하였으나, 시청각디지털통신규제청이 2022년 4월 5일 이를 거부하자 국사원에 그 거부결정의 취소 및 시청각디지털통신규제청의 쎄뉴스에 대한 시정명령을 구한 사건이다.

국경없는기자회는 쎄뉴스의 방송이 특정 정치성향에 편중되어 있으며 이는 정보의 진실성, 독립성 및 다원성 원칙을 침해한다고 주장하였다. 원고는 유럽인권협약(ECHR) 제10조로부터 도출되는 협약 당사국의 미디어 다원성 보장 의무 또한 주장의 근거로 삼았다.

국사원은 시청각디지털통신규제청이 편향성 여부를 판단할 때 단

을 수 있다.

③ 시청각디지털통신규제청은 이러한 시정명령을 공표한다.

④ 시청각통신부문을 대표하는 전문단체 및 노동조합, 지적재산권법전 제L321-1조에서 규정하는 공동관리기관, 공익성이 있다고 인정받은 프랑스 내 정보자유 옹호 관련 단체, 지역 언어 관련 공공기관 및 지역 언어 및 문화 홍보와 관련된 협회, 가족 협회 및 여성권리 옹호 관련 협회, 텔레비전 시청자의 이익을 보호하는 것이 목적인 협회 등은 시청각디지털통신규제청에 본 조 제1항에 규정된 시정명령 절차를 개시하도록 요청할 수 있다.

⑤ 권리보호관(Défenseur des droits)에 관한 2011년 3월 29일 제2011-333호 조직법률 제4조 제2호 및 제3호에 규정된 임무를 수행하기 위해 권리보호관은 시청각디지털통신규제청에 본 조 제1항에 규정된 시정명령 절차를 개시하도록 요청할 수 있다.

52) 우리나라에서 시정명령은 "행정법규 위반에 의해 초래된 위법상태를 제거하는 것을 명하는 행정행위"(박균성, 행정법강의, 박영사, 2022, 446) 등으로 정의되고, 실정법상으로는 시정조치, 시정명령, 시정조치명령 등의 용어가 혼용되고 있다. 행정법규 제1회 위반 시에는 시정명령을 부과하고, 제2회 위반 시부터 행정제재 및 이행강제금을 부과하는 경우가 많다. 이승민, "제재처분 승계에 관한 일고(一考), —프랑스법상 행정제재 개념을 기초로 한 대법원 판례의 비판적 검토—", 성균관법학 제35권 제1호, 2023, 261 참조.

53) 프랑스 행정법상 시정명령은 행정제재 절차 개시 전에 행정이 제재 대상자에 대한 일종의 최고 및 경로를 하는 준비조치(la mesure préparatoire)의 일종으로서 그 준비적 성격으로 인해 제재와 달리 대심절차를 거칠 필요가 없으나 시정명령 자체에 불복하는 소를 제기하는 것은 가능하다. 라기원, "프랑스 행정법상 제재처분에 관한 연구", 서울대학교 법학박사학위논문, 2023, 25-26 참조.

순히 '정치인의 발언시간'만을 고려한 것은 불충분하며, 진행자·논객 등 전체 프로그램 참가자의 다양성과 방송사의 전반적 운영 방식까지 고려하여야 한다고 판시하였다. 이에 따라 국사원은 쎄뉴스에 대한 시정명령 요청을 거부한 시청각디지털통신규제청의 거부결정을 정보의 '다원성'과 '독립성' 보장 의무를 준수하도록 쎄뉴스에 대한 시정명령을 발하여달라는 국경없는기자회의 요청을 거부하는 한에서 취소하고, 쎄뉴스에 시정명령을 발하여 달라고 했던 원고의 요청에 대해 시청각디지털통신규제청이 6개월 이내에 재결정할 것을 명령하였다.

(b) 대상적격

시청각디지털통신규제청의 거부결정은 특정 방송사에 대해 시정명령을 발할지 여부에 대한 소극적 결정으로, 월권소송의 대상이 되는 행정결정에 해당한다.

(c) 원고적격

시청각디지털통신규제청은 국경없는기자회의 정관상 목적을 고려하였을 때 시청각디지털통신규제청의 결정에 대한 소를 제기할 수 있는 지위를 국경없는기자회에 부여할 수 없다고 주장하였으나, 국사원은 국경없는기자회의 정관 제1조에서 그 목적이 "언론의 자유" 및 "의견과 표현의 자유에 대한 권리, 즉 (...) 정보와 사상을 찾고, 받고, 전달할 권리를 옹호"하는 데 있음이 명확히 나타나 있다고 보았다. 국사원은 또한 국경없는기자회는 「언론의 자유에 관한 1881년 7월 29일 법률」 제42조 제3항에 따라 "공공의 이익에 부합하는 것으로 인정되는 정보의 자유를 옹호하는 단체로 보아야 하며, 시청각디지털통신규제청를 상대로 서비스 운영자에 시정명령 권한을 사용하도록 요청할 수 있는 자격이 법률에 의해 부여되어 있다."라고 판시함으로써, 국경없는기자회의 원고적격을 명시적으로 인정하였다.

(B) 제4-b유형: 수익적 제3자효를 갖는 이중효과적 행정입법에 대한 취소소송

(1) 판례 ⑲ : CE, 31 décembre 2024, n° 490953

(a) 사실관계 및 경과

고래보호단체 그만해!(C'est Assez!, 이하 '원고')는 2023년과 2024년에 생태전환부장관에게 상업적 목적으로 고래류(돌고래 · 범고래 등)를 이동 · 수입 · 수출하는 것을 전면 금지할 것과 2018년 10월 8일 아레떼[54]를 개정하여 고래류를 사육허용종에서 제외할 것을 요청하였으나 생태전환부장관은 이를 묵시적으로 거부하였다. 원고는 국사원에 생태전환부장관의 거부결정(이하 '계쟁 결정')의 취소와 고래류의 상업적 금지조치를 효과적으로 시행하기 위한 새로운 아레떼를 제정할 것을 국가에 명할 것을 구하였다.

국사원은 「동물 학대를 방지하고 동물과 인간 간의 유대를 강화하기 위한 2021년 11월 30일 제2021-1539호 법률」[55]에 의해 도입된 포유류의 포획 사육 및 번식 금지는 2026년 12월 2일 전까지는 발효되지 않지만, 1996년 12월 9일 유럽규정 338/97[56] 및 이를 국내법으로 전환한 「농업 및 해양어업 법전」[57] 제L.214-1조, 제R.214-17조 등에 따라 고래류의 소유, 운송, 수입 및 수출은 허가 대상이므로, 상업적 목적으로 고래류를 이동, 양도 및 수입하는 것은 이미 금지되고 있음을 확인하였다. 그에 따라 국사원은 법률상 충분한 보호조치가 이미 존재하

54) Arrêté du 8 octobre 2018 fixant les règles générales de détention d'animaux d'espèces non domestiques.

55) Loi n° 2021-1539 du 30 novembre 2021 visant à lutter contre la maltraitance animale et conforter le lien entre les animaux et les hommes.

56) Règlement (CE) n° 338/97 du Conseil du 9 décembre 1996 relatif à la protection des espèces de faune et de flore sauvages par le contrôle de leur commerce.

57) Code rural et de la pêche maritime.

므로 계쟁 결정은 위법하지 않다고 판단함으로써 원고의 청구를 기각하였다.

(b) 대상적격

생태전환부장관의 묵시적 거부는 행정소송법상 2개월 경과 후 거부결정으로 간주되며, 행정입법 제정 또는 개정 요청에 대한 거부는 월권소송의 대상이 되는 행정결정이다.

(c) 원고적격

원고는 해양포유류 보호를 정관상 목적으로 하는 단체로서 고래류의 상업적 이동·수입·수출 규제 여부로 보호 목적 실현에 직접적 영향을 받으므로 계쟁 결정의 취소를 구하는 이익이 인정될 수 있다.

Ⅲ. 본안심사의 척도 및 강도

프랑스에서는 재량권한(le pouvoir discrétionnaire)과 기속권한(le pouvoir lié)을 판단할 때에, 법규의 요건과 효과를 구별하지 않고 법규 전체를 놓고 판단한다. 즉, 재량을 요건부분과 효과부분으로 나누어 논하지 않으며, 법규의 요건부분 혹은 효과부분 중 어느 부분이 불확정적인지가 중요하지 않다. 재량권한은 법률이 행정에 일정한 권한을 부여하면서 그 권한을 집행하는 방향을 자유롭게 선택하게 하고 있는 경우에 존재하고, 기속권한은 법률이 행정에 일정한 권한을 부여하면서 명령의 방식으로 그 권한이 행사되어야 하는 방향을 지시하고 있는 경우에 존재한다.[58)]

월권소송에서 재량에 대한 사법심사를 할 때, 그 심사강도는 제한적 내지 최소심사(le contrôle restreint ou minimum), 통상적 내지 완전심

58) Yves GAUDEMET, *op. cit.*, n° 271.

사(le contrôle normal ou entier), 최대심사(le contrôle maximam)의 3단계로 나뉘는데, 외부 공모를 통한 고위공무원 임용 관련 분야에서는 최소심사를, 외국인 강제추방(공공질서 위협을 이유로 하는 경우),[59] 건축허가 거부(자연경관 훼손 등을 이유로 하는 경우) 등의 분야에서는 통상심사를, 경찰 분야(공공질서를 위한 조치 관련 내용 등), 토지수용 분야 등에서는 최대심사를 하는 경향이 있다.[60] 오늘날 국사원이 제한적 내지 최소심사를 하는 경우는 예전만큼 많지 않으나, 중요한 재량권이 존재하는 행정청의 결정에 대한 제한적 내지 최소심사는 오랫동안 국사원의 원칙이었다.[61] 자유를 침해할 수 있는 경찰조치 분야 등에서는 최대심사가 행해지고 있다. 아래에서는 3단계의 본안심사강도를 기준으로 불확정개념의 포섭·적용이 문제된 판례를 분류하여 몇 가지 구체적인 사안의 본안심사강도를 분석해 본다.

1. 제한적 내지 최소심사가 이루어진 경우

대부분의 행정행위는 어느 정도 기속행위의 성격을 가지나, 법률이 정한 권한의 범위 안에서 행정은 재량의 방식으로 결정한다.[62] 행정은 자신의 재량권한을 행사하기 위해 이를 평가한다.

제한적 내지 최소심사(이하 '최소심사')를 하는 경우, 재판관은 행정이 사실관계를 어떻게 법적 요건에 포섭하였는지 여부, 즉 사실관계가 법규의 요건에 해당하고 그것에 충족되는지 여부에 대한 평가에 대해서

---

59) 추방조치의 대상이 된 외국인의 정상적인 가족생활을 할 권리가 문제되는 경우에는 추방조치의 비례성이 검토되므로, 그 경우에는 최대심사가 이루어진다고 볼 수 있다. 즉, 해당 사안에서는 추방조치가 공공질서에 미치는 이익과 해당 외국인의 가족생활에 미치는 불이익 간 형량이 이루어진다. Pierre-Laurent FRIER, Jacques PETIT, *Droit administratif*, LGDJ, 2022, n° 1096 참조.

60) Pierre-Laurent FRIER, Jacques PETIT, *Ibid.*, n° 1098 참조.

61) Yves GAUDEMET, *op. cit.*, n° 371.

62) Yves GAUDEMET, *Ibid.*, n° 272.

는 심사하지 않는다.[63] 다시 말해, 최소심사에서는 근거법규가 존재하는지와 행정이 사실관계를 정확하게 확정하였는지에 대해서는 심사하지만, '사실관계의 법적 파악'[64](la qualification juridique des faits)에 대해서는 '명백한 평가의 하자'(l'erreur manifeste d'appréciation)[65]가 있지 않은 한 심사하지 않는다.[66] 최소심사가 있었던 판례 가운데 판례 ①을 살펴본다.

이 사건의 쟁점은 시청각디지털통신규제청이 쎄뉴스를 상대로 시정명령을 발하지 않은 것이 위법한지 여부이다. 국사원은 시청각디지털통신규제청이 시정명령 권한 행사를 거부한 이 사안에서, "문제가 된 사실이 위반을 구성하는지 여부를 확인하고, 위반을 구성하는 경우 법률이 부여한 권한의 행사에 대한 시청각디지털통신규제청의 광범위한 재량권을 고려하여 그 결정에 명백한 평가의 하자가 있는지 여부를 판단하는 것은 법원의 권한에 속한다."라고 판시함으로써 해당 사안에 대해 최소심사가 이루어졌음을 나타내었다.

국사원은 시청각디지털통신규제청의 시정명령 권한 행사 거부가 적법했는지 여부를 판단하기 위해 쎄뉴스의 방송이 정보의 '진실성', '다원성' 및 '독립성'을 준수하였는지 여부를 각각 판단하였다.

---

63) Yves GAUDEMET, *Ibid.*, n° 372; Pierre-Laurent FRIER, Jacques PETIT, *op. cit.*, n° 1095 참조.

64) '사실관계의 법적 파악'은 법적용의 전통적 방법인 3단논법에 따르면 제3단계인 '포섭'단계에 해당하는 것으로 볼 수 있다. 박정훈, "불확정개념과 판단여지", 『행정작용법』 (중범 김동희교수 정년기념논문집), 박영사, 2005, 251, 258-259면 참조.

65) '명백한 평가의 하자'는 독일에서의 '판단여지의 하자'에 해당한다. 박정훈, 위의 논문, 259면. 프랑스의 최소심사와 독일의 판단여지 심사는 포섭에 관하여 제한적 심사를 한다는 점에서는 유사하나, 양자의 차이에도 유의하여야 한다. 프랑스의 경우 요건 부분과 효과 부분의 재량을 구분하지 않고 최소심사에서는 효과 부분뿐 아니라 요건 부분에서도 심사강도가 낮게 유지되는 데 비하여, 독일의 경우 요건 부분에서 판단여지를 인정하더라도 효과 부분에서는 비례원칙이 적용되어 심사강도가 높아지기도 한다.

66) Yves GAUDEMET, *op. cit.*, n°s 371-372 참조.

국사원은 정보의 ‘진실성’에 관한 판단에서는 다음과 같은 이유로 시청각디지털통신규제청이 시정명령 권한 행사를 거부한 데에 명백한 평가의 하자가 있다고 볼 수 없다고 판시하였다.

“12. 원고는 쎄뉴스가 1986년 9월 30일 법률[67] 제3조 1항에 규정된 정보의 진실성 요건을 준수하지 않았다고 주장하기 위해, 먼저 2021년 10월 25일 방송에서 B씨와 베일을 쓴 여성 간의 자연스러운 스킨십을 보여주는 장면이 연출된 것으로 보인다는 언론 기사를 인용한다. 그러나 원고는 이 기사에만 의존함으로써 해당 방송이 정보의 진실성 요건을 위반한다는 주장을 뒷받침할 충분한 증거를 제시하지 못하고 있다.

13. 원고는 또한 그 주장을 뒷받침하기 위해, 2021년 4월 26일에 방송된 프로그램에서 군인들이 서명한 논란의 여지가 있는 기사가 편파적으로 제시된 것을, 2021년 10월 27일에 방송된 프로그램에서 여론조사가 오해의 소지가 있는 방식으로 제시된 것을 언급한다. 그러나 제출된 문서에 따르면 시청각최고위원회(CSA)[68]는 2021년 7월 28일과 2022년 2월 9일 심의를 통해 해당 채널에 이러한 위반이 반복되지 않도록 경고한 것이 분명하다. 따라서 어떠한 경우에도 시청각디지털통신규제청이 이러한 경고를 근거로 시정명령을 거부한 것에 명백한 평가의 하자가 있다고 볼 수 없다.”

다른 한편 국사원은 정보의 ‘다원성’ 및 ‘독립성’에 관한 판단에서 다음과 같은 이유로 원고의 주장을 받아들였다.

“15. 상기 1.에서 언급한 1986년 9월 30일 법률 제1조와 같은 법

67) 「통신의 자유에 관한 1986년 9월 30일 제86-1067호 법률」(Loi n° 86-1067 du 30 septembre 1986 relative à la liberté de communication)을 말한다.

68) 시청각최고위원회(CSA)와 인터넷저작물보호청(HADOPI)이 통합되어 2022년 1월 1일부터 시청각디지털통신규제청(ARCOM)이 되었다.

제3－1조 및 제13조에 따르면, 시청각 프로그램, 특히 정보에 관한 프로그램에서 사상과 의견의 다원적 표현을 존중하는 것이 시청각디지털통신규제청의 임무라고 할 수 있다. 이를 위해 시청각디지털통신규제청은, 방송사가 정보 다원성 요건을 충족하는지 여부를 평가함에 있어, 방송사가 편집의 자유를 행사할 때 프로그램 전체에서 프로그램에 참여한 모든 참가자가 표현하는 사상과 의견의 다양성이 고려되는지 여부를 평가할 책임이 있다.

16. 원고는 쎄뉴스에 정보 다원성에 관한 의무를 준수하도록 시정명령을 발하여 달라는 요청을 뒷받침하는 한편, 2021년 9월 A씨와 B씨의 발언시간 계산방식을 비판하였다. 특히 논란이 되는 이슈에 대한 토론에서 쎄뉴스가 방송에서 표현되는 관점의 다양성을 충분히 보장하지 않았다고 주장하였다. 그러나 시청각디지털통신규제청은 쎄뉴스에 다원성 의무를 준수하라는 시정명령을 거부하면서, 시정명령 요청에 대한 답변과 서면 변론에 분명히 드러나듯이, 방송 프로그램에 참여한 모든 참가자가 표현한 사상과 의견의 다양성을 존중하지 않았다는 주장 그 자체로는 다원성 요건 위반을 구성할 가능성이 없다고 보고, 정치인에 할당된 발언시간만을 기준으로 다원성 준수 여부를 평가하였다. 시청각디지털통신규제청은 정보의 다원성 측면에서 서비스의 의무를 평가함에 있어 단순히 정치인에게 할당된 발언시간만을 고려함으로써 1986년 9월 30일 법률을 잘못 적용하였다."

"18. 정보의 독립성과 관련한 방송사의 의무는 그 특성상 특정 프로그램뿐 아니라 운영 조건 및 프로그램 편성의 특징도 전반적으로 고려하여 시청각디지털통신규제청이 그 위반을 발견할 수 있는 의무 중 하나이다.

19. 원고는 시청각최고위원회에 제출한 신청서에서 쎄뉴스의 대주주가 독립성 요건에 위배되는 방식으로 프로그램 편성에 개입하고 있다고 주장하였다. 앞서 언급한 바와 같이, 시청각디지털통신규제청은 원

고의 이 점에 대한 요청을 단순하게 거부하면서 위반의 중요성이 확인된 경우에만 개입할 수 있다고 지적함으로써 1986년 9월 30일 법률을 잘못 적용하였다."

위와 같이 국사원은 이 사안에서 방송의 진실성, 다원성 및 독립성 여부에 관한 시청각디지털통신규제청의 '판단기준'에 대하여만 심사하고, '진실성'에 대한 판단기준에는 평가의 하자가 없으나 '다원성' 및 '독립성'에 대한 판단기준은 잘못되었음을 지적한 후, 시청각디지털통신규제청이 원고의 요청에 대해 다시 결정을 내릴 것을 명하였다. 이 사건에서는 포섭에 대한 심사에 이르지 않은 최소심사가 있었다고 볼 수 있다.

2. 통상적 내지 완전심사가 이루어진 경우

통상적 내지 완전심사(이하 '완전심사')의 심사대상에는 최소심사의 심사대상에 더하여 '사실관계의 법적 파악'(la qualification juridique des faits), 즉 포섭에 대한 심사까지 이루어진다.[69] 완전심사가 있었던 판례 가운데 판례 ④-1을 살펴본다.

이 사건의 쟁점은 해상구조활동단체인 'SOS 메디떼라네 프랑스'에 대한 파리시의회의 보조금 지급 결정(이하 '계쟁 결정')이 위법한지 여부이다. 국사원은 다음과 같은 이유로 계쟁 결정이 적법하다고 보았다.

"16. 셋째, 기록에 따르면, SOS 메디떼라네 프랑스의 지도부는 구조된 사람들의 하선을 거부한 특정 회원국들과 구조된 사람들이 배의 출발지인 리비아에서 하선하도록 하는 유럽연합의 정책을 공개적으로 비판하였고, 유럽연합과 회원국들이 보다 적극적이고 보다 잘 조율된

---

69) Pierre-Laurent FRIER, Jacques PETIT, *op. cit.*, n° 1096 참조.

해상구조 정책을 시행할 것을 촉구한 바 있다. 그러나 SOS 메디떼라네 프랑스의 해상구조활동이 인도주의적이지 않다거나 프랑스의 국제적 약속을 준수하지 않는다는 주장은 제기되지 않았다. SOS 메디떼라네 프랑스가 해상구조에 책임이 있는 모든 국가 당국과 국제 해양법 원칙에 따라 체계적으로 협력하여 활동한다는 것은 기록을 통해 명확히 알 수 있다. SOS 메디떼라네 프랑스는 리비아 연안 국제 수역에서 구조된 사람들을 유럽 항구에서 하선시키는 것을 선호하였는데, 이는 국제해양법에서 해상에서 조난당한 사람들을 구조하고 국적이나 신분에 관계없이 합리적인 시간 내에 안전한 장소에 하선시킬 의무를 규정하고 있으며, 리비아에서 하선하게 하는 것은 비인도적이고 비하적인 대우를 받을 위험이 있다는 이유로 정당화된다. 특히 유엔난민고등판무관(United Nations High Commissioner for Refugees)이 문서화한 비인도적이고 굴욕적인 대우의 위험에 이들을 노출시키는 것은 안전한 장소에서의 하선 원칙과 구조된 사람을 그러한 대우를 받을 심각한 위험이 있는 국가의 당국에 인도하는 것을 금지하는 2014년 5월 15일 유럽규정 656/2014[70]를 위반하는 것이다. 또한 해상에서의 구조활동이 프랑스와 다른 국가 당국 간의 분쟁을 유발하였다고 주장하지만, 기록에 따르면 SOS 메디떼라네 프랑스 소속 선박은 특정 회원국 당국이 부과한 하선 거부와 프랑스 당국 스스로도 국제해양법 원칙에 부합하는지에 대해 의문을 제기한 하선 거부에 항상 응해 왔다. 이러한 상황에서 파리시가 제공한 재정지원은 국가의 국제관계 수행을 방해하는 것으로 볼 수 없으며, 파리시의회 토론에서 일부 의원들이 해상구조 및 구조된 사람들을 수용하는 영역에서 보다 적극적인 정책에 찬성하였다는 사실만으로는 그러한 방

70) Regulation (EU) No 656/2014 of the European Parliament and of the Council of 15 May 2014 establishing rules for the surveillance of the external sea borders in the context of operational cooperation coordinated by the European Agency for the Management of Operational Cooperation at the External Borders of the Member States of the European Union.

해에 해당한다고 볼 수 없을 것으로 판단된다. 마지막으로, 이러한 주제에 대해 유럽연합 회원국 간에 논쟁이 존재하고, SOS 메디떼라네 프랑스가 그 논쟁에서 한쪽의 입장에 서 있다는 이유만으로 이러한 해상구조활동을 정치적 성격의 행위에 해당하는 것으로 볼 수 없다."

국사원은 위와 같은 이유로 SOS 메디떼라네 프랑스의 해상구조활동이 프랑스의 국제적 약속에 따라 수행되었으며 프랑스의 국제관계에 대한 행위를 방해하지 않았다고 판결하면서 사실관계의 법적 파악, 즉 포섭에 대한 심사로 나아갔다. 따라서 이 사건에서 국사원은 완전심사를 하였다고 볼 수 있다.

3. 최대심사가 이루어진 경우

최대심사에서는 완전심사에서 이루어지는 '사실관계의 법적 파악', 즉 포섭에 대한 심사와 더불어, 가치평가가 필요한 포섭에 대한 심사, 즉 형량심사까지 이루어진다. 부연하면, '사실관계의 법적 파악'에 관한 평가를 넘어 처분의 내용과 이를 정당화하는 법적 요건 간 적절성을 판단하는 비례성 심사가 이루어진다.[71] 최대심사가 있었던 판례 가운데 판례 ⑰을 살펴본다.

이 사건의 쟁점은 질서유지 등을 목적으로 드론으로 촬영한 이미지 처리에 관하여 규율하는 「경찰행정 목적으로 드론에 설치된 영상처리장치 사용에 관한 2023년 4월 19일 제2023－283호 데크레」(이하 '계쟁 데크레')가 유럽법과 프랑스법상의 개인정보 보호 요건을 준수하는지 여부이다. 국사원은 이를 판단하기 위해 계쟁 데크레뿐 아니라 관계된 법 전반, 즉 「국내안전법전」을 개정한 「형사책임 및 국내안전에 관한

71) Pierre－Laurent FRIER, Jacques PETIT, *op. cit.*, n° 1096 참조.

2022년 1월 24일 제2022-52호 법률」과 이를 보완한 헌법재판소의 2022년 1월 20일 결정을 검토하고, 관계된 법 전반을 살펴봤을 때 계쟁 데크레는 비례성을 준수하여 적법한 것으로 보았다. '처리에 포함될 수 있는 정보'에 관한 판단에서 국사원은 다음과 같이 판시하였다.

"24. 첫째, 상기 8.에 명시한 바와 같이, 공중 장치의 사용은 의도된 목적에 비례하고 헌법재판소의 2022년 1월 20일 해석유보부 합헌결정(2021-834 DC)에 부합하는 경우에만 「국내안전법전」 제L.242-4조 제IV항에 따라 도지사에 의해 승인될 수 있다. 또한 공중 장치 사용이 의도된 목적을 달성하는 유일한 수단이라는 것이 입증되지 않는 한 승인은 갱신될 수 없다. 승인행위, 특히 그 공표조건은 행정재판소에서 월권소송의 대상이 될 수 있으며, 긴급한 경우 집행정지신청이 수반될 수 있다. 가능한 한 제소기간 내에 승인행위를 공표하는 것은 행정당국의 몫이다.

25. 둘째, 상기 7.에 명시한 바와 같이, 공중 장치에 의한 캡처 및 녹음으로 인한 개인정보 처리에는 소리의 캡처가 포함될 수 없다. 자동화된 안면인식 처리를 포함하거나 자동화된 조정, 상호 연결 또는 다른 처리와의 연계를 수행할 수 없다. 처리 과정에서 민감한 개인정보가 기록될 가능성이 있는 경우, 이는 처리 목적상 엄격하게 필요한 경우에만 기록될 수 있다. 이러한 민감한 정보에서는 해당 정보만을 근거로 특정 범주의 사람을 선별하는 것을 배제한다. 이러한 정보는 장치 투입이 종료된 날로부터 최대 7일 동안 보관된다. 이러한 조건에서, 수집될 가능성이 있는 정보의 범위가 처리 목적과 관련하여 과도하지는 않지만, 계쟁 데크레에서 규정하는 민감한 개인정보 기록 권한은 1978년 1월 6일 법률[72] 제88조 및 2016년 4월 27일 유럽지침 2016/680의 의미 내에서

72) 「정보처리, 파일 및 자유에 관한 1978년 1월 6일 제78-17호 법률」을 말한다.

적절한 안전장치를 제공한다. 그리고 수집될 가능성이 있는 데이터의 범위가 처리 목적과 관련하여 과도하지는 않지만, 이의를 제기한 법령에 규정된 민감한 개인정보 기록 권한은 1978년 1월 6일 법률 제88조 및 2016년 4월 27일 지침 2016/680의 의미 내에서 적절한 안전장치를 제시한다. 계쟁 데크레에서 규정하는 민감한 개인정보 기록 권한은 그 자체로 1978년 1월 6일 법률 제4조 및 제6조에 규정된 요건을 위반하지 않는다."

이 사건에서 국사원은 사실관계의 법적 파악과 더불어, 계쟁 데크레 및 관계된 법 전반에서 경찰행정 목적으로 드론에 설치된 영상처리장치 사용에 관하여 정한 내용과 그 한계가 사생활 및 개인정보가 침해될 수 있는 가능성에 비추어 정당한 것인지를 형량심사를 통해 판단하였다. 따라서 이 사건에서 국사원은 최대심사의 강도로 본안심사를 한 것으로 볼 수 있다.

Ⅳ. 종합 및 결론

이 글에서는 2024년 1월부터 2024년 12월까지의 국사원 주요판례 21건 중 월권소송에 해당하는 19건을 '취소소송의 4유형'을 기준으로 분류하고, 대상 및 원고적격 차원에서 이를 분석하여 살펴보았다.

검토결과, 취소소송 유형별로 제1유형 12건, 제3유형 5건, 제4유형 2건이 있었다. 행정입법에 대한 취소소송은 제1유형에서 7건, 제3유형에서 2건, 제4유형에서 1건으로, 침익적 행정행위에 대한 소송에서 두드러졌다. 전체사건을 검토대상으로 한 것이 아니고 검토대상 판결의 수도 많지 않기 때문에 통계의 의미가 크지 않지만, 제2유형을 제외하고 각 유형에서 검토할 사례가 존재하였다는 점에 의의를 둘 수 있다.

검토대상 판결들 가운데 일부에서는 환경보호단체, 전문가단체 등

단체의 원고적격이 인정되어, 객관소송으로서의 월권소송의 특징이 구체적으로 드러난다. 특히 대상판결 중에서는 우리 판례에 따르면 신청권의 부존재로 처분성이 부정되어 인정되지 않을 유형의 취소소송에 해당하는 사안도 눈에 띈다.

이행명령청구 사건 가운데 정보통신관련 소송과 환경관련 소송을 주목할 만하다. 특히 환경관련 소송에 해당하는 판례 ⑱에서 정책결정을 하는 정부의 재량을 존중하면서도 환경행정입법의 실질적 효과를 심사하는 점도 눈에 띈다. 정부의 포획감축정책이 명목상 존재하더라도, 실질적 효과가 미약하거나 면제조항으로 무력화될 경우 위법으로 판단 가능함을 나타내었다. 반대로 판례 ⑲에서는 고래류의 상업적 이동 등의 금지 및 관련 법령 개정 요청이 거부된 사안에서 이미 존재하는 규제법령이 실효적이라면, 추가 입법의무는 발생하지 않는다는 점도 확인되었다. 생물학적 허용사망량과 같은 정량적·과학적 기준을 실질적으로 충족했는지 여부가 사법심사 기준으로 기능한다는 점도 볼 수 있었다. 또한 환경소송은 아니지만, 플라스틱 포장재를 사용하는 다수의 직능조합이 플라스틱 포장재의 사용을 규제한 데크레의 취소를 구한 사건도 있었다. 최근 몇 년간의 판례 동향에서도 확인한 바와 같이, 환경보호 관련 쟁점은 앞으로 다양한 영역에서 다루어질 것으로 전망된다.

참고문헌

강지은, 『프랑스 행정법상 분리가능행위』, 경인문화사, 2017.

김동희, "프랑스의 행정입법제도에 관한 소고", 서울대학교 법학 제23권 제4호, 1982.

김수정, "취소소송의 대상으로서의 행정입법: 프랑스에서의 논의를 중심으로", 행정법연구 제13호, 2005.

김혜진, "프랑스 헌법재판소 결정의 효력 —국사원과 파기원에 대한 효력을 중심으로—", 헌법논총 제22집, 2011.

라기원, "프랑스 행정법상 제재처분에 관한 연구", 서울대학교 법학박사학위논문, 2023.

박정훈, "불확정개념과 판단여지", 『행정작용법』 (중범 김동희교수 정년기념논문집), 박영사, 2005.

박정훈, 『행정소송의 구조와 기능』, 박영사, 2006.

오승규, "프랑스 행정입법 통제에 관한 고찰", 유럽헌법연구 제18호, 2015.

이승민, "제재처분 승계에 관한 일고(一考), —프랑스법상 행정제재 개념을 기초로 한 대법원 판례의 비판적 검토—", 성균관법학 제35권 제1호, 2023.

전 훈, "항고소송의 대상에 관한 비교법적 검토: 프랑스 행정소송을 중심으로", 공법학연구 제13권 제2호, 2012.

조 춘, "취소소송에 있어서 행정행위의 취소사유에 관한 연구: 프랑스 행정법상의 월권소송을 중심으로", 서울대학교 법학박사학위논문, 2001.

BROYELLE, Camille, *Contentieux administratif*, LGDJ, 2023.

CHAPUS, René, *Droit du contentieux administratif*, Montchrestien, 2008.

CHABANOL, Daniel, *La pratique du contentieux administratif*, LexisNexis, 2018.

Conseil d'État, *Rapport public: Activité juridictionnelle et consultative des juridictions administratives en 2024*, La documentation Française, 2025.

DEBBASCH, Charles, Jean－Claude RICCI, *Contentieux administratif*, Dalloz, 2001.

FRIER, Pierre－Laurent, Jacques PETIT, *Droit administratif*, LGDJ, 2022.

GAUDEMET, Yves, Droit *administratif*, LGDJ, 2022.

GUYOMAR, Mattias, Bertrand SEILLER, *Contentieux administratif*, Dalloz, 2017.

VIGUIER, Jacques, *Le contentieux administratif*, Dalloz, 2005.

국문초록

프랑스 국사원은 지난 5년 동안 연평균 약 10,130여 건을 처리하였다. 이 글에서는 1년의 기간(2024. 1.~2024. 12.)을 설정하여 해당 기간 동안 선고된 판결 가운데 국사원에 의해 주요판례로 선정된 판결 중 월권소송으로 제기된 19건의 판례를 '취소소송의 4유형' 분석방법론에 따라 분석하였다.

우리나라 취소소송과는 달리 프랑스 월권소송의 대상이 되는 일방적 행정행위에는 행정의 개별행위뿐 아니라 법규제정행위도 포함된다. 특정 행정입법의 위법성을 월권소송으로 다투는 것이 가능하기 때문에 그에 따라 취소소송의 유형도 세분화될 수 있다는 특징이 있다.

검토대상 판결들에서 원고적격을 넓게 인정하고 있는 점도 주목할 만하다. 월권소송을 제기하는 원고는 '개인적이고 직접적인 이익'을 입증하는 데 있어 자신이 침해된 권리를 가지고 있다는 정도까지 입증할 필요가 없다. 우리나라의 취소소송에서 법인이나 단체의 헌법소원심판 청구인적격은 원칙적으로 단체 자신의 기본권이 침해된 경우에만 인정되며 법인이나 단체가 그 구성원을 위한 청구를 할 수 없지만, 프랑스의 월권소송에서는 법인이나 단체가 방어할 임무가 있는 집단적 이익을 방어하는 소송을 제기하는 경우 해당 법인이나 단체의 설립목적 내지 정관상 단체의 목적 등을 고려하여 월권소송의 원고적격을 인정한다.

살펴본 사안들에서도 환경보호단체, 전문가단체 등의 원고적격이 인정되었고, 우리 판례에 따르면 신청권의 부존재로 처분성이 부정되어 인정되지 않을 사안도 찾아볼 수 있었다는 점에서, 객관소송으로서의 월권소송의 특징이 구체적으로 드러난다.

이행명령청구 사건 가운데 정보통신관련 소송과 환경관련 소송을 주목할 만하다. 특히 환경소송에서 주목할 만한 판례가 등장하는 최근의 동향을 고려하면, 환경분야 소송은 앞으로 꾸준히 증가할 것으로 전망된다.

주제어: 국사원, 월권소송, 취소소송의 대상, 원고적격, 재판상 이행명령, 사법심사

Résumé

Analyse des décisions importantes du Conseil d'État français en 2024

PARK, Woo Kyung*

Cet article analyse les décisions rendues par le Conseil d'État, hors ordonnances, entre janvier 2024 et décembre 2024, qui ont été retenues comme «les dernières décisions», en utilisant la méthodologie d'analyse des «quatre types de contentieux de l'annulation».

La plupart des requérants dans ces affaires ont demandé au Conseil d'état d'annuler la décision attaquée par la voie du recours en excès de pouvoir. Le recours en excès de pouvoir est recevable pour les actes administratifs unilatéraux, y compris les actes réglementaires.

Il convient également de noter que l'intérêt à agir est largement reconnue dans les décisions examinées. Les requérants qui déposent un recours en excès de pouvoir n'ont pas à prouver la violation d'un droit subjectif, mais seulement qu'ils ont «un intérêt personnel et direct». Les actions de groupe sont réservées aux associations déclarées dont l'objet statutaire correspond aux intérêts auxquels il a été porté atteinte.

Dans les cas examinés, les caractéristiques du recours pour excès de pouvoir comme contentieux objectif se retrouvent dans la reconnaissance des actions exercées au nom de groupes, ainsi que des recours pour excès de pouvoir contre les décisions de rejet à double effet (destinataire et tiers), lesquelles n'auraient pas été recevables dans notre cas.

* Docteur en droit.

Il convient également de noter qu'il y a eu des demandes d'injonction dans les affaires de télécommunications et d'environnement. Compte tenu de la tendance récente des précédents notables dans les litiges environnementaux, on s'attend à ce que les litiges liés aux questions environnementales continuent de se développer à l'avenir.

Mots-clés: Conseil d'État, le recours pour excès de pouvoir, la recevabilité, l'intérêt à agir, l'injonction juridictionnelle, le contôle juridictionnel

투고일 2025. 6. 10.

심사일 2025. 6. 21.

게재확정일 2025. 6. 29.

附　　錄

研究倫理委員會 規程

研究論集 刊行 및 編輯規則

「行政判例研究」原稿作成要領

歷代 任員 名單

月例 集會 記錄

研究倫理委員會 規程

제1장 총　　칙

제 1 조 (목적)

이 규정은 사단법인 한국행정판례연구회(이하 "학회"라 한다) 정관 제26조에 의하여 연구의 진실성을 확보하기 위하여 설치하는 연구윤리위원회(이하 "위원회"라 한다)의 구성 및 운영에 관한 기본적인 사항을 정함을 목적으로 한다.

제 2 조 (적용대상)

이 규정은 학회의 정회원·준회원 및 특별회원(이하 "회원"이라 한다)에 대하여 적용한다.

제 3 조 (적용범위)

연구윤리의 확립 및 연구진실성의 검증과 관련하여 다른 특별한 규정이 없는 한 이 규정에 따른다.

제 4 조 (용어의 정의)

이 규정에서 사용하는 용어의 정의는 다음과 같다.

1. "연구부정행위"는 연구를 제안, 수행, 발표하는 과정에서 연구목적과 무관하게 고의 또는 중대한 과실로 행하여진 위조·변조·표절·부당한 저자표시 등 연구의 진실성을 심각하게 해치는 행위를 말한다.
2. "위조"는 존재하지 않는 자료나 연구결과를 허위로 만들고 이를 기록하거나 보고하는 행위를 말한다.
3. "변조"는 연구와 관련된 자료, 과정, 결과를 사실과 다르게

변경하거나 누락시켜 연구가 진실에 부합하지 않도록 하는 행위를 말한다.

4. “표절”은 타인의 아이디어, 연구 과정 및 연구결과 등을 정당한 승인 또는 적절한 인용표시 없이 연구에 사용하는 행위를 말한다.
5. “부당한 저자 표시”는 연구내용 또는 결과에 대하여 학술적 공헌 또는 기여를 한 자에게 정당한 이유 없이 저자 자격을 부여하지 않거나, 학술적 공헌 또는 기여를 하지 않은 자에게 감사의 표시 또는 예우 등을 이유로 저자 자격을 부여하는 행위를 말한다.

제 2 장 연구윤리위원회의 구성 및 운영

제 5 조 (기능)

위원회는 학회 회원의 연구윤리와 관련된 다음 각 호의 사항을 심의 · 의결한다.

1. 연구윤리 · 진실성 관련 제도의 수립 및 운영 등 연구윤리확립에 관한 사항
2. 연구윤리 · 진실성 관련 규정의 제·개정에 관한 사항
3. 연구부정행위의 예방 · 조사에 관한 사항
4. 제보자 및 피조사자 보호에 관한 사항
5. 연구진실성의 검증·결과처리 및 후속조치에 관한 사항
6. 기타 위원장이 부의하는 사항

제 6 조 (구성)

① 위원회는 위원장과 부위원장 각 1인을 포함하여 7인 이내의 위원으로 구성한다.

② 위원장은 부회장 중에서, 부위원장은 위원 중에서 회장이 지명

한다.

③ 부위원장은 위원장을 보좌하고 위원장의 유고시에 위원장의 직무를 대행한다.

④ 위원은 정회원 중에서 회장이 위촉한다.

⑤ 위원장과 부위원장 및 위원의 임기는 1년으로 하되 연임할 수 있다.

⑥ 위원회의 제반업무를 처리하기 위해 위원장이 위원 중에서 지명하는 간사 1인을 둘 수 있다.

⑦ 위원장은 위원회의 의견을 들어 전문위원을 위촉할 수 있다.

제 7 조 (회의)

① 위원장은 필요한 경우 위원회의 회의를 소집하고 그 의장이 된다.

② 회의는 재적위원 과반수 출석과 출석위원 과반수 찬성으로 의결한다. 단 위임장은 위원회의 성립에 있어 출석으로 인정하되 의결권은 부여하지 않는다.

③ 회의는 비공개를 원칙으로 하되, 필요한 경우에는 위원이 아닌 자를 참석시켜 의견을 진술하게 할 수 있다.

제 3 장 연구진실성의 검증

제 8 조 (연구부정행위의 조사)

① 위원회는 구체적인 제보가 있거나 상당한 의혹이 있는 경우에는 연구부정행위의 존재 여부를 조사하여야 한다.

② 위원회는 조사과정에서 제보자·피조사자·증인 및 참고인에 대하여 진술을 위한 출석과 자료의 제출을 요구할 수 있다.

③ 위원회는 연구기록이나 증거의 멸실, 파손, 은닉 또는 변조 등을 방지하기 위하여 상당한 조치를 취할 수 있다.

제 9 조 (제보자와 피조사자의 권리 보호)

① 위원회는 어떠한 경우에도 제보자의 신원을 직·간접적으로 노출시켜서는 안 된다. 다만, 제보 내용이 허위인 줄 알았거나 알 수 있었음에도 불구하고 이를 신고한 경우에는 보호 대상에 포함되지 않는다.

② 위원회는 연구부정행위 여부에 대한 검증과정이 종료될 때까지 피조사자의 명예나 권리가 침해되지 않도록 노력하여야 한다.

제10조 (비밀엄수)

① 위원회의 위원은 연구부정행위의 조사, 판정 및 제재조치의 건의 등과 관련한 일체의 사항을 비밀로 하며, 검증과정에 직·간접적으로 참여한 자는 검증과정에서 취득한 정보를 누설하여서는 아니 된다.

② 위원장은 제 1 항에 규정된 사항으로서 합당한 공개의 필요성이 있는 때에는 위원회의 의결을 거쳐 공개할 수 있다. 다만, 제보자 · 조사위원 · 증인 · 참고인 · 자문에 참여한 자의 명단 등 신원과 관련된 정보가 당사자에게 부당한 불이익을 줄 가능성이 있는 때에는 공개하지 아니한다.

제11조 (제척 · 기피 · 회피)

① 위원은 검증사건과 직접적인 이해관계가 있는 때에는 당해 사건의 조사 · 심의 및 의결에 관여하지 못한다. ② 제보자 또는 피조사자는 위원에게 공정성을 기대하기 어려운 사정이 있는 때에는 그 이유를 밝혀 당해 위원의 기피를 신청할 수 있다. 위원회에서 기피 신청이 인용된 때에는 기피 신청된 위원은 당해 사건의 조사 · 심의 및 의결에 관여하지 못한다.

③ 위원은 제 1 항 또는 제 2 항의 사유가 있다고 판단하는 때에는 회피하여야 한다.

④ 위원장은 위원이 검증사건과 직접적인 이해관계가 있다고 인정하는 때에는 당해 검증사건과 관련하여 위원의 자격을 정지할 수 있다.

제12조 (의견진술, 이의제기 및 변론기회의 보장)

위원회는 제보자와 피조사자에게 관련 절차를 사전에 알려주어야 하며, 의견진술, 이의제기 및 변론의 기회를 동등하게 보장하여야 한다.

제13조 (판정)

① 위원회는 위원들의 조사와 심의 결과, 제보자와 피조사자의 의견진술, 이의제기 및 변론의 내용을 토대로 검증대상행위의 연구부정행위 해당 여부를 판정한다.

② 위원회가 검증대상행위의 연구부정행위 해당을 확인하는 판정을 하는 경우에는 재적위원 과반수 출석과 출석위원 3분의 2 이상의 찬성으로 한다.

제 4 장 검증에 따른 조치

제14조 (판정에 따른 조치)

① 위원장은 제13조 제1항의 규정에 의한 판정결과를 회장에게 통보하고, 검증대상행위가 연구부정행위에 해당한다고 판정된 경우에는 위원회의 심의를 거쳐 그 판정결과에 따라 필요한 조치를 건의할 수 있다.

② 회장은 제 1 항의 건의가 있는 경우에는 다음 각 호 중 어느 하나의 제재조치를 하거나 이를 병과할 수 있다.

1. 연구부정논문의 게재취소
2. 연구부정논문의 게재취소사실의 공지
3. 회원의 제명절차에의 회부

4. 관계 기관에의 통보
5. 기타 적절한 조치

③ 전항 제 2 호의 공지는 저자명, 논문명, 논문의 수록 권·호수, 취소일자, 취소이유 등이 포함되어야 한다.

④ 회장은 학회의 연구윤리와 관련하여 고의 또는 중대한 과실로 진실과 다른 제보를 하거나 허위의 사실을 유포한 자가 회원인 경우 이를 제명절차에 회부할 수 있다.

제15조 (조사결과 및 제재조치의 통지)

회장은 위원회의 조사결과 및 제재조치에 대하여 제보자 및 피조사자 등에게 지체없이 서면으로 통지한다.

제16조 (재심의)

피조사자 또는 제보자가 판정결과 및 제재조치에 대해 불복할 경우 제15조의 통지를 받은 날부터 20일 이내에 이유를 기재한 서면으로 재심의를 요청할 수 있다.

제17조 (명예회복 등 후속조치)

검증대상행위가 연구부정행위에 해당하지 아니한다고 판정된 경우에는 학회 및 위원회는 피조사자의 명예회복을 위해 노력하여야 하며 적절한 후속조치를 취하여야한다.

제18조 (기록의 보관) ① 학회는 조사와 관련된 기록은 조사 종료 시점을 기준으로 5년간 보관하여야 한다.

부 칙

제 1 조 (시행일) 이 규정은 2007년 11월 29일부터 시행한다.

研究論集 刊行 및 編輯規則

제정: 1999. 08. 20.
제1차 개정: 2003. 08. 22.
제2차 개정: 2004. 04. 16.
제3차 개정: 2005. 03. 18.
전문개정: 2008. 05. 26.
제5차 개정: 2009. 12. 18.
제6차 개정: 2018. 12. 24.
제7차 개정: 2019. 04. 25.

제1장 총 칙

제 1 조 (目的)

이 규칙은 사단법인 한국행정판례연구회(이하 "학회"라 한다)의 정관 제27조의 규정에 따라 연구논집(이하 '논집'이라 한다)을 간행 및 편집함에 있어서 필요한 사항을 정함을 목적으로 한다.

제 2 조 (題號)

논집의 제호는 '行政判例研究'(Studies on Public Administration Cases)라 한다.

제 3 조 (刊行週期)

① 논집은 연 2회 정기적으로 매년 6월 30일, 12월 31일에 간행함을 원칙으로 한다.

② 전항의 정기간행 이외에 필요한 경우는 특별호를 간행할 수

있다.

제 4 조 (刊行形式)

논집의 간행형식은 다음 각 호의 어느 하나에 의한다.

1. 등록된 출판사와의 출판권 설정의 형식
2. 자비출판의 형식

제 5 조 (收錄對象)

① 논집에 수록할 논문은 다음과 같다.

1. 발표논문: 학회의 연구발표회에서 발표하고 제출한 논문으로서 편집위원회의 심사절차를 거쳐 게재확정된 논문
2. 제출논문: 회원 또는 비회원이 논집게재를 위하여 따로 제출한 논문으로서 편집위원회의 심사절차를 거쳐 게재확정된 논문
3. 그 밖에 편집위원회의 심사절차와 간행위원회의 의결을 거쳐 수록하기로 한 논문 등

② 논집에는 부록으로서 다음의 문건을 수록할 수 있다.

1. 학회의 정관, 회칙 및 각종 규칙
2. 학회의 역사 또는 활동상황
3. 학회의 각종 통계

③ 논집에는 간행비용의 조달을 위하여 광고를 게재할 수 있다.

제 6 조 (收錄論文要件)

논집에 수록할 논문은 다음 각호의 요건을 갖춘 것이어야 한다.

1. 행정판례의 평석 또는 연구에 관한 논문일 것
2. 다른 학술지 등에 발표한 일이 없는 논문일 것
3. 이 규정 또는 별도의 공고에 의한 원고작성요령 및 심사기준에 부합하는 학술연구로서의 형식과 품격을 갖춘 논문일 것

제 7 조 (著作權)

① 논집의 편자는 학회의 명의로 하고, 논집의 개별 논문에는 집필자(저작자)를 명기한다.

② 학회는 논집의 편집저작권을 보유한다.

③ 집필자는 논문 투고 시 학회에서 정하는 양식에 따라 논문사용권, 편집저작권 및 복제·전송권을 학회에 위임하는 것에 동의하는 내용의 동의서를 제출하여야 한다.

제 2 장 刊行委員會와 編輯委員會

제 8 조 (刊行 및 編輯主管)

① 논집의 간행 및 편집에 관한 업무를 관장하기 위하여 학회에 간행위원회와 편집위원회를 둔다.

② 간행위원회는 논집의 간행에 관한 중요한 사항을 심의·의결한다.

③ 편집위원회는 간행위원회의 결정에 따라 논집의 편집에 관한 업무를 행한다.

제 9 조 (刊行委員會의 構成과 職務 등)

① 간행위원회는 편집위원을 포함하여 회장이 위촉하는 적정한 수의 위원으로 구성하고 임기는 1년으로 하되 연임할 수 있다.

② 간행위원회는 위원장, 부위원장 및 간사 각 1인을 둔다.

③ 간행위원장은 위원 중에서 호선하고, 부위원장은 학회의 출판담당 상임이사로 하고, 간사는 위원 중에서 위원장이 위촉한다.

④ 간행위원회는 다음의 사항을 심의·의결한다.

1. 논집의 간행계획에 관한 사항
2. 논집의 특별호의 기획 등에 관한 사항
3. 이 규칙의 개정에 관한 사항
4. 출판권을 설정할 출판사의 선정에 관한 사항

5. 그 밖에 논집의 간행과 관련된 중요한 사항

⑤ 간행위원회는 다음 각 호의 경우에 위원장이 소집하고, 간행위원회는 위원 과반수의 출석과 출석위원 과반수의 찬성으로 의결한다.

1. 회장 또는 위원장이 필요하다고 판단하는 경우
2. 위원 과반수의 요구가 있는 경우

제10조 (編輯委員會의 構成과 職務 등)

① 편집위원회는 학회의 출판담당 상임이사를 포함하여 회장이 이사회의 승인을 얻어 선임하는 10인 내외의 위원으로 구성하고 임기는 3년으로 한다.

② 편집위원회는 위원장, 부위원장 및 간사 각 1인을 둔다.

③ 편집위원장은 위원 중에서 호선하고 임기는 3년으로 하며, 부위원장은 학회의 출판담당 상임이사로 하고, 간사는 위원 중에서 위원장이 위촉한다.

④ 편집위원회는 다음의 사항을 행한다.

1. 이 규칙에 의하는 외에 논집에 수록할 논문의 원고작성요령 및 심사기준에 관한 세칙의 제정 및 개정
2. 논문심사위원의 위촉
3. 논문심사의 의뢰 및 취합, 종합판정, 수정요청 및 수정후재심사, 논집에의 게재확정 또는 거부 등 논문심사절차의 진행
4. 논집의 편집 및 교정
5. 그 밖에 논집의 편집과 관련된 사항

⑤ 편집위원회는 다음 각 호의 경우에 위원장이 소집하고, 위원 과반수의 출석과 출석위원 과반수의 찬성으로 의결한다.

1. 회장 또는 위원장이 필요하다고 판단하는 경우
2. 위원 과반수의 요구가 있는 경우

제3장 論文의 提出과 審査節次 등

제11조 (論文提出의 基準)

① 논문원고의 분량은 A4용지 20매(200자 원고지 150매) 내외로 한다.

② 논문의 원고는 (주)한글과 컴퓨터의 "문서파일(HWP)"로 작성하고 한글사용을 원칙으로 하되, 필요한 경우 국한문혼용 또는 외국어를 사용할 수 있다.

③ 논문원고의 구성은 다음 각 호의 순서에 의한다.

1. 제목
2. 목차
3. 본문
4. 한글초록·주제어
5. 외국어초록·주제어
6. 참고문헌
7. 부록(필요한 경우)

④ 논문은 제1항 내지 제3항 이외에 편집위원회가 따로 정하는 원고작성요령 또는 심사기준에 관한 세칙을 준수하고, 원고는 편집위원회가 정하여 공고하는 기한 내에 출판간사를 통하여 출판담당 상임이사에게 제출하여야 한다.

제12조 (論文審査節次의 開始)

① 논문접수가 완료되면 출판담당 상임이사는 심사절차에 필요한 서류를 작성하여 편집위원장에게 보고하여야 한다.

② 편집위원장은 전항의 보고를 받으면 편집위원회를 소집하여 논문심사절차를 진행하여야 한다.

제13조 (論文審査委員의 委囑과 審査 依賴 등)

① 편집위원회는 간행위원, 편집위원 기타 해당 분야의 전문가 중에서 심사대상 논문 한 편당 3인의 논문심사위원을 위촉하여 심사를 의뢰한다.

② 제 1 항의 규정에 의하여 위촉되어 심사를 의뢰받는 논문심사위원이 심사대상 논문 또는 그 제출자와 특별한 관계가 명백하게 있어 논문심사의 공정성을 해할 우려가 있는 사람이어서는 안 된다.

제14조 (秘密維持) ① 편집위원장은 논문심사위원의 선정 및 심사의 진행에 관한 사항이 외부로 누설되지 않도록 필요한 조치를 취하여야 한다.

② 편집위원 및 논문심사위원은 논문심사에 관한 사항을 외부로 누설해서는 안 된다.

제15조 (論文審査의 基準) 논문심사위원이 논집에 수록할 논문을 심사함에 있어서는 다음 각 호의 기준을 종합적으로 고려하여 심사의견을 제출하여야 한다.

1. 제 6 조에 정한 수록요건
2. 제11조에 정한 논문제출기준
3. 연구내용의 전문성과 창의성 및 논리적 체계성
4. 연구내용의 근거제시의 적절성 및 객관성

제16조 (論文審査委員別 論文審査의 判定) ① 논문심사위원은 제15조의 논문심사기준에 따라 [별표 1]의 [논문심사서](서식)에 심사의견을 기술하여 제출하여야 한다.

② 논문심사위원은 심사대상 논문에 대하여 다음 각호에 따라 '판정의견'을 제출한다.

1. '게재적합': 논집에의 게재가 적합하다고 판단하는 경우
2. '게재부적합': 논집에의 게재가 부적합하다고 판단하는 경우

3. '수정후게재': 논문내용의 수정·보완 후 논집에의 게재가 적합하다고 판단하는 경우

③ 전항 제 1 호에 의한 '게재적합' 판정의 경우에도 논문심사위원은 수정·보완이 필요한 경미한 사항을 기술할 수 있다.

④ 제 2 항 제 2 호에 의한 '게재부적합' 판정 및 제 3 호에 의한 '수정후게재' 판정의 경우에는 각각 부적합사유와 논문내용의 수정·보완할 점을 구체적으로 명기하여야 한다.

제17조 (編輯委員會의 綜合判定 및 再審査) 편집위원회는 논문심사위원 3인의 논문심사서가 접수되면 [별표 2]의 종합판정기준에 의하여 '게재확정', '수정후게재', '수정후재심사' 또는 '불게재'로 종합판정을 하고, 그 결과 및 논문심사위원의 심사의견을 논문제출자에게 통보한다.

제18조 (修正要請 등)

① 편집위원장은 제17조의 규정에 의해 '수정후게재 판정을 받은 논문에 대하여 수정을 요청하여야 한다.

② 편집위원장은 제17조의 규정에 의해 '게재확정'으로 판정된 논문에 대하여도 편집위원회의 판단에 따라 수정이 필요하다고 인정하는 때에는 내용상 수정을 요청할 수 있다.

③ 편집위원회는 집필자가 전항의 수정요청에 따르지 않거나 재심사를 위해 고지된 기한 내에 수정된 논문을 제출하지 않을 때에는 처음 제출된 논문을 '불게재'로 최종 판정한다.

제4장 기 타

제19조 (審査謝禮費의 支給) 논문심사위원에게 논집의 간행·편집을 위한 예산의 범위 안에서 심사사례비를 지급할 수 있다.

第20條(輔助要員) 학회는 논집의 간행·편집을 위하여 필요하다고 인정하는 때에는 원고의 편집, 인쇄본의 교정, 부록의 작성 등에 관한 보조요원을 고용할 수 있다.

第21條 (刊行·編輯財源) ① 논집의 간행·편집에 필요한 재원은 다음 각호에 의한다.

1. 출판수입
2. 광고수입
3. 판매수입
4. 논문게재료
5. 외부 지원금
6. 기타 학회의 재원

② 논문 집필자에 대한 원고료는 따로 지급하지 아니한다.

第22條 (論集의 配布) ① 간행된 논집은 회원에게 배포한다.

② 논문의 집필자에게는 전항의 배포본 외에 일정한 부수의 증정본을 교부할 수 있다.

附 則 (1999. 8. 20. 제정)

이 규칙은 1999년 8월 20일부터 시행한다.

附 則

이 규칙은 2003년 8월 22일부터 시행한다.

附 則

이 규칙은 2004년 4월 17일부터 시행한다.

附　則

이 규칙은 2005년 3월 19일부터 시행한다.

附　則

이 규칙은 2008년 5월 26일부터 시행한다.

附　則

이 규칙은 2009년 12월 18일부터 시행한다.

附　則

이 규칙은 2018년 12월 24일부터 시행한다.

附　則

이 규칙은 2019년 4월 25일부터 시행한다.

[별표 1 : 논문심사서(서식)]

「行政判例研究」 게재신청논문 심사서

社團法人 韓國行政判例研究會

<table>
<tr><td>게재논집</td><td colspan="2">行政判例研究 제15－2집</td><td>심사일</td><td>2010. . .</td></tr>
<tr><td rowspan="2">심사위원</td><td rowspan="2">소속</td><td rowspan="2"></td><td>직위</td><td></td></tr>
<tr><td>성명</td><td>(인)</td></tr>
<tr><td>게재신청논문
[심사대상논문]</td><td colspan="4"></td></tr>
<tr><td>판정의견</td><td colspan="4">1. 게재적합 (　　　): 논집의 게재가 가능하다고 판단하는 경우
2. 게재부적합 (　　　): 논집의 게재가 불가능하다고 판단하는 경우
3. 수정후게재 (　　　): 논문내용의 수정·보완 후 논집의 게재가 가능하다고 판단하는 경우</td></tr>
<tr><td>심사의견</td><td colspan="4"></td></tr>
<tr><td>심사기준</td><td colspan="4">• 행정판례의 평석 또는 연구에 관한 논문일 것
• 다른 학술지 등에 발표한 일이 없는 논문일 것
• 연구내용의 전문성과 창의성 및 논리적 체계성이 인정되는 논문일 것
• 연구내용의 근거제시가 적절성과 객관성을 갖춘 논문일 것</td></tr>
</table>

※ 심사의견 작성시 유의사항 ※

▷ '게재적합' 판정의 경우에도 수정·보완이 필요한 사항을 기술할 수 있습니다.

▷ '게재부적합' 및 '수정후게재' 판정의 경우에는 각각 부적합사유와 논문내용의 수정·보완할 점을 구체적으로 명기하여 주십시오.

▷ 표 안의 공간이 부족하면 별지를 이용해 주십시오.

[별표 2: 종합판정기준]

<table>
<tr><th></th><th>심사위원의 판정</th><th>편집위원회 종합판정</th></tr>
<tr><td>1</td><td>○ ○ ○</td><td rowspan="2">게재확정</td></tr>
<tr><td>2</td><td>○ ○ △</td></tr>
<tr><td>3</td><td>○ △ △</td><td rowspan="3">수정후게재</td></tr>
<tr><td>4</td><td>△ △ △</td></tr>
<tr><td>5</td><td>○ ○ ×</td></tr>
<tr><td>6</td><td>○ △ ×</td><td rowspan="5">불게재</td></tr>
<tr><td>7</td><td>△ △ ×</td></tr>
<tr><td>8</td><td>○ × ×</td></tr>
<tr><td>9</td><td>△ × ×</td></tr>
<tr><td>10</td><td>× × ×</td></tr>
</table>

○ = "게재적합" △ = "수정후게재" × = "게재부적합"

「行政判例研究」 原稿作成要領

I. 원고작성기준

1. 원고는 워드프로세서 프로그램인 [한글]로 작성하여 전자우편을 통해 출판간사에게 제출한다.
2. 원고분량은 도표, 사진, 참고문헌 포함하여 200자 원고지 150매 내외로 한다.
3. 원고는 「원고표지 – 제목 - 저자 - 목차(로마자표시와 아라비아숫자까지) – 본문 – 참고문헌 – 국문 초록 – 국문 주제어(5개 내외) – 외국문 초록 – 외국문 주제어(5개 내외)」의 순으로 작성한다.
4. 원고의 표지에는 논문제목, 저자명, 소속기관과 직책, 주소, 전화번호(사무실, 핸드폰)와 e-mail주소를 기재하여야 한다.
5. 외국문 초록(논문제목, 저자명, 소속 및 직위 포함)은 영어를 사용하는 것이 원칙이지만, 논문의 내용에 따라서 독일어, 프랑스어, 중국어, 일본어를 사용할 수도 있다.
6. 논문의 저자가 2인 이상인 경우 주저자(First Author)와 공동저자(Corresponding Author)를 구분하고, 주저자·공동저자의 순서로 표기하여야 한다. 특별한 표시가 없는 경우에는 제일 앞에 기재된 자를 주저자로 본다.
7. 목차는 로마숫자(보기 : Ⅰ, Ⅱ), 아라비아숫자(보기 : 1, 2), 괄호숫자(보기: (1), (2)), 반괄호숫자(보기 : 1), 2), 원숫자(보기 : ①, ②)의 순으로 한다. 그 이후의 목차번호는 논문제출자가 임의로 정하여 사용할 수 있다.

II. 각주작성기준

1. 기본원칙

(1) 본문과 관련한 저술을 소개하거나 부연이 필요한 경우 각주로 처리한다. 각주는 일련번호를 사용하여 작성한다.

(2) 각주의 인명, 서명, 논문명 등은 원어대로 씀을 원칙으로 한다.

(3) 외국 잡지의 경우 처음 인용시 잡지명을 전부 기재하고 그 이후 각 주에서는 약어로 표시한다.

2. 처음 인용할 경우의 각주 표기 방법

(1) 저서: 저자명, 서명, 출판사, 출판년도, 면수.

번역서의 경우 저자명은 본래의 이름으로 표기하고, 저자명과 서명 사이에 옮긴이의 이름을 쓰고 "옮김"을 덧붙인다.

엮은 책의 경우 저자명과 서명 사이에 엮은이의 이름을 쓰고 "엮음"을 덧붙인다. 저자와 엮은이가 같은 경우 엮은이를 생략할 수 있다.

(2) 정기간행물: 저자명, "논문제목", 「잡지명」, 제00권 제00호, 출판연도, 면수.

번역문헌의 경우 저자명과 논문제목 사이에 역자명을 쓰고 "옮김"을 덧붙인다.

(3) 기념논문집: 저자명, "논문제목", 기념논문집명(000선생00기념논문집), 출판사, 출판년도, 면수.

(4) 판결 인용: 다음과 같이 대법원과 헌법재판소의 양식에 준하여 작성한다.

판결 : 대법원 2000. 00. 00. 선고 00두0000 판결.

결정 : 대법원 2000. 00. 00.자 00아0000 결정.

헌법재판소 결정 : 헌법재판소 2000. 00. 00. 선고 00헌가00

결정.

(5) 외국문헌 : 그 나라의 표준표기방식에 의한다.

(6) 외국판결 : 그 나라의 표준표기방식에 의한다.

(7) 신문기사는 기사면수를 따로 밝히지 않는다(신문명 0000. 00. 00.자). 다만, 필요한 경우 글쓴이와 글제목을 밝힐 수 있다.

(8) 인터넷에서의 자료인용은 원칙적으로 다음과 같이 표기한다. 저자 혹은 서버관리주체, 자료명, 해당 URL(검색일자)

(9) 국문 또는 한자로 표기되는 저서나 논문을 인용할 때는 면으로(120면, 120면-122면), 로마자로 표기되는 저서나 논문을 인용할 때는 p.(p. 120, pp. 121-135) 또는 S.(S. 120, S. 121 ff.)로 인용면수를 표기한다.

3. 앞의 각주 혹은 각주에서 제시된 문헌을 다시 인용할 경우 다음과 같이 표기한다. 국내문헌, 외국문헌 모두 같다. 다만, 저자나 문헌 혹은 양자 모두가 여럿인 경우 이에 따르지 않고 각각 필요한 저자명, 문헌명 등을 덧붙여 표기함으로써 구별한다.

(1) 바로 위의 각주가 아닌 앞의 각주의 문헌을 다시 인용할 경우

1) 저서인용: 저자명, 앞의 책, 면수

2) 논문인용: 저자명, 앞의 글, 면수

3) 논문 이외의 글 인용: 저자명, 앞의 글, 면수

(2) 바로 위의 각주에 인용된 문헌을 다시 인용할 경우에는 "위의 책, 면수", "위의 글, 면수"로 표시한다.

(3) 하나의 각주에서 앞서 인용한 문헌을 다시 인용할 경우에는 "같은 책, 면수", "같은 글, 면수"로 표시한다.

4. 기타

(1) 3인 공저까지는 저자명을 모두 표기하되, 저자간의 표시는 "/"

로 구분하고 "/" 이후에는 한 칸을 띄어 쓴다. 4인 이상의 경우 성을 온전히 표기하되, 중간이름은 첫글자만을 표기한다.

⑵ 부제의 표기가 필요한 경우 원래 문헌의 표기양식과 관계없이 원칙적으로 콜론으로 연결한다.

⑶ 글의 성격상 전거만을 밝히는 각주가 너무 많을 경우 약자를 사용하여 본문에서 그 전거를 밝힐 수 있다.

⑷ 여러 문헌의 소개는 세미콜론(;)으로 하고, 재인용의 경우 원전과 재인용출처 사이를 콜론(:)으로 연결한다.

III. 참고문헌작성기준

1. 순서

국문, 외국문헌 순으로 정리하되, 단행본, 논문, 자료의 순으로 정리한다.

2. 국내문헌

⑴ 단행본: 저자, 서명, 출판사, 출판연도.

⑵ 논문: 저자명, "논문제목", 잡지명 제00권 제00호, 출판연도.

3. 외국문헌

그 나라의 표준적인 인용방법과 순서에 따라 정리한다.

歷代 任員 名單

■ 초대(1984. 10. 29.)

회　　장　金道昶
부 회 장　徐元宇·崔光律(1987. 11. 27.부터)

■ 제 2 대(1988. 12. 9.)

회　　장　金道昶
부 회 장　徐元宇·崔光律
감　　사　李尙圭
상임이사　李鴻薰(총무), 金南辰(연구), 朴鈗炘(출판), 梁承斗(섭외)
이　　사　金東熙, 金斗千, 金英勳, 金元主, 金伊烈, 金鐵容, 石琮顯, 芮鍾德, 李康爀, 李升煥, 趙慶根, 崔松和, 韓昌奎, 黃祐呂

■ 제 3 대(1990. 2. 23.)

회　　장　金道昶
부 회 장　徐元宇·崔光律
감　　사　金鐵容
상임이사　李鴻薰(총무), 黃祐呂(총무), 金南辰(연구), 朴鈗炘(출판), 梁承斗(섭외)
이　　사　金東熙, 金斗千, 金英勳, 金元主, 金伊烈, 石琮顯, 芮鍾德, 李康爀, 李升煥, 李鴻薰
(1991. 1. 25.부터) 趙慶根, 崔松和, 韓昌奎, 黃祐呂

■ 제 4 대(1993. 2. 23.)

회　　장　金道昶
부 회 장　徐元宇·崔光律
감　　사　金鐵容
상임이사　李鴻薰(총무), 金南辰(연구), 朴鈗炘(출판), 梁承斗(섭외)
이　　사　金東熙, 金英勳, 金元主, 朴松圭, 卞在玉, 石琮顯, 孫智烈, 芮鍾德, 李康國, 李康爀, 李京運, 李淳容, 李重光, 李鴻薰, 趙慶根, 趙憲銖, 千柄泰, 崔松和, 韓昌奎, 黃祐呂

■ 제 5 대(1996. 2. 23.)

명예회장　金道昶
고　　문　徐元宇·金鐵容
회　　장　崔光律
부 회 장　金南辰·徐廷友
감　　사　韓昌奎
상임이사　金東熙(총무), 金元主(연구), 李康國(출판), 梁承斗(섭외)
이　　사　金英勳, 朴松圭, 朴鈗炘, 卞在玉, 石琮顯, 李康爀, 李京運, 李淳容, 李升煥, 李重光, 李鴻薰, 趙慶根, 趙憲銖, 千柄泰, 崔松和, 黃祐呂

■ 제 6 대(1999. 2. 19.)

명예회장　金道昶
고　　문　徐元宇, 金鐵容, 金南辰, 徐廷友, 韓昌奎
회　　장　崔光律
부 회 장　梁承斗, 李康國
감　　사　金元主
상임이사　李鴻薰(총무), 金東熙(연구), 崔松和(출판), 金善旭(섭외)

이　　사　金東建, 金英勳, 南勝吉, 朴松圭, 朴鈗炘, 白潤基, 卞海喆, 石琮顯, 李京運, 李光潤, 李升煥, 李重光, 鄭然彧, 趙憲銖, 洪準亨, 黃祐呂

■ 제 7 대(2002. 2. 15.)

명예회장　金道昶
고　　문　金南辰, 金元主, 徐元宇, 徐廷友, 梁承斗, 李康國, 崔光律, 韓昌奎
회　　장　金鐵容
부 회 장　金東建, 崔松和
감　　사　金東熙
상임이사　金善旭(총무), 朴正勳(연구), 李光潤(출판), 李京運(섭외)
이　　사　金英勳, 金海龍, 南勝吉, 朴均省, 朴鈗炘, 白潤基, 卞海喆, 石琮顯, 李東洽, 李範柱, 李重光, 李鴻薰, 鄭夏重, 趙憲銖, 洪準亨, 黃祐呂

■ 제 8 대(2005. 2. 21. / 2008. 2. 20.) *

명예회장　金道昶(2005. 7. 17. 별세)
고　　문　金南辰, 金元主, 徐元宇(2005. 10. 16. 별세), 徐廷友, 梁承斗, 李康國, 崔光律, 韓昌奎, 金鐵容, 金英勳, 朴鈗炘, 金東熙
회　　장　崔松和
부 회 장　李鴻薰, 鄭夏重
감　　사　金東建, 李京運,
상임이사　李光潤(총무), 安哲相(기획), 洪準亨/吳峻根(연구), 金性洙(출판), 徐基錫(섭외)
이　　사　金善旭, 金海龍, 南勝吉, 朴均省, 朴秀赫, 朴正勳, 白潤基, 卞海喆, 石琮顯, 石鎬哲, 蘇淳茂, 柳至泰, 尹炯漢, 李東洽, 李範柱, 李殷祈, 李重光, 趙龍鎬, 趙憲銖, 崔正一, 黃祐呂,

金香基, 裵柄皓, 劉南碩
간　　사 李元雨 / 金鍾甫(총무), 李賢修(연구), 金重權(재무),
宣正源 / 李熙貞(출판), 권은민(섭외)

* 위 '회장', '부회장', '상임이사', '이사'는 2007. 4. 20. 제정된 사단법인 한국행정판례연구회 정관 제13조, 제14조, 제15조의 '이사장 겸 회장', '이사 겸 부회장', '이사 겸 상임이사', '운영이사'임.

■제 9 대(2008. 2. 15. / 2011. 2. 14.)

고　　문 金南辰, 金東熙, 金英勳, 金元主, 金鐵容, 朴鈗炘, 徐廷友, 梁承斗, 李康國, 李鴻薰, 鄭夏重, 崔光律, 韓昌奎

회　　장 崔松和

부 회 장 李京運, 徐基錫

감　　사 金東建, 金善旭

이사 겸 상임이사 慶　健(총무), 安哲相(기획), 朴均省(연구), 韓堅愚(출판), 權純一(섭외/연구)

운영이사 具旭書, 권은민, 金光洙, 金性洙, 金連泰, 金容燮, 金容贊, 金裕煥, 金義煥, 金重權, 金敞祚, 金海龍, 金香基, 金鉉峻, 朴正勳, 朴海植, 裵柄皓, 白潤基, 卞海喆, 石琮顯, 石鎬哲, 成百玹, 蘇淳茂, 申東昇, 辛奉起, 吳峻根, 劉南碩, 俞珍式, 尹炯漢, 李光潤, 李承寧, 李元雨, 李殷祈, 李重光, 鄭鍾錧, 鄭準鉉, 趙龍鎬, 曺海鉉, 趙憲銖, 崔正一, 洪準亨

간　　사 張暻源 · 李殷相·安東寅(총무), 鄭亨植 · 장상균(기획), 金泰昊(기획/연구), 金聖泰·崔善雄·鄭南哲(연구), 李熙貞 · 河明鎬·崔桂暎(출판), 林聖勳(섭외), 박재윤(총무)

■제 10 대(2011. 2. 15. /2014. 2. 14)

명예회장 金鐵容, 崔光律

고　　문　金南辰, 金東建, 金東熙, 金英勳, 金元主, 朴鈗炘, 徐廷友, 梁承斗, 李康國, 李京運, 鄭夏重, 崔松和, 韓昌奎

회　　장　李鴻薰

부 회 장　徐基錫, 李光潤

감　　사　金善旭, 蘇淳茂

이사 겸 상임이사　金重權(총무), 安哲相(기획), 劉南碩, 金容燮(연구), 金鐘甫(출판), 金敞祚, 金義煥(섭외/연구)

운영이사　姜錫勳, 慶　健, 具旭書, 權純一, 權殷旼, 琴泰煥, 金光洙, 金性洙, 金連泰, 金容燮, 金容贊, 金海龍, 金香基, 金鉉峻, 朴均省, 朴正勳, 朴海植, 裵柄皓, 白潤基, 卞海喆, 石琮顯, 石鎬哲, 宣正源, 成百玹, 申東昇, 辛奉起, 呂相薰, 吳峻根, 俞珍式, 尹炯漢, 李承寧, 李元雨, 李殷祈, 李重光, 李賢修, 李熙貞, 林永浩, 鄭南哲, 鄭鍾錧, 鄭準鉉, 鄭亨植, 趙龍鎬, 曺海鉉, 趙憲銖, 崔正一, 洪準亨, 韓堅愚, 河明鎬

간　　사　安東寅, 李羲俊(총무), 蔣尙均(기획), 金泰昊, 朴在胤(연구), 朴玄廷, 姜知恩(출판), 李殷相(섭외)

■제 11 대(2014. 2. 15./2017. 2. 14.)

명예회장　金鐵容, 崔光律

고　　문　金南辰, 金東建, 金東熙, 金英勳, 金元主, 朴鈗炘, 徐廷友, 梁承斗, 李康國, 李京運, 崔松和, 韓昌奎 李光潤, 徐基錫

회　　장　鄭夏重

부 회 장　安哲相, 朴正勳

감　　사　蘇淳茂, 白潤基

상임이사　李熙貞(총무), 鄭鎬庚(연구), 李承寧, 康鉉浩(기획) 金義煥, 鄭夏明(섭외), 鄭南哲(출판)

운영이사　姜錫勳, 慶　健, 具旭書, 權殷旼, 琴泰煥, 金光洙, 金國鉉,

金南撤, 金炳圻, 金性洙, 金聖泰, 金秀珍, 金連泰, 金容燮, 金容贊, 金裕煥, 金重權, 金鐘甫, 金敞祚, 金致煥, 金海龍, 金香基, 金鉉峻, 文尙德, 朴均省, 朴海植, 裵柄皓, 卞海喆, 石鎬哲, 宣正源, 宋鎭賢, 成百玹, 申東昇, 辛奉起, 呂相薰, 吳峻根, 兪珍式, 柳哲馨, 尹炯漢, 李東植, 李元雨, 李殷祈, 李重光, 李賢修, 林永浩, 張暻源, 藏尙均, 田聖銖, 田 勳, 鄭鍾錧, 鄭準鉉, 鄭亨植, 趙成奎, 趙龍鎬, 曺海鉉, 趙憲銖, 趙弘植, 朱한길, 崔峰碩, 崔善雄, 崔正一, 洪準亨, 韓堅愚, 河明鎬, 河宗大, 黃彰根

간 사 房東熙, 崔允寧(총무), 崔桂暎, 張承爀(연구), 洪先基(기획) 桂仁國, 李惠診(출판)

■제12 대(2017. 2. 17./2020. 2. 16.)

명예회장 金鐵容, 崔光律

고 문 金南辰, 金東熙, 金英勳, 朴鈗炘, 徐基錫, 徐廷友, 蘇淳茂, 李康國, 李京運, 李光潤, 李鴻薰, 鄭夏重, 崔松和, 韓昌奎

회 장 金東建

부 회 장 朴正勳, 李承寧, 金重權

감 사 李殷祈, 孫台浩

상임이사 金敞祚/李鎭萬(기획), 兪珍式/徐圭永(섭외), 李熙貞/張暻源(총무), 李賢修/河明鎬(연구), 崔瑨修(출판)

운영이사 姜基弘, 姜錫勳, 康鉉浩, 慶 健, 具旭書, 權殷旼, 琴泰煥, 金光洙, 金國鉉, 金南撤, 金炳圻, 金聲培, 金性洙, 金聖泰, 金秀珍, 金連泰, 金容燮, 金容贊, 金裕煥, 金義煥, 金鐘甫, 金致煥, 金海龍, 金香基, 金鉉峻, 文尙德, 朴均省, 朴海植, 房東熙, 裵柄皓, 白潤基, 石鎬哲, 宣正源, 成百玹, 成重卓, 宋鎭賢, 申東昇, 辛奉起, 安東寅, 呂相薰, 吳峻根, 柳哲馨,

尹炯漢, 李東植, 李元雨, 李重光, 林永浩, 張曝源, 藏尙均, 田聖銖, 田　勳, 鄭南哲, 鄭鍾館, 鄭準鉉, 鄭夏明, 鄭亨植, 鄭鎬庚, 趙成奎, 趙龍鎬, 曺海鉉, 趙憲銖, 朱한길, 崔桂暎, 崔峰碩, 崔善雄, 崔允寧, 崔正一, 河宗大, 韓堅愚, 洪準亨

간　　사 禹美亨/朴祐慶/金讚喜/金厚信(총무), 金判基(연구), 李眞洙/桂仁國/李在勳/李采鍈(출판)

■제13 대(2020. 3. 20./2022. 3. 19.)

명예회장 金鐵容, 崔光律

고　　문 金南辰, 金東建, 金東熙, 金英勳, 朴鈗炘, 徐基錫, 徐廷友, 蘇淳茂, 李康國, 李京運, 李光潤, 李鴻薰, 鄭夏重, 韓昌奎

회　　장 金善旭

부 회 장 朴正勳, 金國鉉, 金秀珍

감　　사 金重權, 金義煥

특임이사 金敞祚/俞珍式

상임이사 金大仁(총무), 李眞洙/桂仁國(출판), 林　賢/朴玄廷(연구), 徐輔國/朴修貞/金亨洙(기획), 房東熙/李相悳(섭외)

운영이사 姜基弘, 姜錫勳, 康鉉浩, 慶　健, 具旭書, 權殷旼, 琴泰煥, 金光洙, 金南撤, 金炳圻, 金聲培, 金性洙, 金聖泰, 金連泰, 金容燮, 金容贊, 金裕煥, 金義煥, 金鐘甫, 金致煥, 金海龍, 金香基, 金鉉峻, 文尙德, 朴均省, 朴海植, 裵柄皓, 白潤基, 徐圭永, 石鎬哲, 宣正源, 成百玹, 成重卓, 孫台浩, 宋鎭賢, 申東昇, 辛奉起, 安東寅, 呂相薰, 吳峻根, 柳哲馨, 尹炯漢, 李東植, 李承寧, 李元雨, 李殷祈, 李重光, 李鎭萬, 李賢修, 李熙貞, 林永浩, 張曝源, 藏尙均, 田聖銖, 田　勳, 鄭南哲, 鄭鍾館, 鄭準鉉, 鄭夏明, 鄭亨植, 鄭鎬庚, 趙成奎, 趙龍鎬, 曺海鉉, 趙憲銖, 朱한길, 崔桂暎, 崔峰碩, 崔善雄, 崔允寧,

崔正一, 崔瑨修, 河明鎬, 河宗大, 韓堅愚, 洪準亨

간사 朴祐慶/朴乾嵎/河敏貞(총무), 李在勳/李采鍈/姜相宇(출판), 張允瑛/金在仙(연구)

■제14 대(2022. 2. 21./2024. 2. 20.)

명예회장 金鐵容, 崔光律
고　　문 金南辰, 金東建, 金東熙, 金英勳, 朴鈗炘, 徐基錫, 徐廷友, 蘇淳茂, 李康國, 李京運, 李光潤, 李鴻薰, 鄭夏重, 韓昌奎
회　　장 朴正勳
부 회 장 康鉉浩, 崔瑨修, 金國鉉, 李熙貞, 河明鎬
감　　사 趙椿, 金秀珍
특임이사 金義煥, 鄭夏明
총무이사 徐輔國, 李殷相
연구이사 林賢, 成重卓, 崔桂映, 宋時康, 洪康熏, 朴玄廷
출판이사 桂仁國, 李承玟
기획이사 朴在胤, 安東寅, 金志訓
대외이사 丁相奎, 李相悳, 金炯秀
재무이사 李眞洙, 姜知恩, 朴祐慶
간사 禹美亨/李在勳/朴乾嵎/金厚信(총무), 金在仙/金慧眞/崔名芝/文光珍(연구), 姜相宇/黃善勳/石浩榮/張允瑛(출판), 金讚喜(재무)

月例 集會 記錄

〈2025.6. 현재〉

순번	연월일	발표자	발 표 제 목
1-1	84.12.11.	金南辰	聽問을 결한 行政處分의 違法性
-2		李鴻薰	都市計劃과 行政拒否處分
2-1	85.2.22.	崔世英	行政規則의 法規性 認定 與否
-2		崔光律	實地讓渡價額을 넘는 讓渡差益의 인정여부
3-1	3.29.	石琮顯	都市計劃決定의 法的 性質
-2		金東建	違法한 旅館建物의 건축과 營業許可의 취소
4-1	4.26.	徐元宇	當然無效의 行政訴訟과 事情判決
-2		黃祐呂	아파트地區내의 土地와 空閑地稅
5-1	5.31.	朴鈗炘	林産物團束에관한法律 제 7 조에 대한 違法性 認定의 與否
-2		姜求哲	行政訴訟에 있어서의 立證責任의 문제
6-1	6.28.	金鐵容	酒類販賣業 免許處分 撤回의 근거와 撤回權 留保의 한계
-2		盧瑩保	國稅基本法 제42조 소정의 讓渡擔保財産의 의미
7-1	9.27.	金道昶	信賴保護에 관한 行政判例의 최근 동향
-2		金東熙	自動車運輸事業法 제31조 등에 관한 處分要

순번	연월일	발표자	발 표 제 목
			領의 성질
8-1	10.25.	李尙圭	入札參加資格 制限行爲의 법적 성질
-2		李相敦	公有水面埋立에 따른 不動産所有權 國家歸屬의 무효확인
9-1	11.22.	梁承斗	抗告訴訟의 提起要件
-2		韓昌奎	地目變更 拒否의 성질
10	86.1.31.	李相赫	行政訴訟에 있어서의 訴의 利益의 문제
11	2.28	崔松和	運轉免許 缺格者에 대한 면허의 효력
12	3.28	金道昶	憲法上의 違憲審査權의 所在
13	4.25.	趙慶根	美聯邦情報公開法에 대한 약간의 고찰
14	5.30.	張台柱	西獨에 있어서 隣人保護에 관한 判例의 최근동향
15	6.27.	金斗千	僞裝事業者와 買入稅額 控除
外1	9.30.	藤田宙靖	日本의 最近行政判例 동향
16	10.31.	金英勳	注油所 許可와 瑕疵의 承繼
17	11.28.	芮鍾德	漁業免許의 취소와 裁量權의 濫用
外2	87.3.21.	鹽野宏	日本 行政法學界의 現況
		園部逸夫	새 行政訴訟法 시행 1년을 보고
18	4.25.	金道昶	知的財産權의 문제들
19-1	4.22.	李升煥	商標法에 관한 최근판례의 동향
-2			工場登錄 拒否處分과 소의 이익
20	5.29.	金南辰	執行停止의 요건과 本案理由와의 관계
21	9.25.	崔光律	日本公法學會 總會參觀 등에 관한 보고
22-1	10.30.	金道昶	地方自治權의 강화와 行政權限의 위임에 관한 문제
-2			
23	11.27.	金鐵容	不作爲를 구하는 訴의 가부

순번	연월일	발표자	발 표 제 목
24	88.2.26.	金時秀	租稅賦課處分에 있어서의 當初處分과 更正拒否處分의 법률관계
25-1	3.25.	徐元宇	최근 日本公法學界의 동향
-2		朴鈗炘	平澤港 漁業補償 문제
外3	4.29.	成田賴明	日本 行政法學과 行政判例의 최근 동향
26	5.27.	李尙圭	防衛稅 過誤納 還給拒否處分의 취소
27	6.24.	徐元宇	運輸事業計劃 변경인가처분의 취소
28	8.26.	金完燮	처분후의 事情變更과 소의 이익
29	10.7.	石琮顯	行政處分(訓令)의 법적 성질
30	10.28.	李鴻薰	土地收用裁決處分의 취소
31	11.17.	朴鈗炘	行政計劃의 법적 성질
32	89.1.27.	金東熙	載量行爲에 대한 司法的統制의 한계
33	2.24.	李碩祐	國稅還給申請權의 인정 여부
34	3.24.	朴松圭	國産新技術製品 保護決定處分의 일부취소
35-1	4.28.	金鐵容	독일 行政法學界의 최근동향
-2		千柄泰	제 3 자의 行政審判前置節次 이행 여부
36	5.26.	金善旭	公務員의 團體行動의 違法性
37	6.30.	金元主	租稅行政과 信義誠實의 원칙
38	8.25.	趙憲銖	國稅還給拒否處分의 법적 성질
39	9.29.	鄭準鉉	刑事訴追와 行政處分의 효력
40	10.27.	韓堅愚	行政規則(訓令)의 성질
41	11.24.	金斗千	相續稅法 제32조의2의 違憲 여부
外4	12.27.	小早川光朗	日本 行政法學界의 최근 동향
42	90.1.19.	金鐵容	豫防的 不作爲訴訟의 許容 여부
43	2.23.	李光潤	營造物行爲의 법적 성질
44	3.30.	南勝吉	行政刑罰의 범위

순번	연월일	발표자	발 표 제 목
45	4.27.	黃祐呂	法律의 遡及效
46	5.25.	朴均省	行政訴訟과 訴의 이익
47	6.29.	卞在玉	軍檢察官의 公訴權行使에 관한 憲法訴願
48	8.31.	成樂寅	結社의 自由의 事前制限
49	9.28.	辛奉起	憲法訴願과 辯護士 强制主義
50	10.26.	朴圭河	行政官廳의 權限의 委任·再委任
51	11.30.	朴國洙	行政行爲의 公定力과 國家賠償責任
52	91.1.25.	梁承斗	土地去來許可의 법적 성질
53	2.22.	徐元宇	建築許可 保留의 위법성 문제
外5-1	3.29.	南博方	處分取消訴訟과 裁決取消訴訟
-2		藤田宙靖	日本 土地法制의 현황과 課題
54	4.26.	吳峻根	遺傳子工學的 施設 設置許可와 法律留保
55	5.31.	金南辰	拒否行爲의 行政處分性과 "법률상 이익 있는 자"의 의미
56	6.28.	鄭然彧	無效確認訴訟과 訴의 이익
57	8.30.	金性洙	主觀的公權과 基本權
58	9.27.	金英勳	運轉免許 取消處分의 취소
59	10.25.	石琮顯	基準地價告示地域 내의 收用補償額 算定基準에 관한 판례동향
60	11.29.	朴鈗炘	工事中止處分의 취소
61	92.1.31.	卞海喆	公物에 대한 强制執行
62	2.28.	李康國	違憲法律의 효력－그 遡及效의 범위와 관련하여
63	3.27	金善旭	公勤務에 관한 女性支援指針과 憲法上의 平等原則
64	4.24.	全光錫	不合致決定의 허용 여부
65	5.29.	崔正一	行政規則의 법적성질 및 효력

순번	연월일	발표자	발 표 제 목
66	6.26.	李琦雨	獨逸 Műnster 高等行政裁判所 1964.1.8. 판결
67	8.28.	朴鈗炘	地方自治團體의 자주적인 條例制定權과 規律문제
68	9.18.	金元主	讓渡所得稅 등 賦課處分의 취소
69	10.16.	洪準亨	結果除去請求權과 行政介入請求權
70	11.20.	金時秀	土地收用裁決處分의 취소
71	93.1.15.	金海龍	環境技術관계 行政決定에 대한 司法的 統制의 범위
72	2.19.	李重光	租稅法上 不當利得 返還請求權
73	3.19.	高永訓	行政規則에 의한 行政府의 立法行爲外
外6	4.16.	J.Anouil	EC法의 現在와 將來
74	5.21.	柳至泰	行政訴訟에서의 行政行爲 根據變更에 관한 판례분석
75	6.18.	徐元宇	原處分主義와 被告適格
76	8.20.	朴均省	國家의 公務員에 대한 求償權
77	9.17.	金東熙	教員任用義務不履行 違法確認訴訟
78	10.15.	盧永錄	建設業免許 取消處分의 취소
79	94.1.21.	徐廷友	無效確認을 구하는 의미의 租稅取消訴訟과 租稅還給金 消滅時效의 起算點
80	2.18.	洪準亨	判斷餘地의 한계
81	3.18.	裵輔允	憲法訴願 審判請求 却下決定에 대한 헌법소원
82	4.15.	金善旭	舊東獨判事의 獨逸判事任用에 관한 決定과 그 不服에 대한 管轄權
83	5.20.	李京運	學則의 법적 성질
84	6.17.	朴松圭	任用行爲取消處分의 취소
85	8.19.	金鐵容	公務員 個人의 不法行爲責任

순번	연월일	발표자	발 표 제 목
86	9.30.	卞在玉	日本 家永教科書檢定 第一次訴訟 上告審 判決의 評釋
87	10.21.	金香基	無名抗告訴訟의 可否
88	11.18.	李康國	行政行爲의 瑕疵의 治癒
89	95.1.20.	趙憲銖	取消判決의 遡及效
90	2.17.	朴秀赫	獨逸 統一條約과 補償法上의 原狀回復 排除規定의 合憲 여부
外7	3.17.	小高剛	損失補償에 관한 日本 最高裁判所 判決의 분석
91	4.21.	崔松和	行政處分의 理由明示義務에 관한 판례
92	5.19.	崔正一	石油販賣業의 양도와 歸責事由의 승계
93	6.16.	鄭夏重	國家賠償法 제5조에 의한 배상책임의 성격
94	8.18.	吳振煥	無效인 條例에 근거한 行政處分의 효력
95	9.15.	金敞祚	日本 長良川 安八水害 賠償判決
96	10.20.	黃祐呂	非常高等軍法會議 判決의 破棄와 還送法院
97	11.17.	白潤基	地方自治法 제98조 및 제159조에 의한 訴訟
98	96.1.19.	徐元宇	營業停止期間徒過後의 取消訴訟과 訴의 이익
99	2.23.	金海龍	計劃變更 내지 保障請求權의 성립요건
外8	3.19.	鹽野宏	日本 行政法 判例의 近年動向 - 行政訴訟을 중심으로
100	4.19.	金東熙	國家賠償과 公務員에 대한 求償
101	5.17.	梁承斗	教員懲戒와 그 救濟制度
102	6.28.	金容燮	運轉免許取消·停止處分의 法的 性質 및 그 한계
103	8.16.	李京運	轉補發令의 處分性
104	9.20.	盧永錄	申告納稅方式의 租稅와 그 瑕疵의 판단기준
105	10.18.	金敞祚	道路公害와 道路設置·管理者의 賠償責任

순번	연월일	발표자	발 표 제 목
106	11.15.	金裕煥	形式的 拒否處分에 대한 取消訴訟의 審理범위
107	97.1.17.	裵柄皓	北韓國籍住民에 대한 强制退去命令의 적법성
108	2.21.	趙龍鎬	公衆保健醫師 採用契約解止에 대한 爭訟
109	3.21.	金鐵容	行政節次法의 내용
110	4.18.	趙憲銖	建築物臺帳 職權訂正行爲의 처분성
111	5.16.	鄭夏重	交通標識板의 법적성격
112	6.20.	裵輔允	違憲決定과 行政處分의 효력
113	8.22.	吳峻根	聽聞의 실시요건
114	9.19.	金善旭	옴부즈만條例案 再議決 無效確認判決의 문제점
115	10.17.	李光潤	機關訴訟의 성질
116	11.21.	朴正勳	敎授再任用拒否의 처분성
117	98.1.16.	白潤基	當事者訴訟의 대상
118	2.20.	辛奉起	機關訴訟 주문의 형식
119	3.20.	洪準亨	行政法院 出帆의 意義와 행정법원의 課題
120	4.17.	宣正源	오스트리아와 독일의 不作爲訴訟에 관한 고찰
121	5.16.	李東洽	刑事記錄 열람·등사 거부처분
122	6.19.	金東建	環境行政訴訟과 地域住民의 原告適格
123	8.21.	金南辰	法規命令과 行政規則의 구별
124	9.18.	金敞祚	河川 管理 責任
125	10.16.	金容燮	行政審判의 裁決에 대한 取消訴訟
126	11.20.	徐廷友	垈地造成事業計劃 승인처분의 재량행위
127	99.1.15.	南勝吉	處分의 기준을 규정한 施行規則(部令)의 성격
128	2.19.	金裕煥	違憲法律에 根據한 行政處分의 效力
129	3.19.	鄭夏重	多段階行政節次에 있어서 事前決定과 部分許 可의 意味

순번	연월일	발표자	발 표 제 목
130	4.16.	裵輔允	南北交流協力 등 統一에 관한 법적 문제
131	5.21.	康鉉浩	計劃承認과 司法的 統制
132	6.18.	俞珍式	行政指導와 違法性阻却事由
133	8.20.	朴正勳	侵益的 行政行爲의 公定力과 刑事裁判
134	9.17.	金東熙	建築許可신청서 返戾처분취소
		金南澈	行政審判法 제37조 제2항에 의한 自治權侵害의 가능성
135	10.15.	金炳圻	條例에 대한 再議要求事由와 大法院提訴
		權殷玟	公賣決定·通知의 처분성 및 소송상 문제점
136	11.19.	石鎬哲	羈束力의 범위로서의 처분사유의 동일
		金珉昊	직무와 관련된 不法行爲에 있어 공무원 개인의 책임
137	00.1.21.	尹炯漢	任用缺格과 退職給與
		裵柄皓	還買權소송의 管轄문제
138	2.18.	趙憲銖	個人事業의 法人轉換과 租稅減免
		金連泰	조세행정에 있어서 경정처분의 효력
139	3.17.	俞珍式	自動車運輸事業 면허처분에 있어서 競業, 競願의 범위
		慶 健	情報公開請求權의 憲法的 根據와 그 制限
140	4.21.	朴正勳	拒否處分 取消訴訟에 있어 違法判斷의 基準時와 訴의 利益
		金柄圻	行政訴訟上 執行停止의 要件으로서의 '回復하기 어려운 損害'와 그 立證責任
141	5.19.	洪準亨	不可變力, 信賴保護, 그리고 行政上 二重危險의 禁止
		康鉉浩	建築變更許可와 附款

순번	연월일	발표자	발 표 제 목
142	6.16.	趙龍鎬	寄附金品募集許可의 法的性質
		金容燮	行政上 公表
143	8.18.	朴松圭	盜難당한 自動車에 대한 自動車稅와 免許稅
		權殷玟	廢棄物處理業 許可權者가 한 '不適正通報' 의 法的性質
144	9.22.	石鎬哲	公法的 側面에서 본 日照權 保護
145	10.20.	蘇淳茂	後發的 事由에 의한 更正請求權을 條理上 인정할 수 있는지 與否
		金光洙	土地形質變更許可와 信賴保護原則
146	11.17.	朴鈗炘	慣行漁業權
		宣正源	複合民願과 認·許可擬制
147	01.1.19.	崔松和	판례에 있어서 공익
		李光潤	도로가 행정재산이 되기 위한 요건 및 잡종재산에 대한 시효취득
148	2.16.	金鐵容	개발제한 구역의 시정과 손실 보상
		鄭夏重	부관에 대한 행정소송
149	3. 8.	金性洙	독일연방헌재의 폐기물법에 대한 결정과 환경법상 협력의 원칙
		李東植	중소기업에 대한 조세 특례와 종업원의 전출. 파견
150	4.20.	李京運	주택건설사업계획 사전결정의 구속력
		裵輔允	2000년 미국대통령 선거 소송 사건
151	5. 9.	李東洽	위헌법률에 근거한 처분에 대한 집행력 허용 여부
		金珉昊	상속세 및 증여세법상 증여의 의미
152	6.15.	李元雨	정부투자기관의 부정당업자 제재조치의 법적

순번	연월일	발표자	발 표 제 목
			성질
		朴榮萬	군사시설보호법상의 협의와 항고소송
153	8.17.	崔正一	법규명령형식의 재량준칙의 법적성질 및 효력
		趙憲銖	유적발굴허가와 행정청의 재량
154	9.21.	金東熙	국가배상법 제 5 조상의 영조물의 설치·관리상 하자의 관념
		金東建	대법원 판례상의 재량행위
155	10.10.	吳峻根	행정절차법 시행이후의 행정절차 관련 주요 행정판례 동향분석
		柳至泰	공물법의 체계에 관한 판례 검토
156	11. 7.	白潤基	행정소송에 있어서 건축주와 인근주민의 이익의 충돌과 그 조화
		徐廷範	국가배상에 있어서 위법성과 과실의 일원화에 관하여
157	02.1.18.	金善旭	독일헌법상의 직업공무원제도와 시간제공무원
		朴正勳	처분사유의 추가·변경－제재철회와 공익상 철회
158	2.15.	辛奉起	일본의 기관소송 법제와 판례
		權殷玟	원천징수행위의 처분성과 원천징수의무자의 불복방법
159	3.15.	朴均省	환경영향평가의 하자와 사업계획승인처분의 효력
		金鐘甫	관리처분계획의 처분성과 그 공정력의 범위
160	4.19.	崔光律	농지전용에 관한 위임명령의 한계
		俞珍式	건축법상 일조보호규정의 私法上의 의미
161	5.17.	朴鈗炘	국가배상법 제2조 제1항 단서에 대한 헌법재

순번	연월일	발표자	발 표 제 목
			판소의 한정위헌결정 및 관련 대법원판례에 대한 평석
		宣正源	행정의 공증에 대한 사법적 통제의 의미와 기능의 명확화
162	6.21.	金元主	도로배연에 의한 대기오염과 인과관계
		康鉉浩	재량준칙의 법적 성격
163	7.19.	裵柄皓	회의록과 정보공개법상 비공개대상정보
		慶 健	공문서관리의 잘못과 국가배상책임
164	8.16.	金容燮	거부처분취소판결의 기속력
		金炳圻	보완요구의 '부작위'성과 재결의 기속력
165	9.13.	尹炯漢	기납부 택지초과소유부담금 환급청구권의 성질과 환급가산금의 이자율
		鄭夏明	미국연방대법원의 이른바 임시규제적 수용에 관한 새로운 판결례
166	10.18.	李鴻薰	공용지하사용과 간접손실보상
		金光洙	국가배상소송과 헌법소원심판의 관계
167	11.15.	徐元宇	행정법규위반행위의 사법적 효력
		李康國	조세채무의 성립과 확정
168	12.20.	蘇淳茂	인텔리전트빌딩에 대한 재산세중과시행규칙의 유효성 여부
169	03.1.17.	金敞祚	정보공개제도상의 비공개사유와 본인개시청구
		金聖泰	운전면허수시적성검사와 개인 정보보호
170	2.21.	金東熙	기속재량행위와 관련된 몇 가지 논점 또는 의문점
		曺海鉉	행정처분의 근거 및 이유제시의 정도
171	3.21.	白潤基	불합격처분에 대한 효력정지결정에 대한 고찰

순번	연월일	발표자	발 표 제 목
		宣正源	행정입법에 대한 부수적 통제
172	5.16.	李元雨	한국증권업협회의 협회등록최소결정의 법적 성질
		金容贊	정보공개청구사건에서의 몇 가지 쟁점
173	6.20.	金重權	이른바 “수리를 요하는 신고”의 문제점에 관한 소고
		洪準亨	평생교육시설 설치자 지위승계와 설치자 변경 신청서 반려처분의 적법 여부
174	7.18.	金鐵容	학교법인임원취임승인취소처분과 행정절차법
		金秀珍	성별에 따른 상이한 창업지원금신청기간설정과 국가의 평등보장의무
175	8.22.	鄭夏重	법관의 재판작용에 대한 국가배상책임
		金鐘甫	정비조합(재건축, 재개발조합) 인가의 법적 성격
176	9.19.	金炳圻	수익적 행정행위의 철회의 법적 성질과 철회사유
		朴榮萬	군사시설보호구역설정행위의 법적 성격
177	10. 9	朴正勳	취소판결의 기판력과 기속력
		李東植	구 소득세법 제101조 제 2 항에 따른 양도소득세부과와 이중과세 문제
178	11.21.	李東洽	최근 행정소송의 주요사례
		慶 健	하천구역으로 편입된 토지에 대한 손실보상
179	12.19.	朴均省	거부처분취소판결의 기속력과 간접강제
180	04.1.16.	李光潤	광역지방자치단체와 기초지방자치단체의 성격
		朴海植	행정소송법상 간접강제결정에 기한 배상금의 성질
181	2.20.	金海龍	행정계획에 대한 사법심사에 있어서 법원의

순번	연월일	발표자	발 표 제 목
			석명권행사 한계와 입증책임
		李賢修	영업양도와 공법상 지위의 승계
182	3.19.	俞珍式	기부채납부관을 둘러싼 법률문제
		鄭泰學	매입세액의 공제와 세금계산서의 작성·교부시기
183	4.16.	柳至泰	행정행위의 취소의 취소
		金致煥	통지의 법적 성질
184	5.21.	鄭準鉉	단순하자 있는 행정명령을 위반한 행위의 가벌성
		權殷玟	압류처분취소소송에서 부과처분의 근거법률이 위헌이라는 주장이 허용되는지 여부
185	6.18.	趙憲銖	사업양도와 제 2 차 납세의무
		金連泰	과징금 부과처분에 대한 집행정지결정의 효력
186	7.16.	金容燮	보조금 교부결정을 둘러싼 법적 문제
		林聖勳	영내 구타·가혹 행위로 인한 자살에 대한 배상과 보상
187	8.20.	李京運	교수재임용거부처분취소
		曺媛卿	국가공무원법 제69조 위헌제청
188	9.17.	鄭成太	법규명령의 처분성
		金敞祚	원자로 설치허가 무효확인소송
189	04.10.15.	崔正一	법령보충적행정규칙의 법적 성질 및 효력
		李湖暎	독점규제법상 특수관계인에 대한 부당지원행위의 규제
190	11.19.	金香基	재결에 대한 취소소송
		劉南碩	집행정지의 요건으로서 "회복하기 어려운 손해를 예방하기 위한 긴급한 필요"와 그 고려

순번	연월일	발표자	발 표 제 목
			사항으로서의 '승소가능성'
191	12.17.	尹炯漢	사전통지의 대상과 흠결의 효과
192	05.1.31.	鄭鎬慶	행정소송의 협의의 소의 이익과 헌법소원의 보충성
		金重權	국토이용계획변경신청권의 예외적 인정의 문제점에 관한 소고
193	2.18.	宣正源	하자승계론에 몇 가지 쟁점에 관한 검토
		李熙貞	공법상 계약의 해지와 의견청취절차
194	3.18.	安哲相	취소소송 사이의 소의 변경과 새로운 소의 제소기간
		康鉉浩	민간투자법제에 따른 우선협상대상자지정의 법적 제문제
195	4.15.	吳峻根	재량행위의 판단기준과 재량행위 투명화를 위한 법제정비
		李根壽	대집행의 법적 성격
196	5.20.	河宗大	금산법에 기한 계약이전결정 등의 처분과 주주의 원고적격
		金鐘甫	토지형질변경의 법적 성격
197	6.17.	朴海植	제재적 행정처분의 효력기간 경과와 법률상 이익
		李桂洙	공무원의 정치적 자유와 정치운동금지의무
198	8.19.	金容燮	재결의 기속력의 주관적 범위를 둘러싼 논의
		徐正旭	공시지가와 하자의 승계
199	9.16.	金鉉峻	용도지역 지정 · 변경행위의 법적 성질과 그에 대한 사법심사
		趙成奎	직접민주주의와 조례제정권의 한계

순번	연월일	발표자	발 표 제 목
200	10.21.	金光洙	공직선거법과 행정형벌
		崔桂暎	용도폐지된 공공시설에 대한 무상양도신청거부의 처분성
201	11.12.	鄭夏重	행정판례의 발전과 전망
		朴正勳	행정판례의 발전과 전망
		尹炯漢	행정재판제도의 발전과 행정판례
		朴海植	행정재판제도의 발전과 행정판례
202	12.16.	鄭泰容	행정심판청구인적격에 관한 몇 가지 사례
203	06. 1.20	朴均省	행정상 즉시강제의 통제 — 비례원칙, 영장주의, 적법절차의 원칙과 관련하여 —
		權殷玟	기본행위인 영업권 양도계약이 무효라고 주장하는 경우에 행정청이 한 변경신고수리처분에 대한 불복방법 등
204	2.17.	曺海鉉	민주화운동관련자명예회복및보상등에관한법률에 기한 행정소송의 형태
		金重權	사권형성적 행정행위와 그 폐지의 문제점에 관한 소고
205	3.17.	朴正勳	불확정개념과 재량 — 법규의 적용에 관한 행정의 우선권
		李相悳	한국지역난방공사 공급규정 변경신고를 산업자원부장관이 수리한 행위의 법적 성질
206	4.21.	俞珍式	공유수면매립법상 사정변경에 의한 매립면허의 취소신청
		林永浩	채석허가기간의 만료와 채석허가취소처분에 대한 소의 이익
207	5.19	嚴基燮	공정거래법상 사업자단체의 부당제한행위의

순번	연월일	발표자	발 표 제 목
			성립요건
		李賢修	납입고지에 의한 변상금부과처분의 취소와 소멸시효의 중단
208	6.16.	金鐘甫	재건축 창립총회의 이중기능
		鄭夏明	미국 연방대법원의 행정입법재량통제
209	8.17.	裵柄皓	개정 하천법 부칙 제2조의 손실보상과 당사자 소송
		金裕煥	공공갈등의 사법적 해결 — 의미와 한계
210	9.15.	金容燮	텔레비전 수신료와 관련된 행정법적 쟁점
		崔桂暎	행정처분과 형벌
211	10.20.	金海龍	처분기간이 경과된 행정처분을 다툴 법률상 이익(행정소송법 제12조 후문 관련)과 제재적
		石鎬哲	처분기준을 정한 부령의 법규성 인정 문제
212	11.17.	宣正源	입헌주의적 지방자치와 조직고권
		李熙貞	주민투표권 침해에 대한 사법심사
213	12.8.-		법제처 · 한국행정판례연구회 공동주관 관학협동워크샵
	9.	朴 仁	법령보충적 성격의 행정규칙의 현황과 문제점
		林永浩	법령보충적 성격의 행정규칙에 대한 판례분석
		鄭南哲	법령보충적 성격의 행정규칙의 정비방향과 위임사항의 한계
		金重權	민주적 법치국가에서 의회와 행정의 공관적 법정립에 따른 법제처의 역할에 관한 소고
		金海龍	국토계획 관련법제의 문제점과 개선방안
214	07.1.19.	張暻源	독일 맥주순수령 판결을 통해 본 유럽과 독일의 경제행정법

순번	연월일	발표자	발 표 제 목
		權純一	재정경제부령에 의한 덤핑방지관세부과조치의 처분성 재론-기능적 관점에서-
215	2.23.	鄭準鉉	소위 '공익사업법'상 협의취득의 법적 성질
		裵輔允	구 농어촌정비법 제93조 제1항의 국공유지양증여의 창설환지 등의 문제점
216	3.16.	朴榮萬	법령의 개정과 신뢰보호의 원칙
		金重權	행정입법적 고시의 처분성인정과 관련한 문제점에 관한 소고
217	4.20.	金容贊	국가지정문화재현상변경허가처분의 재량행위성
		李湖暎	합의추정된 가격담합의 과징금산정
218	5.18	金敞祚	공인중개사시험불합격처분 취소소송
		李宣憙	행정청의 고시와 원고적격
219	6.15.	李光潤	제재적 처분기준의 성격과 제재기간 경과후의 소익
		金暎賢	행정소송의 피고적격
220	.8.17.	金義煥	정보공개법상의 공공기관 및 정보공개청구와 권리남용
		金秀珍	행정서류의 외국으로의 송달
221	9.21.	蘇淳茂	명의신탁 주식에 대한 증여의제에 있어서 조세회피목적의 해석
		慶　健	관계기관과의 협의를 거치지 아니한 조례의 효력
222	10.19.	成百玹	공특법상 '이주대책'과 공급규칙상 '특별공급'과의 관계
		金南澈	건축허가의 법적 성질에 대한 판례의 검토
223	11.16.	金性洙	민간투자사업의 성격과 사업자 선정의 법적

순번	연월일	발표자	발 표 제 목
			과제
224	12.21.	趙憲銖	병역의무 이행과 불이익 처우 금지의 관계
225	08.1.18.	金南辰	국가의 경찰법, 질서법상의 책임
		李殷祈	폐기물관리법제와 폐기물처리조치명령취소처분
		鄭成太	대형국책사업에 대한 사법심사(일명 새만금사건을 중심으로)
226	2.15.	辛奉起	한국 행정판례에 있어서 형량하자론의 도입과 평가
		鄭鍾錧	하천법상의 손실보상
227	3.21.	鄭夏重	사립학교법상의 임시이사의 이사선임권한
		林聖勳	행정입법 부작위에 관한 몇가지 문제점
228	4.18.	金光洙	자치사무에 대한 국가감독의 한계
		金熙喆	토지수용으로 인한 손실보상금 산정
229	5.16.	申東昇	행정행위 하자승계와 선결문제
		趙成奎	과징금의 법적 성질과 부과기준
230	6.20.	姜錫勳	위임입법의 방식 및 해석론에 관한 고찰
		鄭南哲	명확성원칙의 판단기준과 사법심사의 한계
231	8.22.	鄭泰學	조세통칙과 신의성실의 원칙
		李京運	부관으로서의 기한
232	9.19.	朴尙勳	시간강사의 근로자성
		金善旭	지방자치단체장의 소속공무원에 대한 징계권과 직무유기
233	10.17.	趙允熙	정보통신부 장관의 위성망국제등록신청과 항고소송의 대상
		金鉉峻	환경사법 액세스권 보장을 위한 "법률상 이익"의 해석

순번	연월일	발표자	발 표 제 목
234	11.21.	裵輔允	권한쟁의심판의 제3자 소송담당
		李賢修	공물의 성립요건
235	12.19.	金鐵容	행정청의 처분근거·이유제시의무와 처분근거·이유제시의 정도
236	09.1.16.	金炳圻	행정법상 신뢰보호원칙
		劉慶才	원인자부담금
237	2.20.	金聖泰	도로교통법 제58조 위헌확인
		林永浩	공매 통지의 법적 성격
238	3.20.	崔桂暎	위헌결정의 효력과 취소소송의 제소기간
		金尙煥	법규명령에 대한 헌법소원의 적법요건
239	4.17.	朴均省	직무상 의무위반으로 인한 국가배상책임
		金國鉉	사망자의 법규위반으로 인한 제재사유의 승계
240	5.15.	金容燮	택지개발업무처리지침 위반과 영업소 폐쇄
		金炅蘭	개발제한구역의 해제와 원고적격
241	6.19.	朴正勳	무효확인소송의 보충성
		曺海鉉	민주화운동관련자 명예회복 및 보상 등에 관한 법률에 의한 보상금의 지급을 구하는 소송의 형태
242	8.21.	鄭泰容	행정심판 재결 확정력의 의미
		安哲相	지방계약직 공무원의 징계
243	9.18.	金鐘甫	「도시 및 주거환경정비법」상 정비기반시설의 귀속 관계
		徐基錫	국회의 입법행위 또는 입법부작위로 인한 국가배상책임
244	10.16.	河明鎬	법인에 대한 양벌규정의 위헌여부
		趙龍鎬	표준지공시지가 하자의 승계

순번	연월일	발표자	발 표 제 목
245	11.20.	金連泰	한국마사회의 조교사 및 기수의 면허부여 또는 취소의 처분성
		金義煥	행정상 법률관계에 있어서의 소멸시효의 원용과 신의성실의 원칙
246	12.18.	朴鈗炘	주거이전비 보상의 법적 절차, 성격 및 소송법적 쟁점
247	10.1.15	林宰洪	출입국관리법상 난민인정행위의 법적 성격과 난민인정요건
		金泰昊	하자있는 수익적 행정처분의 직권취소
248	2.19	金南澈	국가기관의 지방자치단체에 대한 감독·감사권한
		權殷玟	미국산 쇠고기 수입 고시의 법적 문제
249	3.19	金聲培	수용재결과 헌법상 정교분리원칙
		姜相旭	건축물대장 용도변경신청 거부의 처분성
250	4.16	李宣憙	공정거래법상 시정조치로서 정보교환 금지명령
		金鍾泌	이주대책대상자제외처분 취소소송의 쟁점
251	5.14	鄭夏重	공법상 부당이득반환청구권의 독자성
		魯坰泌	관리처분계획안에 대한 총회결의 무효확인을 다투는 소송방법
252	6.18	金秀珍	합의제 행정기관의 설치에 관한 조례 제정의 허용 여부
		白濟欽	과세처분에 대한 증액경정처분과 행정소송
253	8.20	崔正一	경원자 소송에서의 원고적격과 사정판결제도의 위헌 여부
		蔣尙均	승진임용신청에 대한 부작위위법확인소송
254	9.17	金敞祚	강의전담교원제와 해직처분
		河宗大	행정처분으로서의 통보 및 신고의 수리

순번	연월일	발표자	발 표 제 목
255	10.15	최진수	징발매수재산의 환매권
		朴海植	주민등록전입신고 수리 여부에 대한 심사범위와 대상
256	11.12	金容燮	부당결부금지원칙과 부관
		朴尙勳	공무원에 대한 불이익한 전보인사 조치와 손해배상
257	12.10	金東熙	제재적 재량처분의 기준을 정한 부령
258	11.1.14	成智鏞	위임입법의 한계와 행정입법에 대한 사법심사
		安東寅	법령의 개정과 신뢰보호원칙 — 신뢰보호원칙의 적극적 활용에 대한 관견 —
259	2.18	崔桂暎	민간기업에 의한 수용
		金泰昊	사전환경성검토와 사법심사
260	3.18	金鉉峻	규제권한 불행사에 의한 국가배상책임의 구조와 위법성 판단기준
		朴在胤	지방자치단체 자치감사의 범위와 한계
261	4.15	金重權	민간투자사업의 법적 절차와 처분하자
		徐輔國	행정입법의 부작위에 대한 헌법소원과 행정소송
262	5.20	李熙貞	귀화허가의 법적 성질
		尹仁聖	독점규제 및 공정거래에 관한 법률 제3조의2 제1항 제5호 후단에 규정된 "부당하게 소비자의 이익을 현저히 저해할 우려가 있는 행위"에 관한 소고
263	6.17	朴均省	납골당설치신고 수리거부의 법적 성질 및 적법성 판단
		姜錫勳	재조사결정의 법적 성격과 제소기간의 기산점
264	8.19	金光洙	임시이사의법적 지원

순번	연월일	발표자	발 표 제 목
		趙允熙	불복절차 도중의 과세처분 취소와 재처분금지
265	9.16	鄭準鉉	개인택시사업면허 양도시 하자의 승계
		김용하	잔여지 수용청구권의 행사방법 및 불복수단
266	10.21	崔峰碩	과징금 부과처분의 재량권 일탈·남용
		朴榮萬	군인공무원관계와 기본권 보장
267	11.11	俞珍式	정보공개법상 비공개사유
		주한길	행정소송법상 집행정지의 요건
268	12.16	琴泰煥	최근 외국 행정판례의 동향 및 분석
		金致煥	미국, 일본, 프랑스, 독일
		田勳	
		李殷相	
		李鴻薰	사회발전과 행정판결
269	12.1.27	裵炳皓	재개발조합설립인가 등에 관한 소송의 방법
		河明鎬	사회보장행정에서 권리의 체계와 구제
270	2.17	朴玄廷	건축법 위반과 이행강제금
		金善娥	출퇴근 재해의 인정범위
271	3.16	金重權	국가배상법상 중과실의 의미
		徐泰煥	행정소송법상 직권심리주의의 의미와 범위
272	4.20	李湖暎	시장지배적사업자의 기술적 보호조치와 공정거래법
		李玩憙	공정거래법상 신고자 감면제도
273	5.18	李東植	세무조사 결정통지의 처분성
		鄭基相	조세소송에서 실의성실원칙
274	6.15	許康茂	생활대책대상자선정거부의 처분성과 신청권의 존부
		朴貞杹	기대권의 법리와 교원재임용거부 및 부당한 근로계약 갱신 거절의 효력
275	8.17	金敞祚	정보공개법상 비공개사유로서 법인 등의 경

순번	연월일	발표자	발 표 제 목
			영 · 영업상 비밀에 관한 사항
		成承桓	경찰권 발동의 한계와 기본권
276	9.21	金宣希	도시정비법상 조합설립인가처분과 변경인가처분
		李相悳	국가와 지방자치단체의 보조금 지원과 지원거부의 처분성
277	10.19	康鉉浩	건축법상 인허가의제의 효과를 수반하는 신고
		尹景雅	결손처분과 그 취소 및 공매통지의 처분성
278	11.16	金容燮	원격평생교육시설 신고 및 그 수리거부
		李義俊	사업시행자의 생활기본시설 설치 의무
279	12.21	琴泰煥	미국, 일본, 프랑스, 독일의 최근 행정판례동향
		金致煥	
		田 勳	
		李殷相	
		崔松和	행정판례의 회고와 전망
280	13.1.18	崔桂暎	행정처분의 위법성과 국가배상책임
		金泰昊	정보공개법상 비공개사유로서 '진행 중인 재판에 관련된 정보'
281	2.15	金致煥	주민소송의 대상
		朴在胤	체육시설을 위한 수용
282	3.15	金聲培	국가유공자요건비해당결정처분
		金東國	해임처분무효
283	4.19	徐輔國	압류등처분무효확인
		崔柄律	자동차운전면허취소처분취소
284	5.24	裵柄皓	국가배상청구권의 소멸시효
		朴海植	감면불인정처분등취소
285	6.21	朴均省	국방·군사시설사업실시계획승인처분무효확인등

순번	연월일	발표자	발 표 제 목
		金慧眞	형의 집행 및 수용자의 처우에 관한 법률 제45조 제1항 위헌확인
286	8.16	俞珍式	여객자동차운수사업법 제14조 등 위헌확인 등
		김필용	증여세부과처분취소
287	9.27	慶建	정보공개청구거부처분취소
		이산해	과징금부과처분취소·부당이득환수처분취소
288	10.18	金裕煥	직권면직취소
		許盛旭	관리처분계획무효확인
289	11.15	金炳圻	완충녹지지정의 해제신청거부처분의 취소
		成重卓	조합설립인가처분무효확인
290	12.20	金聲培	미국, 일본, 프랑스, 독일의 최근 행정판례 동향
		金致煥	
		吳丞奎	
		桂仁國	
		鄭夏重	행정판례에 있어서 몇 가지 쟁점에 관한 소고
291	14. 1. 17	金相贊	국가공무원 복무규정 제3조 제2항 등 위헌확인
		金容河	사업시행승인처분취소
292	2.21	姜知恩	주택건설사업승인불허가처분 취소 등
		金世鉉	소득금액변동통지와 하자의 승계 판례변경에 따른 신뢰성 보호 문제
293	3.21	金重權	지방자치단체의 구역관할결정의 제 문제에 관한 소고
		李相悳	체납자 출국금지처분의 요건과 재량통제
294	4.18	俞珍式	정보공개거부처분취소
		金惠眞	백두대간보호에관한법률 제7조 제1항 제6호 위헌소원

순번	연월일	발표자	발 표 제 목
295	5.16	安東寅	토지대장의 직권말소 및 기재사항 변경거부의 처분성
		河泰興	증액경정처분의 취소를 구하는 항고소송에서 납세의무자가 다툴 수 있는 불복사유의 범위
296	6.20	金容燮	독립유공자법적용배제결정 – 처분취소소송에 있어 선행처분의 위법성승계
		李承勳	조합설립추진위원회 설립승인 무효 확인
297	8.22	鄭鎬庚	不利益處分原狀回復 등 要求處分取消
		이병희	解任處分取消決定取消
298	9.19	崔峰碩	職務履行命令取消
		文俊弼	還買代金增減
299	10.17	朴均省	行政判例 30年의 回顧와 展望: 행정법총론 I
		金重權	行政判例의 回顧와 展望-행정절차, 정보공개, 행정조사, 행정의 실효성확보의 분야
		洪準亨	行政判例 30年의 回顧와 展望-행정구제법: 한국행정판례의 정체성을 찾아서
300	11.21	康鉉浩	不正當業者制裁處分取消
		李承寧	讓受金
301	12.19	金聲培	美國의 最近 行政判例動向
		吳丞奎	프랑스의 最近 行政判例動向
		桂仁國	獨逸의 最近 行政判例動向
		咸仁善	日本의 最近 行政判例動向
		朴鈗炘	온실가스 배출거래권 제도 도입에 즈음하여
302	15. 1.23	金泰昊	수정명령 취소
		李羲俊	손해배상(기)
303	2.27	朴玄廷	정비사업조합설립과 토지 또는 건축물을 소유

순번	연월일	발표자	발 표 제 목
			한 국가·지방자치단체의 지위
		李羲俊	건축허가처분취소
304	3.20	俞珍式	공공감사법의 재심의신청과 행정심판에 관한 제소기간의 특례
		金世鉉	명의신탁과 양도소득세의 납세의무자
305	4.17	朴均省	노동조합설립신고반려처분취소
		金海磨中	국세부과취소
306	5.15	崔峰碩	직무이행명령취소청구
		박준희	지역균형개발 및 지방중소기업 육성에 관한 법률 제16조 제1항 제4호 등 위헌소원
307	6.19	裵柄皓	인신보호법 제2조 제1항 위헌확인
		金東柱	생태자연도등급조정처분무효확인
		裵柄皓	인신보호법 제2조 제1항 위헌확인
		김동주	생태자연도등급조정처분무효확인
308	8.29		牧村 金道昶 박사 10주기 기념 학술대회
309	9.18	崔桂暎	정보비공개결정처분취소
		정지영	부당이득금반환
310	10.16	鄭夏明	예방접종으로 인한 장애인정거부처분취소
		郭相鉉	급여제한및 환수처분취소
311		鄭鎬庚	독립유공자서훈취소결정무효확인등
		김혜성	직위해제처분취소
312		金聲培	최근(2014/2015) 미국 행정판례의 동향 및 분석 연구
		咸仁善	일본의 최근(2014) 행정판례의 동향 및 분석
		吳丞奎	2014년 프랑스 행정판례의 동향 연구
		桂仁國	국가의 종교적·윤리적 중립성과 윤리과목

순번	연월일	발표자	발 표 제 목
			편성 요구권
		金海龍	행정재판과 법치주의 확립
313	16. 1.22	金泰昊	주민소송(부당이득 반환)
		朴淵昱	건축협의취소처분취소
314	2.26	李熙貞	보상금환수처분취소
		李羲俊	변상금부과처분취소
315	3.18	成重卓	영업시간제한등처분취소
		임지영	조정반지정거부처분
316	4.15	裵柄皓	하천공사시행계획취소청구
		李用雨	세무조사결정행정처분취소
317	5.20	金南澈	과징금납부명령등취소청구의소
		李煌熙	홍▽군과 태△군 등 간의 권한쟁의
318	6.11	金重權	환경기술개발사업중단처분취소
		崔瑨修	관리처분계획안에대한총회결의효력정지가처분
		강주영	시설개수명령처분취소
		角松生史	일본 행정소송법개정의 성과와 한계
319	8.19	咸仁善	조례안의결무효확인 <학생인권조례안 사건>
		金世鉉	교육세경정거부처분취소
320	9.23	金容燮	독립유공자서훈취소처분의 취소
		李殷相	주유소운영사업자불선정처분취소
321	10.21	李光潤	부당이득금등
		이승민	형식적 불법과 실질적 불법
322	11.25	俞珍式	학칙개정처분무효확인
		윤진규	부당이득금
			채무부존재확인
323	12.15	李京運	교육판례의 회고와 전망

순번	연월일	발표자	발 표 제 목
		朴均省	사법의 기능과 행정판례
		咸仁善	일본의 최근 행정판례
		金聲培	미국의 최근 행정판례
		桂仁國	독일의 최근 행정판례
		吳丞奎	프랑스의 최근 행정판례
324	17. 1.20.	成奉根	취급거부명령처분취소
		尹焌碩	취득세등부과처분취소
325	2.17.	鄭永哲	도시계획시설결정폐지신청거부처분취소
		이희준	손해배상(기)
326	3.17.	朴在胤	직무이행명령취소
		정은영	습지보전법 제20조의2 제1항 위헌소원
327	4.21.	金容燮	시정명령처분취소
		장승혁	산재법 제37조 위헌소원
328	5.19.	박정훈	감차명령처분취소
		金世鉉	법인세등부과처분취소
329	6.16.	裵柄皓	조례안재의결무효확인
		송시강	개발부담금환급거부취소
330	8.8.	함인선	부당이득금반환
		김형수	개발부담금환급거부취소
331	9.15.	성중탁	출입국관리법 제63조 제1항 위헌소원
		이은상	보험료채무부존재확인
332	10.20.	유진식	정보공개청구기각처분취소
		김상찬	영업정지처분취소
333	11.24.	안동인	치과의사 안면보톡스시술사건
		김선욱	부가가치세경정거부처분취소
334	12.14.	김동희	행정판례를 둘러싼 학계와 법조계의 대화에

순번	연월일	발표자	발 표 제 목
			관한 몇 가지 생각
		정태용	행정부 공무원의 시각에서 본 행정판례
		함인선	일본의 최근 행정판례
		김성배	미국의 최근 행정판례
		계인국	독일의 최근 행정판례
		김혜진	프랑스의 최근 행정판례
335	18. 1.19.	성봉근	민사사건에 있어 공법적 영향
		박호경	조례무효확인
336	3.16.	김치환	산재보험적용사업장변경불승인처분취소
		신철순	폐업처분무효확인등
337	4.20.	박정훈	입찰참가자격제한처분취소
		신상민	건축허가철회신청거부처분취소의소
338	5.18.	최봉석	직권취소처분취소청구의소
		윤준석	증여세부과처분취소
339	6.15.	김대인	직권취소처분취소청구의소
		문중흠	증여세부과처분취소
340	8.17.	이혜진	정직처분취소
		김형수	이동통신단말장치 유통구조 개선에 관한 법률 제4조 제1항 등 위헌확인
341	9.28.	김현준	재직기간합산불승인처분취소
		김세현	양도소득세부과처분취소
342	10.19.	김창조	주민등록번호변경신청거부처분취소
		장현철	청산금
343	11.16	강현호	손해배상
		임성훈	부당이득반환등
344	12.21	김재선	미국의 최근 행정판례

순번	연월일	발표자	발 표 제 목
		계인국	독일의 최근 행정판례
		박현정	프랑스의 최근 행정판례
345	19. 2.15	박재윤	숙박업영업신고증교부의무부작위위법확인
		이은상	사업시행계획인가처분취소
346	3.15	정영철	입찰참가자격제한처분취소청구의소
		이승훈	부작위위법확인
347	4.19	박균성	사업계획승인취소처분취소등
		김혜성	종합쇼핑몰거래정지처분취소
348	5.17	김중권	전역처분등취소
		고소영	임용제청거부처분취소등
349	6.21	김판기	생활폐기물수집운반및가로청소대행용역비반납처분취소
		윤준석	증여세부과처분취소
350	8.23	배병호	지방자치단체를 당사자로 하는 계약에 관한 법률 시행령 제30조 제5항 등 위헌확인
		신상민	퇴교처분취소
351	9.20	김성배	사증발급거부처분취소
		박건우	보상금증액
352	10.18	김병기	교원소청심사위원회결정취소
		오에스데	징계처분등
353	11.15	강현호	의료기관개설신고불수리처분취소
		이수안	손실보상금증액등
354	12.19	신원일	일본의 최근 행정판례
		김재선	미국의 최근 행정판례
		계인국	독일의 최근 행정판례
		박우경	프랑스의 최근 행정판례

순번	연월일	발표자	발 표 제 목
355	20.2.21.	성중탁	변호인 접견 불허처분 등 위헌확인
		김근호	입찰참가자격제한처분취소청구
356	5.22	김태호	학원설립운영등록신청 반려처분취소
		이희준	수용재결취소등
357	6.19	김유환	도로점용허가처분무효확인등
		황용남	기타이행강제금부과처분취소
358	8.21	박재윤	제재조치명령의 취소
		주동진	급수공사비등부과처분취소청구의 소
359	9.18	김치환	도로점용료부과처분취소·도로점용료부과처분취소
		김후신	장해등급결정처분취소
360	10.16	정호경	고용노동부 고시 제2017-42호 위헌확인
		이용우	건축신고반려처분취소
361	11.20	김창조	사업대상자선정처분취소
		정은영	부당이득금부과처분취소등
362	12.17	손호영	일본의 최근 행정판례
		김재선	미국의 최근 행정판례
		계인국	독일의 최근 행정판례
363	21.2.19.	박우경	프랑스의 최근 행정판례
		이현수	대법원 2019. 7. 11. 선고 2017두38874 판결
		이산해	대법원 2019. 2. 28. 선고 2017두71031 판결
364	3.19.	이은상	대법원 2019. 10. 31. 선고 2016두50907 판결
		김근호	대법원 2019. 6. 27. 선고 2018두49130 판결
365	4.16.	하명호	대법원 2020. 12. 24. 선고 2018두45633 판결
		박호경	대법원 2020. 6. 25. 선고 2018두34732 판결
366	5.21.	김중권	대법원 2020. 6. 25. 선고 2019두52980 판결

순번	연월일	발표자	발 표 제 목
		맹주한	대법원 2020. 7. 9. 선고 2017두39785 판결
367	6.18.	김대인	대법원 2020. 7. 29. 선고 2017두63467 판결
		박정훈	대법원 2020. 9. 3. 선고 2020두34070 판결
368	8.20.	이윤정	부당해고구제재심판정취소
		이국현	물이용부담금과 재정책임
369	9.17.	서보국	종합소득세경정거부처분취소
		윤진규	관세등부과처분취소
370	10.15.	김유환	공급자등록취소무효확인등청구
		최명지	업무정지처분 취소청구
371	11.19.	김현준	이사회결의무효확인의소
		황정현	세무대리업무등록취소처분취소등
372	12.16.	이혜진	일본의 최근 행정판례
		김재선	미국의 최근 행정판례
		계인국	독일의 최근 행정판례
		박우경	프랑스의 최근 행정판례
373	22.2.18	최계영	사업종류변경처분등취소청구의소
		이용우	건축허가취소처분취소
374	3.18	이은상	국가배상법 제2조 제1항 위헌소원
		최미연	도선사업면허변경처분취소
375	4.15	강현호	건축허가신청반려처분취소
		이희준	전부금
376	5.20	이기춘	공무집행방해 · 일반교통방해 · 집회및시위에 관한법률위반/손해배상(기)
		김형수	시정명령등처분취소청구의소
377	6.17	박현정	채무부존재확인
		박가림	과징금부과처분취소

순번	연월일	발표자	발 표 제 목
378	8.26	하명호	행정소송법 개정의 필요성
		유진식	정부의 가상통화 관련 긴급대책 등 위헌확인
		윤진규	법인세등부과처분취소
379	9.23	송시강	민간특례사업제안수용결정취소처분등취소 및 중소기업창업사업계획승인불허가처분취소
		신철순	유족급여및장의비부지급처분취소
380	10.21	정훈	평택당진항매립지일부구간귀속지방자치단체 결정취소
		임재남	이주대택대상자제외처분취소
381	11.18	성중탁	구 토지구획정리사업법 제63조 위헌소원
		이수안	건축신고불수리처분취소
382	12.16	이재훈	육아휴직급여부지급등처분취소
		최승훈	요양급여비용환수처분취소
383	23.2.17	김혜진	도로교통법위반(무면허운전)
		이아영	시정명령등취소청구의소
384	3.17	박원규	조업정지처분취소
		정은영	손실보상금
385	4.21	김재선	업무정지처분취소
		신수빈	소유권이전등기
386	5.19	박종준	악취배출시설설치신고반려처분등취소
		허이훈	상수도시설분담금부과처분무효확인
387	6.16	이윤정	정부출연금전액환수등 처분취소청구
		이진형	제재처분의 집행정지
388	8.18	박재윤	긴급조치국가배상청구
	6.30	이용우	부당전직 구제 재심판정 취소청구
389	9.15	정호경	헌법재판소 2023. 3. 23. 선고 2019헌마1399

순번	연월일	발표자	발 표 제 목
			결정
	3.15	이희준	입찰참가자격제한처분취소
390	10.20	계인국	선거무효의 소
		문중흠	재산세부과처분취소
391	11.17	장윤실	손해배상
		이지은	조례안의결무효확인
392	12.15	안철상	최근 행정판례의 변화와 발전
		방정미	미국의 최근 행정판례
		김혜진	독일의 최근 행정판례
		황헌순	일본의 최근 행정판례
		박우경	프랑스의 최근 행정판례
393	2.16	이은상	구상금
		김은정	소유권이전등기
394	3.15	이상덕	의료법위반
		이상덕	한의사면허자격정치저분취소
		우미형	건축허가신청불허가처분취소
395	4.19	이승민	시정명령등취소
		박대규	입법부작위위헌확인
396	5.17	송시강	광구감소처분신청 거부처분취소
		곽신재	덤핑방지과세부과처분취소
397	6.21	박건우	도시계획시설결정해제신청거부처분취소청구
		임민희	건축신고수리처분취소
398	8.16	최명지	부당이득금
	8.16	박호경	행정심판법 제49조 제1항 위헌소원
399	9.20	박정훈	영업정지처분취소
	9.20	김형수	입찰참가자격제한 및 영업정지 요치결정

순번	연월일	발표자	발 표 제 목
			취소 청구의 소
400	10.25	김철용	한국행정판례연구회의 회고와 과제-한국 행정판례연구회 발족 40년을 기념하여-
	10.25	정하중	행정판례 40년의 회고 -민주적 법치국가로의 여정-
	10.25	김창조	행정판례 40년: 이론과 실무의 대화 -이론가의 입장에서-
	10.25	강우찬	행정판례 40년: 이론과 실무의 대화 -실무가의 입장에서-
401	11.15	김혜진	개인정보 보호법 제28조의7 등 위헌확인, 개인정보 보호법 제28조의5 등 위헌확인
	11.15	김경준	채무부존재확인의 소
402	12.20	황헌순	일본의 최근 행정판례
		이재훈	독일의 최근 행정판례
		홍강훈	요양불승인처분취소
403	2.21	김태호	집합금지처분취소청구의소
		이상민	변상금부과처분취소
404	3.21	박우경	차별구제청구등
		정우석	보조금환수및재정지원제외처분취소
405	4.18	박종준	부당이득금
		김범준	토지분할신청반려처분취소
406	5.16	이진형	건축허가신청반려처분취소
		정은영	벌점부과처분취소
407	6.20	이상덕	수익적 행정처분의 거부사유인 '중대한 공익상 필요'에 관한 고찰
		김재선	미국 연방대법원 세브론 원칙의 공식적 파기

순번	연월일	발표자	발 표 제 목
			의 함의－재량행위 해석에 미치는 영향을 중심으로－
		이은상	재량하자의 증명책임과 법원의 심리방식

行政判例研究 I~ XXX-1 總目次

行政判例研究 Ⅰ～XXX-1 總目次

[第 Ⅰ 卷]

Ⅰ. 行政上立法

Ⅱ. 行政裁量

Ⅲ. 行政行爲의 附款

Ⅳ. 行政行爲의 取消

Ⅴ. 行政節次

Ⅵ. 行政計劃

Ⅶ. 行政訴訟의 對象

Ⅷ. 行政訴訟에 있어서의 訴의 利益

Ⅸ. 行政訴訟의 執行停止

Ⅹ. 行政權限의 委任

Ⅺ. 公務員法

Ⅻ. 營造物法

XIII. 知的所有權 · 遺傳工學

XIV. 租 稅

XV. 違憲審査

[第 II 卷]

I. 個人的 公權

II. 行政上立法

III. 行政行爲

Ⅳ. 行政計劃

Ⅴ. 行政上爭訟 一般

Ⅵ. 行政訴訟에 있어서의 訴의 利益

Ⅶ. 行政訴訟의 類型

Ⅷ. 損害塡補

Ⅸ. 公 務 員

Ⅵ. 行政上爭訟 一般

Ⅶ. 行政訴訟의 類型

Ⅷ. 損害塡補

Ⅸ. 地方自治

Ⅹ. 違憲審査

[第 Ⅳ 卷]

Ⅰ. 行政行爲

Ⅱ. 行政計劃

Ⅲ. 行政節次

Ⅳ. 行政爭訟 一般

Ⅴ. 行政訴訟의 對象과 權利保護 必要性

Ⅵ. 行政訴訟의 類型

Ⅶ. 損害塡補

Ⅷ. 地方自治法

Ⅸ. 秩序行政法

[第 V 卷]

Ⅰ. 行政立法

Ⅱ. 行政行爲

Ⅲ. 行政計劃

Ⅳ. 行政節次

Ⅴ. 行政訴訟

Ⅵ. 損害塡補

Ⅲ. 行政訴訟

Ⅳ. 給付行政 · 環境行政

Ⅴ. 租 稅

Ⅵ. 外國判例研究

[第 Ⅶ 卷]

Ⅰ. 行政行爲

Ⅷ. 文化行政法

Ⅸ. 外國行政法判例研究

[第 Ⅷ 卷]

Ⅰ. 行政立法

Ⅱ. 行政行爲

Ⅲ. 情報公開

Ⅳ. 行政의 實效性確保手段

Ⅴ. 行政上 損害塡補

Ⅵ. 行政訴訟

Ⅶ. 土地行政法

Ⅷ. 租稅行政法

Ⅸ. 外國行政判例研究

Ⅹ. 韓·日行政訴訟法制의 改正과 向後方向(國際學術會議)

[第 IX 卷]

Ⅰ. 行政行爲

Ⅱ. 行政節次

Ⅲ. 行政訴訟

Ⅳ. 地方自治法

Ⅴ. 租稅行政法

Ⅵ. 최근 行政訴訟判決의 主要動向

[第 X 卷]

Ⅰ. 行政立法

Ⅱ. 行政行爲

Ⅲ. 行政節次

Ⅳ. 行政上 損害塡補

Ⅴ. 行政訴訟

Ⅵ. 租稅行政法

[第XI 卷]

Ⅰ. 韓國行政判例研究會 200회 特輯 紀念論文

Ⅱ. 行政行爲

Ⅲ. 行政의 實效性確保手段

Ⅳ. 行政訴訟

Ⅴ. 地方自治法

Ⅵ. 建築行政法

[第XII卷]

Ⅰ. 韓法令補充的 性格의 行政規則의 整備方案
— 法制處·韓國行政判例硏究會 官學協同 Workshop —

Ⅱ. 行政立法

Ⅲ. 行政訴訟法

Ⅳ. 經濟行政法

Ⅴ. 租稅行政法

[第 XII 卷]

Ⅰ. 行政立法

Ⅱ. 行政行爲

Ⅲ. 行政計劃

Ⅳ. 行政節次法

Ⅴ. 行政上 損害塡補

Ⅱ. 行政行爲의 附款

Ⅲ. 行政行爲의 瑕疵

Ⅳ. 行政의 實效性確保手段

Ⅴ. 行政上 損害塡補

Ⅵ. 公務員法

Ⅶ. 外國判例 및 外國法制 研究

[第ⅩⅤ-1卷]

Ⅰ. 行政法의 基本原理

[第XV-2卷]

Ⅰ. 認·許可 擬制 制度의 效果와 立法의 方向

(2010. 6. 4. 韓國行政判例研究會·法制處 공동세미나)

Ⅱ. 行政立法

Ⅲ. 行政行爲

Ⅳ. 行政訴訟

Ⅴ. 地方自治法

Ⅵ. 外國判例 및 外國法制 研究

[第 XVI-1卷]

Ⅰ. 行政法의 基本原理

Ⅱ. 行政立法

Ⅲ. 行政行爲

Ⅳ. 損害塡補

Ⅴ. 地方自治法

[第 XVI-2卷]

[第 XVII -1卷]

[第 XVII -2卷]

[第 XVIII -1卷]

[第 XVIII -2卷]

Ⅱ. 取消訴訟의 對象

Ⅲ. 地方自治法

Ⅳ. 建築行政法

Ⅴ. 外國判例 및 外國法制 研究

Ⅵ. 특집논문: 행정판례연구회 30주년 특별기념논문

[第XX-1卷]

Ⅰ. 行政立法

[第XX-2卷]

[第XXI-1卷]

[第XXI-2卷]

[第XXII-1卷]

[第XXII-2卷](第1卷)

[第 XXII-2 卷](第2卷)

[第 XXIII-1 卷]

Ⅰ. 行政法의 基本原理

Ⅱ. 行政의 實效性確保手段

Ⅲ. 行政爭訟一般

Ⅳ. 取消訴訟의 對象

Ⅴ. 行政訴訟의 類型

Ⅵ. 地方自治法

Ⅶ. 環境行政法

Ⅷ. 外國判例 및 外國法制 研究

[第 XXII−2卷]

Ⅰ. 行政法의 基本原理

Ⅱ. 行政行爲의 槪念과 類型

Ⅲ. 損害塡補

[第XXIV-1卷]

Ⅴ. 行政爭訟一般

Ⅵ. 取消訴訟의 對象

Ⅶ. 行政訴訟에 있어서의 訴의 利益

Ⅷ. 損害塡補

Ⅸ. 地方自治法

Ⅹ. 憲法裁判

XI. 外國判例 및 外國法制 研究

[第 XXV-1 卷]

[第XXV-2卷]

Ⅳ. 外國判例 및 外國法制 研究

[第ⅩⅩⅦ-2卷]

Ⅰ. 行政立法

Ⅱ. 行政行爲의 槪念과 種類

Ⅲ. 行政計劃

Ⅳ. 行政爭訟一般

Ⅴ. 損害塡補

主題別 總目次(行政判例研究 Ⅰ~XXX-1)

行政法의 基本原理

個人的 公權

行政立法

行政行爲의 槪念과 種類

行政行爲의 附款

行政行爲의 類型

行政行爲의 效力

行政行爲의 瑕疵

行政行爲의 職權取消·撤回

行政計劃

行政節次 및 情報公開

行政의 實效性確保手段

行政爭訟一般

取消訴訟의 對象

行政訴訟에 있어서의 訴의 利益

行政訴訟의 審理

行政訴訟과 假救濟

行政訴訟의 類型

損害塡補

行政組織法

公務員法

地方自治法

秩序行政法

公物·營造物法

環境行政法

助成行政法

經濟行政法

租稅行政法

建築行政法

土地行政法

敎育行政法

文化行政法

勞動行政法

憲法裁判

造成行政法

外國判例 및 外國法制 研究

行政訴訟判決의 主要動向

紀念論文

[特別寄稿] 行政法研究資料

行政의 實效性 確保手段

研究判例 總目次
(行政判例研究 Ⅰ ~ ⅩⅩⅩ－1)

〔대 법 원〕

〔서울고등법원〕

〔부산고등법원〕

〔대전고등법원〕

〔광주고등법원〕

〔대구고등법원〕

〔의정부지방법원〕

〔인천지방법원〕

〔춘천지방법원〕

〔수원지방법원〕

〔대전지방법원〕

〔광주지방법원〕

〔부산지방법원〕

〔서울북부지방법원〕

〔서울행정법원〕

〔헌법재판소〕

〔EU판례〕

〔독일판례〕

〔프랑스판례〕

〔미국판례〕

〔일본판례〕

최고재판소 第一小法廷 平成26(2014).10.9. 平成23年(受)第2455号, 判例タイムズ 1408号, 44면. XX－2－311

최고재판소 第三小法廷 平成26(2014).5.27. 平成24年(オ)第888号, 判例タイムズ 1405号, 83면. XX－2－311

최고재판소 第二小法廷決定 平成27(2015).1.22. 平成26年(許)第17号 判例タイムズ1410号 55頁. XXI－2－350

최고재판소 第二小法廷決定 平成27(2015).1.22. 平成26年(許)第26号 判例タイムズ1410号 58頁. XXI－2－350

최고재판소 第三小法廷 平成27(2015).3.3. 平成26年(行ヒ)第225号 民集69巻2号143頁. XXI－2－343

최고재판소 第二小法廷 平成27(2015).3.27. 平成25年(オ)第1655号 判例タイムズ1414号 131頁. XXI－2－356

최고재판소 第三小法廷 平成27(2015).9.8. 平成26年(行ヒ)第406号 民集69巻6号1607頁. XXI－2－347

최고재판소 大法廷判決 平成27(2015).12.16. 平成25年(オ)第1079号 判例タイムズ1421号 61頁. XXI－2－367

최고재판소 大法廷判決 平成27(2015).12.16. 平成26年(オ)第1023号 判例タイムズ1421号 84頁. XXI－2－360

최고재판소 最高裁判所第一小法廷 平成28年4月21日, 判例タイムズ1425号 122면 XXIII －1－414/407

최고재판소 最高裁判所第三小法廷 平成28年4月12日, 判例タイムズ1427号 63면 XXIII－1－ 419/407

최고재판소 最高裁判所第二小法廷 平成28年7月15日, 判例タイムズ1430号, 121면 XXIII－1－422/407

최고재판소 最高裁判所第一小法廷 平成28年3月10日, 判例タイムズ1426号, 26면 XXIII－1－426/407

平成16年4月27日最高裁判所第三小法廷判決· 平成13年(受)1760号　XXIV－1－255

行政判例硏究 XXX-1

2025년 6월 25일 초판인쇄
2025년 6월 30일 초판발행

편저자 사단법인 한국행정판례연구회
대 표 안 철 상

발행인 안종만 · 안상준

발행처 (주) 박영사

서울특별시 금천구 가산디지털2로 53, 210호
(가산동, 한라시그마밸리)
전화 (733) 6771 FAX (736) 4818
등록 1959. 3. 11. 제300-1959-1호(倫)

편저자와 협의하여 인지를 생략함

www.pybook.co.kr e-mail: pys@pybook.co.kr

정 가 69,000원

ISBN 979-11-303-2429-6
ISBN 978-89-6454-600-0(세트)
ISSN 1599-7413 46